HISTORIA

Colecţia *Historia* este coordonată de Mihai-Răzvan Ungureanu.

Keith Lowe, *The Fear and the Freedom. How the Second World War Changed Us*

Original English language edition first published by Penguin Books Ltd, London in 2017

Foto copertă: Oameni din Toronto, Canada, de Ziua Victoriei în Europa (mai 1945)

www.polirom.ro

Editura POLIROM
Iaşi, B-dul Carol I nr. 4; P.O. BOX 266, 700506
Bucureşti, Splaiul Unirii nr. 6, bl. B3A,
sc. 1, et. 1, sector 4, 040031, O.P. 53

Descrierea CIP a Bibliotecii Naţionale a României:

LOWE, KEITH

Frica şi libertatea: cum ne-a schimbat vieţile al Doilea Război Mondial / Keith Lowe; trad. din lb. engleză de Cornelia Marinescu – Iaşi: Polirom, 2020
Conţine bibliografie
Index

ISBN 978-973-46-7626-2

I. Marinescu, Cornelia (trad.)

94

Printed in ROMANIA

Keith Lowe

FRICA ȘI LIBERTATEA

Cum ne-a schimbat viețile al Doilea Război Mondial

Traducere de Cornelia Marinescu

POLIROM
2020

KEITH LOWE este unanim recunoscut ca unul dintre principalii experţi în istoria celui de-al Doilea Război Mondial. Este autorul volumelor *Inferno : The Devastation of Hamburg, 1943* şi *Savage Continent* (trad. rom. *Continentul barbar*, 2019), ultimul fiind situat printre cele mai vândute zece cărţi în clasamentul publicat de *The Sunday Times* şi distins cu Premiul PEN Hessell-Tiltman în 2013. Lowe a avut numeroase apariţii televizate şi la radio, atât în Marea Britanie, cât şi în Statele Unite ale Americii, iar cărţile lui au fost traduse în douăzeci de limbi. Keith Lowe locuieşte în nordul Londrei împreună cu soţia şi cei doi copii.

Pentru Gabriel şi Grace

Cuprins

Partea a IV-a

DOUĂ SUPERPUTERI

Partea a V-a

DOUĂ SUTE DE NAŢIUNI

Partea a VI-a

ZECE MII DE FRAGMENTE

Lista ilustrațiilor

Fascicului color

Sursa imaginilor

Miura Kazuko : 1 ; Keith Lowe : 2, 6, 7, 14, 17, I-4, I-5, I-9, I-13, I-15 ; Muzeul Atlas Van Stolk, Rotterdam : 3 ; Adam Nadel : 4 ; Atta Awisat : 5 ; Nagai Tokusaburou : 8 ; Getty Images : 9, 23, 28, I-1, I-2, I-16 ; Biblioteca Congresului Statelor Unite ale Americii : 10, 16 ; *Ogoniok*/Kommersant : 11 ; Biblioteca Prezidenţială Harry S. Truman : 18 ; © The Oxford Group : 19 ; Arhivele Galeriei de artă din New Delhi : 20, 21, 22, 34 ; Arhivele ONU : 24 ; Benjamin Ferencz : 25, 27 ; David Low/Solo Syndication : 26 ; Fundaţia Herb Block : 29 ; Rex Features : 32, 37, I-8 ; George Rodgers/MG Camera Press : 35 ; Colecţia Tim Gidal, Muzeul Israel, Ierusalim : 38 ; Fundaţia George C. Marshall : 40 ; House of Sharing [Casa de ajutorare]/Muzeul sclavelor sexuale din bordelurile militare japoneze : 41, I-3 ; Dittmann Mendel : 42 ; Muzeul Imperial de Război, Londra : 45 ; *Wprost* : I-7 ; China Film Group Corporation : I-11 ; Columbia Pictures : I-12 ; Mike Peel (www.mikepeel.net) : I-14 ; *Philadelphia Daily News* : I-17

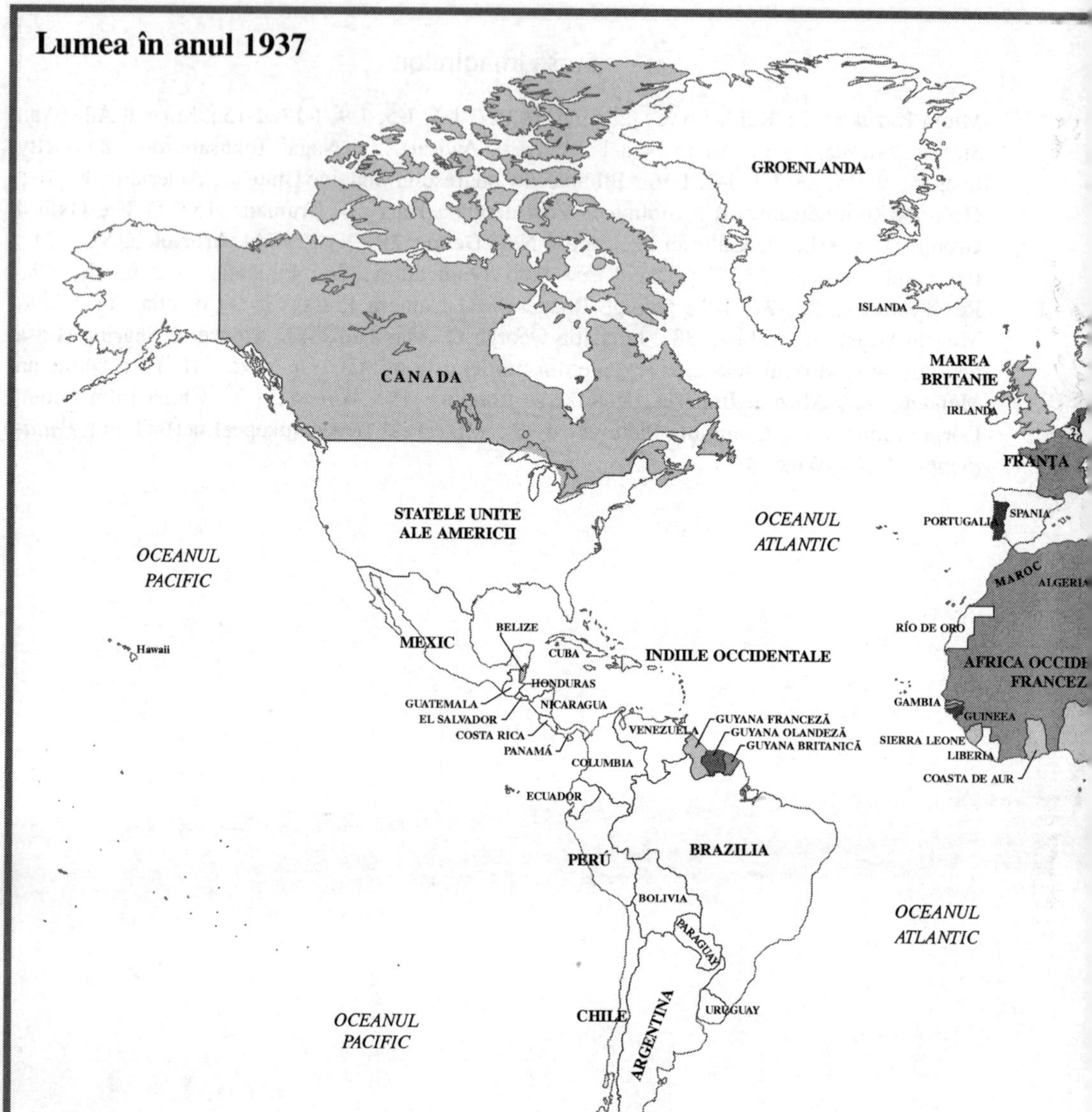
Lumea în anul 1937
GROENLANDA
ISLANDA
CANADA
MAREA BRITANIE
IRLANDA
FRANȚA
STATELE UNITE ALE AMERICII
OCEANUL ATLANTIC
PORTUGALIA
SPANIA
OCEANUL PACIFIC
MAROC
ALGERIA
Hawaii
BELIZE
MEXIC
CUBA
INDIILE OCCIDENTALE
RÍO DE ORO
HONDURAS
GUATEMALA
NICARAGUA
EL SALVADOR
COSTA RICA
PANAMÁ
VENEZUELA
GUYANA FRANCEZĂ
GUYANA OLANDEZĂ
GUYANA BRITANICĂ
GAMBIA
GUINEEA
SIERRA LEONE
LIBERIA
COASTA DE AUR
COLUMBIA
ECUADOR
PERÚ
BRAZILIA
BOLIVIA
PARAGUAY
OCEANUL ATLANTIC
URUGUAY
CHILE
ARGENTINA
OCEANUL PACIFIC
Insulele Falkland
Imperiul Britanic și Commonwealthul
Imperiul Francez
Imperiul Olandez
Imperiul Portughez
Imperiul Italian
Imperiul Japonez

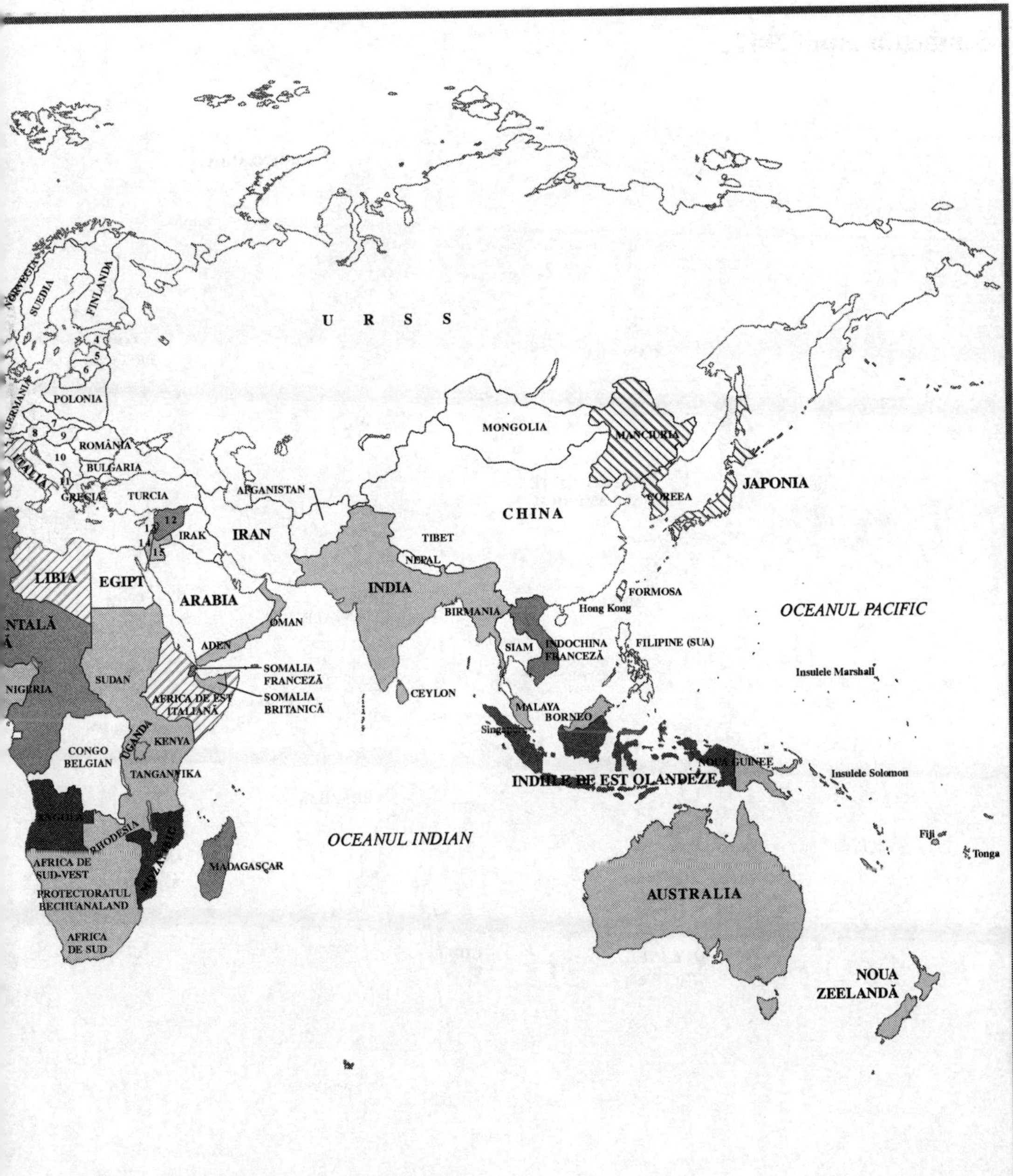

URSS
NORVEGIA
SUEDIA
FINLANDA
POLONIA
GERMANIA
ROMÂNIA
BULGARIA
ITALIA
GRECIA
TURCIA
AFGANISTAN
IRAK
IRAN
LIBIA
EGIPT
ARABIA
OMAN
ADEN
MONGOLIA
MANCIURIA
COREEA
JAPONIA
CHINA
TIBET
NEPAL
INDIA
BIRMANIA
FORMOSA
Hong Kong
SIAM
INDOCHINA FRANCEZĂ
FILIPINE (SUA)
OCEANUL PACIFIC
Insulele Marshall
SUDAN
NIGERIA
SOMALIA FRANCEZĂ
SOMALIA BRITANICĂ
AFRICA DE EST ITALIANĂ
CEYLON
MALAYA
BORNEO
Singapore
UGANDA
KENYA
CONGO BELGIAN
TANGANYIKA
NOUA GUINEE
Insulele Solomon
INDIILE DE EST OLANDEZE
ANGOLA
RHODESIA
OCEANUL INDIAN
Fiji
Tonga
AFRICA DE SUD-VEST
MOZAMBIC
MADAGASCAR
PROTECTORATUL BECHUANALAND
AFRICA DE SUD
AUSTRALIA
NOUA ZEELANDĂ
1 Olanda
2 Belgia
3 Elveţia
4 Estonia
5 Letonia
6 Lituania
7 Cehoslovacia
8 Austria
9 Ungaria
10 Iugoslavia
11 Albania
12 Siria
13 Liban
14 Palestina
15 Transiordania

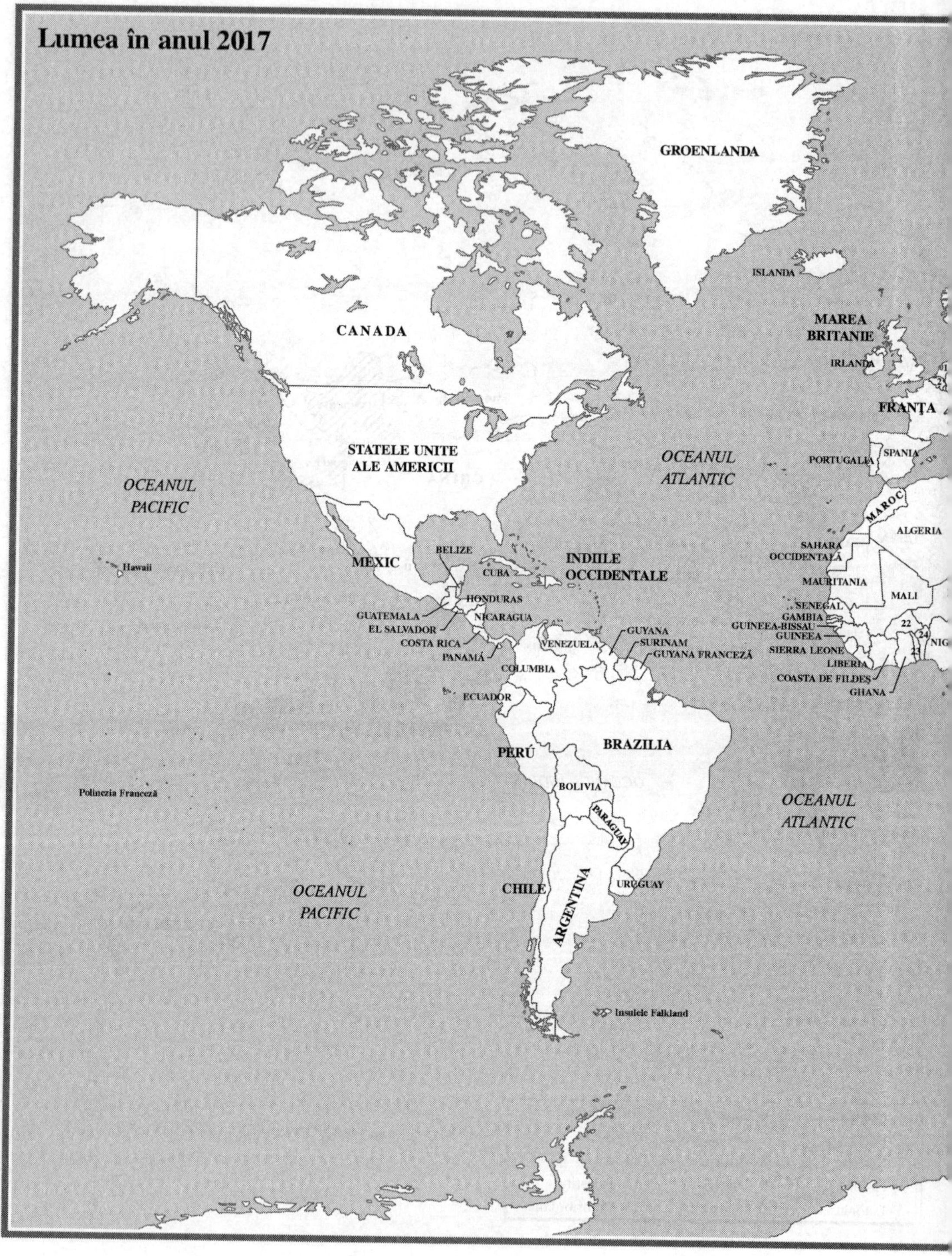
Lumea în anul 2017
GROENLANDA
ISLANDA
CANADA
MAREA BRITANIE
IRLANDA
FRANȚA
STATELE UNITE ALE AMERICII
OCEANUL ATLANTIC
PORTUGALIA
SPANIA
OCEANUL PACIFIC
MAROC
ALGERIA
SAHARA OCCIDENTALĂ
MEXIC
BELIZE
CUBA
INDIILE OCCIDENTALE
Hawaii
MAURITANIA
MALI
HONDURAS
GUATEMALA
EL SALVADOR
NICARAGUA
COSTA RICA
PANAMÁ
SENEGAL
GAMBIA
GUINEEA-BISSAU
GUINEEA
SIERRA LEONE
LIBERIA
COASTA DE FILDEȘ
GHANA
22
23
24
VENEZUELA
GUYANA
SURINAM
GUYANA FRANCEZĂ
COLUMBIA
ECUADOR
PERÚ
BRAZILIA
BOLIVIA
PARAGUAY
Polinezia Franceză
OCEANUL ATLANTIC
CHILE
ARGENTINA
URUGUAY
OCEANUL PACIFIC
Insulele Falkland

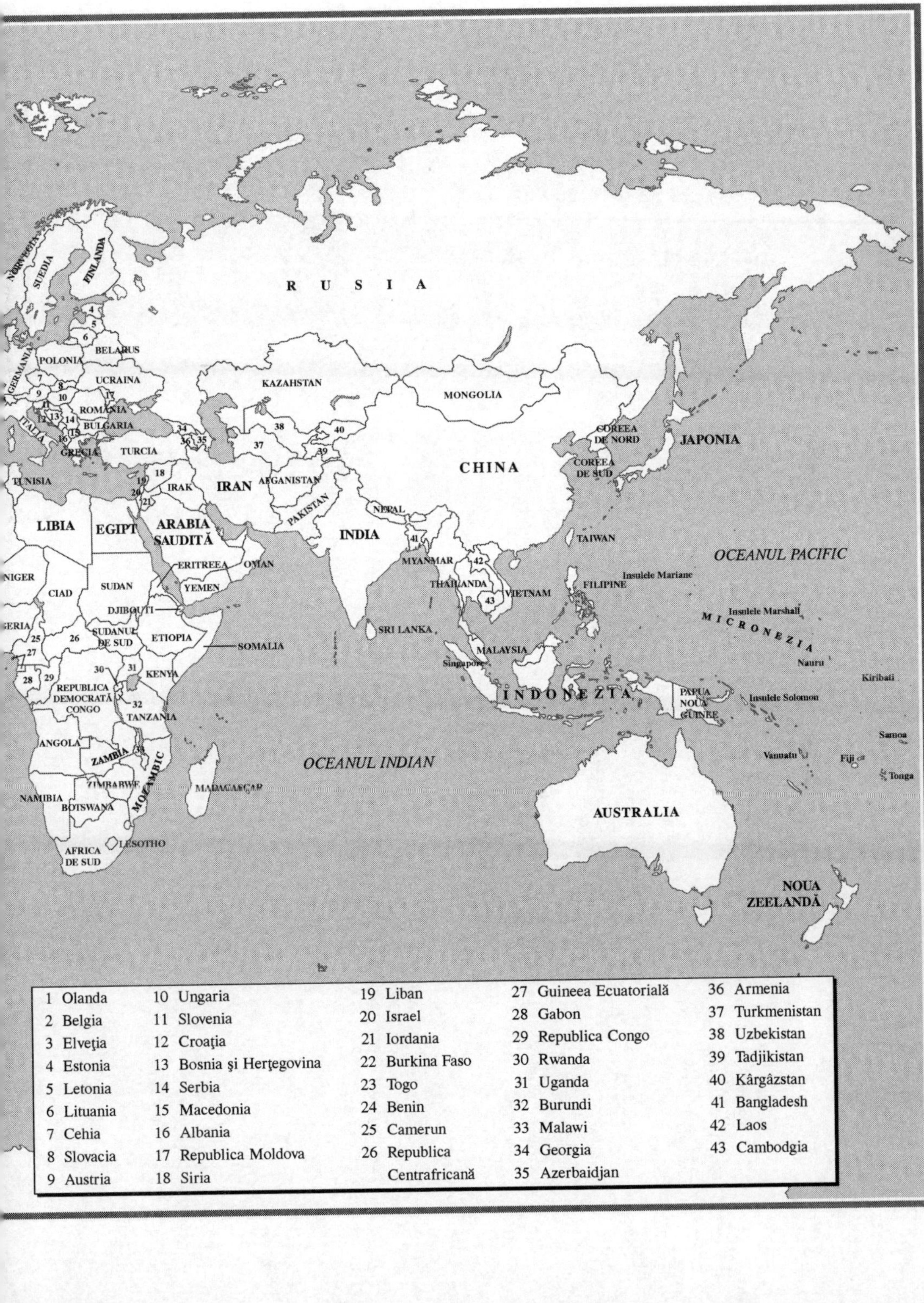
R U S I A
SUEDIA
FINLANDA
BELARUS
POLONIA
UCRAINA
ROMÂNIA
BULGARIA
ITALIA
GRECIA
TURCIA
KAZAHSTAN
MONGOLIA
CHINA
COREEA DE NORD
COREEA DE SUD
JAPONIA
IRAN
IRAK
AFGANISTAN
PAKISTAN
NEPAL
INDIA
TAIWAN
MYANMAR
THAILANDA
VIETNAM
FILIPINE
SRI LANKA
MALAYSIA
Singapore
INDONEZIA
PAPUA NOUĂ GUINEE
Insulele Mariane
Insulele Marshall
MICRONEZIA
Nauru
Kiribati
Insulele Solomon
Samoa
Vanuatu
Fiji
Tonga
OCEANUL PACIFIC
OCEANUL INDIAN
AUSTRALIA
NOUA ZEELANDĂ
TUNISIA
LIBIA
EGIPT
ARABIA SAUDITĂ
ERITREEA
OMAN
YEMEN
NIGER
CIAD
SUDAN
DJIBOUTI
ETIOPIA
SUDANUL DE SUD
SOMALIA
KENYA
REPUBLICA DEMOCRATĂ CONGO
TANZANIA
ANGOLA
ZAMBIA
MOZAMBIC
ZIMBABWE
MADAGASCAR
NAMIBIA
BOTSWANA
LESOTHO
AFRICA DE SUD
1 Olanda
2 Belgia
3 Elveţia
4 Estonia
5 Letonia
6 Lituania
7 Cehia
8 Slovacia
9 Austria
10 Ungaria
11 Slovenia
12 Croaţia
13 Bosnia şi Herţegovina
14 Serbia
15 Macedonia
16 Albania
17 Republica Moldova
18 Siria
19 Liban
20 Israel
21 Iordania
22 Burkina Faso
23 Togo
24 Benin
25 Camerun
26 Republica Centrafricană
27 Guineea Ecuatorială
28 Gabon
29 Republica Congo
30 Rwanda
31 Uganda
32 Burundi
33 Malawi
34 Georgia
35 Azerbaidjan
36 Armenia
37 Turkmenistan
38 Uzbekistan
39 Tadjikistan
40 Kârgâzstan
41 Bangladesh
42 Laos
43 Cambodgia

Nota autorului cu privire la numele asiatice

Am încercat pe tot parcursul acestui volum să mă raportez la diverse persoane folosind numele pe care ele însele le-ar fi folosit. Astfel, numele proprii chinezeşti, japoneze, coreene şi vietnameze sunt scrise conform uzanţelor din ţările respective, numele de familie fiind urmat de prenume. Una sau două excepţii au fost necesare atunci când persoana în cauză era deja bine-cunoscută în Occident, alegând varianta inversă, occidentală, de redare. Numele liderului sud-coreean de după război este redat sub forma Syngman Rhee, iar cel al prim-ministrului japonez din timpul războiului este redat Hideki Tojo, în aceste situaţii Rhee, respectiv Tojo fiind numele de familie. Câteodată, un autor care trăieşte de multă vreme în Occident semnează conform uzanţei de aici, astfel încât am folosit şi eu acea variantă. În caz de dubiu, cititorul poate consulta indexul şi bibliografia, unde listele sunt în ordine alfabetică după numele de familie. Este fapt comun în Indonezia ca oamenii să aibă un singur nume. Cititorul nu ar trebui să fie îngrijorat când va descoperi doar prenumele preşedintelui Sukarno : Sukarno a fost numele său complet.

Introducere

„Nu am fost fericită niciodată în viaţa mea." Iată cum şi-a rezumat existenţa Georgina Sand, care, în momentul interviului, era trecută bine de optzeci de ani. „N-am avut niciodată, nicăieri, sentimentul apartenenţei. Deşi locuiesc în Anglia, mă consider în continuare refugiată. Chiar şi acum mă mai întreabă lumea de unde am venit ; unora trebuie să le spun că mă aflu aici încă de dinainte ca ei să se nască. Dar nici când sunt la Viena nu mă simt cu adevărat austriacă. Mă simt străină. Mi-am pierdut sentimentul apartenenţei."[1]

Georgina are un aer elegant şi pare sigură pe ea. Inteligentă şi erudită, nu îi este niciodată teamă să-şi exprime punctul de vedere. Râde cu uşurinţă, nu doar de absurdităţile lumii, ci adesea chiar de ea însăşi şi de ciudăţeniile sau excentricităţile familiei sale, pe care o consideră cu totul adorabilă.

Ştie că are nenumărate motive să fie recunoscătoare. Vreme de peste cincizeci de ani a fost căsătorită cu Walter, iubitul ei din tinereţe, cu care a avut copii. Apoi a avut şi un nepot, de care este extrem de mândră. E o artistă împlinită şi, de la moartea soţului, a avut expoziţii atât în Marea Britanie, cât şi în Austria. Duce o viaţă pe care cei mai mulţi ar considera-o confortabilă, într-un apartament mare şi elegant din cartierul londonez South Bank, cu vedere spre Tamisa şi catedrala St. Paul.

Dar zâmbetul ei, realizările, eleganţa şi confortul din jur au o bază şubredă : „Trăiesc adesea cu sentimentul că nu sunt în siguranţă. Dintotdeauna a fost aşa. Viaţa mea a fost o continuă îngrijorare... De exemplu, am fost mereu excesiv de anxioasă în ce-i priveşte pe copii. Întotdeauna mi-a fost teamă să nu-i pierd sau aşa ceva. Chiar şi acum mai visez că i-am pierdut pe undeva. Nesiguranţa asta mă însoţeşte mereu... Fiul meu zice că în casa noastră domnea tot timpul o anumită atmosferă – un fel de anxietate mocnită".

Georgina nu are nicio îndoială cu privire la cauzele neliniştii ei. O datorează evenimentelor trăite de ea şi de soţul ei în timpul celui de-al Doilea Război Mondial, evenimente descrise fără şovăială drept o „traumă". Războiul i-a schimbat radical şi irevocabil viaţa, iar amintirea a ceea ce a trăit o tulbură şi astăzi. Cu toate acestea, se simte obligată să-şi spună povestea, deoarece ştie că nu doar ea a fost afectată, ci şi familia ei, şi comunitatea din care face parte. În egală măsură, e conştientă de ecourile poveştii ei în întreaga lume. A supravieţuit unor evenimente care au schimbat vieţile a milioane de oameni ca ea, din Europa şi de dincolo de graniţele ei. Într-o anumită măsură, povestea Georginei este emblematică pentru epoca noastră.

Georgina s-a născut la Viena la sfârşitul anului 1927, într-o vreme în care oraşul îşi pierduse statutul de centru al unui imperiu şi se chinuia să-şi găsească o nouă identitate. În 1938, când naziştii au intrat în Viena, oamenii i-au aclamat, închipuindu-şi că îşi vor redobândi măreţia pe care simţeau că o merită. Evreică fiind, Georgina nu avea însă niciun motiv să sărbătorească ceva. După doar câteva zile, la şcoală i s-a cerut să se mute într-o bancă din spatele clasei, iar unele dintre prietenele ei i-au spus că părinţii nu le mai dădeau voie să vorbească cu ea. A văzut cum erau scrise mesaje antisemite pe vitrinele magazinelor evreilor şi cum erau hărţuiţi evreii ortodocşi pe stradă. Odată, a văzut o mulţime de oameni adunaţi în jurul câtorva evrei care au fost siliţi să lingă scuipatul de pe caldarâm. „Şi lumea din jurul lor râdea şi îi îmbrâncea. A fost groaznic."

Venirea naziştilor a dat naştere şi altor motive de nelinişte pentru familia Georginei : tatăl ei era un comunist devotat şi se afla deja sub supravegherea autorităţilor. Convins că noul mediu politic devenise prea periculos, a plecat la Praga fără să spună nimănui nimic. Peste vreo câteva luni, Georgina şi mama ei l-au urmat. Sub pretextul că se duc la un picnic la ţară, şi-au strâns câteva lucruri şi au luat trenul spre graniţă, unde un „bărbat cu o înfăţişare ciudată" i-a trecut clandestin în Cehoslovacia.

Timp de un an au locuit cu toţii la Praga, în apartamentul bunicului ei, şi Georgina a fost fericită ; dar naziştii au ajuns şi acolo, aşa că au luat-o de la capăt. Tatăl ei s-a ascuns din nou. Pentru a o pune pe Georgina la adăpost, mama a înscris-o într-un nou program iniţiat de Marea Britanie şi destinat să-i salveze pe copiii vulnerabili din ghearele lui Hitler – un program numit *Kindertransport*. Bunicul, care fusese de mai multe ori în Marea Britanie, i-a spus că avea să locuiască într-o casă mare şi luxoasă, împreună cu o familie bogată. Mama i-a spus că va veni şi ea foarte curând. Aşa că Georgina, acum în vârstă de unsprezece ani, a fost urcată în tren şi trimisă în Marea Britanie, să trăiască printre străini. Nu avea de unde să ştie atunci că nu îşi va mai revedea mama niciodată.

A sosit la Londra într-o zi din vara lui 1939. Era cuprinsă de entuziasm, cu sentimentul că se afla într-o vacanţă, nu că începea o viaţă nouă. Nu a durat prea mult până când entuziasmul să-i dispară. Primii ei tutori au fost din Sandhurst, o familie de militari. Păreau reci şi severi, mai ales mama. „Cred că şi-ar fi dorit o fetiţă drăgălaşă, pentru că avea doi băieţi. Numai că eu plângeam necontenit, fiindu-mi dor de ai mei."

De aici a fost trimisă să locuiască împreună cu un cuplu foarte în vârstă într-o casă dărăpănată şi plină de igrasie – efectiv o şandrama –, într-un cartier sărac din Reading. „Acolo m-au aruncat [autorităţile]. Literalmente m-au aruncat. Probabil că cei doi bătrâni primiseră nişte bani ca să mă întreţină, dar nu erau în stare să aibă grijă de mine. Eram tare, tare nefericită. Aveau un nepot care mă teroriza ; era bărbat în toată firea şi locuia în aceeaşi casă. A încercat să-mi facă tot felul de lucruri neplăcute... Îmi era foarte frică de el."

În următoarele şase luni, Georginei i-au apărut furuncule la subţiori şi îi era din ce în ce mai frică de interesul aparte manifestat de nepot. Până la urmă, a salvat-o tatăl ei, care reuşise cumva să ajungă ilegal în Marea Britanie şi a venit să o ia. Totuşi, nici el nu a putut să aibă grijă prea multă vreme de ea, pentru că autorităţile britanice, suspicioase faţă de cei care vorbeau limba germană, l-au reţinut ca potenţial inamic străin. Aşa că Georgina s-a trezit din nou printre necunoscuţi, de data aceasta pe coasta de sud a Angliei.

Aşa a început seria de strămutări care aveau să caracterizeze anii ei de adolescenţă. A fost evacuată curând de pe coasta de sud din pricina ameninţării unei invazii germane. A trăit o vreme în Lake District şi apoi într-un internat din nordul Ţării Galilor, iar în toamna lui 1943 a revenit la Londra alături de tatăl ei. Nu rămânea niciodată în acelaşi loc mai mult de un an sau doi şi ajunsese să-i fie frică de englezi, pentru că niciunul nu părea să o înţeleagă sau să-i pese cu adevărat de ea.

Când s-a sfârşit războiul, Georgina împlinise şaptesprezece ani. Cea mai mare dorinţă a ei a fost să fie din nou împreună cu mama. S-a întors la Praga, unde a reuşit să-şi găsească mătuşa, dar nici urmă de mama ei. Mătuşa i-a povestit că foarte mulţi dintre ai lor fuseseră ridicaţi şi trimişi în lagărul de concentrare Theresienstadt. Mama Georginei făcuse parte dintr-un transport cu destinaţia Auschwitz, unde mai mult ca sigur că pierise.

Întâmplările acestea o bântuie pe Georgina şi astăzi : mutările repetate, pierderea mamei, nesiguranţa şi neliniştea pricinuite de război şi de perioada de după, precum şi ameninţarea violenţei, mereu prezentă în fundal, dar niciodată pe deplin conştientizată. Deşi a locuit la Londra din 1948, Georgina nu poate uita deceniul de continue mutări care i-au jalonat viaţa între zece şi douăzeci de ani. E de necontestat faptul că s-a aflat într-o situaţie infinit mai bună decât oricare alta, dar gândul la ceea ce i s-ar fi putut întâmpla dacă ar fi rămas în Europa Centrală nu o consolează. Nu suportă să se gândească la ce li s-a întâmplat rudelor şi prietenilor ei ucişi în lagărele de concentrare, dar nici nu poate să nu se gândească la ei. Nici astăzi nu se poate uita la vreun film despre deportările evreilor din perioada războiului de teamă că şi-ar putea vedea mama printre victime.

O bântuie şi gândul la ceea ce ar fi putut fi viaţa ei : „Când merg la Viena ori când mă duceam în vizită la mătuşa mea din Germania sau oriunde altundeva, întâlneam familii – familii sănătoase şi frumoase, cu copii mici. Eu nu schiez, dar mergeam uneori la munte şi îi priveam, înţelegi, mă uitam la copiii aceia care vorbeau cu toţii în germană şi erau cu toţii voinici şi sănătoşi. Şi mă gândeam că şi eu aş fi putut să am o viaţă mai bună. Şi aş fi putut fi alături de familia mea, aş fi putut creşte într-un mediu mai sigur. Aş fi ştiut că am şi eu un loc al meu undeva. Nicăieri nu am fost cu adevărat acasă".

Mă interesează povestea Georginei din trei motive. În primul rând, în calitate de istoric specializat în al Doilea Război Mondial şi urmările sale, sunt un împătimit colecţionar de povestiri. Povestea Georginei este doar una dintre cele douăzeci şi cinci pe care le-am adunat pentru volumul de faţă, câte una pentru fiecare capitol. Pe unele dintre ele le-am consemnat personal, prin intermediul interviurilor sau al corespondenţei prin e-mail, altele sunt spicuite din documente de arhivă sau din memorii publicate ; unele au ca protagonişti persoane celebre, altele, anonimi, oameni necunoscuţi celor din afara familiei şi a cercului de prieteni. Aceste istorii reprezintă, la rândul lor, doar o mostră infimă a sutelor pe care le-am ales dintre miile – milioanele – de povestiri individuale ce alcătuiesc istoria noastră colectivă.

În al doilea rând, şi mai important, Georgina este rudă cu soţia mea şi, în consecinţă, face parte din familie. Ceea ce are ea de spus explică multe despre membrii din acea ramură din arborele meu genealogic – temerile şi neliniştile lor, obsesiile şi năzuinţele lor, parte dintre ele fiindu-ne transmise tacit soţiei mele şi copiilor noştri, aproape ca prin osmoză. Experienţa unui om nu îi aparţine exclusiv lui – e parte dintr-o urzeală pe care o ţes familiile şi comunităţile, iar povestea Georginei nu face excepţie de la regulă.

În ultimul rând şi cel mai important, cel puţin în contextul cărţii de faţă, povestea ei conţine ceva emblematic. Aidoma Georginei, sute de mii de alţi evrei din Europa – cei care au supravieţuit războiului – au fost scoşi din căminele lor şi risipiţi în toată lumea. Astăzi, pot fi întâlniţi, ei şi urmaşii lor, în toate marile oraşe din lume, de la Buenos Aires la Vladivostok. La fel ca Georgina, alţi vorbitori de germană, cam douăsprezece milioane cu totul, au fost dezrădăcinaţi şi exilaţi din căminele lor în perioada haosului de după război. Povestea Georginei se regăseşte ca un ecou nu doar în toată Europa, ci şi în China, Coreea şi Asia de Sud-Est, unde zeci de milioane de oameni au fost la rândul lor strămutaţi ; dar şi în Africa de Nord şi în Orientul Mijlociu, unde permanentul du-te-vino din anii de război al unor armate numeroase a provocat perturbări ireversibile. Ecourile ei sunt mai slabe, dar încă mai pot fi recunoscute în relatările refugiaţilor care au fugit din calea unor conflicte ulterioare, precum cele din Coreea, Algeria, Vietnam sau Bosnia – conflicte care, la rândul lor, îşi au rădăcinile tot în al Doilea Război Mondial. Poveştile lor au fost transmise copiilor refugiaţilor şi comunităţilor din care fac parte – aşa cum şi Georgina şi-a împărtăşit amintirile rudelor şi prietenilor ei –, iar acum fac parte integrantă din memoria naţiunilor şi a diasporei din întreaga lume.

Cu cât cercetezi evenimentele prin care au trecut Georgina şi alţii ca ea, cu atât mai profunde şi mai larg răspândite par să fie consecinţele acestora. Al Doilea Război Mondial nu a fost o criză ca oricare alta, ci a afectat în mod direct mult mai mulţi oameni decât orice alt conflict din istorie. Peste o sută de milioane de bărbaţi şi femei au fost mobilizaţi, o cifră care cu siguranţă că pune în umbră numărul celor care au luptat în oricare dintre războaiele anterioare, inclusiv în Primul Război Mondial. Sute de milioane de civili au fost, la rândul lor, târâţi în conflict – nu doar ca refugiaţi, precum Georgina, ci şi în calitate de muncitori în fabrici, de furnizori de hrană şi combustibil, ca surse de reconfortare şi de divertisment, prizonieri, pentru muncă forţată şi ca ţinte. Pentru prima dată în istoria modernă, numărul civililor ucişi l-a depăşit cu mult – nu cu câteva milioane, ci cu zeci de milioane – pe cel al soldaţilor. În al Doilea Război Mondial au fost ucişi de patru ori mai mulţi oameni decât în Primul Război Mondial. Pentru fiecare dintre ei au fost zeci de alţi oameni afectaţi indirect de uriaşele convulsii economice şi psihologice care au însoţit războiul[2].

În 1945, pe măsură ce lumea se străduia să se redreseze, societăţi întregi au trebuit să fie transformate. Peisajele născute din dărâmăturile teatrelor de război nu semănau defel cu ceea ce fusese înainte. Unele oraşe şi-au schimbat denumirea, unele state şi-au schimbat moneda, unii oameni şi-au schimbat naţionalitatea. Comunităţi care au fost omogene vreme de sute de ani au fost deodată invadate de străini de toate naţionalităţile, de toate rasele şi de toate culorile – de oameni ca Georgina, care nu-şi găseau un loc al lor. Naţiuni întregi au fost eliberate sau înrobite iarăşi. S-au prăbuşit imperii şi au fost înlocuite cu altele noi, la fel de măreţe şi la fel de nemiloase.

Dorinţa universală de a găsi un antidot al războiului a generat o efervescenţă fără precedent de idei noi şi inovaţii. Oamenii de ştiinţă visau să folosească noi tehnologii – multe dintre ele create în timpul războiului – pentru a face din lume un loc mai sigur şi mai bun. Arhitecţii visau să ridice noi oraşe pe ruinele celor vechi, cu condiţii mai bune de locuit, cu spaţii publice mai luminoase şi cu locuitori satisfăcuţi. Politicienii, economiştii şi filosofii visau la societăţi egalitariste, planificate de la centru şi conduse eficient, spre fericirea tuturor. Pretutindeni au apărut noi partide politice şi noi mişcări etice. Unele dintre aceste schimbări s-au întemeiat pe idei rezultate din frământări anterioare, precum Primul Război Mondial sau Revoluţia Rusă, iar altele erau complet noi ; însă chiar şi ideile mai vechi au fost adoptate după 1945 cu o viteză şi o urgenţă de neimaginat în orice altă perioadă. Faptul că totul fusese afectat de război, violenţa lui îngrozitoare şi amploarea geografică fără precedent creaseră o dorinţă de schimbare mai generală decât în oricare alt moment din istorie.

Cuvântul care stătea pe buzele tuturor era *libertate*. Franklin D. Roosevelt, liderul Statelor Unite din perioada războiului, enumerase patru tipuri de libertate - libertatea de exprimare, libertatea de credinţă, libertatea de a nu suferi de sărăcie şi libertatea de a nu suferi de frică. Carta Atlanticului, redactată după consultarea cu premierul britanic Winston Churchill, stabilise şi ea libertatea tuturor popoarelor de a-şi alege forma de guvernământ. Comuniştii discutau despre eliberarea de exploatare, în timp ce economiştii discutau despre comerţul liber şi pieţele libere. Iar după război, unii dintre cei mai influenţi filosofi şi psihologi ai lumii au scris despre unele libertăţi şi mai profunde, fundamentale pentru condiţia umană.

Apelul a fost preluat în lumea întreagă, chiar şi în acele ţări care s-au aflat departe de teatrul de război. Încă din 1942, Kingsley Ozumba Mbadiwe, viitorul om de stat nigerian, cerea ca, odată războiul câştigat, libertatea şi dreptatea să fie extinse şi asupra coloniilor. „Africa", scria el, „nu va accepta niciun alt trofeu în afara libertăţii"[3]. Unii dintre cei mai entuziaşti membri fondatori ai Naţiunilor Unite au fost ţările din America Centrală şi de Sud, care au conceput un sistem internaţional menit să vegheze ca „nedreptatea şi sărăcia să fie izgonite din lume" şi o nouă eră, în care „toate naţiunile, mari şi mici", să „coopereze pe principii de egalitate"[4]. Pretutindeni bătea vântul schimbării.

Conform omului de stat american Wendell Willkie, atmosfera din timpul celui de-al Doilea Război Mondial a fost mult mai revoluţionară decât cea din Primul Război Mondial. După un turneu mondial în 1942, Willkie s-a întors la Washington inspirat de modul cum luptau bărbaţii şi femeile din toată lumea ca să se elibereze de imperialism, să-şi redobândească drepturile fundamentale şi civile şi să clădească „o societate nouă... însufleţită de spiritul independenţei şi al libertăţii". Era, spunea el, extrem de impresionant că pretutindeni oamenii păreau animaţi de noua încredere „că, având libertate, pot realiza orice". Willkie a mărturisit însă că atmosfera aceasta i se părea oarecum terifiantă. Oamenii păreau incapabili să cadă de acord asupra unui ţel comun. Dacă nu aveau să o facă înainte de sfârşitul războiului, Willkie anticipa eşecul spiritului de cooperare ce îi ţinea împreună pe Aliaţi şi revenirea la aceleaşi nemulţumiri care duseseră iniţial la declanşarea conflagraţiei[5].

Al Doilea Război Mondial a făcut aşadar să încolţească nu doar o nouă libertate, ci şi o nouă frică. De îndată ce războiul s-a încheiat, oamenii au reînceput să-şi privească foştii aliaţi cu neîncredere. Au reapărut tensiuni între puterile europene şi coloniile lor, între dreapta şi stânga şi, mai important decât orice, între SUA şi Uniunea Sovietică. După ce fuseseră de curând martorii unei catastrofe globale fără precedent, oamenii de pretutindeni au început să se îngrijoreze că se apropia un nou război, şi mai nimicitor. „Anxietatea mocnită" descrisă de Georgina Sand a fost un fenomen global după 1945.

Din această perspectivă, poate că şi povestea Georginei din perioada imediat următoare războiului este emblematică. După ce a fost declarată pacea, Georgina s-a reîntors la Praga, în speranţa că-şi va recăpăta sentimentul apartenenţei pierdut în copilărie; când acest lucru nu s-a întâmplat, a sperat, în schimb, că îl va putea recrea. S-a reîntâlnit cu Walter, pe care îl cunoscuse în copilărie, şi s-a îndrăgostit de el. S-a căsătorit, şi-a făcut prieteni, s-a pregătit să se aşeze la casa ei. Cu tot optimismul tinereţii, şi-a închipuit că viitorul nu poate fi decât luminos, în pofida umbrei stăruitoare pe care războiul o arunca în continuare asupra vieţii ei. Chiar şi după ce a aflat de moartea mamei, a crezut sincer că va reuşi să uite nefericirea anilor de război, pentru că voia să meargă pe drumul ei, să se reinventeze. Georgina voia să fie liberă.

Din nefericire, autorităţile cehe au fost de altă părere. În 1948, când comuniştii au preluat puterea, ei şi lui Walter li s-a cerut să jure loialitate necondiţionată noului regim şi, prin acesta, noii superputeri sovietice. Cum cei doi nu au fost dispuşi să o facă, s-au văzut din nou siliţi să fugă din ţară. Fuga lor a fost una simbolică şi pentru o altă consecinţă a celui de-al Doilea Război Mondial - noul Război Rece, care a făcut ca lumea întreagă să se polarizeze între Vest şi Est, între dreapta şi stânga. După cum spunea Churchill, o cortină de fier a căzut peste centrul Europei ; plus revoluţii, lovituri de stat şi războaie civile izbucnite în ţările în curs de dezvoltare. Alţi refugiaţi, alte istorii.

Volumul de faţă reprezintă o încercare de a trece în revistă schimbările importante - atât distructive, cât şi constructive - care au avut loc în lume, provocate fiind de război. El acoperă în mod necesar principalele evenimente geopolitice : apariţia superputerilor, începutul Războiului Rece, prăbuşirea îndelungată şi lentă a colonialismului european şi multe altele. Sunt analizate şi importantele consecinţe sociale şi economice ale războiului : transformarea mediului nostru fizic ; schimbările masive în ceea ce priveşte nivelul de trai, valorile demografice mondiale, comerţul global ; dezvoltarea şi disoluţia pârghiilor pieţei libere ; începutul erei nucleare. Mai important însă, acest studiu încearcă să privească dincolo de evenimente şi tendinţe pentru a analiza efectele produse de război la nivel mitologic, filosofic şi psihologic. Cum a afectat amintirea vărsărilor de sânge relaţiile dintre oameni şi relaţia lor cu lumea ? Cum ne-a schimbat perspectiva asupra a ceea ce sunt oamenii în stare să facă ? Cum ne-a influenţat frica de violenţă şi de putere dorinţa noastră arzătoare de libertate şi de apartenenţă, visurile de egalitate, obiectivitate şi dreptate ?

Pentru a conferi o dimensiune dramatică acestor întrebări, am ales să plasez în centrul fiecărui capitol povestea unui singur om, bărbat sau femeie, care, la fel ca Georgina Sand, a trăit evenimentele războiului şi pe cele din perioada imediat următoare, fiind profund afectat de ele. În fiecare capitol, această istorie personală este folosită ca punct de plecare pentru cititor, care poate arunca o privire asupra tabloului mai amplu de dincolo de ea - istoria comunităţii din care face parte persoana respectivă, istoria naţiunii sale, a regiunii sale, istoria lumii întregi. Nu este vorba aici doar de o figură de stil - este de o extremă importanţă pentru ceea ce încerc să prezint. Nu am pretenţia că istoria unei singure persoane ar putea să rezume vreodată întreaga gamă de experienţe trăite de restul lumii ; dar există elemente de universalitate în tot ceea ce facem şi în toate amintirile noastre, mai ales în ceea ce ne spunem unii altora despre noi înşine şi despre trecutul nostru. Istoria a reprezentat întotdeauna o mediere între personal şi universal şi nicăieri nu este mai relevantă această relaţie decât în istoria celui de-al Doilea Război Mondial.

În 1945, era unanim acceptată ideea că acţiunile şi credinţele fiecărui individ, şi, prin extrapolare, amintirile şi experienţele trecute ale tuturor, nu îl privesc doar pe individul în speţă, ci şi omenirea în integralitatea ei. Era epoca în care psihanalişti precum S.H. Foulkes şi Erich Fromm începeau să investigheze pentru prima dată relaţiile dintre individ şi grupurile cărora le aparţine. „Entitatea de bază a procesului social", spunea Fromm în 1942, „este individul... Orice grup e alcătuit din indivizi şi doar din indivizi, iar mecanismele psihologice pe care le descoperim că acţionează în interiorul unui grup nu pot fi deci decât mecanismele care acţionează în interiorul indivizilor"[6]. Sociologii şi filosofii din epocă explorau şi ei modalitatea prin care individul este reflectat de întreg şi invers: „Modelându-mă pe mine, modelez [deopotrivă] omul", spunea Jean-Paul Sartre la sfârşitul anului 1945 şi mulţi dintre confraţii săi existenţialişti s-au străduit să tragă concluzii universale de pe urma evenimentelor la care au fost martori în timpul războiului. Acestea sunt principii la fel de aplicabile astăzi pe cât au fost şi atunci: am adoptat în mod colectiv istoriile unor oameni ca Georgina ca şi cum ar fi fost ale noastre[7].

Sunt conştient, fireşte, de faptul că poveştile acestor oameni nu reflectă întotdeauna adevărul absolut. Este bine-cunoscut faptul că relatările supravieţuitorilor războiului nu pot fi considerate certe. Faptele se uită, sunt amintite eronat ori sunt înfrumuseţate. Părerile oamenilor despre ei înşişi sau cele referitoare la acţiunile lor se pot modifica dramatic şi, atunci când se întâmplă astfel, ele pot fi antedatate şi inserate ca opinii originale. Naţiunile şi societăţile nu acţionează nici ele diferit. Miturile şi minciunile sfruntate pe care ni le-am spus nouă înşine de-a lungul deceniilor care au trecut de la cel de-al Doilea Război Mondial sunt, de fapt, la fel de importante în modelarea lumii noastre pe cât au fost vreodată adevărurile. Istoricului îi revine responsabilitatea de a confrunta aceste naraţiuni cu documentele vremii şi a încerca să aducă propriul construct cât mai aproape cu putinţă de adevărul obiectiv. Am încercat să nu mă lansez în judecăţi de valoare asupra persoanelor de la care am preluat aceste relatări, nici chiar atunci când nu eram de acord cu ele. În schimb, fiind vorba aici de o istorie universală, mi-am rezervat criticile pentru acele situaţii în care emoţiile noastre *colective* ne-au copleşit şi au fixat adânc în noi o memorie colectivă aflată în totală contradicţie cu evidenţele. Povestirile individuale sunt aşadar exact ceea ce sunt - nişte povestiri. Modul cum interacţionează cu narativul colectiv reprezintă punctul în care se încheie „povestirea" şi începe istoria.

Am încercat să includ aici studii de caz din toată lumea şi din perspective politice cât mai diferite, unele dintre ele situându-se departe de punctul meu de vedere politic şi departe geografic. Sunt prezente povestiri din Africa şi din America Latină, în paralel cu cele din Europa, America de Nord şi Asia, pentru că şi aceste regiuni au fost profund afectate de război. Există totuşi un procent mult mai mare de povestiri venite din acele părţi ale lumii implicate direct în lupte, pentru că acolo au avut loc fără îndoială cele mai mari schimbări de pe urma războiului. Cele mai multe sunt povestirile din SUA. Motivul nu vine din înclinaţia mea liberal occidentală - sau, cel puţin, nu e singurul motiv -, ci din faptul că ele reflectă echilibrul de putere rezultat în urma războiului: fie că ne place sau nu, secolul XX s-a numit „secolul american" şi nu fără motiv. În prima parte a acestui volum este prezentă masiv şi Japonia, pentru că, în opinia mea, importanţa ei simbolică este prea puţin reprezentată în povestirile occidentale despre război.

Totodată, cititorul va observa că sunt prezente aici mai multe povestiri de la cei cu vederi politice de stânga decât de dreapta. Nici în acest caz nu este o întâmplare, ci un gest deliberat. La nivelul istoriei globale, anul 1945 a reprezentat probabil punctul culminant pentru politica de stânga - cei cu vederi social-progresiste sau chiar cu idei vădit comuniste au dominat agenda politică aşa cum nu s-a mai întâmplat de atunci şi până astăzi. Eu am însă credinţa fermă că nimeni nu este consecvent pentru veşnicie în convingerile sale politice, aşa că am inclus şi istoriile unor oameni care şi-au schimbat dramatic convingerile în urma unor experienţe, atât de la stânga la dreapta, cât şi invers.

În fine, este important să menţionez că lucrarea aceasta se vrea o provocare, fie ea cât de mică. În paginile care urmează, cititorul va găsi multe lucruri familiare, dar şi multe care îi sunt mai puţin cunoscute sau poate chiar necunoscute. În „camera de ecou" mediatic care defineşte lumea noastră de astăzi, unde tot mai mulţi dintre noi suntem expuşi doar acelor puncte de vedere care consună cu ale noastre, este mai important decât oricând ca opiniile noastre să fie uneori provocate, iar noi să fim deschişi unei astfel de provocări. Lumea arată foarte diferit atunci când este privită din perspectiva unui soldat sau a unui civil, a unui bărbat sau a unei femei, a unui om de ştiinţă sau a unui artist, a unui om de afaceri sau a unui sindicalist, a unui erou, a unei victime sau a unui criminal. Toate aceste puncte de vedere sunt reprezentate în paginile care urmează. Dar l-aş îndemna pe cititor să abordeze cartea mai degrabă cu ochii unui outsider – un refugiat – ale cărui prejudecăţi trebuie puse temporar deoparte, singura modalitate prin care putem înţelege contextul celor ce urmează. Chiar şi eu am făcut unele eforturi în această privinţă. Istoricii pot avea şi ei prejudecăţi, la fel ca toţi oamenii, iar în paginile următoare am încercat să fiu sincer în legătură cu unele dintre propriile mele idei şi convingeri preconcepute. O dată sau de două ori, aşa cum se întâmplă în capitolul despre naţionalismul european postbelic, am luat decizia dificilă de a-mi pune sub lupă propriile temeri şi nostalgii. Aş vrea să-l îndemn pe cititor să procedeze din când în când la fel.

Un istoric este şi el tot un fel de refugiat : nu se poate întoarce niciodată la trecutul unei alte ţări, indiferent câte eforturi entuziaste ar face ca să-l recreeze. M-am lansat în scrierea acestei cărţi ştiind că nu va putea fi niciodată altceva decât o reprezentare estompată a minunatei lumi noi născute din cenuşa anului 1945 şi care a fost mereu prea vastă pentru a putea fi cuprinsă confortabil între copertele unui singur volum. Nu-mi rămâne decât să sper că fragmentele pe care le-am găsit şi le-am adunat laolaltă îi vor inspira pe cititori să continue explorarea şi să compenseze de unii singuri unele dintre omisiunile şi deficienţele mai mari ale acestei cărţi.

Pe de altă parte însă, din multe puncte de vedere, în volumul acesta chiar nu este vorba despre trecut. Este vorba despre motivele care au făcut ca oraşele noastre să arate astăzi aşa cum arată, despre motivele pentru care comunităţile noastre au devenit atât de diverse şi pentru care tehnologiile noastre s-au dezvoltat aşa cum au făcut-o. Este vorba despre raţiunea pentru care nimeni nu mai crede în utopii şi de ce promovăm drepturile omului chiar şi atunci când le subminăm. Sau de ce se manifestă o atât de mare neîncredere în posibilitatea ca, vreodată, sistemul nostru economic să fie reformat. Este vorba despre motivul pentru care eforturile noastre de a instaura pacea mondială sunt permanent contracarate de violenţe sau pentru care nenumăratele noastre dispute şi conflicte civile nu au fost încă soluţionate, în pofida deceniilor de eforturi diplomatice şi politice. Toate aceste probleme, şi multe altele, ocupă zi de zi paginile ziarelor noastre şi toate îşi au rădăcinile în cel de-al Doilea Război Mondial.

Mai presus de orice, în volumul de faţă este vorba despre eternul conflict dintre dorinţa care, pe de o parte, ne face să vrem să fim solidari cu vecinii şi aliaţii noştri, iar pe de altă parte, ne face să stăm deoparte. Este un conflict care s-a manifestat la scară mondială după încheierea celui de-al Doilea Război Mondial şi care continuă şi astăzi să stea la baza relaţiilor noastre comunitare. Natura, dar şi istoria noastră ne menţin într-un spaţiu ambiguu, situat nu pe de-a-ntregul în interiorul, dar nici complet în afara comunităţilor noastre. La fel ca Georgina Sand, niciunul dintre noi nu poate spune cu toată sinceritatea că aparţine unui anume loc.

Partea I

Mituri și legende

1
Sfârşitul lumii

În dimineaţa zilei de 6 august 1945, un lector universitar japonez pe nume Ogura Toyofumi, în vreme ce se îndrepta către Hiroshima, a fost martorul unei privelişti ce urma să schimbe cursul istoriei. La circa 4 km depărtare, a văzut cum deasupra centrului oraşului se declanşează un fulger de lumină orbitoare : era de un alb-albăstrui, asemenea bliţului cu magneziu al fotografului, dar atât de imens, încât i s-a părut că cerul s-a despicat în două. Uluit, bărbatul s-a azvârlit la pământ şi a continuat să privească. Explozia de lumină a fost urmată de o coloană enormă de fum şi flăcări roşietice, „ca lava unui vulcan care a erupt undeva în văzduh" şi acum se înălţa kilometri în atmosferă. Era o privelişte pe cât de frumoasă, pe atât de înspăimântătoare :

> Nu ştiu cum să o descriu. S-a ivit o coloană imensă de nori, imposibil de descris, care clocotea tumultuos şi se înălţa spumegând. Era atât de uriaşă, că acoperea aproape în întregime seninul cerului. Apoi partea de sus a început să se reverse, ca şi cum un nor de furtună imens s-ar fi dezintegrat, şi întreaga formaţiune a început să se prelingă pe părţile laterale... Forma se schimba în permanenţă, iar culorile erau caleidoscopice. Din loc în loc, înăuntrul ei se zăreau sclipirile unor mici explozii.

Cum nu mai văzuse niciodată ceva asemănător până atunci, Toyofumi şi-a închipuit pentru o clipă că este martorul unui fenomen divin : poate că era coloana de foc pe care a văzut-o Moise, descrisă în Vechiul Testament, sau o manifestare a cosmosului budist *shumisen*. Dar, în timp ce prin minte i se derulau cu repeziciune acele imagini religioase şi mitologice, şi-a dat seama că niciuna dintre ele nu se putea asemăna, nici pe departe, cu uluitoarea privelişte care i se dezvăluia dinaintea ochilor. „Conceptele şi fanteziile simpliste pe care şi le-au închipuit anticii nu aveau cum să descrie acest oribil spectacol de nori şi fulgere montat pe firmament."[1]

Câteva clipe mai târziu, Ogura Toyofumi a fost izbit de suflul exploziei atomice, căruia i-a rezistat lipindu-se de pământ. De jur împrejurul lui auzea „un răpăit extraordinar, trosnituri şi zgomotul de case şi clădiri care se dezintegrau". A crezut că mai aude şi ţipete, deşi ulterior nu a mai fost sigur dacă acestea fuseseră aievea sau doar rezultatul imaginaţiei sale.

Când a reuşit să se ridice din nou în picioare, după doar câteva minute tot ce-l înconjura se transformase complet. Unde nu demult fusese un oraş înfloritor – al şaptelea cel mai mare oraş al Japoniei –, nu mai erau decât moloz, schelete de case şi ruine înnegrite. În stare de şoc, a urcat pe culmea unui deal din apropiere să evalueze pagubele, înainte de a se îndrepta spre centrul oraşului ca să-l cerceteze mai îndeaproape. A rămas uluit de ce a văzut:

> Hiroshima încetase să mai existe... Nu-mi venea să cred. Pretutindeni în jur era o mare imensă de moloz şi de rămăşiţe fumegânde, doar câteva clădiri din beton rămase încă în picioare ici şi colo, ca nişte palide pietre funerare, multe dintre ele înfăşurate într-un linţoliu de fum. Asta era tot cât vedeai cu ochii... Nu era absolut nicio diferenţă între ce vedeai lângă tine şi ce se zărea în depărtare... Oricât de departe am mers, marea de ruine se întindea de ambele părţi ale drumului, arzând şi fumegând încă... Mă aşteptasem să văd distrugeri majore, dar am rămas stupefiat când mi-am dat seama că totul fusese ras complet de pe faţa pământului[2].

Descrierea făcută Hiroshimei de Toyofumi a fost una dintre primele publicate în Japonia. Redactată sub forma unei serii de scrisori către soţia lui, care avea să moară la puţine zile după explozie, această mărturie este o încercare de a înţelege cum s-a transformat instantaneu oraşul natal al autorului dintr-o lume a celor vii într-o lume a morţilor. Scrisorile abundă de scene de infern, cu cadavre deformate grotesc şi supravieţuitori cu răni atât de groaznice, încât abia dacă mai puteau fi numiţi fiinţe omeneşti. Se fac referiri frecvente la „infern", la „versiunile budiste ale iadului" şi la „cumplitul sfârşit al Sodomei şi Gomorei". În ultimele pagini este menţionat chiar şi taifunul care a lovit Hiroshima la o lună după sfârşitul războiului şi care i-a amintit autorului de „Potopul din vremea lui Noe". Ceea ce textul lăsa să se subînţeleagă era că experienţa trăită de Toyofumi nu a fost doar simpla distrugere a unui singur oraş, ci un dezastru comparabil Armagedonului însuşi, aşa cum o atestă şi titlul cărţii traduse în limba engleză – *Letters from the End of the World* (*Scrisori de la sfârşitul lumii*)[3].

Asemenea viziuni apocaliptice au fost numeroase printre supravieţuitorii de la Hiroshima. Romanciera Ota Yoko, autoarea uneia dintre primele relatări despre bombardamentul atomic, nu a reuşit să-şi explice raţional viteza cu care a dispărut totul: „Pur şi simplu, n-am reuşit să înţeleg de ce tot ceea ce ne înconjurase s-a transformat atât de mult într-o singură clipă... Mi-am închipuit că ar putea fi ceva fără legătură cu războiul, că s-a prăbuşit pământul, aşa cum se spune că se va întâmpla la sfârşitul lumii şi cum citisem în copilărie". La fel ca Ogura, şi ea a încercat să-şi explice evenimentul prin intermediul unor cauze supranaturale, întrebându-se dacă nu cumva întregul război era un soi de „fenomen cosmic" provocat de o fantasmă uriaşă care voia să distrugă lumea[4].

Mii de alţi supravieţuitori au crezut şi ei, cel puţin o vreme, că asistă la sfârşitul lumii. Oricare cercetător care va studia în detaliu relatările martorilor oculari de la Hiroshima va găsi mereu aceleaşi expresii: „scene de iad", „iadul pe pământ", „un adevărat iad", „lumea celor morţi", „părea că soarele se prăbuşise din cer", „aveam o senzaţie oribilă de singurătate, ca şi cum toţi ceilalţi oameni de pe pământ pieriseră". Unii dintre supravieţuitori nu sunt nici astăzi capabili să pună de acord ceea ce au văzut în ziua aceea cu lumea de dinainte sau de după bombardament, de parcă toţi ar fi fost martorii unui eveniment dintr-o realitate paralelă, ruptă cu totul de cea în care ne aflăm noi. „Când privesc înapoi la ziua aceea", scria un supravieţuitor patruzeci de ani mai târziu, „am sentimentul că nu a fost universul nostru uman, ci că am văzut iadul unei alte lumi"[5].

Ogura Toyofumi cu familia. Este ultima fotografie a familiei reunite: soţia lui Toyofumi avea să moară ca urmare a bolii provocate de radiaţii la două săptămâni după distrugerea Hiroshimei.

Astfel de gânduri nu sunt decât ecoul experienţelor trăite de nenumăraţi alţi martori oculari la multe alte evenimente din timpul celui de-al Doilea Război Mondial care s-au petrecut pe tot întinsul globului. Oricât de îngrozitoare a fost experienţa Hiroshimei, ea a reprezentat doar un eveniment singular dintr-un conflict mondial care se desfăşura deja de mulţi ani. Aşa cum a explicat limpede ziarul Vaticanului, *L'Osservatore Romano*, a doua zi după Hiroshima, a fost ceva înspăimântător de familiar în legătură cu bomba atomică: a fost doar un episod final al unui război în care „surprizele apocaliptice" păreau să nu se mai sfârşească[6]. Chiar şi unii dintre cei care au trăit experienţa bombei atomice au fost obligaţi să admită că a fost „ecoul hâd al unui război care se încheiase deja". În memoriile ei, Ota Yoko a recunoscut că experienţa pe care a trăit-o a fost doar simptomul a ceva mult mai mare şi mai îngrozitor: o catastrofă singulară dintr-un lanţ nesfârşit de „orori sufocante şi apocaliptice"[7].

Experienţele civililor din Germania au fost similare cu ale civililor din Japonia. Germania nu a fost niciodată victima unei bombe atomice, însă oraşele ei, chiar mai mult decât ale Japoniei, au suferit ani la rând bombardamente convenţionale care nu au fost mai puţin catastrofice. Oraşul Hamburg, de pildă, a fost practic şters de pe faţa pământului în 1943, când o combinaţie de explozibili puternici şi de bombe incendiare au provocat o furtună de foc care a înghiţit întreg oraşul. În zilele care au urmat bombardamentului, scriitorul Hans Erich Nossack a descris revenirea sa la Hamburg ca pe o „coborâre în lumea de dincolo". Cartea în care Nossack relatează această experienţă este intitulată succint *Der Untergang* (*Sfârşitul*)[8].

La sfârşitul războiului, imagini apocaliptice, mai cu seamă imaginile biblice, erau omniprezente : Dresda, ca şi Hiroshima, a fost mistuită de o „coloană de foc biblică" ; München părea o scenă din „Judecata de Apoi" ; Düsseldorf nu mai era „nici măcar o fantomă"[9]. Autorităţile din Krefeld se refereau la adăposturile antiaeriene ca la „Arca lui Noe" – sugerând că puţinii oameni care îşi vor găsi refugiul acolo vor fi salvaţi de la apocalipsa ce va mistui inexorabil restul lumii[10]. Aceleaşi imagini apar practic în conjuncţie cu fiecare oraş distrus în timpul războiului. Stalingrad era „oraşul celor morţi"[11]. Varşovia era un „oraş al vampirilor", atât de distrus, încât „părea că lumea se năruise"[12]. La eliberarea lui, oraşul Manila din Filipine era „doar obuze şi bombe şi şrapnele... credeam că e sfârşitul lumii ! "[13].

Oamenii foloseau astfel de expresii pentru că nu reuşeau să găsească o altă modalitate de a exprima magnitudinea traumei pe care o trăiseră. Mulţi dintre cei care şi-au scris memoriile din timpul războiului, chiar şi scriitorii de profesie, s-au plâns că limbajul obişnuit nu putea să descrie experienţa unei pierderi atât de complete. Ştiau că un cuvânt precum „iadul" este un clişeu, dar nu au reuşit să găsească nicio variantă mai potrivită[14].

Nu doar indivizii au reacţionat astfel în faţa războiului : şi comunităţile au avut reacţii asemănătoare, fiindu-le foarte greu să înţeleagă ce se întâmpla. Ziarele din anii 1944 şi 1945 au descris frecvent războiul drept ceva atât de atotcuprinzător şi de fără precedent, încât părea să fi distrus complet lumea de dinaintea lui. Un exemplu cum nu se poate mai bun a apărut în martie 1945, în *The New York Times Magazine*. Corespondentul revistei Cyrus Sulzberger declara că Europa era noul „continent întunecat" şi făcea apoi un tablou al distrugerilor fără precedent „pe care niciun american nu poate spera să le înţeleagă". Limbajul folosit în articolul cu pricina era remarcabil de asemănător cu cel folosit de Ogura Toyofumi pentru a descrie Hiroshima după bombardamentul atomic. Conform lui Sulzberger, într-un timp uluitor de scurt, Europa civilizată pe care o cunoscuse înainte de război pur şi simplu încetase să mai existe. În locul ei apăruse un peisaj nou şi străin, de distrugere morală şi fizică, unde pentru oamenii simpli viaţa de zi cu zi însemna „lupte, război civil, încarcerare, foamete sau boală". Pieţele nu „mai existau pe zone întinse". Tinerii de pe continent erau îndoctrinaţi cu idei „pe care filosofii biblici le-ar fi asociat Antihristului". După genocidul la scară largă din anii războiului, „încă nu se putea afla cu exactitate câţi dintre europeni se măcelăriseră între ei". Pe scurt, Europa semăna cu „o frescă a Judecăţii de Apoi semnată de Luca Signorelli", iar întregul continent, din centru la periferii, fusese înţesat de „toate ororile prevestite cu secole înainte de Apocalipsa după Ioan"[15].

La fel ca în descrierea Hiroshimei făcută de Ogura Toyofumi, articolul lui Sulzberger abunda în imagini biblice şi apocaliptice ; de fapt, era şi ilustrat cu un desen de jumătate de pagină care îi reprezenta pe Cei patru Călăreţi ai Apocalipsei. La fel au procedat şi alte ziare din lume, instituţii sau guverne. Au reacţionat astfel pentru că, aidoma indivizilor care participaseră la cele mai crâncene episoade ale războiului, nu dispuneau de abilitatea de a descrie – sau măcar de a înţelege – evenimente de o asemenea amploare.

După 1945, numeroase au fost instituţiile naţionale şi internaţionale care au întocmit studii despre pagubele de ordin fizic, economic şi uman provocate de război, dar statisticile pe care le-au oferit nu au avut şi o semnificaţie la nivelul global al omenirii.

Distrugerile au fost prezentate ca o serie de informaţii izolate: Berlinul a fost distrus în proporţie de 33%, Tokyo, 65%, Varşovia, 93%; Franţa a pierdut peste trei sferturi dintre trenurile sale de cale ferată, Grecia a pierdut două treimi din numărul navelor, iar Filipine a pierdut cel puţin două treimi dintre şcoli; şi aşa mai departe, oraş după oraş, ţară după ţară, ca nişte articole dintr-un inventar lugubru[16]. Într-o tentativă de a ne captiva imaginaţia, statisticienii guvernamentali au încercat să defalce pierderile în valori mai uşor de gestionat: ni s-a spus că bombardamentul asupra oraşului Dresda a produs 42,8 metri cubi de moloz pentru fiecare locuitor care a supravieţuit şi că suma de 1,6 trilioane de dolari cheltuite în război a însemnat 640 de dolari pentru fiecare bărbat, femeie sau copil de pe planetă. Ce au reprezentat însă toate acestea în realitate – care a fost, de fapt, totalitatea distrugerilor fizice şi economice – a rămas întotdeauna dincolo de puterea imaginaţiei[17].

Acelaşi lucru a fost valabil şi pentru nivelul omuciderilor, care nu a fost niciodată cuantificat cum se cuvine: unii istorici presupun că e vorba de aproximativ 50 de milioane, alţii au sugerează 60 sau 70 de milioane, dar nimeni nu susţine că ştie numărul victimelor cu adevărat[18]. Într-un anume sens, cifrele absolute nici nu contează de fapt – 50 de milioane sau 70 de milioane sau 500 de milioane, toate seamănă cu sfârşitul lumii. Oamenii nu cuprind cu mintea – nu pot asimila – în mod obiectiv astfel de valori. Aproape la fel ca Ogura sau ca oricine altcineva dintre milioanele de oameni care au trecut prin trauma celui de-al Doilea Război Mondial, tindem către valori absolute pentru a încerca să exprimăm inexprimabilul.

Drept urmare, o bună parte din terminologia folosită pentru a descrie războiul mai are încă şi astăzi caracterul a ceva de rău augur. Cuvântul „holocaust", de exemplu, însemna iniţial arderea unei ofrande până ce aceasta era complet mistuită de foc: pentru multă lume, termenul este astăzi înţeles nu ca o metaforă, ci ca o descriere ad litteram a ceea ce s-a întâmplat cu evreii din Europa în timpul celui de-al Doilea Război Mondial (o impresie care nu poate fi decât întărită de referirile la evreii trimişi „în cuptoare", la „crematorii" sau transformaţi în „cenuşă")[19]. La fel, termenul „război total", inventat de ministrul german pentru propagandă Joseph Goebbels, este încărcat de o ameninţare sinistră: implică un proces inexorabil care să ducă la o „distrugere totală" şi o „moarte totală"[20]. Istoricii de astăzi descriu frecvent războiul în astfel de termeni: un istoric, autorul unui bestseller internaţional, şi-a intitulat cartea despre ultimele luni de război *Armagedon*[21]. Realizatorii de filme documentare procedează şi ei la fel: spre exemplu, un serial revoluţionar francez despre al Doilea Război Mondial, difuzat în toată lumea, s-a intitulat *Apocalipsa*[22]. Al Doilea Război Mondial a fost „cea mai mare catastrofă din istoria omenirii", „cel mai mare cataclism din istoria lumii", „cel mai mare dezastru din istorie provocat de om" – pentru a cita trei istorici, autori de bestselleruri[23]. Preşedintele Rusiei, Vladimir Putin, l-a catalogat drept o „furtună de foc" care „a făcut ravagii nu doar în Europa, ci şi printre naţiunile din Asia şi Africa"[24]. Conform preşedintelui chinez Hu Jintao, conflagraţia a adus cu ea „un dezastru incalculabil pentru omenire şi o catastrofă inegalabilă pentru civilizaţia umană"[25]. Impresia transmisă de astfel de afirmaţii nu este tradiţionalul mesaj că „sfârşitul lumii este aproape", ci că, dimpotrivă, sfârşitul lumii a venit deja.

Desigur, analizând obiectiv lucrurile, lumea nu s-a sfârşit. Zone întinse de pe glob nu au avut parte de niciun fel de distrugeri, printre ele numărându-se întregul teritoriu continental al Americii de Nord, America Centrală şi America de Sud. Cea mai mare parte a Africii subsahariene a rămas şi ea neatinsă şi, chiar dacă australienii au fost şocaţi când oraşul Darwin a fost bombardat, în 1942, restul continentului aproape că nu a fost supus distrugerilor de război. În Europa şi în Asia de Est, unde conflictul a cunoscut cea mai mare intensitate, regiuni întinse au rămas în mod cert neatinse. Un procent mare de orăşele şi sate ale Germaniei au rămas oaze de pace până la sfârşitul războiului, în pofida devastării complete a marilor oraşe. Până şi oraşe ca Dresda, despre ale cărui ruine proiectanţii postbelici au spus că nu vor mai putea fi reclădite decât în „cel puţin şaptezeci de ani", au fost refăcute în grabă şi redate în folosinţă în doar câţiva ani după armistiţiu[26].

Pierderea de vieţi omeneşti, oricât de îngrozitoare, nu a reprezentat nici ea sfârşitul lumii. În pofida pretenţiei naziste privind „soluţia finală" în chestiunea evreiască, până şi cele mai pesimiste estimări referitoare la numărul evreilor decedaţi demonstrează că nu au reuşit : cel puţin o treime dintre evreii din Europa au scăpat cu viaţă, pentru a-şi aminti de crimele comise împotriva familiilor lor[27]. O privire la rece asupra statisticilor arată că alte rase şi naţiuni s-au descurcat mai bine, proporţional vorbind. Circa unul din fiecare 11 germani şi-a pierdut viaţa în timpul războiului, 1 din 25 de japonezi, 1 din 30 de chinezi, 1 din 80 de francezi, circa 1 la fiecare 160 de britanici şi mai puţin de 1 din 300 de americani. La scară globală, al Doilea Război Mondial a diminuat în mod cert şi considerabil populaţia lumii, dar nu a fost vorba totuşi decât de o diminuare : 70 de milioane de morţi reprezintă aproximativ 3 % din populaţia mondială de dinainte de război - o idee respingătoare, desigur, dar foarte departe totuşi de un Armagedon[28].

Aşa stând lucrurile, de ce insistăm în astfel de caracterizări ale războiului ? Este adevărat că ideea de sfârşit al lumii are o rezonanţă simbolică şi emoţională pe care nu o pot reproduce statisticile reci. La fel de adevărat este şi că unele părţi ale lumii nu au reuşit nici măcar în ziua de azi să depăşească trauma trăită în anii aceia de catastrofă. Dar faptul că imaginile apocalipsei continuă să fie atât de populare şi de răspândite sugerează că mai există şi un alt aspect - anume că, practic, e o *consolare* gândul că viaţa în vremea războiului, aşa cum a fost ea cunoscută, a avut un sfârşit atât de violent.

Două sunt explicaţiile acestei stări de lucruri. În primul rând, după cum o vor demonstra capitolele următoare, mitul apocalipsei nu există izolat : nu este decât o parte dintr-un ansamblu mitologic în care li se îngăduie şi altor mituri, mai optimiste, să coexiste. În particular, ne lasă să credem că sistemul învechit şi viciat de dinaintea războiului a fost în întregime eradicat, făcând loc unui teritoriu virgin pe care să construim o lume nouă, mai pură şi mai fericită. Nu există nimic mai reconfortant decât credinţa că ne-am creat propriul nostru univers, neîntinat de ideile nereuşite ale predecesorilor noştri, cele care ne-au condus la război. Convingerea aceasta ne lasă să credem că, mai înţelepţi decât ei fiind, nu le vom repeta greşelile.

Există însă şi o explicaţie mai sumbră şi mai puţin plăcută ce trebuie avută în vedere. După părerea lui Freud, impulsul uman către distrugere şi autodistrugere este la fel de fundamental ca şi impulsul de a trăi şi de a crea[29]. Plăcerea pentru distrugere din timpul războiului - cu cât mai totală, cu atât mai satisfăcătoare - este bine documentată, mai ales când vine vorba despre ordinele intransigente ale şefilor nazişti[30]. Dar această plăcere nu a fost caracteristică exclusiv acelora pe care am ajuns să-i considerăm nişte monştri, ci este un sentiment pe care l-au încercat şi eroii de război. Când Robert Oppenheimer, şeful proiectului bombei atomice de la Los Alamos, a asistat la prima testare a bombei, a fost atât de impresionat de puterea pe care o deţinea în acel moment, încât a repetat cuvintele rostite de zeul hindus Vişnu în *Bhagavad-Gita* : „Am devenit moartea, distrugătorul lumilor”. Ori de câte ori a repetat aceste cuvinte în anii care au urmat, a făcut-o cu o mare solemnitate, dar se crede că în momentul exploziei le-a şi însoţit cu un mers ţanţoş, ca Gary Cooper în westernul hollywoodian *High Noon* (*La amiază*)[31]. Există o mare satisfacţie în a distruge şi în sentimentul de putere brută pe care îl conferă, încât uneori chiar şi victimele distrugerii pot fi seduse de efectele ei. În descrierea bombardării Hamburgului, Hans Erich Nossack a recunoscut că se ruga ca acesta să continue, dornic să îşi vadă oraşul complet distrus, în pofida faptului că era în acelaşi timp îngrozit[32]. Exagerările apărute după bombardament, când supravieţuitorii au răspândit zvonul că în oraş au murit până la 300.000 de locuitori (cifra reală a fost de circa 45.000), nu au reprezentat doar o încercare de a exprima oroarea pe care o trăiseră locuitorii Hamburgului, ci şi o încercare de a fi parte din puterea acestuia[33].

Dacă ne întoarcem din nou la descrierea distrugerii Hiroshimei făcută de Ogura Toyofumi, vom observa indicii ale unor emoţii similare. Ogura nu consemnează doar şocul de a fi martorul puterii bombei atomice, ci şi fascinaţia perversă faţă de frumuseţea ei înspăimântătoare, faţă de „culorile caleidoscopice” care „sclipeau” în ciuperca norului atomic[34]. A descris-o ca pe o întâmplare divină cu o semnificaţie aproape sacră. După experienţa iniţială a exploziei atomice şi suflul ulterior, s-a simţit dator să străbată centrul oraşului pentru a trăi el însuşi pe de-a-ntregul puterea deplină a ceea ce văzuse, fiind parcă aproape dornic să *participe* la ea. Există un sentiment de reticentă satisfacţie, de oarecare mândrie, în felul în care, nouă luni mai târziu, anunţa că dezastrul la care fusese martor a fost „cel mai mare de acest gen, pe care omul l-a trăit vreodată”[35].

Mă întreb uneori dacă fascinaţia noastră perpetuă pentru distrugerile din al Doilea Război Mondial nu îşi are originea, cel puţin în parte, în propria noastră dorinţă subconştientă de a fi parte la sfârşitul lumii. Când ne lăsăm în voia unor mituri despre Armagedon, oare nu experimentăm noi înşine ceea ce înseamnă să distrugi ? Am bănuiala că, la fel ca Ogura, suntem fascinaţi şi dezgustaţi în egală măsură de acest sentiment ; spre deosebire de Ogura însă, cei mai mulţi dintre noi, cei care trăim în secolul al XXI-lea, nu suntem influenţaţi de o pierdere apropiată şi personală. Poate de aceea dorim ca distrugerile să fie mai mari, mai frumoase, mai depline – nu pentru că ele ar explica lucrurile cu mai multă claritate, ci pentru că ne oferă o idee despre divinitate.

Nevoia noastră de a descrie războiul în termeni divini rămâne astăzi aproape la fel de puternică pe cât a fost în anii 1940, dar s-au schimbat motivele pentru care o facem. Ceea ce odinioară a fost o reacţie îndreptăţită faţă de evenimente absolute şi inumane a devenit între timp o metodă inconştientă de a ne satisface alte necesităţi, mai tulburătoare, dintre care unele nu par să aibă nicio legătură cu războiul.

Aşa cum vom vedea în capitolele următoare, această nevoie de a cuprinde absolutul este o temă recurentă în toate miturile noastre dominante despre al Doilea Război Mondial. Efectele ei – în felul în care ne vedem pe noi înşine, ca şi în relaţiile dintre noi – au fost adeseori destul de profunde. „Sfârşitul lumii” nu a fost doar un simplu „eveniment” de sine stătător. A fost şi o idee care a oferit contextul perfect pentru ca o mulţime de alte mituri să prindă rădăcină.

2

Eroi

Al Doilea Război Mondial a reprezentat nu doar o epocă a catastrofelor, ci şi una a eroilor. Un bărbat care ştie ce înseamnă să primeşti onoruri ca erou de război este Leonard Creo, fost infanterist în Regimentul 232 al SUA, iar povestea lui demonstrează cât de puternice şi de găunoase pot fi astfel de manifestări de omagiere.

Pentru Creo, al Doilea Război Mondial a început de mai multe ori[1]. Ca adolescent în New York, fusese conştient de zbuciumul care a cuprins brusc Europa în 1939 şi 1940 : obişnuia să urmărească cu mare pasiune ştirile, „ca şi cum ar fi fost un meci de fotbal". Lucrurile au devenit mai personale la sfârşitul anului 1941, când japonezii au bombardat Pearl Harbor, iar SUA au fost târâte în război. După trei luni, la nouăsprezece ani, s-a înrolat voluntar în armată : la început la artilerie, apoi s-a specializat în transmisiuni şi, în cele din urmă şi-a schimbat iar specializarea, devenind puşcaş în Divizia 42 Infanterie. Însă abia în 1944 a ajuns pe un transportor de trupe cu destinaţia Europa, când, în sfârşit, războiul a început şi pentru el.

La sfârşitul acelui an, Creo punea pentru prima dată piciorul în Franţa. Unitatea lui fusese trimisă înaintea grosului diviziei pentru a ajuta la paza oraşului Strasbourg, aflat pe linia frontului dintre Franţa şi Germania. Oraşul nu era deloc sigur. Multe trupe americane fuseseră antrenate în alte confruntări, fiind dislocate mai sus, spre nord, încât acea parte a frontului era slab apărată, iar Creo s-a aflat adeseori în situaţia de a patrula pe linia frontului sau de a păzi scurte porţiuni de pe malul Rinului mai mult sau mai puţin de unul singur.

Într-una din zilele din ianuarie 1945, germanii au iniţiat un atac de-a lungul fluviului. Ceea ce s-a petrecut ulterior a rămas destul de confuz în mintea lui Creo. A alergat de la o poziţie la alta, ca să nu fie omorât. A lansat cu bazooka proiectile spre trupele inamice. Nu-şi aminteşte să fi fost speriat, ci doar surescitat – „Eram al naibii de fericit ! ". Dar a fost lovit de un glonţ în coapsă şi surprins de explozia unui proiectil german care i-a umplut piciorul de şrapnele. „Şi aşa s-a sfârşit pentru mine războiul."

Au mai urmat alte câteva finaluri. Creo a fost oblojit în pripă şi trimis acasă, în SUA, pentru a se vindeca. În pofida faptului că fusese grav rănit, nu a fost lăsat la vatră, ci a fost păstrat în cazul în care, după recuperare, ar fi putut fi de folos în trupele de rezervă. A sărbătorit în Long Island Ziua Victoriei din Europa, dar fără prea mult entuziasm, pentru că ştia că nici acela nu era cu adevărat sfârşitul : Japonia nu fusese învinsă încă. A sărbătorit lansarea bombei atomice cu mai mult entuziasm, la fel şi capitularea Japoniei, pentru că acum era mai clar că războiul se încheiase. Dar a fost lăsat la vatră abia în octombrie 1945.

Succesiunea de evenimente prin care războiul avea să ia sfârşit pentru Creo l-a transformat complet. Când comandantul de divizie a aflat despre faptele lui de la Strasbourg, l-a decorat cu o stea de bronz. Citarea menţiona „curajul nestăvilit" al lui Creo şi modul cum „de unul singur" împiedicase trupele inamice să traverseze fluviul, „în faţa focului ucigaş al mitralierelor şi artileriei". Era suficient cât să facă orice bărbat să se simtă mândru de sine[2].

Între timp, în America aproape *toţi* soldaţii care reveneau acasă erau trataţi ca nişte eroi. Eforturile pe care le făcuseră pentru ţara lor au fost recunoscute oficial prin G.I. Bill (Legea Veteranilor), care le garanta numeroase beneficii, precum rate ipotecare mici, acces gratuit la învăţământul superior şi un venit de 20 de dolari pe săptămână timp de un an dacă nu reuşeau să-şi găsească o slujbă. Până la urmă, Creo s-a folosit de aceste înlesniri când a plecat la universitate ca să studieze artele - ceva de neînchipuit înainte de război. După colegiu, şi-a folosit veniturile substanţiale obţinute ca persoană cu dizabilităţi pentru a se întreţine în perioada în care şi-a făcut un nume ca artist - o carieră pe care o va urma tot restul vieţii. După război, lucrurile chiar păreau promiţătoare pentru inşi de felul lui Creo.

Această atitudine de respect faţă de veterani, atât formală, cât şi informală, l-a urmărit toată viaţa. Creo a fost adeseori numit erou - uneori în termeni generici, dar alteori cu referire directă la faptele lui din război şi la medalia primită. Odinioară, considera plăcută această etichetare, dar treptat a devenit stânjenitoare. Când priveşte înapoi la evenimentele din ziua aceea de la Strasbourg, îşi dă seama că unele dintre detaliile precise din motivarea respectivă nu sunt exacte şi că, în orice caz, probabil că nu fusese nimic special în faptele sale. „Probabil că orice bărbat obişnuit ar fi făcut la fel în condiţiile acelea. Dacă nu o luai la fugă, *asta* aveai de făcut." Mai mult, „la sfârşitul războiului au decis că fiecare infanterist care a participat activ la luptă merita o stea de bronz, aşa că am primit şi eu o insignă cu câteva frunze de stejar. Ceea ce înseamnă că am primit două [medalii]. Una nu are nicio valoare, iar a doua nu înseamnă nimic".

Astăzi, consideră că respectul implicit pe care îl primesc veteranii celui de-al Doilea Război Mondial este „stânjenitor" şi „absurd". Nu participă niciodată la festivităţile de comemorare a războiului pentru că nu suportă cultura care a transformat în erou fiecare bucătar şi funcţionar, doar în virtutea vârstei şi a uniformei. „Vedem tot mai multă adulaţie cu fiecare zi care trece pentru că rămânem din ce în ce mai puţini. Foarte curând or să vadă cine a rămas ultimul, exact aşa cum au făcut şi cu Primul Război Mondial. Şi atunci o să pună totul în seama unui singur tip amărât, care poate că a fost doar un conţopist prin Compania A sau cam aşa ceva."

Al Doilea Război Mondial i-a schimbat viaţa lui Creo. Participarea la război i-a permis să profite de Legea Veteranilor, să studieze, să devină artist : lucrările sale sunt acum prezente în colecţiile muzeelor şi universităţilor din toată America. Rănile pe care le-a suferit în timpul războiului l-au determinat să meargă mult pe jos - mai întâi în scopul recuperării, apoi şi ca să facă sport. Acum este campion la marş sportiv şi a stabilit noi recorduri mondiale pentru grupa sa de vârstă în cursele pentru veterani. Războiul a fost motivul pentru care a ajuns pentru prima dată în străinătate : acum vorbeşte trei limbi, a călătorit în toată lumea şi a locuit perioade îndelungate în Mexic, Italia, Spania, Franţa şi, în prezent, în Marea Britanie. Nimic din toate acestea nu i s-ar fi întâmplat dacă nu ar fi existat al Doilea Război Mondial. Când l-am intervievat, a

Leonard Creo în 2017, îmbrăcat cu vechea lui uniformă a Armatei SUA.

fost de-a dreptul categoric în această privinţă. „Mi-a schimbat viaţa aproape în toate sensurile posibile”, a spus. „Tot ceea ce mi s-a întâmplat a fost ca urmare a războiului.”

Mai există un aspect asupra căruia Creo insistă la fel de mult: „Nu sunt un erou. Şi dacă *eu* spun asta, trebuie să mă crezi”.

Povestea lui Leonard Creo reflectă o problemă profundă privind modul în care lumea – mai ales naţiunile victorioase – îşi aminteşte de cel de-al Doilea Război Mondial. Creo nu a ales să devină erou, este o etichetă care i-a fost impusă şi care, de-a lungul anilor, pare să fi evoluat cu totul independent de Creo însuşi. După cum a înţeles el mai bine decât majoritatea oamenilor, evenimentele reale din război şi modul în care ni le reamintim sunt lucruri complet diferite, iar discrepanţele tot mai mari dintre ele îl fac să se simtă foarte stânjenit.

Cele mai multe imagini pe care le avem cu eroii celui de-al Doilea Război Mondial datează din 1944 şi 1945 – anii în care au fost eliberate, pe rând, mai multe naţiuni şi când Aliaţii au obţinut tot mai multe victorii. Poate cea mai renumită imagine din timpul războiului – şi, de fapt, una dintre cele mai emblematice din întregul secol – este fotografia făcută de Alfred Eisenstaedt în care un marinar sărută o infirmieră în Times Square din New York în Ziua Victoriei asupra Japoniei. Această unică fotografie conţine toate elementele mitului Aliaţilor despre sfârşitul războiului. Este un moment de bucurie fără margini. Este un moment de sărbătoare care uneşte. În centrul fotografiei sunt două personaje în uniformă – ceea ce le face reprezentative pentru ţara în slujba căreia se află – şi, pentru că niciunuia nu i se vede chipul, ambele simbolizează orice bărbat şi orice femeie. Mai important însă, ambele simbolizează un basm: eroul care a înfrânt un monstru revine acasă şi îşi întâlneşte iubita. Dacă al Doilea Război Mondial ar fi fost un film turnat la Hollywood, exact aşa am fi vrut să se sfârşească.

Presa britanică şi cea americană au prezentat adeseori poveşti similare despre eroi bărbaţi pe care femeile îi sărută sau îi venerează în diverse moduri, fie în timpul războiului, fie după. *Stars and Stripes*, ziarul armatei americane, a publicat cu regularitate fotografii cu femei din Europa care îi sărută pe eliberatorii lor ori dansează cu ei sau îi privesc în extaz. Revista *Life* a făcut şi ea întocmai. În Marea Britanie, *Daily Express* a descris într-un stil simpatic Franţa din momentul eliberării ca pe o naţiune plină de domniţe ajunse la ananghie şi care „săreau de gâtul soldaţilor, îmbrăţişându-i şi spunându-le «Vai, cât de mult v-am aşteptat şi cât de nerăbdătoare eram»”[3].

Nu era însă vorba doar de propagandă: era reflectarea experienţei trăite de mulţi soldaţi simpli, americani şi britanici, adeseori copleşiţi de efuziunile de recunoştinţă revărsate asupra lor. Localnicii i-au acoperit cu flori, le-au oferit vin şi mâncare, iar femeile de toate vârstele s-au înghesuit să-i sărute. Un căpitan britanic îşi aminteşte că i s-au servit patru feluri de mâncare în farfurii frumoase de porţelan în timp ce el stătea în jeepul lui, dar „din nefericire, coloana s-a pus în mişcare tocmai când să ajung la lichioruri”[4]. Un altul îşi aminteşte cum a fost luat pe sus de o „namilă de femeie” care l-a îmbrăţişat, l-a sărutat şi, în final, a dansat cu el în mijlocul drumului: „Mă jur că n-am atins pământul cu picioarele”[5].

Uneori, pasiunea mulţimii şi, mai ales, a femeilor din mulţime era ca un fel de delir erotic: un istoric, de exemplu, l-a descris ca pe un fel de versiune de tip anii 1940 a Beatlemaniei[6]. Dar pentru cei mai mulţi indivizi, eliberarea a fost mai degrabă un eveniment predominant spiritual, şi nu erotic. Alan Moorehead, corespondent australian de război, a descris „isteria” la care a fost martor în timpul eliberării Parisului ca pe un fel de fervoare patriotică: „Femeile îşi ridicau copiii în braţe ca să fie pupaţi. Bătrânii se îmbrăţişau. Alţii stăteau pe bordura trotuarelor şi plângeau. Unii stăteau pur şi simplu în picioare şi strigau de fericire”[7].

La eliberarea Olandei, o tânără şi-a amintit că, atunci când a văzut pentru prima dată un soldat din trupele aliate, a fost o experienţă aproape mistică. Maria Haayen locuia la Haga atunci când au sosit canadienii pe tancurile lor: „Parcă mi s-a scurs tot sângele din cap; mi-am zis: uite, *vine eliberarea noastră*. Când s-a apropiat tancul, am rămas cu răsuflarea tăiată, iar soldatul s-a ridicat în picioare – apărea ca un sfânt”[8]. La fel, un olandez îşi aminteşte că „era un privilegiu chiar şi să atingi mâneca unei uniforme canadiene. Fiecare soldat de rând din armata canadiană era un Hristos, un izbăvitor”[9]. Chiar şi prizonierii de război deveniţi insensibili ajungeau să reacţioneze la eliberarea lor cu un fel de extaz spiritual. Un fost ostatic din închisoarea germană de la Colditz a descris momentul când un soldat american a pătruns în curte şi a anunţat că prizonierii sunt liberi:

> Brusc, o gloată s-a repezit spre el, strigând şi ovaţionând, luptându-se nebuneşte să ajungă la el, să-l atingă, să se asigure că e viu şi, atingându-l, să cunoască din nou miracolul de a trăi... Ţâşneau ca apele unui izvor care dă pe de lături, îşi ies din matcă rostogolindu-se, dezlănţuite şi nestăvilite. Francezi, cu lacrimile şiroindu-le pe chip, se sărutau unii pe alţii pe amândoi obrajii – salutul frăţesc. Îi sărutau pe soldaţi, sărutau pe toată lumea care le ieşea în cale... Omul, în perfecţiunea sa, în măreţia acestui moment al eliberării. O nobilă simfonie orchestrată de Marele Compozitor şi ajunsă la un răsunător final. Iar când ultimul acord triumfal s-a transformat în *Imnul naţiunilor*, omul şi-a privit în faţă Creatorul, care şi-a întors privirea spre el, imaginea blândeţii, oglindită o clipă de puritatea propriului

torent de bucurie şi recunoştinţă. Într-un astfel de moment, munţii se clintesc din loc la comanda omului, atât de mare este puterea sa la vederea lui Dumnezeu[10].

Elementul central al acestei experienţe mistice - purtătorul mesajului divin al „miracolului de a trăi" - este soldatul american care a intrat în curtea castelului în ziua aceea. Ca reprezentant al Aliaţilor victorioşi, el este un erou. Mai mult chiar, este un Mesia.

În anii de după 1945, Marea Britanie şi America au cedat adeseori tentaţiei de a lua ca atare toate acestea. Una dintre cele mai puternice moşteniri ale celui de-al Doilea Război Mondial este modul cum Aliaţii au cultivat ideea că sunt „războinicii Libertăţii", oameni care au purtat „un război bun" sau chiar „cea mai măreaţă generaţie dată vreodată de o societate"[11] - o definiţie şi mai faimoasă.

Specialişti în comportamentul grupurilor umane au remarcat de multă vreme tendinţa grupurilor naţionale de a se autoproclama drept cei mai formidabili, mai corecţi sau mai buni, adesea de o manieră care ar putea părea megalomanie în cazul unui singur individ[12]. Chiar şi aşa, al Doilea Război Mondial a permis naţiunilor victorioase să ducă această tendinţă pe noi culmi. La a cincizecea aniversare a Zilei Victoriei în Europa, preşedintele american Bill Clinton a declarat că fiecare american care a fost în război merita veneraţia noastră veşnică : „Indiferent de gradul pe care l-au avut, toţi soldaţii, aviatorii, infanteriştii din marină, marinarii, toţi cei din marina comercială, toate infirmierele şi toţi doctorii au fost nişte eroi". Şi nu doar atât, ci şi că „au existat milioane de eroi şi aici, pe frontul de acasă". Aceste milioane şi milioane de eroi de acasă nu doar că au câştigat un război, ci „au salvat lumea" ; iar ulterior, prin eroismul lor continuu, au „adus Occidentului o jumătate de secol de securitate şi de prosperitate" şi chiar „i-au readus la viaţă pe foştii noştri inamici"[13].

Sunt uşor de identificat situaţii în care americanii - atât democraţii, cât şi republicanii - exagerează importanţa lor şi a generaţiilor lor din perioada războiului. Şi mai interesant poate fi că, atunci când vine vorba de cel de-al Doilea Război Mondial, numeroase alte naţionalităţi continuă să simtă o datorie de onoare în a fi de acord cu ei. La aniversarea a şaizeci de ani de la Ziua Z, preşedintele Franţei, Jacques Chirac, nu doar că le-a mulţumit americanilor pentru că i-au eliberat ţara în 1944 - aşa cum era corect şi potrivit din partea lui -, ci a continuat, declarându-i „eroi de legendă" care au „schimbat cursul istoriei", au „aruncat o lumină nouă asupra omenirii" şi chiar au „ridicat la un nivel superior conştiinţa umană". Chiar şi după atâtea decenii, soldatul american obişnuit era în continuare proclamat un Mesia[14].

Problema cu acest ideal eroic, aşa cum o recunosc veterani ca Leonard Creo, este că pare absolut imposibil să te ridici la înălţimea lui. Aliaţii au furnizat probabil destul de mulţi soldaţi care să ilustreze stereotipul bărbatului curajos şi altruist, dar au existat şi milioane de oameni care au participat la război fără să le fi fost vreodată pus la încercare în mod serios curajul. Bucătarii şi funcţionarii merită la fel de mult respect ca alţii - dar merită ei oare şi titlul de „erou" ? Şi cum rămâne cu acei bărbaţi care *chiar au fost* încercaţi în focul luptelor, dar au fost împinşi dincolo de limita suportabilului ? Doar în teatrul de război din Europa circa 150.000 de soldaţi americani şi britanici au dezertat, iar peste 100.000 au trebuit să fie trataţi pentru tulburări nervoase fiindcă nu au reuşit să facă faţă stresului posttraumatic[15]. Aceşti bărbaţi cu siguranţă nu au fost „eroi legendari", dar, dacă lor le refuzăm acest titlu acordat cu atâta largheţe celorlalţi soldaţi aliaţi, ei ce sunt atunci? Desigur, aceia dintre noi care nu au fost niciodată puşi să înfrunte o moarte violentă nu au dreptul să judece.

Dacă soldaţii Aliaţilor, ca grup omogen, nu au fost cu toţii curajoşi, nu au fost nici „nobili" sau „galanţi". În Normandia, soldaţii aliaţi au intrat adeseori cu forţa în casele civililor, au distrus bunuri în căutarea prăzii, i-au intimidat pe localnici şi au furat lucruri de valoare. O femeie din Colombières a pretins că soldaţii canadieni care au eliberat satul l-au supus şi unui „atac" de jafuri şi vandalism: „Bărbaţii au furat, au prădat, au devastat totul... Au înşfăcat haine, ghete, provizii, chiar şi banii din seiful nostru. Tatăl meu nu a putut să-i împiedice. Mobila a dispărut; mi-au furat până şi maşina de cusut"[16]. Un ofiţer de artilerie britanic a fost îngrozit după ce a asistat la distrugerea fără motiv a casei unui fermier de către propriii soldaţi: „Trei sute de germani, se pare, au staţionat în împrejurimi şi i-au respectat fermierului proprietatea, animalele şi bunurile. Cum altfel să reacţioneze când va reveni şi va vedea dezastrul, dacă nu înjurându-i pe eliberatori?"[17]. După toate informaţiile, soldaţii americani s-au purtat la fel, dacă nu chiar mai rău. Conform dosarelor poliţiei belgiene şi celei franceze, după eliberare, covârşitoarea majoritate a atacurilor, furturilor şi cazurilor de beţie în public ale Aliaţilor au fost comise de soldaţii americani[18].

Dacă femeile din Europa Occidentală se aşteptau ca Aliaţii să fie nişte eroi cu purtări de cavaleri, ceea ce au întâlnit uneori a fost o armată de bărbaţi tineri, căliţi în bătălii şi frustraţi din punct de vedere sexual, cei mai mulţi abia ieşiţi din adolescenţă. Numai în cazul armatei americane, acuzaţiile de viol între 1942 şi 1945 totalizează 17.000 de femei din Africa de Nord şi din Europa[19]. Deşi cifra reprezintă doar o parte din sutele de mii de femei violate de soldaţii sovietici în jumătatea de est a continentului european, ea este totuşi departe de mitul popular al americanilor „cavaleri în armură strălucitoare"[20]. Britanicii nu au fost nici ei cu mult mai buni. După cele spuse de Yvette Levy, o evreică de origine franceză eliberată dintr-un lagăr de muncă din Cehoslovacia, „Tommies s-au purtat la fel de rău ca ruşii. Un bărbat în uniformă îşi pierde total demnitatea. Soldaţii englezi ne spuneau că ne dau de mâncare doar dacă ne culcăm cu ei. Noi aveam toate dizenterie, eram bolnave, murdare... şi iată cum am fost întâmpinate! Nu ştiu ce credeau despre noi bărbaţii aceia – probabil că ne considerau nişte sălbăticiuni"[21].

Dacă Aliaţii s-au comportat uneori rău în Europa, purtarea lor în Asia şi în Pacific a fost câteodată atroce[22]. Populaţia civilă din Asia cu siguranţă că nu a fost întotdeauna bucuroasă să-i vadă. Pentru mulţi locuitori din Birmania, Malaya şi Singapore, revenirea britanicilor a fost la fel de nedorită ca şi revenirea sovieticilor în Europa de Est: unii au văzut-o doar ca pe o simplă înlocuire a unui colonist invadator cu un altul. Uneori, preţul eliberării a fost considerat prea mare. Recâştigarea Manilei, de exemplu, se poate să fi costat vieţile a 1.000 de soldaţi americani şi a circa 16.000 de soldaţi japonezi – dar a ucis şi aproape 100.000 de filipinezi[23]. „Am scuipat pe primul soldat american pe care l-am văzut", a susţinut ulterior o femeie din Manila. „Dracu' să te ia, mi-am zis. Aici suntem doar civili filipinezi şi voi v-aţi străduit din răsputeri să ne ucideţi."[24]

Există mii şi mii de istorii asemănătoare despre resentimentele şi furia faţă de Aliaţi – şi ar fi într-adevăr o chestiune destul de simplă să realizezi o istorie a eliberării în care Aliaţii să nu mai apară ca nişte sfinţi, ci în postura de monştri. Ideea nu este să minimalizăm reuşitele Aliaţilor şi nici intenţiile lor fundamental bune, ci doar să contrazicem mitul că au fost perfecţi. Lucrul ar putea să pară de domeniul evidenţei, dar cadrul emoţional care însoţeşte modul nostru obişnuit de a înţelege războiul nu lasă întotdeauna loc unor astfel de nuanţări. Chiar şi astăzi, *vrem* să credem că eroii noştri sunt fără de prihană. Instinctiv, ne zburlim cu toţii la orice sugestie că s-ar putea ca ei să fi fost egoişti, stângaci, ignoranţi, şovini sau brutali din când în când - pe scurt, umani. Când tragem linie, soldaţii aliaţi care au luptat şi au învins în al Doilea Război Mondial nu au fost nici eroi, nici monştri, ci doar oameni obişnuiţi, ca Leonard Creo.

Iluzia perfecţiunii Aliaţilor din al Doilea Război Mondial a avut efecte profunde asupra lumii de după încheierea conflagraţiei. Britanicii şi americanii şi-au tot spus că au fost implicaţi într-un „război bun" şi de atunci încoace continuă să caute un altul la fel. Ceea ce nu înseamnă că acţionează conştient ca să tulbure lucrurile, ci mai degrabă că, atunci când au fost în situaţii tulburi, şi-au exploatat fără jenă poziţia de băieţi buni ai istoriei pentru a-şi susţine cauza.

Sau poate că aceasta este o judecată prea cinică : ambele ţări s-au trezit adeseori târâte în conflicte în care nu şi-au dorit niciodată să fie implicate, dar pe care şi le-au asumat dintr-un sentiment al responsabilităţii faţă de omenire. America, în special, a fost de multe ori chemată să acţioneze ca jandarm al lumii. Şi când ies în faţă ca să-şi îndeplinească datoria, americanii îşi fac curaj ca să acţioneze astfel reamintindu-şi lor înşişi că, de vreme ce sunt eroi, trebuie să se comporte ca nişte eroi.

Din 1945, practic fiecare război în care America şi Marea Britanie au ajuns să fie implicate a fost însoţit de invocarea eroismului lor din timpul celui de-al Doilea Război Mondial. După declanşarea Războiului din Coreea, în iunie 1950, preşedintele Truman a făcut în repetate rânduri apel la amintirea anului 1945, cu ocazia intervenţiilor sale televizate şi a discursurilor din Congres[25]. Atât preşedintele Kennedy, cât şi preşedintele Johnson au comparat „viguroşii tineri americani" care luptau în Vietnam cu „legiunea de eroi americani" care au luptat în al Doilea Război Mondial[26]. În 1982, în timpul Războiului din Malvine, jurnaliştii britanici i s-au alăturat lui Margaret Thatcher şi au comparat eroismul forţelor operaţionale britanice cu bărbăţia eroilor care „au edificat imperiul" şi „au câştigat al Doilea Război Mondial"[27].

Nu este nimic excepţional în toate acestea. *Fiecare* naţiune, aproape fără excepţie, îşi exploatează trecutul pentru a justifica prezentul. Este vorba doar despre faptul că America şi Marea Britanie, care se consideră cele mai eroice naţiuni ale celui mai mare război, au mai multe de exploatat decât majoritatea celorlalte naţiuni.

Un exemplu perfect al modului particular în care procedează America a fost oferit de preşedintele Ronald Reagan în iunie 1984. Cu prilejul celei de-a patruzecea aniversări a Zilei Z, în cadrul unei ceremonii de pe coasta Normandiei, Reagan a ţinut un discurs în care referirile la Războiul Rece au fost la fel de multe ca acelea la comemorarea în speţă.

Preşedintele american a început cu o invocare familiară şi convenţională a mitului celui de-al Doilea Război Mondial ca luptă titanică dintre forţele binelui şi răului :

> Suntem astăzi aici pentru a marca acea zi din istorie în care armatele Aliaţilor s-au unit în luptă pentru ca acest continent să fie redat libertăţii. Pe durata a nu mai puţin de patru ani, cea mai mare parte a Europei a stat sub umbra unei îngrozitoare ameninţări. Naţiunile libere se prăbuşiseră, evreii ţipau de durere în lagăre, milioane de oameni îşi revendicau libertatea. Europa era înrobită şi lumea se ruga pentru salvarea ei. Aici, în Normandia, a început acţiunea de salvare. Aici, Aliaţii au rezistat şi au luptat împotriva tiraniei, într-o acţiune uriaşă şi de neegalat în istoria omenirii[28].

Din acel moment, preşedintele a descris în repetate rânduri o imagine idealizată, mitică a eroilor aliaţi perfecţi : „Ei sunt campionii care au contribuit la eliberarea unui continent", „Sunt eroii care au contribuit la încheierea războiului", „cu toţii au dat dovadă de curaj în ziua aceea", „bărbaţii din Normandia aveau credinţa că faptele lor erau juste, că luptau pentru întreaga omenire, că un Dumnezeu drept va fi milostiv cu ei pe acest cap de pod sau pe următorul". Aliaţii, susţinea el, nu erau motivaţi decât de „credinţă şi încredere", de „loialitate şi dragoste" şi de convingerea „că Dumnezeu le era alături în această cauză măreaţă".

La mijlocul discursului, totuşi, Reagan a abordat o direcţie nouă, orientându-se spre evenimente care au avut loc după terminarea războiului. Spre deosebire de americani, „trupele sovietice care au ajuns în centrul acestui continent nu au mai plecat după încheierea păcii. Ele sunt încă aici, neinvitate, nedorite, neclintite, la aproape patruzeci de ani de la război". Din această cauză, eroismul american era obligat să se manifeste în continuare. Câtă vreme Uniunea Sovietică va persevera pe calea cuceririlor, America va continua să apere libertatea democraţiilor din Europa : „Suntem astăzi uniţi de ceea ce ne unea şi acum patruzeci de ani, aceleaşi loialităţi, tradiţii şi credinţe... Am fost alături de voi atunci, suntem alături de voi şi astăzi".

Ascultând acest discurs, ar fi uşor de imaginat că al Doilea Război Mondial nu s-a încheiat niciodată. Există o legătură directă şi implicită între „atunci" şi „acum" : aceleaşi forţe ale binelui se luptă cu aceleaşi forţe ale răului. Important este că duşmanii nu sunt germanii sau naziştii, care nu au fost numiţi nici măcar o dată în discursul respectiv, ci forţele cu mult mai abstracte ale „tiraniei" - un termen care poate fi aplicat atât naziştilor, cât şi sovieticilor. Era ca şi cum mentalitatea din iunie 1944 rămăsese cumva încremenită în timp.

Facem un salt peste alte câteva decenii şi, în pofida unor uriaşe schimbări istorice petrecute în lume, retorica nu pare să se fi schimbat. În 2001, America avea un nou duşman. După atacurile din 11 septembrie, a lansat un „război împotriva terorii", începând cu o lovitură militară împotriva Afganistanului. În luna noiembrie a acelui an, când preşedintele George W. Bush s-a adresat Naţiunilor Unite pentru a obţine sprijin internaţional, el a invocat deliberat o paralelă cu America din perioada războiului :

> În al Doilea Război Mondial am învăţat că nu există mijloc de a te izola de ce este rău. Am afirmat că există crime atât de oribile, încât ultragiază omenirea însăşi. Aşadar, atunci am decis că trebuie să ne opunem încă din faşă agresiunilor şi ambiţiilor răufăcătorilor, cu fermitate şi în mod colectiv, înainte ca să ne ameninţe ei pe noi toţi. Răul acela a revenit, încât motivul acela a reapărut[29].

Câteva săptămâni mai târziu, Bush a declarat că „teroriştii sunt urmaşii fascismului", într-un discurs în care compara direct atacurile din 11 septembrie cu bombardamentul japonez de la Pearl Harbor[30].

În lunile următoare, preşedintele american a făcut în mod repetat paralele între al Doilea Război Mondial şi războiul împotriva terorismului. A comparat aliaţii de acum ai Americii cu cei care i-au fost aliaţi în al Doilea Război Mondial ; a comparat curajul poporului american cu vitejia demonstrată în anii 1940 ; chiar şi-a numit secretarul de stat o versiune modernă a generalului George Marshall de pe timpul războiului (sugerând astfel că el însuşi ar fi o versiune modernă a lui Roosevelt)[31]. Dar poate că discursul pe care l-a ţinut cu ocazia Zilei Eroilor din 2002 demonstrează cel mai bine încercările sale de a defini războiul lui modern ca pe un ecou al „războiului bun” din 1945. Bush a ales să nu petreacă Ziua Eroilor în Statele Unite, aşa cum o făcuseră întotdeauna predecesorii lui, ci la monumentul eroilor americani din Normandia. Într-un discurs presărat cu pilde şi simboluri religioase, el a reamintit lumii că soldaţii americani „au venit să elibereze, nu să subjuge”, că s-au „sacrificat” pe ei înşişi „pentru viitorul omenirii” şi că au venit purtând „torţa care a risipit întunericul” din lume. Deşi este o dovadă de bună retorică, discursul este nedrept faţă de soldaţii americani înşişi. În 2002, la fel ca în 1945, ei erau în continuare siliţi să joace rolul nerealist al unor Mesia în uniformă[32].

Politicienii britanici şi americani nu sunt sub nicio formă singuri în afirmaţiile lor repetate despre eroism şi nici în evocarea constantă a celui de-al Doilea Război Mondial. Adeseori ruşii sunt la fel de insistenţi, iar preşedintele Putin a fost la fel de prompt ca preşedintele Bush în a evoca eroismul poporului rus din timpul războiului (şi, practic, l-a folosit pentru a-şi justifica propriul război împotriva terorii)[33]. În mod similar, chinezii îşi susţin cu mândrie propriile „fapte de eroism” din „războiul de rezistenţă al poporului chinez împotriva agresiunii japoneze”, dar au aşezat un văl al tăcerii asupra bestialităţii războiului civil care s-a desfăşurat concomitent[34]. Acele ţări europene în care în timpul războiului au existat mişcări de rezistenţă semnificative, aşa cum a fost cazul Franţei, Italiei, Olandei, Norvegiei sau Poloniei, şi-au exagerat şi ele eroismul şi au minimalizat caracterul activităţilor subversive care au implicat adeseori violenţe, crime şi folosirea terorii împotriva propriilor popoare[35]. Singurul motiv pentru care m-am concentrat în acest capitol asupra britanicilor şi americanilor este că sunt cele două naţiuni al căror eroism în al Doilea Război Mondial rămâne în mare măsură neîntinat până în prezent. Sunt poate cele mai interesante exemple, pentru că sunt cele care au cel mai mult de pierdut. America este şi singura naţiune „de eroi” care continuă să exercite puterea la un nivel cu adevărat global : psihologia eroismului american nu este aşadar o chestiune limitată la americani, ci o problemă care ne afectează pe noi toţi.

Şi chiar este o problemă. Eroii, indiferent de naţionalitatea lor, pot deveni atât de acaparaţi de ideea pe care şi-au format-o despre ei înşişi, încât nu-şi mai văd propriile greşeli. Mai mult, deseori se grăbesc să vadă defectele celorlalţi. Problema eroilor este că ei vor avea întotdeauna nevoie de un monstru cu care să se lupte ; şi cu cât mai perfect este eroul, cu atât mai ameninţător, la o scară similară, trebuie să fie monstrul.

Ceea ce ne conduce spre un alt mit puternic dintre cele lăsate moştenire de cel de-al Doilea Război Mondial : 1945 nu ne-a dat doar modelul psihologic dominant al eroismului, ci şi un model corespunzător al răului. Cele două arhetipuri sunt atât de intim împletite, încât adesea este imposibil să te referi la unul fără să te referi şi la celălalt – însă efectele lor asupra societăţii sunt cu adevărat diferite. Mitul eroului poate fi uneori lipsit de conţinut. Dar, aşa cum voi arăta în continuare, mitul monstrului şi impactul lui asupra societăţii pot fi de-a dreptul toxice.

3

Monştri

Conform psihanaliştilor, există o relaţie strânsă între eroi şi demoni. Naţiunile arareori îşi preamăresc propriile virtuţi fără să le pună în contrast cu caracterul malefic al outsiderilor. Este un bun mijloc de a proiecta asupra altora tot ceea ce nu ne place la noi înşine şi este şi o metodă excelentă de a ne distrage atenţia de la dificultăţile şi neînţelegerile dintre noi. Ne acceptăm duşmanii – fie ei reali sau imaginari – pentru că ne permit să ne concentrăm într-o direcţie toate sentimentele noastre negative. Ca să-l parafrazăm pe Freud, naţiuni întregi se pot solidariza mânate de dragostea frăţească, câtă vreme au pe cineva pe care să-l urască[1].

În vreme de război, demonizarea duşmanului devine o prioritate şi mai mare, pentru că şi nevoia de coeziune socială este mai mare. Nimic nu se compară cu o ameninţare externă când este vorba să se creeze ceea ce britanicii încă mai numesc *blitz spirit*. În orice caz, o naţiune este obligată să-şi descrie duşmanii ca malefici, pentru a justifica în primul rând faptul că intră în război împotriva lor. În plus, duşmanii vor fi consideraţi malefici pentru a-şi încuraja populaţia să acţioneze aşa cum se cuvine : în esenţă, războiul este o chestiune de omor şi e mult mai uşor să omori duşmani atunci când crezi că ei sunt monştri.

În timpul celui de-al Doilea Război Mondial, toate părţile şi-au demonizat duşmanii. Studiile privind propaganda de război arată cât de izbitor de similară a fost această demonizare, aproape indiferent de ţara în care a fost iniţiată. În cel mai rău caz, „duşmanul" – oricare ar fi fost acela – era descris ca fiind într-o oarecare măsură pervertit, depravat sau aparţinând unei rase „inferioare". Propaganda germană şi cea italiană îi prezentau adeseori pe americani ca fiind gangsteri, negri şi evrei ; japonezii i-au catalogat pe britanici drept imperialişti nemiloşi care au înrobit sudul Asiei ; în timp ce sovieticii erau portretizaţi ca noua încarnare a hoardelor barbare[2]. În schimb, Aliaţii îi prezentau pe germani ca pe nişte ucigaşi fără milă şi fără Dumnezeu, hoţi de noapte, iar pe japonezi, ca „hoardele galbene ale Asiei"[3]. Toate părţile implicate şi-au descris duşmanii ca fiind avizi de putere, duplicitari, exploatatori, manipulatori, violenţi, psihopaţi şi îndeosebi gata întotdeauna să atace femei şi copii[4].

Şi mai adesea, inamicului nu i se acorda nici măcar respectul de a fi considerat cât de cât o fiinţă umană – sau, dacă era, în cel mai bun caz era prezentat deformat sau oarecum „subuman". Japonezii îi caracterizau de obicei pe chinezi ca maimuţe, şobolani sau asini şi realizau caricaturi în care aceştia aveau gheare, coarne sau cozi scurte şi groase. În replică, propaganda chineză îi prezenta pe invadatorii japonezi ca „pitici" sau diavoli[5]. Aşa cum se ştie, naziştii îi prezentau pe evrei şi pe slavi ca şobolani : în schimb, ei înşişi erau descrişi ca fiind diferite animale, de la porci la câini turbaţi, tigri, şerpi, scorpioni, libărci, ţânţari şi chiar bacterii[6]. Propaganda antigermană cea mai agresivă se întâlnea probabil în ziarele sovietice, care îşi îndemnau soldaţii să-i extermine pe germani ca pe nişte dăunători. „Nu putem trăi câtă vreme aceşti limacşi verzi-cenuşii sunt vii", proclama ziarul Armatei Roşii, în august 1942. „[Astăzi] nu mai există nimic în afara unui singur gând : să-i ucidem [pe germani]. Să-i ucidem pe toţi. Să-i îngropăm. Atunci vom putea adormi."[7]

Toate părţile şi-au dezumanizat inamicii exact cu acelaşi scop : era mai uşor să-i ucidă dacă erau percepuţi ca animale. Aşa că propaganda americană îi descria pe japonezi ca pe o „molimă" ale cărei „zone de înmulţire din jurul Tokyo-ului trebuie complet anihilate" ; iar japonezii au răspuns cu apeluri ca „omorâţi-i în bătaie pe americani ! "[8].

În cazurile extreme totuşi, duşmanul era descris drept ceva cu totul sumbru şi mai îngrozitor decât nişte fiinţe inferioare omului. Au fost invocate fiare mitice : hidre, demoni înaripaţi, schelete zburătoare, roboţi fără suflet, Doamna cu Coasa, monstrul lui Frankenstein, Călăreţii Apocalipsei[9]. Una dintre cele mai obişnuite imagini, folosită de toate taberele, a fost aceea a vampirului. Coperta revistei *Collier's* din SUA prezenta flota aeriană a Japoniei ca pe un liliac vampir care transportă bombe spre Pearl Harbor, iar coperta revistei *Manga* din Japonia îl prezenta pe preşedintele Roosevelt ca pe un monstru lacom, cu chipul verde şi colţi de Dracula[10]. Aceste imagini erau adesea mai mult decât nişte simple caricaturi : trebuiau să exprime o teamă cât se poate de reală. În timpul ocupaţiei germane în Olanda, de pildă, *De Groene Amsterdammer* a publicat o caricatură sinistră şi tulburătoare a unui vampir cu o mască de gaze în loc de chip, care suge sângele din trupul gol al unui patriot olandez.

În America s-au realizat imagini asemănătoare ale „pericolului galben" : într-o caricatură faimoasă din 1942, premierul japonez, Hideki Tojo, era desenat ca o maimuţă monstruoasă aplecată deasupra corpului unui aviator american, cu sângele picurându-i din gură[11].

Privind retrospectiv, din secolul al XXI-lea, imaginile de acest fel sunt înspăimântătoare. Acum ştim totul despre atrocităţile care au caracterizat cel de-al Doilea Război Mondial : Holocaustul, vasta reţea nazistă de muncă forţată răspândită în toată Europa, folosirea fiinţelor omeneşti în scopul unor experimente ştiinţifice sau pentru antrenamentele cu baionetă şi, poate cel mai tulburător, modul în care unii soldaţi japonezi din câteva zone ale Asiei de Sud-Est i-au măcelărit pe prizonierii de război ca să îi mănânce. Înarmaţi cu o astfel de viziune retrospectivă, este tentant să ne închipuim că o bună parte din demonizare, cel puţin din tabăra Aliaţilor, a fost cu totul justificată. Trebuie să ne amintim însă că marea majoritate a imaginilor şi a diatribelor menţionate mai sus au fost create *înainte* de a avea loc atrocităţile cele mai mari şi, în mod cert, înainte ca ele să fie cunoscute de toată lumea. Demonizarea duşmanului nu a fost deci o reacţie faţă de atrocităţi, ci un precursor al acestora. Aşa cum o arată nenumărate studii sociologice şi psihologice, demonizarea a fost unul dintre factorii care au făcut iniţial posibile astfel de atrocităţi. Suntem pe bună dreptate oripilaţi când vedem cum unii realizatori de film nazişti i-au prezentat pe evrei ca pe nişte şobolani ; dar, ştiind ceea ce ştim astăzi, ar trebui să fim în egală măsură îngrijoraţi şi de modul în care propaganda Aliaţilor îi portretiza pe japonezi ca pe nişte păduchi sau pe germani ca pe nişte bacterii[12].

Imaginea tulburătoare realizată de L.J. Jordaan despre invazia nazistă în Olanda din 1940, aşa cum a apărut ea în *De Groene Amsterdammer*.

*

Soldaţii din prima linie a frontului relatează frecvent despre redeşteptarea sentimentelor de omenie la inamicii lor după câştigarea bătăliei. Robert Rasmus, puşcaş din Divizia 106 a SUA, povesteşte cum el şi camarazii lui de luptă au intrat în al Doilea Război Mondial nutrind o ură deplină faţă de germani, înainte de a ajunge faţă în faţă cu câţiva dintre morţii lor, în primăvara lui 1945.

> Era soare şi linişte. Treceam pe lângă nemţii pe care îi omorâserăm. Privindu-l pe oricare german ucis, fiecare căpăta o personalitate. Nu mai erau o abstracţiune. Nu mai erau germanii cu cască şi chip de brută pe care îi vedeam la jurnalele de ştiri de la cinematograf. Aveau exact vârsta noastră. Erau nişte băietani ca şi noi.[13]

În mod normal, se poate imagina că un proces asemănător se petrecea şi la nivelul societăţii. După ce Germania şi Japonia fuseseră învinse, ele nu au mai apărut chiar atât de ameninţătoare – Aliaţii puteau deci să le recunoască din nou specificul uman. Conform interpretărilor istorice tradiţionale, este exact ceea ce s-a şi întâmplat : Germania şi Japonia au fost „reabilitate", ajutate să se ridice din nou pe propriile picioare, li s-a îngăduit să devină „elevii silitori" ai superputerilor. După cum spunea preşedintele american Bill Clinton, „i-am readus la viaţă pe foştii noştri inamici"[14].

Din nefericire, una dintre cele mai viguroase moşteniri ale celui de-al Doilea Război Mondial este nivelul la care *nu* a avut loc această reumanizare a „inamicului". Cel mai probabil, atitudinea faţă de duşmanii Aliaţilor a devenit mai dură în perioada imediat următoare războiului, când realitatea atrocităţilor la care s-au dedat germanii şi japonezii în perioada conflagraţiei a ajuns să fie cunoscută pe larg. Caricaturile cu schelete umblătoare şi mormane de cadavre au fost înlocuite cu fotografii şi cinejurnale de ştiri despre fapte reale. Relatările şi zvonurile despre atrocităţi izolate au fost înlocuite cu dovezi incontestabile ale abuzurilor sistematice, torturilor şi exterminării a milioane şi milioane de civili – mai mult, ele au fost făcute publice pe tot globul de ziarele care au prezentat diversele procese ale crimelor de război. Până în 1945, unele dintre cele mai sinistre caricaturi despre inamic puteau să nu fie luate în seamă şi etichetate ca simple metafore : după procesele criminalilor de război, nu au mai părut deloc metaforice.

Mişcarea de reabilitare a Germaniei şi Japoniei a avut loc aşadar pe fondul unor multiple voci care se întreceau între ele în a demoniza inamicii din război ai Aliaţilor, aşa cum nu se mai întâmplase până atunci. Dacă astăzi suntem mai dispuşi să ne amintim apelurile la moderaţie, aceasta se datorează doar faptului că ne convine să procedăm astfel : de fapt, ura din perioada războiului a trenat la nivel oficial timp de luni întregi după război. Soldaţilor americani care au ocupat sudul Germaniei li s-au distribuit broşuri în care civilii erau prezentaţi ca „şobolani prinşi în cursă", care „au profitat de tratamentele inumane practicate de Germania"[15]. Conform unor istorici scandinavi, ura publică faţă de germani a continuat timp de vreo douăzeci de ani[16]. Mulţi dintre politicienii momentului au fost destul de sinceri în a-şi exprima sentimentele. „Nu vreau să mai văd vreodată reinstaurarea Reichului", declara preşedintele Charles de Gaulle la sfârşitul anului 1945[17]. Viitorul ministru cehoslovac al Justiţiei, Prokop Drtina, repeta cu plăcere că „Nu există germani buni, doar germani răi şi germani şi mai răi". Până şi oamenii Bisericii erau gata să declare naţiunea germană atât de „rea", încât „îndemnul să-ţi iubeşti aproapele [...] nu i se poate aplica"[18].

În toată zona Pacificului, atitudinea faţă de japonezi a fost oarecum asemănătoare. În literatura populară filipineză postbelică, japonezii erau aproape întotdeauna descrişi ca violatori şi cotropitori „sălbatici", „crăcănaţi", „cu ochi pieziși", unicul lor rol fiind cel de ticăloşi. Astfel de caracterizări au fost dominante până prin anii 1960 şi au rămas frecvente şi de atunci încoace[19]. Yukawa Morio, primul ambasador japonez postbelic în Filipine, îşi aminteşte de întâia lui sosire în Filipine, în 1957 : „Deşi eram pregătit, am fost foarte surprins de cât de profunde erau sentimentele de adversitate faţă de Japonia"[20]. Potrivit unor surse, în Malaysia şi Singapore demonizarea japonezilor după război a fost şi mai puternică[21]. De fapt, ura faţă de japonezi era probabil cea mai puternică în Coreea : atât de otrăvite erau opiniile coreenilor faţă de Japonia, încât, în 1965, când cele două naţiuni au semnat în sfârşit un tratat prin care şi-au normalizat relaţiile diplomatice, după aproape paisprezece ani de negocieri, evenimentul a provocat revolte ample, iar membrii partidului de opoziţie au demisionat din Adunarea Naţională în semn de protest[22].

După 1945, sentimentele antijaponeze din America moştenite direct din al Doilea Război Mondial au fost mereu manifeste. După ascensiunea rapidă a Japoniei ca putere economică din anii 1960-1970, la toate nivelurile societăţii americane a revenit acea atitudine de denigrare a japonezilor cunoscută sub denumirea de „jap-bashing". Senatorii SUA de la jumătatea anilor 1980 au început să se refere la importul de maşini japoneze ca la „un Pearl Harbor economic", iar cei care aspirau la preşedinţie, cum a fost Howard Baker, de pildă, au folosit a patruzecea aniversare a sfârşitului războiului pentru a declara două „realităţi" : „În primul rând, suntem încă în război cu Japonia. În al doilea rând, pierdem". În 1985, Theodore H. White, câştigător al premiului Pulitzer, a scris un articol în *New York Times Magazine* intitulat „Pericolul japonez", în care avertiza că japonezii foloseau practici comerciale „marţiale" pentru a crea o nouă variantă a Sferei de Coprosperitate a Marii Asii Orientale din timpul războiului. Astfel de sentimente erau comune în toată Asia şi în Australia anilor 1980[23].

În China s-a manifestat foarte recent o explozie a sentimentelor antijaponeze provocată de masiva resurgenţă a amintirilor publice despre război. Imaginile tragice cu copii brutalizaţi în timpul masacrului din Nanjing au devenit „practic înrădăcinate în subconştientul colectiv" prin continua lor refolosire în filmele documentare chinezeşti, iar istoria masacrului este repetată la fiecare câţiva ani în filme artistice, care sunt şi mai populare[24]. În 2013, companiile de televiziune chinezeşti pregăteau peste 200 de programe pe an în care era dramatizat războiul din 1937-1945. În februarie 2014, guvernul chinez a instituit două noi sărbători naţionale : una care să marcheze comemorarea masacrului din Nanjing, iar a doua pentru a marca aniversarea capitulării definitive a Japoniei[25].

Sentimentele antigermane provocate ca urmare a celui de-al Doilea Război Mondial sunt încă foarte vii, mai ales în Europa. În 2013, alegerile prezidenţiale din Republica Cehă au degenerat în insulte de factură rasială, politicienii şi presa acuzându-l pe unul dintre candidaţi, Karel Schwarzenberg, că este prea „german" pentru a merita să fie ales[26]. În Grecia, cei care s-au opus măsurilor de austeritate impuse de UE în contextul crizei financiare din 2008 au ars adeseori svastici în timpul demonstraţiilor. În februarie 2012, ziarul grecesc *Dimokratia*, cu orientare de dreapta, a mers până acolo încât a publicat pe prima pagină o fotografie a cancelarului german Angela Merkel îmbrăcată în uniformă nazistă, deasupra unui titlu de un prost-gust uluitor, în care Grecia era comparată cu lagărul de concentrare de la Dachau[27]. În luna august a aceluiaşi an, premierul italian Silvio Berlusconi a dus o campanie politică germanofobă, cu frecvente referiri la al Doilea Război Mondial. Unul dintre ziarele pe care le deţine, *Il Giornale*, a publicat pe prima pagină o fotografie a Angelei Merkel cu mâna ridicată în stilul salutului nazist, sub titlul „Quatro Reich"[28].

Multe dintre aceste percepţii despre germani şi japonezi au o mai mare legătură cu tendinţele politice contemporane decât cu cel de-al Doilea Război Mondial - de exemplu, retorica antijaponeză a Chinei s-a amplificat în perioada disputei lor teritoriale asupra unui grup de insule din Marea Chinei de Est, iar multe naţiuni europene sunt furioase din pricina dominaţiei politice şi economice tot mai mari a Germaniei în interiorul Uniunii Europene. Cu toate acestea, fiecare popor apelează instinctiv la al Doilea Război Mondial când este în căutarea unui model al demonilor moderni.

În imaginarul nostru colectiv, naziştii au devenit modelul nostru standard preferat pentru tot ce este malefic. O succesiune mondială de diverşi „baubau" postbelici au fost comparaţi cu Hitler, inclusiv preşedintele Nasser al Egiptului din anii 1950, Yasser Arafat, liderul palestinian din anii 1970, generalul argentinian Galtieri, în anii 1980, iar în anii 1990, Saddam Hussein în Irak şi Slobodan Milošević în Serbia[29]. Grupările politice îşi caracterizează adeseori rivalii ca fascişti în moduri istoric absurde : parlamentarii indieni, de pildă, se acuză unii pe alţii că sunt „asemenea lui Hitler", iar unii australieni conservatori îi compară pe activiştii pentru drepturile homosexualilor cu Gestapo-ul[30]. În campania din preliminariile alegerilor prezidenţiale americane din 2016,

Philadelphia Daily News a publicat chiar pe prima pagină o fotografie a lui Donald Trump cu braţul ridicat ca într-un salut nazist, deasupra căreia era scris titlul „Noua furoare" (un calambur deliberat după „Führer")[31].

Astăzi, „nazist" este folosit în mod obişnuit ca un termen consacrat pretutindeni pentru răutate sau cruzime. Figura lui Adolf Hitler, mai ales, a devenit ceea ce un critic cultural a numit „epitomul răului", folosit de scriitori, realizatori de film şi politicieni pentru a evidenţia oamenii şi ideile de care se tem aceştia cel mai tare. Richard Nixon şi Osama bin Laden au fost amândoi portretizaţi drept nişte „Hitleri" moderni[32]. Naziştii apar ca ticăloşi în mii dintre cele mai bune filme ale noastre, de la *Sunetul muzicii*, la filmele cu Indiana Jones. Până şi „soldaţii imperiali" din *Războiul stelelor* se bazează pe Wehrmacht-ul german – chiar şi forma căştilor acestora îi identifică imediat ca fiind „duşmanul". O listă cuprinzătoare a tuturor acestor multe şi variate referinţe culturale postbelice la „epitomul răului" ar fi practic nesfârşită. În deceniile trecute de la al Doilea Război Mondial, naziştii, erzaţ sau de alt fel, au devenit un monstru la fel de nepieritor precum orice alt demon mitologic portretizat de propaganda din timpul războiului.

Chipul „Răului"

A fost oare Hitler cu adevărat diabolic ? Au fost oare răi cei care au servit în trupele SS sau în Gestapo ? Dar cei care au desfăşurat experimente ştiinţifice pe fiinţe umane ? Într-atât de puternică este mitologia în jurul acestui subiect, că până şi a sugera că este posibil ca aceşti indivizi să nu fi fost monştri, ci „oameni obişnuiţi" poate să pară un sacrilegiu[33]. Şcoli întregi de istorie au fost întemeiate pe noţiunea că naziştii nu erau doar răi, ci unici în răutatea lor : cei care susţin altfel au provocat strigăte de indignare în cercurile academice, în parlamente şi în mass-media din toată lumea[34].

Chiar dacă niciun istoric de renume nu ar nega faptul că acţiunile naziştilor sau ale poliţiei militare secrete japoneze (Kempeitai) au fost adeseori diabolice, poate că este totuşi o greşeală să-i caracterizăm în acelaşi fel pe toţi cei care s-au făcut vinovaţi de astfel de acte. Din punct de vedere psihologic, nu există persoane rele, ci doar persoane bolnave sau indivizi captivi într-un sistem bolnav. Din punct de vedere filosofic, există de asemenea o deosebire între o persoană rea şi o persoană care a înfăptuit acte rele. Marea tragedie a celui de-al Doilea Război Mondial este nu doar modul în care a propulsat în poziţii de mare putere oameni cu tendinţe psihopatice, ci şi felul în care a fost cultivată şi amplificată boala în interiorul sistemelor, până la nivelul la care chiar şi oamenii obişnuiţi au devenit capabili să comită acte reprobabile, dar şi să manifeste entuziasm atunci când le-au înfăptuit.

Sunt extrem de rare situaţiile când cineva este dispus să vorbească deschis despre atrocităţile pe care le-a comis în timpul celui de-al Doilea Război Mondial şi este încă şi mai neobişnuit ca un criminal să manifeste un interes real faţă de consecinţele acţiunilor sale. Yuasa Ken, un medic japonez care în timpul războiului a practicat vivisecţii pe mai mulţi prizonieri chinezi, a fost un astfel de caz. Povestea lui este un bun exemplu a ceea ce a lipsit din Japonia postbelică şi, în general, din lume.

Yuasa s-a născut în 1916 la Tokyo, tatăl său fiind medic. După propria sa relatare, a fost rezultatul perfect al educaţiei primite : ascultător, muncitor, dornic să-şi dovedească valoarea în faţa superiorilor. Era obişnuit să audă vorbindu-se despre superioritatea rasială a japonezilor şi nu a pus niciodată la îndoială dreptul ţării sale de a invada ţările vecine: îi păstra o amintire vie profesorului său din şcoala primară care spunea că „Japonezii sunt un popor superior. Trebuie să cucerească China şi să devină stăpânii în toată Asia”. Nu a pus niciodată sub semnul întrebării această idee: într-adevăr, nu i-a trecut niciodată prin minte să pună la îndoială sau să-şi critice în vreun fel superiorii[35].

Yuasa i-a călcat pe urme tatălui său şi a absolvit şcoala medicală în 1941, la vârsta de douăzeci şi patru de ani. Era însă foarte dornic să contribuie la efortul de război al Japoniei în China, aşa că a depus imediat o cerere pentru a deveni chirurg militar. Timp de două luni a fost instruit, apoi a fost angajat chirurg militar cu grad de locotenent şi trimis în nord-estul Chinei.

În martie 1942, la mai puţin de şase luni de la numirea lui la Spitalul Militar din Luan, în apropierea oraşului Taiyuan din provincia chineză Shanxi, Yuasa a fost convocat să participe la o sesiune de chirurgie practică. Auzise deja că existau chirurgi militari care practicau vivisecţii şi ştia că era de aşteptat ca toţi medicii debutanţi să participe. Aşadar, în pofida unui sâcâitor sentiment de teamă, la care se adăuga şi o anume curiozitate legată de ceea ce urma să vadă, s-a îndreptat fără tragere de inimă spre sala pentru autopsii.

Când a intrat, a descoperit că sala era plină cu personal din spital şi din divizii – nu doar medici stagiari ca el, ci toate gradele superioare. Într-un colţ erau doi ţărani chinezi, cu mâinile legate la spate. Unul dintre ei era tăcut, aparent resemnat cu soarta lui, celălalt însă era vădit îngrozit şi ţipa încontinuu de teamă. Yuasa îi privea tulburat, dar a vrut să-şi păstreze cumpătul în faţa superiorilor săi. Îşi aminteşte că a întrebat dacă cei doi ţărani comiseseră vreo crimă pentru care să merite pedeapsa cu moartea, dar i s-a răspuns lapidar că nu avea nicio importanţă – probabil că războiul oricum le-ar fi luat amândurora viaţa.

După ce s-a adunat toată lumea, directorul spitalului a anunţat că sesiunea poate începe. Nişte santinele japoneze i-au împins pe cei doi ţărani în faţă. Cel mai curajos dintre ei a păşit calm spre masa de operaţie şi s-a întins pe ea, dar celălalt a continuat să ţipe, trăgându-se înapoi. A ajuns să dea fix peste Yuasa. Cum nu dorea să pară slab în faţa superiorilor, Yuasa a ezitat o clipă, apoi l-a împins pe omul îngrozit, ordonându-i: „Mişcă-te mai în faţă!”. Când a comis gestul, s-a simţit de parcă ar fi trecut un fel de test sau un ritual iniţiatic.

După ce ţăranii chinezi au fost dezbrăcaţi şi anesteziaţi, chirurgii şi-au început sesiunea practică. Mai întâi, au efectuat o apendicectomie, urmată de amputarea braţului unuia dintre chinezi. Apoi au practicat excizii ale unor segmente din intestinele celor doi şi după aceea le-au pus la loc; în sfârşit, au efectuat o traheotomie. Scopul tuturor acestor operaţii era să-i familiarizeze pe chirurgi cu genul de intervenţii chirurgicale care vor fi frecvente în urma luptelor. Yuasa a reuşit aşadar să-şi justifice mintal vivisecţia drept o pregătire pentru a salva vieţile conaţionalilor săi. Aşa cum fusese învăţat, vieţile soldaţilor japonezi valorau cu mult mai mult decât cele ale unor ţărani chinezi.

După trei ore în operaţie, cei doi chinezi abia dacă mai respirau. Cum sesiunea practică se încheiase, tot ce mai trebuia făcut era să-i omoare pe ţărani şi să se descotorosească de cadavrele lor. Directorul spitalului a încercat să-i omoare injectându-le aer în inimă, dar nu a reuşit. În acel moment, Yuasa însuşi a fost chemat să dea o mână de ajutor: „Pe unul dintre ei l-am strangulat cu mâinile mele şi i-am aplicat presiune pe artera carotidă, dar tot nu am reuşit să-l fac să nu mai respire... Prim-locotenentul O şi cu mine i-am înfăşurat cureaua în jurul gâtului şi l-am sugrumat, trăgând tare de ambele capete, dar tot mai respira". Până la urmă, unul dintre doctori a propus să li se injecteze cloretan direct în vene, ceea ce Yuasa a şi făcut, încât în cele din urmă cei doi au murit[36]. În seara aceea, după serviciu, Yuasa a ieşit împreună cu colegii săi. Era ciudat de agitat, dar după câteva pahare s-a simţit mai bine şi nu s-a mai gândit la evenimentele din ziua aceea.

În următorii trei ani, Yuasa a participat la alte şase vivisecţii, efectuate pe paisprezece chinezi. Unele dintre sesiuni nu au fost de prea mare folos în pregătirea doctorilor militari : au inclus prelevări de testicule, o prelevare de creier şi lecţii de anatomie generală. Într-unul dintre cazuri, s-au tras câteva gloanţe în trupurile a patru bărbaţi, apoi chirurgii au exersat extragerea lor fără anestezie. Cu altă ocazie, când participarea a fost prea slabă pentru ca sesiunea practică să merite a fi făcută, directorul spitalului a profitat de ocazie ca să-şi încerce mâna, decapitând un om cu sabia. După aprilie 1943, Yuasa însuşi şi-a luat responsabilitatea de a organiza vivisecţiile. A făcut-o fără să-şi pună prea multe întrebări, deşi ştia că cei din Kempeitai îşi alegeau victimele mai mult sau mai puţin la întâmplare.

> Nu a fost niciodată cazul să nu folosim prizonieri pentru vivisecţie pentru că aveam mai mulţi la dispoziţie. Întotdeauna se spunea : „Avem nevoie de ei, aşa că aduceţi-i". Erau necesari pentru practica în chirurgie, pentru a salva vieţile soldaţilor japonezi, înţelegeţi ? Chinezii erau arestaţi special în acest scop.[37]

Yuasa a recunoscut singur că, pe vremea aceea, nu a avut niciun fel de sentiment de vinovăţie pentru că a comis astfel de crime. „Ni se părea că sunt un fel de deşeuri. Gunoaie."[38]

Când războiul s-a sfârşit, în august 1945, Yuasa a trebuit să decidă dacă să se întoarcă acasă în Japonia sau să rămână în China. La fel ca alte mii de japonezi, a ales să rămână. Nu a bănuit niciodată că s-ar putea ca poporul chinez să vrea să se răzbune pentru ce făcuseră doctorii japonezi ca el, pentru că, în mintea lui, el nu făcuse nimic rău. Aşa că a rămas în China, s-a însurat, a făcut copii. A continuat să practice medicina câţiva ani, îngrijind pacienţi japonezi şi chinezi şi pregătind medici rezidenţi chinezi.

Nu a fost arestat decât la doi ani după ce comuniştii au preluat controlul în ţară. În ianuarie 1951, a fost trimis într-un lagăr de prizonieri, dar tot nu s-a îngrijorat peste măsură, întrucât continua să creadă că exersarea practicii chirurgicale pe fiinţe umane vii nu era o infracţiune serioasă şi nici pe departe un act malefic : „În sinea mea, încercam tot felul de justificări pentru a mă disculpa de ceea ce făcusem. «Am executat ordinele. Nu puteam face altfel. Eram în război. Nu era prima dată când se făceau astfel de lucruri. Toată lumea proceda la fel.» Lucruri de genul acesta. În plus, războiul se terminase deja"[39].

Nu a început să se nelinişteasca decât atunci când comuniştii i-au cerut să dea o declaraţie completă şi sinceră, dar chiar şi atunci l-a consolat promisiunea că toţi prizonierii care regretau sincer vor fi iertaţi : tot ce trebuia să facă era să-şi recunoască crimele şi avea să fie repatriat în Japonia. În consecinţă, a făcut o mărturisire fără prea mare entuziasm – a omis unele dintre detaliile cele mai ruşinoase, cum ar fi prelevarea unui creier pe care o executase, dar spera că va fi suficient pentru a-i mulţumi pe anchetatori. Nu a fost aşa. Confesiunea lui a fost respinsă ca nesinceră şi Yuasa a rămas în captivitate.

La sfârşitul anului 1952, după aproape doi ani de detenţie şi nenumărate tentative de a mărturisi, Yuasa a fost transferat înapoi în provincia Shanxi, unde a fost încarcerat în închisoarea din Taiyuan. Acolo a primit o scrisoare de la mama uneia dintre victimele lui – bărbatul căruia îi scosese creierul. Scrisoarea descria neliniştea pe care o încercase mama atunci când fiul ei fusese arestat de Kempeitai. Descria cum femeia încercase să urmărească pe bicicletă camionul de poliţie, dar nu a reuşit să se ţină după el ; cum îl căutase pretutindeni, înainte de a i se spune că fiul ei fusese dus la spital pentru o disecţie pe viu. „Am fost aşa de tristă", scria ea, „aşa de tristă, încât am crezut că o să-mi iasă ochii din cap de atâta plâns. Nu am mai fost în stare să mă îngrijesc de orezăria pe care o cultivasem. Nu puteam să mănânc. Yuasa, aud că acum eşti arestat. Am cerut guvernului să te pedepsească cu toată severitatea"[40].

Mai mult decât orice altceva, scrisoarea aceasta l-a făcut pe Yuasa să înţeleagă în sfârşit enormitatea actelor lui din timpul războiului. Înainte, îşi privise victimele ca pe nişte simple trupuri, specimene destinate instruirii chirurgilor – într-adevăr, i se păruse dificil să-şi imagineze cum arătau chipurile lor. Acum înţelegea că oamenii aceia fuseseră şi ei fiinţe umane vii, care făceau parte din familii şi comunităţi şi, pentru prima dată, a reuşit să-şi amintească expresia de groază neputincioasă de pe feţele lor în timp ce el începea să opereze.

Yuasa a mai petrecut încă trei ani şi jumătate în celula sumbră din închisoare, reflectând la aceste imagini şi încercând să înţeleagă cum de a fost posibil ca el să fie în stare să facă astfel de lucruri îngrozitoare. În vara anului 1956 a fost în cele din urmă eliberat şi trimis înapoi în Japonia.

Negarea realităţii traversează confesiunea lui Yuasa aproape de la început până la sfârşit. Iniţial, a negat în sinea lui că a greşit în ceea ce a făcut. A continuat să nege pe tot parcursul războiului, cu conştiinţa aparent curată : a recunoscut singur că nu a suferit de insomnie noaptea, nu a avut nici coşmaruri şi, cu siguranţă, nici remuşcări. După război, a continuat să nege şi nu a considerat că ar avea vreun motiv să se teamă de răzbunarea chinezilor. Singurul lucru care l-a scos pe Yuasa din starea lui de iresponsabilitate a fost un îndelungat examen de conştiinţă – iniţial impus, dar ulterior mai deliberat, după ce a primit scrisoarea de la mama uneia dintre victimele sale, care i-a deschis ochii asupra grozăviei faptelor pe care le-a comis. Dacă Yuasa s-ar fi întors acasă imediat după război, e de presupus că nu ar fi început niciodată acest proces de a-şi asuma trecutul Japoniei şi al său personal.

La fel pare să fie şi situaţia foştilor colegi ai lui Yuasa. Când a revenit în Japonia, în 1956, i s-a organizat o recepţie de bun venit. Printre invitaţi se numărau şi câţiva dintre chirurgii militari şi asistentele cu care lucrase odinioară. Spre marea lui surpriză, Yuasa a descoperit că aproape niciunul dintre ei nu reflectase la faptele proprii din perioada războiului. Un doctor chiar l-a întrebat de ce îl catalogaseră chinezii drept criminal de război, de vreme ce el, la fel ca orice alt chirurg, acţionase absolut corect în război. Yuasa l-a întrebat doar atât : „Îţi mai aminteşti ce am făcut noi ? ", însă colegul lui nu avea habar la ce se referea Yuasa.

Yuasa Ken cu puţin înainte de moartea sa, în 2010.

În anii care au urmat, Yuasa a lucrat cu sute de cadre medicale care participaseră la ocuparea Chinei, dar niciunul dintre ele nu a rostit vreo vorbă despre vinovăţie. La începutul anilor 1960, s-a hotărât să scrie o carte despre ceea ce văzuse şi făcuse în China. Considera că este important să vorbească deschis despre propria sa vină şi, prin aceasta, să aducă o rază de lumină asupra unei părţi a istoriei Japoniei care nu a fost niciodată recunoscută public. Însă îndată după apariţia cărţii, Yuasa a început să primească scrisori pline de ură în care era numit o „ruşine" sau „întruchiparea prostiei", pentru că atrăsese atenţia asupra unui aspect al războiului despre care o bună parte a japonezilor credea că e mai bine să fie dată uitării. Alte scrisori au venit de la practicanţi ai vivisecţiilor care se simţeau „ameninţaţi" de cartea lui pentru că nu voiau să-şi asume responsabilitatea trecutului. Pretutindeni, negare şi doar negare.

Conform psihiatrului Noda Masaaki, care a avut lungi întrevederi cu Yuasa, astfel de atitudini sunt simptomatice pentru întregul personal medical din Japonia şi, de fapt, pentru societatea japoneză ca întreg.

> Mă întreb ce am pierdut, oare, negându-ne astfel trecutul? Când ne negăm experienţele de viaţă, atragem asupră-ne autodistrugerea psihologică. Când rănile spiritului sunt reprimate, ele răbufnesc până la urmă sub forma unor disfuncţii emoţionale şi boli mintale. Trăiesc japonezii într-o stare sufletească diferită cumva de cea pe care am trăit-o în timpul războiului de agresiune? Negându-ne trecutul, ce fel de viitor ne rezervăm oare nouă înşine?[41]

Durerosul proces al asumării propriilor crime prin care a trecut Yuasa este unul la care se angajează de bunăvoie foarte puţini oameni, cu atât mai puţin societăţile în ansamblu.

Pentru modul în care şi-a asumat trecutul, Germania a fost deosebit de apreciată - mai ales de către universitarii japonezi, care nu-şi pot imagina că un proces similar ar putea să aibă loc în propria ţară. Şi totuşi, la fel ca Yuasa, Germania a adoptat această abordare doar pentru că a fost obligată să o facă : mai întâi de către Aliaţi, care au insistat asupra reeducării germanilor în privinţa crimelor comise, la început prin jurnalele de ştiri de la cinematografe şi prin excursiile impuse având ca destinaţie vizitarea lagărelor de concentrare, iar mai târziu, prin generaţia născută după război, care, odată ajunsă la vârsta maturităţii, în anii 1960, a vrut să afle ce făcuseră părinţii şi bunicii lor în perioada nazistă. Niciunul dintre aceste procese nu a fost replicat în Japonia la o scară similară.

Cu toate acestea, chiar şi în Germania continuă să fie dificil să le aminteşti oamenilor că aceia care au condus Holocaustul şi au împuşcat prizonieri de război, care au violat şi au ucis în timp ce îşi croiau drum prin Europa de Est nu erau nişte monştri, ci oameni obişnuiţi. În anii din urmă, figura lui Hitler ca personaj demonic, mefistofelic, a dominat memoria colectivă despre război a Germaniei ; iar războiul însuşi este tot mai mult privit aşa cum este privit şi în America sau în Marea Britanie : ca un uriaş conflict între bine şi rău. Varianta aceasta este mult mai uşor de acceptat, întrucât ea pare să-i absolve de responsabilitate pe germanii „simpli" - dacă doar „monştrii" sunt cei care comit crimele de război, atunci noi, restul, putem să dormim liniştiţi[42].

Poveşti de viaţă precum cea a lui Yuasa ne amintesc de faptul că nu doar victimele de război sunt fiinţe umane, ci şi criminalii. Recunoaşterea caracterului uman al celor din urmă nu îi exonerează de vină, aşa cum susţin unii - ba chiar dimpotrivă, de vreme ce doar oamenii pot fi condamnaţi pentru că nu-şi asumă responsabilitatea faptelor lor[43]. Etichetarea unor astfel de indivizi ca „monştri" are un efect opus : îi scuteşte de răspundere. Totuşi, ne simţim obligaţi să recurgem la eticheta aceasta pentru că reprezintă un mod convenabil de a ne ţine la distanţă de ei. Aşa că ignorăm volumul imens de dovezi istorice, sociologice şi psihologice care sugerează că oameni obişnuiţi - nu foarte diferiţi de noi - sunt eminamente capabili să comită crime cu adevărat atroce, în circumstanţele şi în conjunctura potrivite. Practic, şi noi suntem tot în stadiul de a nega[44].

Al Doilea Război Mondial nu doar a amplificat prejudecăţile existente între popoare şi naţiuni până la un nivel colosal şi fără precedent, ci a oferit ocaziile pentru ca respectivele prejudecăţi să se transforme în ură, iar ura să devină criminală. În anumite cazuri, războiul a creat demoni acolo unde înainte nu existase niciunul. Astfel de evenimente s-au petrecut pe scară largă în locuri la fel de îndepărtate între ele cum e Norvegia faţă de Noua Guinee.

Unul dintre aspectele ce deosebesc acest conflict de altele este nivelul absolut al cruzimii înregistrate. Atrocităţi au avut loc în toate teatrele de război, comise fiind de către toate părţile implicate şi adeseori ele au fost încurajate direct de state şi de instituţiile lor într-o măsură atât de mare, încât uneori devenise dificil, dacă nu chiar periculos, să reacţionezi faţă de duşmani cu o cât de mică urmă de decenţă. Toate părţile implicate au invocat demoni şi, odată invocaţi, demonii respectivi au devenit repede reali.

Mai trăim încă şi astăzi cu aceşti demoni, atât în forma lor originară, cât şi în forma unor duşmani noi care - deloc surprinzător - seamănă remarcabil de bine cu cei vechi. Animozităţile noastre reciproce nu vor fi niciodată îngropate câtă vreme vom continua să ne reprezentăm războiul ca pe un conflict între forţele binelui absolut şi cele ale răului absolut. Astfel de concepte permit învingătorilor să-şi tăgăduiască greşelile şi fac dificilă pentru cei învinşi recunoaşterea păcatelor: ele rămân principala noastră piedică în înţelegerea colectivă a motivelor care au determinat oameni de toate naţionalităţile şi clasele sociale să acţioneze aşa cum au făcut-o.

Există motive foarte întemeiate pentru ca aceste mituri despre bine şi rău să nu dispară vreodată - motive care au prea puţină legătură cu învingătorii sau cu învinşii. Marea majoritate a celor care au trăit experienţa celui de-al Doilea Război Mondial nu se consideră eroi sau monştri, ci mai degrabă victime. În multe privinţe, este adevărat că modul cum înţelegem noi războiul este definit de această copleşitoare experienţă în postura de victime. Situaţia nefericită a victimei îl condamnă pe cel rău şi totodată îi conferă eroului autoritate morală; iar nevoia noastră de a ne comemora statutul de victimă ne sileşte să revenim la problema războiului iar şi iar. Eroii şi ticăloşii au cel puţin opţiunea de a lăsa în urmă trecutul şi de a da uitării ce a fost rău. Însă victimele, aşa cum voi arăta în continuare, nu îşi permit un asemenea lux.

4

Martiri

În 2013, un profesor universitar din Ierusalim şi-a publicat amintirile despre experienţele sale din al Doilea Război Mondial şi despre modul în care acestea i-au afectat ulterior viaţa. Povestea lui Otto Dov Kulka este un bun exemplu al tipurilor de probleme psihologice cu care s-au confruntat milioane de oameni în anii de după război. Este o relatare absolut unică, dar totuşi reprezentativă pentru ceva cu mult mai cuprinzător : în stilul ei propriu, oferă o metaforă pentru modul în care lumea în ansamblul ei a trăit atât experienţa Holocaustului, cât şi cel de-al Doilea Război Mondial, în general[1].

În 1939, când germanii au invadat Cehoslovacia, ţara sa natală, Kulka nu avea decât şase ani. Ca evrei, el şi familia sa erau expuşi cu totul riscului represiunii germane, însă tatăl lui a fost arestat pentru activităţi antinaziste. Kulka şi mama lui au fost şi ei arestaţi şi închişi, laolaltă cu restul populaţiei evreieşti din Cehoslovacia.

În toamna anului 1943, Kulka, pe atunci în vârstă de zece ani, a fost trimis în lagărul de concentrare de la Auschwitz-Birkenau. El şi mama lui au fost plasaţi într-un „lagăr de familie" special, menţinut ca model pentru a fi prezentat comunităţii internaţionale în cazul în care Crucea Roşie ar fi decis să inspecteze Auschwitzul. În consecinţă, s-a bucurat de „privilegii" care nu le erau îngăduite deţinuţilor din alte sectoare ale complexului. Nu a trebuit să treacă prin renumitul „triaj" din gară, unde cei apţi de muncă erau separaţi de ceilalţi deţinuţi, cei destinaţi imediat camerelor de gazare. Nu a fost ras în cap şi nici nu i s-au confiscat hainele şi bunurile. Lui şi mamei sale li s-a permis să continue să ducă o viaţă aparent normală : mergea la o şcoală improvizată, unde el şi prietenii lui montau piese de teatru şi dădeau concerte, ba chiar a intrat în cor, unde, cu priveliştea crematoriilor în faţa ochilor, a învăţat să cânte „Oda bucuriei" a lui Beethoven.

Toţi cei din lagărul pentru familii erau conştienţi că situaţia lor era cu totul neobişnuită şi nu puteau înţelege de ce fuseseră aleşi pentru un tratament atât de special. Dar norocul nu le-a surâs prea mult. În martie 1944, la exact şase luni de la sosire, întregul grup a fost luat şi dus la camerele de gazare. Nu s-a făcut niciun fel de triere şi nu a existat nicio posibilitate de scăpare – au fost pur şi simplu lichidaţi în masă. În locul lor a fost adus un alt grup, căruia i s-au acordat aceleaşi privilegii şi aceleaşi libertăţi – până când aveau să se scurgă cele şase luni. Kulka şi mama lui au supravieţuit primei runde de omucideri printr-un noroc formidabil : s-a întâmplat ca exact în noaptea gazării amândoi să fie la infirmerie. Dar nu şi-au făcut iluzii că ar fi vorba de altceva decât de o graţiere temporară.

Otto Dov Kulka, renumit istoric şi fost deţinut în „Lagărul pentru familii" de la Auschwitz.

În pofida altor multor ocazii când a fost confruntat cu moartea, Kulka a supravieţuit Auschwitzului, dar şi-a petrecut restul vieţii încercând să facă faţă supliciului trăit acolo. La maturitate, a devenit istoric şi s-a specializat în studii despre cel de-al Treilea Reich, inclusiv despre crearea lagărului de la Auschwitz şi a altor lagăre de exterminare similare. În 1984, a scris o istorie meticulos documentată a lagărului pentru familii unde fusese închis, un studiu în care a dezvăluit în detaliu motivele care au stat în spatele înfiinţării şi lichidării finale a lagărului.

Concomitent, a început să clădească o perspectivă metaforică profund personală bazată pe emoţiile şi experienţele din copilărie. Cu mintea, a transformat Auschwitzul într-o „Metropolă a Morţii", centrul unui vast imperiu al anihilării care se întindea în toată lumea. Camerele de gazare şi crematoriile au devenit simboluri eterne, cu totul separate de existenţa lor reală ; iar fluviul Vistula, în ai cărui afluenţi era vărsată cenuşa celor morţi, a devenit miticul Styx sau „Fluviul Adevărului".

Kulka era conştient că această lume interioară era incompatibilă cu activitatea lui academică. La universitatea unde lucra ca istoric devenise renumit pentru caracterul raţional, ştiinţific al cercetărilor sale – metaforele, simbolurile şi mitologia personală nu-şi găseau locul acolo. Aşadar, a ţinut cu scrupulozitate universul său interior departe de activitatea academică ; cu toate acestea, a recunoscut că ele se reflectau reciproc – că una nu era posibilă fără cealaltă[2].

Cu toate că a supravieţuit şi cu toate că statul nazist şi centrele lui de lichidare au fost desfiinţate, Kulka era convins că nu va putea scăpa niciodată de sub puterea simbolică a Auschwitzului. Era bântuit de coşmaruri recurente, evoluând circular, în care era salvat în mod repetat de la camerele de gazare doar pentru a se trezi înapoi acolo de unde plecase, nevoit să înfrunte iar şi iar acelaşi supliciu. În încercarea de a se exorciza şi a scăpa de coşmaruri, Kulka a întreprins în 1970 o călătorie la ruinele de la Auschwitz. A ţinut să păşească într-una din fostele camere de gazare, ca o încheiere simbolică a naraţiunii despre moarte care îl bântuia. Nu a avut niciun efect. Coşmarurile au continuat şi Kulka a rămas toată viaţa cu sentimentul că moartea - nu una obişnuită, ci „Moartea cea Mare" care trona deasupra Auschwitzului - era „singura perspectivă certă care conduce lumea"[3].

Amintirile lui Kulka compun o descriere deosebit de elocventă a unui fenomen pe care l-au trăit mulţi supravieţuitori ai războiului: nu doar cei care au trecut prin experienţa Holocaustului, ci şi supravieţuitorii raidurilor de bombardamente, ai torturilor, ai strămutărilor, ai epurărilor etnice sau ai multor, multor altor traume din timpul războiului petrecute pretutindeni în lume. Cei care au avut parte de astfel de nenorociri au fost adeseori siliţi să le recicleze la nesfârşit în vise, flashbackuri, în scrieri sau conversaţii. Unii, precum Kulka, s-au simţit obligaţi să studieze evenimentele pe care le-au trăit sau la care au fost martori - ori chiar să le reconstituie -, într-o încercare sterilă de a le domina. Pentru aceşti oameni, trecutul nu poate fi şters cu buretele. Simbolicul „sfârşit al lumii" pe care l-au trăit nu le-a netezit calea pentru niciun fel de renaştere personală: dimpotrivă, i-a ţinut captivi într-o stare în care conştiinţa morţii şi posibilitatea apocalipsei au fost prezente permanent - o stare pe care psihologul Robert Jay Lifton a denumit-o, în scrierile despre supravieţuitorii bombei atomice, „moarte în viaţă"[4].

Pentru astfel de oameni, războiul s-a terminat şi nu s-a terminat: ei locuiau într-un fel de ţinut al nimănui, rupţi de un trecut care fusese distrus, dar totuşi incapabili să se cufunde cu totul într-un viitor care le promitea renaşterea. Experienţa lui Otto Dov Kulka cu „Metropola Morţii" a fost aşadar departe de a fi doar o „amintire", aşa cum o înţelegem noi în mod convenţional. În mintea lui, sfârşitul lumii nu reprezenta acel ceva care se termina, ci un lucru care făcea „perpetuu parte din prezentul meu"[5]. Pe tot parcursul vieţii, a păstrat convingerea că Auschwitzul, sau ceea ce reprezenta Auschwitzul, îl va chinui în mod inevitabil, întocmai aşa cum îi chinuise pe toţi cei pe care îi cunoscuse în 1944.

Comunităţile ca victime

Ceea ce este adevărat pentru indivizi este adevărat, într-o anumită măsură, şi pentru comunităţi. După 1945, era aproape imposibil să fii evreu fără să fi avut şi o puternică legătură cu Holocaustul, iar milioanele de evrei care nu au trăit experienţa directă a acelui îngrozitor eveniment au trăit totuşi cu conştiinţa umbrei lui planând permanent deasupra lor[6]. Jurnalista britanică Anne Karpf a scris în mod convingător despre ce a însemnat să crească alături de părinţii ei supravieţuitori ai Holocaustului. În pofida atmosferei de optimism impusă acasă, Karpf a suferit tot felul de anxietăţi foarte puternice, dincolo de care se afla o morbidă obsesie a morţii:

> La noi în casă moartea era vie şi prezentă. Părinţii mei recuperaseră câteva albume din perioada antebelică cu fotografii de grup ale unor oameni teribil de veseli. Îmi arătau cine era fiecare dintre ei şi îmi spuneau cum murise fiecare. Cu atât de puţine rude încă în viaţă, trebuia să ne mulţumim cu cei morţi... Se pare că încă de la naştere am fost obsedată de moarte[7].

Sanctuarul victimelor Holocaustului – „Sala Numelor" (Hall of Names) de la Yad Vashem, Ierusalim.

La bine sau la greu, Holocaustului i-a revenit un loc din ce în ce mai central în identitatea evreilor. Odată cu declinul atât al credinţelor religioase, cât şi al mişcării sioniste, evreii din întreaga lume s-au luptat să găsească acea singură idee măreaţă care să-i unească : într-o măsură oarecare, umbra Holocaustului a umplut acest gol. Nu este ceva cu care toţi evreii să se simtă confortabil. Dar exact aşa cum indivizi ca Otto Dov Kulka au fost obligaţi să includă memoria Auschwitzului în vieţile lor emoţionale de zi cu zi, la fel şi comunitatea evreiască trebuie să trăiască având Holocaustul ca o prezenţă perpetuă şi de neevitat[8].

Multe evenimente au redeşteptat în rândul evreilor intense nelinişti : pentru a nu menţiona decât câteva, procesele-spectacol din URSS intentate în anii 1950 figurilor politice şi intelectualilor evrei, prinderea şi judecarea lui Adolf Eichmann în anii 1960, Războiul de Şase Zile din 1967, Războiul de Iom Kipur din 1973, intifada arabă, intensificarea atacurilor antisemite în urma atentatelor din 11 septembrie 2001, dezvoltarea puterii nucleare a Iranului, imensa popularitate a partidului de orientare antisemită Jobbik din Ungaria şi aşa mai departe. În lumina celor petrecute în timpul celui de-al Doilea Război Mondial, comunitatea evreilor din toată lumea nu tratează cu uşurinţă – şi nici nu ar putea – astfel de evenimente.

Evreii nu sunt singurii care reacţionează în acest mod. Războiul a provocat numeroase traume similare în numeroase alte comunităţi : este destul să privim statisticile referitoare la război pentru a ne face o idee despre nivelul uimitor al pierderilor suferite de acele comunităţi. Circa un polonez din şase a fost ucis între 1939 şi 1945, la fel şi aproximativ unul din cinci ucraineni. Se consideră că au murit cel puţin 20 de milioane de cetăţeni sovietici, probabil chiar mai mulţi : cifrele sunt atât de mari, iar perturbarea vieţii sociale atât de masivă, încât marja de eroare a istoricilor ajunge de obicei la câteva milioane[9].

Lucrurile stau la fel şi în cazul Chinei, unde chiar şi cele mai conservatoare estimări privind numărul celor ucişi în timpul războiului se ridică la 15-20 de milioane, iar estimările unora dintre istoricii chinezi merg până la 50 de milioane[10]. Cuvântul „holocaust” a fost frecvent folosit în 1945 pentru a descrie nu genocidul evreilor din Europa, ci războiul, în totalitatea lui.

Evreii nu reprezintă, aşadar, singura comunitate a cărei experienţă din al Doilea Război Mondial i-a lăsat cu o morbidă identificare cu cei morţi. Unul dintre cele mai importante simboluri ale războiului din Franţa, de exemplu, este satul Oradour-sur-Glane, distrus în 1944 ca represalii pentru activitatea Rezistenţei din zona respectivă. Satul originar a fost conservat exact aşa cum era în ziua în care populaţia i-a fost masacrată, un simbol fosilizat al negării culpei, iar astăzi acest sat-fantomă ocupă un loc special în memoria francezilor. În Europa, sunt şi alte sate şi oraşe-martir asemănătoare, la fel de morbide şi la fel de importante în conştiinţa naţională. Cehii au Lidice, ras de pe faţa pământului ca represalii pentru asasinarea liderului nazist Reinhard Heydrich. Grecii au satul Distomo, italienii, Marzabotto, belgienii au satul Vinkt. Simbolul definitoriu al martiriului polonez a fost distrugerea sistematică a Varşoviei, când oraşul a fost nimicit în mod deliberat de nazişti după o revoltă eşuată din 1944. Chinezii manifestă sentimente similare faţă de Nanjing, distrus în 1937, când populaţia a fost sistematic violată şi masacrată de japonezi. Chiar şi aşa-numitele naţiuni agresoare îşi au propriile simboluri ale martiriului : germanii comemorează bombardamentul asupra Dresdei, iar japonezii au Hiroshima şi Nagasaki.

În 1945, fiecare naţiune participantă, într-un grad mai mare sau mai mic, a fost considerată o victimă a războiului ; iar reacţiile comunităţilor respective faţă de diferitele lor traume au fost o reflectare a celor trăite de indivizi. Multe naţiuni au trăit retrospectiv sentimentul neputinţei pe care l-au simţit în timpul războiului, mai ales în anii 1960, 1970 şi 1980, când au existat temeri larg răspândite că un al treilea război mondial ar fi putut începe. Unii au simţit nevoia de a repeta trecutul, chiar şi de a reconstitui agresiunea

Naţiunea ca martir sfânt – memorialul din Amsterdam dedicat celor morţi în război.

pe care au resimţit-o în 1945 – să ne reamintim de valurile de sentimente antijaponeze care au zguduit periodic Coreea de Sud. S-au scris cărţi în care s-a psihanalizat modul în care Israelul pare să fi preluat până şi unele dintre caracteristicile specifice naţiunilor agresoare care i-au oprimat pe evrei în anii 1930 şi 1940 (şi, evident, s-au scris alte cărţi în care aceste afirmaţii erau respinse). În cazurile cele mai nefaste, naţiunile au fost incapabile să facă faţă traumelor războiului şi, în consecinţă, au suferit o cădere psihică totală. De exemplu, dezintegrarea violentă a Iugoslaviei din anii 1990 a avut loc într-o atmosferă invadată de retorica celui de-al Doilea Război Mondial şi a implicat episoade de epurare etnică reprezentând practic reconstituiri ale evenimentelor care au avut loc în urmă cu cincizeci de ani. Chiar şi în prezent sunt în regiune comunităţi care continuă să nege faptele sau să trăiască cu frică şi care nu au deloc, sau prea puţin, încredere în vecinii lor, din cauza ciclului continuu de atrocităţi şi reacţii la acestea, ciclu care a început în timpul celui de-al Doilea Război Mondial. Criza din Ucraina, declanşată în 2014, include multe repere similare : o ţară sfâşiată de război şi de epurări etnice în anii 1940, care, de atunci, nu a mai fost capabilă să îşi creeze o identitate unică şi stabilă.

Ascensiunea martirului

Dintre toate diferitele grupuri persecutate în timpul războiului şi care acum se contrazic cu privire la cine poartă răspunderea pentru suferinţele lor, unul s-a evidenţiat în mod deosebit – victima tipică a celui de-al Doilea Război Mondial. Motivele pentru care lumea i-a ales pe evrei pentru a îndeplini acest rol sunt numeroase. Aşa cum au reprezentat principala ţintă a vituperaţiilor naziste înainte şi în timpul războiului, pare nimerit să fi devenit ulterior principala ţintă a simpatiei noastre. Evreii au fost ucişi mai eficient şi în număr cu mult mai mare decât oricare alt grup rasial. Iar metodele industriale folosite pentru anihilarea lor par să fie esenţa sălbăticiei atât a sistemului nazist, cât şi a războiului în sine. În aceste privinţe, evreii sunt un simbol ideal al statutului nostru de victimă colectivă.

La fel de semnificative totuşi sunt şi motivele sociologice din spatele alegerii noastre. Întrucât evreii nu erau o naţiune, ei aparţineau, de fapt, tuturor naţiunilor. În consecinţă, cu toţii ne putem identifica cu suferinţele lor fără a redeştepta periculoase rivalităţi naţionale care ne-ar putea duce din nou în prăpastie. La fel, fiecare naţiune din Occident are posibilitatea de a-şi recunoaşte un anume grad de complicitate la Holocaust – fie ca participant activ, fie ca spectator pasiv –, protejată fiind de faptul că nu trebuie să ducă singură povara acelei vinovăţii. Culpabilitatea înaintaşilor noştri, care au stat deoparte în timp ce evreii erau ucişi, este un lucru pe care suntem cu toţii gata să îl recunoaştem. O victimă universală poate fi utilă în rolul ţapului ispăşitor pentru a ajuta statele şi popoarele să se reunească.

Este important să ne amintim că această stare de lucruri nu s-a instalat peste noapte. Occidentalii sunt atât de obişnuiţi să-şi exprime tristeţea colectivă faţă de suferinţele fără egal ale evreilor, încât îşi închipuie că toate persoanele decente fac la fel şi că întotdeauna au făcut astfel ; de fapt, a fost nevoie de zeci de ani pentru ca o asemenea atitudine să ia amploare. În pofida a ceea ce credem că ne amintim, soldaţii forţelor Aliate care au intrat primii în Auschwitz, Belsen sau Dachau nu le-au oferit imediat tuturor evreilor o „caldă îmbrăţişare a libertăţii”[11], cum a numit-o Bill Clinton. În realitate, cei mai mulţi dintre soldaţi au dat înapoi, îngroziţi de ororile acelor locuri şi adeseori compasiunea le-a fost excedată de dezgustul faţă de „creaturile” şi „scheletele vii, ca nişte maimuţe” pe care le-au găsit acolo[12]. Agenţiile umanitare care în lunile următoare s-au îngrijit de persoanele strămutate au avut cu evreii o relaţie la fel de complicată. Încercând să îşi păstreze întreaga compasiune faţă de acest grup extrem de traumatizat, au devenit tot mai frustrate de incapacitatea lor de a se comporta „normal” sau chiar cu gratitudine şi au ajuns să-i privească pe evrei ca pe nişte persoane răzbunătoare care le creează probleme sau ca „viitori infractori”. Chiar şi directorul Administraţiei Naţiunilor Unite pentru Ajutor şi Reconstrucţie din Germania de Vest i-a caracterizat ca fiind nişte „oameni disperaţi care nu se vor da în lături de la nimic”[13]. Ulterior, când evreii au revenit la casele lor, comunităţile din care făcuseră parte au arătat dureros de limpede că nu erau interesate să audă despre tot ce avuseseră ei de îndurat - de fapt, multe comunităţi au fost vădit ostile revenirii evreilor. Fiecare suferise în timpul războiului. Nimeni nu era interesat să afle că suferinţele altcuiva ar fi putut fi mai mari decât ale sale[14].

Compasiunea pentru evrei nu a crescut semnificativ în anii care au urmat. Conform mai multor studii de istorie recente, europenii din anii 1940 şi 1950 s-au împotrivit ferm să asculte relatări despre genocid, pentru că le dezvăluiau consecinţele cele mai sumbre ale colaborării lor cu naziştii din vremea războiului - colaborare de care erau dornici să se distanţeze. Ele veneau în contradicţie şi cu mitul consolator că europenii suferiseră cu toţii la fel[15]. Americanii nu au fost nici ei cu mult mai mărinimoşi : în anii 1950, problema suferinţelor evreilor se banalizase şi lumea devenise mai preocupată de răul reprezentat de comunism decât de vechiul spectru al nazismului[16]. Chiar şi în noul stat Israel, compasiunea faţă de supravieţuitorii Holocaustului lipsea cu desăvârşire. Evreii israelieni voiau să se considere nişte luptători, eroi, suficient de puternici pentru a lua în stăpânire şi a-şi păstra propria ţară : adeseori îi dispreţuiau pe evreii europeni care merseseră la moarte obedienţi, „ca oile la tăiere”. După cum spunea poeta israeliană Leah Goldberg, supravieţuitorii erau „urâţi, secătuiţi, labili moral şi greu de îndrăgit”[17]. Chiar şi David Ben-Gurion, unul dintre părinţii fondatori ai Israelului, i-a caracterizat pe unii dintre supravieţuitori ca „oameni duri, răi şi egoişti”, ale căror chinuri îi goliseră de „orice părţi bune din sufletele lor”[18].

Departe de a se identifica aşadar cu victimele, cea mai mare parte a lumii pare că încă manifesta destulă ostilitate faţă de ele. Abia după ce o nouă generaţie a ajuns la maturitate, în anii 1960, lumea a început în sfârşit să îi accepte pe cei care suferiseră şi să se confrunte activ cu oroarea nemaiîntâlnită a Holocaustului. Motivele pentru care s-a petrecut această schimbare sunt diverse şi unele dintre ele sunt inextricabil legate de evenimentele istorice. Prinderea de către agenţii Mossad, în 1960 la Buenos Aires, a nazistului şi criminalului de război Adolf Eichmann a fost, poate, cel mai important dintre aceste evenimente : procesul lui din anul următor a fost deliberat conceput astfel încât să ofere lumii o lecţie despre ceea ce făcuseră naziştii poporului evreu, iar relatările despre proces datorate unor celebrităţi precum Hannah Arendt au fost consumate cu înfrigurare în tot Occidentul[19]. Schimbările la nivel social au jucat totuşi şi ele un rol. Generaţia anilor 1960 era dornică să respingă autoritatea şi să-şi asume rolul de outsider. Aşa cum spunea Jean-Paul Sartre, evreul nu era doar „străinul, intrusul, cel neasimilat, aflat în chiar inima societăţii noastre”, ci şi „chintesenţa omului”. Anii 1960 au fost perioada în care diverse grupuri au început să se autoidentifice drept minorităţi persecutate : a fost era dragostei şi a păcii, era feminismului, a drepturilor civile pentru afro-americani şi aşa mai departe. Când studenţii au ieşit pe străzile Parisului, în 1968, cu sloganul „Nous sommes tous des Juifs allemands" („Suntem cu toţii evrei germani"), ei nu şi-au exprimat doar solidaritatea cu arhetipul outsiderului, ci împărtăşeau şi sentimentul de a fi victimă[20].

Pe lângă astfel de schimbări de atitudine, anii 1960 au fost şi martorii unei explozii de povestiri, memorii, romane, piese de teatru TV, documentare şi filme realizate la Hollywood despre Holocaust - tendinţă care s-a accelerat în anii 1970 şi 1980 -, făcând din „poveste despre Holocaust" un gen de sine stătător. A fost perioada când memorialişti ca Primo Levi şi Elie Wiesel au câştigat pentru prima dată o audienţă de masă, iar cartea de referinţă a lui Raul Hilberg, *Exterminarea evreilor din Europa*, a deschis calea pentru studii ulterioare despre istoria Holocaustului. Poate că momentul de cotitură cel mai important în descrierea genocidului a fost miniserialul american de televiziune *Holocaust*, din 1978, care a şocat şi a fascinat zeci de milioane de telespectatori din America şi din Germania de Vest. Difuzarea lui în Germania a avut o influenţă deosebită : a fost pentru prima dată când unei audienţe de masă i se prezenta o imagine tranşantă a Holocaustului, iar unii istorici pun pe seama acestui serial declanşarea în Germania a procesului de asumare a trecutului nazist[21]. Alte momente de cumpănă includ legendarul documentar *Shoah*, realizat în 1985 de regizorul francez Claude Lanzmann, şi filmul semnat de Steven Spielberg, din 1993, *Lista lui Schindler*, de un uriaş succes şi câştigător al mai multor premii Oscar.

Ceea ce au în comun aproape toate descrierile Holocaustului este modul în care consacră suferinţa victimei ca experienţă centrală a celui de-al Doilea Război Mondial. Relatările despre Holocaust nu sunt preocupate de versiunile tradiţionale despre război ca luptă titanică dintre eroi şi ticăloşi - în schimb, dihotomia pe care o explorează este aceea dintre făptaş şi victimă, dintre cel puternic şi cel neputincios, dintre inocent şi vinovat. În aceste relatări, victimele sunt aproape întotdeauna idealizate : ele sunt, aşa cum s-a exprimat un critic american, „persoane *civilizate*, blânde, şcolite, din clasa de mijloc" - oameni „ca noi". Evreii turbulenţi şi ignoranţi - scandalagiii, mincinoşii şi trântorii pe care îi găseşti în orice comunitate - nu sunt prezentaţi niciodată sau sunt prezenţi foarte rar[22]. Prin contrast, vinovaţii pentru suferinţele victimelor sunt aproape mereu demonizaţi. Gardienii lagărelor de concentrare sunt întotdeauna sadici, iar oficialii nazişti sunt corupţi şi trădători. În multe dintre cele mai importante memorii şi spectacole, se simte şi o senzaţie prevestitoare de rău, un rău nenumit şi atotcuprinzător care planează nevăzut în fundal - ceva ce Elie Wiesel, supravieţuitor al Holocaustului şi laureat al premiului Nobel pentru Pace, a numit „o convulsie demonică" a forţelor care alcătuiesc lumea noastră[23].

Această percepţie a Holocaustului ca luptă dintre oameni buni, nevinovaţi, şi un rău atotcuprinzător şi de neoprit s-a grefat puternic în inconştientul nostru colectiv. Drept urmare, ziariştii şi specialiştii care încearcă să pună la îndoială această dihotomie sunt denigraţi. De exemplu, cartea lui Hannah Arendt despre procesul lui Eichmann a provocat furie în rândul evreilor americani din cauza modului în care autoarea a pus sub semnul întrebării aceste două principii morale absolute. Pe de o parte, Arendt a insistat asupra faptului că Eichmann nu era „nici monstruos, nici demonic", ci pur şi simplu tern şi banal ; pe de alta, a adus în atenţia publică modul cum unii dintre liderii evrei colaboraseră activ cu regimul nazist. În consecinţă, autoarea a fost acuzată de un ziar evreiesc că este „o evreică dominată de ura de sine”, iar o renumită instituţie evreiască americană a lansat o campanie împotriva a ceea ce a numit o „carte malefică”[24]. Jurnalistul John Sack a avut parte de un tratament asemănător când a încercat să publice o carte despre evreii care au comis acte de răzbunare după terminarea războiului. Diverşi editori din America şi Europa au renunţat să mai publice cartea de teama unei proaste publicităţi, iar Sack însuşi a fost acuzat, atât la posturile de televiziune, cât şi în presa scrisă, că neagă Holocaustul[25]. Când profesorul Christopher Browning a scris o carte în care sugera că autorii Holocaustului nu au fost nişte monştri mânaţi de ură sau de fanatism, ci doar „oameni obişnuiţi”, colegul său Daniel Goldhagen a fost atât de iritat, încât a scris în replică o carte de 600 de pagini. Intitulată *Hitler's Willing Executioners* (*Călăii voluntari ai lui Hitler*), cartea demoniza Germania, descrisă ca o naţiune mânată de o ură ucigaşă faţă de evrei. Este interesant că, în timp ce cartea lui Browning a primit aprecieri mai ales în cercurile academice, portretul făcut monstrului de către Goldhagen, unul apt să reconforteze cititorul, a devenit un bestseller fulminant[26].

Astăzi îi idealizăm pe „evreii” din cel de-al Doilea Război Mondial şi îi demonizăm pe „nazişti” aproape mecanic. Evreii care au rezistat Holocaustului sunt trataţi cu o deferenţă rezervată de obicei eroilor de război – fiind într-adevăr numiţi adeseori „eroi” în discursurile şi editorialele comemorative[27]. Menţionăm arar numărul evreilor radicalizaţi în ura lor ca urmare a suferinţelor pe care le-au înfruntat ; în schimb, le descriem vieţile ca pe „un triumf al binelui asupra răului”, „o dovadă de curaj” sau „un exemplu strălucit de supravieţuire a spiritului uman”[28]. Discursurile comemorative ale papilor şi preşedinţilor ne amintesc în permanenţă că evreii din perioada războiului au fost „victime inocente, oameni inocenţi” sau „şase milioane de inocenţi... bărbaţi, femei, copii, prunci”[29]. Această mantră a inocenţei nu reprezintă doar respingerea îndreptăţită şi prea mult întârziată a stereotipurilor antisemite : este un apel la ceva superior – o puritate spirituală legată direct de statutul lor de victime. Sunt, de obicei, prezentaţi ca fiind „sacri”, „omologii evreieşti ai sfinţilor”, deţinătorii unor secrete sacre pe care „alţii nu le vor cunoaşte niciodată”. În 1974, episcopul de New York îi descria ca fiind „sfinţi inocenţi” al căror „sacrificiu” a avut însuşirea de a ne mântui pe noi toţi. „Supravieţuitorul a devenit un preot”, susţinea în 1993 directorul pentru educaţie de la Yad Vashem, memorialul israelian al Holocaustului – „datorită poveştii vieţii lui, el e un sfânt”[30].

Mulţi istorici, sociologi şi psihologi au observat cum a evoluat conceptul de Holocaust, transformându-se în ceva comparabil cu o „religie misterioasă”, însoţită de texte sacre, de relicve sfinte şi de locuri de venerare[31]. La suprafaţă, această „religie misterioasă” demonstrează oarecare asemănare cu mitologia personală pe care Otto Dov Kulka a dezvăluit-o în memoriile sale, cu al ei „imperiu al morţii” şi cu legile ei imuabile şi incognoscibile. Există cu toate acestea şi multe aspecte în care această mitologie comunitară nu seamănă deloc cu mitologia personală a lui Kulka. În primul rând, Kulka a fost întotdeauna scrupulos în a menţine complet separată mitologia personală de interpretările sale ştiinţifice asupra faptelor, or, cei din afara mediului academic nu sunt întotdeauna la fel de conştiincioşi[32]. În al doilea rând, în timp ce universul mitologic al lui Kulka a rămas imuabil, aproape fosilizat de trauma pe care el a suferit-o, propriile noastre percepţii tind să se schimbe după cum bate vântul politicii şi culturii. Felul mistic în care interpretăm astăzi povestea evreilor nu seamănă defel cu istoriile de eroică rezistenţă care constituiau naraţiunile evreieşti dominante în anii 1950, şi nici cu apăsătorul sentiment de deprimare care plana deasupra acestui subiect în anii 1980. De fapt, în anumite privinţe, naraţiunile noastre nici măcar nu mai par cu specific evreiesc. În erudita sa analiză făcută felului în care Holocaustul a fost reflectat de viaţa americană, Peter Novick a atras atenţia asupra acestui curios fapt:

> Unul dintre aspectele pe care le găsesc cu totul surprinzătoare la cea mai mare parte din recenta comemorare a Holocaustului evreiesc este cât de „ne-evreiască" - de *creştină* - este ea. Mă gândesc la ritualul urmării reverenţioase a traseelor stricte ale Holocaustului în muzeele cele mai importante, foarte asemănătoare cu opririle de pe Drumul Crucii; obiectele fetişizate din vitrine, asemenea atât de multor fragmente din Crucea Sfântă sau din tibiile sfinţilor... Cel mai semnificativ, poate, este felul în care suferinţa este sacralizată şi descrisă ca fiind calea către înţelepciune - cultul supravieţuitorului ca sfânt laic. Acestea sunt teme cu un oarecare precedent, minor şi marginal, în tradiţia evreiască, dar ele rezonează mult mai puternic cu temele majore ale creştinismului[33].

Cu cât mai „globală" a devenit mitologia Holocaustului, cu atât mai mult a adoptat limbajul şi simbolismul culturii dominante, care în Occident este predominant creştină. În acest context, Auschwitzul a devenit echivalentul evreiesc al Golgotei, iar memorialele imense şi muzeele din Ierusalim, Washington şi Berlin au devenit catedrale naţionale evreieşti. În imaginarul nostru colectiv, victimele au fost transformate treptat din „miei pentru tăiere" în Mielul lui Dumnezeu însuşi - un fel de Mesia creştin colectiv. În gândirea creştină, evreii europeni din perioada războiului sunt adeseori numiţi „martiri ai Holocaustului", al căror „sacrificiu" a trezit în sfârşit lumea la realitate; iar imaginile răstignirii au fost adeseori folosite pentru a le descrie „patimile". În ochii lumii deci, o experienţă specific evreiască a fost subtil convertită într-una creştină[34].

Scopul final şi logic al acestei naraţiuni este unul de mântuire şi renaştere. Holocaustul se transforma lent, dintr-o povestire horror, care demonstrează cât de profundă este capacitatea oamenilor de a face rău, într-o povestire despre speranţă. Acum ne felicităm pentru că am învăţat lecţia războiului. Observăm cu satisfacţie cum s-a înălţat Europa din cenuşă şi a devenit un continent stabil, tolerant şi paşnic. Comunitate globală fiind, ne mândrim cu instituţiile noastre internaţionale şi cu sistemul de legi internaţionale şi declarăm că repetarea terorii Holocaustului nu va mai fi niciodată permisă. Toate acestea reprezintă o formă de mitologie mult mai optimistă decât cea din deceniile precedente, dar tot mitologie este[35].

Martiriu competitiv

Cum rămâne în această situaţie cu victimele reale - oamenii în carne şi oase care au trăit ei înşişi Holocaustul? Cu siguranţă, sacralizarea Holocaustului convine multora dintre supravieţuitori. Îi face să se simtă respectaţi şi luaţi în seamă, ba chiar le dă un sens vieţii, pe măsură ce mesajul „să nu se mai întâmple niciodată" face partizani. Altora le provoacă însă o profundă nelinişte, nu doar din cauza modului în care sunt obligaţi să găsească ceva mântuitor în experienţele lor, ci şi pentru că ei consideră perspectiva receptată a Holocaustului inutil de apăsătoare. În memoriile lui, Otto Dov Kulka mărturiseşte că nu s-a uitat niciodată la filme despre Auschwitz şi nu a citit relatări ale tovarăşilor săi de lagăr - nu pentru că ele i-ar fi stârnit amintiri dureroase, ci pentru că nu recunoştea niciodată locul pe care ei îl descriau. Memoriile despre Auschwitz, remarca el, aveau un „limbaj uniform" - o mitologie uniformă, s-ar putea spune chiar -, care a ajuns să fie acceptat de toată lumea, dar limbajul acesta nu rezona cu propriul său limbaj, cu mitologia personală, cu Auschwitzul său personal. Spre marea lui jenă, ori de câte ori i-a ascultat pe alţi supravieţuitori vorbind, nu a avut niciodată sentimente camaradereşti, ci a simţit doar o „totală alienare"[36]. Şi alţi supravieţuitori au spus lucruri asemănătoare. Poveştile lor personale, deşi respectate individual, au fost sacrificate pe altarul unei mitologii mai generale şi mai convenabile ; în ochii lumii, supravieţuitorul Holocaustului a fost redus la doar cu puţin mai mult decât „o piesă de muzeu, o fosilă, o ciudăţenie, o fantomă"[37].

Nu numai indivizii au ajuns să se simtă alienaţi de sanctificarea suferinţei evreieşti. Polonia este una dintre multele naţiuni care au suferit de pe urma a ceea ce s-a numit, poate puţin cam lipsit de gust, „invidia faţă de Holocaust". În ultimele două secole, polonezii s-au autodefinit ca o naţiune de martiri, aflată fiind într-o continuă luptă pentru libertate, dar mereu victimizată de vecinii ei mai mari şi mai puternici. Ce s-a întâmplat cu Polonia în al Doilea Război Mondial pare confirmarea supremă a acestei credinţe : ţara a fost de mai multe ori dezmembrată şi a ieşit din război cu o economie distrusă, oraşe rase de faţa pământului şi graniţele în totalitate retrasate. Spre deosebire de Europa Occidentală, care şi-a redobândit libertatea în 1945, Polonia s-a trezit subjugată de noul sistem totalitar, care a continuat să o asuprească până la căderea comunismului, vreme de mai bine de patruzeci de ani. În termeni absoluţi, Polonia a avut acelaşi număr de morţi ca şi evreii - jumătate dintre evreii care au fost ucişi erau, de fapt, şi polonezi. Însă din cauza colaborării la Holocaust a multora dintre polonezi, lumea îşi aminteşte adesea de ei nu ca victime, ci ca autori ai atrocităţilor. Într-adevăr, polonezii de astăzi se luptă cu această judecată, nu pentru că ar fi mai antisemiţi decât alte popoare sau mai puţin capabili să accepte responsabilitatea crimelor, ci pentru că sunt atât de obişnuiţi să se considere ca un „Hristos între neamuri", încât încă nu pot admite faptul că evreii şi-au însuşit ei acest titlu[38].

Există multe alte grupuri invidioase pe statutul de martir arhetipal al lumii pe care îl au evreii. În 2005, când Adunarea Generală a Naţiunilor Unite a organizat o sesiune de o zi întreagă pentru comemorarea Holocaustului, unii dintre delegaţi au ţinut să atragă atenţia asupra propriilor lor tragedii naţionale din timpul celui de-al Doilea Război Mondial. Purtătorul de cuvânt sud-coreean a dorit să sublinieze că atrocităţile din perioada războiului nu s-au limitat la Europa : şi alte regiuni de pe glob „au suferit violări masive ale drepturilor omului şi au fost supuse cruzimilor". Se gândea probabil la soarta „femeilor de reconfortare" - acele femei care au fost silite să-şi ducă viaţa ca sclave sexuale în bordelurile destinate militarilor japonezi şi care, începând cu anii 1990, simbolizează victimizarea pentru coreeni. Reprezentantul Chinei a adus în atenţie măcelul îngrozitor căruia i-au căzut victime compatrioţii lui - 35 de milioane de morţi, după spusele sale. Germania nazistă a comis probabil nenumărate atrocităţi, a spus el, dar „măcelarii militari" ai Japoniei „nu s-au lăsat nici ei mai prejos".

Alţi delegaţi participanţi la această comemorare au dorit să lărgească şi mai mult sfera discursului despre statutul de victimă. Trimisul special al Guineei, care a vorbit în numele statelor africane, a profitat de ocazie pentru a aduce în discuţie ororile sclaviei, colonialismului şi apartheidului. Delegatul din Rwanda a vorbit pe larg despre genocidul din propria sa ţară, la fel ca şi purtătorul de cuvânt al statului vecin Tanzania. Delegatul armean a menţionat nu doar genocidul armenilor, ci şi multe altele, şi s-a plâns de „standardele duble" ale ONU atunci când compară un genocid cu altul. Vorbitorul din Venezuela a îndrăznit chiar să condamne „atacurile în scopuri de cucerire lansate de America şi de aliaţii ei" în a doua jumătate a secolului XX.

Acesta poate să reprezinte semnalul începutului unei schimbări a modului în care considerăm statutul de victimă a celui de-al Doilea Război Mondial, dar, cel puţin deocamdată, Holocaustul rămâne simbolul central în jurul căruia se grupează toate celelalte victime. În timpul acelei sesiuni speciale a Adunării Generale a ONU, poziţia centrală ocupată de Holocaust nu a fost ameninţată serios şi acesta a rămas elementul de referinţă la care s-au raportat toate celelalte atrocităţi. Holocaustul a rămas în continuare „crima supremă a secolului XX", „oroarea morală absolută", „gestul cel mai grav de barbarie manifestat de om împotriva altui om". Chiar şi cei care au făcut presiuni pentru o recunoaştere similară a propriilor tragedii au acceptat totuşi valoarea pe care Holocaustul o conferă ideii de victimă universală. Aşa cum s-a exprimat delegatul din Armenia, făcându-se ecoul sentimentelor exprimate de multe alte „victime" înaintea lui, „Suntem cu toţii evrei"[39].

De fapt, principalul motiv pentru care i-am adoptat colectiv pe evreii din al Doilea Război Mondial ca victimă arhetipală este pur şi simplu acela că se potriveşte aproape oricui. Pentru Europa, Holocaustul oferă un avertisment şi permite o formă de vină colectivă care uneşte întregul continent – este practic singurul aspect asupra căruia întreaga Europă este unanim de acord[40]. Pentru multe dintre naţiunile Americii de Sud a oferit un mijloc indirect de a-şi accepta propriul trecut zbuciumat: memorialul Holocaustului din Montevideo, de exemplu, a fost folosit ca model pentru alte memoriale ulterioare consacrate victimelor propriei dictaturi fasciste din Uruguay[41]. În Africa şi Asia, Holocaustul este ultimul cui în sicriul mitului superiorităţii albilor: oferă o justificare suplimentară, dacă ar fi fost necesară vreuna, pentru decizia de a se debarasa de dominaţia colonială[42]. Americanii, între timp, continuă să folosească Holocaustul nu doar ca mijloc pentru a-şi demonstra eroismul în eliberarea lumii de nazism, ci şi ca să arate diferenţa dintre putreziciunea Lumii Vechi şi Lumea Nouă, superioară[43]. În fine, pentru evreii înşişi, condiţia de victimă le-a oferit sentimentul unei forţe morale, în contrast puternic faţă de neputinţa pe care au simţit-o în timpul războiului. În imaginarul lumii, Holocaustul i-a făcut să devină o seminţie aproape sacră, binecuvântată cu o inocenţă aparent eternă[44].

Cu foarte puţine excepţii, lumea întreagă beneficiază de pe urma mitului victimei universale, nu pentru că a învăţat vreo lecţie din Holocaust, ci pentru că aşa crede ea. Acesta este mitul ultim al Holocaustului şi unul asupra căruia îmi voi îndrepta atenţia în cele ce urmează – credinţa reconfortantă că ororile celui de-al Doilea Război Mondial ne-au condus la un soi de mântuire şi de renaştere. Dintre toate miturile care s-au născut în urma războiului, acesta este, probabil, cel mai seducător.

5

Lumea ca un nou început

Pe 9 august 1945, la doar trei zile după distrugerea Hiroshimei, o a doua bombă atomică a fost lansată deasupra Japoniei. Când a explodat, Nagai Takashi lucra în biroul lui de la spitalul universitar din Nagasaki. Spre deosebire de Ogura Toyofumi, el nu a văzut frumuseţea teribilă a exploziei : primul lucru pe care l-a sesizat a fost fulgerul orbitor pe care l-a văzut pe fereastră, urmat de un suflu puternic care l-a ridicat în aer şi apoi l-a îngropat sub un maldăr de moloz şi de sticlă spartă.

La fel ca toţi supravieţuitorii bombei atomice, relatarea lui Nagai despre ziua aceea are un caracter apocaliptic. El descrie cum obiecte mari zburau prin aer într-un „dans macabru", iar trupurile carbonizate zăceau peste tot, într-o „lume a morţilor". Nagai povesteşte chiar că un grup de colegi de-ai săi încercau să înţeleagă cele petrecute, speculând că tocmai fusese o explozie solară. Câteva zile mai târziu, anunţul făcut de împăratul Hirohito despre capitularea Japoniei nu a părut să facă altceva decât să accentueze senzaţia de apocalipsă, cel puţin la nivel naţional : „Japonia noastră – Japonia simbolizată de Muntele Fuji care străpunge norii, luminat de soarele ce se ridică din marea dinspre est – a murit. Poporul nostru, poporul yamato, a fost azvârlit în străfundurile unui abis. Noi, cei rămaşi în viaţă, trăim doar cu ruşinea. Cu adevărat fericiţi au fost tovarăşii noştri plecaţi din această lume în holocaustul bombei atomice"[1].

Remarcabil este că Nagai pare să fi avut capacitatea de a-şi accepta soarta – a lui şi a Japoniei – fără prea mare amărăciune. Creştin pios fiind, avea cu siguranţă un cadru puternic pentru a se resemna cu pierderea, dar, chiar şi aşa, rapiditatea şi profunzimea revenirii sale psihice par extraordinare. Când, în acelaşi an, unul dintre foştii săi studenţi a venit la el ca să-i vorbească despre răzbunare, Nagai l-a dojenit cu blândeţe : „Soţia mea e moartă, bunurile mi le-am pierdut, casa e distrusă. Am pierdut totul. Nu mai am nimic. Am dat tot ce aveam, dar am fost învins. De ce aş spune că este o tragedie sau o situaţie demnă de milă ? De ce ar fi demnă de milă ? Situaţia noastră de acum este la fel cu a unui om care priveşte luna după ploaie. A fost un război. L-am pierdut. Nu am de ce să regret"[2].

Ceea ce s-a petrecut cu Nagai atunci a fost începutul unei perioade de renaştere spirituală. Ca specialist radiolog într-o universitate, era la curent cu cercetările ştiinţifice din domeniul fizicii nucleare şi a înţeles repede că fusese explozia uneia dintre primele bombe atomice. Ideea însăşi l-a fascinat. În timp ce propria sa lume se prăbuşea în jurul lui, el a înţeles imediat că „o eră nouă apărea dincolo de cortina care se ridica – era atomică". În pofida mâhnirii sale copleşitoare, el şi colegii săi au „simţit totuşi cum se

Nagai Takashi împreună cu copiii lui cu puţin timp înainte de a muri, în 1951. Bestsellerurile lui au oferit speranţă într-o Japonie demoralizată de pe urma înfrângerii.

înalţă în noi un elan nou şi o nouă motivaţie de a căuta adevărul. În acest deşert atomic devastat a început să înflorească o nouă şi viguroasă viaţă ştiinţifică"[3]. În următoarele câteva luni, el şi colegii săi au consemnat pentru prima dată efectele bolii de iradiere, atât asupra populaţiei, în general, cât şi asupra lor înşişi. Nagai, care suferea deja de leucemie, a fost afectat în mod deosebit. Avea să moară şase ani mai târziu, urmare a efectelor reziduale ale bombei.

Această evoluţie de la disperare şi tristeţe profundă la acceptare şi renaştere spirituală este ceea ce psihologii ar recunoaşte ca fiind un răspuns relativ sănătos la evenimentele extrem de traumatizante pe care le-a trăit Nagai. Cu ajutorul credinţei sale creştine şi al pasiunii pentru ştiinţă, el a reuşit să transforme pierderea în ceva semnificativ: chiar dacă avea să trăiască restul scurtei sale vieţi cu consecinţele acelei pierderi, a fost cel puţin în stare să o ia de la capăt.

Se pare că traseul vieţii personale a lui Nagai a făcut să vibreze o anume coardă în Japonia. Memoriile lui, *The Bells of Nagasaki* (*Clopotele de la Nagasaki*), au devenit un bestseller şi au fost transpuse într-un film cu un imens succes, a cărui temă muzicală a devenit un fel de imn al acelei epoci. Cartea a fost recomandată de Ministerul Educaţiei din Japonia ca lectură obligatorie în şcolile japoneze. În următoarele luni, Nagai a ajuns să fie considerat un fel de sfânt: fapt este că ziarele din Japonia îl numeau adeseori „sfântul din Nagasaki" şi se întâmpla frecvent să fie comparat cu Gandhi. Oraşul Nagasaki i-a acordat cetăţenia de onoare şi statul l-a declarat oficial erou naţional. Cărţile i-au adus şi recunoaşterea internaţională: aflat pe patul de suferinţă, a fost vizitat de Hellen Keller, de împăratul Hirohito şi de un emisar al papei. După moartea sa, în 1951, a fost considerat de unii ca un Hristos a cărui suferinţă a fost emblematică pentru sacrificiul Japoniei în timpul şi după terminarea războiului[4].

O parte din simpatia pe care şi-a atras-o Nagai s-a datorat modului în care a reuşit să transforme catastrofa în triumf. Bomba nu l-a distrus, l-a transformat : prin martiriu el a renăscut efectiv. Cu siguranţă că acesta a fost mesajul pe care el însuşi l-a propovăduit prin intermediul cărţilor, ca şi al altor scrieri ale sale. În noiembrie 1945, Nagai a ţinut o cuvântare cu ocazia unei mese pentru morţi ţinute în ruinele catedralei Urakami din Nagasaki, în care a descris bomba atomică nu ca pe un purtător al distrugerii, ci ca pe un dar de la Dumnezeu :

> Eu cred că nu piloţii americani au ales suburbia noastră. Providenţa divină a ales Urakami şi a adus bomba direct deasupra caselor noastre. Nu există oare o legătură profundă între distrugerea oraşului Nagasaki şi sfârşitul războiului ? Oare nu a fost Nagasaki victima aleasă, mielul fără prihană, ucis ca o ardere-de-tot pe altarul de sacrificiu, care să ispăşească pentru păcatele tuturor seminţiilor din timpul celui de-al Doilea Război Mondial ?... Să aducem mulţumire pentru că Nagasaki a fost ales pentru acest sacrificiu al arderii-de-tot. Să aducem mulţumire că prin acest sacrificiu a fost asigurată pacea lumii...[5].

Acest extraordinar discurs a reflectat ceea ce spuneau multe alte personalităţi culturale şi politice. În aceeaşi lună, preşedintele Universităţii din Tokyo le-a spus studenţilor reveniţi la studiu că şi ei ar trebui să celebreze înfrângerea ca pe începutul unei noi ere a „raţiunii şi adevărului”[6]. Unul dintre cei mai influenţi filosofi postbelici ai ţării, Tanabe Hajime, a caracterizat şi el suferinţa Japoniei ca pe un pas pe drumul „renaşterii şi regenerării” : naţiunea, a susţinut el, nu doar că va renaşte, ci va deschide şi calea spre o planetă mai sigură, mai paşnică[7]. Chiar şi înainte de a începe ocupaţia americană, la sfârşitul lui august 1945, şeful Biroului de Informaţii al guvernului promova insistent experienţa bombei atomice ca fiind cheia transformării Japoniei din „perdanta războiului” în „câştigătoarea păcii”[8]. Japonia avea în sfârşit un loc special în lume – nu prin cuceriri, ci prin înfrângere : fiind primii şi singurii martiri ai atacului atomic, japonezii ar putea servi drept exemplu pentru întreaga omenire despre pericolele războiului.

În parte ca o consecinţă a acestor idei, Japonia a suferit o transformare la fel de rapidă ca aceea a lui Nagai Takashi. În anii imediat următori războiului, societatea japoneză, una dintre cele mai militariste din lume, a devenit una dintre cele mai pacifiste. Ulterior, Japonia avea să treacă prin transformări similare şi la nivel economic, politic şi cultural, reinventându-se în mod repetat. Toate acestea provin din experienţa Japoniei din cel de-al Doilea Război Mondial şi, mai ales, din experienţa bombei atomice, care rămâne momentul cel mai emblematic şi singular în fondarea Japoniei contemporane.

Oricât de impresionante ar putea fi toate acestea, există însă ceva uşor supărător în legătură cu ele, atât la nivel personal, cât şi la nivelul societăţii. Cu toată presupusa sfinţenie a lui Nagai, el nu a fost ocolit de controverse. Au existat şi persoane oripilate la ideea lui că bomba atomică ar fi fost asemenea unui dar de la Dumnezeu şi au existat relatări conform cărora mulţi dintre cei care au participat la mesa de recviem au fost furioşi că le-a caracterizat familiile defuncte drept „sacrificii sfinte”, şi nu victime ale unei atrocităţi. Era ceva suspect şi în felul în care Nagai prezentase oraşul Nagasaki ca simbol al inocenţei martirizate. Nici Nagasaki, nici Japonia nu erau chiar „mielul fără prihană”, aşa cum le plăceau să creadă că sunt : nu „păcatul tuturor naţiilor” a fost acela care a declanşat războiul, ci păcatele *Japoniei*. Nagai nu a reuşit să vadă exact legătura dintre susţinerea lui necondiţionată faţă de guvernul din timpul războiului şi crimele comise în numele Japoniei. Aceasta este problema care a frământat naţiunea de atunci şi până în prezent : pe lângă martiriul colectiv al Japoniei, mai exista şi un element de vină colectivă, dar aceasta este o idee care nu a fost niciodată asumată şi nici astăzi nu e.

Până la urmă, miraculoasa renaştere a naţiunii în urma războiului nu a fost niciodată altfel decât parţială. După război, japonezii şi-au reinventat poate economia, dar nici americanii, nici guvernul postbelic nu au reuşit să distrugă cartelurile care au controlat sistemul industrial al Japoniei în timpul războiului. Niciunul dintre conducătorii complexului industrial nu a fost vreodată judecat, în pofida faptului că au susţinut războiul şi s-au bucurat de profituri uriaşe de pe urma lui, mai ales de pe urma folosirii muncii forţate. În întreaga perioadă postbelică, s-a acreditat puternic impresia că miracolul economic japonez a fost în parte realizat pe temelii putrede. Chiar şi în secolul al XXI-lea, unele dintre cele mai importante corporaţii japoneze – ca Mitsubishi, Mitsui şi Nippon Steel – mai au încă de luptat prin tribunale pentru cazuri în care sunt acuzate de modul cum au acţionat în timpul celui de-al Doilea Război Mondial[9].

După război, japonezii şi-au restructurat complet şi sistemul politic : sub supravegherea americanilor, şi-au dizolvat imperiul, au introdus o nouă constituţie şi, pentru prima dată, au acordat femeilor dreptul la vot. Cu toate acestea, cel mai înalt simbol al autorităţii a rămas împăratul, în numele căruia s-a dus războiul. Unele dintre personajele politice de la vârf, răspunzătoare pentru război, şi-au păstrat poziţiile în anii imediat următori războiului sau au fost repuşi în funcţii de îndată ce americanii au redat japonezilor frâiele puterii. Astfel, un politician a fost ales pentru prima dată în parlament în 1952 pe baza notorietăţii sale de criminal de război care a scăpat nepedepsit[10].

În timp ce până şi cultura japoneză a suferit o transformare semnificativă după 1945, dintr-o altă perspectivă ţara nu a reuşit niciodată cu adevărat să progreseze. Conform unui psihiatru japonez, modul maniacal în care Japonia a urmărit câştigul material în a doua jumătate a secolului XX a fost în parte un mijloc de a ascunde cicatricile lăsate de război. Naţiunea întreagă, susţine Noda Masaaki, a devenit expertă în a construi „motivaţii cu aparenţă sofisticată prin care să ne scuzăm", cu scopul de a se evita confruntarea onestă cu chestiunea războiului şi a vinovăţiei. Însăşi mişcarea pacifistă, cu discursul ei despre victimizarea japonezilor, se bazează pe o formă de negare. Japonia este astăzi „o cultură care încă refuză să-şi recunoască rănile emoţionale" : indiferent cât de des s-a reinventat naţiunea, ea nu a atins niciodată o adevărată renaştere spirituală, pentru că nu a reuşit niciodată să-şi recunoască responsabilităţile ei din timpul războiului[11].

Renaşterea naţiunilor

Nu este, desigur, nimic singular în toate aceste aspecte. De la sfârşitul războiului, mitul reînvierii a reprezentat o temă constantă în întreaga lume. Dacă analizăm mai îndeaproape metaforele folosite de martorii dezastrului din 1945, multe dintre ele sunt cu mult mai pline de speranţă decât par la prima vedere. Judecata de Apoi, Gomora, Potopul lui Noe, Vishnu pârjolind universul – sunt imagini care denotă nu doar distrugerea totală, ci şi renaşterea. Poate că războiul a însemnat sfârşitul lumii vechi, dar a promis şi începutul uneia noi, mai bună şi mai dreaptă decât cea anterioară. Indiferent dacă această renaştere a avut vreodată loc într-adevăr, chiar şi simpla ei idee a adus speranţe uriaşe şi alinare populaţiei mondiale, profund demoralizate de anii de dificultăţi, violenţă şi oprimare.

Aproape cu toţii erau legitim interesaţi să propage acest mit al lumii noi renăscute din cenuşa celei vechi. Cu siguranţă, era un mit care suna bine în urechile învingătorilor. În cuvântările adresate naţiunii, preşedintele Truman a subliniat în mod repetat că poporul american era pe cale să fie martorul unei „ere noi", că se afla „în pragul unei noi lumi" şi că, odată cu moartea „lumii în război", venea şi naşterea unei „lumi a păcii". Pe 16 august 1945, la o zi după capitularea Japoniei, Truman a anunţat că : „Acesta este sfârşitul planurilor grandioase ale dictatorilor de a înrobi popoarele lumii, de a distruge civilizaţia şi a institui o nouă eră a întunericului şi degradării. Ziua aceasta este un nou început în istoria libertăţii pe acest pământ"[12]. Nu poate exista un mai bun rezumat al tuturor miturilor de care m-am ocupat până acum : victoria binelui asupra răului, martiriul lumii şi, în cele din urmă, reînvierea intermediată de eroii Aliaţilor.

Pe de altă parte, URSS nu s-a grăbit să considere anul 1945 ca fiind începutul a ceva *complet* nou. Ideologia sovietică a pus întotdeauna accentul pe 1917 ca an fondator al URSS şi, chiar dacă al Doilea Război Mondial a continuat să aibă o influenţă importantă asupra tuturor aspectelor societăţii sovietice, a fost nevoie de câteva decenii pentru ca el să ajungă să eclipseze simbolismul Revoluţiei din Octombrie. Cu toate acestea, pe la sfârşitul anilor 1960, sovieticii au început să producă sute de filme, cărţi şi lucrări de artă dedicate războiului. S-au inaugurat în toată ţara mausolee şi muzee, iar aniversarea Zilei Victoriei a devenit un eveniment naţional important. Principalul discurs despre război s-a concentrat pe pierderile enorme care, în final, au condus la triumf : poporul Uniunii Sovietice a fost măcelărit, dar, prin sacrificiul lui, naţiunea nu doar că a fost salvată, ci a şi renăscut printr-o glorioasă victorie[13].

În cele din urmă, sovieticii au acceptat aceleaşi mituri despre al Doilea Război Mondial pe care le adoptaseră încă de la început partidele comuniste din Europa de Est. Războiul a fost cel care a dus la „naşterea unei noi Cehoslovacii", care a creat în Iugoslavia „o minunată viziune a unei vieţi noi" şi care a „rupt lanţurile poporului [est-]german"[14]. Într-un discurs din 1985, ţinut la aniversarea Zilei Victoriei în Europa, Prokop Murra, ministrul albanez al Apărării, a rezumat astfel punctul de vedere al comuniştilor din estul Europei : al Doilea Război Mondial a fost „unul dintre cele mai importante evenimente din istoria lumii, care a dat o lovitură definitivă sistemului capitalist, a dinamizat lupta de eliberare a naţiunilor, a marcat declinul colonialismului şi a creat un nou raport de forţe în favoarea socialismului şi a revoluţiei"[15]. În pofida imensei lui moşteniri de moarte şi distrugeri, comuniştii nu şi-au manifestat niciodată regretul în legătură cu războiul care i-a adus la putere ; mai degrabă acesta a fost celebrat drept forţa care a deschis calea spre o minunată lume nouă[16].

La fel au stat lucrurile şi în cea mai mare parte din Africa şi din Asia, unde naţionaliştii au văzut războiul ca pe un creuzet în care statele lor ar putea fi reforjate şi eliberate de guvernarea colonială. Într-o dezbatere despre independenţă de la sfârşitul anului 1946, viitorul premier al Indiei, Jawaharlal Nehru, a invocat al Doilea Război Mondial şi tumultuoasa perioadă care i-a urmat drept unul dintre factorii foarte importanţi pentru renaşterea Indiei :

> Tocmai am ieşit din cel de-al Doilea Război Mondial şi lumea deja vorbeşte vag şi destul de frenetic despre noi războaie viitoare. Într-un astfel de moment ia naştere Noua Indie – renăscută, plină de viaţă, neînfricată. Poate că este un moment potrivit pentru ca această renaştere din tumultul lumii să aibă loc[17].

Viitorul preşedinte al Indoneziei, Sukarno, s-a exprimat şi mai limpede despre cum cel de-al Doilea Război Mondial era răspunzător pentru formarea naţiunii sale. „Să nu uitaţi că trăim într-o vreme de război", a spus el în iunie 1945, în faţa unei comisii guvernamentale care pregătea independenţa:

> Această vreme de război este momentul când vom pune bazele statul Indonezia – în vuietul luptelor. Chiar îi mulţumesc lui Dumnezeu că vom înfiinţa un stat indonezian nu sub un cer limpede, ci în răpăitul tobelor de război şi sub focul armelor. Va fi Indonezia Merdeka [„Indonezia liberă"], o Indonezie călită, o Indonezie liberă călită în focul războiului[18].

Sentimente similare existau în cea mai mare parte a Asiei de Sud-Est, în Africa de Nord şi în Orientul Mijlociu, unde războiul a dezlănţuit un val de nestăvilit al luptelor pentru independenţă. Din cauza războiului, „totul s-a schimbat şi este în schimbare"[19]. Din cauza războiului, obligaţia morală faţă de autodeterminare s-a accentuat pretutindeni, pe „toată suprafaţa pământului"[20].

Victimele şi călăii aveau probabil cea mai puternică motivaţie ca 1945 să fie proclamat anul renaşterii. Şi unii, şi ceilalţi aveau motive întemeiate să vrea să lase trecutul în urmă şi să o ia de la capăt. În urma războiului, naţiuni ca Franţa, Belgia şi Olanda au consumat multă energie politică, nu doar pentru a se proclama ca naţiuni renăscute, ci pentru a deveni mai puternice şi mai unite prin experienţa lor din vremea războiului. Atât de convingătoare era această năzuinţă a comunităţii de a reveni la stabilitate şi autoritate, încât acum ne reamintim de acel timp ca despre o perioadă de celebrare, de unitate şi de reconstrucţie în aceste ţări, deşi, de fapt, au fost agitaţii şi violenţe vreme de mulţi ani după război[21].

În Germania însă, 1945 a fost proclamat *Stunde Null*, o sintagmă care în traducere liberă înseamnă „Anul Zero"[22]. Acest concept exprima nu doar teama că în urma bombardamentelor ţara fusese aruncată înapoi, într-un fel de Ev Mediu precreştin, ci şi speranţa că germanii ar putea să o ia de la capăt: ca şi japonezii, germanii sperau cu înflăcărare ca, după război, trecutul lor recent să fie îngropat pe vecie sub dărâmături. Este uşor să-i criticăm pentru aceasta, dar, în contextul unei lumi în care cele mai multe naţiuni îşi proclamau renaşterea, ar fi fost cu totul anormal dacă Germania şi Japonia nu ar fi procedat la fel. Deşi motivele germanilor şi ale japonezilor puteau fi foarte diferite de ale altor naţiuni, *Stunde Null* a fost totuşi un concept universal.

O renaştere globală

După război, multe ţări au adoptat mitul renaşterii naţionale, dar poate că mai interesant este modul în care acelaşi mit a fost adoptat la nivel internaţional şi chiar global. Nu doar Japonia, Franţa sau India au renăscut, ci lumea întreagă: 1945 a fost un An Zero la nivel comunitar şi, de atunci, aşa a rămas în imaginarul nostru colectiv. O lume a violenţei, a represiunii şi a răului fusese distrusă. S-a creat o lume nouă, inspirată de valorile Cartei Atlanticului şi ale Naţiunilor Unite.

Chiar de la bun început totuşi, această viziune globală a intrat în conflict cu miturile naţiunilor individuale. Toate miturile naţionale născute din război depindeau, în grade diferite, de un sentiment al victimizării. Franța, Marea Britanie, America și toți ceilalți Aliați fuseseră atacați de un monstru, dar triumfaseră; comuniștii rupeau lanțurile capitalismului; țările coloniale se eliberau de sub oprimarea stăpânilor care îi înrobiseră timp de secole și așa mai departe. Mitul *internațional* al renașterii era însă cu totul diferit. El imagina un viitor în care nu va mai exista nici măcar posibilitatea unor astfel de dispute și conflicte: în noua lume, am fi cu toții conduși de o dorință reciprocă de pace. Într-o astfel de lume, am trăi în frăție și prosperitate, sub domnia legii și sub atenta reglementare a exceselor forțelor politice sau ale pieței. Cea mai puternică expresie a acestei noi utopii se regăsește probabil în miturile fondatoare ale Uniunii Europene din zilele noastre, care a ajuns mai departe decât orice alt organism internațional în ce privește desființarea barierelor dintre state. Liderii UE au aclamat întotdeauna modul în care „Uniunea Europeană s-a născut din cenușa și ruinele celui de-al Doilea Război Mondial; este dificil de găsit vreun document european important sau o declarație a unui lider UE care să *nu* facă referire la fondarea noii Europe ca o reacție la război[23]. De la bun început, Uniunea Europeană a fost concepută nu doar ca o „nouă Europă", ci și ca un nou *tip* de Europa, în care catastrofe precum al Doilea Război Mondial să nu mai fie posibile[24]. După cum a spus Konrad Adenauer, primul cancelar german de după război și unul dintre fondatorii UE, lumea postbelică a reprezentat „începutul unei noi ere istorice":

> Epoca statelor naționale a luat sfârșit. Toată lumea trebuie să simtă că s-a petrecut o schimbare, că o epocă a pierit și că se ivește un nou ev, în care oamenii vor privi dincolo de granițele propriei țări și vor lucra în colaborare frățească alături de alte nații pentru adevăratele idealuri ale omenirii[25].

Ceea ce a început ca un parteneriat economic între Franța și Germania s-a extins rapid pentru a include cea mai mare parte a Europei Occidentale și, după 1989, și Europa de Est. Multe foste țări din blocul de est văd în anii de comunism o continuare *de facto* a celui de-al Doilea Război Mondial: câștigarea statutului de membru al Uniunii Europene a devenit una dintre principalele căi prin care, simbolic, puteau lăsa în urmă represiunea din trecut, alăturându-se unei lumi noi, a „libertății" și „democrației". Chiar și astăzi, acest mit fondator rămâne justificarea centrală pentru extinderea UE și asocierea tot mai strânsă dintre statele europene membre[26].

Idei similare sunt exprimate la nivel global și în miturile fondatoare ale Organizației Națiunilor Unite. Cuvintele de început din Carta Națiunilor Unite afirmă explicit că organizația a fost înființată în 1945 ca să prevină „suferința de nespus" a omenirii pe care ar aduce-o un alt război mondial. La fel ca în cazul Uniunii Europene, și la ONU sunt aproape de negăsit documente sau discursuri importante care să nu menționeze că organizația s-a „născut din cenușa celui de-al Doilea Război Mondial", că scopurile înființării ei au fost crearea unei noi ere de „pace și respect pentru drepturile omului" și „salvarea lumii de la un alt cataclism"[27]. Până în prezent, sala Consiliului de Securitate al ONU este dominată de o uriașă frescă înfățișând pasărea phoenix înălțându-se din ruinele războiului.

Preţul unui mit

Niciunul dintre miturile şi legendele pe care le-am descris până acum nu a apărut de nicăieri. În fiecare dintre ele există mult adevăr: distrugerea imensă căreia i-au căzut pradă regiuni întinse din Europa şi Asia a semănat într-adevăr cu sfârşitul lumii; este incontestabil că războiul a implicat cote uriaşe de eroism, de monstruozitate şi de martiriu; iar renaşterea speranţei, un fenomen apărut pretutindeni după 1945, a fost cu siguranţă miraculoasă. Aceste adevăruri nu reprezintă totuşi adevărul întreg. Ele ascund multe dintre îndoielile şi neliniştile pe care indivizi din toate naţiunile le-au resimţit cât timp lumea a fost în război şi au oferit scuze pentru ca oamenii să nu mai privească astăzi cu foarte mare atenţie spre propria istorie. Or, nu putem doar să ne complăcem cu aceste mituri - care par atât de absolute şi de clare - şi să ne întoarcem privirile de la realitatea complicată şi moralmente echivocă a ce s-a întâmplat, de fapt, în anii aceia teribili.

Niciunul dintre miturile cu pricina nu este izolat. Unul dintre motivele pentru care au persistat atât de mult timp este că, indiferent cât de discutabile ar fi, luate individual, ca grup ele se susţin unele pe altele şi se *amplifică* reciproc. Imaginile noastre despre distrugerea totală asigură fundalul perfect pentru amintirile noastre comune despre al Doilea Război Mondial ca luptă titanică pentru a salva însuşi esenţa omenirii. Eroii noştri devin şi mai eroici graţie imaginii răului absolut împotriva căruia au luptat, iar monştrii noştri devin şi mai monstruoşi din cauza credinţei noastre în inocenţa necondiţionată a martirilor pe care i-au torturat. Adunând totul laolaltă - distrugerea totală, eroismul altruist şi suferinţele nesfârşite -, obţinem mitul nostru despre lumea nouă răsărită din cenuşa celei vechi. Aceasta este răsplata finală acordată eroilor şi martirilor: le înnobilează sacrificiul şi face să pară că toate suferinţele lor au meritat. Luate împreună, această reţea de mituri reprezintă un sistem de credinţe care a fost adoptat în întreaga lume - cu numeroase variaţii locale, evident, dar care este totuşi unul global.

Este important să recunoaştem că un astfel de sistem de credinţe nu prinde rădăcini fără motiv. În timpul războiului, credinţa în valorile morale absolute era extrem de necesară, întrucât criza cu care s-au confruntat oamenii pretutindeni în lume le cerea să acţioneze ferm. Mitologia pe care au adoptat-o în faţa acestei crize nu doar că le-a dat oamenilor curajul şi tăria de a face faţă cerinţelor ce le erau impuse, dar a şi generat un sentiment de solidaritate necesar ca să-i ţină uniţi pentru a putea să lupte şi să învingă în război. În paralel însă, aceste valori morale absolute au satisfăcut şi nevoi afective profunde. Nimic nu e mai plăcut decât să ştii că ai dreptatea de parte ta, că duci un război drept împotriva a ceva rău şi care trebuie nimicit. Deşi aceste mituri erau perfect justificate în 1945, exista în ele şi un pericol, întrucât nu au lăsat loc pentru nuanţări, pentru subtilităţi - pentru îndoială.

Astăzi, nu mai există motive practice pentru care ar trebui să întreţinem asemenea mituri. Ele nu mai sunt necesare supravieţuirii noastre, aşa cum au fost odinioară. Nu mai avem nevoie de ele pentru a explica inexplicabilul. Lumea a progresat, dar noi, nu: am rămas încremeniţi în aceeaşi mentalitate în care ne complăceam în 1945. Şi, cu toate acestea, nu dăm niciun semn că am vrea să facem ceva în acest sens. Pur şi simplu, ne acceptăm miturile aşa cum sunt ele, fără un alt motiv în afară de faptul că ne sunt familiare şi că încă ne mai satisfac aceleaşi nevoi emoţionale pe care le-am trăit cu mulţi ani în urmă : avem nevoie de certitudinile din timpul războiului despre bine şi rău, eroi şi ticăloşi, monştri şi martiri, care sunt într-un contrast acut cu incertitudinea cotidiană a vieţii noastre actuale. Cultivăm aşadar o insolentă nostalgie a războiului, indiferent dacă se cuvine sau nu, şi ne simţim mângâiaţi de această nostalgie, chiar şi atunci când ea riscă să reaprindă tocmai flăcările pe care ne-am luptat atât de mult ca să le stingem în 1945.

Toate aceste mituri contribuie la instabilităţile care continuă să perturbe sistemul nostru internaţional, chiar şi la cele care par iniţial benigne. Pentru modul în care ne dezbină, este uşor de criticat credinţa noastră în eroi, monştri şi martiri, dar este suspectă şi ideea unei lumi care a renăscut în 1945 ca o pasăre phoenix. Uneori este dificil să admitem acest fapt, pentru că ne simţim frustraţi de tot ce avem mai scump. *Vrem* să ne imaginăm mitul renaşterii ca fiind o forţă pozitivă, cu virtuţi vindecătoare şi puterea de a ierta. *Vrem* să credem că se poate trage o linie după toate violenţele şi că ne putem ridica deasupra trecutului nostru, fără resentimente sau regrete. Dar, când aceste valori sunt impuse în societatea noastră fără o analiză reală a evenimentelor pe care le lăsăm în urmă, insistenţa în a afirma că am mers mai departe, că am fost purificaţi prin renaşterea noastră de după război ne refuză ocazia de a deplânge ceea ce a fost sau de a ne accepta vinovăţia.

Pentru popoarele născute din umbra războiului în 1945, nimic din toate acestea nu reprezenta încă o problemă. Dintre toate miturile care au rezultat din acea perioadă, singurul care nu era încă pe deplin format a fost tocmai acest mit al renaşterii. Odată ce bombele au încetat să mai cadă, când oamenii de pe întreg globul au ieşit în stradă pentru a celebra sfârşitul războiului, imaginea phoenixului ridicându-se din cenuşă nu era încă un mit, dar era o speranţă foarte reală cuibărită în inimile a milioane de oameni. Întrucât oamenii şi-au orientat gândurile spre reconstrucţie, era firesc să apară noi figuri importante, cu noi viziuni asupra vieţii, noi relaţii şi noi forme de expresie. În continuare, cele mai multe pagini din carte vor fi dedicate visurilor de libertate pe care oamenii şi le-au făcut şi modului în care, printre celelalte consecinţe ale războiului, acestea au fost înfăptuite, dar şi zădărnicite.

Printre aceste visuri au existat însă şi coşmaruri. Chiar de la început, noua lume a părut întotdeauna dureros de fragilă, întrucât ceea ce fusese distrus odată putea fi distrus cu uşurinţă din nou. Frica de a nu se repeta a bântuit lumea de pretutindeni. Expresia cea mai elocventă, poate, a acelei frici a venit din partea noului premier indian, Jawaharlal Nehru, în 1949 :

> Dacă priviţi spre trecut, spre ultimii treizeci de ani sau chiar mai mult, care au cuprins două războaie, şi la perioada dintre cele două războaie, veţi descoperi aceleaşi crize, uşor modificate, desigur, conform cu modificarea situaţiei, dar aceleaşi crize totuşi, aceleaşi abordări, aceleaşi temeri şi suspiciuni, aceeaşi cursă a înarmării din toate părţile şi apropierea războiului. Acelaşi discurs despre faptul că va fi ultimul război, despre lupta pentru democraţie şi altele la fel se aude dinspre fiecare parte. Iar când războiul ia sfârşit, aceleaşi conflicte continuă să existe şi din nou se fac pregătiri de război. Începe apoi un alt război... Nimeni şi nicio ţară nu vrea război. Cu cât războiul devine din ce în ce mai groaznic, cu atât popoarele şi-l doresc mai puţin. Cu toate acestea, un soi de rău din trecut

sau karma sau destinul continuă să împingă lumea într-o anumită direcţie, spre prăpastie, şi oamenii trec iar şi iar prin aceleaşi dispute şi fac aceleaşi gesturi, ca nişte automate[28].

Astfel că adevăratul mesaj de la sfârşitul războiului a fost unul nu doar de libertate, ci şi de frică. Odată cu zorii epocii atomice, lumea nu şi-a mai putut permite să urmeze ciclul nesfârşit al distrugerii şi reconstrucţiei care a caracterizat epocile anterioare. După Hiroshima şi Nagasaki, toată lumea ştia că următorul război mondial ar putea să ducă la o apocalipsă reală, şi nu la una simbolică.

Partea a II-a

Utopii

6

Știința

Dacă în 1945 a existat vreun grup de oameni care să se fi simțit împovărați atât de visurile, cât și de coșmarurile lumii, aceia au fost oamenii de știință care și-au petrecut anii de război lucrând la bomba atomică.

Unul dintre aceștia a fost Eugene Rabinowitch, un chimist de origine rusă. El fusese deja martor la unele dintre cele mai violente evenimente din secolul XX. În tinerețe, a fost obligat să fugă din Sankt-Petersburg din cauza Revoluției Ruse. Ulterior, a trebuit să fugă și din Germania, pentru a scăpa de persecuțiile antisemite ale naziștilor. În 1938, când Europa se afla în pragul războiului, s-a alăturat exodului general al oamenilor de știință europeni spre America. Însă perioada care avea să-i schimbe viața în cel mai înalt grad a fost aceea când, la apogeul războiului, a lucrat ca specialist în chimie în cadrul Proiectului Manhattan la Chicago. Rabinowitch a fost doar unul dintre sutele de oameni de știință angajați să cerceteze și să construiască arme nucleare – dar experiența respectivă și consecințele descoperirilor făcute de el și de colegii lui îl vor obseda toată viața[1].

În 1943, Rabinowitch a fost invitat să participe la proiectul bombei atomice de către James Franck, un laureat al premiului Nobel cu care lucrase în Germania înainte de război. Nu a durat mult până să ajungă să-și exprime pentru prima dată îndoielile față de un viitor nuclear. Obișnuia să facă plimbări lungi cu Franck sau cu alți specialiști experimentați, ca Leó Szilárd, și să discute în șoaptă despre îngrijorările sale. Deși înțelegea nevoia urgentă de a se construi bomba, era ferm convins că establishmentul american a omis să ia în calcul implicațiile pe termen lung ale proiectului. Secretele energiei nucleare nu puteau să rămână mult timp un monopol american. De îndată ce și alte națiuni aveau să descopere aceste „secrete", era convins că va începe o nouă cursă a înarmărilor ale cărei consecințe, în caz că va fi lăsată vreodată să scape de sub control, erau inimaginabile.

În primăvara anului 1945, îngrijorările lui Rabinowitch au devenit și mai evidente: printre specialiști, se știa deja că o bombă atomică avea să fie în curând gata pentru testare. În luna iunie a acelui an s-a înființat în grabă o comisie care să analizeze implicațiile sociale și politice ale armelor nucleare, mai ales în cazul în care aveau să fie folosite în războiul împotriva Japoniei. Rabinowitch avea să devină unul dintre principalii autori ai raportului comisiei.

„Era insuportabil de cald la Chicago în vremea aceea", și-a amintit el peste ani. „Mă plimbam pe străzile orașului când m-a copleșit o viziune a zgârie-norilor prăbușindu-se sub cerul în flăcări. Trebuia făcut ceva pentru a avertiza omenirea. Nu știu dacă din pricina căldurii sau a tensiunii mele interioare, dar n-am putut să închid un ochi toată noaptea. Am început să scriu raportul nostru cu mult înainte de revărsatul zorilor. James Franck îmi dăduse o ciornă de o pagină și jumătate, contribuția lui. Însă modul în care am ajuns să tratez eu problema a devenit mult mai detaliat."[2]

„Raportul Franck", așa cum avea să fie cunoscut, a prezentat două aspecte foarte atent gândite[3]. În primul rând, descoperirea energiei nucleare a reprezentat pentru omenire nu doar o oportunitate, ci și o amenințare mai mare decât oricare alta de până atunci. Dacă se dorea ca națiunile lumii să poată să evite o viitoare cursă a înarmărilor, era esențial ca America să renunțe la monopolul temporar asupra bombei atomice și, în schimb, să ajute la înființarea unui organism internațional care să aibă autoritatea de a controla energia atomică spre binele întregii omeniri.

În al doilea rând, susținea comisia, bomba nu ar fi trebuit să fie folosită într-un „atac neanunțat" asupra Japoniei, întrucât aceasta ar submina serios posibilitatea de a se ajunge vreodată la o convenție internațională în privința energiei atomice. Mult mai de dorit ar fi dacă bomba ar fi prezentată lumii și testată deschis - poate pe o insulă deșertică sau aridă nelocuită. În felul acesta, Japonia ar putea fi determinată să capituleze de frică, fără să fie nevoie de o pierdere enormă de vieți omenești. Dacă, în pofida unei astfel de demonstrații, militarii japonezi ar insista să continue războiul, bomba ar putea fi folosită, dar împotriva lor.

Raportul oamenilor de știință a fost trimis la Washington destul de urgent, însă guvernul Statelor Unite pur și simplu l-a ignorat. „Am așteptat o oarecare reacție, am tot așteptat și răsașteptat", și-a amintit Rabinowitch ulterior. „Aveam senzația că la fel de bine am fi putut să aruncăm raportul în lacul Michigan."[4] După nici două luni, bombele atomice erau lansate deasupra orașelor Hiroshima și Nagasaki, determinând brusc și apoteotic sfârșitul războiului. În timp ce restul lumii sărbătorea, mulți reprezentanți ai mediului științific au fost cuprinși de o tristețe profundă.

În lunile următoare, Rabinowitch a hotărât să se dedice dezvăluirii publice a temerilor acestor experți. Împreună cu colegul Hyman Goldsmith, a înființat o nouă revistă, *Bulletin of the Atomic Scientists*, al cărei scop era „să aducă la cunoștința publicului înspăimântătoarea realitate a armelor nucleare și a imenselor lor implicații pentru viitorul omenirii"[5]. În anii care au urmat, din poziția neoficială de purtător de cuvânt al „mișcării oamenilor de știință", revista lui Rabinowitch va deveni o voce a conștiinței erei atomice. În ea vor fi publicate articole semnate de cei mai de seamă fizicieni ai lumii - precum Albert Einstein, J. Robert Oppenheimer, Niels Bohr și Edward Teller -, dar printre colaboratori se vor număra și filosofi și sociologi (Bertrand Russel și Raymond Aron), politicieni (Henry J. Morgenthau și Andrei Gromîko), economiști (Abba P. Lerner) și chiar teologi (Reinhold Niebuhr). Fiecare aspect legat de bomba atomică și de consecințele ei a fost discutat și disecat, în speranța că, „de spaimă, oamenii vor deveni mai raționali"[6].

După cum a recunoscut Rabinowitch însuși, speranțele formulate în revista lui au fost mereu pe punctul de a fi spulberate. Până la urmă, tratativele dintre superputeri pentru internaționalizarea energiei atomice s-au întrerupt în 1948. În anul următor, Uniunea Sovietică a detonat propria bombă atomică și, exact așa cum se temuse Rabinowitch, în scurt timp s-a declanșat o cursă a înarmării care, până la urmă, avea să includă Marea Britanie, Franța, China, India, Pakistan, Israel și, în secolul al XXI-lea, Coreea de Nord. În cei șaptezeci de ani scurși de la prima testare a unei bombe atomice,

Eugene Rabinowitch, specialist în fizică atomică şi, timp de mulţi ani, vocea conştiinţei în era nucleară.

în 1945, circa 125.000 de focoase au fost construite şi plasate pretutindeni în lume. În pofida celor mai susţinute eforturi ale organismelor internaţionale (precum ONU şi Agenţia Internaţională pentru Energie Atomică), temerile lui Eugene Rabinowitch cu privire la proliferarea nucleară au fost în cele din urmă confirmate[7].

Cu toate acestea, Rabinowitch nu a renunţat nicicând la convingerea lui că ştiinţa reprezenta în continuare cea mai mare speranţă pentru omenire – nu doar în dezlegarea secretelor universului, ci şi prin faptul că oamenii de ştiinţă de pretutindeni ignorau cu obstinaţie disputele dintre politicieni, colaborând unii cu alţii. „Amploarea revoluţiei ştiinţifice din vremurile noastre este atât de mare şi atât de încărcată de posibilităţi viitoare tot mai importante, încât însăşi baza existenţei umane va fi transformată", avea să scrie el mai târziu. „Unei minţi obtuze, vremurile noastre i-ar putea părea... o epocă a alienării, în care omenirea a ajuns să fie mai dezbinată ca oricând... însă pentru generaţiile viitoare va apărea ca o epocă a începutului cooperării oamenilor din întreaga lume."[8]

Certificarea puterii energiei atomice în 1945 a produs la nivel global un şoc care cu greu poate fi înţeles astăzi. Când preşedintele Truman a anunţat lansarea bombei deasupra Hiroshimei, mass-media mondiale erau complet nepregătite pentru eveniment şi nu au ştiut cum să reacţioneze. Puterea bombei, uriaşa amploare a proiectului secret american şi cheltuielile implicate pentru realizarea lui, posibilitatea de a pune capăt războiului –

toate aceste subiecte se întreceau pentru un loc în titlurile ziarelor. Dar cel mai mult a captat atenţia comentariul lui Truman conform căruia oamenii de ştiinţă au reuşit să „exploateze energia fundamentală a universului". Aceste câteva cuvinte, reproduse de ziarele din întreaga lume, păreau să fi aprins imaginaţia tuturor.

Unul dintre primii oameni care au descris sentimentul amestecat, de şoc şi uimire, produs de evenimentele din vara aceea a fost romancierul american E.B. White. „Pentru prima dată în viaţa noastră putem simţi vibraţiile perturbatoare ale unei complete transformări umane", scria el în *New Yorker*, la doar două săptămâni după bombardamentul Hiroshimei. „De obicei, vibraţiile sunt atât de slabe, încât trec neobservate. De data aceasta, sunt atât de puternice, încât până şi sfârşitul războiului este pus într-un con de umbră." Şi alţi scriitori s-au grăbit să fie de acord. Două zile mai târziu, revista *Time* scria: „Într-o clipită, fără niciun avertisment, prezentul a devenit un viitor de neimaginat". Odată cu prima explozie a bombei atomice, susţinea un alt ziarist, „lumea mea şi a voastră, lumea pe care o ştim cu toţii, s-a sfârşit. Din muntele acela de foc s-a născut o lume nouă"[9].

Deşi toată lumea era de acord că se schimbase ceva fundamental, nu exista o evaluare consensuală, pozitivă sau negativă, a acestei schimbări. În America, s-a produs în scurt timp o puternică polarizare a celor care considerau că energia atomică este un nou început pentru omenire şi cei care se temeau că aceasta va duce la Armagedon.

Printre cei care formau grupul celor optimişti se remarca în mod deosebit William Laurence de la *New York Times*, singurul jurnalist căruia i se încuviinţase accesul la Proiectul Manhattan încă de pe când acesta era secret. În septembrie 1945, el a scris o serie de articole în care asemăna apariţia bombei atomice cu o deşteptare spirituală. Prin exploatarea acestei energii, afirma ziaristul, omenirea descoperise „adevărata «piatră filosofală»... cheia către însăşi sursa energiei care ţine universul în mişcare"[10]. Tot el a descris şi primul test al unei bombe atomice, desfăşurat într-o zonă deşertică din New Mexico, la care fusese martor: „Te simţeai ca şi cum ai fi avut privilegiul să asişti la Naşterea Lumii – să fii prezent la momentul Creaţiei, când Dumnezeu a zis: Să fie lumină!"[11].

Numeroşi alţi jurnalişti americani au prevestit la rândul lor naşterea unei noi ere, afirmând că energia atomică aducea după sine şansa „abolirii războiului", pentru a deschide calea către un viitor al „energiei inepuizabile" şi „nemărginitei prosperităţi", ba chiar că ar crea „un paradis terestru"[12]. În 1946, Gerald Wendt, de la revista *Time*, a mers până acolo încât a sugerat că energia atomică va fi disponibilă sub „formă de capsule", iar omul nu va mai râvni după absolut nimic: „Atunci ştiinţa va fi scăpat rasa umană nu doar de boli, de foamete şi de moartea timpurie, ci şi de sărăcie şi de nevoia de a munci"[13].

În acelaşi timp însă, alţi gânditori de seamă nu s-au putut abţine să nu-şi imagineze un viitor cu totul întunecat. Max Lerner, jurnalist la *PM*, a fost unul dintre cei care au văzut în energia nucleară ameninţarea „unei lumi la care fasciştii visează de mult, în care o mică elită fără scrupule poate să aibă putere de viaţă şi de moarte asupra unei mari mase de oameni"[14]. Jean-Paul Sartre considera că bomba atomică este „negarea omului"; Einstein a numit noua situaţie „pericolul cel mai groaznic în care s-a aflat omul vreodată"; iar generalul Carl Spaatz, comandantul Forţelor Aeriene ale SUA, cel care a supravegheat bombardarea Japoniei, a prezis un viitor în care un război atomic „ar putea sfârşi în cel mai tragic dintre paradoxuri: în încercarea ei de a distruge răul, societatea binelui s-ar putea autodistruge"[15].

Omul exploatează „energia fundamentală a universului": Atolul Bikini, 1946.

În multe alte regiuni ale lumii, speranţele şi temerile legate de această nouă minune a ştiinţei au fost exprimate în aceiaşi termeni maniheişti. Relatarea din revista britanică *Picture Post* reprezintă un exemplu tipic : la sfârşitul lunii august 1945, revista a publicat o ediţie specială dedicată implicaţiilor bombei atomice. „Exploatarea energiei nucleare este, probabil, cel mai mare eveniment din viaţa noastră", susţinea articolul de fond, un eveniment care „deschide noi orizonturi largi, atât pentru speranţă, cât şi pentru oroare". Coperta prezenta fotografia emoţionantă a unui copil pe o plajă, în amurg, cu legenda „Răsărit – sau Apus ? "[16]. Şi revista *Illustrated Weekly of India* a publicat articole despre cum omenirea s-ar putea „autodistruge în ultimul şi cel mai îngrozitor dintre războaie ; sau ar putea trăi în viitor într-o utopie, ca aceea din visurile lui Edward Bellamy". Cu doar câteva săptămâni înainte de bombardamentele de la Hiroshima şi Nagasaki, revista scria deja despre ipotetice „cantităţi nelimitate de energie... la preţuri atât de mici, încât ar putea fi considerată, practic, gratuită" –, dar, în acelaşi timp, publica şi articole despre cum o astfel de energie ar putea periclita întregul „viitor economic şi industrial al lumii"[17].

În anii care au urmat, această polarizare a punctelor de vedere s-a manifestat în aproape toate ţările. În Uniunea Sovietică, ştirile despre bomba atomică au fost practic cenzurate, până când sovieticii au creat şi ei una : un moment salutat ca un triumf al socialismului, care vestea o epocă nouă, cu energie fără limite pentru toţi. În Germania, punctele de vedere opuse cu privire la era nucleară depindeau de jumătatea de ţară în care te aflai : în Germania de Vest se sublinia potenţialul distructiv al energiei nucleare, în timp ce în Germania de Est erau cel mai adesea scoase în evidenţă idealurile socialiste ale unui utopic viitor nuclear. În Japonia, care până la urmă a adoptat tehnologia nucleară în pofida teribilei sale experienţe din timpul războiului, s-a născut dihotomia dintre utilizările militare „rele" ale energiei nucleare şi cele civile, „bune". În tot acest răstimp, ţările mai mici s-au considerat de cele mai multe ori nişte spectatori neputincioşi într-o lume a superputerilor atomice. În Olanda, de exemplu, era nucleară a fost prezentată

Propaganda sovietică: caricatură de la începutul anilor 1960 care promova visul de „Pace, progres şi comunism" cu ajutorul energiei nucleare. Pe de altă parte, America este prezentată ca un personaj frustrat, gata de război, care ţine neputincios în mâini armele Războiului Rece.

adesea ca o forţă a naturii care adusese omenirea la o răscruce : indiferent pe ce drum ar merge, fie pe calea către ruină, fie pe cea spre paradis, poporul olandez va fi luat de val, fără să aibă prea multe şanse de a alege[18].

Această imagine polarizată a ştiinţei şi a oamenilor de ştiinţă a fost, în parte, rezultatul modului în care ei au fost întotdeauna percepuţi de imaginaţia populară – care, de-a lungul întregii istorii, şi-a demonizat personajele de genul lui Faust sau Frankenstein, tot aşa cum le-a omagiat pe cele ale lui Galileo şi Newton[19]. A fost însă şi rezultatul miturilor foarte răspândite care au început să capete formă la sfârşitul războiului – mituri despre Armagedonul urmat de renaştere, despre eroi şi monştri, despre păcat şi mântuire. Progresul uluitor al fizicii atomice în doar câţiva ani împreună cu modul dramatic şi violent în care a fost adus la cunoştinţa întregii lumi se potriveau de minune cu toate aceste idei.

Ce se întâmpla însă cu celelalte ramuri ale ştiinţei? Cum erau văzute, în urma războiului, chimia, biologia, matematica, tehnologia şi celelalte discipline? Răspunsul este că şi acestea au făcut parte din aceleaşi mituri la fel ca fizica atomică, însă cu un accent diferit şi cu mai multe speranţe. Bineînţeles că şi aceste ştiinţe au produs destui monştri în timpul războiului – oameni ca Josef Mengele, nazistul adept al eugeniei, ori mulţi medici şi cercetători japonezi care au efectuat în China experimente pe oameni. Astfel, deşi nu au fost la fel de dramatice ca bomba atomică, motoarele de distrugere pe care ştiinţele le-au creat nu au fost mai puţin devastatoare: se estimează, de exemplu, că japonezii au ucis peste o jumătate de milion de oameni în China utilizând armele lor bacteriologice nou-create[20]. În ansamblu însă, poveştile despre ştiinţă care au circulat după 1945 nu au fost despre monştri, ci despre eroi; nu despre distrugere, ci despre renaştere şi mântuire. Volumul uriaş al descoperirilor ştiinţifice din timpul războiului şi utilizările lor aparent miraculoase din anii care au urmat au întărit mesajul conform căruia anul 1945 a însemnat începutul unei lumi noi.

Cel de-al Doilea Război Mondial a schimbat fizionomia ştiinţei. Noul sentiment al urgenţei pe care l-a generat, intervenţia bruscă a guvernului şi alocarea unor mari sume din banii publici au transformat ritmul în care se făceau diversele descoperiri ştiinţifice. De exemplu, progresul în ingineria aeronautică a fost aproape la fel de formidabil ca al fizicii atomice. În 1939, piloţi de toate naţiile încă mai utilizau biplane, dar în 1945 zburau deja în avioane cu reacţie. Elicopterele, care înainte de război nu fuseseră decât nişte ciudăţenii, erau produse în masă la sfârşitul acestuia. La fel, tehnica rachetelor era încă relativ nesofisticată la începutul războiului, dar în 1945 omenirea era deja capabilă să trimită rachete până la limita atmosferei Pământului. Războiul însuşi a creat aceste miracole. Adeseori, tehnologia de bază existase şi înainte de conflagraţie – primul avion cu reacţie, de exemplu, a fost pilotat în Germania la 27 august 1939, cu doar câteva zile înainte de declanşarea războiului în Europa –, dar războiul a fost cel care a oferit stimulentul pentru dezvoltarea şi perfecţionarea unor astfel de invenţii până când acestea au ajuns capabile să transforme modul în care înţelegem lumea[21].

În medicină şi prevenţia bolilor s-au făcut salturi la fel de remarcabile. Tratamentul arsurilor şi al traumelor fizice s-a transformat şi el – în mare parte datorită chirurgilor militari cu multă practică în domeniu. Alte progrese s-au născut pur şi simplu din voinţa motivată de efortul de război. Evoluţia utilizării penicilinei în timpul războiului este un exemplu perfect. Descoperită de Alexander Fleming în 1929 şi dezvoltată de Howard Florey şi Ernst Chain către sfârşitul anilor 1930, penicilina încă mai era la începutul războiului doar o curiozitate medicală. În 1941, producţia comercială de penicilină în SUA era zero; însă, ca urmare a efortului amplu de cercetare, perfecţionare şi dezvoltare a medicamentului, fabricanţii americani produceau la sfârşitul războiului peste 646 de miliarde de unităţi de penicilină *pe lună*. Realizarea aceasta a fost rezultatul unei colaborări fără precedent între oamenii de ştiinţă britanici şi cei americani, între guverne şi investitorii privaţi şi chiar între companiile rivale. De exemplu, la numai zece zile după atacul din Pearl Harbor, companiile producătoare de medicamente au convenit, în cadrul unei întâlniri, să împărtăşească rezultatele cercetărilor lor guvernului, care a răspuns subvenţionând intens cercetările respective şi chiar finanţând construirea fabricilor de penicilină. Descoperirea ulterioară a altor antibiotice, cum ar fi streptomicina, a fost o consecinţă a unor asemenea activităţi[22].

Istoria insecticidului DDT a urmat acelaşi tipar. La fel ca penicilina, şi acesta fusese descoperit înainte de război –, dar guvernul SUA a constatat necesitatea de a finanţa folosirea lui pe scară largă abia atunci când zeci de mii de soldaţi din trupele Aliaţilor au contractat malaria în teatrul de război din Pacific. În 1945, a început prin a fi pulverizat din aeroplanele care zburau la joasă altitudine oriunde se aflau soldaţii. După eliberarea oraşelor Manila şi Singapore, insecticidul a fost pulverizat în mod curent deasupra acestora, pentru a proteja populaţia civilă împotriva maladiei : jurnaliştii de la *Straits Times* au apreciat insecticidul ca fiind o „binecuvântare pentru omenire". Substanţa a fost folosită şi în perioada eliberărilor din închisori şi din lagărele de concentrare pentru a stârpi păduchii purtători ai virusului tifosului exantematic. Chiar dacă spre sfârşitul anilor 1960 şi în anii 1970 aveau să fie scoase la iveală efectele lui dezastruoase pentru mediu, totuşi epidemiile de care se temea întreaga lume la sfârşitul războiului au fost prevenite în mare parte datorită DDT-ului[23].

Tehnologia computerelor a făcut şi ea câteva progrese ca rezultat al războiului. În 1941, Konrad Zuse a construit primul calculator digital programabil din lume, Z3, care a fost folosit de Institutul German de Cercetare în Aeronautică pentru calculele complexe necesare la proiectarea avioanelor. Între timp, în Marea Britanie au fost create calculatoare şi mai puternice, care să descifreze mesajele codificate ale germanilor. Cel mai important dintre acestea a fost Colossus, al lui Thomas Flowers – un calculator uriaş, finanţat de Centrul de Cercetare al Poştei Britanice, capabil să proceseze mesajele codificate într-un ritm de mii de semne pe secundă. Matematicianul Alan Turing, pe care unii îl consideră părintele informaticii moderne, s-a implicat îndeaproape în proiectarea acestui echipament de decriptare, precum şi a altora de acelaşi tip. În acelaşi timp, cercetătorii americani John Mauchly şi J. Presper Eckert de la Universitatea Pennsylvania lucrau la realizarea unui computer şi mai puternic. Calculatorul şi Integratorul Electronic Numeric (ENIAC) a fost şi el construit special pentru război : scopul lui iniţial a fost să efectueze calcule complicate pentru artilerie[24]. Astfel de maşini de calcul probabil că ar fi fost create oricum în cele din urmă, dar urgenţa impusă de război şi disponibilitatea guvernelor de a asigura finanţarea atât de necesară au accelerat foarte mult dezvoltarea lor.

Volumul mare şi ritmul experimentelor ştiinţifice din timpul războiului au produs fel de fel de rezultate, dintre care unele s-au dovedit a avea în paralel şi utilizări non-militare. De exemplu, în 1945, un inginer american pe nume Percy Spencer, pe când făcea o vizită la un laborator unde se testau magnetroane, a observat că batonul cu arahide din buzunarul său începuse să se topească. Magnetroanele erau componenta centrală a radarelor aer-sol ale Aliaţilor, care funcţionau prin producerea de microunde. Curios să afle mai multe, Spencer a trimis un băiat să cumpere o pungă cu boabe de porumb : când le-a plasat lângă magnetron, boabele au început să pocnească. A doua zi, un alt experiment s-a soldat cu un ou care a explodat pe faţa unui tehnician din laborator. Astfel, în urma unor cercetări din timpul războiului a luat naştere una dintre cele mai mari inovaţii în tehnologia casnică : astăzi, magnetroanele nu mai sunt folosite la construcţia radarelor, dar sunt produse cu milioanele în fiecare an, fiind componente ale cuptoarelor cu microunde[25].

O altă inovaţie casnică a fost rezultatul cercetărilor de război din domeniul maselor plastice. Omul de ştiinţă american Harry Coover încerca să descopere un nou tip de material plastic transparent care să poată fi folosit pentru vizoarele armelor de precizie, când a dat întâmplător peste un grup de substanţe numite cianoacrilaţi. Erau inutile pentru vizorul puştii pentru că, fiind atât de lipicioase, erau total nepractice. După război însă, au fost folosite cu succes ca bază pentru adezivii puternici[26].

Nu doar cercetătorii şi inginerii de profil au făcut astfel de descoperiri în timpul războiului : uneori, inovaţiile au venit din sursele cele mai surprinzătoare. Hedy Lamarr, de exemplu, a fost renumită ca actriţă şi fotomodel la Hollywood – „cea mai frumoasă femeie din lume", aşa cum o numeau, de regulă, studiourile MGM. Însă în 1942 ea a dovedit că este mai mult decât doar o femeie frumoasă, atunci când, împreună cu un prieten compozitor, a venit cu o idee nouă pentru sistemele de ghidare a torpilelor din cadrul Forţelor Navale ale Statelor Unite. Transmisiunile radio care controlau torpilele puteau fi bruiate, dar, dacă aceste transmisiuni ar fi făcute să se comute continuu de la o frecvenţă la alta, atunci bruiajul lor ar deveni imposibil. Ideea ei nu a fost preluată de autorităţile americane, care i-au spus că ar servi mult mai bine eforturilor de război dacă s-ar ocupa de divertismentul trupelor –, însă, ulterior, această idee a stat la baza tehnologiei transmisiunilor cu „spectru împrăştiat", folosită astăzi de majoritatea sistemelor GPS, Bluetooth, wireless şi de telefonie mobilă[27].

Lista noilor idei şi tehnologii rezultate în urma războiului pare să fie fără sfârşit. Cercetările în domeniul undelor radio nu au produs doar lanţul de staţii radar care au salvat Marea Britanie de atacul german din 1940, ci au condus şi la progrese uriaşe în domeniul navigaţiei aeriene, al rachetelor ghidate şi al tehnologiei stealth. Cercetările nucleare au dus la crearea de noi izotopi care au putut fi folosiţi în medicină pentru radioterapie. Dar probabil una dintre cele mai importante realizări a fost modul cum războiul a transformat brusc fizica în ceva extrem de atrăgător, deschizând fizicienilor noi posibilităţi de a lucra şi în alte domenii ale ştiinţei, precum biologia. O astfel de legătură s-a creat între Maurice Wilkins, un fizician din Noua Zeelandă, care lucrase în timpul războiului în cercetarea din domeniul radarelor, şi Francis Crick, care lucrase la proiectarea minelor magnetice. După război, noile lor preocupări în cercetarea biologică au dat roade opt ani mai târziu, când au făcut parte din micul grup de oameni de ştiinţă care a descoperit structura ADN-ului.

Chiar şi faptul că atât de multe inovaţii tehnologice şi ştiinţifice au fost făcute în Marea Britanie şi Statele Unite se datorează şi el, în parte, războiului. SUA, mai ales, au reprezentat probabil singura ţară dintre cele dezvoltate care a fost nu doar relativ puţin afectată de război, ci a dispus şi de resurse pentru a finanţa tipul de cercetări ample şi riguroase necesare pentru a se ajunge la rezultate rapide. Întrucât se aflau aproape cu totul dincolo de raza de acţiune a unei forţe invadatoare sau chiar a bombardierelor germane ori japoneze, Statele Unite ale Americii au constituit un loc mult mai bun pentru cercetări cu caracter secret decât oricare altul din Europa sau Asia, aşa încât cercetătorii şi specialiştii din toată lumea s-au reunit pentru a lucra în instituţiile ştiinţifice americane. Mulţi dintre ei au rămas şi după încheierea războiului. În timp ce alte ţări îşi consumau resursele pentru reconstruirea infrastructurii distruse, SUA îşi puteau permite să continue investiţiile masive în cercetarea ştiinţifică şi în dezvoltarea tehnologică. Faptul că şi astăzi în Statele Unite se finanţează şi se produc mai multe inovaţii decât aproape oriunde altundeva se datorează, cel puţin în parte, felului în care această ţară a luat-o înaintea restului lumii în anii de dinainte şi de după război.

Marea Britanie şi SUA nu au fost însă singurele ţări în care progresul ştiinţific din perioada conflagraţiei a insuflat speranţe pentru crearea unei lumi noi şi prospere pentru toţi. Cercetarea desfăşurată în Uniunea Sovietică în timpul războiului a dus la progrese în domeniul antibioticelor, în cercetarea din domeniul rachetelor şi al tehnologiei nucleare, care, uneori, au pus Occidentul în umbră. Oficiali sovietici importanţi, inclusiv premierul Nikolai Bulganin, s-au simţit atât de încurajaţi de aceste progrese, încât au început să le numească „o nouă revoluţie tehnico-ştiinţifică şi industrială, depăşind cu mult ca însemnătate revoluţiile industriale datorate aburului şi electricităţii”[28]. De pe la jumătatea anilor 1950, presa sovietică generalistă a început să prezinte o viziune fantastică despre progresul în industrie, medicină şi agricultură - nu ca pe nişte visuri utopice, ci ca evenimente curente[29].

Potenţialul ştiinţific părea să nu aibă limite în lumea postbelică. Mult înainte ca URSS să trimită primul om în spaţiu, oamenii de ştiinţă sovietici preziceau explorarea sistemului solar şi a spaţiului de dincolo de el cu ajutorul „rachetelor cu fotoni” a căror viteză îşi imaginau că va fi „apropiată de viteza luminii”[30]. În Germania, relatările ziarelor din perioada imediat următoare războiului susţineau că radiaţiile vor putea curând să conserve alimentele, să vindece bolile mintale şi chiar să inverseze procesul îmbătrânirii. Încă din 1946, *Neue Berliner Illustrierte* a publicat o povestire care prezicea inventarea unui vehicul spaţial capabil să ducă un om pe lună în numai trei ore şi douăzeci şi şapte de minute[31]. Pe de altă parte, ziarele din India îşi imaginau trenuri expres care să parcurgă distanţa dintre Bombay şi Calcutta într-o singură oră, transformarea deşerturilor în oaze şi a Polului Nord în staţiune turistică, ba chiar şi crearea unor noi forme de viaţă[32].

Este important să ne reamintim că aceste previziuni nu erau făcute de oamenii de ştiinţă, ci de ziarişti, de politicieni, precum şi de oameni simpli, dintre care mulţi erau doar luaţi de valul sentimentului general de optimism născut odată cu sfârşitul războiului. Cei mai mulţi dintre oamenii de ştiinţă au făcut tot ce le-a stat în putere pentru a domoli acest optimism, mai ales atunci când era vorba despre predicţiile de viitor cele mai absurde. De exemplu, Albert Einstein a avertizat lumea în noiembrie 1945 că orice beneficiu practic al energiei nucleare va putea fi obţinut doar după un „timp îndelungat”, iar fizicianul ruso-american George Gamow le-a tăiat avântul celor care susţineau ideea automobilelor sau aeronavelor atomice, pe temeiul că acestea ar fi complet ineficiente : reactoarele nucleare necesare pentru a alimenta astfel de vehicule ar fi trebuit să aibă dimensiuni uriaşe şi să fie închise în multe tone de plumb, care să absoarbă radiaţiile. „Să nu vă aşteptaţi ca o granulă de uraniu 235 să vă alimenteze maşina timp de un an”, avertiza Otto Frisch, care a lucrat în Los Alamos la primele bombe atomice. „Câteva minute de călătorie într-o astfel de maşină ar fi suficiente ca să vă ucidă.”[33]

Dacă mesajul lor nu a ajuns întotdeauna la ţintă, motivul constă şi în faptul că oamenii de ştiinţă înşişi deveniseră o parte a mitului. Presa americană îi numea adeseori „titani” şi „zei”, creatorii lumii noi în care omenirea tocmai renăştea. Mai ales specialiştii în fizică atomică erau adeseori comparaţi cu Prometeu, titanul care, conform legendei greceşti, le-a dăruit oamenilor focul. (Această calitate supraomenească le este şi astăzi asociată frecvent : de exemplu, o biografie a lui Robert Oppenheimer din 2005, câştigătoare a premiului Pulitzer în 2006, îl numea pe acesta un „Prometeu al Americii”[34].) Oamenii aceştia erau veneraţi nu doar în Statele Unite ale Americii, ci în toată lumea, atât datorită minunilor pe care le-au realizat, cât şi pentru că, după război, lumea avea o sete nepotolită de eroi. După toţi anii de teroare şi de nesiguranţă, pretutindeni lumea voia cu disperare să creadă în naşterea a ceva nou şi minunat. Ca oameni de ştiinţă care urmau să ajute la naşterea acestei lumi noi, ei aveau să fie veneraţi, fie că o voiau, fie că nu.

În această atmosferă a lansat Eugene Rabinowitch *Bulletin of the Atomic Scientists*, o revistă care sublinia în mod constant ameninţarea apocalipsei nucleare asupra utopiei nucleare şi care îi înfăţişa pe oamenii de ştiinţă nu ca pe nişte zei, ci ca pe nişte fiinţe obişnuite şi implicate, aflate ca oricare altele la mila guvernelor şi a puterilor lumii.

Răsfoind astăzi paginile acestei reviste, descoperim aproape toate problemele majore care îi preocupau pe cercetătorii anilor 1940 şi 1950 şi care, prin ei, şi-au găsit drumul spre conştiinţa publicului larg. Realizările din timpul anilor de război au fost elogiate cu drept cuvânt, dar în acelaşi timp se punea întrebarea privitoare la preţul plătit pentru ele. Numeroşi experţi fuseseră scoşi din slujbele lor obişnuite ca să contribuie la efortul de război, încât poate că tot atât de multe descoperiri au fost amânate din pricina războiului câte au fost accelerate de el. William Shockley, de exemplu, pe care mulţi îl consideră părintele zonei Silicon Valley, şi-a abandonat timp de câţiva ani cercetările privind semiconductoarele - pentru care va fi recompensat ulterior cu un premiu Nobel - ca să lucreze în domeniul luptei contra submarinelor. În paginile revistei *Bulletin of the Atomic Scientists*, Robert Oppenheimer accentua faptul că „pe termen scurt", războiul a avut „un efect dezastruos asupra dezvoltării ştiinţei pure"[35].

Revista critica şi modul utilitarist în care societatea elogia necontenit tehnologiile revoluţionare care transformau vieţile oamenilor, dar rămânea suspicioasă faţă de ştiinţa pură, născută în turnurile de fildeş. Într-un editorial din 1951, Rabinowitch susţinea că lumea părea să privească ştiinţa ca pe o „pasăre fermecată ale cărei ouă de aur sunt dorite de toată lumea, dar al cărei zbor liber în zone care rămân multora inaccesibile face din ea o creatură suspectă". El argumenta cu convingere că oamenii de ştiinţă ar trebui să fie lăsaţi în pace să lucreze la idei complicate, eterice - indiferent dacă ele urmau să aibă sau nu vreo aplicabilitate evidentă şi imediată pentru societate - , altfel, „după o vreme, nu vor mai fi ouă de aur"[36]. Şi alţi oameni de ştiinţă au fost de acord cu el. Spre sfârşitul vieţii, Ernst Chain a susţinut cu tărie că nu ar fi reuşit niciodată să ajungă la descoperirea penicilinei în atmosfera obsedată de atingerea unor scopuri practice insuflată de război şi care a continuat mult timp după aceea. Ceea ce îşi doreau cel mai mult oamenii de ştiinţă era libertatea[37].

Revista critica politizarea ştiinţei în SUA, unde bugetele erau mai mult sau mai puţin controlate de armată. Se critica şi politizarea ştiinţei în Uniunea Sovietică, unde anumite idei false - precum perspectiva denaturată a lui Trofim Lîsenko despre genetică - erau propagate pentru simplul motiv că erau conforme cu teoria stalinistă. Revista a susţinut colaborarea continuă dintre oamenii de ştiinţă aflaţi de o parte şi de cealaltă a Cortinei de Fier şi a promovat Conferinţele Pugwash despre Ştiinţă şi Afaceri Mondiale (unde, inerent, Rabinowitch - care vorbea limba rusă - avea să fie deseori mediator între oamenii de ştiinţă sovietici şi cei occidentali).

Mai mult decât orice însă, *Bulletin of the Atomic Scientists* s-a străduit să arate că ştiinţa ar trebui să interacţioneze cu societatea în întregul ei. Ar trebui oare ca oamenii de ştiinţă să fie făcuţi răspunzători pentru invenţiile lor? Ar trebui să se implice în efortul de modelare a unei societăţi noi, bazate pe principii ştiinţifice? Ajunsese oare omenirea în punctul în care nu mai era capabilă să facă faţă numărului imens de descoperiri ştiinţifice, în lipsa unui organism mondial, a unui guvern mondial care să le controleze[38] ?

Toate aceste idei erau însoţite de bănuiala cumplită că, din imprudenţă, savanţii eliberaseră nişte forţe cărora omenirea nu era încă pregătită să le facă faţă şi, prin urmare, ar fi fost mai bine să rămână nedescoperite. Aşa cum foarte bine remarca Robert Oppenheimer, poate cu un sentiment de vinovăţie pentru modul în care el însuşi devenise trufaş după testul cu bomba atomică de la Alamogordo, „Într-un oarecare sens direct, pe care nici vulgaritatea, nici umorul şi nicio exagerare nu-l pot elimina definitiv, fizicienii au cunoscut păcatul ; şi acesta este un tip de cunoaştere pe care nu o pot pierde”[39]. În primii ani de după război, numeroşi cercetători au regretat public activitatea lor din cadrul proiectului pentru bomba atomică şi au deplâns faptul că nou-dobândita lor faimă se datora, în parte, faptului că fuseseră „străluciţi colaboratori ai morţii”[40]. Scopul acestei noi „mişcări a oamenilor de ştiinţă”, din care făcea parte şi Eugene Rabinowitch cu revista sa, era de a conduce lumea în direcţia creării unei societăţi noi, una mai bună – nu cea a utopiei tehnologice a pilulelor împotriva îmbătrânirii şi a automobilelor nucleare, ci a unei utopii, mai convenţionale şi sociale, a cooperării internaţionale şi a înţelegerii.

Nu au reuşit. Eforturile lor au adus totuşi trei beneficii importante pentru progresul lumii postbelice.

Mai întâi, au dat Occidentului, în general, şi Statelor Unite, în particular, o extrem de necesară voce a conştiinţei. Comportamentul Aliaţilor în timpul războiului nu a fost întotdeauna cel mai corect, indiferent cât de bune le-au fost intenţiile iniţiale, încât, pentru sănătatea societăţii, era important ca acest lucru să fie recunoscut într-un fel sau altul. Din varii motive, societatea tradiţională părea să nu manifeste vreun sentiment de indignare morală sau al culpei pentru ceea ce făcuseră forţele Aliate, preferând să-şi amintească războiul doar în termeni pur triumfalişti. Or, mişcarea oamenilor de ştiinţă iniţiată de Eugene Rabinowitch a oferit un debuşeu celor care erau gata să repună în discuţie episoadele cele mai întunecate ale efortului de război al Aliaţilor[41].

În al doilea rând, ei au făcut mai mult decât oricine altcineva pentru a păstra reputaţia ştiinţei şi a savanţilor în cea de-a doua jumătate a secolului XX. Este în natura noastră umană să ne aşteptăm ca eroii noştri să fie perfecţi şi să-i dispreţuim de îndată ce descoperim că nu sunt aşa. Coborând de bunăvoie de pe piedestalul pe care lumea îi urcase în 1945 şi mărturisindu-şi „păcatele” în public, oamenii de ştiinţă au câştigat mult mai multă admiraţie decât cea de care ar fi avut parte dacă s-ar fi complăcut în propria lor glorie trecătoare. Oameni ca Rabinowitch au acţionat neobosit pentru a demonstra că ştiinţa şi societatea erau legate în mod inextricabil şi că aveau una faţă de cealaltă o responsabilitate cu mult mai mare decât orice vise deşarte şi utopice.

În sfârşit, ei au stabilit o dată pentru totdeauna necesitatea ca oamenii de ştiinţă să ia în calcul implicaţiile morale ce decurg din activitatea lor. Mai mult decât oricare alt război din istoria modernă, al Doilea Război Mondial a fost unul moral, în sensul că i-a unit aproape pe toţi într-o accepţiune generală asupra a ceea ce este drept şi ceea ce este greşit. Lumea care s-a născut din război avea în ea germenii unei etici noi şi ai unei noi spiritualităţi, care erau împărtăşite de indivizii de pretutindeni. Eugene Rabinowitch şi mişcarea din care a făcut parte s-au asigurat că ştiinţa şi oamenii de ştiinţă vor rămâne profund ataşaţi de acest nou simţ moral, care se pierduse temporar în nebunia războiului.

7

Utopii planificate

Inovaţiile ştiinţifice şi tehnologice din timpul războiului nu s-ar fi produs niciodată în absenţa implicării guvernelor. Proiectul bombei atomice a fost un exemplu perfect de putere statală bine direcţionată – administraţia americană şi-a propus un scop, a alocat bani şi expertiză pentru a-l atinge şi a sfârşit prin a transforma lumea. Au mai existat numeroase alte situaţii aproape la fel de impresionante. În Marea Britanie, de exemplu, guvernul din timpul războiului a impus cel mai cuprinzător sistem de raţionalizare a hranei din lume ; astfel, nu doar că s-au gestionat rezerve vitale de alimente pe durata războiului, ci s-a şi garantat faptul că toată lumea – atât cei săraci, cât şi cei bogaţi – a avut parte de o dietă echilibrată. În pofida penuriei dramatice a celor mai multe produse alimentare, în Marea Britanie rata mortalităţii infantile chiar a scăzut în perioada războiului, la fel şi numărul deceselor cauzate de diverse boli în general[1].

Astfel de succese, confirmate de însăşi marea victorie în război, au ridicat de îndată întrebarea : dacă planificarea centralizată a statului a dat rezultate bune în timp de război, oare nu ar putea fi benefică şi în timp de pace ? Dacă vechea economie de tip *laissez-faire* din anii 1920 şi 1930 a dus la colaps, la criză economică şi, în cele din urmă, la război, nu venise oare momentul ca statul să intervină şi să se asigure că asemenea catastrofe nu se vor mai repeta ? Şi de ce ne-am mulţumi doar cu reforma economică ? Nu ar putea statul – n-ar *trebui* ca statul – să-şi folosească puterea pentru a face o societate mai justă, mai egală, mai bună pentru fiecare ?

În atmosfera idealistă a anului 1945, apelurile la o mai mare implicare a guvernului în societate erau imposibil de ignorat. În Europa sfâşiată de război, nu doar comuniştii insistau pentru o reformă condusă de stat, ci şi mulţi conservatori şi creştin-democraţi. În alte părţi ale lumii, apelul venea şi de la susţinătorii New Deal-ului american, de la naţionaliştii din Asia şi Africa şi de la populiştii de dreapta din America Latină. Experţi de toate convingerile politice – de la savanţi precum britanicul J.D. Bernal şi americanul Edward Teller până la economişti ca John Maynard Keynes şi Jean Monnet – îşi doreau şi ei să valorifice puterea statului. Toţi credeau cu tărie în puterea statului de a schimba în bine vieţile noastre.

Şi totuşi, aşa cum războiul o demonstrase, în soluţiile date de stat existau tot atâtea pericole câte beneficii. Oare nu credinţa într-un stat puternic centralizat fusese una dintre pietrele de temelie ale nazismului, stalinismului şi militarismului japonez ? Cei care căutau soluţii ale statului la problemele lumii puteau să devină uneori destul de fanatici – tot aşa cum puteau fi şi cei care li se opuneau. Ca urmare a războiului, au renăscut şi vechile dispute dintre cei care credeau în sanctitatea individului şi cei care credeau în forţa modelatoare a colectivității. Dar, de data aceasta, adepții centralizării au câștigat mai mult decât o făcuseră vreodată – uneori cu rezultate de-a dreptul surprinzătoare.

Față de viziunile utopice e necesar să fim precauți – nu pentru că paradisul pe pământ nu ar fi posibil, ci pentru că o căutare înverșunată a paradisului reprezintă pentru societate un fel de a muri. „Întregul este fals", așa cum scria filosoful german Theodor Adorno în 1944. Cu alte cuvinte, orice sistem care se consideră că oferă unicul răspuns la toate problemele noastre nu o poate face decât prin negarea unei multitudini de alte răspunsuri și posibilități – inclusiv a tuturor celorlalte utopii – care pot exista concomitent cu el[2].

Un bărbat care și-a petrecut întreaga viață luptând împotriva diferitelor dogme totalitariste a fost arhitectul italian Giancarlo De Carlo, iar povestea vieții lui oferă o lecție despre cât de greu era să reziști marilor planuri utopice din timpul anilor zbuciumați ai mijlocului de secol XX.

De Carlo s-a născut la Genova în 1919 și a crescut într-o lume dominată de conflicte ideologice. Împlinise abia câțiva ani când Mussolini a preluat controlul în Italia și, chiar dacă el a plecat să locuiască împreună cu bunicii în Tunisia vreme de câțiva ani, nu a reușit să scape de atmosfera polarizată care plana deasupra comunității italiene, ba chiar deasupra întregii Europe. Ajuns la maturitate, cunoștea deja bine obsesia fascismului pentru grandoarea și credința fanatică a adepților lui în dominația celui puternic asupra celui slab, precum și modul în care fascismul fetișiza violența. De Carlo găsea aberante aceste idei și s-a înconjurat de oameni care gândeau ca și el. Unele dintre aceste cunoștințe ale lui aveau propriile lor ideologii – socialism, anarhism, comunism – și, uneori, puteau să fie destul de fanatici ; dar pentru De Carlo niciunul nu era la fel de periculos pe cât erau cei care dețineau frâiele puterii[3].

În 1939, când a izbucnit războiul, De Carlo studia ingineria structurală, dar a devenit treptat tot mai fascinat de o disciplină înrudită – arhitectura. Unii dintre amicii lui erau arhitecți, încât el a ajuns să fie din ce în ce mai însuflețit de ideile pe care le discuta cu ei. Ei l-au familiarizat cu scrierile lui Le Corbusier, pe care le-a găsit seducătoare – sentimentul speranței pe care îl degajau acele scrieri, încrederea într-o viață mai bună pentru toți și, mai ales, convingerea lui de neclintit că un om putea să transforme lumea prin schimbarea mediului în care trăiesc oamenii. „Eram în căutarea unui lucru care să-mi permită să... iau parte la transformarea societății printr-o activitate creativă", a explicat el ulterior. „Mi-am dat seama că arhitectura îmi poate oferi acea ocazie."[4] Astfel, imediat ce și-a luat diploma de inginer, a decis să înceapă un curs de arhitectură.

Din nefericire, autoritățile fasciste aveau alte planuri : după ce i-au permis să termine studiile de licență fără să fie chemat în serviciul militar, nu aveau de gând să-l lase să înceapă altele. La o zi după ce s-a înscris la cursurile de arhitectură, a fost convocat să înceapă instrucția pentru a servi în marină. Așa că, în 1943, a fost trimis în Grecia, unde a ajuns să lupte pentru o cauză în care nu credea și în sprijinul unui guvern căruia i se opunea în mod activ.

De Carlo a rămas vreme de patru luni în serviciul militar în flota navală, dormind pe punte și așteptându-se mereu să fie atacat de avioanele britanice. Spre deosebire de luptele îngrozitoare care aveau loc în Grecia continentală, războiul pe mare era relativ simplu, la fel și sarcinile lui la bordul navei. Cu toate acestea, pentru el era ceva profund enervant să vadă drapelul nazist fluturând deasupra acropolei. Imediat ce a fost trimis

Giancarlo De Carlo la lucru în anii 1950.

înapoi la Milano, De Carlo a hotărât că venise vremea să-şi asume un rol mai activ în lupta împotriva fascismului. Nefiind încă demobilizat, s-a alăturat unui grup al Rezistenţei, intitulat Movimento di Unità Proletaria, şi a început să distribuie manifeste antifasciste prin fabricile locale. Dacă ar fi fost prins, ar fi fost imediat deferit curţii marţiale şi probabil că ar fi fost executat. Dar era naiv şi orb faţă de riscuri – pentru el, ce făcea părea un joc.

După căderea lui Mussolini şi după ce germanii au preluat controlul asupra Italiei, jocul a devenit deodată mai serios. El şi alţi câţiva ca el au fugit în munţii de dincolo de lacul Como, sperând că acolo ar putea organiza o rezistenţă masivă împreună cu alţi foşti militari, dar „contrar a ceea ce s-a spus ulterior, eram foarte puţini"[5]. Începuse războiul de gherilă.

Pe măsură ce mobilizau treptat noi recruţi, De Carlo constata adeseori că are tot mai mult timp liber. Luase cu el două cărţi – *Die Neue Architektur* a lui Alfred Roth şi *Œuvre Complète* de Le Corbusier – şi petrecea ore întregi schiţând elevaţii şi detalii după fotografiile din acele cărţi. Uneori îi aduna pe noii recruţi într-o fermă părăsită şi, după ce le explica principiile războiului de gherilă, le dădea lecţii de arhitectură şi le vorbea despre posibilităţile pe care aceasta le oferea societăţii. Dar când Comitetul de Eliberare Naţională (CLN) a aflat despre lecţiile acelea, i s-a cerut să înceteze. CLN era dominat de comunişti şi voia ca De Carlo şi camarazii săi să se concentreze strict asupra câştigării războiului împotriva Germaniei şi asupra solidarităţii cu poporul sovietic.

Nu după mult timp, lui De Carlo i s-a ordonat să se întoarcă la Milano ca să ajute la instruirea şi organizarea unei rezistenţe urbane. Ca să nu atragă atenţia colaboraţioniştilor şi spionilor, el şi viitoarea lui soţie, Giuliana, au fost siliţi să-şi schimbe de opt ori locuinţa în doar câteva luni. În atmosfera disperată a acelor timpuri, le era imposibil să nu se lase seduşi de caracterul polarizant al războiului, care transformase totul în lupta dintre drept şi nedrept, dintre bine şi rău. De Carlo şi-a dat seama că devenise treptat la fel de îndârjit precum comuniştii care îl comandau sau ca fasciştii împotriva cărora lupta. „Poţi atinge un nivel de fanatism, de izolare, până la punctul în care ajungi să faci cele mai mari prostii şi să-ţi închipui că ai comis acte de maximă virtute", a recunoscut el după mai mulţi ani. „Te face să crezi că poţi reorganiza cel mai bine societatea doar descotorosindu-te de duşmanii tăi. De fapt, noi nu ne-am descotorosit de nimeni, dar ne-am angajat în sabotaje."[6]

Oraşul a murit. Trăiască oraşul

La sfârşitul războiului, lumea pentru care luptase De Carlo era în ruine. Până la o treime din reţeaua de drumuri a Italiei devenise inutilizabilă şi 13.000 de poduri fuseseră avariate sau distruse. Starea oraşelor era de-a dreptul şocantă : sute de mii de case şi de blocuri fuseseră transformate în ruine în timpul luptelor sau în urma bombardamentelor aeriene şi terestre. În oraşele distruse de război, cum era şi Milano, unde se afla De Carlo la sfârşitul războiului, sau Torino ori Bologna, oamenii erau siliţi să trăiască printre ruine şi în pivniţe. La Napoli, sute de femei şi copii disperaţi ajunseseră să locuiască în peşteri[7].

Situaţia în restul Europei era la fel de rea, dacă nu chiar mai gravă. În Marea Britanie, cei cinci ani de bombardamente şi de atacuri cu rachete V-1 şi V-2 distruseseră 202.000 de case şi făcuseră de nelocuit alte 255.000. Franţa suferise şi mai mult – dispăruseră circa 460.000 de clădiri, iar alte 1,9 milioane erau avariate. Germania, pe de altă parte, pierduse 3,6 milioane de apartamente sau o cincime din locuinţele din întreaga ţară. În Uniunea Sovietică, fuseseră complet distruse nu doar multe dintre oraşele importante – Harkov, Kiev, Odessa, Minsk –, ci şi 1.700 de oraşe mai mici şi 70.000 de sate[8]. Dar poate cea mai rea dintre toate era situaţia din Polonia, ţară care suferise distrugeri masive, atât din partea sovieticilor care înaintau, cât şi de pe urma politicii de pârjolire duse de naziştii în retragere. În urma războiului, ţara a fost amputată şi apoi întregită cu părţi ale Germaniei devastate. Nimeni nu a ştiut la cât să estimeze numărul caselor sau oraşelor distruse, pentru că nici măcar nu era clar care case sau oraşe să fie luate în calcul.

O atare distrugere, care a fost la fel de rea în Asia ca şi în Europa, a avut un efect catastrofal asupra populaţiei lumii. La acest efect a contribuit şi strămutarea masivă de populaţii care a avut loc în timpul războiului. În 1945, existau circa 9 milioane de oameni fără adăpost în Japonia, 20 de milioane în Germania şi 25 de milioane în URSS. Unele estimări pentru China, deşi nu pot fi mai mult decât simple presupuneri, urcă cifrele la 100 de milioane[9]. Situaţia a devenit şi mai rea după 1945, când populaţia mondială a cunoscut o creştere bruscă, iar populaţiile rurale şi-au reluat îndelungatul lor exod dinspre sate spre oraşe. Lipsa de locuinţe în mediul urban a fost aşadar o problemă cu adevărat globală după război[10].

S-ar putea crede că această vastă imagine a distrugerilor şi a lipsei de locuinţe a fost un motiv de disperare în rândul arhitecţilor şi al urbaniştilor, însă, de fapt, adevărul a fost cu totul altul. Mulţi dintre ei aşteptau de ani buni o astfel de ocazie. Arhitecţi ca Sigfried Giedion şi Le Corbusier, de pildă, ceruseră încă din 1933 ca oraşele lumii să fie dărâmate şi reconstruite în linii moderne şi funcţionale. Fuseseră ignoraţi de cei de la putere, pentru că o radere de pe faţa pământului era de neimaginat din punct de vedere politic ; însă acum erau atât de multe oraşe în ruină, încât o reproiectare a lor părea cu adevărat posibilă. În 1945, *orice* părea posibil[11].

Prin urmare, în loc să deplângă distrugerea oraşelor în care locuiau, mulţi arhitecţi şi urbanişti au văzut în această situaţie ocazia pe care o aşteptaseră cu toţii. „Planificarea urbană se naşte adeseori dintr-o gură de tun", scria un intelectual francez, contemplând ruinele oraşelor Brest şi Lorient : acum, cel puţin, acele oraşe franceze de coastă renumite pentru mizeria lor puteau fi reconstruite ca mari porturi, demne de secolul XX[12]. Arhitecţii germani Paul Schmitthenner şi Konstanty Gutschow gândeau la fel despre Hamburg şi Lübeck şi chiar au mers până-ntr-acolo încât au numit bombardarea celor două oraşe o „binecuvântare" – fie ea şi foarte mascată[13]. La Varşovia, care a fost de departe cel mai distrus oraş din Europa, arhitecţi ca Stanisław Jankowski s-au alăturat cu entuziasm Biroului pentru Reconstrucţia Capitalei (Biuro Odbudowy Stolicy), ştiind că doar atunci şi acolo arhitecţii ar fi avut „şansa să-şi îndeplinească visurile lor cele mai măreţe ! "[14].

Cea mai optimistă ţară dintre toate a fost, probabil, Marea Britanie. „*Blitzkrieg* a fost o mană cerească pentru urbanişti", anunţa un consultant britanic în 1944. „Nu doar că s-a ocupat în locul nostru de o parte dintre demolările foarte necesare, dar – şi mai important – i-a făcut pe oamenii din toate categoriile sociale să înţeleagă necesitatea reconstrucţiei."[15] Alţi urbanişti britanici au scris cu entuziasm despre şansa „unui nou început" pentru oraşul Birmingham, de a face din Durham un „oraş superb" şi de a transforma York într-un „oraş al viselor noastre"[16]. După cum spunea Thomas Sharp, urbanistul care s-a ocupat de Exeter, oraşul era un „phoenix" gata să „se înalţe, renăscut din propria cenuşă"[17]. Plymouth putea fi acum reproiectat ca un oraş „demn de trecutul lui glorios şi de eroismul lui prezent"[18].

Această atitudine a fost atât de prevalentă în Marea Britanie, iar toată lumea era atât de hotărâtă să „planifice cu îndrăzneală" viitorul, încât i-au făcut aproape invidioşi pe unii arhitecţi din alte colţuri ale lumii. „Dacă *Blitzkrieg*-ul a făcut asta" – scria experta americană în imobiliare Catherine Bauer în 1944 – „atunci aşa se explică regretul secret şi vinovat al multor liberali americani pentru faptul că noi nu am avut parte de această experienţă"[19]. La sfârşitul războiului, în SUA exista un puternic sentiment că, în timp ce oraşele europene aveau, în sfârşit, ocazia de a-şi curăţa mahalalele şi de a se moderniza, oraşele americane vor rămâne în urmă. Într-o încercare de a capta şi pentru ei o frântură din acest zel al modernizării, arhitecţi ca Walter Gropius şi Martin Wagner, care fugiseră în Statele Unite înainte de război, au făcut comparaţii directe între ploaia de bombe care a căzut peste oraşele Europei şi „degradarea" care a atacat oraşele americane[20]. Organismele din cadrul sectorului industrial, cum ar fi Asociaţia Naţională a Consiliilor Imobiliare, le-au susţinut pledoaria : „Fiecare clădire care se prăbuşeşte", se scria într-una dintre broşurile de la sfârşitul războiului, „are un efect devastator de amploarea unei bombe de două tone care cade dintr-un bombardier greu. Efectul este exact acelaşi"[21].

Aşadar, sfârşitul celui de-al Doilea Război Mondial a oferit aproape pretutindeni prilejul apariţiei unui nou suflu entuziast, chiar şi în acele părţi ale lumii care nu fuseseră distruse fizic. Lumea veche, cu clădirile ei în ruină şi oraşele nefuncţionale, trebuia eliminată.

În următorii douăzeci şi cinci de ani de după 1945 s-a înregistrat cea mai radicală reconstrucţie din istoria oraşelor lumii. Dar înainte ca această lume nouă să înceapă să se ridice din cenuşa celei vechi, discuţiile despre cum ar trebui să arate ea au fost nenumărate.

Singurul lucru asupra căruia erau aproape cu toţii de acord a fost că reconstrucţia nu trebuia să fie lăsată pe seama pieţei libere. Proprietarii privaţi, se arăta, nu aveau niciun interes să creeze un mediu spaţios şi salubru pentru chiriaşii lor, ba chiar dimpotrivă – pentru a-şi maximiza profiturile, erau motivaţi să înghesuie în proprietăţile lor cât mai mulţi oameni şi să construiască pe fiecare centimetru de spaţiu verde disponibil. Conform unor arhitecţi ca Le Corbusier, unul dintre cei mai influenţi proiectanţi ai acelei perioade, guvernele care permiteau unor astfel de proprietari să acţioneze nestingheriţi îi dezamăgeau efectiv pe cei care îi aleseseră. „Un măcelar ar fi condamnat dacă ar vinde carne alterată", afirma el în 1943, „dar normele de construcţie permit ca săracii să fie siliţi să trăiască în locuinţe viciate. Pentru ca nişte egoişti să se îmbogăţească, tolerăm rate uriaşe ale mortalităţii şi maladii de orice fel, care aruncă poveri teribile pe umerii întregii comunităţi"[22].

Cum statul era deja obligat să planifice strategii comunitare în domenii precum infrastructura, canalizarea şi drumurile principale – pe care constructorii privaţi nu doreau, dar erau şi incapabili să le asigure de unii singuri –, mulţi arhitecţi au susţinut că normal ar fi ca statul să preia controlul şi asupra altor aspecte ale dezvoltării urbanistice. În Europa, Congresul Internaţional de Arhitectură Modernă (CIAM) ceruse de multă vreme o „planificare ştiinţifică" nu doar a oraşelor, ci şi a regiunilor, cu un echilibru bine gândit între zonele de locuit, cele de lucru şi cele de petrecere a timpului liber, precum şi cu o reţea eficientă de transport între acestea[23]. De cealaltă parte a Atlanticului, Asociaţia de Planificare Regională din America (RPAA) lupta şi ea pentru o mai mare implicare din partea statului. Unul dintre cei mai importanţi membri ai asociaţiei, criticul de arhitectură Lewis Mumford, cerea o „planificare regională la scară mare" şi a făcut referire chiar şi la crearea unei „ordini mondiale". El susţinea că planificarea adecvată, mai ales a oraşelor, era „poate cea mai urgentă sarcină a civilizaţiei noastre: chestiunile legate de pace şi război, de socializare sau dezorganizare, de cultură sau barbarism se sprijină, în bună parte, pe succesul nostru în rezolvarea acestei probleme"[24].

Niciuna dintre ideile respective nu era nouă în 1945: erau opinii pe care arhitecţii le susţineau de ani de zile şi cu siguranţă o făcuseră cu mult timp înainte de război. Singura diferenţă reală era că guvernele începeau acum să ia notă de aceste idei. Războiul crease un nou climat în lume: pretutindeni oamenii cereau o schimbare socială, inclusiv schimbări ale mediului fizic în care trăiau. Şi aşteptau din ce în ce mai mult ca guvernele lor să le ofere această schimbare.

Au existat, în general vorbind, trei şcoli de gândire privind cea mai bună modalitate de a proiecta oraşele viitorului, toate trei fiind bazate pe idei apărute înaintea războiului. Prima şcoală era inspirată de planurile utopice ale unui idealist britanic, Ebenezer Howard, care sugera că neajunsurile provocate de aglomeraţie nu puteau fi contracarate decât prin mutarea claselor muncitoare în noi „oraşe-grădină". Acestea urmau să aibă o populaţie nu mai mare de aproximativ 30.000 de locuitori şi să fie proiectate până la cel mai mic detaliu astfel încât să combine beneficiile oraşului cu frumuseţea şi aerul curat al zonelor rurale. Conform viziunii lui Howard, oamenii urmau să locuiască în

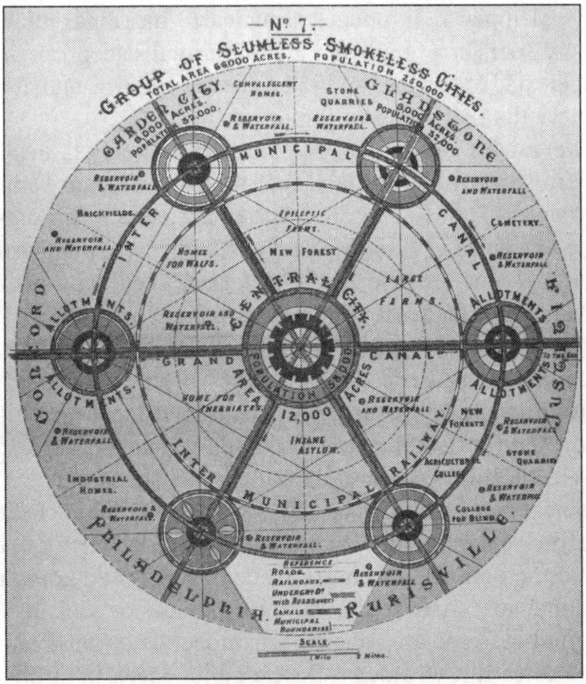

Diagrama lui Ebenezer Howard reprezentând un oraș-grădină ideal: o municipalitate centrală, despărțită printr-o zonă de centură verde de câteva orașe-satelit.

case tradiţionale ridicate pe terenuri aflate în proprietatea comunităţii şi administrate colectiv pentru binele tuturor. El îşi imagina sute de astfel de oraşe, care să alcătuiască o societate de „oameni fericiţi", scăpaţi de înghesuiala şi condiţiile insalubre din suburbii, şi care să trăiască într-o stare de „înţelegere şi cooperare" unii cu ceilalţi şi cu natura. „Urbanul şi ruralul trebuie să fie *îngemănate* şi din această uniune fericită se va naşte o nouă speranţă, o nouă viaţă, o nouă civilizaţie." Viziunea lui Howard a iniţiat o mişcare mondială şi avea să exercite una dintre cele mai mari influenţe asupra proiectării urbane de după 1945[25].

Dacă soluţia pentru oraşele supraaglomerate era dispersarea populaţiei în diviziuni mai mici, au fost şi unii arhitecţi care credeau că ideile lui Howard nu au mers suficient de departe. Această a doua şcoală de gândire voia să ducă ideea dispersării până la concluzia ei logică şi să desfiinţeze oraşele cu totul. Arhitectul american Frank Lloyd Wright, de exemplu, îşi imagina o lume în care centrele urbane ar dispărea, întreaga populaţie urmând să se disperseze pe întreg teritoriul ţării, într-o nesfârşită şi idilică „sărbătoare a vieţii"[26]. În cartea sa *The Disappearing City*, scrisă înainte de război, îşi imaginase o vreme în care fiecărei familii i se vor aloca circa 4.000 m^2 de pământ, care să fie doar al membrilor familiei respective şi cu care aceştia să poată face ce vor – să-l cultive şi să devină autonomi din punct de vedere economic, să-l transforme într-o grădină sau într-o zonă naturală necultivată. În vreme ce Howard visase la un trai în comun, Wright a situat autonomia individului deasupra tuturor celorlalte valori. Şi-a numit modelul „Broadacre City" şi a afirmat în repetate rânduri că acesta va exista „pretutindeni şi nicăieri" (legându-şi, astfel, în mod destul de conştient ideea de cuvântul grecesc pentru „nicăieri" – „Utopia"). În noua eră nucleară, îndemnul lui Wright pentru desfiinţarea oraşelor şi dispersarea populaţiei a câştigat mulţi adepţi în Statele Unite : dacă populaţia va fi dispersată, se susţinea în logica acestei gândiri, atunci rachetele sovietice nu vor mai avea nicio ţintă cu adevărat importantă[27].

Ultima şcoală de gândire şi, de departe, cea mai influentă la nivel global a fost cea promovată de modernistul CIAM, forum ale cărui idei au fost, probabil, cele mai îndrăzneţe dintre toate. Pentru CIAM, nu concentrarea de oameni din oraşe era problema : adevărata chestiune era aceea că lumea avea o concepţie depăşită despre ce *era*, de fapt, un oraş. În Europa mai ales, oraşele erau configurate încă după planuri medievale, cu străzi înguste şi clădiri înghesuite, total nepotrivite cu epoca modernă. Singurul mod în care putea fi schimbată această situaţie, după opinia lui José Luis Sert, vicepreşedintele CIAM, era prin „măsuri drastice, a căror aplicare va schimba întreaga structură a oraşelor"[28]. Străzile tradiţionale ar trebui desfiinţate, astfel încât pietonii să poată fi ţinuţi departe de zgomotul şi de pericolele reprezentate de vehiculele în viteză. Clădirile tradiţionale ar trebui şi ele înlocuite : în loc să trăiască în case şi apartamente înghesuite, înconjurate de trafic şi de zgomot, locuitorii oraşelor ar trebui să ceară clădiri înalte, orientate spre soare şi despărţite de parcuri amenajate. Pentru Sigfried Giedion, colegul modernist al lui Sert, acest lucru nu era doar o chestiune de design, ci de „drepturi ale omului"[29].

Desigur că în lume au existat şi alte variante ale acestor idei. În Europa comunistă s-a discutat ideea unui oraş socialist aparte, dar modelele propuse ajungeau adeseori să semene izbitor cu acelea din Occident. De exemplu, ideea unui oraş-grădină, atât de ridiculizată de arhitecţii comunişti, a fost îmbrăţişată în realitate de mulţi proiectanţi sovietici : oare Marx şi Engels nu ar fi susţinut ei înşişi „desfiinţarea diferenţei dintre sat şi oraş" ?[30]. În Germania de Est postbelică, unde guvernul a hotărât că nu există un oraş socialist ideal, urbaniştii au adoptat „şaisprezece principii" de design urban – cele mai multe fiind, în esenţă, aceleaşi cu principiile CIAM[31]. Obsesia stalinistă pentru construirea de arcade şi bulevarde grandioase dădea impresia că oraşul era întotdeauna pe cale să *ajungă* la ceva – utopia socialistă, care, la fel ca utopia modernistă, trebuia să se realizeze cât mai curând[32].

Ceea ce aveau în comun toate aceste curente arhitecturale era o credinţă aproape mistică în planificarea centralizată – căci fiecare grup se credea Marele Preot care va conduce omenirea spre Tărâmul Făgăduinţei. Arhitectura, susţineau, era „arta conducătoare esenţială", „cheia tuturor lucrurilor" şi, prin urmare, trebuia să fie „un ghid organizator pentru toate celelalte sectoare de activitate"[33]. Chiar şi Frank Lloyd Wright, care ura ideea unei guvernări dominante, a imaginat o lume ordonată conform unor reguli universale precise[34]. În acelaşi timp, în Europa de Est urbaniştii comunişti îşi reconstruiau deliberat oraşele cu elemente care nu erau nimic altceva decât reproduceri ale unor elemente din Rusia : clădiri identice, pieţe centrale imense, bulevarde principale grandioase. Aceasta însemna planificare centralizată în tot ce avea ea mai absurd, ca şi cum loialitatea faţă de visul sovietic putea fi asigurată pur şi simplu prin reconstruirea lumii în aşa fel încât să semene cât mai mult cu Moscova.

În toate cazurile, în Est ca şi în Vest, arhitecţii şi proiectanţii nu au dorit să schimbe doar mediul construit, ci societatea în întregul ei. Nu s-au sfiit niciodată să dea glas acestui lucru. Arhitectul polonez modernist Szymon Syrkus susţinea că arhitectura joacă „rolul social suprem" şi că trăsătura ei cea mai importantă este aceea că „schimbă tiparul social"[35]. Arhitecţii modernişti asemenea lui voiau nici mai mult, nici mai puţin decât să transforme societatea, obligând oamenii să trăiască într-un mod mai raţional, comunitar şi egalitarist. În mod similar, adepţii oraşului-grădină voiau să transforme societatea prin crearea de comunităţi ideale, obligate să coopereze între ele de însăşi structura lumii în care trăiau. Prin aplicarea planurilor lor vizionare, ei credeau că pot nu doar să salveze societatea de la distrugere, dar şi să provoace o nouă Renaştere. „Demnitate, acţiune, sănătate, serenitate, bucuria de a trăi", scria Le Corbusier, „toate acestea pot să facă parte din viaţa noastră", cu condiţia să respectăm planul[36].

Utopia întâlneşte realitatea

De Carlo a urmărit cu pasiune multe dintre aceste idei şi dezbateri, citind despre ele în publicaţiile de arhitectură. Pentru el, acestea reprezentau doar câteva dintre nenumăratele posibilităţi deschise după terminarea războiului. Şi el însuşi evoluase în bine în noul climat, eliberat de ameninţarea violenţei şi a ordinelor fasciste. Începuse să scrie cărţi şi articole pentru revistele de arhitectură. Se înscrisese la Universitatea de Arhitectură din Veneţia. Fusese chiar acceptat ca membru al CIAM, vocea principală în domeniul proiectării urbane. Părea un timp miraculos.

Şi totuşi, a început să observe şi o altă tendinţă, care părea uşor alarmantă : „Îmi amintesc de anii aceia ca de o perioadă de mare energie şi curiozitate ; trăiam într-o serie continuă de descoperiri şi invenţii. Eram însă şi trist, pentru că vedeam cum revin toate vechile forme. Politicienii reconstruiau lumea exact la fel cum fusese înainte"[37].

De Carlo considera că vinovaţi pentru acest lucru nu erau doar creştin-democraţii aflaţi la putere, ci şi comuniştii, care au continuat să rămână alipiţi de linia de partid sovietică în loc să adopte una dintre nenumăratele posibilităţi pentru o societate mai bună care li se deschideau acum în faţă. Vechea mentalitate în alb şi negru din anii de război revenea acum, ca mentalitate în alb şi negru a Războiului Rece.

Din punctul lui de vedere, la fel de supărătoare era şi breşa similară ce părea să se formeze în domeniul arhitecturii mondiale şi al proiectării urbane. Sciziunea nu era atât cea dintre Est şi Vest, cât între discipolii diferitelor şcoli de gândire de dinainte de război : moderniştii de la CIAM (şi de la derivatele lui est-europene), mişcarea oraşului-grădină şi şcoala „organică" a unor arhitecţi ca Frank Lloyd Wright. După război, De Carlo scrisese pe larg despre toate aceste mişcări şi nu vedea vreun motiv pentru ca ele să nu găsească un teren comun de discuţii. Fiecare dintre acestea, va spune el câţiva ani mai târziu, se născuse din acelaşi mesaj de libertate.

În special CIAM era dogmatic. De Carlo considerase întotdeauna că era ceva „claustrofob" în modul în care adepţii lui Le Corbusier insistau că ideea lor de oraş era universală şi incontestabilă – „metoda corbusiană omniscientă", aşa cum o numea el în mod tăios[38]. A urmărit consternat cum, în boomul postbelic al construirii, clădirile din centrul oraşelor începeau să fie puse la pământ pretutindeni în lume, fiind înlocuite cu blocuri-turn moderniste, construite conform principiilor lui Le Corbusier. Totul era standardizat, de la formele ferestrelor şi dimensiunile camerelor de locuit la împărţirea oraşelor în diferite „zone". Această standardizare îşi avea un echivalent şi în estul Europei, unde fusese ridicată la rang de virtute, pentru că reprezenta o formă de egalitate. În blocul statelor comuniste, tehnicile de producţie controlate de stat garantau construirea pretutindeni a unor cartiere de locuinţe identice şi monotone, de la Vilnius la Taşkent.

Locuinţe postbelice ultracomasate în Polonia. Acest bloc individual de locuinţe, cu peste o mie de apartamente, este doar unul dintre zecile de acelaşi fel din cartierul Zaspa, din Gdańsk. După 1945, construcţii similare au apărut pretutindeni în lume.

De Carlo bănuia că acest gen de uniformitate era urmat cu bună ştiinţă atât în Est, cât şi în Vest, pentru că era convenabil arhitecţilor, constructorilor, intereselor oamenilor de afaceri, guvernelor care finanţau totul – cu alte cuvinte, tuturor, în afară de cei care urmau să locuiască în oraşele astfel create. În loc să îmbunătăţească vieţile şi proprietatea comună ale locuitorilor, cei care întocmeau planurile păreau preocupaţi doar de eficienţa designului, a transportului şi a costurilor.

În anii 1950, modernismul a ajuns la apogeu, odată cu proiectarea a două noi oraşe construite exclusiv conform principiilor moderniste : planurile lui Le Corbusier pentru Chandigarh, în India, şi Brasilia, noua capitală a Braziliei, proiectată de Lúcio Costa şi Oscar Niemeyer. Chiar dacă ambele proiecte au inclus monumente convenţionale sugestive, De Carlo considera că acestea aveau un aspect lipsit de afectivitate. „Problemele oraşelor ideale", scria el, „sunt cu mult mai puţin importante decât problemele oraşelor reale – impure, complicate, dar reale". Despre Chandigarh spunea că este „ultima mare utopie a Iluminismului" şi era îngrijorat de felul în care oraşul fusese în mod explicit proiectat pentru a şterge istoriile personale ale celor care se mutau în el, transformându-i în cetăţeni model[39].

În cele din urmă, De Carlo a început să compare CIAM cu partidul comunist – o organizaţie care pierduse şi ea legătura cu nevoile oamenilor reali şi se închisese în dogmă[40]. La mijlocul anilor 1950, el a lansat o serie de atacuri tăioase la adresa CIAM, pe care l-a numit „o societate care se felicită pe sine, cu propriile ritualuri consacrate, cu înalţi prelaţi şi raţiuni de stat", imobilizat de „un cult al regulilor şi o înrobire deliberată faţă de disciplina despotică impusă de ele". Îi îndemna pe colegii săi modernişti să aleagă între utopie şi realitate, între „arhitectura de planşetă" şi arhitectura reală „confruntată zilnic cu vieţile oamenilor"[41].

Dar, cel mai important, Giancarlo De Carlo a criticat rezultatele din teren ale modernismului. În 1957, el scria : „Cât priveşte Italia, succesul limbajului arhitecturii moderne nu a dus la rezultate pozitive... Sub egida lui cuprinzătoare, comunităţile urbane sunt distruse rapid, fiind înlocuite cu cartiere şi clădiri noi, aride şi impersonale care, în câţiva ani, vor deveni nişte periferii dărăpănate"[42]. Astfel de atacuri, împreună cu cele venite de la alţi arhitecţi cu opinii similare, au condus în final la dizolvarea CIAM, la sfârşitul deceniului al şaselea.

De atunci, multe dintre criticile lui De Carlo s-au dovedit a fi întemeiate. În Statele Unite ale Americii, criticul de arhitectură Jane Jacobs a scris o cronică devastatoare despre modul în care proiectele finanţate de guvern pentru transformarea cartierelor periferice au creat un coşmar modernist. În lucrarea ei fundamentală *The Death and Life of Great American Cities* (*Moartea şi viaţa marilor oraşe americane*), Jacobs a demonstrat că reconstrucţia postbelică a condus într-o foarte mare măsură la nişte oraşe văduvite de viaţă comunitară şi tarate de comportamente antisociale. Concluziile ei au fost susţinute într-un studiu ulterior semnat de Oscar Newman, care a recurs la dovezi statistice pentru a demonstra că apariţia multor complexuri rezidenţiale moderniste nu doar că nu a reuşit să îmbunătăţească viaţa celor care locuiesc în ele, ci a dus şi la creşterea masivă a infracţionalităţii în oraşele respective[43].

Studii din alte părţi ale lumii păreau să susţină aceleaşi concluzii. De exemplu, un studiu ONU privind urbanizarea în Venezuela a arătat cum, în realitate, zonele unde locuitorii ilegali îşi ridicaseră propriile locuinţe au generat structuri sociale mult mai stabile decât marile complexuri rezidenţiale moderniste, unde, din când în când, chiriaşii îi omorau pe încasatorii de chirii. Studiile din Olanda, Finlanda, Rusia, China, Africa de Sud şi Puerto Rico au oferit rezultate similare. Departe de a duce spre o utopie, multe dintre cartierele moderniste create după cel de-al Doilea Război Mondial au propagat un nou sentiment de alienare urbană[44].

Dar cum rămâne cu celelalte idei utopice de planificare urbană ? Cu ce s-au soldat ?

În Marea Britanie, modelul oraşului-grădină i-a fascinat pe cei mai mulţi dintre urbaniştii postbelici. Cel mai important dintre ei a fost Patrick Abercrombie, al cărui Greater London Plan propunea scoaterea a peste un milion de oameni din capitală şi strămutarea lor în oraşe noi şi pline de verdeaţă situate în afara metropolei. În minunata lume nouă a anului 1945, aceste noi oraşe – precum Harlow şi Stevenage – ar servi unui dublu scop : de a oferi locuinţe de bună calitate şi de a produce, aşa cum se exprima noul ministru al Planificării, „un nou tip de cetăţean – o persoană sănătoasă, cu respect de sine şi cu demnitate, având simţul frumosului, al culturii şi al mândriei civice"[45].

În următorii treizeci de ani, pe întreg teritoriul Marii Britanii au fost înfiinţate douăzeci şi opt de comunităţi urbane planificate. Dar, dacă proiectanţii lor credeau că, astfel, construiesc Utopia, s-au înşelat amarnic. Niciunul dintre aceste oraşe nu a fost construit după principiile originale ale oraşului-grădină : cele mai multe dintre ele au ajuns să fie prea mari şi răsfirate într-un peisaj aparent nesfârşit de case identice. Multe au fost construite atât de aproape de localităţi importante deja existente, încât au devenit nişte simple oraşe-dormitor. Către finele anilor 1950, existau deja studii care evidenţiau cum unele dintre aceste oraşe noi au devenit „comunităţi moarte" şi locul de naştere al unui nou sentiment de alienare şi anxietate, cunoscut sub numele de „new town blues" (depresie de oraş nou)[46].

„Utopia suburbană" postbelică: la sfârşitul anilor 1940 şi în anii 1950, pe întreg teritoriul SUA s-au răspândit suburbiile formate din locuinţe tipizate, aşa cum este şi acest complex din Levittown, Pennsylvania.

În SUA, pe de altă parte, idealul de proprietate comună, atât de drag fondatorilor mişcării oraşului-grădină, a fost aproape cu totul ignorat în favoarea proprietăţii private : fiecare proprietar de locuinţă era instalat confortabil pe parcela sa proprie, printre mii de alte parcele private similare, ca într-o versiune diluată a modelului „Broadacre City" al lui Frank Lloyd Wright. În anii 1960 şi 1970, suburbiile americane deveniseră nişte „extinderi urbane" de nivel inferior şi cu puţini locuitori, din care „nu mai e posibilă nicio scăpare", conform celor afirmate de Lewis Mumford[47].

La treizeci de ani de la sfârşitul celui de-al Doilea Război Mondial, profesia de urbanist a căzut în dizgraţie – în mod ironic, exact când începuse să înveţe lecţia trecutului şi să-şi stabilească, în sfârşit, o bază ştiinţifică. Guvernele de pretutindeni s-au retras din rolul jucat în planificarea urbană, rol pe care îl îmbrăţişaseră atât de călduros : în anii 1980, au început să acorde o autonomie mult mai mare dezvoltatorilor privaţi, lăsându-se din nou la mâna pieţei libere. Arhitecţi de renume au renunţat şi ei să se implice în planuri de anvergură care aveau în vedere cartiere sau oraşe întregi, preferând, în schimb, să-şi concentreze întreaga energie artistică asupra clădirilor individuale şi autonome.

Giancarlo De Carlo a urmărit toate aceste evoluţii stupefiat. În anii 1990, privindu-şi retrospectiv viaţa, deplângea modul „isteric" în care arhitecţii, dar şi societatea în general, au avut tendinţa să cadă dintr-o extremă în alta, abandonându-şi succesele odată cu eşecurile, judecând conform standardelor zilei şi fără să-şi înveţe vreodată lecţia :

> Timp de câţiva ani, toţi arhitecţii au fost de acord că nu se putea organiza şi modela un spaţiu... fără ca mai întâi să se decidă organizarea şi structurarea tuturor spaţiilor din vecinătate, din oraş, din regiune, din ţară, din lumea întreagă... Câţiva ani mai târziu, termenii în care era pusă problema au fost răsturnaţi şi arhitecţii au început să spună că,

în ceea ce priveşte oraşele, organizarea şi forma zonelor din jurul acestora nu erau problema lor... De fiecare dată, aşadar, tot ce se făcuse mai înainte a fost aruncat la coş[48].

Istoria urbanismului postbelic este plină de triumfuri, dar şi de dezastre. Dacă noile oraşe britanice nu au reprezentat întotdeauna un succes, cele din Scandinavia au avut mai mult noroc – Vällingby, în apropiere de Stockholm, de exemplu, sau oraşul-grădină Tapiola, de lângă Helsinki. În vreme ce unele complexuri rezidenţiale finanţate de stat s-au dovedit a fi dezastruoase, altele au devenit zone de locuit plăcute şi populare, aşa cum a fost cazul complexurilor INA-Casa din Italia. Şi, deşi ideile moderniste despre urbanism puteau fi urâte şi alienante, cel puţin ele au meritul de a fi declanşat speranţa într-un viitor mai bun. În anii săi din urmă, De Carlo nu a putut să nu regrete sentimentul ţelului comunitar pe care îl iniţiaseră idealiştii care au proiectat oraşele din lumea postbelică, dimpreună cu pasiunea şi controversele inspirate de viziunea lor utopică. „Da, singurătatea mea s-a adâncit", i-a declarat el unui reporter, spre sfârşitul vieţii. Pentru ca apoi să adauge „Nu, nu doar a mea ; singurătatea tuturor s-a adâncit"[49].

Centralismul planului

Ideea unei planificări centralizate coordonate de stat a fost susţinută de aproape toată lumea în anii imediat următori sfârşitului războiului. Este adevărat că arhitecţii au fost printre cei mai înflăcăraţi susţinători ai proiectelor mari, centralizate. Este adevărat şi că planurile pe care le-au propus încă sunt, probabil, cele mai concrete exemple despre cum o astfel de intervenţie a statului a schimbat lumea în care trăim. Dar eforturile lor au fost doar o parte din încrederea tot mai mare în rolul statului care pusese stăpânire pe lume în anii care au urmat celui de-al Doilea Război Mondial.

În toată Europa postbelică, de ambele părţi ale Cortinei de Fier, multe industrii au fost naţionalizate, în special a cărbunelui, a oţelului, utilităţile şi, în unele ţări, băncile şi societăţile de asigurări. În mai 1946, o cincime din capacitatea industrială totală a Franţei era deja în proprietatea statului. La sfârşitul anului următor, trei sferturi din industria Cehoslovaciei fusese, de asemenea, naţionalizată – şi, să nu uităm, acest lucru s-a întâmplat *înainte* ca ţara să fie preluată de comunişti[50]. Şi în Polonia, Ungaria sau România, toate unităţile industriale şi bancare importante au ajuns sub controlul statului, iar terenurile agricole au fost colectivizate. Aceste măsuri au fost aplicate în parte din considerente ideologice, în parte ca pedeapsă aplicată acelor industriaşi şi bancheri care colaboraseră cu naziştii. Dar a fost şi o problemă de deţinere a controlului : dacă un guvern urma să planifice viitorul, era logic că trebuia să controleze tot ce se producea în ţară.

În plus, în Europa, perioada postbelică a fost martora introducerii unor măsuri mai pronunţate de implicare a statului şi în alte zone ale vieţii, cum ar fi învăţământul finanţat de stat, transportul public subvenţionat şi sprijinul financiar acordat artei şi culturii ; tot acum s-a introdus un vast sistem de asigurări sociale şi de servicii medicale publice. A fost o planificare socială la o scară imensă ce reprezenta echivalentul direct al planificării economice în care statul era, de asemenea, implicat. În 1945, se încetăţenise opinia generală că aceia care s-au născut săraci ar trebui să aibă oportunităţi ca să avanseze din punctul de vedere al statutului social, iar cei care traversează perioade dificile –

din cauza şomajului, a bolii sau a vârstei înaintate – trebuie să aibă parte de ajutor. Totul urma să fie plătit printr-o redistribuire masivă şi fără precedent a veniturilor, de la cei bogaţi la cei săraci – în Europa Occidentală, prin impozite, iar în Europa de Est, prin atribuire directă.

Tentative similare de planificare economică şi socială au fost şi în alte părţi ale lumii. În Japonia, planificatorii postbelici au reorientat complet economia, concentrându-se asupra noilor tehnologii, care se numărau printre „multele lecţii şi amintiri valoroase" moştenite din vremea războiului[51]. În China, noul regim comunist a urmat o linie similară cu a omologilor sovietici şi est-europeni şi a elaborat o serie de planuri cincinale. După obţinerea independenţei, şi în India au existat planuri cincinale care vizau nici mai mult, nici mai puţin decât „o nouă ordine socială, eliberată de exploatare şi sărăcie, de şomaj şi de nedreptate socială"[52]. Şi în coloniile din Africa era tot mai acceptată ideea că progresul va trebui coordonat de stat, dacă se dorea ca naţiunile africane să atingă vreodată, cu adevărat, independenţa economică şi politică. Chiar şi în SUA, unde neîncrederea în stat era deja o tradiţie, planificarea centralizată s-a extins după război – de la „New Deal" la „Fair Deal" şi la „Great Society" a lui Lyndon Johnson, de la mijlocul anilor 1960. În sfârşit, încrederea în planificarea centralizată s-a extins dincolo de graniţele naţiunilor, la un nivel internaţional, aşa încât în 1944 şi 1945 au fost înfiinţate diferite instituţii globale, cu scopul de a pune în ordine economia mondială, legislaţia internaţională şi chiar guvernarea la nivel global, instituţii al căror succes a fost diferit de la caz la caz.

Toate aceste planuri au fost diferite ca scopuri, dar şi ca modalităţi de implementare, însă toate au avut în comun credinţa că instituţiile alcătuite din experţi ar trebui să aibă rolul central în organizarea vieţii naţiunilor şi a lumii. Al Doilea Război Mondial – cu diverse reuşite ale lui atât administrative, cât şi militare, cu atmosfera de colaborare căreia i-a dat naştere şi cu dorinţa expresă de a nu mai repeta niciodată greşelile trecutului – a fost direct răspunzător pentru acest lucru.

Ar fi însă greşit să ne imaginăm că toate aceste planuri şi preluări ale controlului au fost adoptate fără vreo împotrivire. Exact aşa cum, imediat după război, Giancarlo De Carlo s-a împotrivit dogmei planificării urbane moderniste, au fost destui cei care s-au opus dogmei economiei şi societăţii planificate.

Lider în rândul acestora a fost economistul liberal şi filosoful Friedrich Hayek, pentru care creşterea puterii statului a reprezentat un motiv de îngrijorare. El credea cu tărie că socialiştii – ca să nu mai vorbim de comunişti – trăseseră din război doar învăţămintele greşite. Dorinţa de a eradica inegalităţile şi nemulţumirile era de admirat, susţinea Hayek, dar centralizarea a tot mai multă putere în mâinile guvernanţilor reprezenta un mijloc greşit de soluţionare a acestor probleme. Acolo unde alţii vedeau progres social, Hayek nu vedea decât erodarea libertăţilor civile fundamentale. Odată ce guvernele au preluat în acest mod puterea, până la urmă nu va mai conta prea mult dacă ele sunt democratice sau totalitare: orice guvern înzestrat cu o mare putere, spunea el, însemna „drumul spre servitute"[53].

Hayek nu a fost singurul care avea această părere. În 1947, el şi un grup de intelectuali care gândeau la fel au înfiinţat Societatea Mont Pelerin, ai cărei membri promovau libera exprimare, libertatea politică şi, mai presus de toate, sistemul economic de piaţă liberă. Printre membrii noii societăţi se numărau unii dintre cei mai influenţi economişti ai secolului XX – Wilhelm Röpke, Milton Friedman, George Stigler, Frank Knight, Lionel

Robbins, Ludwig von Mises şi mulţi alţii, care au promovat ideea de piaţă liberă ca singura cale sigură către libertate. Aşadar, în chiar culmea intervenţionismului guvernamental, se sădeau germenii revoltei împotriva economiei planificate[54].

Influenţa unor astfel de gânditori avea să crească până la sfârşitul secolului. În anii 1960 şi 1970, cam în acelaşi timp cu căderea în dizgraţie a urbanismului planificat, dezamăgirea tot mai mare a Occidentului faţă de planificarea economică şi socială le-a asigurat economiştilor liberali o influenţă mult mai mare asupra politicilor guvernamentale. În anii 1980, ei începuseră deja să demanteleze sistemul postbelic al intervenţionismului guvernamental : reglementarea pieţei s-a relaxat în tot Occidentul, controlul cursului de schimb a fost abandonat şi sectorul industrial a fost, peste tot, denaţionalizat. În anii 1990, chiar şi fostele ţări comuniste din Europa de Est adoptaseră piaţa liberă ca principiu de bază, spre satisfacţia filosofilor liberali de pretutindeni.

Într-un anumit sens, a fost vorba despre aceeaşi pendulare de la o dogmă la alta pe care Giancarlo De Carlo o urmărise acaparând lumea arhitecturii şi mulţi au fost cei care au observat-o cu o consternare similară. Indiferent dacă planificarea centralizată era sau nu mijlocul cel mai bun de organizare a societăţii, mulţi au apreciat-o pentru că le garanta locurile de muncă, redistribuia venitul şi aducea un sentiment de dreptate socială în lumea care, nu mai departe de anii 1940, fusese martora depresiunii economice şi profundelor inegalităţi ce conduseseră la război. În pofida tuturor dezastrelor ulterioare, proiectele guvernamentale de regenerare urbană le-au asigurat oamenilor nişte standarde minime pentru locuinţe. Cu toate ineficienţele lor, sectoarele industriale naţionalizate au căutat, cel puţin, să utilizeze resursele pentru binele întregii comunităţi. Chiar şi astăzi sistemele publice de sănătate şi de pensii sunt unele dintre cele mai apreciate forme de planificare socială, mai ales în Europa, pentru ceea ce reprezintă ele : o încercare de a aduce dreptate şi egalitate pentru toţi, indiferent de venituri, clasă socială, rasă sau orice altă formă de statut social.

Aşa cum vom vedea în capitolul următor, o atare tendinţă spre egalitate şi dreptate a fost încă una dintre ideile utopice cultivate de cel de-al Doilea Război Mondial. Va genera şi ea câteva inovaţii extraordinare în urma războiului – dar şi câteva teribile dezamăgiri.

8

Egalitate și diversitate

Înainte de război, Françoise Leclercq ducea o viață pe care mulți ar fi considerat-o privilegiată. Era o femeie înstărită. Locuia într-un „apartament imens" din Paris, la doar câteva minute de mers pe jos de Luvru. Fiind cetățean francez, făcea parte dintr-o cultură imperială care pretindea că deține controlul asupra unor zone întinse de pe glob. Ca femeie din clasa de mijloc însă, era exclusă din multe straturi importante ale societății. Conform legislației franceze din anii 1930, ea nu avea drept de vot. Nu primise decât o „educație modestă" și cu siguranță nimeni nu se aștepta ca ea să muncească. „Până la începutul celui de-al Doilea Război Mondial", avea să mărturisească mai târziu, „orizontul meu era puțin cam îngust, limitat la cei patru pereți ai casei și la cei patru copii ai mei"[1].

Războiul a schimbat totul, brusc și dramatic. Când naziștii au intrat în Paris, în 1940, Leclercq a fost cuprinsă de sentimentul rușinii naționale. Vedea soldați străini mărșăluind pe străzile ei și steaguri cu svastică fluturate în onoarea lor. A văzut lipite pe ziduri liste cu numele celor care fuseseră împușcați și a rămas îngrozită de anunțul că toți evreii vor fi obligați să poarte stele galbene. Primul ei gest de sfidare a regimului nazist a fost în sprijinul acestor oameni, cei mai vulnerabili din Paris : și-a strâns toate bijuteriile de aur, le-a dus la Cartier și a cerut să-i fie transformate în propria ei stea de aur, pe care a purtat-o la gât pe toată durata războiului. A recunoscut apoi că a fost un gest ineficient – „un protest copilăresc" –, dar ca franțuzoaică și catolică a dorit să-și arate solidaritatea cu compatrioții săi evrei.

În pofida indignării, la început nu i-a trecut prin minte să acționeze mai hotărât de atât. Fără sprijin, fără o rețea de concetățeni, era imposibil să sfidezi regimul de ocupație în vreun fel care să conteze ; așa cum va spune mai târziu, „ca să te numeri printre cei care rezistă, trebuie mai întâi să întâlnești Rezistența".

Lui Françoise i s-a oferit acest prilej la începutul anului 1941, absolut din întâmplare, ca urmare a unei operații de vezică biliară. Pe când se pregătea să se interneze, a aflat că medicul care urma să o opereze era un critic declarat al noului regim – de fapt, conform unor zvonuri, era chiar mai mult decât un simplu critic. Într-un gest spontan, ea a decis să riște : de îndată ce și-a revenit după operație, l-a abordat pe chirurgul respectiv și i-a oferit spre folosință apartamentul – în cazul în care ar fi vrut să-și întâlnească amicii în secret. Conversația îi va schimba viața, pentru că amicii chirurgului s-au dovedit a fi Pierre Villon, colonelul Henri Rol-Tanguy, Laurent Casanova și alții ale căror nume aveau să devină faimoase în toată Franța. În lunile și anii care au urmat, apartamentul lui Françoise a devenit locul a nenumărate contacte între unii dintre cei mai marcanți membri ai Rezistenţei, iar camera ei de zi s-a umplut treptat cu broşuri clandestine, ziare ale Rezistenţei şi hărţi ale reţelei de canalizare a Parisului.

Pe măsură ce războiul îşi urma cursul, nerăbdarea lui Françoise se amplifica. Îi plăcea foarte mult să joace rolul de gazdă pentru cei din Rezistenţă, dar, fiind martoră la tot ce se petrecea la ea acasă, simţea tot mai acut imboldul să contribuie şi mai activ. L-a abordat aşadar pe Pierre Villon, unul dintre liderii Rezistenţei, şi i-a spus că „sunt fericită să ajut Rezistenţa, dar aş vrea să fac mai mult". În săptămânile care au urmat, i s-a oferit un loc în comitetul de coordonare al unei noi organizaţii clandestine, Uniunea Femeilor Franceze (UFF). Acolo a scris un apel către femeile franceze catolice, solicitându-le să se unească sub egida Rezistenţei şi să „lupte împotriva Germaniei hitleriste", apel care a fost transmis la BBC. Cu un alt prilej, a fost trimisă la periferia Parisului, într-o misiune de preluare a unor mitraliere de la o persoană de legătură. Françoise s-a adaptat cu dragă inimă la acest nou stil de viaţă şi chiar i-a îngăduit fiicei sale în vârstă de cincisprezece ani să ia parte la acţiunile Rezistenţei.

Experienţa celui de-al Doilea Război Mondial i-a schimbat profund perspectiva asupra vieţii. A expus-o unor pericole nemaiîntâlnite până atunci, dar i-a şi dat o libertate pe care nu o mai experimentase înainte, precum şi sentimentul că face un lucru important, ceva care merită făcut. A căpătat deprinderea de a munci, de a milita şi de a se apăra pe sine şi pe alţii. A învăţat şi care era valoarea apartenenţei la un grup în care membrii conlucrau pentru un ţel comun.

După 1945, Françoise Leclercq nu a mai putut reveni la vechilul ei stil de viaţă. Nu s-a mai simţit satisfăcută cu rolurile tradiţionale pe care societatea franceză le impusese dintotdeauna femeilor cu statutul său : aşa că a continuat să fie activă ca membră a UFF şi a început să militeze pentru drepturile femeilor – dreptul la muncă, la plată egală, la concediu de maternitate. A militat şi pentru drepturile muncitorilor şi ale ţăranilor din toată Franţa pentru servicii medicale mai bune şi pentru despăgubiri acordate victimelor fascismului. Nu s-a oprit aici : când coloniile franceze au început să-şi ceară independenţa, Françoise a militat şi pentru cauza lor. În 1946, a fost şefa unei delegaţii de femei care a mers la Ministerul pentru Colonii ca să solicite oprirea intervenţiei militare a Franţei în teritoriile care aveau să devină într-o zi Vietnam[2]. „Cred că lupta noastră pentru eliberarea Franţei ne-a făcut receptive la lupta altor oameni", a susţinut ea mai târziu, precum şi „la lupta pentru independenţă a femeilor din ţările unde sunt oprimate". Leclercq a convertit astfel lecţiile din perioada propriei sale eliberări şi a eliberării Franţei într-o luptă universală care a implicat întreaga omenire. Datorită celui de-al Doilea Război Mondial, orizontul ei s-a extins mult dincolo de cei patru pereţi ai casei în care locuia.

Egalitatea femeilor

Pentru femeile din toată lumea, al Doilea Război Mondial a reprezentat un moment de trezire. Oriunde s-au dus lupte, femeile nu doar că şi-au susţinut bărbaţii, ci au şi luptat adeseori cot la cot cu ei. În Franţa, pe lângă implicarea în comitete, aşa cum a făcut-o Françoise Leclercq, ele au fost şi agente de legătură, traficante de arme, experte în explozibile, spioane, propagandiste, combatante şi asasine. Organizaţiile de femei, conduse tot de femei, au fost cele care au salvat copii evrei, transportându-i în Elveţia sau în zone izolate din Haute-Loire[3]. Militanta feministă Berthie Albrecht a fost cofondatoare a mişcării Combat, iar mişcarea Libération-Sud a fost cofondată de Lucie Aubrac, cunoscută pentru că şi-a salvat soţul reţinut de Gestapo într-o violentă confruntare armată, în pofida faptului că era însărcinată. Femeile din Rezistenţă au jucat exact aceleaşi roluri ca bărbaţii şi, atunci când au fost prinse, au avut adeseori aceeaşi soartă - tortură, încarcerare, execuţie[4].

Acest model s-a repetat în toată Europa ocupată, unde participarea femeilor a fost chiar mult mai mare decât în Franţa. Conform cifrelor oficiale, în Italia, peste 25% dintre membrii Rezistenţei erau femei, inclusiv cele 35.000 de femei care au avut un rol combatant activ[5]. În Polonia au fost 40.000 de femei membre ale Armatei Teritoriale clandestine, iar în Iugoslavia, până la 100.000 de femei au devenit soldaţi în Armata Populară de Eliberare condusă de Tito[6]. Şi în Asia femeile au jucat un rol uriaş în rezistenţa Huk împotriva ocupaţiei japoneze din Filipine, ca şi în opoziţia indoneziană împotriva japonezilor şi a olandezilor[7]. În principalele state Aliate, sute de mii de femei au fost angajate ca asistente medicale, ca personal auxiliar în forţele navale şi aeriene, iar trupele sovietice au numărat peste o jumătate de milion de femei în serviciu activ pe front[8].

Dar războiul nu înseamnă doar lupte, încât femeile şi-au dovedit capacităţile şi în multe alte modalităţi. În Franţa, unde 1,5 milioane de soldaţi au fost luaţi prizonieri, femeile au început să administreze nu doar gospodăriile, ci şi numeroase ferme şi afaceri mici. În fabricile franceze lucrau mai mult femei, iar în 1942 erau atât de multe femei la reţeaua de căi ferate din Franţa, încât prefectul de Toulouse a ajuns să se plângă că femeile începeau să depăşească bărbaţii ca număr de funcţionari[9]. Acelaşi lucru se întâmpla în multe alte ţări : milioane de femei care nu munciseră niciodată au devenit agricultori, secretare sau muncitoare în uzine, în oricare dintre ramurile industriale. În SUA, propaganda de război a glorificat o nouă imagine a forţei feminine : „Rosie the Riveter", cea care construia navele *Liberty* şi aeronavele ce menţineau capacitatea de luptă a naţiunii.

Datorită războiului, mitul femeii pasive, legate de gospodărie, a fost subminat aproape pretutindeni. Conform lui Denise Breton, fostă membră a Rezistenţei, atmosfera de speranţă şi de transformare generată în Franţa până la sfârşitul războiului a creat o „femeie nouă", obişnuită să-şi apere drepturile şi hotărâtă să schimbe lumea. Alţii, ca René Cerf-Ferrière, au susţinut că războiul crease şi un nou tip de bărbat, mai ales în cercurile Rezistenţei : „Parteneriatul cu femeile a schimbat mentalitatea bărbaţilor din Rezistenţă", scria el. „Au demonstrat că sunt egalele noastre."[10] În acelaşi timp, mitul bărbatului eroic a fost şi el subminat - mai ales în acele părţi ale lumii unde bărbaţii nu au reuşit să se ridice la înălţimea stereotipului. „Printre multele înfrângeri de la sfârşitul acestui război", scria o femeie din Berlin în 1945, „se numără şi înfrângerea sexului masculin"[11]. Unele dintre femeile din Franţa din perioada războiului par să fi gândit la fel. Marguerite Gonnet, mamă a nouă copii, a fost arestată în 1942 ca lideră a celulei din Isère a Rezistenţei. Când tribunalul militar a întrebat-o de ce luase arma în mâini, a răspuns : „Pur şi simplu, domnule colonel, pentru că bărbaţii le-au abandonat"[12].

Într-o astfel de atmosferă, nu este deloc surprinzător că, după război, femeile au căpătat o nouă încredere de sine sau că atât de multe organizaţii noi de femei au luat naştere în întreaga lume. În Egipt, exista nou-înfiinţata Bint El-Nil (Fiica Nilului), ce

Renumitul afiş din perioada războiului al lui J. Howard Miller, care invita femeile din Statele Unite ale Americii să se angajeze în fabrici.

susţinea schimbarea legislaţiei care le subordona pe femei soţilor şi taţilor lor ; în 1951, un grup de circa 1.500 de femei a luat cu asalt chiar clădirea Parlamentului[13]. În Indonezia exista Gerwis, o altă nouă organizaţie de femei care coordona boicoturi şi demonstraţii de masă în sprijinul a tot felul de cauze, inclusiv pentru desfiinţarea poligamiei[14]. Între timp, Federaţia Femeilor Braziliene, iniţiată în 1949, milita nu doar pentru salarii egale cu ale bărbaţilor, ci şi pentru dreptul de a avea acces la apă potabilă, la hrană şi locuinţe adecvate[15]. În Franţa, la UFF, a cărei membră era Françoise Leclercq, s-a alăturat curând o nouă mişcare internaţională : Federaţia Internaţională Democratică a Femeilor (WIDF), fondată la Paris în anul 1945 de femei din patruzeci de ţări, federaţie ce se va extinde şi va deveni una dintre cele mai influente organizaţii de femei din lumea postbelică[16].

Datorită acestei activităţi şi transformărilor uneori radicale ale opiniei publice care au însoţit-o, femeile au început să câştige unele drepturi noi. Cel mai important dintre ele a fost dreptul la vot. În multe ţări din Europa, acesta fusese deja obţinut în urma Primului Război Mondial, dar în Franţa nu le-a fost acordat femeilor decât în 1944. Rolul jucat de femei în cadrul Rezistenţei a fost folosit ca justificare: dacă pot să lupte alături de bărbaţi, s-a susţinut, atunci femeile ar trebui, cel puţin, să aibă un cuvânt de spus şi în decizia ca naţiunea lor să intre sau nu în război[17].

La scurtă vreme după ce femeilor din Franţa li s-a garantat dreptul la vot, sufragiul universal a fost adoptat şi în ţări ca Italia şi Iugoslavia (1945), Malta (1947), Belgia (1948) şi Grecia (1952). Dacă există vreo urmă de îndoială că aceste progrese au fost rezultatul direct al celui de-al Doilea Război Mondial, trebuie avut în vedere faptul că votul universal nu a fost introdus în Elveţia neutră decât în anul 1971, iar Portugalia neutră a fost nevoită să aştepte până în 1976. În Asia, situaţia a fost aceeaşi: femeile din China, Japonia, Coreea, Vietnam şi Indonezia au obţinut şi ele dreptul de a alege şi de a fi alese în anii 1940. Pe de altă parte, singurele ţări din America Latină şi Caraibe care au introdus votul universal *înainte* de război au fost Brazilia, Uruguay şi Cuba –, însă în timpul războiului şi după aceea, aproape toate celelalte ţări din zonă le-au urmat rapid exemplul (Paraguay a fost ultima, rezistând până în 1961)[18].

În 1945, drepturile femeilor au fost şi ele, în sfârşit, recunoscute pe plan internaţional de către Organizaţia Naţiunilor Unite. Carta ONU se deschide cu un Preambul în care se specifică intenţia nu doar de a salva lumea de conflagraţii viitoare, ci şi de a promova „egalitatea în drepturi a bărbaţilor şi a femeilor, precum şi a naţiunilor mari şi mici". În 1946, se înfiinţase deja Comisia pentru Condiţia Femeilor, organism care va juca un rol important în elaborarea Declaraţiei Universale a Drepturilor Omului. Acest document important, adoptat în 1948, a afirmat cu claritate că „toţi membrii familiei umane" trebuie să se bucure de drepturi egale şi de demnitatea şi valoarea cuvenite oricărei fiinţe umane.

În aparenţă, existau deci condiţiile necesare pentru a se naşte o eră nouă, în care femeile crescute fără drepturi fundamentale - precum Françoise Leclercq - vor putea cel puţin să înceapă să-şi preia rolul meritat în viaţa economică, politică şi socială a lumii. Speranţele pe care multe femei le exprimau, în Franţa şi în toată lumea, erau vădit utopice. Chiar şi Simone de Beauvoir, a cărei critică acerbă faţă de patriarhatul francez nu cunoştea limite, şi-a permis să viseze că nu va fi târzie vremea când bărbaţii şi femeile „vor putea să se privească unii pe alţii de la egal la egal" şi „să-şi afirme fără echivoc fraternitatea"[19].

Din păcate, acela a fost momentul când drumul spre egalitate a fost blocat. Niciunde acest lucru nu a fost mai evident decât în Franţa. Date fiind schimbările uriaşe care au avut loc acolo ca rezultat al războiului, suntem tentaţi să portretizăm Franţa ca pe o naţiune de răzvrătiţi - în realitate însă, forţele conservatoare erau la fel de puternice ca şi cele revoluţionare. Era foarte bine că membrii Rezistenţei promovau drepturile femeilor, dar o bună parte din societatea franceză, cei care au stat cu capul plecat în timpul ocupaţiei, voia ca lumea să se întoarcă la starea de dinainte de război. Când prizonierii de război francezi au revenit acasă, în 1945, se aşteptau să-şi reia poziţia de capi de familie, indiferent de cât de bine le administraseră treburile soţiile în lipsa lor. Adeseori, chiar şi femeile s-au simţit uşurate de faptul că se puteau întoarce la rolurile lor tradiţionale, cele cu care fuseseră crescute, în loc să lupte ca să inventeze pentru ele noi funcţii în viaţa publică. Se săturaseră de conflicte şi nu mai voiau altceva decât să ducă o viaţă „normală"[20].

Nu este pe deplin corect nici să sugerăm că majoritatea bărbaţilor din Rezistenţă credeau că tovarăşele lor le erau egale. Jeanne Bohec, o specialistă competentă în explozibili din Saint-Marcel, se plângea că a fost dată repede deoparte imediat după ce în Forces Françaises de l'Intérieur (FFI) au început să se înscrie bărbaţi tineri. Ea voia să ia parte la eliberare, dar „mi s-a spus politicos să o las baltă. O femeie nu are de ce să lupte, când sunt atâţia bărbaţi gata să o facă. Totuşi, era clar că ştiam să mânuiesc un pistol-mitralieră mai bine decât mulţi alţi voluntari FFI, care abia puseseră mâna pe astfel de arme"[21]. În Italia, femeilor din grupările de partizani li s-a interzis adeseori să participe la paradele solemne de după eliberare – iar cele care au participat au fost adesea etichetate drept „târfe"[22].

Pe măsură ce războiul se apropia de sfârşit, presiunea exercitată asupra femeilor ca să-şi reia rolurile lor tradiţionale a fost, de multe ori, uriaşă. Biserica, guvernul, şcoala şi chiar şi cele mai noi reviste pentru femei, ca *Elle* şi *Marie France*, apărute pe piaţă după război, toate îndemnau femeile să revină la activităţile lor casnice. În august 1946, o femeie a scris revistei *Elle* pentru a explica de ce doreşte să-şi ia o slujbă, în pofida împotrivirii logodnicului ei. Revista i-a răspuns răspicat : „Logodnicul tău are dreptate. Rolul femeii căsătorite este să fie casnică". Apoi a continuat, sugerându-i că, dacă nu avea intenţia să se conformeze dorinţei logodnicului, poate că nici nu-l iubea cu adevărat. „Femeia trebuie să genereze fericire", susţinea o altă revistă. „Cel mai bine poate să o facă în sânul căminului. Căminul şi doar căminul este adevăratul mediu profesional al femeii." La şcoală, fetele învăţau după manuale care afirmau explicit că „adevărata fericire este acasă" şi că „absenţa femeii din cămin slăbeşte viaţa de familie". Guvernul, pe de altă parte, îndemna femeile să se întoarcă nu doar în casă, ci şi în dormitor : creşterea ratei natalităţii a fost prezentată ca o prioritate naţională şi se anunţau multiple beneficii pentru mame, inclusiv scutiri de taxe şi raţii suplimentare. De Gaulle însuşi a declarat că vrea 12 milioane de nou-născuţi care să ajute la reconstrucţia Franţei. Conform lui Robert Prigent, ministrul pentru Populaţie şi Sănătate Publică imediat după război, adevărata împlinire a femeilor rezida în a-şi „accepta natura lor feminină" şi a se devota căminului şi copiilor lor[23].

La sfârşitul anilor 1940 a devenit limpede că tânăra şi neexperimentata mişcare feministă, atât de activă în 1945, ajunsese într-un impas. Încă din 1947, mult-lăudatele legi privind egalitatea de gen, date în anul anterior, erau deja ignorate în mod constant : era uşor de justificat din ce motiv femeile primeau o plată mai mică decât bărbaţii, câtă vreme, în realitate, slujbele cele mai modeste din societate erau rezervate femeilor[24]. Nici reformele ulterioare nu au reuşit să se materializeze : vor mai trece alţi douăzeci de ani înainte ca femeile căsătorite din Franţa să aibă dreptul legal de a se angaja sau de a-şi deschide un cont bancar fără permisiunea prealabilă a soţilor, şi patruzeci de ani înainte ca ele să câştige drepturi egale asupra copiilor lor[25]. Dacă acele şaizeci şi una de femei alese în parlamentul francez în 1946 au sperat să deschidă un drum pe care şi altele să-l urmeze, atunci aveau să fie şi ele crunt dezamăgite : numărul lor a scăzut dramatic în anii 1950 şi a continuat să scadă. La sfârşitul anilor 1960, nu mai rămăseseră decât treisprezece membre : opt în Adunarea Naţională şi cinci în Senat[26]. Cu tot

Progres? Acest monument dedicat „Femeilor din cel de-al Doilea Război Mondial", dezvelit în 2005 pe Whitehall, în Londra, a recunoscut, în sfârşit, rolul femeilor britanice în timpul războiului; în mod inconştient, el a dezvăluit însă şi atitudinea oficială faţă de femei, prezentându-le doar îmbrăcămintea. Femeile însele sunt cu totul absente.

entuziasmul lor de la sfârşitul războiului, femeile din Franţa nu au progresat prea mult după 1946 în ceea ce priveşte diminuarea diferenţelor de salariu, educaţie sau reprezentare în parlament, făcându-i pe unii dintre foştii combatanţi ai Rezistenţei să se întrebe dacă femeile chiar fuseseră vreodată „eliberate"[27].

Acelaşi tipar – de progres în perioada imediat următoare războiului, urmat de o îndelungată stagnare, cel puţin până în anii 1960 – s-a repetat pentru femeile din întreaga lume. Fără îndoială că războiul a oferit un prilej pentru multe schimbări radicale, dar, pe măsură ce haosul lumii postbelice a început să se diminueze, vechile interese au început să se reafirme şi, în unele cazuri, chiar au inversat procesul.

În Egipt, de exemplu, în pofida paşilor mari făcuţi în sensul anulării Legii privind statutul persoanelor, mişcarea pentru dreptul femeilor a regresat odată cu declararea Republicii Arabe Egipt, în 1952. A trebuit ca egiptencele să aştepte până în 1979 pentru ca legea privind statutul lor de subordonare să fie îmbunătăţită. Campaniei femeilor indoneziene contra poligamiei i s-a pus capăt definitiv în 1954, când părintele naţiunii, preşedintele Sukarno, şi-a luat el însuşi o a doua soţie. Şi campania dusă de Federaţia Femeilor din Brazilia pentru condiţii mai bune de trai în favele a eşuat. În toate aceste trei ţări, mişcările feministe au fost interzise în anii 1950 şi 1960 şi nu au mai renăscut, cel puţin în următorii cincisprezece sau douăzeci de ani[28].

În mod similar, campania pentru salarii egale a eşuat cam peste tot. În SUA, Equal Pay Act a fost promulgată abia în 1963, iar femeile din Australia nu au obţinut dreptul la plată egală decât după 1969, când sindicatele au adus în faţa instanţei o speţă de referinţă. În Marea Britanie, o lege similară a intrat în vigoare după anul 1975. Organizaţia Internaţională a Muncii a redactat încă din 1951 Convenţia privind egalitatea de remunerare, dar cea mai mare parte a lumii dezvoltate nu a ajuns să o ratifice decât în anii 1960 şi 1970[29]. Drept consecinţă, diferenţele de salarizare dintre femei şi bărbaţi, la nivel global, nu s-au micşorat în niciun fel înainte de 1970. Chiar şi astăzi, au rămas discrepanţe serioase aproape pretutindeni : în 2015, Forumul Economic Mondial estima că acestea vor dispărea pe la mijlocul secolului al XXII-lea[30].

Nici campania pentru dreptul la vot universal nu a fost un succes deplin după război. Aşa cum s-a menţionat deja, votul universal nu a fost introdus în Elveţia şi Portugalia decât în anii 1970. Femeile din Orientul Mijlociu au trebuit să aştepte chiar mai mult. Bahrain, de pildă, a garantat dreptul la vot pentru femei abia în 2002, Oman în 2003, iar Kuwait, care de fapt le *luase* femeilor dreptul la vot în 1999, l-a restabilit în 2005. Arabia Saudită nu a organizat niciun fel de alegeri până în 2005 - dar femeilor nu li s-a permis să voteze până în 2015[31].

Astăzi, în pofida campaniilor duse timp de decenii de milioane de bărbaţi şi de femei din întreaga lume, în ciuda unei Convenţii ONU privind drepturile politice ale femeilor (care a intrat în vigoare în 1954) şi a unei Convenţii privind eliminarea tuturor formelor de discriminare împotriva femeilor (din 1981), în ciuda numeroaselor conferinţe la nivel mondial organizate sub auspiciile unor organizaţii diverse, de la WIDF la ONU, în ciuda unui Fond de Dezvoltare pentru Femei, a unui Consiliu al Femeilor Lideri Mondiali (CWWL), a unei platforme de finanţare participativă dedicată emancipării fetelor şi femeilor - Women's WorldWide Web -, în pofida altor zeci de organizaţii internaţionale, în multe părţi ale lumii visul la drepturi şi oportunităţi egale pentru femei pare la fel de îndepărtat ca întotdeauna. Aşa cum au susţinut feministele încă din anii 1940, o egalitate abstractă nu înseamnă nimic : „Ca să transforme libertatea în realitate, femeile trebuie să aibă sănătatea, educaţia şi banii necesari pentru a putea face uz de drepturile lor"[32].

Femeia este „Celălalt"

Ce nu a mers, deci ? Dacă dorinţa de schimbare a fost atât de puternică în 1945, de ce a mai fost nevoie de alţi douăzeci şi cinci de ani înainte ca transformările cele mai semnificative să înceapă cu adevărat ?

Explicaţia constă în parte în tendinţele conservatoare fireşti pe care le manifestă natura umană. Anii 1940 au fost o perioadă de uriaşe schimbări pentru întreaga lume : nu a fost doar războiul care a provocat imense bulversări economice şi sociale, ci au existat progrese ştiinţifice şi tehnologice care au schimbat modul în care înţelegem lumea din jurul nostru. Pentru mulţi, toate aceste schimbări reprezentau deja prea mult, iar ideea de a schimba chiar şi natura relaţiei dintre bărbaţi şi femei mergea prea departe. În cele mai multe dintre culturile lumii, şi cu siguranţă în Occident, femeile reprezentau acele aspecte ale societăţii în care ideea de stabilitate era cea mai de preţ : căminul, familia şi patul conjugal. Mulţi bărbaţi - dar şi femei -, dornici să accepte revoluţia mondială în ansamblul ei, nu erau pregătiţi să accepte o schimbare similară şi acasă. Chiar şi Eleanor Roosevelt, susţinătoare a drepturilor minorităţilor şi participantă la redactarea Declaraţiei Universale a Drepturilor Omului, a făcut un pas înapoi când a venit vorba despre poziţia femeilor în societate. Indiferent care ar fi celelalte responsabilităţi ale femeii, a declarat, ea trebuie să fie întotdeauna loială în primul rând „căminului, soţului şi copiilor ei”[33].

Un alt motiv pentru care nu s-au înregistrat progrese a fost unul pur politic. Faptul că procesul transformărilor s-a oprit aproape concomitent cu începutul Războiului Rece este semnificativ în acest sens. Multe dintre cele mai active organizaţii de femei erau de stânga şi unele dintre ele erau conduse de comunişti. A fost mai ales cazul Franţei, unde majoritatea femeilor din parlament erau comuniste, la fel ca şi majoritatea femeilor din politica de la nivel local. Fondatoarele Uniunii Femeilor Franceze (UFF) erau toate comuniste, iar după război, vicepreşedinta Uniunii a fost Jeannette Vermeersch, soţia lui Maurice Thorez, liderul Partidului Comunist Francez. Acest fapt nu a avut nicio relevanţă în 1945 şi 1946, când mai exista încă un spirit de colaborare între Occident şi Uniunea Sovietică, dar în climatul de neîncredere crescândă de la începutul Războiului Rece era uşor să discreditezi astfel de femei ca fiind marionete ale sovieticilor, indiferent cât de utilă era munca pe care o făceau.

În Brazilia, Indonezia şi în alte părţi, organizaţiile de femei au fost interzise exact din acelaşi motiv. La fel şi în Statele Unite ale Americii, unde susţinătorii cei mai acerbi ai drepturilor femeilor au fost şi ei reduşi la tăcere din cauza tendinţelor lor de stânga. Congresul Femeilor Americane, de exemplu, care a luptat zgomotos pentru adoptarea unor măsuri privind îngrijirea copilului, plată egală şi stoparea rasismului, a fost silit să se dizolve în 1950, pentru că a fost catalogat drept „comunist” de către Comitetul pentru Activităţi Antiamericane. Şi sindicatul cu cel mai mare număr de membri femei, United Electrical, Radio and Machine Workers of America a fost persecutat din cauza legăturilor lui cu comunismul, fapt care a făcut ca îndelungata lor campanie pentru drepturi egale să fie lipsită de forţă[34]. Odată ce reputaţia le-a fost astfel pătată, adeseori devenea dificil ca femeile, în mod individual sau prin organizaţiile lor, să-şi recâştige credibilitatea. De exemplu, deşi probabil că era cea mai influentă organizaţie internaţională a femeilor din perioada postbelică, WIDF a fost practic ignorată de istoricii occidentali – chiar şi de cei feminişti –, în mare parte pentru că a fost compromisă în anii 1950, considerată fiind o organizaţie-paravan a comuniştilor[35].

Dat fiind entuziasmul pe care l-au manifestat comuniştii pentru o mai mare egalitate între sexe, s-ar putea crede că femeile o duceau mai bine în ţările comuniste decât în Occident – în realitate însă, femeile sovietice au fost şi ele marginalizate, neluate în calcul în cazul promovărilor la locul de muncă, aşteptându-se de la ele să îndeplinească meseriile cele mai necalificate şi să fie supuse celor mai profund sexiste atitudini. De la cele căsătorite se aştepta să îndeplinească toate corvezile casnice, chiar dacă aveau şi serviciu şi chiar dacă soţii lor erau şomeri[36]. Nici măcar cele care participaseră la lupte nu au avut parte de respectul cuvenit, fiind, în schimb, etichetate ca femei uşoare. Aşa cum îşi amintea o fostă asistentă medicală sovietică, „Un bărbat se întorcea din război şi, gata, era erou... Dar, dacă era o fată, atunci lumea se uita imediat chiorâş : «Ştim noi ce-ai făcut acolo ! »”[37]. Inegalităţile dintre bărbaţi şi femei, care au persistat atât în Est, cât şi în Vest, au fost evident mai profunde, şi nu s-au limitat doar la nivelul politic.

Cu gândul la aceste realităţi, Simone de Beauvoir a iniţiat la sfârşitul anilor 1940 un studiu asupra feminităţii. După cum afirma ea, adevărata problemă cu care se confruntau femeile era cu mult mai importantă decât istoria, politica, psihologia sau chiar biologia : cauza punerii lor într-o poziţie inferioară rezida în însăşi definiţia „femeii”. Bărbaţii, a remarcat de Beauvoir, nu erau obligaţi să se autodefinească drept „bărbaţi" – ei erau liberi să experimenteze, să ducă vieţi active, să se autoinventeze în permanenţă. Prin contrast, femeile erau întotdeauna caracterizate încă de la început. Erau „mame" sau „soţii", „virgine" sau „târfe", uneori ameninţătoare, adesea misterioase, dar întotdeauna în afara centrului societăţii, care era exclusiv masculin.

În revoluţionara sa carte *Le deuxième sexe*, Simone de Beauvoir a definit pentru prima dată diferenţele existenţiale dintre bărbaţi şi femei. Sexele pot să-şi spună că sunt cele două jumătăţi ale aceluiaşi întreg platonic, scria ea, dar, în mod evident, acest lucru nu este adevărat :

> Doar într-un mod formal, în registrele primăriilor şi în actele de identitate, rubricile *masculin*, *feminin* apar ca simetrice. Raportul dintre cele două sexe nu e precum al celor două electricităţi, ai celor doi poli : bărbatul reprezintă în acelaşi timp pozitivul şi neutrul, aşa încât în franceză se spune „*les hommes*" – „bărbaţii" – pentru a desemna fiinţele umane ; ...Femeia apare ca fiind negativul într-o atât de mare măsură încât orice determinare îi e imputată ca limitare, fără reciprocitate... Umanitatea este masculină, iar bărbatul defineşte femeia nu în sine, ci relativ la bărbat... ea e inesenţialul faţă de esenţial. El e Subiectul, el e Absolutul : ea este Celălalt[38].

Această desemnare a femeii drept „Celălalt" nu se afla prea departe de situaţia în care ea era văzută ca duşman, ba chiar ca un fel de „monstru" ; dar, spre deosebire de alţi monştri, bărbaţii nu puteau să o respingă cu totul, pentru că o doreau şi, în egală măsură, aveau nevoie de ea, nu în ultimul rând pentru perpetuarea speciei. Astfel, pentru a explica şi a-i limita această „Alteritate", bărbaţii au creat o serie de mituri în jurul feminităţii. Au făcut-o „exotică", incluzând toate conotaţiile de seducţie şi inferioritate pe care le implică acest termen ; şi au făcut femeia dependentă de ei, la fel cum sclavii depindeau de stăpânii lor.

Bărbaţii s-au convins ei înşişi că au de câştigat de pe urma subordonării femeilor, pentru că astfel li se oferea tot ceea ce credeau că îşi doresc : o servitoare în sufragerie, o bucătăreasă în bucătărie şi o târfă în dormitor. Dar, păstrând în felul acesta relaţia de tip stăpân-sclav, bărbaţii nu au făcut altceva decât să se ascundă de propriile lor imperfecţiuni şi temeri. Mai mult, şi-au negat posibilitatea unei relaţii mai pline de satisfacţii ca parteneri de viaţă – genul de relaţie de care s-au bucurat mulţi bărbaţi şi femei în timpul războiului, când au luptat de la egal la egal împreună în Rezistenţă.

Pe de altă parte, femeile au fost şi ele adeseori complice la propria subordonare, pentru că le scutea de povara responsabilităţii care vine odată cu asumarea propriilor alegeri în viaţă. În cazul claselor de mijloc şi al celor superioare, este ceea ce le-a permis să ducă o viaţă de huzur şi lux. În realitate însă, acest gen de viaţă nu a fost decât o colivie aurită care le-a lipsit de orice prilej de a-şi desface aripile şi a experimenta ce înseamnă să trăieşti cu adevărat. A fost tipul de monotonie confortabilă de care Françoise Leclercq s-a eliberat atunci când a luat decizia să se implice în Rezistenţă şi, ulterior, în mişcarea feministă. Pentru de Beauvoir, doar printr-un asemenea efort femeile vor reuşi să dea un sens vieţii lor. Căsătoria, maternitatea, chiar şi un serviciu în afara căminului nu erau substitute : „pentru femeie nu există nicio altă ieşire", scria ea, „decât să se străduiască să obţină eliberarea"[39].

Însă în următorii douăzeci de ani cartea lui Simone de Beauvoir, ca şi mişcarea feministă în general nu vor fi luate în serios de către societatea franceză. Lucrarea ei a fost denigrată de presa din Franţa şi chiar şi de alţi existenţialişti, ca Albert Camus, care au acuzat-o pe autoare că face ca bărbatul francez să pară ridicol. Din cauza francheţei lucrării în privinţa chestiunilor sexuale, Vaticanul a mers chiar până acolo încât a pus-o pe lista cărţilor eretice. Cu toate acestea, ea a fost citită – nu doar în Franţa, ci şi în Statele Unite şi Marea Britanie. În anii 1950 nu a existat nicio altă carte la care ar fi putut să apeleze acele femei care doreau să reflecteze asupra poziţiei lor în lume. În anii care au urmat, cartea a devenit sursă de inspiraţie pentru un nou val de feministe, precum Betty Friedan şi Kate Millett, din SUA, sau Germaine Greer, din Australia. Conform feministei norvegiene Toril Moi, perspectivele oferite de scrierile lui de Beauvoir reprezintă însăşi temelia întregii mişcări feministe contemporane – fie că acest lucru este recunoscut de feministele de astăzi, fie că nu[40].

Perspectiva lor este însă şi un produs al epocii. Cartea *Al doilea sex* a fost scrisă la sfârşitul celui mai mare război din istorie, când cea mai mare parte a Europei se lupta să se elibereze de alte forme de opresiune şi tiranie, pe când omenirea visa la o mai deplină egalitate şi la mai multă dreptate. Aceste subînţelesuri subtile sunt toate prezente în mişcarea feministă pe care Simone de Beauvoir a descris-o şi la fondarea căreia a contribuit.

Problema minorităţilor

Lupta pentru egalitate, cu victoriile ei timpurii şi dezamăgirile de mai târziu, nu este un subiect care să le preocupe doar pe femei. Egalitatea nu este ceva care poate fi oferit cadou în pachete legate cu fundă celor pe care îi considerăm vrednici de ea – ea fie există, fie nu, iar acolo unde există, este indivizibilă. Tratamentul la care sunt supuse femeile este un bun barometru pentru modul cum sunt tratate grupurile marginalizate : cu cât sunt mai mari oportunităţile oferite femeilor, cu atât mai mari sunt şi cele pentru minorităţile etnice, religioase, sexuale şi pentru alte minorităţi. Într-adevăr, studiile internaţionale recente arată o corelaţie clară între egalitatea de gen şi respectarea drepturilor sociale şi economice ale tuturor cetăţenilor. Aşadar, ceea ce s-a întâmplat după război cu femeile nu le priveşte doar pe ele, ci pe toată lumea[41].

Există anumite asemănări surprinzătoare între situaţia femeilor de după război şi cea a altor grupuri marginalizate. Cam în acelaşi timp în care Simone de Beauvoir scria despre femei ca fiind „Celălalt", partenerul ei, Jean-Paul Sartre, scria despre evreii francezi în exact aceiaşi termeni[42]. Dincolo de Ocean, scriitorul mulatru Anatole Broyard scria cu implicare afectivă despre cum persoanele de culoare erau şi ele etichetate drept „Ceilalţi", iar activistul pentru drepturile negrilor W.E.B. Du Bois scria despre cum Africii şi oamenilor de culoare în general nu doar că li s-a atribuit un rol inferior în istoria lumii, ci au fost adeseori excluşi cu totul din istorie[43].

În 1949, Simone de Beauvoir a admis în mot repetat ambele paralele[44]. Ea considera că similitudinile între situaţia femeilor şi a negrilor din SUA sunt deosebit de accentuate :

> Şi unii, şi alţii se emancipează astăzi de acelaşi paternalism, iar casta până nu demult stăpână vrea să le menţină la „locul lor", adică în locul ales de ea ; în ambele cazuri ea se lansează în elogii mai mult sau mai puţin sincere ale virtuţilor „bunului negru" inconştient, cu suflet copilăros, voios, ale negrului resemnat şi ale femeii „cu adevărat femeie",

adică frivolă, puerilă, iresponsabilă, femeia supusă bărbatului. În ambele cazuri argumentul e extras din starea de fapt creată de această castă[45].

După încheierea războiului, negrii din Statele Unite nu au mai fost nici pe departe la fel de supuşi pe cât fuseseră în trecut. Războiul le-a deschis orizonturi noi – nu doar pentru sutele de mii de soldaţi negri care fuseseră în străinătate, ci şi pentru cele aproximativ 1,5 milioane de persoane de culoare care, în anii 1940, au părăsit sudul Statelor Unite în căutarea unor noi locuri de muncă şi oportunităţi[46]. Participarea lor pe piaţa forţei de muncă a crescut semnificativ: în timpul războiului, numărul muncitorilor de culoare angajaţi în fabricile din SUA a crescut de la 500.000 la 1,2 milioane[47]. Înscrierea lor în sindicate şi în alte grupări politice s-a intensificat şi ea: Asociaţia Naţională pentru Progresul Persoanelor de Culoare (NAACP), de exemplu, a crescut de la doar 50.000 de membri, cât număra la începutul războiului, la 450.000 la sfârşitul conflagraţiei. „Nu cred că negrii vor sta nepăsători deoparte şi vor privi cum li se închid în nas uşile oportunităţilor economice, abia deschise pentru ei", scria un editorialist de culoare în 1945, mai ales după ce luptaseră într-un război „pentru democraţie şi împotriva fascismului"[48].

Preşedintele Truman adresându-se Convenţiei anuale a NAACP de la Monumentul lui Lincoln în 1947. Acest eveniment urma să aibă un corespondent mult mai solemn, şaisprezece ani mai târziu, când Martin Luther King Jr. s-a adresat celor un sfert de milion de negri americani în acelaşi loc.

Aproape la fel ca în cazul femeilor din Franţa, afro-americanii au obţinut diverse drepturi după încheierea războiului. În 1946, Curtea Supremă de Justiţie a SUA a hotărât că segregaţia rasială în autobuzele şi trenurile care traversează graniţele dintre statele americane este ilegală. În 1948, preşedintele Truman a decretat eliminarea segregaţiei din armată şi cam tot în acea perioadă au fost implementate o serie de măsuri antirasiste în privinţa locuinţelor, a educaţiei şi oportunităţilor de angajare. Totuşi, aproape toate aceste schimbări au avut loc ca rezultat al unor hotărâri judecătoreşti sau ordine executive emise de preşedinte, şi nu prin consens : de fapt, întregul program al preşedintelui Truman privind drepturile civile a fost respins de Congres prin vot. Indiferent cât de mult ar fi susţinut schimbări în favoarea populaţiei de culoare, acestea au fost arareori obţinute fără o puternică opoziţie din partea majorităţii albe.

Un traseu similar poate fi schiţat şi în cazul statutului persoanelor gay care s-au bucurat de o perioadă de relativă toleranţă după război, mai ales în Europa şi în America de Nord. În Europa, au încercat să o valorifice prin înfiinţarea de organizaţii gay, cum au fost Dutch Cultuur en Ontspanningscentrum (cunoscută îndeobşte sub abrevierea COC) în Olanda sau, în Danemarca, Forbundet af 1948, care, în final, s-au reunit cu diferite alte grupări similare şi au format International Committee for Sexual Equality[49]. Şi în Statele Unite, bărbaţii şi femeile gay din armată au trăit o perioadă de relativă toleranţă chiar în timpul războiului. Conform istoricului Allan Bérubé, s-a ajuns chiar la o revoluţie sexuală minoră şi, la revenirea acasă, mulţi soldaţi homosexuali s-au simţit destul de încrezători încât să afirme „Nu mă întorc la cum am fost". La sfârşitul anilor 1940 şi în anii 1950, aceşti oameni s-au confruntat cu o represiune reînnoită, mai ales în timpul aşa-numitei „Lavender Scare" din epoca mcCarthy-istă. Cu toate acestea, la fel ca mişcarea feministă şi cea pentru drepturile civile ale persoanelor de culoare, mişcarea homofilă care s-a născut din al Doilea Război Mondial a pus bazele mişcărilor pentru drepturile persoanelor gay din deceniile ulterioare[50].

Tendinţa către egalitate s-a reflectat chiar şi la scară internaţională, în modul cum au fost trataţi locuitorii din colonii după 1945. Ca urmare directă a celui de-al Doilea Război Mondial, şase naţiuni asiatice şi-au dobândit independenţa politică. Ele au fost urmate de naţiunile din Africa, al căror drum spre libertate a fost, de asemenea, influenţat de evenimentele din război şi de după încheierea acestuia. Pe măsură ce fiecare dintre aceste state şi-a ocupat locul în forumurile internaţionale precum Adunarea Generală a Naţiunilor Unite, ele au fost întâmpinate de la început ca membri cu drepturi egale. Un astfel de progres nu a fost uşor de realizat. Indonezia sau Algeria, de pildă, au trebuit să ducă o luptă acerbă pentru a fi recunoscute ca state suverane şi au întâmpinat tot soiul de piedici din partea aceloraşi europeni care, pe întreaga durată a războiului, şi-au cerut zgomotos propriul drept la autodeterminare.

Problema identităţii

În urma războiului, multe grupuri au devenit conştiente, uneori pentru prima dată, de ceea ce înseamnă să fii „Celălalt". Femeile, minorităţile etnice, popoarele din colonii, homosexualii, săracii, apoliticii – în fiecare caz, chiar dacă statutul lor ca indivizi a fost „universal" recunoscut, în continuare nu le va fi îngăduit să beneficieze din plin de acesta.

Din postura de „Celălalt", ei erau definiţi prin diferenţa faţă de „standardul" uman – deşi acel standard nu era alegerea lor şi nici nu îl puteau influenţa.

În 1945, fiecare dintre aceste grupuri a fost obligat să aleagă modul cum va reacţiona faţă de noua realitate. Puteau încerca să se lase asimilate în curentul principal şi să-şi obţină astfel egalitatea cu ceilalţi – şi totuşi, să facă acest lucru ar fi însemnat să nege tocmai trăsăturile care le făceau să fie ceea ce erau. O persoană de culoare nu putea fi niciodată la fel ca un alb, pentru că purta în el o istorie despre care cei mai mulţi albi nu aveau nicio idee. Un fost conte din Europa de Est, deposedat de titlu şi de pământurile lui, putea încerca să trăiască precum un comunist – dar în sufletul lui va continua să fie un aristocrat. În plus, asimilarea nu era cu adevărat posibilă decât acolo unde atât majoritatea, cât şi minoritatea erau de acord ca aceasta să aibă loc. Experienţa evreilor a arătat că nu avea importanţă cât de „evreu" era sau nu o persoană : tot ceea ce a contat în timpul Holocaustului a fost ce credeau naziştii despre ea.

O a doua cale pe care o puteau alege aceste grupuri era să accepte că sunt alcătuite din indivizi diferiţi faţă de normă şi să proclame acest fapt – să declare, aşa cum a procedat mişcarea Gay Pride în anii 1980, că „sunt ceea ce sunt", indiferent de ce crede lumea despre ea. Dar o astfel de atitudine implica automat acceptarea faptului de a fi „Celălalt". Pentru orice minoritate, aceasta înseamnă, practic, să fie complice la propria marginalizare. Deosebirile faţă de opinia majoritară devin tot mai mari şi se menţine pericolul ca acest lucru să ducă la prejudecăţi şi mai mari de ambele părţi. Puţine grupuri au ales această cale în urma războiului, tocmai pentru că le-ar fi făcut foarte vulnerabile : exemplul a ceea ce se întâmplase cu evreii în timpul războiului a fost un avertisment pentru toată lumea că nu trebuie nicicum să iasă în evidenţă.

O opţiune extremă a fost să se izoleze total – să înfiinţeze o comunitate alternativă în care „minoritatea" să fie majoritară şi care să poată decide singură ce înseamnă standardul şi ce nu. Unele grupuri mici au încercat să facă acest lucru după război, de obicei cu consecinţe dezastruoase : în sudul Italiei, de exemplu, o mână de comunităţi nemulţumite a înfiinţat „republici ţărăneşti", pe care guvernul le-a desfiinţat prin forţă[51]. La scară naţională, astfel de separări puteau fi mai eficiente : Europa de Est a reuşit să-şi expulzeze aproape toată populaţia de etnie germană în Germania, musulmanii au fost şi ei goniţi din India, hinduşii, din Pakistan, iar chinezii naţionalişti au preferat să se autoexileze în Taiwan decât să se supună comunismului din China continentală. Astfel de evenimente însă nu s-au petrecut fără destul de multă vărsare de sânge şi nu au făcut decât să mute ţinta prejudecăţilor de la nivel local la nivel naţional sau internaţional. Din nou, probabil că evreii sunt cel mai bun exemplu : dacă sioniştii au crezut că vor putea aboli prejudecăţile prin crearea propriului stat, în 1948, au greşit grav – pentru o bună parte a lumii, statul Israel a devenit de atunci un „Celălalt" naţional şi a creat, în acelaşi timp, propriile lui „Celelalte" state, atât la nivel intern, cât şi la nivel regional.

Singura opţiune rămasă a fost să lucreze împreună cu alte grupuri, inclusiv cu cele aflate la putere şi cu acelea care îi oprimaseră pe alţii în trecut, şi să încerce să ajungă la un anumit consens. Aceasta a fost abordarea adoptată de Organizaţia Naţiunilor Unite prin Declaraţia Universală a Drepturilor Omului. A fost şi abordarea preferată de filosofi şi sociologi de seamă, ca Simone de Beauvoir şi W.E.B. Du Bois, care credeau că diferenţele dintre indivizi şi grupuri erau inevitabile şi universale şi că singura speranţă pentru o mai deplină egalitate era ca toţi indivizii şi toate grupurile să-şi recunoască responsabilităţile pe care le au unii faţă de ceilalţi. Dar şi acest tip de abordare a avut totuşi minusurile ei, aşa cum a devenit evident atunci când deceniile care au urmat nu au reuşit să înregistreze niciun progres semnificativ în ceea ce priveşte egalitatea. Ca reacţie la lipsa de progres, în anii 1960 au fost iniţiate mişcări cu un caracter mai militant pentru drepturi civile, pentru drepturile femeii şi pentru drepturile persoanelor gay. A fost perioada când ajunsese la maturitate o nouă generaţie de activişti, mai puţin interesaţi de consens şi mai mult de rezultate.

Acesta a fost genul de dileme cu care s-au confruntat grupurile marginalizate imediat după încheierea războiului – să se integreze sau să se izoleze, să aibă încredere în consens sau să-şi urmeze propriul destin în mod unilateral, neţinând seama de consecinţe. Indiferent de calea aleasă, egalitatea – *adevărata* egalitate, în sens utopic – a fost, şi rămâne şi astăzi, imposibilă.

Dilemele acestea mai arată însă şi calea către una dintre cele mai importante caracteristici ale epocii : conflictul dintre dorinţa de coeziune şi unitate şi cea de fragmentare în grupuri diferite şi tot mai mici. Această dilemă, mai mult decât oricare alta, a fost singura care a definit epoca postbelică. O vom întâlni din nou în modul cum a luat fiinţă ONU, atât pentru a reprezenta un consens mondial, cât şi pentru a oferi un forum în care fiecare naţiune să lupte pentru propriile interese individuale. O vom vedea şi în interiorul naţiunilor, unde dorinţa de unitate naţională venea adeseori în conflict cu o mare diversitate de forţe autodistructive. Dar cel mai acut, poate, a fost modul în care s-a manifestat în cazul indivizilor. Aşa cum vom vedea în continuare, conflictul dintre voinţa de a aparţine grupului şi cea de a fi liber de orice constrângeri a fost una dintre cele mai importante dileme filosofice ale perioadei postbelice.

9

Libertate şi apartenenţă

Spre deosebire de mulţi dintre cei ale căror vieţi sunt descrise în această carte, Hans Bjerkholt nu mai era tânăr în 1945. Trecuse deja de cincizeci de ani şi era destul de inflexibil. Schimbările pe care i le-au adus războiul şi urmările lui au fost deci cu atât mai remarcabile cu cât pe parcursul următorilor cinci ani el avea să întoarcă spatele la tot ceea ce reprezentase odinioară crezul personal, pentru a se lansa într-o nouă căutare a unităţii mondiale[1].

Hans Bjerkholt s-a născut într-o zonă rurală din sud-estul Norvegiei, unde, după propriile relatări, a avut parte de o copilărie idilică. A crescut la o fermă şi şi-a petrecut timpul hrănind găinile, îngrijind de cai împreună cu tatăl său şi jucându-se de-a v-aţi ascunselea în hambar împreună cu numeroşii lui fraţi şi surori. În zilele lungi de vară, petrecea împreună cu aceştia ore în şir în pădure sau mergeau să înoate ori să pescuiască în lac, apoi reveneau în bucătărie, unde mama lor le dădea să mănânce pâine de casă, unt proaspăt, şuncă, ouă şi lapte abia muls.

Toate acestea au încetat brusc atunci când el a împlinit zece ani. Tatăl lui împrumutase o sumă mare de bani unor oameni de afaceri care, curând după aceea, s-au declarat faliţi, iar familia nu a avut încotro şi a trebuit să vândă ferma. În lacrimi, şi-au strâns lucrurile şi s-au mutat în oraşul din apropiere, la Sarpsborg, unde s-au înghesuit într-un apartament minuscul - două camere mici şi o bucătărie, pentru familia lor care număra doisprezece membri.

Fratele cel mai mare al lui Hans şi-a găsit o slujbă de şofer, sora lui a devenit chelneriţă, iar tatăl lor s-a dus să muncească într-o fabrică de hârtie - un loc tern, cu „muncitori osteniţi şi chipuri cenuşii". Treptat, au reuşit să se pună din nou pe picioare, dar într-o zi nenorocirea i-a lovit din nou : tatăl lui Hans a suferit un accident grav de muncă şi a fost silit să stea în spital vreme de un an şi jumătate. Proprietarii fabricii au refuzat să-şi asume responsabilitatea pentru accident, lăsând pe seama familiei achitarea cheltuielilor costisitoare de spitalizare. Încât adolescentul Hans a fost obligat să muncească - exact în fabrica unde tatăl lui fusese rănit.

Deposedat de drepturile sale ereditare şi ruinat financiar de proprietarii lipsiţi de scrupule ai fabricii, Hans nu putea să nu aibă sentimentul că viaţa i se ducea de râpă. Pe când era copil, la fermă se simţise liber şi plin de viaţă, „ca şi cum toată lumea era a mea". Acum însă, el şi familia lui deveniseră nişte simple rotiţe într-o maşinărie imensă căreia nu îi păsa de ei şi care îi văduvise de demnitatea lor umană. „În fabrică mă simţeam nefericit şi bolnav fizic, iar întregul sistem social mă făcea să clocotesc de furie."

Aşa a început activitatea lui ca militant, care va dura o viaţă. S-a înscris într-un sindicat şi a devenit unul dintre reprezentanţii lui cei mai importanţi. Mai târziu, a devenit unul dintre membrii fondatori ai Partidului Comunist Norvegian şi şi-a reprezentat ţara la conferinţele Cominternului de la Moscova. Alimentate de nedreptăţile pe care le suferiseră el şi familia lui, principiile lui călăuzitoare erau o necurmată „neîncredere faţă de administraţie" şi o ură faţă de sistemul capitalist care guverna nu doar în Norvegia, ci şi în marea majoritate a ţărilor lumii. Hans visa la vremea când comunismul va triumfa pretutindeni şi inechitatea de clasă va deveni de domeniul trecutului.

Bjerkholt nu şi-ar fi imaginat vreodată că va începe să-şi piardă credinţa în comunism, dar, când a izbucnit cel de-al Doilea Război Mondial, conflagraţia i-a oferit o nouă perspectivă asupra vieţii. În primul rând, unii dintre tovarăşii lui comunişti nu s-au comportat cum se cuvine la începutul războiului, când au susţinut colaborarea cu naziştii (pe motiv că, în momentul respectiv, sovieticii încă mai aveau un pact cu germanii). Ce a contat mai mult însă e că războiul l-a făcut să cunoască un nou spirit de cooperare, pe care nu-l mai întâlnise până atunci. Când germanii au invadat Norvegia, Hans a ajuns să colaboreze cu diverse alte grupări pentru îndeplinirea unui scop comun care avea o foarte slabă legătură cu lupta muncitorilor : norvegieni de toate culorile politice luptau împreună pentru libertatea lor. În 1942, a fost arestat şi trimis într-un lagăr de prizonieri, unde foarte curând a fost impresionat de atmosfera de solidaritate, mai ales de cea dintre comunişti şi social-democraţi. Pe durata celor treizeci şi şapte de luni de detenţie a ajuns să conştientizeze că nu doar în lagărul lui exista o asemenea solidaritate – ea se răspândise în întreaga societate norvegiană, ba chiar în lume, deoarece britanicii, francezii, americanii şi sovieticii conlucrau pentru înfrângerea nazismului.

Când războiul a luat sfârşit, Bjerkholt a sperat din tot sufletul că acest spirit de cooperare va continua. S-a angajat într-o serie de tratative cu socialiştii, în ideea de a crea un fel de front comun în numele oamenilor de rând. „Marea năzuinţă a vremurilor noastre este aceea a cooperării", a scris el ulterior, „cooperarea tuturor forţelor progresiste pentru atingerea unui ţel comun şi măreţ". Experienţa războiului îi arătase ce înseamnă să lucreze *cu* oameni şi nu *contra* lor şi îşi dorea cu ardoare să existe o modalitate prin care diferitele partide, clase sociale şi naţiuni ale lumii să se unească într-o „mare forţă unificatoare". Însă nu a durat mult până când vechile neînţelegeri de clasă au început să se manifeste din nou, iar tratativele dintre comunişti şi socialişti au eşuat. La scară mondială, relaţiile dintre Est şi Vest s-au deteriorat şi ele, „demonstrând, astfel, că speranţele noastre au fost simple iluzii".

Acela a fost momentul în care fiul lui i-a oferit de Crăciun o carte care avea să-i schimbe viaţa. Cartea era despre o nouă mişcare ideologică numită „Reînarmarea Morală" (MRA), iniţiată chiar înainte de război de un pastor protestant, dar care atrăgea acum adepţi de toate religiile şi din toate categoriile sociale. Mişcarea susţinea o abordare diferită a relaţiilor interumane, bazată pe patru principii morale absolute : onestitate absolută, puritate absolută, altruism absolut şi iubire absolută. Adepţii erau sfătuiţi să mediteze timp de o oră în fiecare dimineaţă, să asculte vocea lui Dumnezeu şi să acţioneze aşa cum le dicta conştiinţa. Era o idee simplă, care făcea apel la puternicul sentiment de responsabilitate morală al lui Bjerkholt.

Dornic să afle mai mult, Hans Bjerkholt a vizitat centrul de conferinţe al mişcării, situat la Caux, în Elveţia, unde a fost surprins de atmosfera paşnică şi de înţelegere care domnea acolo. Nu a putut să nu o compare cu numeroasele conferinţe ale Partidului

Hans Bjerkholt, convertit de la comunism la Reînarmarea Morală.

Comunist la care participase şi care erau mereu perturbate de conflicte interne şi de dezbinare. „La Caux am simţit o unitate formidabilă, bazată pe iubire şi înţelegere, suficient de puternice pentru a înlătura orice bariere de clasă, de principii sau de rasă. La Caux nu existau facţiuni ; până şi comuniştii şi socialiştii erau solidari." Acolo a întâlnit delegaţi din Italia, Franţa şi chiar din Germania recent învinsă şi cu toţii păreau să relaţioneze într-un spirit de respect reciproc şi de reconciliere. Un marxist francez chiar se ridicase şi le ceruse oficial scuze delegaţilor germani pentru ura pe care o manifestase anterior faţă de ei – un gest pe care Bjerkholt l-a găsit uluitor, dar şi foarte emoţionant.

Când a revenit în Norvegia, era alt om. A făcut imediat o declaraţie solemnă prin care a promis să fie devotat cauzei Reînarmării Morale şi să introducă principiile acesteia în mişcarea comunistă din Norvegia. „Am aderat la MRA din toată inima", a scris el mai târziu. „A trebuit să accept provocarea standardelor morale absolute şi să renunţ complet la propria mea înverşunare." Era, credea el, singurul mijloc prin care putea atinge libertatea „din chiar sinele său" şi putea contribui la punerea bazelor unei societăţi fără clase, o societate la care visase dintotdeauna. Dacă toţi oamenii s-ar putea înţelege între ei aşa cum văzuse el la Caux, atunci toate suferinţele omenirii ar putea fi rezolvate.

Când Partidul Comunist Norvegian a aflat despre convertirea lui, Bjerkholt a fost imediat ostracizat. Până la urmă, nu i-a rămas altă variantă decât să părăsească partidul, dar a subliniat că nu a regretat niciodată alegerea făcută. „Marxismul reprezintă un moment de răscruce", va afirma el mai târziu în faţa unei audienţe din Italia, „dar nu este răspunsul decisiv pentru noua eră ideologică. Noua cale a vremurilor noastre este filosofia Reînarmării Morale". Doar prin MRA, cu spiritul ei de înţelegere şi de „iubire absolută", omenirea va reuşi cândva să-şi atingă adevăratele ţeluri. „Nicio clasă şi niciun grup nu pot, singure şi fără ajutorul altor grupuri, să realizeze lumea nouă pe care ne-o dorim. Trebuie mai întâi să creăm omul nou înăuntrul nostru şi apoi să luptăm alături de toţi ceilalţi pentru a da naştere lumii noi."

Conform propriei lui relatări, viaţa lui Hans Bjerkholt a fost o poveste despre paradisul pierdut şi paradisul regăsit - sau, cel puţin, *aproape* regăsit. Bjerkholt nu a mai apucat să vadă lumea unită la care a visat şi nici societatea lipsită de clase sociale pentru care a luptat toată viaţa - deşi social-democraţia norvegiană este, probabil, versiunea cea mai apropiată de acest ideal pe care a reuşit-o vreodată o naţiune. Bjerkholt s-a alăturat MRA într-o vreme când mişcarea era o forţă în ascensiune la nivel mondial şi a contribuit la extinderea ei rapidă în anii 1950 şi 1960, dar în 1983, în anul morţii sale, influenţa ei începuse de mult să scadă. Astăzi, mişcarea se numeşte „Initiatives of Change" şi a devenit doar una dintre multele organizaţii non-guvernamentale. A continuat să promoveze aceleaşi virtuţi care l-au inspirat pe Hans Bjerkholt în anii de după război - toleranţa, altruismul şi acţiunile făcute în acord cu propria conştiinţă -, însă zelul misionar care a propulsat-o odinioară şi i-a conferit importanţă la nivel mondial este astăzi de domeniul trecutului[2].

Fiecare om are nevoie să creadă în ceva. Este una dintre tragediile lumii moderne faptul că societăţile, cu cât sunt mai bogate - şi cu cât mai liberi suntem să ne alegem propriul nostru mod de viaţă -, cu atât mai alienate tind să devină faţă de acele aspecte ale vieţii pe care le considerăm cele mai preţioase : conştiinţa de sine, sentimentul de comunitate, legătura cu natura, apropierea de divinitate. Încă din secolul al XIX-lea sociologii şi politologii au înregistrat moartea lentă a religiei dominante şi, în paralel, adâncirea umanităţii în atomizare, izolare şi banalitatea consumerismului. Ei susţin că obsesia noastră comună pentru crearea şi acumularea bogăţiilor ar fi putut salva de sărăcie o bună parte a lumii, dar, pe parcurs, a redus omenirea la ceea ce părintele sociologiei, Max Weber, a numit un mare „nimic" captiv într-o „cuşcă de fier" de materialism, lipsită fiind tocmai de acele valori care ne fac să fim oameni[3].

Cu toată violenţa şi sălbăticia lui, al Doilea Război Mondial a dat lumii un moment de măreţ răgaz din acest declin. Am scris cu o altă ocazie despre elementele distructive ale războiului, despre dezbinarea pe termen lung pe care a provocat-o între grupurile etnice, religioase şi politice şi despre cruzimea la care a dus şi care a continuat mult timp după 1945[4]. Însă la un nivel mai extins şi mai abstract, al Doilea Război Mondial a făcut ceea ce niciun alt eveniment al timpurilor moderne nu a mai reuşit să o facă într-un grad asemănător : a unit indivizi, comunităţi, naţiuni şi chiar grupuri întregi de naţiuni, pentru o cauză unică. Fără îndoială, războiul a aruncat zeci de milioane de oameni în derivă, dar sute de milioane au căpătat un nou sens al apartenenţei, care nu se asemăna cu nimic din ceea ce simţiseră vreodată înainte. Dacă Dumnezeu este societatea, aşa cum afirma Émile Durkheim într-o sintagmă celebră, atunci, cel puţin în acest sens, al Doilea Război Mondial a fost un eveniment divin[5].

Efortul colectiv depus în timpul războiului este fără egal în istoria modernă. Între anii 1937 şi 1945 au fost mobilizaţi mai bine de 100 de milioane de bărbaţi şi femei. Circa 70 de milioane dintre aceştia au luptat de partea Aliaţilor – ceea ce înseamnă mai mult decât toate forţele militare ale tuturor părţilor implicate în Primul Război Mondial *luate împreună*[6]. Însă aici nu sunt incluse şi zecile de milioane de oameni care au acţionat pe frontul de acasă, muncind în fabrici şi ferme agricole, sau zecile de milioane de civili care şi-au sacrificat timpul, economiile şi vieţile pentru a susţine efortul de război. Indiferent dacă a fost sau nu implicat direct în război, aproape fiecare om de pe planetă a fost, într-o anumită măsură, implicat emoţional: cei mai mulţi şi-au dorit ca victoria să fie de partea lor; toţi şi-au dorit ca războiul să se termine.

Această unitate de scop a dat sens vieţilor oamenilor fără să mai ţină seama de toate diferenţierile tradiţionale în funcţie de rasă, naţionalitate, politică, religie, clasă şi venituri. Americanii au cooperat cu aparatcicii comunişti, sindicatele cu patronii, creştinii cu evreii, hinduşii cu musulmanii, negrii cu albii, săracii cu bogaţii. În armată, oameni de toate categoriile şi clasele sociale au luptat laolaltă, au sărbătorit împreună victoriile, au murit împreună şi au plâns împreună. Chiar şi printre cei care nu au luptat a existat un sentiment mai puternic al egalităţii şi al sacrificiului comun creat de raţionalizări şi de lipsurile generale. Ceea ce nu vrea să spună că neînţelegerile dintre grupurile rivale au dispărut – nici pe departe, tensiunile dintre grupuri au dispărut doar la suprafaţă şi chiar au erupt din când în când –, ci că, datorită faptului că aproape toată lumea a investit atât de multă energie şi sentimente în acest război, în general oamenii au fost capabili să se ridice deasupra neînţelegerilor dintre ei. Dintre toate conflictele la nivel personal şi local care s-au iscat şi s-au răspândit în vremurile acelea, cel puţin la nivel global, războiul a rămas mereu un element fix, o stea polară după care se putea călăuzi oricine.

La fel ca toate ideile universale, şi ideea războiului a fost, inevitabil, plină de paradoxuri. A implicat o dezbinare violentă a oamenilor şi, cu toate acestea, războiul a fost dus în numele păcii şi al unităţii. A presupus muncă forţată, mobilizare în armată, raţionalizare, restricţii de călătorie şi o reglementare sporită în aproape toate domeniile vieţii –, însă mai toată lumea a considerat că luptă pentru libertate, indiferent de care parte lupta. Războiul a adus schimbări revoluţionare şi, cu toate acestea, s-a adresat dorinţei omenirii pentru un viitor nou şi o stabilitate nouă. Indiferent cât de brutală a fost realitatea războiului, ca idee abstractă el a promis tot felul de paradisuri pentru tot felul de oameni: câtă vreme războiul avea să continue, lumea întreagă putea să creadă în idealurile lui, oricât de paradoxale păreau.

Însă toate acestea au luat sfârşit în vara anului 1945. Europa şi Asia au fost eliberate. Prizonierii au fost eliberaţi din lagărele de concentrare. Soldaţii au fost demobilizaţi, iar muncitorii din fabrici şi muncitorii agricoli supuşi la muncă forţată au fost lăsaţi să plece acasă. Pe măsură ce restricţiile privind libertatea de exprimare s-au atenuat pretutindeni, chiar şi în ţări precum Uniunea Sovietică, oamenii au început să se întrebe ce vor face în continuare. Pentru ce ar fi trebuit să mai lupte acum, când luptele se încheiaseră? Ar trebui oare să încerce să reconstruiască ceea ce pierduseră sau ar trebui să înalţe ceva nou? Ar trebui să solicite mai multe modificări în comunităţile lor sau, dimpotrivă, să încerce să recapete un anumit sentiment al stabilităţii? Ar trebui să se îngrijească de ei înşişi sau de comunităţile lor, de naţiunile lor, de clasă, de rasă sau de altceva, de un bine şi mai mare – de omenirea întreagă, poate? În lipsa războiului, ce sens mai avea viaţa? Ce însemna, de fapt, „libertatea"?

Astăzi, când privim înapoi la Ziua Victoriei în Europa şi la Ziua Victoriei împotriva Japoniei, ne amintim doar de bucuria victoriei şi de sentimentul de uşurare pe care l-a avut toată lumea la sfârşitul ostilităţilor –, dar, de fapt, dincolo de toate ceremoniile, exista o trăire mai profundă a ceva cu totul diferit. Desigur, cei mai mulţi au înţeles că sfârşitul războiului adusese un nou tip de incertitudine a vieţii, dar sentimentele lor treceau adesea dincolo de o simplă incertitudine. Citind jurnalele, scrisorile şi mărturiile de la sfârşitul războiului, e uşor de remarcat cât de des îşi puneau oamenii aceeaşi întrebare : „De ce nu sunt cu adevărat fericit ? ”[7]. Pentru cei care îşi pierduseră familiile şi prietenii răspunsul era evident ; dar pentru ceilalţi, golul pe care îl resimţeau era mult mai greu de definit. Aceştia din urmă se plângeau că nu mai au „niciun reper în viaţă” sau că „sfârşitul războiului le-a răpit scopul” vieţii[8]. „Când s-a sfârşit războiul, am fost surprins că nu sunt în culmea fericirii”, îşi va aminti, peste ani, un ofiţer britanic de informaţii. „M-am simţit doar uşor pierdut... Ceea ce ştiai de o groază de vreme dispăruse şi părea că nu există nimic care să-i ia locul... Totul era pierdut.”[9]

Războiul le ocupase oamenilor vieţile un timp atât de îndelungat, încât mulţi au început să-i simtă lipsa. În comparaţie cu drama anilor de război, viaţa postbelică părea banală, iar greutăţile ei neîntrerupte păreau să nu mai aibă vreun scop. Nostalgia războiului – care şi astăzi e ceva obişnuit, mai ales în cazul naţiunilor victorioase – s-a născut din acest sentiment de gol interior. Privind înapoi spre vremea războiului, oamenii au început să-l vadă ca pe o epocă a eroismului când, în ciuda violenţelor, toată lumea ştia măcar ce e bine şi ce e rău. Autorul sovietic Emmanuil Kazakevici relatează o scenă la care a fost martor în 1950, petrecută în barul din localitatea sa, cu ocazia celei de-a cincea aniversări a Zilei Victoriei în Europa. „Doi invalizi şi un instalator... beau bere şi deapănă amintiri din război. Unul dintre ei zice, cu lacrimi în ochi : Să mai înceapă azi un nou război, zău dacă nu m-aş duce...”[10]

Libertate

Deloc surprinzător, crezul filosofic care a surprins cel mai bine spiritul perioadei imediat următoare războiului a fost existenţialismul. Pentru filosoful francez Jean-Paul Sartre, instalarea atmosferei ambivalente generate de sfârşitul războiului a fost ceva firesc, deşi el nu ar fi fost niciodată de acord cu nostalgia pe care războiul a provocat-o. Sartre fusese martor la eliberarea Parisului în august 1944, când concetăţenii săi au ieşit în stradă, unii înarmaţi cu revolvere, alţii neînarmaţi, „îmbătaţi de sentimentul libertăţii şi de uşurinţa mişcărilor lor”. Conform descrierii pe care a făcut-o momentului eliberării un an mai târziu, violenţele avuseseră loc într-o atmosferă spontană de sărbătoare, ca şi cum ar fi fost o „repetiţie pentru apocalipsă”. A fost o „explozie de libertate”, spunea Sartre, în care oamenii de rând au sărbătorit nu doar „libertatea lor şi a fiecărui francez”, ci şi „forţa fiinţelor omeneşti” în general : „Întregul Paris a simţit în săptămâna aceea din august că omul mai avea o şansă, că el încă ar mai putea ieşi învingător în competiţia lui cu maşinile”. Şi totuşi, această atmosferă festivă a fost însoţită de o copleşitoare senzaţie de frică. Alte oraşe fuseseră rase din temelii pentru o astfel de îndrăzneală, aşa cum a fost cazul Varşoviei, în Polonia. Când au ales să participe la eliberarea lor, parizienii nu îmbrăţişaseră doar propria libertate, ci şi posibilele consecinţe care veneau odată cu ea[11].

Privind retrospectiv spre aceste evenimente, Sartre a fost surprins de universalitatea năzuinţei pentru libertate la care fusese martor, dar şi a fricii insuportabile care o însoţea. În vara anului 1945, când în cea mai mare parte a lumii războiul era, în sfârşit, încheiat, parizienii încă „umblau în hainele lor bune de duminică", dar tot mai erau extrem de temători faţă de ceea ce le-ar putea rezerva viitorul. Este semnificativ faptul, scria Sartre, că „aniversarea revoltei pariziene ar trebui să cadă atât de aproape de data când prima bombă atomică şi-a făcut simţită prezenţa". Exact la fel cum, în 1944, locuitorii Parisului au fost puşi să aleagă dacă să participe la eliberarea lor sau să o lase pe seama altora, acum omenirea întreagă avea de făcut o alegere şi mai importantă, cea între libertatea deplină (cu toată impresionanta responsabilitate pe care o implica) şi supunerea faţă de noua barbarie nucleară. Confruntaţi cu o asemenea alegere, era absolut normal ca oamenii să aibă doar de suferit.

În contextul celui de-al Doilea Război Mondial şi al perioadei imediat următoare, pretutindeni oamenii au fost obligaţi să privească noţiunea de libertate cu un nou sentiment al urgenţei. În timpul războiului, cuvântul „libertate" fusese folosit pentru a desemna cele mai diverse lucruri, de la anumite drepturi ale omului, cum sunt „libertatea de exprimare" şi „libertatea religioasă", până la eliberarea omenirii de diverse forţe opresive – nazismul, stalinismul, imperialismul, sărăcia etc. Dar pentru Sartre, adevărata libertate era ceva mult mai profund – o condiţie fundamental umană la care suntem „condamnaţi" cu toţii, fie că ne place sau nu. Conform filosofiei sale, de vreme ce toate fiinţele umane se nasc fără vreo noţiune preconcepută despre ce înseamnă să fii „om", suntem cu toţii liberi să facem din viaţa noastră orice dorim : „Omul mai întâi există, ia cunoştinţă de el, survine în lume – şi abia după aceea se defineşte"[12]. Chiar şi cei născuţi în societăţi represive au mereu de ales – să se supună sau să reziste, să-şi spună părerea sau să tacă, să trăiască sau să moară. Dar în această libertate se află şi conştientizarea faptului că suntem cu toţii în mod fundamental singuri şi că, de aceea, suntem întru totul responsabili pentru fiecare faptă a noastră, împreună cu toate consecinţele ei. Nu există nicio îndrumare de la Dumnezeu, nu există niciun şablon pentru acţiunile umane – tot ce putem face este să ne inventăm pe parcurs. Într-unul dintre eseurile sale din vremea războiului, Sartre a folosit metafora unui luptător al Rezistenţei, care stă „singur şi gol" în scaunul de tortură, încercând să decidă dacă va deconspira ori nu numele camarazilor săi. În astfel de împrejurări – ca în mai toată viaţa –, libertatea de a alege cum vom acţiona nu este un dar, ci o povară îngrozitoare[13].

În esenţă, nu a fost nimic complet nou în concepţia lui Sartre despre libertate : filosofi ca Søren Kierkegaard şi Friedrich Nietzsche au explorat şi ei idei similare în secolul al XIX-lea, aşa cum a făcut-o şi Martin Heidegger în anii 1920. Dar contextul de la sfârşitul războiului a adus semnificaţii noi unor astfel de idei, pe măsură ce oamenii de pretutindeni, confruntaţi în cele din urmă direct cu propria lor libertate, au fost siliţi să analizeze modul cum acţionaseră în timpul războiului şi cum aveau să întâmpine noile perspective uriaşe ale lumii postbelice. Imensa popularitate internaţională de care s-a bucurat tipul de existenţialism al lui Sartre după 1945 poate fi atribuită, măcar în parte, noului sentiment de anxietate pe care oamenii îl resimţeau pretutindeni în lume în perioada de după război[14].

Şi totuşi Sartre nu a fost nicidecum singurul intelectual care a trecut prin război reflectând la suferinţa cauzată de libertate : alţi gânditori au formulat şi ei aproximativ aceleaşi idei, însă din perspective complet diferite. Unul dintre cei mai importanţi a fost

Erich Fromm, un psiholog social german, evreu de origine, care a părăsit Germania la scurtă vreme după ce Hitler a ajuns la putere. În 1942, el şi-a publicat prima lucrare în limba engleză, o carte dedicată integral problemei libertăţii şi sentimentului îngrozitor de teamă care o însoţeşte aproape întotdeauna. *The Fear of Freedom* a fost gândită ca o critică a condiţiilor care au dat naştere ascensiunii nazismului, dar lucrarea trata şi problemele aflate în centrul democraţiilor capitaliste precum Marea Britanie şi Statele Unite ale Americii, unde cei care se considerau „liberi" cedau adeseori altor forme de tiranie fără ca măcar să-şi dea seama.

Pentru Fromm, „frica de libertate" nu se naşte din cauze existenţiale, ci din unele pur psihanalitice. Toate fiinţele umane îşi încep viaţa într-o stare de uniune şi armonie, în pântecele mamei. Toate fiinţele umane sunt silite să se îndrepte spre o mai mare separare după ce se nasc, sunt înţărcate şi trec apoi, treptat, prin copilărie şi adolescenţă, până ce ajung să conştientizeze într-un mod brutal faptul că armonia, coeziunea şi siguranţa pe care le-au cunoscut cândva au dispărut pentru totdeauna. În esenţă, călătoria traumatizantă a lui Hans Bjerkholt din paradisul reprezentat de bucătăria mamei, de la fermă, în lumea impersonală de la fabrică, din timpul maturităţii, reprezintă povestea noastră, a tuturor. Cu toţii trebuie să ne lăsăm copilăria în urmă, iar ca adulţi suntem cu toţii în mod fundamental singuri. Libertatea noastră, conform opiniei lui Fromm, nu doar că ne face să ne simţim insuportabil de vulnerabili, ci ne şi pune în faţa realităţii propriei noastre lipse de importanţă în comparaţie cu imensitatea universului. Faţă de tot ceea ce nu înseamnă „noi", spune Fromm, suntem doar nişte simple fire de praf, iar vieţile noastre sunt fără noimă[15].

La fel ca Sartre, şi Fromm credea că putem reacţiona la terifianta conştientizare a libertăţii noastre într-unul din două moduri : fie îi facem faţă şi ne acceptăm libertatea, împreună cu toată angoasa şi responsabilitatea pe care le atrage după sine, fie ne retragem cu frică din faţa ei şi o cedăm unei alte puteri „superioare" – Dumnezeu, soarta, societatea, ordinele venite de la superiorii ierarhici, naţiunea, clasa sau familia. Din nefericire, din cele două scenarii, cel de-al doilea este mult mai obişnuit : aşa cum spunea Fromm, „nimic nu este mai anevoios pentru omul de rând decât să suporte sentimentul de a nu se identifica cu un grup mai mare"[16]. Cei mai mulţi dintre noi se vor agăţa, aşadar, de orice ideologie care ne oferă un sentiment de apartenenţă, fie că ea presupune o religie, o aderare obedientă la normele societăţii sau cel mai profund devotament faţă de un regim totalitar – pentru că orice este mai uşor de suportat decât responsabilitatea şi angoasa libertăţii.

În analiza pe care o face societăţii naziste, Fromm descrie pornirea disperată a germanilor de a se adânci într-o iluzie colectivă a puterii şi eternităţii. Fromm susţinea că nazismul este pur şi simplu o formă extremă de nostalgie existentă în fiecare dintre noi. În adâncul nostru, al tuturor, se află memoria remanentă a propriei copilării, când eram capabili să credem, ca Hans Bjerkholt, că „lumea întreagă e a mea". Într-un grad sau altul, cu toţii avem dorinţa de a-i domina pe alţii sau de a fi dominaţi de ei, astfel încât să fim una cu ei, exact aşa cum am fost odată cu mamele noastre. Celor îngroziţi de confruntarea cu imensitatea propriei singurătăţi, chiar şi sclavia în masă sau sadismul în masă le pot părea necesare, poate chiar frumoase.

Fromm a avertizat totuşi că supunerea faţă de autoritarism nu a fost singurul mod prin care omenirea a fugit de deşertăciunea condiţiei umane. Doar pentru că Aliaţii au pretins că luptă în numele „libertăţii" nu înseamnă că bărbaţii şi femeile din Statele Unite sau din Marea Britanie erau mai „liberi" decât cei din Germania. Conformarea oarbă la aşteptările camarazilor noştri, ale angajatorilor sau ale naţiunilor noastre a fost, fără doar şi poate, la fel de periculoasă ca şi supunerea faţă de o ideologie totalitaristă –, dacă nu chiar şi mai periculoasă pentru că, spre deosebire de nazism, aceste pericole au fost deplin internalizate. „Suntem fascinaţi de sporirea libertăţii faţă de puterile *dinafara* noastră", avertiza Fromm, „şi nu ne mai dăm seama de temerile, compulsiile şi constrângerile noastre *interioare*, care tind să submineze semnificaţia victoriilor pe care libertatea le-a câştigat împotriva duşmanilor ei tradiţionali". Războiul împotriva lui Hitler a fost, aşadar, doar un aspect al unei bătălii cu mult mai mari pentru eliberarea sufletului din multe alte lanţuri în care ne-am legat singuri[17].

Până la urmă, în pofida numeroaselor diferenţe dintre filosofiile lor, atât Sartre, cât şi Fromm credeau că ideea de libertate are o „dublă semnificaţie pentru omul modern"[18]. Libertatea ne-a ademenit şi totodată ne-a îndepărtat de ea : pe de o parte, ne oferea promisiunea infinită a autoinventării şi realizării de sine ; pe de altă parte însă, ne-a condamnat la o viaţă de responsabilitate totală şi de singurătate totală. Ambii filosofi credeau că singura cale adevărată pentru omenire este să se întoarcă spre minunata povară a libertăţii şi să o accepte, cu toată angoasa pe care aceasta o implică. Alternativa ar fi să se îndepărteze de ceea ce Sartre numea „reaua credinţă" şi să se supună unor reguli, ideologii şi tiranii noi, despre care Fromm credea că nu vor face altceva decât să ne întemniţeze din nou pe toţi.

Într-o lume care chiar în acel moment era pe cale nu doar să se reinventeze, ci şi să se confrunte cu recent descoperita ei libertate, acest mesaj a reprezentat un avertisment puternic. Sfârşitul războiului a oferit omenirii ocazia inegalabilă de a-şi dobândi libertatea deplină şi la o scară globală ; însă atât Fromm, cât şi Sartre au înţeles că pentru a profita de această ocazie este nevoie de un act de credinţă cum nu i se mai ceruse niciodată omenirii, nici chiar în timpul primejdiilor războiului. Dacă ne-am ridicat la nivelul acestei provocări sau am dat înapoi din faţa ei avea să decidă însuşi caracterul lumii care se ridica în acel moment din cenuşa celui de-al Doilea Război Mondial[19].

Explozia capitalului social

Hans Bjerkholt nu a fost singurul ale cărui convingeri au fost profund zguduite de război şi de urmările acestuia sau care, în anii care au urmat, şi-a găsit consolarea într-un nou sistem de credinţe. Perioada postbelică a cunoscut mii şi mii de alţi asemenea convertiţi la Reînarmarea Morală, oameni care, la fel ca Bjerkholt, au văzut în mişcare şansa ca „lumea aceasta, lumea aceasta mare, să devină o familie", şansa unei „lumi noi, bazate pe oameni noi", şansa de a „pune capăt dezbinărilor dintre clase şi naţiuni" şi, mai presus de toate, ocazia de a se salva şi a nu mai fi „cu mâinile goale şi inima pustie"[20]. În momentul ei de maximă activitate, MRA avea birouri pe trei continente şi peste o mie de voluntari cu normă întreagă – era, cu adevărat, o mişcare mondială[21].

Dar Reînarmarea Morală nu a fost singura mişcare care oferea ocazia unei astfel de salvări. Pretutindeni în lume sfârşitul războiului a fost martorul exploziei a tot felul de ideologii – unele vechi, altele noi – care încercau să continue spiritul ţelului comun născut în timpul războiului. La nivel mondial, a renăscut interesul pentru mişcările politice globale, de genul federalismului, comunismului sau social-democraţiei, fiecare dintre ele crezându-se forţa care ar putea nu doar să unească pentru totdeauna omenirea, ci şi să-i vindece rănile spirituale şi de ordin politic. La nivel regional, au existat şi alte panacee, dintre care unele au apărut gata definite în urma războiului, iar altele s-au dezvoltat cu timpul, aşa cum a fost cazul dorinţei pentru o „uniune tot mai strânsă" în Europa, al „spiritului de la Bandung" în Asia şi Africa sau al viziunii idealizate a „modului de viaţă american". Naţiunile au avut şi ele propriile idealuri de „înfrăţire şi unitate" (Iugoslavia), „unitate în diversitate" (Indonezia), „unitate spirituală" (Argentina) şi tot felul de alte asemenea „unităţi", de la „ideologia prieteniei" a lui Stalin la apelul făcut în 1945 de Jan Smuts, în Africa de Sud, pentru „mobilizarea totală a spiritului uman"[22]. Toate aceste mişcări postbelice au fost parţial dirijate de sus în jos, uneori cu destul cinism, de către politicieni al căror unic scop real era să-şi crească propria influenţă. Dar au fost extrem de susţinute şi de jos în sus, de milioane şi milioane de oameni de rând al căror prim instinct a fost să se bazeze pe sentimentul misiunii pe care îl trăiseră pentru prima dată în timpul războiului.

O consecinţă directă a acestui impuls postbelic de a crede în ceva superior sinelui a fost reînvierea după 1945 a credinţelor religioase, mai ales în Europa, unde toate modelele sociologice tradiţionale preziseseră că marşul „modernităţii" nu va aduce nimic altceva decât declinul. Este bine cunoscut faptul că statisticile privind religia sunt dificil de stabilit, dar toţi indicatorii arată că în Europa creştinismul a înregistrat un oarecare reviriment, cel puţin până la mijlocul anilor 1950[23]. În Germania, de exemplu, Biserica Catolică a ieşit din război ca o „învingătoare printre ruine" : bisericile de pretutindeni au înregistrat un aflux uriaş de noi enoriaşi şi curând erau pline de oameni dornici de o anumită stabilitate[24]. În Polonia, numărul celor admişi în seminarele teologice s-a triplat între 1945 şi 1951, iar în Italia numărul preoţilor din majoritatea ordinelor religioase a crescut şi el foarte mult[25]. În anul jubiliar 1950 au venit la Roma de cinci ori mai mulţi pelerini decât au făcut-o în anul jubiliar anterior, 1925[26]. Între timp, după război, în Marea Britanie revenirea modestă la credinţa protestantă a fost însoţită de o creştere mult mai dramatică a catolicismului : conform statisticilor întocmite de Latin Mass Society of England and Wales, numărul căsătoriilor, botezurilor şi convertirilor la religia catolică a crescut cu circa 60% în cei aproximativ zece ani care au urmat războiului şi a scăzut din nou abia în anii 1960 şi 1970[27].

O altă consecinţă imediată a dorinţei de a crede şi de a aparţine unui grup o poate reprezenta creşterea bruscă şi masivă a partidelor comuniste din toată lumea. Cam în acelaşi timp în care Hans Bjerkholt se îndepărta de comunism, milioane de alţi oameni îl descopereau pentru prima oară. Din nou, unele dintre cele mai dramatice creşteri au avut loc tot în Europa. În intervalul a trei ani de la sfârşitul războiului, peste 900.000 de francezi s-au înscris în partidul comunist, la fel şi peste un milion de români, 1,4 milioane de cehoslovaci şi 2,25 milioane de italieni. În Ungaria postbelică, numărul membrilor partidului comunist a crescut de la doar 3.000 la 500.000 într-un singur an (1945). Această creştere masivă a susţinerii pentru comunism s-a reflectat şi în China, unde, după opinia unui observator occidental, ascensiunea postbelică a comunismului a reuşit până la urmă să „unească naţiunea într-un tot" ; în America Latină, unde apartenenţa la partidul comunist a crescut de cinci ori şi chiar mai mult între anii 1939 şi 1947 ; şi chiar şi în Uniunea Sovietică, unde partidul comunist a crescut cu aproape 50% între 1941 şi 1945, în pofida tuturor pierderilor uriaşe din război[28]. Marea majoritate a acestor noi comunişti erau oameni care voiau să participe la ceea ce ei credeau a fi un val al istoriei care împingea inevitabil lumea spre o mai mare echitate şi egalitate pentru toţi. Exista ceva mistic, poate chiar mesianic, în această expansiune rapidă. Aşa cum comenta filosoful franco-lituanian Emmanuel Levinas, în 1957 „creşterea neîntreruptă a partidului comunist, felul în care el a cucerit lumea, mult mai rapid decât s-a răspândit creştinismul sau islamul, amploarea universală, credinţa, eroismul şi puritatea tinereţii lui... ne-au obişnuit să auzim în această mişcare înşişi paşii Destinului"[29].

După război, nu doar cei care căutau o schimbare radicală au avut parte de o susţinere sporită : angajamentele politice de *toate* felurile s-au înmulţit pretutindeni, indiferent cât de radicale sau de conservatoare erau partidele. În estul Europei, de exemplu, cei care s-au bucurat de cel mai mare val de sprijin politic nu au fost comuniştii, ci acele partide care au făcut apel la ataşamentul emoţional atemporal al poporului faţă de pământ, aşa cum a fost cazul Partidului Micilor Proprietari Independenţi din Ungaria sau al Partidului Naţional-Ţărănesc din România, ambele aflate un timp la putere înainte de a fi înlăturate şi reprimate de comunişti. Însă în Europa Occidentală valul de sprijin pentru comunism şi socialism a avut un corespondent în sprijinul pentru creştin-democraţie, o mişcare politică destul de conservatoare, care, în următorii treizeci de ani, a ajuns să domine peisajul politic de pe aproape întreg continentul. În America Latină, mişcările populiste de masă, care în 1945 caracterizau viaţa politică de acolo, au lăsat locul, după numai câţiva ani, unei profund resimţite reacţii conservatoare violente. De asemenea, este edificator faptul că una dintre organizaţiile politice cu cea mai rapidă creştere din Africa de Nord şi Orientul Mijlociu a fost Frăţia Musulmană - o mişcare ce a susţinut atât revoluţia, cât şi promovarea valorilor musulmane conservatoare.

O altă cale prin care oamenii au căutat un sentiment al misiunii şi al apartenenţei a fost înscrierea în organizaţiile de la locul de muncă, mai ales în sindicate. În toată lumea, aceste organizaţii s-au dezvoltat puternic după război. În America Latină, numărul membrilor de sindicat a crescut vertiginos în această perioadă : exemplele tipice au fost Brazilia şi Columbia, unde apartenenţa la sindicate a crescut de peste două ori între 1940 şi 1947, dar şi Argentina, unde aproape că s-a cvadruplat în doar patru ani (de la 532.000 de membri în 1945 la aproape 2 milioane în 1949)[30]. În Africa au apărut peste tot sindicate noi, iar fluxul de noi membri s-a transformat curând într-un torent şi apoi într-o viitură. Numai în Ghana, de exemplu, numărul sindicatelor a crescut de la 14 la 41 între 1946 şi 1949, în timp ce numărul membrilor cotizanţi a crescut de şase ori[31]. Şi alte ţări africane au fost martorele unor creşteri similare ale numărului de sindicalişti şi chiar ale activismului sindical : la finele anilor 1940 au avut loc numeroase greve în Africa de Sud, Rhodesia de Sud, Kenya, Tanganyika, Camerun, Nigeria şi în toată Africa Occidentală Franceză. Creşterea a fost valabilă şi în Asia, Europa şi Orientul Mijlociu, pe măsură ce muncitorii de pretutindeni s-au adunat în grupuri, s-au organizat în federaţii şi, în final, s-au alăturat mişcărilor mai mari, naţionale şi internaţionale. Desigur, adeseori a fost o reacţie logică atât din punct de vedere politic, cât şi economic, însă, în paralel, mişcarea sindicală le-a oferit muncitorilor simpli de pretutindeni un nou sentiment al misiunii, al comunităţii şi al apartenenţei.

Lista organizaţiilor înfiinţate după război ar putea continua la nesfârşit - de la grupări sociale şi culturale la reţele de întreprinderi şi organizaţii caritabile. Nu s-a făcut niciodată o analiză diacronică la nivel mondial despre ceea ce a ajuns să fie cunoscut drept

„capital social", însă dovezile empirice sugerează că aceleaşi tipare generale se pot regăsi în cele mai multe regiuni ale lumii : implicarea colectivă în diverse grupuri sociale pare să fi crescut semnificativ în timpul războiului şi imediat după încheierea lui.

Datele din SUA, acolo unde s-a *efectuat* o astfel de analiză cuprinzătoare, par să confirme acest fapt. În anul 2000, sociologul american Robert D. Putnam a publicat un studiu revoluţionar asupra tuturor tipurilor de implicare a comunităţii pe parcursul secolului, de la implicarea în grupuri politice la socializarea informală din timpul dineurilor şi al jocurilor de poker. Conform celor constatate de el, media creştinilor practicanţi din Statele Unite a crescut în cei zece ani de după război de la circa 37% la aproximativ 47% din populaţia adultă. Apartenenţa sindicală a atins un punct maxim imediat după război şi nu a scăzut foarte mult în următorii treizeci de ani, iar apartenenţa la organizaţiile profesionale, cum au fost Asociaţia Barourilor Americane sau Institutul American al Arhitecţilor, a urmat aceeaşi tendinţă. După război, organizaţii comunitare precum cluburile Rotary, Boy Scouts (Cercetaşii) şi Girl Guides (Cercetaşele) sau asociaţiile de părinţi din şcoli au înregistrat o creştere bruscă a numărului de membri între 60% şi 190%. În anii 1940 şi 1950 s-au înscris în cluburi de bowling şi au jucat împreună cărţi mai mulţi americani decât în oricare alt moment din istorie. Chiar şi activităţile caritabile au crescut cu 35-40% imediat după război, iar acest nivel nu a mai scăzut decât după 1965. Potrivit lui Putnam, „practic, în fiecare caz se poate constata aceeaşi tendinţă postbelică de creştere accelerată a numărului de membri între anii 1940 şi 1960". Pe scurt, „cele două decenii care au urmat anului 1945 au fost martorele uneia dintre cele mai importante perioade de implicare a comunităţii din istoria Americii"[32].

Trebuie subliniat faptul că niciuna dintre aceste tendinţe nu poate fi atribuită exclusiv influenţei spirituale a războiului. De exemplu, o parte a creşterii numărului de membri din anumite grupuri civice americane a fost rezultatul creşterii nivelului de educaţie şi de prosperitate din SUA în perioada anilor 1940 şi 1950. La fel, amploarea catolicismului în Marea Britanie după război s-a datorat, parţial, imigraţiei, iar creşterea numărului membrilor de sindicat în America Latină s-a datorat, în parte, industrializării în creştere şi urbanizării. Însă multe dintre aceste cauze secundare au fost, ele însele, efecte ale celui de-al Doilea Război Mondial : cu alte cuvinte, toate acestea ne spun că efectele spirituale şi cele materiale ale războiului au funcţionat în tandem. Până când va exista un studiu exhaustiv la nivel mondial despre capitalul social de după război, este relativ sigur să presupunem că sporirea implicării comunităţii, care pare să fi avut loc concomitent în cele mai multe părţi ale lumii, a fost în mare măsură pusă pe seama a ceea ce a ajuns să fie cunoscut drept „spiritul războiului". Cu alte cuvinte, era mai probabil ca aceia care au trăit împreună triumfurile şi sacrificiile din anii de război să preţuiască faptul că fac parte din ceva mai măreţ decât ei înşişi.

Potrivit lui Robert Putnam, această creştere a implicării comunităţii a luat sfârşit în Statele Unite ale Americii începând cu anii 1970, aproximativ în acelaşi moment în care MRA a intrat în regres. De atunci, scăderea numărului de membri ai tuturor grupurilor civice a fost dramatică şi, în unele cazuri, catastrofală. Motivele sunt numeroase, inclusiv utilizarea tot mai intensă a televizorului şi a calculatoarelor personale, presiunea crescândă asupra timpului individual şi izolarea tot mai accentuată provocată de extinderea urbană. Dar cel mai important factor a fost „schimbarea de generaţii". Cu alte cuvinte, pe măsură ce bărbaţii şi femeile care au trăit experienţa războiului au îmbătrânit şi au decedat, şi angajamentul american faţă de viaţa socială din întreaga ţară s-a diminuat corespunzător[33].

Privind înapoi către sfârşitul anilor 1940 şi 1950, este uşor să cădem victimele aceluiaşi sentiment de nostalgie care ne cuprinde uneori atunci când ne gândim la perioada războiului. Poate că invidiem sentimentul mai profund al comunităţii pe care îl aveau oamenii care au trăit în perioada respectivă, dar, în acelaşi timp, uităm că mai întotdeauna a existat un preţ. Anii 1950 au reprezentat o perioadă nu doar a apartenenţei, ci şi a fricii, când oameni de toate categoriile şi de toate naţionalităţile căutau în jurul lor pe cineva pe care să-l învinovăţească pentru insecuritatea lor şi au găsit un milion de motive îngrozitoare pentru a scăpa tocmai de acel ceva pentru care au luptat în anii de război – de libertate.

Iată ceea ce face ca povestea lui Hans Bjerkholt să fie atât de surprinzător de ambiguă. Pe de o parte, el îşi dorea să accepte responsabilităţile libertăţii : a recunoscut fără echivoc adevărul dureros că nimeni nu poate visa la a transforma lumea fără ca mai întâi să aibă dorinţa de a se ridica la înălţimea propriilor principii. Aşa cum observa Jean-Paul Sartre, „nimic nu poate fi mai bine pentru noi, dacă nu este mai bine pentru toţi". Cu toate acestea, limbajul pe care l-a folosit Bjerkholt nu a fost deloc un limbaj al libertăţii, ci unul al înrobirii : „să renunţ cu totul la propria voinţă"[34]. Bjerkholt nu dorea doar să-şi accepte individualitatea, ci şi să se identifice cu MRA şi, prin ea, cu omenirea ca întreg. Cu alte cuvinte, ceea ce voia cu adevărat era atât libertatea, cât *şi* apartenenţa, o sinteză perfectă a propriului său destin individual şi a nevoii de comunitate a umanităţii. „Aceasta va fi cea mai mare şi mai radicală revoluţie din întreaga istorie a omenirii", scria el cu speranţă la începutul anilor 1950. „Va da fiecărui om genul de lume la care năzuieşte."[35] O astfel de idee este însăşi definiţia utopiei.

Tocmai din acest motiv mulţi oameni au respins MRA ca fiind un cult milenarist. Ziariştii din acea perioadă au pus fel de fel de întrebări privind finanţarea mişcării, motivaţia sa şi tendinţa către „suprasimplificarea unor probleme infinit mai complexe"[36]. Clericii creştini conformişti au condamnat „aplombul megaloman" şi „fanatismul" mişcării, care mai degrabă au subminat decât au promovat responsabilitatea morală individuală[37]. Sociologii au susţinut că accentul pus pe o comuniune cu Dumnezeu mai degrabă *personală* decât împărtăşită reflecta însăşi divizarea societăţii pe care MRA susţinea că încearcă să o vindece[38]. La fel, psihologii au interpretat-o ca fiind un cult[39]. În replică, adepţii MRA au fost de neclintit în crezul lor. În urma celui mai mare război din istorie, e oare sigur că tot ceea ce ne trebuia era o ideologie care să vizeze întreaga complexitate a chestiunii despre cine cui i-a făcut şi ce anume ? Adeziunea la ideile şi doctrinele conformiste a fost cea care, înainte de orice, ne-a dus la război. În plus, ce era greşit în încercarea de a umple cumva golul din vieţile noastre ? La ce ne-ar folosi libertatea, dacă nu ar oferi şi un sens existenţei noastre ?

Toate viziunile utopice pe care le-am discutat până acum au fost încercările unor indivizi şi ale societăţilor în care trăiau de a găsi un oarecare sens rezultat din sfârşitul războiului. Fiecare dintre aceste personaje a încercat să găsească principii universale pe care un nou tip de societate să poată fi clădit ; însă procedând astfel, fiecare a ajuns să se confrunte cu imposibilitatea de a-şi împlini vreodată visurile.

Dorinţa lui Eugene Rabinowitch de a promova gândirea raţională şi ştiinţifică în legătură cu provocările erei nucleare a fost încercarea lui personală de a se opune acelor impulsuri omeneşti iraţionale care au dus la război. Iar felul mitic în care publicul şi chiar unii dintre confraţii săi, specialişti în fizică nucleară, au văzut bomba atomică a subminat tocmai mesajul pe care el şi cei asemenea lui au încercat să-l promoveze.

Giancarlo De Carlo şi-a dedicat şi el viaţa pentru a face din lumea postbelică un loc mai bun. A fost inspirat de promisiunea creării unor oraşe noi, care se vor dezvolta în beneficiul tuturor, dar şi dezgustat de modul în care astfel de promisiuni păreau să calce în picioare nevoile individului – astfel că îşi va petrece restul vieţii încercând să reconcilieze aceste două impulsuri contradictorii.

Pe de altă parte, Françoise Leclercq şi-a văzut viaţa transformată de experienţa trăită în război. Apoi şi-a făcut o misiune din a promova o mai mare egalitate pentru femei, pentru cei săraci şi pentru oameni de diferite naţionalităţi şi religii. Cu toate acestea, în centrul acţiunilor ei a stat un paradox : prin identificarea acestor grupuri, ea admitea totodată faptul că erau diferite, le recunoştea „alteritatea" şi inegalitatea.

La fel ca Hans Bjerkholt, toţi aceşti oameni s-au străduit din răsputeri să respingă frica şi să îmbrăţişeze libertatea. Faptul că niciunul dintre ei nu a reuşit pe deplin nu trebuie să ne dezamăgească : utopia este, prin însăşi natura ei, imposibilă. Toţi au fost motivaţi de credinţa că este mai bine să încerci şi să eşuezi decât să nu încerci niciodată şi că, dacă erau într-adevăr sortiţi să dea greş, cel puţin vor fi încercat să o facă frumos. Pe parcurs însă au descoperit cu toţii că sunt susţinuţi de comunităţi de indivizi care gândeau la fel ca ei, fapt care, dacă nu a dus la împlinirea visurilor lor, măcar le-a oferit un sentiment al apartenenţei.

Într-o oarecare măsură, celelalte pagini ale acestei cărţi sunt despre acele lucruri pe care oameni de toate naţionalităţile au încercat să le facă pentru a umple golul pe care „libertatea" l-a adus în viaţa lor la sfârşitul războiului. În capitolele următoare voi lăsa în seama cititorului să decidă dacă diverşii protagonişti s-au grăbit să-şi revendice libertatea sau au fugit de ea (ba chiar dacă nu cumva au eşuat în încercarea lor de a da curs ambelor imbolduri concomitent). Deocamdată, nu vreau decât să remarc faptul că sunt puţini cei care pot suporta multă vreme un gol spiritual. După încheierea războiului, singurul lucru la care aspira aproape toată lumea era sentimentul apartenenţei ; şi fie că el s-a manifestat într-o manieră pozitivă sau negativă, acest imbold, mai mult decât oricare altul, a fost cel care a caracterizat cel mai bine spiritul epocii.

Partea a III-a

O singură lume

10

Economia mondială

În memoria noastră colectivă, al Doilea Război Mondial a fost o perioadă de profund dramatism. A fost un lung şir de lupte sângeroase, în care puşti, obuze, bombe şi toate celelalte instrumente ale violenţei au ucis oameni. Există o legătură directă, greu de ignorat, între imaginile noastre mentale cu sânge şi fum şi tragismul războiului ; în realitate însă, au existat multe alte faţete ale celui de-al Doilea Război Mondial care, deşi necaracterizate de un dramatism nemijlocit, nu au fost mai puţin fatale. Fiind primul război cu adevărat „total", el s-a manifestat în termeni nu doar militari, ci şi economici.

Unul din martorii laturii economice a războiului a fost un tânăr artist indian pe nume Chittaprosad Bhattacharya. La izbucnirea războiului, Chittaprosad avea cu puţin peste douăzeci de ani şi încerca să-şi găsească un stil artistic pe care să-l considere expresiv. Cochetase cu arta indiană tradiţională şi cu arta modernă, dar nu reuşise cu niciun chip să găsească un mijloc prin care să se raporteze în picturile sale la realităţile vieţii din India, aşa cum o vedea în jurul său. După cum afirma, ceea ce voia el să exprime părea să fie „ceea ce e ascuns după colţ", dar de fiecare dată când credea că a găsit soluţia potrivită „se dovedea că nu este decât o ficţiune"[1].

Războiul a schimbat totul. Provincia natală a lui Chittaprosad a devenit deodată un adevărat furnicar. Banii de la guvern au început să se reverse în Bengal, mai ales în Calcutta, care a devenit rapid unul dintre centrele producţiei de război din India. Armata a început recrutările şi a mobilizat trupe la graniţă pentru a proteja India de invaziile străine. Agitaţia politică – deja foarte puternică în ţară – s-a intensificat mai peste tot. Oamenii erau pentru sau împotriva războiului ori, pur şi simplu, le cereau britanicilor să „părăsească India".

Pentru Chittaprosad, această schimbare părea că i-a adus brusc lumea în centrul atenţiei. Împărtăşea indignarea milioanelor de indieni faţă de modul în care autorităţile britanice târâseră ţara în război fără ca măcar să consulte poporul ; cu toate acestea, cel puţin pentru moment, ameninţarea recentă reprezentată de fascismul japonez părea să fie mai importantă decât orice altceva. Încurajat de câţiva prieteni de la ţară, Chittaprosad s-a înscris în partidul comunist şi a început să picteze afişe de propagandă în sprijinul efortului de război. A compus şi câteva cântece despre „războiul poporului" şi a plecat într-un turneu în zonele de graniţă ale Indiei şi Birmaniei cu tablourile lui antifasciste. Simţea că renăscuse la o „viaţă nouă"[2].

Această „viaţă nouă" a fost confirmată definitiv la mijlocul anului 1942, când, într-un final, invazia japoneză a ajuns la graniţele Indiei. Chittaprosad locuia în districtul

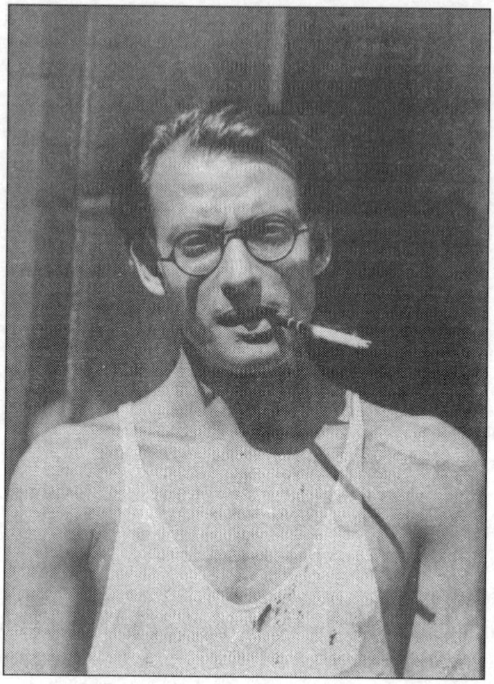

Chittaprosad, la câţiva ani după război.

Chittagong, ultimul bastion indian din estul ţării, aşa că a văzut cu ochii lui situaţia disperată a zecilor de mii de refugiaţi birmanezi care treceau în valuri graniţa. Panicate, autorităţile britanice au rechiziţionat toate rezervele de orez şi au confiscat sau scufundat toate bărcile sătenilor, pentru a nu cădea în mâna japonezilor care înaintau. Nimeni nu a ţinut cont de faptul că bărcile erau „singurul mijloc de trai sau de comunicare pentru marea majoritate a sătenilor din întreg districtul". Pentru prima oară, Chittaprosad a fost martorul unui fenomen pe care nu-l mai văzuse până atunci: „o piaţă neagră, mai ales a alimentelor", care în scurt timp „a început să-şi arate chipul hâd". Deodată, s-a simţit ca şi cum ar fi fost „pe o corabie care se scufundă"[3].

Pe parcursul anului următor, Chittaprosad a văzut cum preţul orezului s-a dublat, pentru ca ulterior să se dubleze din nou. La sfârşitul anului 1943, se spunea că orezul se vindea în Chittagong cu 80 de rupii pentru un *maund* – de peste zece ori mai mult decât preţul anterior crizei[4]. Când orezăriile din vestul Bengalului au fost lovite de un ciclon, criza din regiunile de graniţă s-a extins în toată provincia. Brusc, orezul a părut să fie pretutindeni insuficient. Cei care aveau rezerve au început să facă stocuri, împingând preţul şi mai sus, până când au ajuns să şi-l permită doar indienii cu economii substanţiale sau care aveau ceva de vândut. Populaţia Bengalului a început să piară de foame. A spune că reacţia guvernului faţă de această situaţie a fost inadecvată este un eufemism. Înainte de război şi în timpul conflagraţiei, Bengalul a avut propriul guvern autonom provincial, cu autoritatea de a impune controale economice populaţiei. Dacă la începutul războiului guvernul ar fi iniţiat un sistem inteligent de raţionalizare şi control al preţurilor, aşa cum au făcut numeroase alte guverne din lume, s-ar fi putut evita criza care se apropia. În loc de aşa ceva, au fost introduse controale limitate ale preţului, care au fost abandonate ulterior, ceea ce a avut consecinţe dezastruoase. Raţionalizarea nu a fost introdusă decât târziu, în 1944, dar chiar şi atunci doar la Calcutta, ceea ce a avut ca efect firesc absorbţia spre capitală a şi mai multor alimente dinspre zona rurală atât de înfometată[5].

Reacţia guvernului central indian nu a fost nici ea cu mult mai bună. Când miniştrii bengalezi s-au străduit în chip voalat să scoată în evidenţă criza alimentară din provincia lor, guvernul central a rămas indiferent la situaţie – ba chiar a insistat ca Bengalul să continue exporturile de alimente către Ceylon, ţară care suferea şi ea de pe urma lipsei rezervelor alimentare[6]. Poate că, dacă guvernul central al Indiei ar fi înfiinţat un centru de aprovizionare, aşa cum au făcut Aliaţii în Orientul Mijlociu, s-ar fi putut adapta mai uşor la seriile de blocaje în aprovizionare care începuseră să afecteze zona de nord-est a ţării. Însă Departamentul pentru Alimentaţie a fost înfiinţat abia la sfârşitul anului 1942, când condiţiile pentru apariţia foametei îşi produseseră deja efectul. Între timp, guvernul s-a angajat într-o politică de „comerţ liber nerestricţionat", care s-a dovedit absolut dezastruos în contextul unui război mondial[7]. „Poate că este deprimant, dar trebuie să recunoaştem", scria un jurnalist furios, în 1944 :

> Guvernul central a ignorat problema majoră a distribuţiei hranei în India până când a fost prea târziu şi, confruntat cu ameninţarea invaziei, cu nevoia de a hrăni trupele şi cu izolarea Indiei pe piaţa mondială, a găsit de cuviinţă să lase problema alimentaţiei Indiei la voia întâmplării şi să adopte filosofia *laissez-faire*, într-o vreme când o astfel de lipsă de acţiune era nu doar neglijenţă, ci o crimă[8].

Totuşi, cea mai mare responsabilitate pentru ceea ce s-a întâmplat în continuare trebuie pusă în seama guvernului imperial britanic de la Londra, a cărui neglijenţă pe termen lung faţă de necesităţile economice ale Bengalului l-a făcut să fie slab pregătit pentru a face faţă provocărilor unui război total. Între 1940 şi 1942, britanicii au fost prea preocupaţi de propria lor supravieţuire ca să se mai îngrijească de problemele economice din regiunile îndepărtate ale Imperiului. În 1943, când amploarea crizei alimentare din Bengal a devenit o ştire la nivel internaţional, Churchill şi guvernul lui s-au împotrivit cu tărie oricărei acţiuni de ajutorare. În pofida unei serii de solicitări disperate pentru asistenţă alimentară de urgenţă şi a ofertelor de ajutor venite din partea altor membri ai Commonwealthului, atât Churchill, cât şi Comitetul Şefilor de Stat-Major ai Aliaţilor au susţinut că nu aveau nave de transport. Chiar şi atunci când Canada s-a oferit să furnizeze 100.000 de tone de grâu în Bengal Londra a respins propunerea. Populaţia Bengalului a fost lăsată singură, să moară de foame[9].

Chittaprosad a observat de aproape consecinţele acestor evenimente. A văzut impactul trupelor britanice în estul Bengalului, care au rechiziţionat numeroase întinderi de pământ agricol fertil pentru a construi drumuri, tabere, aerodromuri şi poligoane de antrenament. A văzut corupţia oficialilor locali şi a „*mahajan*-ilor cu burdihan" (cămătari), care comploteau ca să menţină preţul alimentelor ridicat, şi a împărtăşit „ura şi amărăciunea" pe care o simţeau cei din jurul său faţă de politicienii de la nivel naţional, ale căror ipocrizie, indiferenţă şi bogăţie pe măsură erau „o insultă adusă miilor de indieni flămânzi"[10]. Însă cel mai mult l-a impresionat ura generală faţă de britanici, a căror indiferenţă nu făcuse altceva decât să alimenteze criza. Acest „guvern străin" a fost cel pe care Chittaprosad Bhattacharya l-a blamat pentru colapsul total al moralului naţiunii în timpul foametei şi pentru moartea „instinctelor sociale civilizate" în întreg Bengalul.

Desen realizat de Chittaprosad, care înfăţişează un bărbat înfometat, alături de copilul lui, în timpul foametei din Bengal: „Şi-a pierdut pământul şi nevasta l-a părăsit. Nu mai are aproape nimic pe lumea asta despre care să poată spune că este al lui".

În lunile care au urmat, Chittaprosad a început să deseneze trupuri scheletice de cerşetori, cadavre de pe stradă, stoluri de vulturi care se roteau deasupra întregului Bengal. A scris articole despre foamete în ziarele partidului comunist, iar în noiembrie 1943 a pornit într-o călătorie pe jos prin Midnapore, unul dintre districtele cele mai grav afectate, pentru a putea relata ce se întâmpla în ţară. A descris regiunea ca pe un loc al „vulturilor şi jefuitorilor", presărat cu scheletele celor morţi. În călătoria lui a întâlnit femei silite să practice prostituţia ca unică modalitate de a cumpăra hrană şi familii nevoiaşe care şi-au vândut fermele şi toate bunurile ca să-şi procure orez. După una dintre cele mai sumbre deplasări printr-o zonă rurală pustie, a descris un peisaj ce părea lipsit de orice urmă de viaţă. „Am început să mă îndoiesc de faptul că vom mai întâlni vreo fiinţă vie, chiar dacă ar fi fost să mergem până la capătul pământului", scria el. „Cât puteam vedea cu ochii, nu am găsit nicio urmă de locuinţă omenească nicăieri. De jur împrejur erau doar câmpii aride, care se întindeau până departe, spre orizont." Era un fel de Armagedon creat nu de bombe sau de obuze, ci de o asfixiere economică lentă. Acea experienţă a fost atât de deprimantă, încât Chittaprosad a început să simtă că şi-a „pierdut chiar şi credinţa în viaţă"[11].

Foametea din Bengal din 1943-1944 şi războiul mondial care a generat-o îl vor urmări pe Chittaprosad tot restul vieţii. Aceea a fost perioada care l-a definit ca artist. „Dacă este să înveţi ceva de la viaţă, o faci atunci când te confrunţi cu moartea", a susţinut el mai târziu. „Într-un moment când însăşi existenţa omenirii şi a civilizaţiei este ameninţată de izbucnirile unor forţe slujind brutalităţii, distrugerii şi morţii, un artist ori îşi lasă jos pensula şi pune mâna pe armă, ori părăseşte lumea pământească şi se alătură diavolului... Eu nu am putut să las jos pensula, pentru că nu am putut găsi o armă pe care să o înşfac şi să o îndrept spre hoardele fasciste. Şi nu am putut găsi o armă pentru că, vedeţi dumneavoastră, conducătorii britanici «gestionau lucrurile» în locul nostru, în ciuda voinţei noastre puternice şi a capacităţii noastre indiscutabile de a ne purta singuri de grijă..."

În contextul colonialismului, al războiului total şi al distrugerii economice, arta a fost singurul mijloc de apărare la care Chittaprosad a putut să recurgă. „Am fost obligat de împrejurări să-mi transform pensula într-o armă atât de tăioasă, pe cât mi-a stat în putinţă să o fac."[12]

Efectele economice ale războiului

Foametea din Bengal a fost unul dintre cele mai devastatoare evenimente ale celui de-al Doilea Război Mondial. Într-o perioadă cu puţin mai mare de un an, doar în această provincie au murit mai mulţi oameni decât au fost ucişi în timpul eliberării întregii Europe Occidentale – şi asta fără să se fi tras nici măcar un glonţ. Estimările oficiale de la sfârşitul războiului au ridicat numărul final al morţilor la circa 1,5 milioane, însă rapoartele ştiinţifice ulterioare au considerat mai realistă cifra de 3 milioane de morţi – pierderi puse integral pe seama foametei[13]. De altfel, foametea din Bengal a fost doar unul dintre numeroasele fenomene similare care au avut loc pretutindeni în lume. În acelaşi an, China s-a confruntat şi ea cu o foamete asemănătoare, estimându-se că acolo au murit până la 2 milioane de ţărani din provincia Henan; acelaşi număr se consideră că au murit şi în Tonkin, în Indochina franceză[14]. Alte milioane au decedat în timpul foametei la nivel local din Filipine, Indiile de Est Olandeze, Japonia, Rusia, Ucraina, Polonia, Grecia, Olanda şi chiar şi în unele regiuni ale Africii. Potrivit unor istorici, circa 20 de milioane de oameni au murit în timpul războiului nu din pricina violenţelor, ci a foametei[15].

Ceea ce face ca aceste morţi să fie de două ori mai tragice este faptul că nici măcar în Bengal nu a fost vorba despre o lipsă totală de alimente. Conform economistului indian Amartya Sen, probabil că rezervele de hrană au fost suficiente – doar că aceia care le deţineau nu au dorit să le vândă la un preţ pe care să şi-l permită săracii[16]. Nici la scară globală problema nu a fost lipsa rezervelor, ci distribuirea lor. În Europa, cea mai mare parte a reţelei de transport fusese distrusă de război, iar ce mai rămăsese din ea era de uz militar: drept urmare, aprovizionarea cu alimente pe continent a suferit pe măsură. Acelaşi lucru a fost valabil în cea mai mare parte şi în restul lumii. În timpul războiului, au fost distruse zeci de milioane de tone de produse transportate pe vase –

circa 11,7 milioane de tone doar ale marinei comerciale a Marii Britanii –, iar flota comercială japoneză a fost nimicită aproape în totalitate[17]. Din capacitatea de transport maritim rămasă în serviciu, procentul rezervat scopurilor militare a fost atât de ridicat, încât a devenit imposibil să se prevină acumularea unor surplusuri de alimente în unele țări, respectiv lipsa acută de alimente în altele. Aşa se face, de pildă, că, în timp ce zahărul era raționalizat în Statele Unite, în Indiile de Vest se acumulau stocuri uriaşe. Şi, în timp ce oamenii mureau de foame în cea mai mare parte a Asiei şi a Europei de Est, în Argentina porumbul era folosit drept combustibil[18].

Aceste blocaje în furnizarea alimentelor au fost atât de grave, încât guvernele din întreaga lume s-au văzut obligate să recurgă la un control drastic al distribuirii rezervelor. Ele şi-au asumat sarcina gestionării lanțului de aprovizionare, au impus restricții de preț şi au introdus sisteme de raționalizare. Au fost concepute noi procedee industriale, adeseori cu finanțare guvernamentală, pentru a se maximiza capacitatea de transport. Carnea era dezosată, tratată şi conservată, ouăle erau deshidratate şi transformate în pudră, laptele era condensat. Prioritare erau alimentele cu aport ridicat de energie, precum cartofii, în detrimentul orezului şi grâului, sau alimentele bogate în proteine, ca brânza, preferată față de unt. Când astfel de acțiuni centralizate au fost făcute în mod adecvat, aşa cum s-a întâmplat în Marea Britanie, ele s-au dovedit a fi deosebit de eficiente. Când au fost gestionate prost însă, ca în cazul Bengalului – sau abuziv, cum s-a întâmplat în cea mai mare parte a Africii coloniale, dar şi în Europa şi Asia aflate sub ocupație –, acțiunile respective au provocat suferințe cumplite.

Nu doar comerțul cu alimente a fost perturbat de cel de-al Doilea Război Mondial : între 1939 şi 1945 întreaga economie globală a fost complet bulversată. Relațiile comerciale care se dezvoltaseră de-a lungul unor întregi decenii au fost distruse aproape peste noapte, pentru a fi adeseori înlocuite de acorduri noi şi neobişnuite. Astfel, multe țări din Africa francofonă, de exemplu, şi-au pierdut până la două treimi din piața de export atunci când războiul le-a întrerupt legătura cu Franța, în timp ce alte țări, precum Congo Belgian, şi-au dublat cantitatea celor mai importante exporturi, formând parteneriate comerciale noi cu Marea Britanie, Africa de Sud şi SUA[19]. O transformare similară a avut loc şi în America Latină şi Caraibe : când legăturile tradiționale cu Europa au fost practic blocate, întreaga regiune a devenit mult mai dependentă de comerțul cu SUA – o dependență ce se va păstra şi în deceniile următoare[20].

Pe lângă modificările comerțului internațional, au avut loc schimbări la fel de drastice şi în ce priveşte ocuparea forței de muncă. Deoarece milioane de oameni au fost recrutați în armatele naționale şi în industriile de război vitale pentru a susține aceste armate, gradul de ocupare a forței de muncă a crescut aproape peste tot. Au crescut şi salariile, deoarece diversele ramuri industriale au intrat în concurență pentru a atrage muncitori. Pe termen scurt, astfel de schimbări e posibil să-i fi încântat pe muncitorii simpli, dar ele s-au dovedit dezastruoase pentru unele industrii tradiționale. De ce ar fi continuat locuitorii din Tonga să lucreze în industria coprei de vreme ce puteau câştiga mult mai mulți bani închiriind biciclete soldaților americani aflați pe insulă ? Şi de ce s-ar fi obosit fermierii din Islanda să lucreze zi-lumină, când îşi puteau dubla veniturile lucrând în noile baze militare ale Aliaților[21] ?

Pentru a menține funcționarea ramurilor industriale esențiale, statele din întreaga lume au recurs la munca obligatorie. În țări ca Marea Britanie, Australia şi SUA, unde au apărut o serie de Women's Land Armies (Armate Terestre de Femei) înființate pentru a menţine fermele în funcţiune, obligativitatea muncii a fost mai mult sau mai puţin acceptată drept un sacrificiu necesar pentru război. Dar în multe ţări africane, aversiunea faţă de munca obligatorie a fost foarte puternică, întrucât era considerată ca o nouă formă de exploatare colonială. În Tanganyika, de pildă, muncitorii de pe plantaţii erau cazaţi în tabere păzite, pentru a-i împiedica să fugă, iar guvernul a autorizat folosirea pedepselor corporale pentru cei care refuzau să muncească. În Nigeria, peste 100.000 de ţărani au fost siliţi să-şi lase pământurile pentru a munci în minele de cositor, iar în Rhodesia coloniştii albi au influenţat deciziile guvernului pentru a angaja forţat zeci de mii de lucrători agricoli cu salarii foarte mici[22]. În Africa Occidentală Franceză, aversiunea unanimă faţă de munca forţată se manifestase chiar şi anterior războiului, dar a crescut semnificativ în timpul acestuia şi a reprezentat unul dintre motivele principale care au dus la reformă în anii imediat următori încheierii războiului[23].

Dar poate cea mai frecventă şi mai distructivă consecinţă economică a războiului a fost inflaţia. Cu cheltuieli guvernamentale atât de mari în întreaga lume, mai mulţi oameni aveau mai mulţi bani în buzunar. În acelaşi timp, din cauza războiului, diversele mărfuri erau acum mai puţine ca niciodată. Cum tot mai mulţi bani voiau să cumpere tot mai puţine mărfuri, pretutindeni preţurile au început să crească repede. Desigur, creşterile mari de preţuri nu au fost neapărat o problemă pentru cei ale căror salarii au crescut odată cu inflaţia – însă pentru cei care aveau slujbe prost plătite, efectele s-au dovedit dezastruoase, întrucât capacitatea lor de a cumpăra bunuri şi servicii a scăzut constant, economiile lor au devenit insuficiente şi, în cazurile cele mai rele, ca acela din Bengal, oamenii au început să moară de foame.

Singurul mod de a lupta împotriva acestui tip de inflaţie în timpul războiului a fost exercitarea unui control draconic asupra lanţului de aprovizionare şi instituirea unui sistem de preţuri fixe. Soluţia a funcţionat bine în Marea Britanie, unde guvernul a avut resurse să implementeze astfel de controale şi populaţia a fost mai mult sau mai puţin unită în a le susţine, însă în multe alte părţi ale lumii acest lucru a fost pur şi simplu imposibil (vezi tabelul)[24]. În Europa continentală aflată sub ocupaţie, de exemplu, aproape că nu a existat niciun sprijin din partea populaţiei în favoarea raţionalizării, aşa că a înflorit piaţa neagră. Astfel, în timp ce costul vieţii în Marea Britanie a crescut doar cu circa 30% pe durata războiului, în Franţa s-a mărit de patru ori şi a continuat să crească vertiginos ani de zile după aceea[25]. Pe de altă parte, în majoritatea ţărilor în curs de dezvoltare, pur şi simplu nu au existat structurile administrative sau resursele care să impună astfel de sisteme de control stricte şi complicate. Drept urmare, costul vieţii aproape că s-a dublat în Brazilia, a devenit aproape triplu în Egipt şi a crescut de aproximativ opt ori în Iran[26]. Uneori, la nivel local, creşterea preţurilor a fost chiar mai şocantă: de exemplu, în oraşele Quanzhou şi Shanghai din China, orezul a ajuns de 200 la 240 de ori mai scump în timpul războiului şi, ulterior, preţul a crescut în continuare pe durata războiului civil care a urmat[27].

În multe ţări, mai ales în regiunile devastate din Europa, oamenii şi-au pierdut cu totul încrederea în bani, preferând, în schimb, să facă troc cu alimente sau ţigări. În Polonia, România şi Ungaria, banii au ajuns atât de lipsiţi de valoare, încât localnicii nici nu se mai oboseau să ridice bancnotele căzute pe stradă. În special Ungaria a suferit probabil cea mai mare hiperinflaţie care s-a văzut vreodată în lume – cu mult mai mare chiar şi decât hiperinflaţia din Germania de după Primul Război Mondial –, cu preţuri care se triplau de la o zi la alta. În decursul unui an de la sfârşitul războiului, preţul

Creşterea indicelui costului vieţii în urma războiului (1937 = 100)

Naţiune	mijlocul anului 1937	mijlocul anului 1945	1947	Sumar
America de Nord				
SUA	100	128	156	Stabil
Canada	100	120	137	
America Latină				
Argentina	100	135	185	În mare parte stabil
Bolivia	100	496	650	
Brazilia	100	197	–	
Mexic	100	247	354	
Venezuela	100	141	171	
Australasia				
Australia	100	129	136	Stabil
Noua Zeelandă	100	123	126	
Asia				
India	100	–	260	Creştere acută în naţiunile cele mai devastate
Malaya (Britanică)	100	–	270	
Indonezia	100	–	1.600	
Filipine	100	–	400	
Japonia	100	250	15.000	
China [Chongqing]	100	207.400	–	
Orientul Mijlociu				
Egipt	100	287	280	Creştere acută în timpul războiului, urmată de deflaţie după război
Iran	100	779	688	
Liban	100 (în 1939)	607	505	
Turcia	100 (în 1938)	354	344	
Africa				
Africa de Sud	100	137	146	Relativ stabil în sud, dar creştere acută în zonele devastate de război din Africa de Nord
Kenya	100 (în 1939)	–	198	
Algeria	100 (în 1938)	539	2.160 (în 1949)	
Europa				
Marea Britanie	100	132	132	Stabil în Marea Britanie, Scandinavia şi în ţările neutre ; inflaţie masivă în ţările cele mai devastate de război
Franţa	100	400	1.200	
Italia	100	–	5.000	
Polonia	100	–	15.000	
România	100	3.800	160.000	

unei pâini a crescut de la 6 pengő la aproape 6 miliarde de pengő. Erau emise bancnote a căror valoare înscrisă pe ele erau numere de care doar matematicienii şi astronomii auziseră până atunci. „Maghiarii au ajuns multimiliardari”, îşi aminteşte sarcastic un bărbat[28]. În timp ce o astfel de hiperinflaţie era, în parte, rezultatul unei politici guvernamentale deliberate, politica respectivă era dictată în mare măsură de condiţiile moştenite ca urmare a războiului. Ungaria este, poate, un exemplu extrem, dar inflaţia crescuse până la cote alarmante în toate regiunile globului grav afectate de război şi chiar şi în multe regiuni care, din punct de vedere geografic, se situau departe de teatrele de război[29].

Lumea nu şi-a mai revenit niciodată de atunci. Astăzi, inflaţia face parte în mod natural din viaţa zilnică, într-un mod care nu s-a manifestat vreodată în secolele al XVIII-lea sau al XIX-lea, când preţurile din întreaga lume erau relativ stabile. Cele două războaie mondiale – şi, pentru cea mai mare parte a lumii, în special al Doilea Război Mondial – au creat această nouă normalitate[30].

Câştigători şi perdanţi

Schimbările economice declanşate de război au fost atât de mari, încât în mod obligatoriu au existat câştigători şi perdanţi – nu doar la nivel individual, ci şi la nivelul diferitelor grupuri şi naţiuni. La apogeul foametei din Bengal, când milioane de oameni mureau de inaniţie, au existat totuşi mulţi alţii care s-au îmbogăţit, mai ales „*mahajan*-ii cu burdihan” pe care Chittaprosad îi dispreţuia atât de mult. Speculanţii de alimente sunt menţionaţi aproape în fiecare raport despre foamete, inclusiv în ancheta oficială, şi aproape întotdeauna reprobator. După spusele unui jurnalist britanic, „banii curgeau în valuri la Bursă, orezul devenise o marfă valoroasă prin raritate, iar rechinii cu afaceri uriaşe au câştigat zilnic grămezi de bani făcând negoţ cu hrana lor de bază pe seama sângelui dătător de viaţă al oamenilor”[31].

Cam la fel s-au creat şi irosit averi în toată lumea – inspirând judecăţi morale similare. În contextul unei suferinţe atât de mari şi al atâtor morţi, multora le-a fost greu să accepte ideea că unii inşi pot profita de pe urma războiului. Astfel, în Europa au fost intens criticaţi industriaşii care au colaborat cu naziştii şi fasciştii, precum şi fermierii care au profitat de disperarea orăşenilor, obligaţi să facă numeroase drumuri în zonele rurale pentru troc, oferind bijuterii în schimbul hranei[32]. În unele zone din Africa a existat un resentiment crescând faţă de europenii care au folosit războiul ca scuză pentru exploatarea mâinii de lucru a populaţiei de culoare, dar şi faţă de clasa negustorilor asiatici care se îmbogăţiseră din specula cu alimente şi cu alte produse de bază. În anii care au urmat, astfel de resentimente vor reveni şi vor bântui naţiunile din ţări ca Tanganyika, Kenya şi Uganda[33]. În Bengal, pe de altă parte, deşi toată lumea dădea vina pe britanici pentru cele întâmplate, locuitorii se acuzau şi între ei. Liga Musulmană îi acuza pe detailiştii hinduşi că refuzau în mod deliberat să dea orez celorlalte comunităţi, în vreme ce hinduşii îi acuzau pe angrosiştii musulmani că abuzau de monopolul de care se bucurau privind achiziţiile publice. Niciunul dintre aceste aspecte nu prevestea nimic bun pentru viitorul relaţiilor interconfesionale din Bengal[34].

Câştigători şi perdanţi au existat în toată lumea. SUA au fost neîndoielnic cel mai mare câştigător, a cărui bogăţie evidentă a inspirat uneori tot atâtea resentimente pe câtă recunoştinţă a inspirat contribuţia lor la victoria Aliaţilor. Rolul Statelor Unite ca principal furnizor al tuturor statelor Aliate le-au făcut să iasă din război foarte bogate. Între 1939 şi 1945, economia acestei ţări aproape că s-a dublat, încât la finalul războiului SUA erau responsabile pentru circa jumătate din producţia mondială *totală*[35]. Mai mult, Statele Unite ale Americii controlau acum transporturile pe apă din întreaga lume : în timp ce majoritatea competitorilor suferiseră în război pierderi masive la nivelul flotelor comerciale, Statele Unite şi-au mărit flota de mai mult de patru ori, iar în 1947 deţineau mai multe nave comerciale decât tot restul lumii laolaltă. SUA hotărau ce şi unde se transportă[36]. Într-o astfel de lume, americanii au descoperit că sunt mai bogaţi decât fuseseră vreodată : în 1945, în medie, averea lor personală era cu aproape 80% mai mare decât în 1939[37].

Alţi câştigători de pe seama războiului au fost Canada, Australia şi Africa de Sud, precum şi unele ţări neutre, ca Suedia şi Elveţia : menţinându-se în afara conflictului sau fiind situate departe de teatrele de război, aceste ţări au reuşit să obţină ritmuri susţinute de creştere fără precedent şi, la sfârşitul conflagraţiei, au ajuns mult mai bogate decât fuseseră înainte[38]. Africa de Sud, de exemplu, şi-a achitat întreaga datorie naţională, iar Canada nu doar că şi-a plătit datoriile, ci a şi cumpărat active străine, şi-a mărit rezerva de aur, iar balanţa ei comercială cu alte ţări a devenit puternic excedentară[39]. Multe ţări mai mici au profitat şi ele de pe urma războiului. Islanda, de exemplu, a reuşit să-şi rezolve problemele grave cu datoriile de dinainte de război graţie cheltuielilor militare ale SUA pe insulă[40]. De asemenea, Irak, Iran, Egipt şi Palestina au terminat războiul cu un surplus bugetar impresionant, doar datorită cheltuielilor militare ale Marii Britanii din Orientul Mijlociu[41]. Şi balanţa comercială în valută a Indiei a devenit excedentară în timpul războiului, această ţară reuşind să acumuleze cantităţi mari de lire sterline, deşi, în acelaşi timp, cumpăra masiv active britanice din toată ţara. În timp ce Bengalul s-a aflat în suferinţă, Indiei, ca întreg, nu i-a mers chiar atât de rău[42].

Printre cei mai mari perdanţi în acest război economic s-au numărat nu doar Germania şi Japonia, ci şi acele ţări pe care acestea le-au ocupat, dar şi acelea care s-au falimentat singure pentru a le învinge. URSS a devenit cu siguranţă un gigant militar, dar din punct de vedere economic a ajuns o ruină : un sfert din întreaga avuţie naţională s-a pierdut, iar producţia agricolă a fost atât de serios perturbată, încât a revenit la valorile antebelice abia în 1955[43]. Economia Franţei, a Olandei sau a Greciei s-a înjumătăţit în timpul războiului, la fel cum s-a întâmplat şi cu cea din Filipine, Coreea de Sud şi Taiwan – însă în timp ce economiile din Europa şi-au revenit repede, susţinute în parte de ajutorul financiar american, cele mai multe economii asiatice nu au revenit la nivelul de dinainte de război decât la mijlocul anilor 1950[44].

Pe de altă parte, Marea Britanie a fost obligată să-şi vândă aproape un sfert din totalul activelor din străinătate, a înregistrat un deficit valutar imens şi a solicitat miliarde de dolari americani prin Legea de împrumut şi închiriere. Chiar şi după ce războiul s-a încheiat, guvernul britanic a fost obligat să ceară de la SUA încă un împrumut de 3,7 miliarde de dolari – o datorie care nu a fost plătită integral decât la sfârşitul anului 2006[45].

Noua dependenţă a Marii Britanii faţă de Statele Unite ale Americii a fost simptomatică pentru schimbarea dramatică a relaţiilor dintre cele două ţări şi, poate, una dintre cele mai importante consecinţe pe termen lung ale războiului. În 1939, ambele ţări se bucurau de standarde de trai similare, cu un PIB per capita aproape egal. Însă, în timp ce standardul de trai american a crescut în timpul războiului, cel britanic a stagnat.

Aproape toate celelalte ţări dezvoltate au suferit o scădere similară a standardului de trai în comparaţie cu cel din SUA, dar pe parcursul câtorva decenii aproape toate au recuperat, iar în anii 1970 şi 1980 îşi recâştigaseră în cele din urmă aceleaşi poziţii pe care le ocupaseră înainte de război. Însă pierderile relative ale Marii Britanii au fost permanente. A pierdut în război bunăstarea, imperiul, unele dintre pieţele tradiţionale şi poziţia dominantă a valutei ei –, iar când şi forţa de producţie a început să scadă, diferenţele au devenit pur şi simplu prea mari pentru a mai putea fi recuperate. În timp ce SUA au fost, de departe, cel mai mare câştigător al războiului, Marea Britanie a fost, probabil, cel mai mare perdant pe termen lung[46].

O ultimă remarcă importantă în legătură cu câştigătorii şi perdanţii economici ai războiului se referă la prăpastia dintre bogaţi şi săraci. În anumite părţi ale lumii – în regiuni ca Bengalul –, războiul i-a pedepsit fără îndoială mult mai mult pe săraci decât pe cei bogaţi. Dar în multe alte regiuni, mai ales în ţările civilizate, războiul s-a dovedit a avea un rol egalizator. Din cauza distrugerilor generale, bogaţii nu doar că au pierdut sume uriaşe din averile lor, dar climatul politic din timpul războiului şi de după aceea i-a silit să accepte impozite mai mari, controale mai stricte asupra modului de a percepe chirii şi chiar naţionalizarea afacerilor lor. În toată Europa de Est şi în China, partidele comuniste au impus vaste programe de reformă agrară, care au condus la transformarea pentru prima dată a unora dintre statele cu economii feudale. Chiar dacă, probabil, locuitorii oraşelor au fost revoltaţi de preţurile alimentelor de pe piaţa neagră, pentru ţărani şi fermieri s-a produs astfel o revenire extrem de necesară a banilor de la oraş înspre zona rurală. În acest mod, războiul a redus considerabil inegalitatea dintre săraci şi bogaţi şi dintre oraş şi sat. Unii economişti au ajuns chiar să susţină că războiul „a şters trecutul cu buretele şi a permis societăţii să înceapă o viaţă nouă”[47].

Viziunea unei economii mondiale controlate

În 1944, economiştii de pretutindeni au fost de acord că era nevoie de o acţiune radicală pentru a reglementa economia globală. Războiul lăsase întregul sistem într-o stare de instabilitate extremă şi exista temerea generală că anii de creştere economică datoraţi războiului ar putea fi urmaţi în 1945 de o nouă criză mondială. Toată lumea se temea de revenirea la perioada nefastă a anilor 1930, când dezastrele economiei de tip *laissez-faire* se combinaseră cu alunecarea într-un naţionalism îngust.

Dacă războiul a oferit lumii vreo pildă, aceasta nu a constat doar în faptul că economiile controlate de stat puteau face minuni dacă erau bine direcţionate, ci şi că *nimic* nu se putea realiza fără cooperarea dintre aliaţi. Ca economist de prim ordin al Statelor Unite ale Americii, Harry Dexter White a arătat în 1944 că pacea şi prosperitatea universale nu vor fi niciodată înfăptuite „dacă războiul militar va fi urmat de un război economic – dacă fiecare ţară va lupta doar pentru interesele ei economice pe termen scurt, desconsiderând interesele altor ţări”. Cooperarea internaţională era, aşadar, una dintre indispensabilele „pietre de temelie pentru o pace sigură”[48].

Având aceste idei în minte, White, împreună cu britanicul John Maynard Keynes şi cu alţi zeci de economişti importanţi, a participat la o conferinţă ţinută în 1944 în staţiunea de vacanţă Bretton Woods din SUA. Scopul lor a fost să pună bazele unei serii de instituţii globale care să reglementeze economia mondială după război şi să contribuie la prevenirea alunecării înapoi în criză şi depresiune economică. Măsurile pe care le-au propus nu au fost doar de ordin practic : a existat şi un puternic filon moral al întâlnirilor, care au fost însoţite de sentimentul unei stringenţe de neimaginat astăzi. Faptul că patruzeci şi patru de ţări aliate au fost capabile să înfiinţeze aceste instituţii în doar câteva *săptămâni* stă mărturie pentru cât de acută era, în viziunea tuturor, necesitatea de a se ajunge la o înţelegere.

Instituţiile create în acea vară vor reprezenta baza economiei mondiale pentru următorii treizeci de ani şi chiar şi astăzi ele continuă să exercite o influenţă uriaşă. Prima şi cea mai importantă dintre ele a fost Fondul Monetar Internaţional. Scopul principal al FMI a fost să reglementeze circulaţia banilor în jurul lumii prin intermediul unui sistem de cursuri fixe de schimb valutar, prevenind astfel o economie nestructurată şi fără reguli, care provocase un haos atât de mare în anii 1930. Tot FMI urma să asigure şi o rezervă de fonduri la care să poată apela fiecare dintre statele membre, dacă ajungeau vreodată să se confrunte cu un deficit mare al balanţei de plăţi. În sfârşit, FMI trebuia să ofere expertiză din punct de vedere economic ţărilor care aveau nevoie de ea – o funcţie pe care o îndeplineşte şi astăzi.

Nu este suficient să spunem că FMI a reprezentat o idee radicală. Niciodată până atunci statele lumii nu analizaseră atât de amplu întreaga structură a sistemului monetar internaţional. După Bretton Woods, statele nu au mai putut să aplice aprecierea sau deprecierea monetare după bunul plac, nici cursul valutar nu va mai fi lăsat în voia capriciilor pieţei. FMI urma să stabilească cursurile valutare, iar acestea nu vor mai putea fi modificate substanţial decât cu acordul Fondului – cu alte cuvinte, lumea întreagă îşi ceda suveranitatea economică acestei noi instituţii internaţionale[49]. Toate monedele naţionale urmau să fie raportate la dolarul american, care înlocuia lira sterlină ca valută internaţională – o dovadă în plus, dacă mai era nevoie, despre cum SUA au înlocuit Marea Britanie în economia mondială.

Chiar din momentul creării ei, această instituţie a fost marcată de controverse. Keynes voia ca, pentru orice dezechilibre dintre ele, statele creditoare să-şi asume responsabilităţi egale cu cele debitoare, în timp ce White abordase o atitudine mult mai moralizatoare, şi anume că debitorii ar trebui să fie singurii răspunzători pentru achitarea datoriilor lor (deloc surprinzător, dat fiind faptul că Marea Britanie era acum una dintre naţiunile cele mai îndatorate din lume, iar SUA erau creditorul ei cel mai mare). Ca de obicei, punctul de vedere american a ieşit, în final, învingător[50].

Între timp, pentru restul lumii lucrul cel mai important era să obţină cât mai multă influenţă cu putinţă în cadrul noii instituţii. Cu cât mai mare era contribuţia sau cota pe care un stat o plătea FMI, cu atât mai greu atârna cuvântul acestuia în politica fondului. Teoretic, mărimea cotei se baza pe puterea economică a ţării respective – dar şi în acest caz americanii erau cei care deţineau controlul. Fără ca participanţii să o ştie, cele cinci ţări cele mai dezvoltate din FMI aveau să capete o imensă importanţă politică, dar şi economică, de vreme ce aceleaşi ţări vor ajunge să ocupe şi cele cinci locuri permanente în Consiliul de Securitate al ONU[51].

O a doua instituţie globală înfiinţată în timpul aceleiaşi conferinţe a fost Banca Internaţională pentru Reconstrucţie şi Dezvoltare – nucleul a ceea ce astăzi este denumit mai simplu Banca Mondială. Scopul iniţial al Băncii a fost să asigure împrumuturi pentru reconstrucţia după război a ţărilor din Europa şi Asia – de exemplu, pentru refacerea porturilor sau a liniilor de cale ferată distruse de război –, dar BIRD avea şi ambiţia de a promova „dezvoltarea regiunilor înapoiate din punct de vedere economic"[52]. Începând cu anii de după război şi până astăzi, partea de dezvoltare s-a extins treptat, devenind scopul fundamental al Băncii.

Ultima organizaţie economică importantă propusă la Conferinţa de la Bretton Woods a fost Organizaţia Internaţională a Comerţului (ITO), al cărei scop urma să fie reducerea barierelor comerciale dintre ţări. Aceasta urma să fie înfiinţată câţiva ani mai târziu, în 1948, dar în decursul celor câţiva ani amintirea despre război s-a atenuat în mare măsură, aşa cum s-a întâmplat şi cu caracterul urgent şi cu spiritul de cooperare. ITO nu a fost niciodată ratificată de Congresul SUA, care nu mai dorea să sacrifice interesele americanilor, fie ele şi minore, de dragul binelui comun al tuturor. În consecinţă, lumea a trebuit să se mulţumească doar cu Acordul General pentru Tarife şi Comerţ (GATT), mai restrâns ca obiective, şi să aştepte ca acesta să se amelioreze lent în următoarele cinci decenii[53].

Bani, dezvoltare şi comerţ – administrarea acestora la nivel internaţional trebuia să reprezinte fundamentul pe care să se construiască economia postbelică şi pe baza cărora să se creeze o lume nouă şi luminoasă. Era de presupus că prin administrarea circulaţiei mondiale a banilor, prin finanţarea marilor proiecte de reconstrucţie şi dezvoltare şi prin gresarea mecanismelor comerţului toată lumea va avea de câştigat. Aşa cum declarase preşedintele Roosevelt în faţa Congresului SUA, în februarie 1945, toate acestea făceau parte dintr-o reprezentare consecventă a „unei lumi în care oamenii simpli, din toate ţările, să poată munci în domeniile în care sunt competenţi, să schimbe paşnic produsele muncii lor şi să-şi împlinească destinele individuale în pace şi securitate"[54]. Acordurile de la Bretton Woods, mai ales, au fost salutate ca o revoluţie în „internaţionalismul constructiv"[55].

Din păcate, niciuna dintre instituţiile globale nou-create nu a fost capabilă să conducă spre o astfel de lume nouă şi luminoasă, indiferent cât de înalte le-au fost aspiraţiile. Inegalităţile de ordin politic şi economic pe care le-au avut de înfruntat au fost pur şi simplu prea mari, iar daunele provocate de război, prea extinse. De exemplu, rezervele de 10 miliarde de dolari ale Băncii Mondiale au fost doar o picătură într-un ocean, în comparaţie cu ce era necesar pentru reconstrucţia întregii Europe şi a Asiei. Până la urmă, atât FMI, cât şi Banca Mondială au devenit practic irelevante în Europa atunci când SUA au acordat aproape 13 miliarde de dolari ca ajutor direct pentru reconstrucţia ţărilor de pe continent, în cadrul Planului Marshall.

FMI nu a reuşit nici să-şi impună regulile asupra celor care erau hotărâţi să le ignore, mai ales în cazul ţărilor cu economii dezvoltate. Aşa cum remarca delegatul Indiei la Conferinţa de la Bretton Woods, să te aştepţi ca FMI să ţină în frâu ţări ca Marea Britanie sau Statele Unite ale Americii era ca şi cum „ai trimite o meduză să atace o balenă"[56]. În 1947, când FMI şi-a început activitatea în mod oficial, aproape fiecare ţară membră a invocat imediat dreptul de a nu permite monedei naţionale să devină liber convertibilă în primii cinci ani. Cele mai multe ţări europene nu au acceptat convertibilitatea monedelor lor până în 1958 şi nu s-au supus complet regulilor FMI decât abia în 1961[57]. Cu toată aşa-zisa lui putere, ca arbitru al valutelor mondiale, FMI începea să pară oarecum ineficient.

Concomitent, negocierile comerciale postbelice păreau şi ele să eşueze. Nu doar pentru că SUA s-au retras de la tratativele comerciale în 1948, ci şi pentru că Marea

Britanie a refuzat să facă mai mult decât unele concesii minimale în tratamentul preferenţial pe care îl acorda ţărilor din Commonwealth. Vor mai trece ani până când negocierile vor reduce în mod semnificativ barierele comerciale, încât abia în 1995 a luat naştere, în sfârşit, un organism internaţional – gândit iniţial la Bretton Woods – cu putere juridică asupra politicilor comerciale : Organizaţia Mondială a Comerţului.

În cele din urmă, şi cel mai important, au existat diferenţe de ordin politic între multe dintre statele lumii care nu au putut fi depăşite, indiferent cât de bune sau de rele le-au fost intenţiile. Fie că au fost de acord sau nu, cu toţii ştiau că depind de SUA, care finanţau majoritatea proiectelor postbelice de reconstrucţie şi dezvoltare. Dacă Marea Britanie a considerat această dependenţă greu de suportat, Uniunea Sovietică şi statele ei satelit nu au acceptat-o deloc. În pofida faptului că a semnat acordurile de la Bretton Woods în 1944, URSS nu le-a recunoscut niciodată în mod oficial, dând astfel naştere unei falii politice şi economice între Est şi Vest care nu va face altceva decât să se adâncească în deceniile următoare.

Între timp, statele cele mai sărace din lume au început foarte curând să considere instituţiile de la Bretton Woods ca pe un club al celor bogaţi. Până în 2012, toţi preşedinţii Băncii Mondiale au fost americani şi toţi preşedinţii FMI, europeni. Mai mult, comitetele directoare ale ambelor instituţii sunt şi ele dominate de americani şi de europeni. În lumina acestor aspecte, nu pare surprinzător că în anii imediat următori încheierii războiului reconstrucţia Europei a fost întotdeauna favorizată în raport cu cea a Asiei. În următorii ani, FMI avea să fie acuzată că şi-a însoţit împrumuturile către ţările în curs de dezvoltare cu condiţii aspre – cum ar fi scăderea barierelor comerciale şi reducerea bugetelor guvernelor –, care păreau să nu fie în avantajul nimănui, cu excepţia ţărilor creditoare din Occident. Pentru statele mai mici, astfel de obligaţii au fost deseori resimţite ca o violare a suveranităţii naţionale din partea ţărilor dezvoltate. Din această cauză, Julius Nyerere, preşedintele Tanzaniei, a rostit, în 1981, celebra întrebare : „Cine a ales FMI ca ministru de finanţe al tuturor ţărilor din lume ? ”[58].

Aşadar, ceea ce a rezultat în urma războiului nu a fost chiar o eră nouă, o eră a unor relaţii economice mai armonioase, ci un sistem care a consacrat diferenţele dintre Occidentul capitalist şi Estul comunist şi dintre Nordul bogat şi Sudul aflat în dezvoltare. Deşi sistemul Bretton Woods a fost mitologizat de atunci încoace drept „cea mai lungă perioadă de stabilitate şi de creştere economică din istorie”, în special după criza economică mondială din 2008, el nu a fost niciodată perfect şi nici măcar cu totul just[59].

Sunt însă mulţi cei care susţin că, deşi imperfect, sistemul Bretton Woods a fost mai bun decât alternativa. Din momentul în care sistemul s-a prăbuşit, în anii 1970, şi până astăzi, economia mondială – la fel ca economiile naţionale ale multor state occidentale – nu a suferit decât foarte puţine reglementări. Ea a trecut prin cicluri repetate de creştere şi recesiune economică, iar diferenţele dintre bogaţi şi săraci s-au adâncit din nou, atingând un nivel care nu mai fusese înregistrat încă de dinaintea războiului. Astăzi, unii dintre economiştii cei mai importanţi ai lumii susţin iarăşi necesitatea unei noi epoci a cooperării internaţionale, pentru a limita excesele pieţei libere. Este singura modalitate, argumentează ei, prin care putem evita în viitor tipul de inegalităţi severe care au provocat foametea din Bengal în 1943[60].

Ne putem întreba cum au perceput bengalezii de rând aceste evoluţii ale economiei mondiale. Au primit ei cu bucurie noua epocă a finanţelor, comerţului şi investiţiilor globale? Ori s-au revoltat împotriva inechităţilor rezultate din modul cum se instaura această nouă ordine mondială? Şi-au imaginat ei un viitor mai luminos pentru Bengal după terminarea războiului? Şi dacă da, cum s-au împăcat cu gândul că, în cazul lor, nu va exista niciun Plan Marshall, aşa cum a fost în Europa, că nu vor exista ajutoare din partea United Nations Relief and Rehabilitation Administration (Administraţia Naţiunilor Unite pentru Ajutor şi Reconstrucţie), cum au fost în China, şi nici nu se va pune capăt exploatării provinciei, începută sub controlul britanic şi care va continua, după 1947, sub dominaţia pakistaneză[61]?

Cât despre Chittaprosad, el nu îşi făcuse niciun fel de iluzii despre o lume a belşugului şi prosperităţii pentru toţi. A continuat să îşi folosească penelul, cu care scosese în evidenţă nedreptăţile economice generate de război şi de foamete, pentru a demasca ipocrizia celor bogaţi în relaţiile lor cu săracii. În primii ani de după război, a continuat să deseneze afişe de propagandă care îi vizau pe britanici, dar, pe măsură ce balanţa mondială a puterii s-a înclinat, artistul a început să acorde o mai mare atenţie americanilor. Într-una dintre caricaturile lui l-a înfăţişat pe premierul indian Jawaharlal Nehru profitând de sărăcia din ţară pentru a lua un ajutor în dolari din ceva ce pare a fi ţeava unui revolver american. Într-o altă caricatură, prezenta India ca pe un sclav eliberat, care dejoacă intenţiile rapace ale Unchiului Sam, înfăţişat cu o pălărie plină de dolari şi un buzunar îndesat cu bombe atomice[62].

Chittaprosad şi-a trăit restul vieţii într-o stare de sărăcie cumplită, la fel ca şi subiecţii picturilor sale. Deşi, într-un târziu, a ajuns să fie decepţionat de partidul comunist, nu a renunţat niciodată la idealurile sale socialiste, iar luptele şi triumfurile săracilor înfometaţi ai Indiei vor rămâne o temă prezentă mereu în arta sa. În ultimii ani de viaţă, Chittaprosad a desenat şi a pictat şi tablouri în sprijinul mişcării pentru pace. Dar, deşi s-a bucurat de o oarecare faimă ca artist angajat politic, subiectele dificile pe care a insistat să le surprindă nu au captivat niciodată pe de-a-ntregul imaginaţia celor din afara lumii artistice. Când s-a stins din viaţă la Calcutta, în noiembrie 1978, moartea lui a trecut complet neobservată[63].

În pofida morţii sale premature, Chittaprosad a trăit suficient ca să fie martor la transformarea Bengalului său natal, deşi nu a fost vorba de transformarea economică pe care el şi atât de mulţi conaţionali bengalezi o doriseră cu ardoare. Speranţele lor pentru un viitor luminos, de planificare guvernamentală benefică, de dezvoltare şi progres economic şi social, s-au năruit foarte repede. Deceniile postbelice au fost caracterizate de revolte politice repetate, de dezastre naturale şi de revenirea foametei. În anii 1970, când, după o perioadă îndelungată de represiune şi de război civil sângeros, provincia a reuşit să devină, în sfârşit, un stat independent, numit Bangladesh, era în continuare una dintre cele mai sărace regiuni ale lumii.

După moartea lui Chittaprosad, Bangladesh a devenit unul dintre principalii beneficiari din lume ai ajutoarelor şi împrumuturilor pentru dezvoltare – dar chiar şi Banca Mondială recunoaşte că deceniile în care au fost finanţate proiecte de dezvoltare nu au reuşit să rezolve problema inechităţilor. Până în anii 1990, deşi peste un sfert din împrumuturile Băncii Mondiale acordate Bangladeshului au avut ca scop rezolvarea problemei alimentare şi a sărăciei din zonele rurale, cea mai mare parte a banilor a ajuns în mâinile marilor proprietari de pământ, în detrimentul micilor fermieri, care adeseori au fost împinşi şi mai adânc în datorii şi privaţiuni[64].

Amărăciunea lui Chittaprosad față de o economie mondială dominată de SUA este exprimată în acest desen din 1952, în care premierul Nehru acceptă banii care curg din țeava unui revolver american. Săracii Indiei sunt ținuți strâns, fiind împiedicați să ceară ajutor comuniștilor.

În momentul scrierii acestui studiu, conform Conferinţei Naţiunilor Unite pentru Comerţ şi Dezvoltare, Bangladesh rămâne una dintre ţările cel mai puţin dezvoltate din lume. Peste 30% din populaţie încă trăieşte sub nivelul sărăciei şi mai mult de 15% continuă să fie subnutrită. „Bengalul flămând" al lui Chittaprosad continuă să se lupte şi astăzi cu propriile nevoi[65].

11

Guvernul mondial

„Am fost instruit să ucid. Nu doar alţi soldaţi, ci şi locuitori din oraşe... femei, copii, bătrâni...[1]" Aşa îşi rezuma Garry Davis, un fost pilot american de bombardier, experienţa din cel de-al Doilea Război Mondial. Este regretul care l-a încercat pentru prima dată în 1944 şi care a continuat să-l urmărească tot restul vieţii: „M-am simţit moralmente decăzut ca fiinţă umană. Profesiunea mea [înainte de război] era aceea de actor. Pe scenă, în faţa publicului, eram vesel, împlinit şi simţeam că viaţa merita trăită din plin. Relaţia cu publicul meu era una de respect reciproc, de apreciere, de dragoste chiar... Ca pilot de război, mi-am pierdut însă omenia, mi-am pierdut sufletul, dacă vrei. Devenisem doar un ucigaş al semenilor mei... «Câştigă războiul cu naziştii» era singurul meu scop, nechibzuit, în viaţă... Nu mai eram doar un comediant fericit. Mă simţeam pervertit, folosit, umilit"[2].

Nu este un lucru neobişnuit ca foşti soldaţi să se simtă în derivă odată reveniţi la viaţa de civili, mai ales după ce au trăit intensele suişuri şi coborâşuri ale luptelor de pe front. În 1945, zeci de milioane de soldaţi din întreaga lume se simţeau la fel de debusolaţi. Unii dintre ei şi-au exprimat sentimentele, aşa cum a făcut-o şi Davis, detestând modul cum îi schimbase războiul; alţii s-au chinuit să-şi reprime agresiunea, să-şi ascundă anxietatea sau să se adapteze la lipsa bruscă de concentrare sau de reacţie imediată care caracterizează viaţa pe timp de pace. Nu doar foştii soldaţi se simţeau astfel: civili din lumea întreagă trăiseră aceleaşi orori şi triumfuri datorate luptelor, iar după încheierea războiului au împărtăşit acelaşi sentiment de nelinişte greu de definit.

Ceea ce îl individualizează pe Garry Davis este cum a ales el să facă faţă acestor sentimente. Timp de doi ani şi jumătate a hoinărit fără niciun ţel prin New York, marcat nu doar de amintirea fratelui şi prietenilor morţi în război, ci şi de sentimentul răspunderii personale pentru tot ce făcuse şi de bănuiala stăruitoare că lumea nu învăţase nimic din anii aceia de distrugeri. Când nu a mai putut suporta aceste gânduri, a decis să treacă la acţiune: va lua poziţie şi va susţine pacea mondială. A revenit deci în Europa, adică la „locul crimei", iar pe 25 mai 1948 a renunţat la cetăţenia americană. A fost primul gest de sfidare dintr-o cruciadă personală care va ajunge să dureze tot restul vieţii sale[3].

Davis nu avea ceva deosebit împotriva ţării sale natale: ceea ce îl nemulţumea era însăşi ideea de „naţionalitate" în sine. După el, renunţarea la cetăţenie nu a fost un gest negativ, ci unul pozitiv – primul pas pentru a deveni un „cetăţean al lumii", o persoană care nu era loială doar unui anumit stat, ci omenirii în întregul ei. „Rădăcinile războiului", a explicat el mai târziu, „sunt, în opinia mea, inerente statului-naţiune... Pentru a elimina războiul... trebuie, mai întâi, să eliminăm naţiunile". Davis se gândea că, dacă va reuşi să convingă destui oameni să-i urmeze exemplul şi să se declare cetăţeni ai lumii, nu va mai fi nevoie de state naţionale, iar un război între naţiuni va rămâne doar o amintire din trecut[4].

În următorii şaizeci şi cinci de ani, Davis a folosit stratagemă după stratagemă ca să îşi facă publicitate, urmărind să atragă atenţia asupra inconsecvenţelor şi absurdităţii diferenţelor dintre naţiuni. Când a renunţat la cetăţenia franceză, autorităţile din acea ţară s-au văzut confruntate cu o adevărată dilemă : din moment ce nu mai era cetăţean francez, au vrut să-l deporteze, dar cum nu mai era nici cetăţean american, tehnic vorbind, nu aveau unde să-l trimită. Când autorităţile franceze au insistat să pună în aplicare ordinul de deportare, Davis a furat în mod deliberat lenjerie de damă dintr-un magazin universal din Paris cu scopul de a fi arestat – astfel încât să i se ceară în mod legal să rămână în ţară. Cu un alt prilej, la Londra, a încercat să intre în Palatul Buckingham cu intenţia vagă de a-i adresa o petiţie reginei. A fost arestat şi trimis înapoi în Statele Unite.

În ciuda angajamentului său ferm pentru cauza păcii mondiale, Davis părea să aibă talentul rar de a atrage relele tratamente asupra sa. Romancierul american Paul Gallico i-a caracterizat pe cei care, la fel ca Davis, au renunţat la cetăţenia americană ca pe nişte tineri stupizi cu „inimile sângerânde", ale căror acţiuni dădeau apă la moară unei „bande de brute" din Europa Centrală şi de Est[5]. Sovieticii l-au scos din ţară pe Davis ca pe „un nebun care exportă guvernul mondial din SUA, laolaltă cu praful de ouă şi romanele poliţiste", scopul său real fiind „să pregătească Europa pentru colonizarea americană"[6]. Între timp, preşedintele Adunării Generale a Naţiunilor Unite, omul de stat australian Herbert Evatt, l-a considerat un idealist fără speranţă şi în afara realităţilor diplomaţiei internaţionale[7].

Cu toate acestea, lui Davis nu i-a fost contestată imensa popularitate. La sfârşitul anilor 1940, el a inspirat sute de cluburi de „cetăţeni ai lumii" în toată Europa, America şi Africa de Nord şi a ţinut discursuri în faţa unor mulţimi de până la 20.000 de persoane. A câştigat susţinere din partea a numeroşi intelectuali, printre care romancierul Albert Camus, filosoful Jean-Paul Sartre, laureatul premiului Nobel pentru Pace Albert Schweitzer, violonistul Yehudi Menuhin şi cel mai renumit om de ştiinţă al secolului XX, Albert Einstein. Conform diverselor ziare, el a fost „un visător cu visuri minunate" şi „un pionier care merge înaintea vremii sale", care a exprimat „o nevoie emoţională profundă, simţită de milioane de oameni". Spre sfârşitul vieţii, *Times of India* îl compara cu Socrate, Galileo Galilei, Ioana d'Arc şi cu Beethoven, iar *The World's News* din Australia îl numea „un simbol al miilor de oameni simpli ai lumii care încearcă să se ridice din troaca mintală din care apar războaiele". Indiferent dacă Davis avea sau nu dreptate, potrivit revistei *New Yorker* el a fost cu siguranţă „în pas cu universul"[8].

De-a lungul campaniei sale de o viaţă împotriva conceptului de naţionalitate, Davis a fost întemniţat în zeci de închisori din tot atâtea state, de obicei pentru că a ignorat restricţiile privind vizele naţionale. A iniţiat un registru al „cetăţenilor lumii", care a atras aproape un milion de membri. Şi-a stabilit propria „monedă mondială" şi chiar un „guvern mondial", cu sediul la Washington, DC. Întrucât fiecare stat îi cerea să aibă documente pentru a putea călători, şi-a tipărit acasă propriul „paşaport mondial" şi a emis paşapoarte similare pentru oricine i-a cerut s-o facă. Parte din atracţia constantă pe care a exercitat-o s-a datorat hotărârii sale de a nu se limita doar să vorbească despre federalizarea mondială, ci şi de a-şi transforma întotdeauna cuvintele în acţiuni. Sacrificiile

„Cetăţeanul lumii" Garry Davis, luat pe sus de susţinătorii săi, după un discurs la Vélodrome d'Hiver din Paris, în 1948.

personale pe care le-a făcut au fost considerabile ; şi, chiar dacă până şi el însuşi a recunoscut că a fost un naiv incurabil, mai ales când a demarat această campanie, devotamentul lui faţă de cauză nu a fost niciodată pus la îndoială. După cum singur afirma, „am vrut o cruciadă, nu o întrunire. Am vrut angajament total, nu un carnet de membru şi o insignă la rever". În 2013, în momentul morţii sale, el încă mai milita pentru desfiinţarea naţiunilor şi stoparea războaielor[9].

Popularitatea lui Davis a fost simptomatică pentru o schimbare uriaşă în ce priveşte sentimentele la nivel global. Am văzut deja cum al Doilea Război Mondial a generat o nouă dorinţă de libertate, de egalitate, de relevanţă şi apartenenţă. Am văzut şi cum încrederea tuturor oamenilor în raţionalismul ştiinţific şi în centralism a crescut ca rezultat al războiului. Ceea ce părea să susţină Davis a fost o sinteză perfectă a tuturor acestor lucruri. Insistenţa lui de a avea libertatea să călătorească fără documente a fost un simbol al sentimentului de libertate pe care lumea toată şi-l dorea după război. Faptul că a invocat o frăţie a oamenilor a generat un sentiment al apartenenţei – nu la o naţiune, ci la un grup universal, care includea întreaga omenire. Dorinţa lui de a deveni un „cetăţean al lumii" se baza pe un sentiment de egalitate între toţi oamenii – caracteristică definitorie a unui cetăţean al lumii nefiind rasa, naţionalitatea, religia, clasa socială sau sexul, ci umanitatea sa. În lumea lui Davis nu mai era nevoie de război, întrucât nu mai existau naţiuni pentru care să se ducă lupte. La nivel colectiv, nu vor mai exista eroi, monştri sau martiri.

Davis credea cu tărie că singura cale raţională de a organiza o astfel de lume era ca fiecare om să aibă dreptul egal de a se exprima în alegerea unui guvern mondial cu o structură federală, care să menţină echilibrul între dorinţele fiecărei regiuni şi nevoile întregului. A vorbit întotdeauna vag în legătură cu felul în care ar trebui să arate, practic, un asemenea guvern, dar în memoriile sale a scris că şi-l imaginase ca fiind aproximativ la fel cu sistemul american: cu alte cuvinte, un guvern al Statelor Unite ale Lumii[10].

Un astfel de sistem oferea multiple avantaje. În primul rând, americanii erau familiarizaţi deja cu acest sistem. Fiind forţa motrice situată în spatele celor mai multe schimbări petrecute la nivel internaţional după război, era esenţial ca SUA să îşi asume rolul de lider în orice nouă organizaţie mondială şi nu să se retragă în izolare, aşa cum o făcuseră în anii 1920 şi 1930. În al doilea rând, acest sistem putea asigura ruptura definitivă faţă de vechea organizaţie mondială - Societatea Naţiunilor din perioada interbelică -, sistem care nu includea Statele Unite şi a cărui neputinţă de a împiedica dezastrul în care a alunecat lumea l-a discreditat în ochii tuturor. Un guvern federal mondial ar însemna şi centralizarea puterii în mâinile unei elite alese prin vot. Pentru Davis, aceasta însemna organizarea raţională a societăţii mondiale asigurată de un organism a cărui loialitate ar fi doar faţă de omenire ca întreg şi care ar include atât oameni de ştiinţă, cât şi lideri spirituali[11].

Tertipurile emfatice de publicitate şi protestele lui Garry Davis au punctat toate aceste aspecte într-o manieră destul de haotică - dar s-au găsit alţii, destul de mulţi, dornici să pună astfel de idei într-un cadru ideologic şi intelectual adecvat.

Prima carte care a popularizat ideea unui nou guvern mondial, mai ales în rândul americanilor, a fost bestsellerul internaţional, din 1943, al lui Wendell Willkie, *One World*. Willkie a fost senator republican şi candidat la preşedinţia SUA, trimis în timpul războiului de preşedintele Roosevelt într-o misiune de informare în jurul lumii. Cartea care a prezentat constatările sale din acest turneu descrie dorinţa universală de schimbare pe care a descoperit-o cu acest prilej. „Lumea întreagă", scria el, era „nerăbdătoare, gata să revendice, însetată, ambiţioasă, gata să facă sacrificii incredibile dacă va întrezări speranţa că asemenea sacrificii se vor dovedi a fi utile"[12]. Willkie era extrem de convins că aceste aşteptări trebuiau să fie îndeplinite, dacă se voia ca vreodată, în viitor, omenirea să-şi găsească pacea şi, mai mult, considera că SUA trebuiau să fie deschizătoarele acestui drum:

> După acest război, Statele Unite ale Americii trebuie să aleagă una dintre cele trei căi: naţionalismul îngust, care reprezintă inevitabil pierderea definitivă a propriei noastre libertăţi; imperialismul internaţional, care înseamnă sacrificarea libertăţii unei alte naţiuni; sau crearea unei lumi în care să existe o egalitate de şanse pentru toate rasele şi naţiunile. Sunt convins că poporul american va alege, cu o majoritate covârşitoare, ultima dintre aceste trei căi[13].

În mai 1943, *One World* a ajuns direct în topul celor mai bine vândute cărţi întocmit de *New York Times* şi a rămas acolo timp de patru luni, cu 2 milioane de exemplare vândute în final. Despre această carte s-a spus că a reuşit să elimine izolaţionismul tradiţional, mai ales în cazul Partidului Republican, care în trecut împiedicase Statele Unite ale Americii să participe activ la problemele mondiale[14].

Doi ani mai târziu, chiar la sfârşitul războiului, a apărut o altă carte importantă, semnată de scriitorul şi editorul Emery Reves, care a ajuns să fie tradusă în 25 de limbi şi vândută în 800.000 de exemplare în toată lumea. Reves era un evreu maghiar cu studii

Logoul World Citizens Association, una dintre numeroasele organizaţii din întreaga lume care promovau federalismul global.

la Berlin, Zürich şi Paris, care, în cele din urmă, s-a stabilit în SUA. La fel ca mulţi alţii din generaţia sa, războiul îl afectase personal şi îşi pierduse mama în timpul Holocaustului[15].

Într-un tratat bine argumentat, Reves susţinea că al Doilea Război Mondial nu a fost decât „simptomul maladiei" : câştigarea războiului va fi fără sens, dacă lumea nu va reuşi să trateze cauzele care au stat la baza lui. La fel ca Garry Davis, şi Reves credea că la baza tuturor conflictelor moderne stă ataşamentul afectiv al omenirii faţă de statele naţionale.

> Naţionalismul reprezintă spiritul de turmă. Este una dintre numeroasele manifestări ale acelui instinct tribal ce constituie una dintre cele mai adânc înrădăcinate şi mai constante caracteristici ale omului ca fiinţă socială. El exprimă un complex colectiv de inferioritate, care oferă reacţii consolatoare la frica, singurătatea, slăbiciunea, inabilitatea, insecuritatea şi neputinţa individului care îşi caută refugiul în conştiinţa exagerată şi în mândria apartenenţei la un anumit grup de oameni.[16]

Atât timp cât vor exista naţiunile, spunea Reves, ele se vor ciocni mereu cu alte grupuri care manifestă temeri şi insecurităţi similare, iar rezultatul inevitabil va fi conflictul. Singura cale de a rezolva această problemă este de a înceta să ne separăm în grupuri timorate, care se exclud reciproc, şi de a integra toate naţiunile „într-o suveranitate superioară, unită şi capabilă să creeze o ordine legală în cadrul căreia toate popoarele să se poată bucura de securitate egală, de drepturi şi de obligaţii egale, conform legii". Cu alte cuvinte, era nevoie de un guvern federal mondial[17].

Pretutindeni în Occident şi alţi oameni ajungeau la aceleaşi concluzii. În Statele Unite, douăzeci de personalităţi marcante, printre care Albert Einstein, Thomas Mann şi trei senatori, au întocmit o scrisoare deschisă către poporul american prin care era îndemnat să citească volumul lui Reves, „care exprimă clar şi simplu ceea ce gândesc atât de mulţi dintre noi" ; scrisoarea lor a fost publicată în *New York Times*, *Washington Post* şi în alte cincizeci de ziare[18]. Între timp, un grup de oameni de ştiinţă de seamă de la Universitatea din Chicago redactau deja ceea ce ei sperau a fi baza unei constituţii mondiale[19]. În 1947, în Marea Britanie, parlamentarul laburist Henry Usborne a înfiinţat All Party Parliamentary Group for World Governance, care la apogeu a numărat peste 200 de membri din ambele camere ale parlamentului. Concomitent, fostul lider al Rezistenţei Franceze, Robert Sarrazac, a înfiinţat Le Front Humain des Citoyens du Monde. Grupul lui a preluat până la urmă cauza lui Garry Davis, promovându-l pe acesta ca imagine a mişcării[20].

Chiar dacă astfel de grupuri erau mai active în Europa şi în America de Nord, organizaţii locale care să solicite un guvern mondial au apărut şi în Argentina, Australia, Noua Zeelandă, India, Pakistan, Filipine, Japonia şi Turcia. În 1947, peste cincizeci de astfel de organizaţii din douăzeci şi patru de ţări s-au reunit la Montreux, în Elveţia, şi au luat hotărârea de a se uni, formând World Federalist Movement. Manifestul lor afirma că „omenirea se poate debarasa pentru totdeauna de război doar prin înfiinţarea unui guvern federal mondial". Această organizaţie este activă şi astăzi şi are legături cu grupuri similare din toate colţurile lumii[21].

Este important să reiterăm faptul că nu doar idealismul motiva această mişcare : mai exista şi teama disperată de ceea ce s-ar putea întâmpla dacă lumea *nu* va găsi o soluţie la problemele ei. După spusele lui Frank Buchman, fondatorul mişcării globale Reînarmarea Morală, „toată lumea doreşte un răspuns. Am ajuns în momentul în care, dacă nu găsim un răspuns şi nu îl oferim repede lumii, nu doar o singură naţiune, ci toate vor fi distruse"[22].

Cel mai acut prezentă în mintea oamenilor era ameninţarea unui nou conflict, unul şi mai devastator. Chiar înainte de apariţia bombei atomice, oameni de stat precum Jan Smuts din Africa de Sud au avertizat că „este posibil ca un al treilea război mondial să fie dincolo de limitele a ceea ce poate suporta lumea civilizată, ba chiar poate dincolo de limitele existenţei noastre continue ca lume a oamenilor"[23]. Însă după Hiroshima, astfel de opinii au devenit şi mai puternice şi urgente. Idealismul lui Wendell Willkie din *One World* a lăsat loc unui nou mesaj, unul cuprins în titlul unui alt bestseller publicat în 1945, despre precaritatea erei nucleare : *One World or None*[24].

Organizaţia Naţiunilor Unite

În această atmosferă de idealism entuziast combinat cu o groază subconştientă a luat naştere Organizaţia Naţiunilor Unite. La prima vedere, ONU părea să împărtăşească multe dintre idealurile comune ale celor ca Garry Davis şi Emery Reves. Părea un fel de guvern mondial, cu reprezentanţi din cincizeci şi una de ţări diferite, ce păreau unite prin dorinţa lor de a „salva generaţiile următoare de calamităţile războiului". Prin semnarea Cartei ONU, aceste state s-au angajat solemn „să practicăm toleranţa şi să trăim în pace unii cu ceilalţi, ca buni vecini". Suna cu adevărat măreţ[25].

În anii de început ai ONU, oamenii din toată lumea doreau cu disperare să creadă că această organizaţie era soluţia pentru toate problemele lumii. Mulţi dintre primii angajaţi ai ONU luptaseră pentru Aliaţi sau în mişcările clandestine de rezistenţă şi priveau şansa de a lucra pentru pace ca pe „un vis împlinit"[26]. În Europa, noua organizaţie a fost salutată de unele ziare drept „marele act istoric… care dă lumii o profundă speranţă" că ar putea „de acum încolo să trăiască în pace"[27]. În Asia, ea a fost elogiată ca o „mare coaliţie pentru pace" şi o „grădină utopică" (fie şi una presărată cu ocazionale „stânci dure ale realităţii")[28]. Câţiva intelectuali africani şi-au îngăduit şi ei să creadă în ONU ca într-un far al speranţei pentru o lume mai bună. „Niciodată până acum", afirma militantul nigerian Eyo Ita, „rasa umană nu a avut o ocazie mai bună şi mai prielnică de a înfăptui o comunitate mondială a popoarelor libere şi egale"[29].

Chiar şi SUA, izolaţioniste prin tradiţie, au fost cuprinse de un entuziasm similar, atât republicanii, cât şi democraţii întrecându-se în elogii faţă de noua organizaţie. Secretarul de stat Cordell Hull susţinea că ONU deţinea cheia pentru „împlinirea celor mai înalte aspiraţii ale omenirii şi pentru însăşi supravieţuirea civilizaţiei noastre"[30]. Alţi politicieni de vază au numit Carta ONU „cel mai important şi mai optimist document din istoria mondială a formelor de guvernământ", ale cărei principii ne vor conduce „spre o epocă de aur a libertăţii, dreptăţii, păcii şi bunăstării sociale"[31]. Şi populaţia americană în ansamblu gândea în aceiaşi termeni superlativi. Într-un sondaj Gallup realizat în iulie 1945, cei în favoarea Cartei ONU îi depăşeau ca număr pe cei împotriva ei cu douăzeci la unu[32].

Privind retrospectiv, încă mai idealizăm adeseori starea de spirit care a dat naştere Organizaţiei Naţiunilor Unite, la fel cum continuăm să idealizăm şi actele de bravură ale unor idealişti excentrici ca Garry Davis. ONU continuă şi astăzi să celebreze momentul în care, la conferinţa de la San Francisco, s-a votat noua Cartă ONU şi când „fiecare delegat s-a ridicat şi a rămas în picioare... iar sala a răsunat de ovaţii puternice"[33]. Actualii politicieni încă elogiază nu doar „idealurile Cartei", ci şi pe „pionierii" care au construit Organizaţia „din cenuşa războiului şi a genocidului"[34]. Chiar şi istoricii tind să devină uşor sentimentali când privesc înapoi la „vizionarii şi eroii" care au pus bazele acestei Organizaţii[35].

Din nefericire, nici eroii păcii nu sunt mai capabili decât eroii războiului să se situeze la înălţimea unei astfel de idealizări. Motivele celor care au creat ONU nu au fost nici pe departe la fel de pure pe cât le plăcea lor să creadă, iar sistemele pe care le-au implementat au fost adeseori orientate la fel de mult spre scopuri egoiste şi naţionaliste pe cât au fost spre scopurile nobile şi universaliste. O scurtă privire asupra stenogramelor dezbaterilor care au avut loc la San Francisco este suficientă pentru a descoperi că niciodată nu s-a avut în vedere o Utopie[36]. Ba chiar au existat anumite aspecte ale sistemului ONU care păreau menite să dezamăgească aproape pe toată lumea.

În primul rând, noua organizaţie nu a făcut absolut nimic pentru a aborda singura problemă pe care idealişti ca Davis sau Reves o identificaseră drept principală cauză a războiului : naţionalismul. Dimpotrivă, ONU a consacrat, practic, naţionalismul ca fiind cea mai importantă filosofie politică (şi singura) care ne guvernează vieţile : însuşi numele organizaţiei subliniază faptul că ea nu reprezintă *populaţia* lumii, ci *naţiunile* lumii.

Mai mult, Carta a statuat clar faptul că unele dintre aceste naţiuni aveau să fie mai egale decât altele. Deşi iniţial au fost cincizeci şi unu de membri ONU, cele mai puternice cinci state - SUA, URSS, Marea Britanie, Franţa şi China - urmau să aibă privilegii şi responsabilităţi speciale. Spre deosebire de toate celelalte, acestora cinci li se garanta un loc permanent în Consiliul de Securitate al ONU, considerat ca fiind inima şi creierul noii organizaţii. Nu doar atât, ci - spre deosebire de toţi ceilalţi membri - cele cinci state vor avea şi drept de veto asupra propunerilor cu care nu sunt de acord.

Această ierarhizare li s-a părut perfect logică celor cinci mari puteri - la urma urmelor, ele au fost acelea care au dus cele mai multe lupte în timpul războiului şi care, inevitabil, vor fi chemate să asigure resursele necesare pentru prevenirea izbucnirii oricăror războaie viitoare. Însă, aşa cum a precizat viitorul premier columbian Alberto Lleras Camargo, chiar dacă numai marile puteri aveau suficiente mijloace pentru a asigura pacea, la fel de adevărat era că „numai marile puteri sunt cele care pot ameninţa pacea şi securitatea mondială”[37]. În 1945, când s-a dezbătut la San Francisco dreptul de veto al celor cinci mari puteri, subiectul a provocat un val de proteste în rândul naţiunilor mai mici ale lumii. Ministrul de Externe al Egiptului a fost unul dintre cei care au obiectat faţă de faptul că ţări precum Marea Britanie sau URSS vor fi, practic, capabile să „joace atât rolul de judecător, cât şi pe cel de jurat” în orice chestiune care le priveşte personal[38]. Naţiuni din toate colţurile lumii au criticat dreptul de veto ca fiind „imoral” şi „nedrept şi nejustificat” şi au declarat că „aripile puterii” trebuie „scurtate de pene”. Dar, în final, cele cinci mari puteri au reuşit să intimideze suficienţi delegaţi care să le susţină poziţia şi au primit atât locuri permanente în Consiliul de Securitate, cât şi puternicul drept de veto[39].

O ultimă chestiune care i-a îngrijorat pe idealiştii anului 1945 a fost modul în care Carta ONU le-a interzis categoric ţărilor membre să intervină în „chestiuni care ţin în mod esenţial de jurisdicţia internă a unui stat”[40]. La prima vedere, această prevedere pare un mijloc rezonabil prin care naţiunile sunt împiedicate să-şi submineze din interior vecinii, aşa cum procedase Hitler în perioada premergătoare războiului ; dar mai însemna şi că orice naţiune îşi putea oprima cetăţenii fără teama unei intervenţii din exterior. Mai mult, prevederea venea în contradicţie cu principiul fundamental al drepturilor egale pentru toţi ; în schimb, promova ideea că diferite naţiuni vor fi supuse unor sisteme politice şi legislaţii diferite, precum şi unor grade diferite de libertate. Astfel, sovieticii erau liberi să-şi justifice represiunea din Ţările Baltice ca fiind o chestiune de ordin „intern”, iar puterile europene puteau refuza solicitările de a renunţa la imperiile lor cu justificarea că acestea constituie un subiect care le priveşte doar pe ele.

Principiul sacru al suveranităţii naţionale în chestiunile interne urma să aibă consecinţe imediate şi devastatoare. Minorităţile naţionale, ale căror drepturi fuseseră întotdeauna garantate de sistemul interbelic al Societăţii Naţiunilor, au fost acum efectiv abandonate la mila guvernanţilor. Astfel, între 1945 şi 1947, când milioane şi milioane de germani şi de alte minorităţi au fost expulzate cu brutalitate din căminele lor din Europa de Est, Organizaţia Naţiunilor Unite nu a intervenit deloc. Această situaţie a stabilit un precedent care, de atunci, a provocat suferinţe de nedescris : fără un mandat care să îi confere autoritatea de a interveni, ONU a stat deoparte în timp ce în ţări ca Rwanda, Cambodgia, Iugoslavia şi Sudan se petreceau adevărate genocide[41].

Mulţi începuseră deja să se simtă dezamăgiţi de ONU chiar mai înainte să se usuce cerneala de pe Carta organizaţiei. Conform diplomatului canadian Escott Reid, întreaga delegaţie a Canadei a revenit de la San Francisco cuprinsă de un „profund pesimism în legătură cu viitorul Organizaţiei Naţiunilor Unite”[42]. Diplomatul american George Kennan era convins că formulările ambigue din Cartă vor duce, inevitabil, la dispute viitoare, iar diplomatul britanic Gladwyn Jebb era îngrijorat de faptul că ţinta conferinţei fusese prea înaltă pentru „această lume hainǎ”[43]. Asta în vreme ce membrii naţiunilor mai mici au plecat de la conferinţă cu sentimentul deprimant că au fost traşi pe sfoară. Poate cele mai dezamăgite dintre toate au fost acele ţări şi colonii care nici măcar nu fuseseră reprezentate la conferinţă. „Astăzi suntem pe muchia unei ere noi”, se lamenta un ziar din Nigeria, dar, departe de a elibera Africa de sub imperiile care o controlau,

Carta ONU părea destinată doar „să le refuze popoarelor din colonii un tratament egal în noua ordine mondială”[44].

Pentru idealişti ca Garry Davis şi Emery Reves, înfiinţarea ONU a reprezentat expresia finală a tot ceea ce era incorect în lume. Reves, mai ales, a criticat aspru „erorile” pe care le considera inerente sistemului ONU. A intuit de la început că interesele naţionale înguste vor surclasa întotdeauna orice iniţiativă pentru binele comun şi că dorinţa arzătoare de „autodeterminare” nu va duce decât la fărâmiţarea vechilor imperii „în unităţi din ce în ce mai mici, fiecare fiind suverană peste colţişorul ei”. Însă cel mai mult a ironizat ipocrizia unui sistem care era într-un mod extrem de evident părtinitor cu cei puternici. El a prezis că ţări precum SUA sau URSS vor obţine aproape întotdeauna tot ce vor, pentru că „toate marile puteri se poartă ca nişte gangsteri. Şi toate naţiunile mici se comportă ca nişte prostituate”[45].

Garry Davis, pe de altă parte, a fost ceva mai aplicat în criticile sale. Una dintre cele mai proeminente lovituri mediatice ale lui din 1948 a presupus intrarea sa frauduloasă la şedinţa Adunării Generale a Naţiunilor Unite şi hărţuirea delegaţilor. „Cetăţenii lumii” nu sunt reprezentaţi de ONU – a declarat – şi i-a somat pe delegaţi să „nu ne mai amăgiţi cu această iluzie de autoritate politică”. Departe de a promova pacea mondială, a spus el, „statele suverane pe care le reprezentaţi ne divizează şi ne conduc spre prăpastia unui război total”. Recompensa lui Davis pentru această intervenţie – aşa cum s-a întâmplat cel mai adesea pe parcursul vieţii sale – a fost evacuarea lui cu forţa din clădire şi detenţia pentru tot restul zilei[46].

Nu este greu de detectat sentimentul trădării din cuvintele lui Davis. Atât el, cât şi comitetul intelectualilor francezi care l-a susţinut – ca, de altfel, şi milioanele de oameni din toată lumea care au urmărit acţiunile lui Davis în ziare – făcuseră sacrificii imense în anii anteriori şi simţeau că incertitudinile lumii postbelice sunt aproape de nesuportat. Luptaseră în al Doilea Război Mondial în slujba unui ideal ; în schimb, tot ceea ce primiseră a fost un compromis.

Câteva mici succese

Privind retrospectiv, este dificil să ne imaginăm astăzi un mod diferit – sau măcar mai bun – în care s-ar fi putut constitui ONU. Ideea că oamenii de pretutindeni ar putea renunţa la naţionalism pentru visul unei omeniri unite nu a fost niciodată mai mult decât o iluzie : după ce au luptat pentru ţările lor în timpul războiului, era puţin probabil ca marea majoritate a oamenilor să-l urmeze pe Garry Davis şi să renunţe la naţionalitatea lor acum, când războiul se sfârşise. Ideea că naţiunile cele mai puternice ale lumii vor renunţa vreodată la propria suveranitate pentru a se supune unei autorităţi superioare era tot o iluzie. Dar poate cea mai mare iluzie dintre toate a fost că Occidentul capitalist şi Estul comunist vor putea continua să coopereze fără ca un duşman comun să-i ţină uniţi. Prăbuşirea capitalismului a fost prezisă de *Manifestul Partidului Comunist*, la fel şi răspunsul inevitabil al capitalismului în faţa acestei ameninţări. Dacă va fi să avem o singură lume, nu va fi loc decât pentru un singur sistem.

Astfel au luat naştere compromisurile, iar ONU a traversat şchiopătând restul secolului XX. În anii care au urmat, foarte multe dintre temerile din 1945 s-au confirmat. Într-adevăr, aproape toate cele cinci mari puteri au făcut uz de dreptul lor de veto pentru a se angaja în propriile războaie, spre furia neputincioasă a marii majorităţi a membrilor ONU. Astfel, britanicii şi francezii au invadat Suezul în 1956, sovieticii au invadat Ungaria, Cehoslovacia şi Afganistanul (1956, 1968 şi 1979), iar în anii 1980 americanii s-au angajat într-o serie de aventuri dubioase în America Centrală. Acelaşi tipar a continuat şi în secolul al XXI-lea cu invazia condusă de americani în Irak (2003), invazia Rusiei în Georgia (2008) şi anexarea Crimeii de către ruşi (2014), toate acţiunile fiind realizate fără acordul Consiliului de Securitate, dar şi fără sancţiuni din partea acestuia. Când a fost cazul, cele cinci mari puteri s-au dovedit a fi mai mult sau mai puţin libere să pornească războaie ori de câte ori au dorit[47].

La fel au procedat şi aliaţii lor. O altă caracteristică a dreptului de veto în Consiliul de Securitate este că a fost folosit permanent pentru a împiedica sancţiunile împotriva oricărei naţiuni aflate sub protecţia uneia dintre marile puteri. URSS a protejat întotdeauna Cuba, China încă mai protejează Coreea de Nord, iar Statele Unite blochează orice sancţiune împotriva Israelului. Indiferent cine are dreptate şi cine greşeşte în fiecare caz, această situaţie a produs un sistem de standarde duble prin care unele naţiuni sunt pedepsite pentru că ameninţă pacea, în vreme ce altele par libere să o facă după bunul lor plac.

Cu toate acestea, doar pentru faptul că ONU nu a fost capabilă să asigure pacea universală şi permanentă nu înseamnă că ar trebui să desfiinţăm cu totul organizaţia. Dincolo de interesele marilor puteri, ea a înregistrat şi unele succese impresionante. De exemplu, a ajutat la netezirea drumului către independenţă în cazul Indoneziei şi al multor state africane. A reuşit să menţină acorduri dificile de armistiţiu, în diferite grade, pe subcontinentul indian, în Orientul Mijlociu şi în Cipru. A recurs la represalii puternice faţă de agresiunea comunistă din Coreea, în anii 1950, iar în anii 1990 a obligat trupele lui Saddam Hussein să se retragă din Kuwait.

Nici dreptul de veto al celor cinci membri permanenţi nu a fost întotdeauna un lucru rău. Cel puţin, a oferit o supapă de presiune care le-a permis marilor puteri să rămână implicate în procesele internaţionale în loc să se ridice de la masa tratativelor, aşa cum s-a întâmplat atât de des în Societatea Naţiunilor. Astfel, dacă organizaţia nu a avut întotdeauna succes în prevenirea unor *mici* războaie, cel puţin a avut un cuvânt de spus în prevenirea unui alt război *mondial*.

Dar în alte domenii ale vieţii a avut unele realizări remarcabile. După al Doilea Război Mondial şi pe tot parcursul secolului XX, ONU a purtat de grijă multor milioane de refugiaţi – hrănindu-i, îmbrăcându-i, găsindu-le locuinţe noi şi venind în întâmpinarea nevoilor lor psihologice. Agenţiile ONU au contribuit la eradicarea variolei din întreaga lume, la ridicarea standardelor de muncă, generalizarea învăţământului şi extinderea drepturilor femeilor de pretutindeni. De fiecare dată când telefonăm sau expediem o scrisoare în străinătate ori călătorim în altă ţară, beneficiem de acordurile internaţionale care au fost intermediate şi reglementate de agenţii ale ONU. Şi lista poate continua. Aceste lucruri pot să pară mai puţin impresionante decât tentativele de a realiza pacea mondială, dar fac, în egală măsură, parte din acelaşi imbold de a construi o lume mai unită care i-a inspirat atât de mult pe idealişti ca Garry Davis şi Emery Reves.

Astăzi, cel mai surprinzător lucru este cât de anacronic pare ONU, mai ales structura Consiliului de Securitate al organizaţiei. Încă din 1945, a devenit limpede că Marea Britanie şi Franţa nu vor mai fi niciodată la fel de influente cum au fost cândva : astăzi ele nu se deosebesc prin nimic de zeci de alte state. Rusia din zilele noastre este doar o umbră a fostei URSS, iar China, deşi reprezintă o uriaşă putere economică, mai are încă până să atingă statutul de superputere politică. Doar SUA au reuşit să-şi menţină un statut similar celui de care se bucurau atunci când s-a înfiinţat ONU. Între timp, giganţi economici ca Germania şi Japonia şi noi mari puteri ca India şi Brazilia sunt obligate să se supună unui sistem care nu le recunoaşte adevărata valoare. Acea „o singură lume" pe care ne-am ales-o în 1945 a menţinut neschimbată configuraţia puterii existentă la sfârşitul celui de-al Doilea Război Mondial. Fie că ne place sau nu, acesta este sistemul în cadrul căruia suntem obligaţi să trăim şi astăzi.

Chiar şi cei mai fermi susţinători ai ONU înţeleg că sistemul este absurd. Aşa cum a explicat un avocat specializat în drept internaţional :

> Dacă ar veni cineva la tine şi ţi-ar spune „Uite, vrem să avem o organizaţie care să guverneze lumea. Dar... nu are un buget propriu ; nu are nicio forţă de constrângere proprie ; trebuie să cerşească, să se bazeze pe statele ei membre atât pentru ajutor militar, cât şi pentru susţinere financiară ; trebuie să aibă o Cartă care este un compromis, cu principii contradictorii, pentru a-i face pe oameni să o accepte ; şi trebuie să se descurce cu diferitele limbi vorbite concomitent de către personalul care o va reprezenta. Crezi că va funcţiona ? ", mi-ai răspunde : „Glumeşti ? ". Eu aş zice că e un miracol faptul că organizaţia este capabilă să facă chiar şi puţinul pe care îl face. Sunt un susţinător fervent al Organizaţiei Naţiunilor Unite pur şi simplu pentru că nu avem nimic mai bun în loc. Dar trebuie să o perfecţionăm[48].

Cel care a rostit aceste cuvinte este un american de origine maghiară care a lucrat în cadrul ONU vreme de o jumătate de secol. Iar povestea lui este cea despre care vom vorbi în continuare.

12
Dreptul internațional

Lui Benjamin Ferencz nu i-a priit războiul[1]. La sfârşitul anului 1941, când japonezii au bombardat Pearl Harbor, s-a oferit imediat voluntar ca să-şi slujească ţara, dar se pare că el şi armata SUA aveau opinii cu totul diferite despre ce fel de contribuţie şi-ar fi putut aduce. Ca student la Drept de la Harvard şi fiind deja vorbitor al mai multor limbi, Ferencz credea că ar putea fi util în serviciul militar de informaţii. Însă pe cei din armată nu îi interesa mintea lui – tot ce voiau era să aibă cât mai mulţi militari. Aşa că, după ce şi-a absolvit studiile de Drept, Ferencz a fost recrutat ca soldat într-o unitate de artilerie.

În următorii doi ani a învăţat toate trucurile din armată. A aflat cum poate să inducă în eroare sistemul, cum să evite executarea unor ordine periculoase sau ilegale („şi erau multe dintre acestea"), cum să scape în chip inteligent de şicanele ofiţerilor superiori – şi, în ultimă instanţă, cum să lupte cu nemţii. A participat la debarcările din Normandia, la ofensiva din Ardeni şi la străpungerea Liniei Siegfried. El şi unitatea lui de artilerie au doborât avioane inamice şi au bombardat trupele duşmane. Şi toate i-au displăcut profund.

De abia în decembrie 1944, după ce unitatea lui Ferencz ajunsese până la graniţa cu Germania, cineva din ierarhia militară superioară şi-a dat seama că talentele lui ar putea fi folosite mai bine în altă parte. Se primiseră rapoarte neliniştitoare din Germania, care trebuiau investigate – relatări despre aviatori ai armatelor Aliaţilor care fuseseră ucişi în bătaie şi despre prizonieri maltrataţi, precum şi alte zvonuri mult mai grave. Aveau acum nevoie de un expert în crime de război. Şi aflaseră, nu se ştie cum, că Ferencz era un astfel de expert : lucrând la un proiect de cercetare pentru unul dintre profesorii săi, Ferencz citise şi rezumase aproape toate cărţile pe acest subiect aflate în biblioteca Universităţii Harvard. Drept urmare, a fost transferat imediat de la unitatea de artilerie şi de atunci Ferencz avea să facă parte din departamentul juridic al Armatei a 3-a, ca investigator al crimelor de război.

La început, s-a angajat cu entuziasm în noua lui slujbă. Se gândea că, cel puţin, va fi în sfârşit departe de ororile de pe câmpul de luptă. I s-au dat un automobil spre folosinţă şi autoritatea de a merge oriunde era nevoie şi a pune ce întrebări voia. Nutrea idei romantice despre sine, ca unul care putea descinde într-un oraş pentru a restabili echilibrul moral, un fel de variantă juridică a Călăreţului Singuratic. Şi-a scris chiar şi pe botul jeepului cu care mergea cuvintele IMMER ALLEIN – „întotdeauna singur".

Însă nimic nu l-a putut pregăti sufleteşte pentru ceea ce urma să vadă. În primăvara lui 1945, după ce a cercetat câteva cazuri izolate de crimă, Ferencz a fost chemat să

Ben Ferencz în Franța în 1944, pe când încă era caporal în Batalionul 115 de Artilerie Antiaeriană al Armatei SUA.

investigheze ce s-a petrecut în lagărele de concentrare pe care armata SUA începea să le descopere pe măsură ce înainta în Germania şi Austria: Ohrdruf, Buchenwald, Mauthausen, Dachau, ca să enumerăm doar câteva. Din momentul când Ferencz a pus piciorul într-unul din acele locuri, i-a devenit limpede că era martorul unor atrocităţi fără precedent. „În principiu, toate arătau la fel: leşuri aruncate la întâmplare prin lagăr, grămezi de piele şi oase, cadavre îngrămădite ca nişte stive de lemne în faţa crematoriilor aprinse, schelete de oameni neputincioşi, bolnavi de diaree, dizenterie, tifos, tuberculoză, pneumonie şi alte afecţiuni, vomând în paturile lor suprapuse pline de păduchi sau întinşi direct pe pământ, ale căror priviri disperate implorau ajutor." Pe parcursul îndeplinirii atribuţiilor lui, Ferencz a vizitat cel puţin şase astfel de locuri, iar ceea ce a văzut avea să-l obsedeze tot restul vieţii.

În haosul care a urmat eliberării, nici pregătirea lui juridică nu ar fi avut cum să-l prevină cu privire la actele de răzbunare la care a fost martor. De exemplu, când a ajuns în lagărul de concentrare de la Ebensee, Ferencz a surprins câţiva deţinuţi răzbunându-se pe unul dintre foştii lor gardieni SS. L-au bătut fără milă, l-au legat de una dintre plăcile de metal folosite pentru a introduce cadavrele în crematoriu şi l-au ars de viu. „Am văzut ce se petrece şi nu am făcut nimic. Nu era de datoria mea să îi opresc, deşi aş fi putut să o fac, dar, sincer, nici măcar nu am simţit nevoia să încerc." Scena aceea i s-a întipărit însă în memorie.

Ulterior, în timpul proceselor militare de la Dachau, a văzut cum unora dintre acuzaţi nu li se acorda mai mult de un minut sau două pentru a se justifica înainte de a fi condamnaţi la moarte. „Ca avocat, nu am fost foarte impresionat. Nu la modul absolut, în orice caz. Am considerat că e injust? Nu chiar. Au fost în lagăr, au văzut ce se întâmplă... Dar am fost oarecum dezgustat."

Vreme de aproape un an, experienţele de acest gen au făcut parte din viaţa lui zilnică. În decembrie 1945, paharul s-a umplut. În loc să aştepte demobilizarea, a dezertat şi s-a furişat clandestin pe o navă militară care pleca spre Statele Unite. Nimănui din armată nu a părut să-i pese de el în mod deosebit. Când a ajuns în SUA, nu exista niciun fel de dovadă despre ce a făcut sau pe unde a fost, aşa că a fost demobilizat cu onoruri şi lăsat să plece acasă. „Cei trei ani pe care i-am petrecut în armată în timpul celui de-al Doilea Război Mondial au fost experienţa cea mai jalnică din viaţa mea", avea să mărturisească el mai târziu. Tot ce îşi dorea era să revină la viaţa de avocat civil şi să încerce să uite ce văzuse.

Calea către Nürnberg şi Tokyo

Genul de răzbunare la care Ben Ferencz a asistat la Ebensee a fost o situaţie obişnuită în perioada imediat următoare războiului. Înveninaţi de anii de cruzimi, mulţi indivizi din Europa şi Asia au profitat de vidul temporar de putere pentru a-şi face singuri dreptate. În Cehoslovacia, foştii membri SS capturaţi au fost spânzuraţi de stâlpii de iluminat de pe străzi. În Polonia, cei suspectaţi de nazism au fost îngropaţi în bălegar, omorâţi în bătaie de foştii deţinuţi din lagărele de concentrare sau siliţi să exhumeze gropile comune cu mâinile goale[2]. În Franţa, Rezistenţa a executat circa 9.000 de colaboraţionişti în timpul şi imediat după eliberare, în urma unor procese sumare, iar în Italia, aproximativ 20.000 de fascişti au împărtăşit aceeaşi soartă[3].

În marea majoritate a cazurilor, cei care au comis actele de răzbunare nu au considerat că există vreun motiv ca justiţia să fie implicată. Vinovăţia poliţiştilor corupţi şi a gardienilor violenţi era bine cunoscută: de ce să aibă parte de un proces corect când chiar ei le refuzaseră victimelor lor un asemenea lux? Până şi avocaţii vedeau în acest fapt un fel de lege a junglei. Un avocat pledant din Franţa, de pildă, a pus la îndoială rostul organizării unor procese pentru un grup de bestii fasciste care au recunoscut că le scoseseră ochii prizonierilor, că le-au „pus gândaci în orbite şi apoi le-au cusut pielea pe deasupra". În cazul unor astfel de inşi, a opinat el, „ar fi mai bine să-i împuşcăm imediat"[4].

Uneori, grupuri întregi, chiar populaţii întregi au fost vizate de actele de răzbunare. În Iugoslavia, circa 70.000 de soldaţi şi civili colaboraţionişti au fost aliniaţi de-a lungul unor tranşee şi împuşcaţi ori au fost legaţi unii de alţii şi aruncaţi în prăpăstii. Deoarece s-a folosit o formă rudimentară de judecată, niciunul dintre ei nu a avut ocazia să se apere, în sens juridic[5]. În acelaşi timp, în toată Europa de Est, cei cu descendenţă germană au fost goniţi din comunităţile lor. Între 1945 şi 1948, între 12 şi 14 milioane de oameni au fost expulzaţi în Germania, procedura fiind atât de crudă, încât se crede că cel puţin o jumătate de milion dintre ei au murit pe drum[6]. Încă o dată, legalitatea unor astfel de măsuri aproape că nu a fost avută în vedere. „Întreaga naţiune germană este răspunzătoare pentru Hitler", declara viitorul ministru cehoslovac al Justiţiei, în 1945, „şi întreaga naţiune trebuie să suporte pedeapsa"[7].

Scene asemănătoare au avut loc şi în unele regiuni din Asia. În Hong Kong, câţiva soldaţi japonezi au fost coborâţi cu forţa din tramvaie şi omorâţi în bătaie pe stradă;

colaboratorii şi informatorii au fost vânaţi de justiţiari, judecaţi de tribunale ad-hoc şi împuşcaţi în ceafă ; iar când călăul *kempei* de la închisoarea Stanley a fost surprins în timp ce încerca să fugă pe un feribot, a fost prins de nişte muncitori chinezi care l-au legat şi l-au aruncat în mare, să se înece[8]. În Birmania, agenţii Counter Intelligence Corps din SUA nu au avut niciun fel de scrupule în a-i executa pe colaboraţionişti, iar în Manciuria se estimează că 3.000 de japonezi suspectaţi de crime de război au fost executaţi de sovietici, în urma unor procese sumare[9]. În Malaya, pe de altă parte, gherilele comuniste au instituit după război o „domnie a terorii", în timpul căreia s-a întâmplat frecvent ca femeile ce întreţinuseră relaţii sexuale cu oficiali japonezi şi suspecţii de colaboraţionism să fie ucise. Conform unor martori oculari, o simplă execuţie nu era suficientă : victimele erau adesea înjunghiate cu baioneta, bătute sau torturate până la moarte. Li se scoteau ochii, li se retezau organele sexuale, trupurile le erau spintecate. „Nu mai existau legi adecvate", afirma un istoric malaiez, „iar vieţile oamenilor nu mai aveau nicio valoare"[10].

Problema acestui gen de justiţie sumară cuprindea trei aspecte : era crudă, arareori exista vreo diferenţă între cei nevinovaţi şi cei vinovaţi şi – poate cel mai important – arareori o puteai deosebi în vreun fel de atrocităţile comise de naziştii înşişi sau de militarii japonezi. „Repetăm unele dintre procedeele odioase aplicate de Gestapo", se lamenta un ziar al Rezistenţei franceze după eliberare. „Ce sens a avut victoria asupra barbarilor, dacă nu facem decât să-i imităm şi să devenim asemenea lor ?"[11]

Aliaţii occidentali au fost autorii a numeroase execuţii sumare, atât în Europa, cât şi în Asia. Totuşi, cu siguranţă că nu şi-au dorit să rămână în istorie în acest mod. Ei se considerau eroi ai dreptăţii şi arhitecţii unei lumi mai bune şi mai sigure şi voiau ca şi alţii să-i privească în acelaşi fel. În plus, ştiau că, dacă se va instaura o pace durabilă, era esenţial să li se demonstreze tuturor faptul că epoca violenţei arbitrare şi a atrocităţilor se încheiase : lumea nouă, în care toţi oamenii cinstiţi nu vor mai avea de ce să se teamă, trebuia să fie guvernată de state de drept.

Ţinând cont de toate aceste lucruri, Aliaţii au abordat problema atitudinii pe care urmau să o aibă faţă de liderii germani şi japonezi de îndată ce războiul se va fi sfârşit. Mulţi dintre cei care făceau parte din structurile de conducere ale Aliaţilor, inclusiv personalităţi importante ca Winston Churchill, s-au pronunţat în favoarea unor execuţii sumare. Până la urmă, s-a hotărât însă că aducerea lor în faţa justiţiei va transmite un mesaj mai puternic. Zeci de tribunale militare s-au înfiinţat în toată Europa şi Asia, dar două dintre acestea au fost destinate în mod special să servească drept etalon al dreptăţii – unul la Nürnberg, iar altul la Tokyo. În ambele tribunale, şefii cu rangurile cele mai înalte din fiecare regim aveau să fie puşi în boxa acuzaţilor, astfel încât delictele lor să rămână consemnate pentru posteritate. Ideea nu era doar de a oferi un exemplu simbolic al felului în care dreptatea ar trebui împărţită în viitor, ci şi de a stabili în faţa lumii întregi vinovăţia celor care plănuiseră şi înfăptuiseră războiul şi atrocităţile lui.

Totuşi, procedând în acest fel, Aliaţii s-au confruntat cu o mare dilemă. Pe de o parte, voiau să-şi demonstreze propriile valori morale : aşadar, acuzaţii trebuiau să fie trataţi cu demnitate, să li se asigure resursele necesare pentru a-şi construi o apărare corespunzătoare şi să li se permită să ia cuvântul în timpul procesului. Pe de altă parte însă, era esenţial ca marea majoritate a lor, dacă nu chiar toţi, să fie declaraţi vinovaţi. Toată lumea ştia că oamenii aceia erau vinovaţi de ceva, chiar dacă nu dispunea neapărat de terminologia prin care să le fie descrise cu exactitate delictele. Dacă unora dintre ei li s-ar fi permis să rămână în libertate din cauza unui viciu de procedură, Aliaţii nu ar mai fi putut niciodată să susţină că acţionează în slujba dreptăţii.

Aşadar, a fost analizat minuţios modul în care urmau să se desfăşoare procesele. La o întrunire ţinută la Londra în vara anului 1945, reprezentanţi din Marea Britanie, Statele Unite ale Americii, Uniunea Sovietică şi Franţa au elaborat un document în care erau prezentate legile şi procedurile care urmau să fie folosite. Înainte de orice, s-a subliniat clar că nu va fi acceptată apărarea de tipul „doar am executat ordinele". „Există o limită dincolo de care un om trebuie să refuze să răspundă ordinelor superiorului său, dacă trebuie să răspundă şi în faţa propriei conştiinţe", a explicat procurorul britanic, sir Hartley Shawcross, în deschiderea proceselor de la Nürnberg. „Nici chiar soldatul de rând, cel mai de jos rang din armată, nu este obligat să respecte ordinele ilegale."[12] La fel, comandanţii trebuiau să fie făcuţi răspunzători pentru subordonaţii lor. Aşadar, dacă unei armate i s-a permis să producă victime din rândul populaţiei civile, comandanţii trebuiau făcuţi direct răspunzători - fie că nu ei înşişi ordonaseră atrocităţile, fie că le condamnaseră. Acest precedent a fost stabilit la unul dintre primele procese, la Manila, când comandantul armatei japoneze din Filipine a fost găsit vinovat - nu fără controverse - pentru actele de barbarism ale armatei lui[13]. În sfârşit, pentru a se asigura că vor fi traşi la răspundere cât mai mulţi dintre militarii nazişti şi japonezi, Aliaţii au adăugat şi acuzaţia de conspiraţie. Dacă vor putea dovedi că a existat o conspiraţie între lideri - pentru iniţierea unui război ilegitim sau pentru a comite atrocităţi -, atunci fiecare dintre ei va putea fi găsit vinovat în mod individual pentru crimele comise în colectiv. Aceste principii, care au fost formulate oficial pentru prima dată în 1945, au devenit de atunci fundamentul dreptului penal internaţional şi sunt în vigoare şi astăzi.

Crimele celor acuzaţi la Nürnberg şi Tokyo au fost catalogate în trei mari categorii. Prima, şi cea mai puţin controversată, a fost a crimelor de război tradiţionale : uciderea prizonierilor, a ostaticilor, distrugerea nejustificată a oraşelor ş.a.m.d. Astfel de acte erau deja definite drept criminale prin Convenţiile de la Geneva şi Haga, anterioare războiului, care formau baza dreptului internaţional şi fuseseră examinate de studenţi precum Ben Ferencz înainte şi în timpul războiului.

Însă amploarea unora dintre atrocităţi fusese atât de fără precedent, încât a părut să necesite definirea unei noi categorii de crime. Aliaţii au inventat aşadar termenul „crime împotriva umanităţii", care va ajunge să definească orice crimă care implica degradarea sistematică şi pe scară largă a unor fiinţe omeneşti : persecuţiile, sclavia, deportările sau omorurile în masă. Cam în aceeaşi perioadă s-a folosit pentru prima dată şi termenul „genocid", pentru a descrie încercarea de a distruge integral grupuri etnice, rasiale sau naţionale. Din păcate, introducerea unor astfel de termeni a provocat indignare printre juriştii de pretutindeni. Chiar şi avocaţii şi judecătorii Aliaţilor au acuzat autorităţile că fac legi noi şi le aplică retrospectiv. Judecătorul Harlan Fiske Stone, de la Curtea Supremă de Justiţie a SUA, a mers chiar până într-acolo încât a numit autorităţile „un grup care se ocupă de linşajul la nivel înalt"[14].

Dar poate cea mai controversată a fost cea de-a treia categorie a crimelor de „clasa A" : „crime împotriva păcii". Conform Cartei de la Londra, orice lider care a planificat, pregătit sau iniţiat un război agresiv era, prin definiţie, un criminal de război. De fapt, iniţierea unui război fără a fi în scop de autoapărare nu era doar o crimă : tribunalul de la Nürnberg a considerat culpa ca reprezentând „crima internaţională supremă", deoarece

Schiţa emoţionantă a lui David Low având ca subiect verdictul de la Nürnberg, 1 octombrie 1946.

„conţinea, în sine, răul cumulat al întregului"[15]. În mod evident, din această cauză mulţi dintre reprezentanţii autorităţilor militare ale Aliaţilor au devenit extrem de îngrijoraţi – nu doar pentru că noua lege urma să se aplice retroactiv, ci şi pentru că punea sub semnul întrebării însuşi conceptul de război ca parte firească a comportamentului uman. De acum încolo, dacă nu era dus ca răspuns la o provocare, războiul nu va mai fi considerat nobil sau glorios – ci dimpotrivă. Comunitatea internaţională părea, într-adevăr, să se apropie de interzicerea totală a războiului. Aşa cum comenta la vremea respectivă un general american, „SUA ar face bine să nu piardă următorul război, altminteri generalii şi amiralii noştri vor fi cu toţii împuşcaţi la răsăritul soarelui"[16].

Aşadar, la 20 noiembrie 1945, când au început procesele de la Nürnberg, acestea erau deja învăluite în controverse. Pe parcursul următorului an, douăzeci şi unu dintre naziştii cu rangurile cele mai înalte din Germania au fost puşi să-şi explice acţiunile în faţa lumii întregi. Probele adunate împotriva lor au fost copleşitoare: au fost strânse milioane de documente, de fotografii şi filme realizate de echipe naziste de filmare şi depoziţii ale martorilor oculari – nu doar ale victimelor, ci şi ale ofiţerilor SS care au recunoscut sincer că participaseră la uciderile în masă. Toate acestea au fost urmărite de presa mondială, care a prezentat procesele în detaliu. În final, unsprezece dintre acuzaţi au fost condamnaţi la moarte, şapte au primit pedepse cu privare de libertate între zece ani şi închisoare pe viaţă, iar trei au fost achitaţi, din lipsă de probe.

Procesele de la Tokyo au început după aproximativ cinci luni, la finalul lui aprilie 1946, şi au fost şi mai controversate. Aliaţii nu doar că au fost acuzaţi că au inventat noi infracţiuni post-factum, ci au fost criticaţi şi pentru *persoanele* puse sub acuzaţie. Dintre toţi liderii japonezi, singurul care fusese implicat în război de la început până la final a fost împăratul – dar, cu toate acestea, a fost singurul exclus de la proces. Judecătorul francez a fost atât de furios din pricina acestei omisiuni crase, încât după proces a scris o opinie separată, susţinând că, de vreme ce împăratul a fost „autorul principal" al tentativei agresive prin care Japonia încercase să domine toată Asia, toţi ceilalţi acuzaţi „nu puteau fi consideraţi decât complici"[17]. Până la urmă, din cei douăzeci şi cinci de lideri militari şi politici judecaţi, şapte au fost condamnaţi la moarte şi optsprezece au primit diverse pedepse cu închisoarea.

Principiile după care au fost conduse procesele privind crimele de război sunt uşor de criticat. Este clar că Aliaţii au aplicat „dreptatea învingătorului", deşi ei înşişi s-au făcut vinovaţi de crime de război. Churchill şi comandanţii lui de bombardiere erau cu siguranţă vinovaţi de „distrugerea nejustificată a oraşelor", iar preşedinţii Roosevelt şi Truman erau vinovaţi în egală măsură pentru că autorizaseră bombardarea oraşului Tokyo şi atacurile nucleare de la Hiroshima şi Nagasaki. Aceste acţiuni au fost în mod vădit contrare dreptului internaţional, chiar şi celui de dinaintea începerii războiului. Îndeosebi, părea absurd ca sovieticii să-i judece pe liderii nazişti pentru că au dus un război agresiv împotriva Poloniei, când ei înşişi atacaseră Polonia aproape simultan, în 1939, tot fără a fi provocaţi.

Chiar şi procurorii Aliaţilor au recunoscut standardele duble cu care au fost judecate Germania şi Japonia. Ca procuror american la Nürnberg, Robert Jackson îi raporta preşedintelui Truman în 1945 că Aliaţii

> au comis sau comit tocmai unele dintre acele acte pentru care îi judecăm pe germani. Francezii încalcă atât de flagrant Convenţia de la Geneva în tratamentele pe care le aplică prizonierilor de război, încât comandamentele noastre îi preiau înapoi pe prizonierii trimişi lor. Acuzăm de jaf şi chiar aliaţii noştri îl înfăptuiesc. Susţinem că războiul de agresiune este o crimă în vreme ce unul dintre aliaţii noştri îşi impune suveranitatea asupra Ţărilor Baltice pe niciun alt temei în afară de voinţa de cucerire[18].

Şi totuşi, exista oare vreo alternativă? Posibilitatea ca mai mult de câţiva dintre acuzaţii de la Nürnberg şi Tokyo să fie achitaţi nu a fost luată în considerare niciodată. Dreptatea învingătorului a fost singura alternativă realistă la justiţia sumară, altminteri nu doar că s-ar fi transmis un mesaj greşit după război, ci le-ar fi fost refuzat juriştilor ocazia de a stabili unele dintre cele mai importante principii ale dreptului internaţional.

Cu toate imperfecţiunile lor juridice, procesele au îndeplinit cu siguranţă o funcţie importantă. Au fost gândite de la bun început ca spectacol, astfel ca oamenii din toate colţurile lumii să aibă satisfacţia de a vedea că se face dreptate. Fotografiile celor din boxa acuzaţilor au apărut în ziarele de pe întreg globul, împreună cu relatări despre faptele lor. Procesele au fost prezentate în jurnalele de ştiri şi în programele radio, mai ales în Germania, unde pe tot parcursul anului 1946 s-au transmis de două ori pe zi procesele de la Nürnberg. Documentele şi filmele care au constituit o parte a dovezilor au fost folosite de atunci şi până astăzi în şcolile din Germania şi din întreaga lume. Deşi încă mai sunt discuţii aprinse privind legalitatea lor, procesele au oferit lumii consemnări durabile despre unele dintre cele mai atroce crime din istorie.

Totuşi, este important să nu uităm că toate acestea au avut un preţ. Există grade infinite când vine vorba atât despre vinovăţie, cât şi de lipsă de culpabilitate în Holocaust, pe care nişte procese ale liderilor nu le-ar fi putut aborda. Natura simbolică a acestor procese a integrat o dată pentru totdeauna în conştiinţa noastră globală mitul monştrilor şi al martirilor. Şi, chiar dacă acest lucru poate că a fost necesar pentru întronarea unui sentiment al dreptăţii în urma războiului, preţul a fost pierderea unei nuanţe pe care, de atunci, istoricii s-au tot străduit să o recupereze.

Justiţia după perioada tribunalelor militare internaţionale

Benjamin Ferencz s-a trezit şi el prins în procesele de la Nürnberg. Nu revenise de prea mult timp în Statele Unite atunci când a fost căutat din nou de autorităţile militare. Aliaţii plănuiau să organizeze o nouă serie de procese la Nürnberg – de data aceasta pentru judecarea unor specialişti de diverse profesii care abuzaseră de autoritatea lor ca să comită atrocităţi. De exemplu, urma să fie un proces al medicilor nazişti care făcuseră experimente pe oameni la Auschwitz şi în alte lagăre de concentrare. Urma să fie şi un proces al judecătorilor, unul al industriaşilor germani şi aşa mai departe. Pentru desfăşurarea unor astfel de procese, era nevoie disperată de anchetatori care nu doar să cunoască legea, ci să fi avut şi experienţa muncii în Germania.

La începutul anului 1946, Ferencz a fost chemat pentru o întrunire la Washington, unde a fost întrebat dacă nu ar vrea să se întoarcă în Europa. E de înţeles faptul că a fost reticent să revină la o perioadă atât de sumbră din viaţa lui, însă cei de la Departamentul de Război au făcut tot ce le-a stat în putere ca să-l convingă. „Benny”, l-a implorat unul dintre ei, „tu ai fost acolo, ai văzut totul... trebuie să te întorci”. După ce a cumpănit îndelung, Ferencz a fost în cele din urmă de acord, dar cu condiţia să i se permită să meargă în postura de civil. Nu mai voia să fie din nou obligat să respecte regulamentul militar[19].

Aşa se face că a ajuns să călătorească din nou dincolo de Atlantic, de această dată la Nürnberg şi Berlin. Până la sfârşitul lui 1946, Ferencz s-a adâncit din nou în misiunea de a aduna dovezi despre crimele de război ale naziştilor. A fost o sarcină istovitoare, care va deveni şi mai epuizantă în anul următor, când el şi anchetatorii au descoperit în Berlin o arhivă imensă cu dosare secrete ale Gestapoului. Acele documente descriau în detaliu faptele din Europa de Est ale grupurilor de intervenţie SS (Einsatzgruppen), care au acţionat sistematic pentru prinderea şi împuşcarea evreilor şi a altor persoane nedorite. Această nouă arhivă de dovezi era atât de interesantă, încât Ferencz a considerat că merita un proces separat. Însă, când le-a arătat superiorilor lui ceea ce descoperise, aceştia au ezitat. Procurorii Aliaţilor erau suprasolicitaţi, iar susţinerea politică a proceselor începea deja să scadă. În disperare de cauză şi, poate, şi cu puţină ambiţie, Ferencz a propus să preia el însuşi munca suplimentară. Îşi va construi propriul rechizitoriu, în paralel cu îndeplinirea sarcinilor pe care le avea. Astfel, Ferencz a ajuns să fie numit procuror-şef pentru ceea ce Associated Press avea să califice în curând drept „cel mai mare proces pentru crime din istorie”. Avea doar douăzeci şi şapte de ani.

Decizia cu privire la cum trebuia să acţioneze nu a fost deloc uşoară. Amploarea crimelor pe care le descoperise era inimaginabilă, implicând uciderea a peste un milion de oameni. Era pur şi simplu imposibil să-i pui sub acuzare pe toţi cei care participaseră la acele acţiuni oribile, aşa că a decis să-şi concentreze toate eforturile asupra unui mic grup de „ofiţeri cu rangurile cele mai înalte şi ucigaşi cu pregătire superioară pe care am putut să punem mâna". Va pune sub acuzare douăzeci şi patru de persoane, dintre care douăzeci şi două vor ajunge în cele din urmă să fie judecate.

Pe 29 septembrie 1947, când a început procesul Einsatzgruppen, Ferencz a susţinut clar în aserţiunea sa de deschidere că era vorba de un caz cu implicaţii majore. „Nu răzbunarea este scopul nostru", a declarat el, „şi nici nu căutăm doar să aplicăm pedeapsa cuvenită". Miza era cu mult mai importantă: „dreptul omului de a trăi în pace şi demnitate, indiferent de rasa ori credinţa sa". Procesul, a susţinut Ferencz, era, aşadar, doar „o pledoarie a omenirii în favoarea justiţiei". Însăşi conştiinţa omenirii cerea ca aceia care organizaseră crimele în masă nu doar să fie găsiţi vinovaţi, ci şi să primească pedepse exemplare. „Dacă aceşti oameni vor fi iertaţi de pedeapsă", a conchis el, „atunci legea şi-a pierdut sensul şi omul va trebui să trăiască în frică"[20].

În decursul următoarelor şase luni, Ferencz a prezentat aproape două sute de documente care dovedeau, cu detalii oribile şi copleşitoare, uciderea sistematică a evreilor în toată Europa de Est. În aprilie 1948, când, în cele din urmă, procesul s-a încheiat, judecătorii au admis că dezvăluirea faptelor a fost importantă nu doar pentru Germania, ci şi pentru „întreaga omenire" şi că „lumea toată este interesată de decizia tribunalului". Toţi acuzaţii au fost găsiţi vinovaţi. Paisprezece dintre ei au fost condamnaţi la moarte[21].

Ben Ferencz nu a reuşit niciodată să fie pe deplin mulţumit cu ceea ce el şi ceilalţi procurori realizaseră la Nürnberg. Pe de o parte, ştia că a fost un lucru bun faptul că, într-un final, legea fusese respectată. Pe de altă parte însă, nu s-a putut abţine să nu se gândească la toţi ceilalţi criminali – „mizerabilii norocoşi", cum i-a numit el – care au scăpat complet de orice fel de pedeapsă. Holocaustul fusese săvârşit de mii de indivizi: el adusese în faţa justiţiei doar vreo douăzeci[22].

Mai mult, Benjamin Ferencz a fost şocat când, cu excepţia a patru dintre ele, toate condamnările la moarte pronunţate în procesul lui au fost comutate de guvernatorul militar al Germaniei, John J. McCloy. Ferencz ştia că dreptatea trebuie să fie moderată de compasiune, dar lui i se părea că acea decizie „demonstra mai multă compasiune decât dreptate". În pofida devotamentului său de o viaţă pentru apărarea valorilor legii în toate împrejurările, câţiva ani mai târziu a mărturisit că îşi pusese întrebarea dacă, în ultimă instanţă, nu ar fi fost mai bună soluţia unei judecăţi sumare. „Ca om al legii, nu aş fi putut să o accept, şi totuşi m-am întrebat adeseori..."[23]

Dezamăgirea lui Benjamin Ferencz faţă de rezultatele proceselor de la Nürnberg a fost împărtăşită de mulţi alţii. Procesele ar fi trebuit să fie punctul central a ceva cu mult mai măreţ – o epurare în masă, nu doar a criminalilor de război, ci şi a naziştilor şi fasciştilor din toată Europa. În final însă n-a fost deloc aşa. La sfârşitul anilor 1940, a încetat treptat nu doar judecarea în instanţă a criminalilor de război, ci şi procesul denazificării, în ansamblul său. Pe măsură ce patimile stârnite de război s-au estompat, iar provocările noului Război Rece au început să le ia locul, dorinţa de a continua urmărirea în justiţie a celor acuzaţi de crime de război a dispărut treptat.

La sfârşitul războiului, partidul nazist din Germania număra 8 milioane de membri înscrişi. Dintre toţi Aliaţii, americanii au fost cei mai hotărâţi să-i investigheze, pe ei şi pe cei care i-au ajutat. În zona de ocupaţie americană au fost cercetaţi peste 13 milioane de germani şi s-au găsit 3,4 milioane de oameni pentru care părea necesară trimiterea în judecată. Însă nici măcar americanii nu aveau resursele pentru a aduce în instanţă

Cazul grupurilor de intervenţie (Einsatzgruppen), septembrie 1947, unul dintre cele treisprezece procese intentate la Nürnberg. Ferencz, în vârstă de douăzeci şi şapte de ani, care se luptase ca procesul să fie pus pe rol şi a devenit procurorul-şef al acestuia, se află în partea stângă, aşezat la masă.

atât de mulţi acuzaţi : până la urmă, peste 70% dintre ei au fost amnistiaţi chiar înainte de a ajunge să fie judecaţi[24]. Ceilalţi Aliaţi importanţi au fost mult mai lipsiţi de zel. Dintre cele 207.259 de persoane trase la răspundere după război pentru activităţi specific naziste sau militariste, mai puţin de 10% au fost judecate de sovietici, 8% de francezi şi doar 1% de britanici[25]. În final, rezultatele nu au impresionat pe nimeni.

În toată Europa Occidentală povestea a fost, în general, cam aceeaşi : odată cu trecerea timpului, criminalii de război erau trataţi cu tot mai multă indulgenţă, trădătorii erau tot mai uşor scuzaţi, colaboraţioniştilor li se permitea să revină la vechile lor locuri de muncă. Italia oferă un exemplu elocvent în acest sens. Faţă de cei 15.000 sau 20.000 de fascişti care au fost executaţi de partizani în ultimele zile ale războiului, tribunalele italiene au reuşit să pronunţe 92 de condamnări la moarte. Chiar şi cei care au intrat la închisoare nu au rămas prea mult timp acolo : în 1946, aproape toate pedepsele cu închisoarea date colaboraţioniştilor au fost anulate printr-o amnistie generală. În Belgia, au fost pronunţate 2.940 de condamnări la moarte, dar, cu excepţia a 242 dintre acestea, celelalte au fost comutate. Tribunalele din Austria au pronunţat doar 43 de condamnări la moarte, dintre care 30 au fost executate[26]. Justiţia a fost uneori mai dură în Europa de Est, dar în ţări ca România şi Ungaria acuzaţiile de colaboraţionism şi fascism au fost folosite de comunişti şi ca metodă de a-i înlătura pe oponenţii lor politici. Adevăraţii fascişti şi adevăraţii lor colaboratori au fost adeseori reabilitaţi, absolviţi de vină şi li s-a permis să revină la vechile lor locuri de muncă[27].

Acest fenomen a fost şi mai pronunţat în Japonia. Din nefericire, procesele de la Tokyo s-au dovedit a fi doar cu puţin mai mult decât un gest simbolic. Nu doar împăratul Hirohito a primit imunitate penală, ci şi alţi aproximativ o sută de suspecţi de crime de război din „categoria A", arestaţi în 1945, şi care, în cele din urmă, au fost eliberaţi fără proces[28]. Conform datelor finale, în tribunalele din Asia doar circa 5.700 de japonezi au fost puşi vreodată sub acuzare pentru crime de război, dintre care numai 984 au fost condamnaţi la moarte, iar 475 au primit condamnări pe viaţă. Restul fie au primit pedepse mai mici (2.946), fie au fost achitaţi (1.027) sau eliberaţi fără judecată (279)[29]. Cât despre epurările care ar fi trebuit să cureţe societatea japoneză de fascişti şi de militarişti, deşi au fost făcute iniţial cu cele mai sincere intenţii, către sfârşitul anilor 1940 au luat rapid o turnură cu totul opusă[30].

În restul Asiei însă, întregul concept al „colaboraţionismului" cu japonezii a fost pur şi simplu ignorat. Din punct de vedere naţionalist, prin ce putea să difere colaborarea cu japonezii de cea cu britanicii, francezii sau olandezii? Într-o regiune care se lupta de secole ca să se elibereze de dominaţia colonială, colaborarea cu japonezii ar fi putut fi descrisă chiar ca un gest eroic. În India, de pildă, când britanicii au încercat să acuze de înaltă trădare câţiva colaboraţionişti indieni, revolta a fost atât de mare, încât până la urmă au fost obligaţi să renunţe la toate procesele viitoare, nu doar din India, ci şi din Birmania vecină. Nu a avut nicio importanţă faptul că unele dintre aceste persoane au comis atrocităţi: în entuziasmul ei faţă de independenţă, opinia publică indiană era dispusă să-i privească mai degrabă ca pe nişte eroi decât ca monştri[31].

Au fost multe motivele pentru ca preocuparea pentru justiţie să fie abandonată treptat în anii de după război. În primul rând, acţiunea era costisitoare, iar într-o lume care se străduia să asigure hrană şi locuinţă oamenilor, politicienii preferau să cheltuiască banii pe altceva. În consecinţă, dintre toate categoriile de indivizi judecaţi după război, oamenii de afaceri par să fi scăpat cel mai uşor, excepţie făcând doar cei din ţările comuniste. De vreme ce economiile din Asia şi Europa Occidentală trebuiau să fie repuse pe picioare, nu avea sens ca tocmai aceşti oameni să fie urmăriţi penal, indiferent de cât de vinovaţi erau indubitabil unii dintre ei.

În al doilea rând, procesele au dus la disensiuni politice. La sfârşitul anilor 1940, multe regiuni din Europa şi Asia erau în pragul unui război civil. Tensiunile dintre diversele grupuri etnice sau politice erau atât de puternice, încât multe state s-au văzut din nou cuprinse de violenţe: Grecia, Polonia, Ucraina, Ţările Baltice, Algeria şi Malaya sunt doar câteva exemple, însă violenţa moderată lăsată în urmă de război a continuat aproape oriunde. De dragul coeziunii sociale, în multe state s-a luat deliberat şi conştient decizia de a se înceta urmărirea colaboraţioniştilor şi a criminalilor de război, considerând că s-a făcut deja dreptate. Pur şi simplu, a fost mai precaut să se tragă linia în privinţa acestei chestiuni.

Mai presus de toate însă, condiţiile impuse de Războiul Rece au fost cele care au pus capăt proceselor. În 1948, Occidentul avea un inamic nou: comunismul. Dacă înfrângerea comunismului presupunea reabilitarea foştilor fascişti şi colaboraţionişti, atunci a fost un preţ considerat că merită a fi plătit. Pe de altă parte, cuvântul „fascism" a cunoscut o subtilă schimbare de sens în Estul comunist, încât a început să includă capitalişti, oamenii de afaceri şi politicienii occidentali, lăsând astfel cale liberă pentru ca *adevăraţii* fascişti să-şi schimbe convingerile şi să se înscrie în partidul comunist.

Astfel că, în cele din urmă, flacăra dreptăţii a fost stinsă sub povara imensă a aspectelor de ordin economic şi politic ce apăsau asupra ei. Problema vinovăţiei în război nu a fost niciodată rezolvată cu adevărat : a fost doar îngropată. De atunci şi până azi, ea a rămas ascunsă adânc în subconştientul nostru colectiv, reapărând doar din când în când la suprafaţă în miturile noastre despre monştrii şi martirii celui de-al Doilea Război Mondial.

În căutarea dreptului penal internaţional

Acest nou cinism al Războiului Rece nu a putut fi sesizat imediat la nivel global. La Naţiunile Unite părea să existe, cel puţin la suprafaţă, o largă susţinere pentru o viziune nouă asupra lumii, în care declanşarea unui război agresiv să nu mai fie posibilă, iar cei care ar încerca să o facă să fie aduşi în faţa justiţiei. Nu doar că în Carta ONU se promitea să „izbăvim generaţiile viitoare de flagelul războiului", dar, în 1948, ONU a elaborat şi Declaraţia Universală a Drepturilor Omului. Aceasta proclama pentru prima dată „drepturile inalienabile" ale „tuturor membrilor familiei umane", indiferent de rasă, culoare, sex, clasă socială, orientare politică, religie, limbă, naţionalitate sau alte deosebiri de orice fel. Declaraţia a fost adoptată aproape în unanimitate (deşi câteva state, majoritatea comuniste, s-au abţinut) şi de atunci ea constituie baza legislaţiei drepturilor omului din toată lumea. În acelaşi timp, ONU a elaborat şi Convenţia pentru prevenirea şi reprimarea crimei de genocid, care scotea în afara legii orice fel de încercare de distrugere a unor grupuri etnice, rasiale sau religioase. Convenţia a fost semnată imediat de 41 de ţări şi, de atunci, a fost ratificată în total de 147 de state[32]. Ororile războiului au fost atât de atroce, încât naţiunile lumii au părut unite în dorinţa lor de a le condamna.

Din nefericire, condamnarea a fost punctul în care mai toţi s-au oprit. Nu era greu de redactat o declaraţie a drepturilor omului, dar cine o va pune în aplicare ? Însuşi termenul „drepturile omului" implica ideea că aceia care le încălcau aveau să fie judecaţi şi pedepsiţi de un tribunal care să reprezinte întreaga omenire. Însă odată procesele de la Nürnberg şi Tokyo încheiate, nu a mai existat niciun astfel de tribunal. S-au elaborat tot felul de planuri pentru crearea unei instanţe, însă, oricât de imperioasă era această problemă la sfârşitul războiului, urgenţa ei a fost repede uitată. Piatra de încercare s-a dovedit a fi, din nou, chestiunea suveranităţii naţionale. Puţine naţiuni erau dispuse să îngăduie ca propriii lor cetăţeni să fie judecaţi de nişte străini. Încă şi mai puţine erau dornice să se lase în voia unor potenţiale condamnări venite din partea rivalilor – mai ales cele două superputeri, fiecare temându-se că un astfel de tribunal va putea fi folosit de partea adversă doar pentru a o umili. Drept urmare, lumea a rămas cu sistemul absurd în care singurele autorităţi capabile să protejeze drepturile omului erau guvernele naţionale, chiar şi atunci când tocmai guvernele naţionale erau principalele vinovate de încălcări ale drepturilor popoarelor lor.

Probleme similare s-au ivit şi în privinţa scoaterii în afara legii a „războaielor de agresiune". Teoretic, toată lumea era dispusă să accepte că ele reprezintă o crimă. Dar cum să defineşti mai exact „agresiunea" ? Organizaţiei Naţiunilor Unite i-au trebuit aproape treizeci de ani în care a încercat să dea această definiţie. Unii au susţinut că agresorul este acela care trage primele focuri de armă. Alţii au considerat că există numeroase cazuri când primele focuri de armă sunt justificate – când vii în ajutorul unui aliat, de exemplu, sau când vrei să previi atacul altui stat. Alţii s-au contrazis în ce priveşte răspunsul la întrebarea dacă „agresiunea" este sau nu doar de ordin militar – oare atacul economic asupra unei ţări prin intermediul blocadelor, al sancţiunilor sau al unor acorduri comerciale inechitabile nu reprezenta tot o formă de agresiune? Dispute de acest gen s-au purtat în cadrul ONU vreme de decenii, până când Adunarea Generală a emis în cele din urmă o definiţie, în 1974 – dar chiar şi atunci, definiţia era atât de generală, încât a devenit, practic, inutilă. Rezoluţia 3314 a Adunării Generale a Naţiunilor Unite susţine că un „act de agresiune" poate fi o invazie militară, un bombardament, o blocadă sau diverse alte acţiuni – însă decizia dacă un act de agresiune chiar a avut loc sau nu este, în ultimă instanţă, lăsată la latitudinea Consiliului de Securitate.

Ca ultim arbitru care decide ce anume a fost agresiune ori război şi ce măsuri ar trebui luate, Consiliul de Securitate al ONU a rămas organul suprem în toate relaţiile internaţionale. Însă acest Consiliu a fost atât de măcinat de diverse fracturi interne şi de paralizat de nevoia unanimităţii celor cinci membri permanenţi, încât cel mai adesea s-a dovedit complet incapabil să acţioneze în vreun fel pentru a preveni continuarea la nivel mondial a atrocităţilor, genocidelor şi crimelor împotriva păcii.

Ben Ferencz a urmărit de pe margine această lipsă de progrese. După ce, la sfârşitul anilor 1940, procesele de la Nürnberg s-au încheiat, el şi-a petrecut următorii treizeci de ani încercând să obţină despăgubiri pentru cei ale căror vieţi şi mijloace de trai fuseseră distruse de nazişti. Înainte de a se întoarce în SUA, a mai rămas în Germania timp de câţiva ani şi a continuat să apere cazurile celor afectaţi de război. În pofida numeroaselor sale succese, Ferencz nu a scăpat de sentimentul că îi lipsea ceva. În acele zile teribile şi pline de speranţă de la Nürnberg, visase nu doar că criminalii vor fi pedepsiţi şi victimele, despăgubite, ci şi la edificarea „unei lumi în care să nu mai existe alt Holocaust". Ce rost ar avea despăgubirea, dacă războiul şi atrocităţile vor continua nestingherite pretutindeni în lume?

În consecinţă, în 1970 a abandonat practicarea avocaturii şi a luat decizia să „îmi dedic restul vieţii în căutarea păcii mondiale". A început să participe la şedinţele şi conferinţele ONU şi să studieze aspectele complexe ale dreptului internaţional. A început să îşi susţină cauza pe lângă diverşi diplomaţi şi să scrie articole critice despre ritmul prea lent în care progresa ONU. Aspectul cel mai important a fost că a început să militeze pentru instituirea unei Curţi Penale Internaţionale, în speranţa că moştenirea lăsată de Nürnberg va putea renaşte cândva.

Campaniile lui aveau să continue în următorii douăzeci de ani, timp în care şi-a găsit numeroşi aliaţi din rândurile comunităţii juridice internaţionale. Eforturile lor colective au eşuat însă în mod repetat. În accepţiunea lui Ferencz, diversele comitete ONU dedicate problemelor păcii mondiale nu erau mai mult decât nişte simple modalităţi de manevrare frustrante: „Discută, discută şi iar discută şi înaintează târându-se mai încet ca melcul". Între timp, considerând că e mai curând o problemă de principiu, superputerile implicate în Războiul Rece abia dacă făceau vreun pas înapoi la negocieri. Pe Ferencz îl dezgusta mai ales atitudinea propriului guvern, despre care credea că are obligaţia de a fi un exemplu pentru restul lumii. „Statele Unite au avut nevoie de patruzeci de ani ca să ratifice Convenţia pentru prevenirea şi reprimarea crimei de genocid, pe care *noi* am finanţat-o", a explicat el odată, furios fiind, unor participanţi la o întrunire la ONU. „Patruzeci de ani!"[33]

Abia după încheierea Războiului Rece şi după alte două noi genocide care au avut loc în Iugoslavia şi Rwanda, în anii 1990, comunitatea internaţională s-a pus, în sfârşit, în mişcare. A fost creat un tribunal ad-hoc, foarte asemănător cu cele de la Nürnberg şi Tokyo, şi s-au redeschis discuţiile pe tema posibilităţii de a crea o Curte Penală Internaţională permanentă. În doar câţiva ani, aceste discuţii au dat într-un final roade. Curtea Penală Internaţională a fost înfiinţată pe 1 iulie 2002, la aproximativ cincizeci şi şapte de ani după ce al Doilea Război Mondial pusese în evidenţă pentru prima dată nevoia unei astfel de instituţii la nivel global.

Pentru Ferencz a fost un fel de victorie à la Pirus. „Un tribunal apărut în urma unui eveniment este o recunoaştere a eşecului", a declarat el ulterior. „Ideea este să preîntâmpini crima, nu să laşi să fie comisă şi pe urmă să-i tragi la răspundere pe unii şi pe alţii." Ferencz era supărat şi pentru că multe dintre cele mai puternice state membre ale ONU, inclusiv China, India, Israel şi SUA, refuzau în continuare să accepte autoritatea Curţii Penale Internaţionale. Cu toate acestea, nu a contenit să spere. Sistemul juridic internaţional, a susţinut Ferencz, este încă în faşă şi nu ar trebui să ne surprindă dacă lucrurile se mişcă încet. „Ce vedem noi aici sunt nişte prototipuri – un proces care nu a existat niciodată în istoria omenirii." Dacă prototipul încă nu părea foarte impunător, lucrurile urmau să evolueze cu timpul. Important era că „am început *să ne mişcăm*".

Cel de-al Doilea Război Mondial şi procesele de la Nürnberg care i-au urmat au schimbat pentru totdeauna viaţa lui Ben Ferencz. În anii aceia a înţeles el pentru prima dată adevărata valoare a legii şi rolul pe care l-a jucat războiul în subminarea acesteia, în degradarea spiritului uman şi în negarea drepturilor omului. „Am învăţat că niciodată nu a existat şi nici nu va exista vreodată un război fără atrocităţi. Singurul mod de a preveni astfel de crime oribile este să previi războiul însuşi."

Pe când scria aceste gânduri, Ferencz încă mai milita pentru găsirea unor modalităţi practice de a vindeca rănile anului 1945 şi de a susţine ideea unui viitor în care delictul de agresiune internaţională să poată fi restrâns prin forţa unei legislaţii universale.

Aşa cum o arată povestea lui Ben Ferencz, una dintre cele mai importante moşteniri ale celui de-al Doilea Război Mondial a fost dorinţa universală şi trainică de a anihila unele dintre cele mai malefice instincte ale omenirii şi de a crea un sistem care să promoveze armonia şi unitatea între oameni. În mare măsură, datorăm războiului unele dintre cele mai importante instituţii globale – Banca Mondială, Fondul Monetar Internaţional, Curtea Penală Internaţională şi Organizaţia Naţiunilor Unite însăşi. Cu toate lipsurile, aceste instituţii reprezintă un ideal : dacă a existat vreun beneficiu de pe urma războiului, atunci cu siguranţă acesta a fost – faptul că a dat naştere dorinţei şi voinţei de schimbare.

Însă exact la fel ca toate celelalte viziuni utopice apărute în 1945, ideea unei „singure lumi" a sfârşit prin a nu fi altceva decât un vis. Una dintre cele mai mari ironii ale anului 1945 a fost aceea că, în timp ce a deşteptat dorinţa de unitate, moştenirea războiului a creat şi obstacole care să ne încredinţeze că o astfel de unitate nu va fi posibilă nicicând. Popoarele traumatizate nu au fost dispuse să îşi acorde reciproc iertare pentru rănile pe care şi le provocaseră. În primul rând, naţiunile nu au vrut să renunţe la propria suveranitate în favoarea unei autorităţi superioare, în condiţiile în care luptaseră din greu ca să-şi apere această suveranitate. Însă mai presus de toate, ceea ce va defini relaţiile internaţionale pentru cea mai mare parte a celei de-a doua jumătăţi a secolului XX va fi rivalitatea dintre cele două superputeri, ambele născute din cenuşa celui de-al Doilea Război Mondial.

Partea a IV-a

Două superputeri

13

SUA

Cord Meyer era un american model. Când SUA au intrat în război, la fel a făcut și Meyer, care s-a grăbit să-și termine studiile universitare ca să se poată înrola în infanteria marină. Meyer era tânăr, inteligent, plin de entuziasm și dornic să se dedice unei cauze. Credea că Statele Unite au responsabilitatea de a lupta împotriva fascismului și că era firesc ca trupele americane să-și ocupe locul în linia întâi a conflictului. În ziua când a plecat la război a consemnat în jurnal sentimentele care îl încercau : „Se pare că noi, cei tineri și puternici, pornim ca învingători și apărători ai celor de pe câmpurile de luptă și de pretutindeni din această țară mare, ca să luptăm împotriva invadatorilor barbari pentru moștenirea noastră". În sufletul său, știa că astfel de sentimente nu erau întru totul adevărate și că erau doar expresia unui ideal etern, dar totuși nu putea să nu se lase luat de valul lor[1].

Nu a durat mult și realitățile violente ale războiului l-au ajuns din urmă. În iulie 1944, în timpul bătăliei Guamului, Meyer, care se adăpostea într-un mic tranșeu, a fost rănit de o grenadă de mână japoneză căzută chiar lângă el. În explozie, și-a pierdut ochiul stâng și a suferit și alte răni foarte grave, încât medicul batalionului l-a înregistrat ca „ucis în luptă". Din nefericire, părinților lui îndurerați li s-a trimis o telegramă în acest sens și abia după alte câteva zile au aflat că, de fapt, Meyer fusese salvat de o transfuzie de sânge făcută la momentul potrivit. Meyer a fost îmbarcat pe o navă-spital cu care a traversat Pacificul înapoi în Statele Unite, unde a fost recompensat cu Purple Heart și Bronze Star și i s-a pus un ochi de sticlă. Astfel s-a încheiat prima lui aventură în slujba unei cauze mărețe. Avea douăzeci și patru de ani.

La sfârșitul războiului, Meyer a fost invitat să se alăture delegației SUA la Conferința Națiunilor Unite de la San Francisco. Delegatul oficial, Harold Stassen, credea că va da bine să aibă în echipa sa și un veteran de război decorat, așa că Meyer a profitat din plin de această ocazie. Considera că San Francisco era o ocazie unică pentru a crea „o ordine mondială pașnică... din ruinele războiului" și dorea să joace orice rol putea în acest demers istoric. Avea să fie decepționat curând însă :

> Sătul de distrugeri, de suferințe și de moarte, urmăream cu o îngrijorare tot mai mare cum structura ONU începea să capete contur. Era un flux continuu de discursuri despre nevoia de pace... Dar curând a devenit evident că nici SUA, nici URSS nu erau dispuse să sacrifice într-adevăr puterea și independența națională de care erau mândre, sacrificiu în lipsa căruia pacea nu putea să fie decât un scurt armistițiu armat, înaintea unui alt conflict mondial. O victorie obținută pe câmpul de luptă cu un astfel de preț a fost irosită la masa tratativelor...

Am plecat din San Francisco având convingerea că un al treilea război mondial era inevitabil, dacă ONU nu avea să se întărească substanţial în viitorul apropiat[2].

Aceste îngrijorări au fost cele care au redeşteptat în Meyer sentimentul misiunii pe care o avea de îndeplinit. Dacă ONU nu era pregătită în acest scop, avea să militeze el pentru a-l susţine. Aşadar, Meyer s-a dedicat încă o dată unei cauze - de această dată pentru „a construi o lume mai dreaptă şi mai paşnică"[3]. A început să scrie articole despre deficienţele ONU şi despre cum ar putea fi întărită organizaţia. S-a înscris în mişcarea pentru înfiinţarea unui guvern mondial şi a fondat una dintre cele mai importante organizaţii ale acesteia, United World Federalists. În următorii doi ani, a străbătut neobosit SUA, militând pentru cauza sa, colectând fonduri şi ţinând prelegeri despre pericolele unei noi curse a înarmării cu Uniunea Sovietică.

Temerea cea mai mare a lui Meyer din perioada aceea a fost legată de forţa distructivă a bombei atomice, despre care îşi imagina că va readuce lumea la un nou Ev Mediu întunecat. Credea cu putere că, fiind singurul stat care deţine bomba, SUA aveau datoria să ţină omenirea departe de posibilitatea unei noi catastrofe. „Cei care au puterea au şi responsabilitatea", scria el. Statele Unite trebuie să susţină cu toată tăria principiul guvernării mondiale, „cu bună-credinţă şi fără ameninţarea folosirii forţei". Numai atunci URSS ar putea fi influenţată să răspundă la fel[4].

Meyer avea să fie dezamăgit încă o dată. Indiferent cât de multă pasiune şi energie punea în argumentaţia sa, devenea tot mai evident că guvernul SUA nu avea să îmbrăţişeze niciodată cauza lui - şi nici poporul american, de altfel. Nici Uniunea Sovietică nu părea să dea vreun semn că ar susţine-o: dimpotrivă, Meyer însuşi fusese atacat de presa sovietică pentru că era „frunza de smochin a imperialismului american"[5]. În toamna anului 1949 a început să îşi piardă încrederea. Se simţea „pustiu" şi „neproductiv" şi i-a apărut teama de „fanatismul inuman" al propriilor sale argumente. „Avertismentele mele repetate despre apropierea unei catastrofe nucleare îmi răsunau fals în minte şi ajunsese să-mi displacă sunetul vocii mele în timp ce promiteam o salvare federalistă, în care nici eu însumi nu mai credeam cu adevărat." Dezamăgit şi epuizat, a demisionat din poziţia de preşedinte al United World Federalists şi s-a retras din viaţa publică[6].

În următoarele optsprezece luni, dispoziţia i s-a schimbat din nou. Îşi petrecea timpul analizând amănunţit relaţiile tot mai sumbre dintre SUA şi Uniunea Sovietică şi reflecta asupra caracterului comunismului de tip stalinist. Avusese o oarecare experienţă cu comuniştii care încercaseră să se infiltreze şi să saboteze American Veterans Committee - o altă cauză pentru care militase Meyer - şi ajunsese la o concluzie neliniştitoare în privinţa determinării de care aceştia pot da dovadă. La începutul anilor 1950, era convins că în acel moment ceea ce reprezenta cea mai mare ameninţare la adresa păcii mondiale era comunismul şi nu „mândra independenţă naţională". Privind retrospectiv, a susţinut, nu fără o nuanţă de amărăciune, că nu avea nicio importanţă cât de multă „bună-credinţă" aveau SUA, de vreme ce conducerea comunistă nu s-ar fi dat în lături de la nimic până când nu ar ajunge să domine şi restul lumii. Aşa se face că, în 1951, Meyer a luat hotărârea să se „înroleze" într-o nouă cruciadă: a intrat în CIA şi s-a dedicat luptei împotriva comunismului. Spre deosebire de alte cauze care l-au însufleţit, aceasta a fost menită să dureze pentru tot restul vieţii sale profesionale[7].

În deceniile care au urmat, convertirea lui Meyer de la un membru al mişcării pacifiste mondiale la un luptător dedicat Războiului Rece va fi catalogată de unii drept o trădare

Tânărul Cord Meyer îl vizitează pe Albert Einstein în 1948 pentru a discuta atitudinea URSS față de federalismul mondial.

a valorilor sale liberale iniţiale : „A fost acaparat de Războiul Rece", a spus unul dintre foştii săi prieteni[8]. Meyer însuşi a preferat să considere propria convertire ca un parcurs de la idealism la realism. Nu a renunţat niciodată la speranţa în pacea mondială şi nici la visul său despre un sistem adevărat, democratic, de cooperare internaţională. Însă prioritatea lui numărul unu a devenit protejarea Statelor Unite ale Americii şi, prin extensie, a restului omenirii, de ameninţarea comunismului sovietic. „Nu am ajuns decât treptat şi cumva împotriva voinţei mele la concluzia că americanii se confruntau cu un adversar formidabil, care era Uniunea Sovietică", scria el după aproape douăzeci de ani de la intrarea în CIA. „Ceea ce ştiu acum nu ştiam la început. A trebuit să o aflu pe propria-mi piele."[9]

Visuri americane şi trădări sovietice

În societatea americană a existat dintotdeauna un filon utopic. Naţiunea născută din idealismul Părinţilor Pelerini, având la bază crezul că toţi oamenii se nasc egali, care în toată istoria ei s-a caracterizat drept „lumea nouă" a libertăţii, a aspiraţiilor şi a dreptăţii, a intrat în război în 1941 nu din considerentul unor câştiguri teritoriale sau economice, ci pentru a susţine un vis. SUA erau „pământul celor liberi". Aşa că, atunci când japonezii au bombardat Pearl Harbor, în mintea americanilor ei nu atacaseră doar o naţiune, ci libertatea însăşi.

În cele două decenii anterioare acelei „zile a infamiei", politica externă americană fusese dominată de iluzia că Statele Unite îşi puteau urma visurile de libertate şi fericire în izolare, nefiind stingherite de complicaţiile venite din exterior. Declanşarea războiului a distrus însă această credinţă într-o aşa măsură, încât de atunci ea nu a mai fost restabilită nici până azi. Chiar şi foştii izolaţionişti, cum ar fi senatorul republican Arthur Vandenberg, au ajuns la concluzia că libertatea americană nu putea fi cu adevărat asigurată atât timp cât în alte părţi ale lumii tirania şi injustiţia erau lăsate să se extindă. După război, Vandenberg declara că „Pearl Harbor ne-a făcut pe cei mai mulţi dintre noi să conchidem că pacea mondială este indivizibilă"[10]. Aşadar, când SUA au pus mâna pe arme, au făcut-o cu intenţia de a duce darul libertăţii în toate colţurile lumii. Cele patru libertăţi ale lui Roosevelt – libertatea de exprimare, libertatea credinţei, libertatea de a nu suferi de sărăcie şi libertatea de a nu suferi de frică – nu erau doar o simplă mantră : ele vor deveni un manifest consacrat mai întâi prin Carta Atlanticului şi ulterior chiar prin Carta ONU.

În 1945, când războiul era deja câştigat şi SUA erau entuziasmate de victorie, acest vis utopic părea, cel puţin pentru moment, aproape realizabil. Statele Unite ale Americii se aflau „deasupra lumii" şi aveau „cea mai mare influenţă şi cea mai mare putere atinsă vreodată de om"[11]. Toţi inamicii erau învinşi şi toţi aliaţii erau uniţi sub comandă americană, pentru a crea o serie de instituţii de nivel mondial al căror scop declarat să fie eradicarea războiului prin promovarea drepturilor civile, a drepturilor omului, a reformei economice şi a libertăţii democratice.

În ultimele zile ale războiului, mulţi americani încă mai sperau şi credeau că URSS, cu ajutorul noilor instituţii internaţionale, va îmbrăţişa şi ea aceste idealuri. Cord Meyer nu era singurul care gândea că este imposibil ca Uniunea Sovietică să nu constate valoarea visului american, cu condiţia să fie tratată cu toleranţă şi înţelegere. Cea mai mare parte a presei era atât de obişnuită să-i laude pe „aliaţii noştri galanţi", încât nu îi trata cu prea mare blândeţe pe diplomaţii care exprimau îndoieli legate de sovietici[12]. Cei mai mulţi politicieni, fie ei democraţi sau republicani, erau la fel de dornici să le acorde sovieticilor prezumţia de nevinovăţie. „Nu trebuie să ne temem de Rusia", le spusese Wendell Willkie americanilor în timpul războiului. „Trebuie să învăţăm să conlucrăm cu ea."[13] Secretarul de Război Henry Stimson a mers chiar până la a susţine necesitatea de a împărtăşi secretele nucleare cu sovieticii. În septembrie 1945, el îi scria preşedintelui Truman : „Lecţia cea mai importantă pe care am învăţat-o de-a lungul vieţii este că singurul mod în care poţi să faci un om să fie de încredere este să ai tu încredere în el"[14]. Exista o doză de idealism şi de naivitate în aceste cuvinte, dar şi o urmă de aroganţă. Oameni ca Meyer şi Stimson au presupus pur şi simplu că alte naţiuni trebuiau să-şi dorească aceleaşi lucruri ca SUA şi au fost sincer surprinşi – şi întristaţi – când s-a dovedit că lucrurile nu stăteau aşa.

Din păcate, sovieticii nu au făcut mai nimic pentru a inspira încredere. Când s-a încheiat războiul, îşi câştigaseră deja reputaţia că era extrem de dificil de colaborat cu ei. Ministrul lor de Externe, Veaceslav Molotov, era cunoscut printre tovarăşii lui sovietici prin porecla „Cur de Piatră", din pricina tenacităţii lui de a sta timp de ore întregi la masa de şedinţă fără să se clintească ; subalternul său, Andrei Gromîko, avea să fie repede botezat de presa americană „Domnul *Niet*”[15]. Oficialii americani din Viena şi Berlin au descoperit că era aproape imposibil să ajungă la vreun acord cu omologii lor sovietici şi se minunau de capacitatea acestora de a „găsi oricând doresc motivaţii tehnice care să le justifice încălcarea acordurilor”[16].

Cunoscând bogăţia, puterea militară, supremaţia nucleară şi dominaţia politică ale sovieticilor, era greu pentru SUA să nu pară ciudat de neputincioase în faţa unei astfel de intransigenţe. De exemplu, după Conferinţa de la Ialta a celor trei mari puteri Aliate, la Washington se răspândiseră zvonuri că „preşedintele Roosevelt a cedat în faţa lui Stalin în aproape toate chestiunile” – un zvon pe care asistenţii săi l-au negat cu înverşunare[17]. La Conferinţa de la Bretton Woods, unde sovieticii au urmat deschis politica de a „subscrie la toate beneficiile şi de a se sustrage de la toate îndatoririle şi obligaţiile”, delegaţii din toată lumea au fost enervaţi de modul în care britanicii şi americanii au dat mereu înapoi ori de câte ori sovieticii se arătau de neclintit. Unul dintre ei, delegatul belgian Georges Theunis, nu s-a putut abţine să nu le strige economiştilor britanici : „E o ruşine. Americanii cedează în faţa ruşilor de fiecare dată. Şi voi la fel, voi, britanicii, sunteţi la fel de răi. Staţi în genunchi în faţa lor. Aşteptaţi, numai ! O să vedeţi cu ce-o să vă alegeţi”[18].

Primii oficiali americani care şi-au dat seama de natura ameninţării sovietice la adresa întregii lumi au fost diplomaţii de la ambasadele americane din Rusia şi din Europa de Est. Conform ambasadorului american în Polonia, Arthur Bliss Lane, sovieticii nu au avut niciodată intenţia să-şi ţină promisiunile făcute la Ialta şi Potsdam, şi anume de a organiza „alegeri libere şi neîngrădite” în ţară. Comunicatele lui trimise din Varşovia sunt pline de referinţe la „alegeri falsificate”, „activităţi de tip terorist” şi „acţiuni ale sovieticilor îndreptate împotriva libertăţii de exprimare şi a altor libertăţi ale individului”[19]. Ambasadorul american la Moscova, Averell Harriman, a fost chiar mai direct. „Stalin încalcă acordurile”, l-a avertizat el pe preşedintele SUA cu ocazia unei deplasări la Washington, în aprilie 1945. A mers chiar până acolo, încât a prezis o nouă „invazie barbară” în Europa[20].

Estimările diplomaţilor din alte ţări din Europa de Est au fost cam aceleaşi. În România, membrii britanici şi americani ai Comisiei Aliate de Control erau nemulţumiţi că sunt „ţinuţi izolaţi într-o manieră care e foarte aproape de o încarcerare”, în vreme ce sovieticii se implicau direct în căderea guvernului român şi înlocuirea lui cu nişte marionete comuniste[21]. În Bulgaria, diplomaţii americani s-au plâns că sunt „neputincioşi” în a opri teroarea întreţinută de sovietici ; nu aveau nicio autoritate, li se refuza orice acces direct la informaţii şi trebuiau să stea deoparte în timp ce poliţia de stat, sprijinită de sovietici, era folosită ca să „terorizeze şi să controleze populaţia”[22]. Între timp, ministrul de Externe ceh, Jan Masaryk, a recunoscut în faţa omologilor săi americani că era în pragul disperării din cauza felului în care sovieticii îl hărţuiau permanent ca să li se supună : „Poţi să stai şi în genunchi şi tot nu este de ajuns pentru ruşi”[23].

Aproape că nu trecea o zi fără să apară noi relatări despre încălcările drepturilor civile şi ale omului de către ruşi : violarea a milioane de femei germane de către Armata Roşie, jefuirea în masă a proprietăţilor din estul Europei, formarea unor noi forţe de poliţie politică, persecutarea preoţilor catolici, intimidarea politicienilor de opoziţie, executarea foştilor lideri ai Rezistenţei, deportarea în masă a civililor – toate aceste subiecte au fost comentate în repetate rânduri de către oficialii americani îngroziţi şi prezentate tot mai pe larg de presa americană.

În scurt timp, a devenit evident că oricine susţinea libertatea şi democraţia în Europa de Est devenea o ţintă. Liderul opoziţiei din Bulgaria, Nikola Petkov, a fost arestat pe motive inventate şi executat. Liderul opoziţiei poloneze, Stanisław Mikołajczyk, a fugit până la urmă din ţară, de teamă să nu-şi piardă viaţa, aşa cum a făcut şi prim-ministrul Ungariei, Ferenc Nagy, şi cel al României, Nicolae Rădescu. Cariera lui Jan Masaryk s-a încheiat brusc în 1948, când a „căzut" în mod misterios de la o fereastră a Ministerului de Externe al Cehiei. Erau genul de evenimente despre care americanii de rând credeau că le-au pus capăt în Europa. Gândul că ele se petreceau din nou era de netolerat.

Însă cea mai supărătoare idee era de departe aceea că influenţa sovieticilor sau, de fapt, activităţile subversive ale acestora începuseră să destabilizeze înseşi SUA. În 1945 a apărut şi primul dintr-o serie de scandaluri de spionaj care vor zgudui America de Nord. Când un funcţionar la cifru, pe nume Igor Guzenko, a fugit de la ambasada sovietică din Ottawa, a divulgat numele a nu mai puţin de douăzeci de canadieni şi trei britanici care spionaseră pentru URSS, mulţi dintre ei fiind angajaţi ai guvernului. Au început curând să circule zvonuri - unele dintre ele dovedindu-se cât se poate de adevărate - despre reţele de spioni sovietici infiltraţi în chiar conducerea SUA. În iulie 1948, o fostă agentă sovietică, pe nume Elizabeth Bentley, a compărut în faţa Comitetului pentru Activităţi Antiamericane şi a făcut cunoscute public numele a treizeci şi două de persoane ca fiind spioni. Printre cei menţionaţi se aflau şi persoane din administraţia Roosevelt, inclusiv cel care a iniţiat Conferinţa de la Bretton Woods despre noua economie internaţională - Harry Dexter White. Curând după aceea, un fost comunist, pe nume Whittaker Chambers, a deconspirat alţi câţiva spioni sovietici plasaţi în poziţii înalte - inclusiv pe Alger Hiss, care jucase un rol esenţial atât în înfiinţarea ONU, cât şi în organizarea întâlnirii de la Ialta a celor trei mari puteri. Au urmat şi alte scandaluri. În 1950, Julius şi Ethel Rosenberg au fost condamnaţi pentru că furaseră secrete nucleare şi le transmiseseră ruşilor. A fost un timp când părea că peste tot existau spioni.

Pentru marea majoritate a americanilor, mai ales pentru cei precum Cord Meyer, care voise întotdeauna să creadă numai lucruri bune despre sovietici, această trădare a fost picătura care a umplut paharul. Aşa cum Meyer s-a întrebat după procesul lui Alger Hiss „unde se termină suspiciunile ?"[24], alţii au ajuns să îi facă pe sovietici în toate felurile : „Ruşii sunt nişte mincinoşi şi nişte escroci colosali", titra *New York Herald Tribune* pe o pagină întreagă[25]. Bill Mauldin, ale cărui caricaturi din vremea războiului, apărute în *Stars and Stripes*, simbolizaseră opiniile şi gândurile a milioane de soldaţi americani de rând, a rezumat sentimentul intens de amărăciune. „Mă gândeam că poate ei pur şi simplu nu ne înţeleg sentimentele", îi mărturisea el unui reporter câţiva ani mai târziu. „Dacă ai fost aliatul unora în război, ai sentimente foarte puternice faţă de ei. Ruşii s-au bucurat de o imensă rezervă de bunăvoinţă în ţara noastră. Pe ei însă nu i-a interesat să ne fie prieteni. Nu voiau decât să ne bată măr, în toate felurile în care puteau."[26]

Acest sentiment al trădării va rămâne prezent în tot restul secolului şi chiar în cel care a urmat. Până şi istoricii s-au simţit uneori obligaţi să-l comenteze. „Niciodată vreo ţară nu a furat atâtea secrete politice, diplomatice, ştiinţifice şi militare de la o alta", scria un istoric american în 2003. „În termeni de spionaj, a fost similar cu furtul operelor de artă europene comis de nazişti. Cu excepţia faptului că, în spiritul prietenos şi cooperant al acelor vremuri, noi i-am invitat pe ruşi să fure."[27]

Reacția americană

Pe măsură ce se desfășurau evenimentele, americanii au fost obligați să înceapă să-și pună și unele întrebări stânjenitoare. Dacă SUA reprezentau cea mai puternică națiune de pe pământ, de ce păreau atât de neputincioase în fața provocărilor sovieticilor? Și, mai important, de ce păreau incapabile să oprească avansul constant al comunismului? În anii imediat următori celui de-al Doilea Război Mondial, multe țări din Europa Centrală și de Est au căzut sub dominația comunistă. Și în China războiul civil a dus, în cele din urmă, la victoria Armatei Roșii a lui Mao Zedong, astfel că la sfârșitul anului 1949 o cincime din populația lumii – în total, peste o jumătate de miliard de oameni – se afla sub conducerea unor guverne comuniste[28]. La ce foloseau toată puterea și bogăția Statelor Unite ale Americii, dacă nu puteau salva omenirea de ceva ce nu putea fi caracterizat decât ca opresiune și tiranie? Și la ce bun monopolul pe care îl deținea această țară asupra bombei atomice, dacă nu putea folosi amenințarea acelei arme ca să-și atingă țelurile?

Nimic din toate acestea nu se potrivea cu imaginea eroică despre sine dobândită de SUA în urma celui de-al Doilea Război Mondial sau cu ceea ce un politolog al vremii numise „iluzia omnipotenței americane"[29]. În loc să accepte realitatea dezamăgitoare că până și puterea Statelor Unite avea limite, mulți au preferat să creadă că înșelarea speranțelor și ambițiilor americane fusese provocată de o oarecare incapacitate a guvernului – sau, și mai rău, de o lovitură dată pe la spate. Au început să-și închipuie că diferitele scandaluri cu spioni nu erau decât un simptom a ceva mult mai profund – coruperea din interior a societății americane. Credința aceasta s-a manifestat mai ales în rândul republicanilor, care au folosit situația ca pe o armă cu care să-și învingă rivalii democrați. La alegerile pentru Congres de la sfârșitul anului 1946, republicanii i-au acuzat pe democrați că au permis „infiltrarea" în guvern a „radicalilor susținători ai intereselor străine", că au ignorat „pericolul iminent al comunismului" și că nu au reușit să elimine comuniștii din rândul sindicatelor. Un candidat republican din statul Indiana a mers până acolo încât a susținut că 70.000 de comuniști cunoscuți erau pe statele de plată ale guvernului – o presupunere absurdă, care va fi repetată de acuzele similare, dar mai grave, ale senatorului Joe McCarthy, făcute patru ani mai târziu[30].

Și totuși, această idee a adus Statele Unite față în față cu câteva întrebări dificile. Dacă națiunea a fost cu adevărat împânzită de comuniști, atunci care a fost motivul? Oare să nu fi fost visul american suficient? De ce ar dori un american adevărat să-și trădeze țara de dragul unui stat totalitar care se afla într-o vădită opoziție cu valorile americane?

Astfel de întrebări se refereau la o serie de probleme care preocupaseră societatea americană în anii 1930 și care au reapărut, împreună cu altele noi, odată cu sfârșitul războiului. Cei mai mulți istorici ai Războiului Rece sunt atât de concentrați asupra situației internaționale din perioada postbelică, încât uită să analizeze și ce s-a petrecut în interiorul granițelor SUA. Poate că e adevărat că America „a încălecat lumea ca un colos", așa cum se exprima un comentator în *Nation*, dar americanii de rând nu se simțeau foarte puternici[31]. De fapt, în 1945 și 1946 societatea americană se afla sub o presiune enormă. Demobilizarea din armată a milioane de bărbați, concedierea masivă a femeilor de la locurile lor de muncă, conversia economiei de război la una pe timp de pace –

toate aceste fenomene au creat tensiuni greu de controlat. În plus, rivalităţile politice, amânate temporar pe durata războiului, începeau să îşi facă iarăşi simţită prezenţa.

Americanilor li se promisese o epocă de aur a prosperităţii şi armoniei după ce războiul se va fi terminat. În schimb, au continuat să aibă parte de raţionalizări, de creşterea inflaţiei şi de lipsa locuinţelor. În toamna anului 1945, zeci de mii de femei au stat la rând în faţa magazinelor de îmbrăcăminte ca să-şi cumpere dresuri, iar când stocul s-a epuizat, s-au revoltat. Concomitent, mai toate ramurile industriale importante erau ameninţate de acţiuni sindicale: în 1946, un număr record de 4,6 milioane de muncitori au fost angrenaţi în aproape 5.000 de greve. În primul an de după război, rata divorţurilor a urcat vertiginos, mai ales între soldaţii reveniţi acasă şi soţiile lor, şi la fel a crescut şi rata bolilor venerice (doi factori care s-au aflat aproape întotdeauna în relaţie unul cu celălalt). Soldaţii de culoare au ieşit din armată decişi să combată segregaţia, iniţiind astfel o luptă care, în final, va aduce problema drepturilor civile în centrul politicii americane. Fără forţa unificatoare a războiului care să coaguleze societatea, multe dintre fostele sciziuni sociale au început să se accentueze din nou - cele dintre muncitori şi angajatori, bogaţi şi săraci, albi şi persoanele de culoare, dintre bărbaţi şi femei, clasa de mijloc şi clasa muncitoare, ca să nu mai vorbim despre revenirea unor foarte vechi tensiuni între americanii de diverse origini etnice, indiferent care erau acelea[32].

Unul dintre numeroasele ingrediente ale acestui cocteil de frustrări naţionale a fost, într-adevăr, intensificarea acţiunii comuniştilor. La sfârşitul războiului, Partidul Comunist din SUA număra 63.000 de membri, iar în Congress of Industrial Organizations comuniştii controlau sindicate ce însumau 1,37 milioane de membri[33]. Pentru cine avea ochi să vadă, în mai toate domeniile vieţii publice existau indivizi care aveau legături cu comunismul, inclusiv în mass-media, învăţământ, industrie şi chiar în guvern. Aşa cum au confirmat Cord Meyer şi alţii ca el, acest aspect reprezenta cu siguranţă o problemă, iar unele dintre metodele folosite de comuniştii americani puteau fi destul de dure. Totuşi, era doar o problemă minoră. Chiar şi în vremea aceea au fost numeroşi americanii care au înţeles că dacă s-ar fi concentrat asupra acestei chestiuni şi le-ar fi exclus pe toate celelalte nu ar fi fost decât o scuză pentru a refuza conştientizarea altor sciziuni, mult mai profunde, din societatea americană[34].

Într-adevăr, comunismul era subiectul asupra căruia se concentra mai toată lumea – nu doar *red-baiter*-ii experimentaţi, precum fostul membru republican al Congresului Hamilton Fish sau şeful FBI, J. Edgar Hoover, ci şi personalităţi din toate sferele vieţii publice. Printre ei se numărau politicieni din ambele camere ale Congresului şi din ambele partide; erau lideri militari, ca George Marshall şi amiralul William D. Leahy, lideri economici, precum Francis P. Matthews de la Camera de Comerţ a SUA, şi chiar lideri de sindicat, precum George Meany şi William Green, de la Federaţia Americană a Muncii. Teologul protestant Reinhold Niebuhr a criticat comunismul în scrierile lui, realizatorul catolic de show-uri Fulton J. Sheen a criticat comunismul la radio, iar American Jewish Committee a lansat o campanie masivă pentru eliminarea comuniştilor din grupurile evreieşti de orice fel[35]. Chiar şi preşedintele Truman s-a simţit obligat să ia public atitudine împotriva comunismului, deşi, în particular, a recunoscut că el considera problema pericolului comunist doar o „gogoriţă"[36]. Presa, pe de altă parte, nu doar că a comentat pe marginea paranoiei publice, ci a şi întreţinut-o cât de mult a putut. Publicaţiile controlate de Randolph Hearst au ţinut capul de afiş cu titluri ca „Mareea roşie ameninţă civilizaţia creştină", apărut la doar câteva zile de la încheierea războiului în

Europa[37]. La sfârşitul anilor 1940, titlurile deveniseră mai precise şi mai ameninţătoare : „Fascismul roşu astăzi în Statele Unite", „Comuniştii pătrund pe Wall Street" şi chiar „Roşiii îţi vânează copilul"[38].

Unul dintre aspectele surprinzătoare în privinţa limbajului folosit în mod curent pentru a descrie ameninţarea comunistă - atât în SUA, cât şi peste graniţe - a fost asemănarea cu limbajul folosit anterior pentru a descrie ameninţarea nazistă. „Fascismul roşu" a fost o expresie folosită frecvent de ziare, de politicieni şi de FBI, ca şi cum ideologiile lui Stalin şi Hitler erau interschimbabile. La fel, nazismul şi comunismul erau adeseori contopite într-un singur termen, „totalitarism" - o combinaţie făcută frecvent şi astăzi[39]. Stalin era numit uneori un „Hitler rus", iar politicienii vorbeau despre pericolele încercărilor de a-l „domoli", exact aşa cum britanicii încercaseră să-l domolească pe Hitler în 1938 : „Amintiţi-vă de München ! ", îi avertiza H.V. Kaltenborn pe radioascultătorii săi în martie 1946[40]. Propaganda comunistă era comparată cu propaganda lui Goebbels ; gulagul sovietic era comparat cu lagărele de concentrare naziste ; NKVD era comparat cu Gestapo. Conform lui Arthur Bliss Lane, ambasadorul american în Polonia, „aceeaşi teroare a unei bătăi în uşă la miezul nopţii există şi astăzi, aşa cum exista şi în perioada ocupaţiei naziste". Aceeaşi oprimare şi aceeaşi teroare, relata el pentru ascultătorii unui post de radio în 1947, sunt la fel de îngrozitoare „fie că sunt permise sub emblema svasticii, fie sub cea a secerii şi ciocanului"[41]. Un viitor membru al Congresului SUA comparase chiar *Manifestul Partidului Comunist* al lui Marx cu *Mein Kampf*[42]. Comparaţia între sovietici şi nazişti se făcea pretutindeni şi de către toată lumea, chiar şi de preşedinte. „Nu există nicio diferenţă între guvernul totalitarist rus şi cel al lui Hitler", a declarat Truman într-o conferinţă de presă din martie 1950. „Sunt la fel. Sunt guverne ale unui stat poliţienesc."[43]

Aşadar, frica de sovietici a fost înveşmântată în haina unui conflict pe care SUA abia ce-l lăsaseră în urmă, iar poporul american era încurajat să creadă că asista la o replică a anilor 1930. Într-un fel, teama de sovietici nu avea de fapt nicio legătură cu sovieticii, ci era o manifestare a ceva mai profund - a neliniştii de a nu repeta acele greşeli ale trecutului care duseseră la război. Era acea nelinişte care se repeta ea însăşi, ca într-o buclă, prin invocarea lui Hitler şi care a însoţit aproape orice conflict ulterior în care Statele Unite ale Americii au fost implicate, de la Războiul din Coreea la atentatele din 11 septembrie 2001.

McCarthy-ismul

Consecinţele acestei atmosfere de teamă şi paranoia vor fi profunde atât la nivel intern, cât şi internaţional. În martie 1947, în încercarea de a-i reduce la tăcere pe cei care îl credeau prea indulgent cu comunismul, preşedintele Truman a emis un ordin executiv în care anunţa că toţi angajaţii guvernamentali civili vor fi obligaţi să se supună unui test de loialitate. Dintre numeroasele măsuri anticomuniste ce vor fi iniţiate în acea vreme - limitarea puterii sindicatelor inclusă în Legea Taft-Hartley, lista neagră de la Hollywood, judecarea liderilor comunişti conform Legii Smith, ca să menţionăm doar câteva -, programul de loialitate al lui Truman va fi de departe cel mai amplu. În următorii nouă ani, peste 5 milioane de funcţionari vor fi verificaţi şi peste 25.000, supuşi unei investigaţii complete de teren a FBI. Niciuna dintre aceste investigaţii nu a dat în vileag vreun

Frica bate libertatea: America isterizată încearcă să stingă flacăra libertății în timpul „Panicii roșii" din 1949.

spion, deşi ele au dus la 12.000 de demisii şi la circa 2.700 de concedieri, provocând multă suferinţă pe parcurs. A fost, poate, cel mai mare atac la intimitate şi la libertatea civilă din istoria Statelor Unite ale Americii[44].

La scurt timp după ce se alăturase CIA, Cord Meyer s-a trezit supus unei investigaţii complete privind loialitatea şi, mai târziu, a descris cât de ofensator a fost acel proces. Fusese acuzat că se asociase cu comunişti recunoscuţi şi cu organizaţii-paravan controlate de comunişti şi că exprimase opinii antiamericane. Tipic pentru acuzaţiile care i s-au adus a fost faptul că un agent FBI auzise cândva nişte persoane suspectate de comunism întrebându-se cu voce tare dacă nu ar putea să-l convingă pe Meyer să li se alăture. În ciuda indignării sale, Meyer a trebuit să trateze un astfel de zvon cu cea mai mare seriozitate. Încă de la început, a fost obligaţia lui să-şi dovedească nevinovăţia. Nu i s-a permis niciodată să afle cine l-a acuzat. Nu i s-a îngăduit nici măcar să fie prezent la propriul proces.

1. Liderii a douăzeci de naţiuni, printre care şase dintre cele mai mari zece economii ale lumii, adunaţi pe treptele de la Château de Bénouville din Franţa, în 2014. Cu ce ocazie? Nu o conferinţă pe teme economice sau o reuniune politică, ci o comemorare a celui de-al Doilea Război Mondial: a şaptezecea aniversare a Zilei Z.

2. Un avion de vânătoare Spitfire, unul Hurricane şi un bombardier Lancaster zboară deasupra Palatului Buckingham în timpul festivităţilor prilejuite de căsătoria prinţului William cu Kate Middleton. Aceste avioane din al Doilea Război Mondial au devenit un simbol al Marii Britanii, la fel ca însăşi familia regală.

3. Arta victimei: *Inocență furată*, de Kang Duk-kyung. În 1944, Kang a fost violată de un soldat japonez din poliția militară și în tot restul războiului a fost sechestrată într-un bordel al armatei japoneze. Tabloul ei înfățișează un cireș, unul dintre simbolurile Japoniei, plin de ardei iuți cu forme falice. Sub rădăcinile copacului se observă craniile femeilor pe care copacul le consumase deja.

4. *Eroul câștigă fata*: pictura murală de Eduardo Kobra reprezintă un marinar și o asistentă medicală sărbătorind la New York Ziua Victoriei împotriva Japoniei. Este o prelucrare a faimoasei fotografii pe care Alfred Eisenstaedt a făcut-o în 1945 și care a fost publicată în revista *Life*, oferindu-le americanilor un final ca în povești pentru războiul lor.

5. Lumea renăscută: în sala Consiliului de Securitate al ONU, imensa pictură murală semnată de Per Krohg înfățișează oameni care se ridică din iadul celui de-al Doilea Război Mondial într-o lume nouă și luminoasă. Deasupra scaunului președintelui, o pasăre phoenix se înalță din propria cenușă.

il Giornale

Spread tra Btp e Bund 510 | Piazza Affari -4,64% | Consumi italiani -2,8%

QUARTO REICH

I no della Merkel e della Germania rimettono in ginocchio noi e l'Europa
Borse a picco e Monti fa il finto tonto: «Non hanno capito Draghi»

I tedeschi salvatori dell'euro? Macché, l'Italia spende di più

Mediobanca blinda Nagel

Dio salvi la Juve da questa giustizia sportiva

6. Cel de-al Doilea Război Mondial a fost deseori invocat în numele rivalităților naționaliste. Aici, ziarul italian *Il Giornale* titrează că Germania Angelei Merkel din 2012 este „Al Patrulea Reich".

OSTATNI SZPIEG PRL | KTO SIĘ BOI NETFLIXA | JAK Z FERRARI ZROBIĆ CIĘŻARÓWKĘ

TYLKO U NAS QUENTIN TARANTINO

wprost

Znów chcą NADZOROWAĆ POLSKĘ

7. UE ca dușman. În ianuarie 2016, publicația poloneză *Wprost* îi înfățișează pe politicienii marcanți ai UE ca Hitler și generalii lui. Aceasta titrează: „Vor din nou să controleze Polonia".

δημοκρατία 1€

MEMORANDUM MACHT FREI
(ΤΟ ΜΝΗΜΟΝΙΟ ΑΠΕΛΕΥΘΕΡΩΝΕΙ)

ΝΤΑΧΑΟΥ!

8. „Dachau!" Ziarul naționalist grec *Dimokratia* susține că măsurile de austeritate impuse de UE, așa cum sunt ele prezentate într-un memorandum din 2012, transformă Grecia într-un lagăr de concentrare german.

9. Cel mai mare erou de război al Marii Britanii, Winston Churchill, este înfățișat pe una dintre fețele bancnotei de 5 lire a țării. Pusă în circulație în vara anului 2016, modelul bancnotei a dus imediat la speculații din partea presei despre felul în care Churchill ar fi votat la referendumul pentru Brexit din vara acelui an.

10. Un alt erou de război apare pe acest timbru italian din 2007: Altiero Spinelli, care în timpul războiului s-a ocupat cu schițarea proiectului Uniunii Europene.

11. Începând cu anii 1990, interesul față de cel de-al Doilea Război Mondial a crescut foarte mult în China. *Nanjing! Nanjing!*, filmul de mare succes al lui Lu Chuan din 2009, este una dintre numeroasele producții care prezintă izbucnirea sălbatică a războiului în 1937.

12. Martiriul și eroismul din al Doilea Război Mondial sunt elemente centrale în cinematografia și emisiunile de televiziune din Rusia. Filmul lui Fiodor Bondarciuk din 2013, *Stalingrad*, a depășit recordurile de încasări din Rusia.

13. Martiriul și mântuirea ca experiență muzeală. După ce au parcurs tulburătorul Muzeu al Victimelor Holocaustului din cadrul Yad Vashem, vizitatorii sunt recompensați cu această priveliște a colinelor Ierusalimului. Holocaustul și sionismul ajung astfel să se împletească: pământul Israelului este literalmente lumina de la capătul tunelului.

14. Martiriu prin corespondență în America Latină. Memorialul Holocaustului din Montevideo este dovada că evreii căzuţi victime ale celui de-al Doilea Război Mondial sunt consideraţi victime universale. Totuşi, aici lucrurile sunt mai mult decât par la prima vedere. Acest memorial a fost ridicat în 1994, într-o vreme când Uruguay deplângea încă atrocităţile comise de recenta dictatură de acolo.

15. Arhitectura noului muzeu dedicat celui de-al Doilea Război Mondial din Gdańsk, terminat în 2017, transmite o tulburătoare senzaţie de distopie. La deschidere, expoziţia revoluţionară prezentată a fost prea nuanţată pentru guvernul naţionalist, care a criticat-o pentru că nu era „suficient de poloneză".

16. După 1945, Europa de Vest a cunoscut o creștere accelerată a numărului de imigranți. În această fotografie controversată, făcută în Germania în timpul alegerilor din 2005, se observă doi imigranți musulmani lângă un afiș electoral pe care stă scris „Mai bine pentru țara noastră".

17. După 2008, ascensiunea dreptei radicale în Europa și SUA a stârnit nenumărate paralele cu anii 1930. În timpul campaniei sale prezidențiale, Donald Trump a fost deseori comparat cu Hitler, mai ales pentru modul în care i-a demonizat pe imigranți și pe musulmani. Aici, *Philadelphia Daily News* face un joc de cuvinte, folosind cuvântul „Furor" (nebunie) pentru „Führer".

Vreme de trei luni, Meyer a fost suspendat din funcţie, fără salariu, timp în care a fost obligat să scrie o autobiografie detaliată, în care să explice cum a fost crescut şi educat, să-şi expună convingerile sale politice şi să probeze totul cu documente. Nu mai putea dormi noaptea, a pierdut sume considerabile de bani, dar, cel mai rău dintre toate, şi-a pierdut o parte dintre prieteni : mulţi dintre cei pe care îi cunoscuse şi îi îndrăgise îl evitau deliberat, temându-se că ar putea fi puşi în aceeaşi oală cu el. „În atmosfera otrăvită a acelor vremuri, trebuia să ai mult curaj ca să te însoţeşti cu cineva suspectat că reprezintă un risc de securitate."[45]

Până la urmă, Meyer a avut noroc – nu doar că a fost exonerat de vină, dar nici măcar nu a fost anchetat decât o singură dată. Au existat mulţi alţi angajaţi ai guvernului, în special cei cu vederi mai de stânga, care s-au trezit anchetaţi amănunţit, în repetate rânduri, de către FBI, de comitete guvernamentale de loialitate, de Comitetul pentru Activităţi Antiamericane şi de Subcomisia Permanentă pentru Investigaţii a senatorului McCarthy[46]. Poate cel mai mare chin era să fii târât în faţa camerelor de filmat ca să fii interogat de McCarthy – un spectacol care s-a întipărit atât de mult în conştiinţa americanilor, încât hărţuirea brutală a celor suspectaţi de comunism este de atunci cunoscută sub denumirea de „McCarthy-ism". Meyer s-a întrebat adesea de ce fusese scutit de această umilinţă şi a ajuns la concluzia că probabil Purple Heart şi Bronze Star îl salvaseră. McCarthy, ca orice individ agresiv, „nu voia să se confrunte cu un ofiţer de marină care avusese parte de mai multe bătălii decât el"[47].

Este imposibil de evaluat răul făcut zecilor de mii de persoane care, asemenea lui Meyer, au fost supuse unor astfel de procese. Mulţi au fost atât de traumatizaţi de modul amănunţit în care vieţile lor personale fuseseră cercetate pe toate părţile, încât de atunci s-au ferit mereu să-şi mai exprime în scris adevăratele sentimente, dar cei care au făcut-o şi-au descris supliciul ca fiind „epuizant", „mistuitor" sau chiar „un iad"[48]. O avocată afro-americană, căreia i s-a interzis să lucreze în cadrul administraţiei guvernamentale, a descris modul în care procesul de investigare a afectat-o :

> Te simţi speriat, nesigur, expus. Te gândeşti la toate greşelile pe care le-ai făcut, la secretele cele mai ascunse din viaţa ta, fără legătură cu activităţile politice. Te temi că toate detaliile intime ale vieţii tale vor fi incluse în dosar, pentru a fi citite, studiate, cântărite, evaluate şi judecate de străini[49].

Cei de stânga au susţinut că totul nu a fost decât o scuză plauzibilă pentru ca republicanii să-şi impună valorile lor conservatoare asupra unei generaţii întregi. Adevăratele costuri, după părerea lor, s-au măsurat nu în numărul de persoane traumatizate şi de cariere distruse, ci „în prezumţii necontestate, în întrebări nepuse, în probleme ignorate vreme de un deceniu". Campania împotriva comunismului a amuţit timp de o generaţie stânga americană. Liberalii au fost obligaţi să urmeze o linie mai conservatoare, pentru a nu deveni imediat suspecţi – într-adevăr, în mintea multora, termeni ca „socialist" sau „liberal" au ajuns repede sinonime cu „comunist". Problemele de clasă socială sau de rasă au fost abandonate ca urmare a campaniei împotriva ameninţării comuniste care acaparase societatea, la fel cum s-a întâmplat şi cu aspectele legate de rolul femeilor în societate. Pe întreg parcursul anilor 1950 şi la începutul anilor 1960, aproape oricine ieşea din tiparul rolului său tradiţional din societate se supunea automat riscului de a fi acuzat de radicalism periculos[50].

Totuşi, în realitate, modalitatea prin care au fost aplicate aceste măsuri nu le-a convenit întotdeauna nici măcar republicanilor. În vreme ce unii se justificau prin nevoia de a garanta securitatea SUA faţă de ameninţarea comunismului mondial, imaginea unor guverne care intervin în viaţa privată a indivizilor şi le dictează cum să trăiască nu se potrivea cu credinţa republicanilor în libertatea individuală. Încât republicanii s-au grăbit să sublinieze că unele dintre cele mai represive aspecte ale Panicii Roşii, aşa cum a fost cazul programului de loialitate, au fost iniţiate de democraţi.

Indiferent de care parte te-ai fi situat, virajul spre dreapta al valorilor din acea perioadă a reprezentat o schimbare majoră în societatea americană, una care îi va afecta perspectiva asupra lumii pentru cel puţin următorii douăzeci de ani.

Doctrina Truman

A doua mare schimbare inspirată de ameninţarea comunismului s-a petrecut la nivel internaţional. Departe de a fi o pepinieră de spioni, Departamentul de Stat al SUA a fost adeseori în prim-planul luptei împotriva comunismului. Încă din 1946, aproape că nu mai rămăsese în Departamentul de Stat vreun oficial care să fi avut ceva bun de spus despre URSS[51]. Starea de spirit predominantă a fost rezumată de unul dintre diplomaţii din Ambasada SUA de la Moscova, al cărui mesaj trimis la Washington, în februarie 1946, avea să devină unul dintre momentele definitorii în geneza Războiului Rece. „Telegrama Lungă" a lui George Kennan prezenta conducerea sovietică drept „crudă", „ineficientă" şi „primejdioasă" până în pragul paranoiei, mai ales în privinţa relaţiilor ei cu Statele Unite. Sovieticii, a explicat el, erau „devotaţi fanatic" cauzei de a distruge modul de viaţă american, porniţi să semene zâzanie în rândul poporului american şi să submineze autoritatea internaţională a Statelor Unite ale Americii[52]. Singurul mod în care putea fi combătut acest „parazit malign" al comunismului mondial era ca SUA să se arate intransigente. Ameninţarea sovietică trebuia ţinută sub control.

Telegrama lui Kennan a provocat senzaţie la Washington, dar numai pentru că rezuma, pentru prima dată, ceea ce gândeau deja toţi cei din Departamentul de Stat. Pe parcursul următorului an, ideile lui Kennan vor deveni noua doctrină nu doar în Departamentul de Stat, ci şi în celelalte departamente ale guvernului[53].

Totuşi, pe măsura scurgerii timpului, politica pasivă de îngrădire (*containment*) a expansiunii comunismului nu a mai fost considerată suficientă. În multe părţi ale lumii, rebeliuni locale care să-i aducă pe comunişti la putere, independente de Moscova, reprezentau deja o ameninţare foarte reală. O astfel de rebeliune a avut loc în Grecia, unde un război civil teribil se stârnea şi stingea în mod repetat încă din perioada când ţara fusese eliberată de sub nazişti. Când britanicii au anunţat că nu-şi mai puteau permite să susţină guvernul naţionalist grec, Departamentul de Stat a decis că era momentul să intervină de îndată şi să înceapă să-şi asume un rol mult mai activ.

Drept urmare, în martie 1947 preşedintele Truman a apărut la o şedinţă comună a Congresului şi a ţinut un discurs destinat să „sperie de moarte poporul american"[54]. Aparent, motivul discursului său era de a cere un ajutor imediat de 400 de milioane de dolari pentru Grecia şi Turcia, dar, ca şi în cazul decretării programului de loialitate, în aceeaşi lună, Truman voia să demonstreze că era pregătit să adopte o atitudine dură faţă de comunism. Deşi nu avea cum să o ştie pe atunci, principiile prezentate în discursul său vor deveni temelia politicii externe americane pentru tot restul secolului XX.

Pe parcursul a doar douăzeci de minute, Truman a invocat toate valorile cele mai dragi americanilor : libertate, dreptate, bună vecinătate şi hotărârea de a lua apărarea celor lipsiţi de putere. Truman a folosit cuvintele „liber" sau „libertate" de nu mai puţin de douăzeci şi patru de ori : dacă SUA voiau să trăiască într-o lume paşnică, nu era suficient să se autoproclame „pământul oamenilor liberi", ci trebuiau să susţină şi cauza „popoarelor care iubesc libertatea" din toată lumea. Truman a invocat o imagine a Statelor Unite în postura de erou singuratic, care ţine piept forţelor „terorii şi opresiunii", exact aşa cum făcuse în recentul război mondial.

Însă ceea s-a dovedit a fi în mod categoric mai eficient a fost apelul lui Truman la temerile americanilor. Consecinţele unei eventuale decizii de a *nu* ţine partea Greciei sau a altor ţări mai mici ameninţate de comunism „vor fi dezastruoase nu doar pentru ele, ci şi pentru restul lumii". Repetând cele spuse de principalii săi consilieri din Departamentul de Stat, Truman a invocat perspectiva unor „confuzii şi dezordini" care se vor răspândi în tot Orientul Mijlociu, aducând cu ele „colapsul instituţiilor libere" şi sfârşitul „libertăţii şi al independenţei". Pe tot parcursul discursului a fost evocat spectrul celui de-al Doilea Război Mondial, atât ca lecţie, cât şi ca avertisment. SUA mai eşuaseră o dată în încercarea lor de a ţine piept totalitarismului. Preţul susţinerii Greciei aflate în impas era – după spusele lui Truman – o investiţie rentabilă în comparaţie cu cele 341 de miliarde de dolari pe care Statele Unite ale Americii fuseseră obligate să le cheltuiască pentru a câştiga războiul recent încheiat.

Punctul crucial al discursului său a venit spre final, când a rostit cuvintele care vor da tonul politicii externe americane pe toată durata Războiului Rece :

> Cred că politica Statelor Unite trebuie să fie aceea de a susţine popoarele libere care se opun tentativelor de subjugare venite din partea unor minorităţi înarmate sau prin presiuni din exterior... Popoarele libere ale lumii aşteaptă sprijinul nostru pentru a-şi păstra libertăţile. Dacă noi vom şovăi din postura de lider, este posibil să punem în pericol pacea mondială[55].

Retorica lui Truman a avut efectul scontat : ajutorul de 400 de milioane de dolari pentru Grecia şi Turcia a fost aprobat. Vorbind însă în termeni atât de generali, Truman implicase ideea că SUA erau dornice să ofere sprijin oricărei naţiuni care se simţea ameninţată de comunism. În săptămânile care au urmat, oficiali ai Departamentului de Stat, ca Dean Acheson, s-au străduit din răsputeri să alunge ideea că acest lucru ar reprezenta un fel de cec în alb pentru lumea întreagă ; totuşi, s-a răspândit opinia că SUA erau devotate luptei împotriva comunismului la scară mondială, indiferent de costuri[56]. Era o măsură a nivelului de prosperitate la care ajunseseră SUA la sfârşitul celui de-al Doilea Război Mondial, dacă Truman putea nu doar să facă astfel de promisiuni, ci să şi onoreze cât mai multe dintre ele. În următoarele săptămâni, secretarul de stat George Marshall avea să anunţe un alt pachet masiv de ajutorare pentru a sprijini contracararea ameninţării comunismului în Europa Occidentală : în final, Planul Marshall avea să ajungă la un sprijin pentru Europa în valoare de 12,3 miliarde de dolari. Numai între 1945 şi 1953, valoarea totală a ajutorului financiar acordat de Statele Unite la nivel mondial ajunsese la 44 de miliarde de dolari[57].

În anii care au urmat, chiar şi aceste sume uriaşe au părut doar nişte picături într-un ocean. În 1989, când Războiul Rece a luat sfârşit, s-a estimat că Statele Unite ale Americii cheltuiseră circa 8 trilioane de dolari în sprijinul Doctrinei Truman. SUA au oferit ajutor pentru mai mult de o sută de ţări, au stabilit tratate de apărare mutuală cu peste cincizeci dintre ele şi au construit baze militare extinse în treizeci de state. Au desfăşurat trupe militare care au numărat, în medie, peste un milion de soldaţi anual, trimişi în toată lumea, aproape în orice mediu, de la oraşe din Europa la insule izolate din Pacific, de la baze aeriene din junglă la tabere din deşert, de la portavioane la submarine nucleare şi chiar, în final, la rachete spaţiale. Doctrina Truman a fost folosită pentru a justifica operaţiunile secrete ale CIA desfăşurate pretutindeni, din Cuba în Angola şi Filipine, precum şi războaiele în toată puterea cuvântului din Coreea şi Vietnam. Doctrina a oferit motivul care a stat în spatele răsturnării guvernelor din Iran, Guatemala şi Chile şi al susţinerii dictaturilor de dreapta din America Centrală şi de Sud. Toate acestea au fost cu totul diferite de politica de izolaţionism care dominase gândirea americană înaintea celui de-al Doilea Război Mondial. Moştenirea încredinţată Statelor Unite de război şi Doctrina Truman de angajare activă în numeroase afaceri internaţionale au făcut ca naţiunea americană să se simtă obligată, ca o datorie a sa de onoare, să se implice în toate aceste conflicte[58].

Şi astăzi Statele Unite ale Americii continuă să se simtă constrânse de această datorie de onoare. Chiar şi după sfârşitul Războiului Rece, obligaţia Americii de a apăra valorile democraţiei liberale a făcut-o să intervină în Irak (1991), Somalia (1992), Haiti (1994), Bosnia (1995) şi Kosovo (1999) – nu pentru siguranţa ei imediată, ci pentru a apăra „libertatea", „democraţia" şi „însuşi eşafodajul Occidentului". Chiar şi a doua confruntare a SUA cu Irakul, a cărei intensitate s-a amplificat de la sfârşitul anilor 1990 şi până în 2003, nu a început ca parte a „unui război împotriva terorii" lansat de George W. Bush, ci ca o încercare de a menţine ordinea mondială. Indiferent cât a obosit poporul american purtând această povară sau cât de mult sunt criticate SUA de cei mai puţin dornici să meargă la război, atât moştenirea celui de-al Doilea Război Mondial, cât şi Doctrina Truman par menite să continue şi în viitor. Aşa cum remarca în 2014 un important consilier pe probleme de politică externă al Departamentului de Stat al SUA, „superputerile nu pot să iasă la pensie"[59].

*

În 1947, când Truman a ţinut faimosul său discurs, cele de mai sus abia urmau să se întâmple. Americanii de rând nu ştiau decât că, în pofida presupuselor lor avuţii şi puteri, erau neliniştiţi şi îngrijoraţi, ca şi cum naţiunea întreagă aştepta să se întâmple ceva îngrozitor. Conform părerii psihanalistului olandez Abraham Meerloo, care a locuit în Statele Unite după război, ţara părea cuprinsă de un sentiment general de „vagă şi nedefinită frică". El a sugerat că motivul din spatele acestei stări erau „sentimentele de vinovăţie ascunse" ale Statelor Unite faţă de ceea ce fuseseră obligate să facă în timpul războiului, inclusiv bombardamentele de la Hiroshima şi Nagasaki. Dacă nu va reuşi să se concilieze cu realitatea faptelor comise, spunea el, naţiunea va continua să fie bântuită de premoniţii despre o posibilă pedeapsă[60].

Socotind după agitaţia de la acea vreme din SUA provocată de bomba atomică, este destul de plauzibil ca în psihicul american să se fi inoculat un element de culpă ascunsă.

Dar povestea nu se opreşte aici. Este evident că al Doilea Război Mondial a abrutizat o parte a Americii şi a traumatizat-o într-o oarecare măsură – dar i-a şi dat un scop. Când a plecat la război, după atacul de la Pearl Harbor, Cord Meyer a simţit că îşi trăieşte viaţa mai intens ca niciodată. Simţămintele lui erau împărtăşite de milioane de americani, entuziasmaţi de sentimentul misiunii şi cel al comuniunii pe care le-a adus războiul. Este drept că SUA au sărbătorit încheierea conflagraţiei şi s-au bucurat de victorie – dar a existat şi o parte a americanilor, destul de numeroasă, care a regretat atunci când războiul a luat sfârşit.

Descoperirea unui nou duşman le-a dat americanilor ocazia să lase la o parte orice sentimente de vinovăţie pentru acţiunile lor din timpul războiului. Le-a oferit un nou receptacul pentru toată furia şi agresivitatea care se acumulaseră în oameni pe parcursul anilor de război, dar şi un punct central asupra căruia să se concentreze învinuirile tuturor celor care aveau resentimente mai noi sau mai vechi. Sovieticii reprezentau o entitate asupra căreia americanii îşi puteau revărsa neliniştile şi spaimele, încât, fiind un duşman asupra căruia puteau să cadă cu toţii de acord, le-au permis americanilor să aibă din nou sentimentul solidarităţii. Mai important însă, acest nou duşman a redat Americii o finalitate : căci ce rost are un cavaler într-o armură strălucitoare, dacă nu există şi dragonul pe care să-l răpună ? De bine, de rău, al Doilea Război Mondial şi Războiul Rece care i-a urmat au stabilit un fel de şablon psihologic, căci, de atunci şi până azi, Statele Unite se tot luptă cu dragoni diverşi, de un fel sau altul[61].

14

URSS

În 1949, dragonul a dovedit că poate să scoată flăcări. Când Uniunea Sovietică a testat prima ei bombă nucleară, totul s-a schimbat : pentru prima dată în lume existau nu una, ci două puteri nucleare, iar conceptul de război nuclear a devenit o posibilitate reală. În anii care aveau să vină, SUA şi Uniunea Sovietică se vor angaja într-o cursă a înarmărilor ce va duce omenirea în mod repetat în pragul unui Armagedon – în special în Coreea, în anii 1950, în timpul crizei rachetelor din Cuba, din anii 1960, şi în perioada intensificării tensiunilor dintre Est şi Vest de la mijlocul anilor 1980.

În această perioadă, un cercetător sovietic în domeniul nuclear va deveni emblematic pentru ţara în slujba căreia se afla. Andrei Saharov este cunoscut astăzi ca disident rus şi laureat al premiului Nobel pentru Pace, însă în tinereţe era mai cunoscut ca părintele bombei termonucleare sovietice. Specialişti de tipul lui Saharov au ajuns să reprezinte pentru SUA tot ceea ce era mai de temut în URSS, dar şi ceea ce americanii admirau mai mult la poporul rus. Ca figură dominantă nu doar pentru istoria ţării sale, ci şi a lumii, Saharov va juca un rol semnificativ atât în promovarea puterii sovietice, cât şi, în cele din urmă, în prăbuşirea ei.

Când Rusia a intrat în război, Andrei Saharov nu avea decât douăzeci de ani şi era încă student la Fizică, la Universitatea de Stat din Moscova. Mulţi dintre colegii lui s-au oferit imediat ca voluntari în armată, dar Saharov, împiedicat să-i urmeze din pricina unei boli de inimă, s-a oferit, în schimb, ca voluntar în activitatea tehnică de sprijinire a războiului. După absolvirea facultăţii, a plecat să lucreze într-o fabrică de muniţii din Kovrov, mai întâi pe linia de producţie, apoi în laboratorul fabricii, unde a inventat echipamente pentru testarea calităţii gloanţelor şi proiectilelor perforante produse acolo. Condiţiile de muncă erau îngrozitoare, copii care munceau cot la cot cu adulţii şi femei gravide obligate să muncească laolaltă cu toţi ceilalţi. Mulţi dintre ei, printre care şi Saharov, împărţeau dormitoare pline de păduchi şi trăiau numai cu păsat de mei amestecat cu praf de ouă american. Însă la fel ca mai toţi din generaţia lui, Saharov a acceptat toate acestea. „Era necesar să luptăm, să învingem", a scris el mai târziu, „indiferent de sacrificiile personale"[1].

După război, Saharov s-a întors la studii, ca doctorand la prestigiosul Institut de Fizică al Academiei de Ştiinţe a URSS. Dar, spre sfârşitul anului 1946, când aproape îşi finalizase studiile doctorale, şi-a dat seama de o schimbare a climatului : brusc, statul părea să fi devenit foarte interesat de munca fizicienilor teoreticieni. I se oferise de două ori ocazia unor lucrări ultrasecrete în cadrul programului nuclear sovietic, cu un salariu

„Părintele bombei cu hidrogen sovietice": Andrei Saharov la Institutul pentru Energie Atomică Kurceatov în 1957.

pe măsură, şi tot de atâtea ori a refuzat. Până la urmă, în vara anului 1948 nu a mai avut încotro. Printr-o hotărâre a Consiliului de Miniştri şi a Comitetului Central al Partidului Comunist, a fost înfiinţat un grup special de cercetare care să studieze posibilitatea realizării unei bombe cu hidrogen. Saharov urma să se numere printre membrii grupului.

La fel ca în timpul războiului, Saharov şi-a acceptat noul rol fără să-şi pună multe întrebări, pentru că era pe deplin convins că URSS trebuia să fie protejată de agresiunea americană. „Nu puteam să nu recunosc cât de groaznice, de antiumane erau lucrurile de care ne ocupam. Dar abia se terminase războiul – ceva tot antiuman. Nu fusesem soldat în acel război, dar mă simţeam *soldat* în războiul tehnico-ştiinţific..." Saharov şi ceilalţi oameni de ştiinţă îşi considerau munca drept „eroică" şi s-au implicat cu un zel sincer în cercetarea armelor nucleare : „Era într-adevăr o psihologie a războiului". Mai presus de orice, a scris el, „mă simţeam implicat în aceeaşi cauză care, după cum mi se părea mie, fusese şi a lui Stalin – de a contribui la creşterea puterii ţării, pentru a-i asigura pacea după un război cumplit". URSS nu avea altă opţiune decât să intre în cursa înarmărilor, „pentru securitatea ei în strânsă legătură cu înarmarea nucleară a SUA şi a Angliei"[2].

În următorii ani, Saharov va fi un personaj-cheie în crearea unei succesiuni de arme tot mai puternice : „Joe 4", „Marea bombă", „Extra", „Bomba ţarului". În semn de recunoaştere pentru devotamentul său, a primit de trei ori titlul de Erou al Muncii Socialiste, a primit premiul Stalin în 1953 şi premiul Lenin în 1956.

Şi totuşi, odată cu trecerea timpului, devotamentul său faţă de statul sovietic a început să scadă. În tinereţe nu se gândise niciodată să pună la îndoială că doctrina marxistă era „ideologia cea mai potrivită pentru eliberarea omenirii". Nu cunoscuse niciodată o altă Rusie în afară de cea comunistă şi fusese crescut în credinţa că statul sovietic „reprezintă un făgaş către viitor, un fel de prototip... pentru toate ţările". Însă ca adult şi om de ştiinţă, nu a putut să nu observe anumite vicii periculoase ale sistemului. Deplângea violenţele comise în perioada programului de colectivizare implementat înainte de război şi, drept rezultat, a refuzat să se înscrie în partidul comunist. A condamnat deschis modul în care lui Trofim Lîsenko – a cărui versiune politizată a geneticii era ridiculizată în alte părţi ale lumii – îi fusese acordată o poziţie importantă în cadrul Academiei de Ştiinţe. A promovat şi interzicerea testelor nucleare în atmosferă, care produceau atât de multe precipitaţii radioactive, încât a început să le considere „o crimă împotriva umanităţii". Încetul cu încetul, a devenit tot mai critic faţă de sistemul în care trăia[3].

Momentul definitoriu al vieţii sale ulterioare a venit în 1968, când, influenţat atât de evenimentele din Rusia, cât şi de cele din străinătate, a decis să-şi pună pe hârtie unele dintre gândurile despre problemele timpului său. Rezultatul a fost un eseu intitulat „Reflections on Progress, Peaceful Coexistence, and Intellectual Freedom" („Reflecţii despre progres, coexistenţă paşnică şi libertatea intelectuală") pe care l-a publicat în samizdat, dar care a fost repede preluat de presa străină. În eseul respectiv, Saharov a scos în evidenţă speranţele sale idealiste că sistemul capitalist şi cel socialist vor înceta treptat să fie opuse şi, în final, vor deveni convergente. Astfel de idei erau considerate erezii în Uniunea Sovietică, dar au fost bine primite în Occident. Eseul a fost publicat mai întâi în ziarul olandez *Het Parool*, la începutul lunii iulie, apoi în *New York Times*, două săptămâni mai târziu. În următorul an, peste 18 milioane de exemplare ale acestui eseu au fost publicate în toată lumea, transformându-l într-un adevărat eveniment editorial mondial. Dintr-odată, numele lui Saharov era menţionat împreună cu al lui Aleksandr Soljeniţîn, dar şi cu cele ale disidenţilor din alte ţări, precum Jan Lipski, din Polonia, şi Ivan Klíma, din Cehoslovacia[4].

Până la sfârşitul vieţii, Saharov va ajunge faimos nu ca om de ştiinţă, ci ca disident. Ca urmare a eseului, şi-a pierdut slujba, dar a continuat totuşi să scrie lucrări critice antisistem. A semnat numeroase petiţii împotriva guvernului şi s-a alăturat protestelor publice împotriva acţiunilor statului sovietic. În anii 1970 i se va decerna premiul Nobel pentru Pace, împreună cu alte câteva premii, spre iritarea autorităţilor sovietice, care i-au atacat fără milă în presă pe el şi pe soţia lui. În 1988, Comunitatea Europeană a dat numele lui unui premiu pentru drepturile omului.

În pofida tuturor acestor lucruri, Saharov a rămas în adâncul lui un om de ştiinţă şi a continuat să fie fidel muncii sale de fizician teoretician. Până la sfârşitul vieţii, nu şi-a exprimat niciodată regretul pentru că a contribuit la cercetarea în domeniul armelor nucleare. Cursa înarmării nucleare, declara el în 1988, a fost „o imensă tragedie, care a oglindit natura tragică a situaţiei din întreaga lume, unde, pentru a menţine pacea, a fost necesar să se facă astfel de lucruri oribile şi îngrozitoare". Totuşi, „în ultimă instanţă, munca pe care am desfăşurat-o noi a fost îndreptăţită, la fel ca şi munca desfăşurată de colegii noştri din tabăra adversă"[5].

Trauma națională

După cel de-al Doilea Război Mondial, SUA şi URSS s-au aflat într-o poziţie pe care nici una dintre cele două naţiuni nu ar fi prevăzut-o cu doar şase ani înainte. Războiul nu doar că le-a propulsat într-o poziţie de putere militară, ci le-a şi slăbit sau le-a distrus rivalii într-o aşa măsură, încât nicio altă naţiune nu mai era capabilă să le înfrunte. Uniunea Sovietică avea cea mai mare armată terestră văzută vreodată în lume şi domina complet teritoriul Eurasiei. Statele Unite aveau o forţă maritimă care domina atât Pacificul, cât şi Atlanticul, o armată şi trupe aeriene care le eclipsau pe cele ale oricărei alte puteri occidentale şi un monopol asupra bombei atomice. În lipsa oricăror rivali cu forţe comparabile, ambele puteri au devenit ceea ce lumea nu mai văzuse niciodată până atunci : două superputeri.

Şi totuşi, în 1945 cel puţin, ar fi fost absurd să-şi imagineze cineva că aceste două ţări erau egale. America ieşise din război aproape intactă din punct de vedere material şi cu o economie prosperă, care a făcut din ea cea mai bogată ţară de pe pământ. Uniunea Sovietică, în schimb, era la pământ. Indiferent de puterea ei militară, ţara era epuizată din punct de vedere material, emoţional şi economic, şi aproape incapabilă să-şi extindă influenţa cu mult peste acele zone din Europa şi din nord-estul Asiei pe care le eliberase.

Abia după sfârşitul celui de-al Doilea Război Mondial cea mai mare parte a populaţiei din URSS şi-a permis să facă inventarul pierderilor. Distrugerile de ordin material erau de-a dreptul ameţitoare. „În armată, vorbeam adesea despre cum va fi viaţa după război", scria jurnalistul Boris Galin în 1947. „Ne imaginam lucrurile în culorile curcubeului. Nu ne-am închipuit vreodată proporţiile distrugerilor, nici amploarea reconstrucţiei necesare pentru a vindeca rănile produse de germani."[6] Statisticile oficiale oferă o imagine din interior a ceea ce au văzut cei ca Galin : la fel ca oraşe importante precum Kiev, Minsk, Harkov şi Stalingrad, peste 1.700 de oraşe şi 70.000 de sate fuseseră devastate. Au fost distruse în jur de 32.000 de întreprinderi industriale şi 65.000 de kilometri de cale ferată[7].

În zonele invadate de germani, peste 50% din totalul locuinţelor urbane fuseseră grav avariate sau distruse, lăsând 20 de milioane de oameni fără un acoperiş deasupra capului. Chiar şi în zonele neocupate, numărul total al locuinţelor se diminuase foarte mult : atât de multe resurse fuseseră reorientate pentru câştigarea războiului, încât nu se mai făcuseră reparaţii esenţiale. În Moscova, de exemplu, 90% din sistemul de încălzire centrală nu funcţiona, la fel şi cam jumătate din toate sistemele de alimentare cu apă şi de canalizare. Era nevoie de reparaţii urgente la 80% dintre acoperişuri, 60% dintre echipamentele electrice şi 54% dintre cele de gaze. Când Saharov a locuit acolo după război, el, soţia şi copilul lor nou-născut au trebuit să se mute, în fiecare lună sau din două în două luni, într-o serie de apartamente mizere – uneori în subsoluri pline de igrasie, alteori în camere doar cu puţin mai mari ca un coridor şi, o dată, într-o casă fără încălzire de la marginea Moscovei, unde erau nevoiţi să se învelească toată ziua în pături ca să nu moară îngheţaţi. În cele din urmă, Saharov a avut norocul ca Academia de Ştiinţe să-i ofere o cameră : alţii ca el aveau să locuiască în ruine, prin subsoluri, şoproane şi barăci până aproape de jumătatea anilor 1950[8].

Pe lângă aceste distrugeri materiale, pierderile omeneşti au fost atât de mari, încât au depăşit orice imaginaţie. Estimările privind numărul morţilor s-au încadrat între

20 şi 27 de milioane, însă cercetătorii de astăzi plasează, în general, numărul în zona superioară a acestei estimări[9]. Pe lângă cei decedaţi, mai erau şi răniţii. Optsprezece milioane de oameni au fost răniţi în război, iar 2,5 milioane au fost mutilaţi pe viaţă. La fel ca în multe alte ţări, priveliştea tinerilor invalizi cerşind prin pieţe şi gări a devenit una dintre trăsăturile caracteristice ale acelei vremi[10]. Între 15 şi 18 milioane de oameni au fost strămutaţi din cauza războiului, fie că au fugit spre est, ca să scape de germani, fie că au fost aduşi în Germania, la muncă forţată[11]. Ca o consecinţă directă a războiului, aproape fiecare persoană din Uniunea Sovietică a trăit experienţa unei pierderi ireparabile sau a unei pagube : 1945 a fost nu doar anul victoriei, ci şi un an de doliu.

Consecinţele de ordin psihologic ale acestei enorme experienţe comune sunt imposibil de cuantificat. Nenumăraţi oameni au suferit de amintiri chinuitoare şi de coşmaruri ani la rând după aceea, de la operatorii radio care visau în mod repetat că erau paraşutaţi în spatele liniilor inamice şi până la tinerele care refuzau să se căsătorească sau să aibă copii pentru că nu reuşeau să scape de presentimentul că un nou război era pe cale să izbucnească. „Ştiam în sinea mea că războiul se încheiase", explica un fost partizan, „dar tot corpul meu, toată fiinţa mea şi-l amintea încă". După război, o doctoriţă care se aflase în linia întâi a fost permanent însoţită, indiferent unde mergea, de mirosul de carne arsă. O alta nu putea scăpa de mirosul de sânge : „Imediat ce a venit vara, m-am gândit că războiul era gata să reînceapă", a explicat, câţiva ani mai târziu, Tamara Umneaghina. „Când soarele încălzea totul – copacii, casele, asfaltul –, se degaja un anume miros şi pentru mine totul mirosea a sânge. Indiferent ce mâncam, indiferent ce beam, nu reuşeam să scap de mirosul acela !"[12]

Uneori, aceste amintiri erau colective. Zvonuri cu caracter mistic despre o apocalipsă iminentă se răspândiseră mai peste tot în ultimele zile de război, mai ales printre cei credincioşi. Într-un sat din zona Stavropolului, s-a dus vestea că, „în următoarele câteva zile, Pământul se va ciocni cu o cometă şi va fi sfârşitul lumii". Sătenii au început să se pregătească febril – s-au rugat, au aprins candele la icoane, s-au îmbrăcat cu hainele cele mai bune şi, întinşi în faţa caselor cu braţele încrucişate pe piept, s-au pregătit de moarte[13].

Ce este interesant în acest episod aparte este că a avut loc la începutul lui 1945, înainte ca în Uniunea Sovietică să fi aflat cineva despre bomba atomică. Cu alte cuvinte, nu teama de apocalipsa nucleară a fost sursa sentimentelor sovieticilor faţă de o pedeapsă iminentă, ci altceva, mai profund, care se născuse din experienţa lor de război.

După ce s-a aflat de existenţa bombei atomice, sentimentele de felul acestora nu au făcut decât să se amplifice. Dar, iniţial, ele nu au fost generate de teama de bombă în sine. Mai presus de orice, poporul sovietic se temea de repetarea catastrofei pe care tocmai o trăise – bomba atomică a devenit o ameninţare doar pentru că năştea un nou dezechilibru de forţe şi, în consecinţă, făcea şi mai probabil un nou război. Aşa cum explicase Alexander Werth, corespondentul la Moscova al ziarului *Sunday Times* : „Ştirea [despre Hiroshima] a produs asupra tuturor o impresie profund deprimantă. Oamenii erau perfect conştienţi că acesta era un «factor nou» în politica de forţă pe plan mondial. Ştirea, publicată în aceeaşi zi, că Uniunea Sovietică a declarat război Japoniei nu a produs nici cel mai mic entuziasm. Gândul că după atâtea pierderi suferite în războiul contra Germaniei vor trebui să lupte din nou nu putea, fireşte, bucura pe nimeni"[14].

În lunile care au urmat, întreaga ţară a început să aibă un fel de rememorări comune evocând parcă zilele negre ale anului 1941. La Moscova, au început să circule zvonuri că „Statul sovietic este în pericol" şi că „Marea Britanie şi Statele Unite ameninţă cu un nou război". Unii au mers până la a întreţine temerile că deja începuse un nou război mondial. Un muncitor dintr-o fabrică din Moscova spunea în 1946: „Am auzit că războiul a început deja în China şi în Grecia, unde au intervenit Marea Britanie şi SUA. Acum pot ataca oricând Uniunea Sovietică"[15].

Catastrofa războiului afectase din plin fiecare strat al societăţii sovietice nu doar din punct de vedere fizic, ci şi la un nivel psihologic profund. Fie că o meritau sau nu, în 1945 sovieticii se simţeau exact la fel de vulnerabili ca în 1941, un sentiment pe care apariţia bombei atomice doar l-a exacerbat. Ar fi fost nevoie de o perioadă de calm prelungită – un fel de convalescenţă la nivel naţional – pentru ca oamenii să simtă că ororile războiului rămăseseră definitiv în urmă şi că puteau să îşi reconstruiască ţara în siguranţă. Din nefericire, tocmai acest lucru le-a fost refuzat.

Noi şi ei

Dar conducerea sovietică? Cum au reacţionat liderii în asemenea împrejurări? Primul lucru care trebuie spus este că liderii sovietici nu s-au simţit *niciodată* în siguranţă. Încă de pe când erau revoluţionari vânaţi de poliţia secretă ţaristă, trecând prin zbuciumul Războiului Civil, prin foametea din Ucraina şi prin Marea Epurare – Stalin şi apropiaţii lui s-au simţit întotdeauna vulnerabili atât pe plan intern, cât şi pe plan extern. În orice caz, invazia germană din 1941 a fost, poate, momentul când comunismul sovietic s-a aflat cel mai aproape de a fi spulberat complet şi nu este deloc surprinzător că liderii partidului erau decişi să nu îşi mai permită vreodată să fie la fel de vulnerabili. Unii diplomaţi occidentali, precum George Kennan, s-au pronunţat jignitor cu privire la obsesia liderilor sovietici legată de „încercuirea ostilă" şi la „paranoia" lor cu privire la Occident, dar această paranoia avea cauze evidente, fiind resimţită în egală măsură şi de regim, şi de popor.

Victoria din 1945 le-a oferit sovieticilor o şansă nemaiîntâlnită până atunci de a-şi proteja graniţele de orice alt posibil atac, şi ei au apucat-o cu ambele mâini. Teritorii care făcuseră odinioară parte din Imperiul Rus – Carelia, Ţările Baltice, vestul Ucrainei, Basarabia – au fost revendicate ca teritorii sovietice. Regiuni care îi asiguraseră Germaniei o trambulină pentru invaziile ei – Polonia, Ungaria, România şi Bulgaria – au fost ocupate şi supuse autorităţii sovietice. Guvernele potenţial ostile au fost înlăturate şi înlocuite cu unele comuniste, societăţile au fost restructurate în conformitate cu criteriile comuniste, iar acelor ţări care luptaseră activ împotriva URSS li s-au cerut despăgubiri de război.

Sovieticii credeau că sunt îndreptăţiţi să acţioneze în felul acesta – atât din punct de vedere istoric, cât şi moral. Armata Roşie cucerise teritoriile din estul Europei cu sânge sovietic şi conducerea politică nu a văzut niciun motiv pentru care să-şi retragă trupele fără ca mai întâi să-şi asigure loialitatea acestor ţări în viitor. Mai trebuie subliniat şi faptul că ideologii sovietici credeau sincer că *eliberau* acele ţări, oprimate vreme de secole de sisteme feudale. Cel mai important însă era că statul sovietic simţea că are responsabilitatea de a construi o zonă-tampon între propriul teritoriu şi cel al potenţialilor duşmani. „Trebuie să ne consolidăm cuceririle", declara ministrul de Externe sovietic, Veaceslav Molotov, câţiva ani mai târziu. Aşadar, supunerea estului Europei a fost mai puţin legată de răspândirea comunismului sau de imperialismul demodat, cât mai ales de nevoia de a proteja patria în faţa unui viitor atac[16].

Când Occidentul a obiectat, sovieticilor le-a fost greu să ia obiecţiile în serios. În ce îl priveşte pe Stalin, el nu făcea în Europa de Est nimic altceva faţă de ce făceau Truman şi Churchill în vestul Europei. „Războiul acesta nu mai este ca în trecut", i-a spus el în 1944, într-o replică devenită celebră, comunistului iugoslav Milovan Djilas : „Oricine ocupă un teritoriu îşi impune şi propriul sistem social. Fiecare îşi impune propriul sistem pe cât de departe poate ajunge armata proprie. Nu poate să fie altfel"[17].

Divizarea Europei în două „sfere de influenţă" – sovietică şi occidentală – nu a fost impusă în mod unilateral de Stalin ; de fapt, a fost o situaţie pe care înseşi Marea Britanie şi SUA au aprobat-o. Atunci când s-a întâlnit cu Stalin la Moscova, în octombrie 1944, Churchill a fost de acord în mod explicit să lase sovieticilor România şi Bulgaria, în schimbul controlului britanic în Grecia. Stalin şi-a ţinut cu scrupulozitate partea lui de înţelegere (indiferent de ceea ce avea să insinueze Truman mai târziu, în discursul prin care îşi anunţa doctrina) : aşadar, mai era Churchill îndreptăţit să se plângă atunci când oficialii britanici erau împiedicaţi să influenţeze evenimentele de la Bucureşti ? Mai mult, atât Marea Britanie, cât şi SUA semnaseră acorduri de armistiţiu cu Bulgaria, România şi Ungaria în care, din nou, se menţiona explicit că fiecare ţară va fi administrată de sovietici pe toată durata războiului[18]. Astfel că, din perspectiva sovieticilor, evenimentele din această parte a lumii nu mai erau de competenţa Occidentului.

Din punctul de vedere al sovieticilor, ipocrizia oamenilor de stat occidentali a fost destul de insolentă. În Carta Atlanticului au insistat asupra „dreptului tuturor popoarelor de a-şi alege forma de guvernământ în care vor trăi", dar, cu toate acestea, au sprijinit colonialismul din Asia şi Africa. S-au plâns de abuzurile din estul Europei împotriva drepturilor omului şi, cu toate acestea, au eşuat deliberat în tentativa de a-i urmări în justiţie pe fasciştii şi pe criminalii de război din Europa Occidentală. S-au pronunţat împotriva „înrobirii" populaţiilor din Europa de Est, dar au păstrat tăcerea în privinţa oprimării continue a negrilor din sudul Statelor Unite. Au acuzat comuniştii de falsificarea alegerilor, dar au stat totuşi deoparte când partizanii dreptei au făcut la fel în Grecia, Paraguay sau Republica Dominicană – ţări aflate în „sfera de influenţă" britanică sau americană. În 1948, americanii au folosit mari sume de bani şi multă influenţă pentru a se asigura că alegerile din Italia vor avea un rezultat „corect" – au fost ei oare mai de bună-credinţă decât sovieticii care au falsificat alegerile din Ungaria sau Polonia ?[19].

În timp ce sovieticii au făcut tot ce le-a stat în putinţă ca să-şi extindă graniţele, să-şi consolideze sistemele de apărare şi să se sprijine reciproc în faţa unei lumi ostile, America părea hotărâtă să demaşte vulnerabilităţile sovieticilor. În prima conferinţă a ONU de la San Francisco, Statele Unite au făcut un adevărat spectacol refuzând solicitarea URSS ca Polonia să primească statutul de membru, susţinând în schimb acordarea acestui statut Argentinei – o ţară despre care sovieticii credeau că, pe durata războiului, „mai mult i-a ajutat pe fascişti, duşmanii noştri". Această demonstraţie a dominaţiei zdrobitoare americane asupra diplomaţiei mondiale a părut brutală chiar şi pentru unii dintre aliaţii săi. În următorii şapte ani, URSS s-a simţit obligată să-şi folosească dreptul de veto de cincizeci şi nouă de ori – nu doar de dragul de a se opune, aşa cum a sugerat cea mai mare parte a presei occidentale, ci pentru că SUA insistau să introducă rezoluţii care erau împotriva intereselor vitale ale sovieticilor. Din punct de vedere diplomatic, vetoul era singura putere pe care sovieticii o aveau pentru a se apăra[20].

În opinia sovieticilor, URSS a fost ţinta unor serii de atacuri economice din partea Statelor Unite. În 1945, imediat ce tunurile au amuţit în Europa, SUA au întrerupt brusc ajutorul dat Uniunii Sovietice prin Legea de împrumut şi închiriere. În 1946, Statele Unite au suspendat toate plăţile pentru refacerea zonei americane de ocupaţie din Germania. În 1947, America a anunţat Doctrina Truman, urmată de Planul Marshall. Cele 12 miliarde de dolari care urmau să intre în Europa pe parcursul următorilor ani au fost însoţite de condiţionări capitaliste stricte, o stare de fapt cu care înfometata şi sărăcita URSS nu putea nicicum concura. Nu a fost aşadar nicio surpriză, nici măcar pentru americani, faptul că ministrul sovietic al Culturii, Andrei Jdanov, a numit Planul Marshall „planul american de înrobire a Europei"[21].

La fel de îngrijorător, SUA păreau decise să-şi etaleze superioritatea militară ori de câte ori aveau prilejul. La sfârşitul războiului, Statele Unite aveau cea mai puternică forţă aeriană din lume atât din punct de vedere calitativ, cât şi cantitativ. „Aş spune chiar că America era invincibilă", declara Nikita Hruşciov în memoriile lui, mai înainte de a continua susţinând că „americanii au făcut caz de forţa lor trimiţându-şi avioanele în toată Europa, violând graniţele şi chiar survolând teritoriul Uniunii Sovietice, ca să nu mai vorbim de cel al unei ţări precum Cehoslovacia. Nu trecea o zi fără ca avioanele americane să nu violeze spaţiul aerian cehoslovac"[22].

În ultimul rând, şi poate cel mai periculos aspect, America avea monopolul bombei atomice. Din lista lungă a avantajelor americanilor din anul 1945, era ceea ce îi deruta cel mai mult pe sovietici. Nimeni din administraţia sovietică nu estimase până atunci puterea unei bombe atomice – nu doar din punct de vedere fizic, ci şi din cel al politicii externe. Stalin însuşi a fost impresionat de cum fusese folosită bomba pentru a pune capăt războiului şi a obliga Japonia să capituleze necondiţionat. O astfel de putere brută le conferea Statelor Unite un avantaj strategic asupra întregii lumii. Nu încăpea nicio îndoială că acest nou avantaj a afectat URSS. Într-adevăr, bănuiala generală sugera că bombele de la Hiroshima şi Nagasaki „au vizat nu Japonia, ci mai degrabă Uniunea Sovietică"[23].

Aşa cum a explicat ambasadorul britanic la Moscova în decembrie 1945, nu putea fi ales un moment mai prost pentru Hiroshima şi Nagasaki. După atât de mulţi ani de lupte, victoria din Europa îi încurajase pe sovietici să creadă că îşi câştigaseră dreptul la securitate – ba, mai mult chiar, că perpetuarea sistemului sovietic era deja garantată. „Şi atunci, dintr-odată, a apărut bomba atomică. Dintr-o lovitură, un echilibru care părea statornicit şi stabil a fost zdruncinat în mod brutal. Occidentul i se opunea Rusiei exact când totul părea că se aşază în această ţară."[24]

Drept răspuns, sovieticii au ieşit la atac. Conform lui George Andreicin, fost agent Comintern, principalul motiv pentru care URSS a devenit atât de agresivă după septembrie 1945 a fost acela că apariţia bombei atomice îi scosese la lumină relativa ei slăbiciune – şi, aşa cum vor recunoaşte mai târziu cei din anturajul lui, slăbiciunea era singurul lucru pe care Stalin a vrut întotdeauna să-l ascundă[25]. În anii ce aveau să vină, atât Molotov, cât şi Stalin au făcut paradă de faptul că nu se lasă intimidaţi de americani şi au bagatelizat intenţionat eficienţa armelor nucleare. „Bombele atomice sunt destinate să-i intimideze pe cei slabi de înger", le spunea Stalin jurnaliştilor occidentali în toamna lui 1946, „dar ele nu pot hotărî rezultatul unui război, de vreme ce bombele atomice nu sunt cu niciun chip suficiente în acest scop"[26].

Acesta a fost contextul în care, înconjuraţi de acţiuni de intimidare şi de bravadă, sovieticii au lansat noul program pentru obţinerea accelerată a propriei bombe atomice. Nu există nicio consemnare a vreunei dezbateri la nivel guvernamental în care să se hotărască dacă acest proiect a fost justificat sau nu – pur şi simplu s-a presupus că, dacă

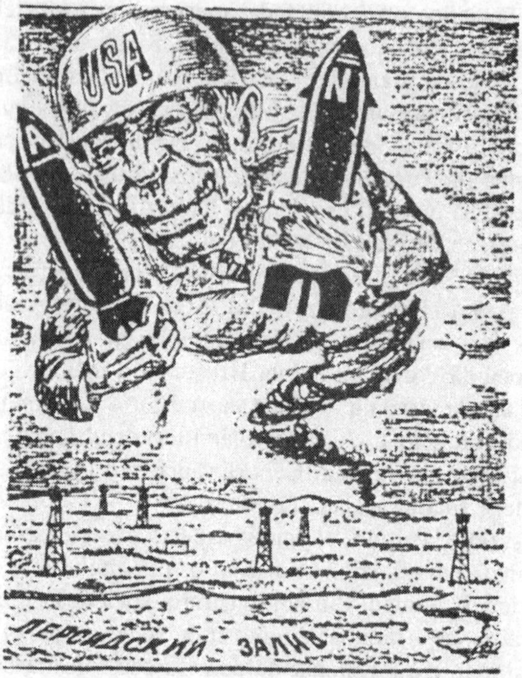

Diplomaţie nucleară: o caricatură sovietică înfăţişând dominaţia SUA asupra statelor bogate în petrol din jurul Golfului Persic.

America deţinea bomba atomică, atunci URSS trebuia să o aibă şi ea. Decizia va avea totuşi repercusiuni uriaşe în toată lumea. Întreaga atmosferă geopolitică a următorilor cincizeci de ani – războaiele prin interpuşi din Asia şi Africa, revoluţiile şi contrarevoluţiile din ţările în curs de dezvoltare, pacea nucleară din Europa – a fost generată, cel puţin în parte, de acest moment.

Începând o cursă a înarmărilor cu SUA, Stalin a pus bazele unei politici pe care succesorii lui au fost incapabili să o combată şi care, în ultimă instanţă, va duce la prăbuşirea Uniunii Sovietice. Între 1945 şi 1946, bugetul alocat de sovietici cercetării ştiinţifice s-a triplat. În 1950, cheltuielile militare reprezentau până la un sfert din venitul naţional brut al URSS – şi aceasta într-un moment când ţara avea nevoie disperată să fie reconstruită[27]. În următoarele patru decenii, Uniunea Sovietică va cheltui sume uriaşe, incalculabile, într-un război economic şi tehnologic pe care avea foarte puţine şanse să-l câştige.

Renaştere zădărnicită

Nu există nimic mai potrivit decât un război, fie el şi un Război Rece, pentru a crea ideea de „noi" şi „ei". În 1945, sovieticii şi-au acceptat aşadar noul duşman. La fel ca în al Doilea Război Mondial, „ei" au oferit un punct central asupra căruia să se concentreze toate neliniştile şi temerile comune societăţii. Şi la fel ca în acel război, orice măsură şi orice cheltuială puteau fi justificate de nevoia de a proteja naţiunea de „ei". Pe termen scurt şi mediu, „ei" au ajuns să facă un serviciu valoros statului sovietic.

Ce reprezenta însă acest mare „noi" comunitar din Uniunea Sovietică ? Spre deosebire de cum era tentat să o vadă Occidentul, Uniunea Sovietică nu era un imens monolit, ci o ţară de o bogată diversitate, brăzdată de numeroase dezbinări, cam la fel cum erau şi SUA. Chiar de la înfiinţarea ei, existaseră tensiuni între forţele care doreau modernizarea şi cele tradiţionaliste, între oraş şi sat, între burghezie şi clasa muncitoare, între partid şi intelectualitate, între militari şi civili ; ca să nu mai vorbim despre toate vechile decalaje dintre diversele regiuni şi republici şi dintre feluritele minorităţi etnice şi religioase. Înainte de război, comunismul încercase să înlocuiască toate aceste divizări cu o singură ideologie unificatoare, dar procedase cu atâta violenţă şi cu o asemenea cruzime, încât nu reuşise decât să facă dezbinarea mai puţin vizibilă ; proces în timpul căruia s-au creat noi sciziuni, cea mai importantă fiind cea dintre populaţie şi stat.

Al Doilea Război Mondial a adus schimbarea. A unit cea mai mare parte a diferitelor grupuri într-un mod pe care nicio propagandă şi nicio constrângere nu îl reuşiseră până atunci. Într-o clipă, toate diversele categorii de „noi" şi „ei" au fost redefinite : un singur „noi" a luat naştere şi a cuprins aproape întreaga societate, pentru că mai mult sau mai puţin toată lumea era acum unită în sprijinul unei cauze comune ; la fel şi „ei" au devenit un duşman unic şi universal – invadatorul nazist. Pe parcursul războiului, acest duşman a fost într-atât de demonizat şi a căpătat proporţii atât de monstruoase, încât a ajuns să ocupe un loc central în imaginarul sovietic. A jucat, totodată, un rol vital în menţinerea unităţii în societatea sovietică pe toată durata acelor ani atât de primejdioşi.

În 1945, după întreg şirul de traume şi de distrugeri, au fost mari speranţe că URSS ar putea fi capabilă să se aleagă cu ceva pozitiv de pe urma războiului. Dramaturgul Konstantin Simonov îşi amintea mai târziu cum lumea începuse să vorbească „despre liberalizare... toleranţă... despre optimism ideologic". Conform lui Andrei Saharov, „pe oameni îi stăpânea încrederea (sau cel puţin speranţa) că după război totul va fi bine, aşa cum trebuie, că altfel nu se poate". Părea lipsit de primejdii să afirmi astfel de lucruri tocmai datorită spiritului de unitate care se păstrase chiar şi după război[28].

Existau totuşi indicii puternice că sentimentul acesta al unităţii începea deja să se destrame, mai ales după ce a devenit limpede că economia postbelică a ţării fusese complet distrusă. În 1945, nu doar SUA au suferit de lipsuri, de frământări sindicale, de tensiuni etnice şi de destrămarea familiilor prin divorţ – toate acestea s-au întâmplat şi în URSS, dar într-un grad mult mai înalt. În cei trei ani care au urmat războiului, când 8,5 milioane de soldaţi ai Armatei Roşii au fost demobilizaţi, nu a existat nicio lege a veteranilor, cum a fost G.I. Bill în SUA, care să le înlesnească tranziţia spre societatea civilă – guvernul sovietic pur şi simplu nu avea resursele financiare necesare pentru o astfel de măsură. În timp ce muncitorii americani făceau greve pentru salarii şi condiţii de muncă mai bune, muncitorii ruşi din Penza lucrau sub cerul liber, afundaţi în zăpadă până la genunchi[29]. În timp ce femeile din Statele Unite vociferau acuzând lipsa dresurilor, ruşii din Tula trebuiau să reziste fără încălţăminte, fără haine groase şi fără lenjerie de corp[30]. Americanii se plângeau că raţionalizările au continuat şi în 1946, dar în Uniunea Sovietică oamenii mureau literalmente de foame. Conform istoricului rus Veneamin Zima, o sută de milioane de oameni din URSS au suferit de malnutriţie între 1946 şi 1948, iar circa două milioane au murit de foame. Situaţia a fost cauzată în parte de condiţiile climatice nefavorabile, în parte de proasta gestionare a situaţiei de către guvern – dar a fost, totuşi, şi un rezultat direct al faptului că războiul a întrerupt activitatea fermelor sovietice[1].

Contrastul dintre visurile sovieticilor despre un viitor în roz şi realitatea vieţii postbelice a dus la valuri de nemulţumiri pe tot cuprinsul ţării. Ţăranii din fermele colective refuzau adeseori să muncească, motivând că erau plătiţi cu prea puţin ca să poată supravieţui –, iar în unele cazuri nu erau plătiţi deloc[32]. În zonele industriale, mai ales în fabricile gigantice ale industriei de apărare din Urali şi Siberia, aveau loc numeroase greve şi demonstraţii. Numai în anii 1945-1946, peste o jumătate de milion de oameni din Uniunea Sovietică au trimis scrisori către Comisariatul Poporului pentru Afaceri Interne al URSS, în care se plângeau de condiţiile de trai. „Deci, la asta s-a ajuns ! ", scria cineva. „Asta este ceea ce numiţi voi grija statului faţă de nevoile materiale ale celor ce muncesc... ! " Conform semnatarului acestei scrisori, atmosfera de revoltă era tot mai accentuată şi muncitorii începeau să se întrebe „Pentru ce am luptat ? "[33].

În unele regiuni din Uniunea Sovietică erau deja gata să izbucnească revolte în toată regula. O insurgenţă masivă împotriva dominaţiei sovietice începuse deja în Ucraina, unde circa 400.000 de oameni erau implicaţi activ în acţiuni de rezistenţă împotriva revenirii trupelor sovietice. Revolta, transformată rapid într-un fel de război civil, avea să continue până în anii 1950. Insurgenţe similare au avut loc şi în republicile recent anexate – Lituania, Letonia şi Estonia, unde zeci de mii de oameni s-au retras în păduri ca să lupte împotriva trupelor sovietice. Aceste acţiuni sortite eşecului erau alimentate de speranţa deşartă că „Marea Britanie şi Statele Unite [vor] porni războiul împotriva Uniunii Sovietice". Cu alte cuvinte, în multe zone ale regiunilor de graniţă cu Occidentul, locuitorii sperau sincer într-un al treilea război mondial[34].

Era limpede că autorităţile sovietice nu puteau permite ca asemenea sentimente să se generalizeze. Într-un mod devenit deja tradiţional, autorităţile au început să dea vina pe străini pentru toate problemele ţării. Acuzele pe care le-au adus Occidentului urmau acelaşi tipar pe care îl aveau şi acuzele de comunism ale americanilor : Stalin a dat interviuri în *Pravda* în care îl compara pe Churchill cu Hitler, ministrul său de Externe, Veaceslav Molotov, numea SUA o putere „fascizantă", în timp ce alţi membri de rang înalt ai partidului, ca Andrei Vîşinski şi Gheorghi Malenkov, susţineau că americanii erau „imitatorii fasciştilor barbari"[35]. La fel ca în Statele Unite, şi în URSS conducerea statului a folosit această nouă ameninţare atât ca pe o scuză, cât şi ca pe un mijloc de a distrage atenţia, dar şi ca o modalitate prin care să ceară poporului să se unească din nou sub actuala guvernare, la fel cum făcuse în timpul războiului.

Între timp, oricine avea legături cu Occidentul era de îndată denunţat. Vânătoarea de vrăjitoare a început aproape imediat ce s-a terminat războiul. Primii care i-au căzut victimă au fost prizonierii de război reveniţi acasă şi civilii care fuseseră trimişi la muncă forţată în Germania pe timpul conflagraţiei. Astfel de oameni petrecuseră perioade îndelungate printre duşmani, adeseori urmate de un timp şi mai îndelungat alături de britanici şi americani. Chiar dacă nu există cifre exacte despre numărul de prizonieri de război reveniţi acasă care au fost trimişi ulterior în Gulag, este cert că au fost zeci şi zeci de mii – Aleksandr Soljeniţîn descrie cum, după război, lagărele de muncă au fost umplute până la refuz cu aceşti oameni[36]. În acelaşi timp, 60.000 de comunişti care fuseseră capturaţi de germani în timpul războiului s-au văzut eliminaţi din partid[37].

Următorii care aveau să fie demonizaţi au fost acele grupuri naţionale care nu mai păreau loiale idealului sovietic. În timpul războiului, mai multe grupuri etnice fuseseră deportate din teritoriile lor natale în stepele Kazahstanului, din cauza lipsei lor aparente de loialitate – mai ales germanii de pe Volga, cecenii, inguşii, calmucii şi tătarii din

Crimeea. După terminarea războiului, a venit rândul populaţiilor rebele din teritoriile de la graniţa de vest. Între 1945 şi 1952, peste 108.000 de lituanieni au fost deportaţi ca „bandiţi" sau „complici ai bandiţilor", la fel şi 114.000 de ucraineni, 34.000 de moldoveni, 43.000 de letoni şi 20.000 de estoni. Astfel de acţiuni au declanşat în republicile respective resentimente care frizau ura faţă de Moscova şi care aveau să se intensifice în deceniile următoare[38].

Pe măsură ce tensiunile dintre URSS şi Occident au crescut, autorităţile au început să ducă o campanie violentă împotriva a ceea ce Stalin a numit „admiraţia pentru germani, francezi, pentru străini şi pentru netrebnici"[39]. Campania a început în august 1946, cu persecutarea intelectualităţii din Leningrad, şi a fost condusă de ministrul Culturii, Andrei Jdanov. În esenţă, aceasta nu s-a deosebit prin nimic de epurările care avuseseră loc înainte de război : i s-a dat doar o înfăţişare pe jumătate respectabilă prin accentul pus pe necesitatea de a elimina elementele „străine" care se infiltraseră în societatea sovietică.

Campania a fost urmată de o serie de măsuri represive împotriva tuturor formelor de artă şi de ştiinţă. Compozitori ca Şostakovici, Haciaturian şi Prokofiev au fost puşi pe lista neagră pentru că muzica lor avea „influenţe ale Occidentului decadent". Muzeul de artă modernă occidentală a fost închis, la fel şi Institutul de Economie Mondială şi de Politică Mondială al lui Eugen Varga[40]. În ianuarie 1947, filosoful G.F. Aleksandrov a fost acuzat că a subapreciat contribuţia ruşilor la filosofia occidentală şi a fost demis din postul de şef al agitprop.

În acelaşi timp, oficialii sovietici au dus o campanie paralelă de promovare a artei, filosofiei şi ştiinţei sovietice ca fiind superioare celor alor tuturor celorlalte naţiuni. Conform lui Andrei Saharov, campania a afectat chiar şi extrem de importantul program nuclear, unde specialiştii germani experimentaţi aduşi în Rusia nu au fost consideraţi niciodată demni de încredere de către oficialităţile guvernamentale ruseşti[41]. Orice descoperire importantă trebuia să fie rusească. Ziarele au început să lanseze afirmaţii exagerate despre cum oamenii de ştiinţă ruşi inventaseră totul, de la aeroplan la motorul cu abur, radioul şi becul electric. Oamenii de ştiinţă *adevăraţi*, ca Saharov, au început să lanseze glume ironice despre „Rusia, patria elefantului"[42].

Toate acestea făceau parte dintr-o formă grosolană de naţionalism care reprezenta una dintre moştenirile majore ale războiului şi care mai este şi astăzi vizibilă în Rusia. Oamenii de stat şi chiar şi istoricii occidentali au avut adeseori probleme pentru că au confundat termenii „sovietic" şi „rus", considerând că sunt acelaşi lucru. Situaţia nu este însă prea diferită de modul cum mulţi ruşi au ajuns să se considere ei înşişi sovietici în anii care au urmat celui de-al Doilea Război Mondial. Aşa cum Stalin *era* statul, la fel şi Rusia *era* Uniunea Sovietică[43]. În anii următori, etnicii ruşi au ajuns să domine din ce în ce mai mult toate instituţiile sovietice superioare, de la armată la Politburo, în timp ce rusa a devenit limba folosită de cei aflaţi la putere în întreaga Uniune Sovietică. Pe termen lung, aceasta va contribui la alimentarea resentimentelor din ce în ce mai mari în rândul celorlalte popoare ale Uniunii Sovietice – ca să nu mai vorbim de cele din Europa de Est – şi va ajunge una dintre cauzele destrămării URSS în 1991. Totuşi, până atunci, naţionalismul a fost una dintre principalele forţe folosite de Stalin pentru a-şi justifica persecutarea „elementelor străine" din societatea sovietică.

Ce anume însemna mai exact un „element străin" nu a fost întotdeauna clar. De-a lungul timpului, Stalin va duce campanii succesive de represiune împotriva diverselor grupuri, printre care cel al militarilor cu grade superioare, al medicilor din Moscova şi al membrilor organizaţiei din Leningrad a Partidului Comunist - aproape întotdeauna pe motiv că erau integral sau parţial influenţate de străini. Apogeul acestei noi intoleranţe a fost atins prin campania împotriva evreilor - sau a „cosmopoliţilor", aşa cum erau numiţi eufemistic. Între 1948 şi 1952, zeci de mii de evrei sovietici au fost arestaţi, daţi afară din slujbe, alungaţi din universităţi sau evacuaţi din case pur şi simplu pentru că erau evrei. Scuza oficială pentru aceste persecuţii a fost că evreii erau sionişti care aveau legături cu SUA şi cu alte ţări occidentale, dar până şi subalternii cei mai apropiaţi ai lui Stalin recunoşteau că totul era „pur şi simplu un nonsens". În realitate, aşa cum a fost de atâtea ori cazul de-a lungul istoriei, evreii au constituit doar un simbol ce putea fi folosit ca reprezentare a tuturor lucrurilor din lumea din afară de care se temea Stalin şi care, aşadar, trebuiau să fie epurate din viaţa publică[44].

Există, fără îndoială, similarităţi între paranoia care a cuprins Statele Unite în anii 1940 şi 1950 şi cea care, în mod similar, a cuprins URSS. Ambele ţări au folosit ameninţarea unui duşman extern pentru a coagula societatea dezbinată şi amândouă au folosit represiunea pentru a-i pedepsi pe cei care nu se conformau. Dacă mentalitatea sovietică a reacţionat într-un mod mai dur decât cea americană, acest fapt a reprezentat, cu siguranţă, reflectarea unei traume cu mult mai mari pe care URSS a suferit-o în timpul războiului recent încheiat, o traumă care a făcut ca frica sovieticilor de a fi nimiciţi să fie una cât se poate de reală. Însă amploarea şi natura represiunilor care au avut loc în URSS sunt, în mare măsură, tributare sistemului politic de acolo. În SUA, represiunile au fost impuse mai mult sau mai puţin prin consens, un consens care se putea schimba cu uşurinţă - cum s-a şi întâmplat, de fapt, la mijlocul anilor 1950, când s-a considerat că s-a mers prea departe. În Uniunea Sovietică, pe de altă parte, puterea era atât de concentrată în mâna unui singur om, încât aproape că nu existau limite pentru suferinţele care se puteau abate asupra societăţii, dacă Stalin o dorea.

În final, viziunea lui Stalin despre ce înseamnă „noi" devenise atât de limitată, încât nimeni nu mai era pe deplin ferit de persecuţii, nici măcar cei din poziţiile ierarhice superioare. În perioada respectivă, Stalin şi-a ucis câţiva dintre prietenii şi tovarăşii cei mai apropiaţi şi a ordonat torturarea sau trimiterea în gulag a altor zeci dintre ei. Cercul lui de apropiaţi se reunea regulat pentru banchete interminabile, stropite din belşug cu alcool, prilej cu care Stalin îi silea să suporte rând pe rând tot felul de umilinţe. Viitorul prim-ministru Nikita Hruşciov şi-a amintit cu groază de acele petreceri. După una dintre ele, Nikolai Bulganin, cu care împărţea maşina care îi ducea acasă, se lăsase greu pe banchetă, vizibil uşurat. „Vii la masa lui Stalin ca prieten", a murmurat el, „dar nu ştii niciodată dacă o să te mai întorci acasă singur sau o să fii invitat la o plimbare - la puşcărie ! ". În momentul morţii lui Stalin, în martie 1953, nu exista vreun grup, nici vreo persoană care să se poată considera a fi la adăpost de neîncrederea lui Stalin[45].

Saharov nu a trăit în miezul acestor evenimente. Nu a fost un martor direct al ororilor, deşi i-a cunoscut pe unii dintre cei implicaţi, inclusiv pe fostul şef al serviciilor de securitate ale lui Stalin, Lavrenti Beria, pe care l-a caracterizat drept „o fiinţă omenească îngrozitoare"[46]. Însă oamenii de ştiinţă ca Saharov erau, în general, imuni la fricile zilnice pe care toţi ceilalţi membri ai societăţii erau obligaţi să le înfrunte, pentru că munca lor era considerată absolut esenţială. Erau mai bine plătiţi decât marea majoritate a membrilor societăţii şi li se acordau privilegii pe care cei mai mulţi indivizi nu le puteau nici măcar visa: aveau propriile case de vacanţă (*dacea*), maşini personale şi acces la o literatură interzisă oriunde altundeva. Independenţa în gândire, considerată suspectă în cazul populaţiei de rând, a fost în mod cert încurajată la oamenii de ştiinţă care lucrau la instalaţiile secrete unde erau create bombele atomice.

Chiar dacă acest fapt e posibil să-i fi ţinut la distanţă de dificultăţile prin care a trecut restul populaţiei, totuşi, după părerea lui Saharov, s-a creat astfel un model pentru viitoarea democraţie. În influentul său eseu din 1968, Saharov a cerut ca privilegiile intelectuale de care se bucurau el şi colegii săi, oameni de ştiinţă, să fie extinse la nivelul întregii societăţi. De asemenea, a sugerat că elita tehnocrată ar trebui să conducă societatea după nişte principii ştiinţifice, într-o manieră care, mai presus de orice, să dea întâietate „grijii şi preocupării pentru valorile umane de tip moral, etic şi personal”[47].

Este instructiv de ştiut că, în urma eseului său, lui Saharov i s-a ridicat imediat permisul de acces la informaţiile confidenţiale. În cele din urmă, specialişti ca Saharov au învăţat ceea ce mulţi alţi membri ai societăţii sovietice înţeleseseră deja de mult timp – şi anume că exista o diferenţă fundamentală şi ireconciliabilă între modul în care vedeau ei lumea şi cel în care o vedea statul. Această diferenţă a fost exemplificată de atitudinea statului în privinţa bombei atomice. Saharov a relatat o întâmplare de la un banchet la care a participat în 1955, pentru a sărbători reuşita unui test cu bomba atomică. Fiind principalul specialist responsabil cu tehnologia din spatele acestei arme speciale, a simţit că e de datoria lui să spună câteva cuvinte. Aşadar, s-a ridicat în picioare şi a propus un toast pentru speranţa că URSS nu va trebui niciodată să-şi folosească bombele nucleare într-un război real. După cum spune Saharov, în sală s-a lăsat imediat o linişte vădind perplexitatea. Atunci încet, ameninţător, ministrul adjunct al Apărării s-a ridicat şi el în picioare să răspundă. „Permiteţi-mi să vă spun o fabulă”, a început acesta. „Un moş stă înaintea unei icoane cu candelă, doar în cămaşă şi se roagă: «Îndrumă, Doamne, şi întăreşte, îndrumă şi întăreşte». Iar baba stă întinsă pe cuptor şi grăieşte de acolo: «Lasă, moşule, tu roagă-te să întărească numai, că la îndrumat mă pricep şi singură!». Haideţi să bem pentru întărire!”. După această mustrare promptă, Saharov şi-a băut coniacul şi „toată seara n-am mai deschis gura”[48].

În neobosita lui cursă pentru bomba atomică, statul sovietic a obţinut toate acele lucruri la care râvnise după al Doilea Război Mondial şi, în acelaşi timp, le-a şi pierdut. Puterea sovieticilor, atât de afectată de colapsul militar din 1941, s-a refăcut la un nivel la care nu speraseră nici în visurile lor cele mai optimiste. Însă lipsa lor de omenie a răspândit sămânţa protestelor la o asemenea scară, încât, în cele din urmă, statul va fi condamnat să dispară.

15

Polarizarea mondială

Similaritatea între psihologia colectivă din SUA de la începutul anilor postbelici şi cea din URSS este izbitoare. Ambele ţări ajunseseră, la nivel global, în poziţii de putere pentru care nu erau întru totul pregătite şi cu care nu au avut nici timp să se obişnuiască. Ambele naţiuni deveniseră unite în faţa primejdiilor războiului într-un fel pe care nu îl reuşiseră până atunci nici propaganda, indiferent cât de multă, nici teroarea, nici măcar progresismul de tip New Deal. Acum însă, odată cu sfârşitul războiului, dezbinările din ambele ţări au început să se contureze din nou. Ingredientul esenţial atât pentru unitatea SUA, cât şi a URSS fusese existenţa unui duşman comun – un monstru –, însă acum, când monstrul fusese învins, în nici una dintre ţări nu mai rămăsese nimic împotriva căruia cele două să se alieze. Pe măsură ce relaţiile dintre ele începeau să se degradeze, părea normal ca fiecare să înlocuiască vechiul monstru german sau japonez cu unul nou, american sau sovietic. Mentalitatea de război propriu-zis a lui „noi" şi „ei" a fost, deci, transpusă cu totul în Războiul Rece.

Dominaţia celor două ţări pe plan internaţional a însemnat că restul lumii s-a văzut inclus în mod necesar în disputele dintre ele. După experienţa războiului, nu mai era suficientă doar miza unităţii naţionale : SUA au început să forţeze unitatea în acea zonă care acum purta numele de „emisferă occidentală" şi, chiar mai extins, în tot „Occidentul". Pe de altă parte, URSS, care avusese întotdeauna o perspectivă internaţionalistă, a început să exercite presiuni asupra vecinilor şi aliaţilor pentru a forma un „bloc comunist", unic şi unit. Constrânse de cele două superputeri, majoritatea celorlalte naţiuni nu prea au avut de ales decât să o susţină pe una dintre ele.

Ministrul sovietic al Culturii, Andrei Jdanov, a rezumat noua atmosferă în 1947, când, la una dintre conferinţele partidelor comuniste din Europa, a declarat că pe viitor lumea avea să fie împărţită în „două tabere". Pe de o parte, a spus el, este „tabăra imperialistă şi antidemocratică". Ea era condusă de Statele Unite şi de partenerul lor britanic, scopul fundamental fiind „dominaţia mondială" şi „distrugerea mişcărilor democratice". De cealaltă parte erau URSS şi aliaţii ei, care acum trebuiau „să strângă rândurile şi să se unească" împotriva Occidentului. Conform lui Jdanov, nicio cooperare nu era posibilă între cele două tabere, ele fiind „diametral opuse"[1].

În general, americanii erau de acord cu acest punct de vedere, deşi enunţarea lor era foarte diferită. În acelaşi an, diplomatul american George Kennan scrisese anterior un foarte influent articol în revista *Foreign Affairs*, în care susţinuse că orice „coexistenţă fericită" între cele două superputeri era imposibilă. America, scria el, nu avea altă variantă decât să încerce „îngrădirea" ameninţării sovietice. Era, aşadar, momentul ca americanii

Confruntare decisivă în cadrul Războiului Rece, între Andrei Vîşinski şi americanul Henry Cabot Lodge Jr., în timpul unei dezbateri ONU privind viitorul Coreei. Reacția lui sir Gladwyn Jebb, reprezentantul Marii Britanii, prins între cei doi, spune totul.

să înceapă să îşi „accepte răspunderea de lideri morali şi politici, pe care este limpede că istoria i-a menit să o aibă". Ceea ce presupunea – sau cel puţin acesta a fost modul în care cu toţii i-au interpretat cuvintele – că SUA trebuiau să fie portdrapelul într-o nouă cruciadă internaţională îndreptată împotriva extinderii comunismului[2].

Ce se întâmpla însă în restul lumii? Care erau simţămintele cu privire la modul în care superputerile îşi coagulau blocurile în jurul lor? Unii, evident, au acceptat această nouă ordine mondială din considerente pragmatice. Multe ţări din Europa Occidentală şi din Asia au fost bucuroase să ţină partea Statelor Unite, pentru că americanii erau puternici şi păreau să ofere calea cea mai bună pentru restabilirea atât a securităţii, cât şi a ordinii în perioada postbelică. Banii americani păreau să fie şi ei cheia reconstruirii infrastructurii distruse în acele regiuni. De asemenea, majoritatea ţărilor Americii Latine nu au avut altă posibilitate de a alege decât să se alieze cu Statele Unite, pentru că dependenţa lor economică faţă de vecinul din nord, dar şi proximitatea lor geografică făceau din cooperare cea mai bună opţiune. Pe de altă parte, cele mai multe dintre ţările est-europene au acceptat controlul sovieticilor pentru că refuzul de a o face ar fi însemnat o revenire la războiul global; iar comuniştii de pretutindeni susţineau cu toţii URSS pentru că aveau convingerea că sovieticii le vor oferi cea mai mare şansă de a înfăptui o schimbare politică în propriile ţări.

Totuşi, au existat în lume multe alte regiuni cărora le-a displăcut obligaţia de a alege una dintre tabere şi care, în consecinţă, au făcut tot ce au putut ca să evite acest fapt. Au optat pentru diverse denumiri pentru a-şi defini poziţia. „Neutralitate" a fost termenul juridic pentru ţări ca Elveţia, care au promis să nu se implice în niciun conflict internaţional, dar multe altele s-au definit ca „neangajate", „neimplicate", „nealiniate", „progresiv neutre" şi aşa mai departe[3].

Aceste ţări au sperat să se autoexcludă astfel din Războiul Rece, dar, până la urmă, nu au reuşit decât să devină vulnerabile în faţa unui noian de alte dileme politice, economice şi morale. Trebuia oare ca, în virtutea nealinierii, respectivele ţări să fie obligate să refuze investiţiile extrem de necesare, dintr-o parte sau alta, pentru a-şi păstra imparţialitatea? Însemna că nu puteau critica devierile de comportament ale superputerilor – şi, dacă ar fi făcut-o, i-ar fi ascultat cineva? Dacă ar refuza toate tratatele militare, cine le-ar mai apăra în cazul unei invazii? Fără aliaţi oficiali, ce voce puteau avea ele în lume? Şi, cel mai important, ce ar fi făcut dacă ajungeau vreodată să fie supuse unei presiuni continue venind dinspre una sau alta dintre părţi?

Imposibilitatea de a fi neutru

Anthony Curwen ştia ce presiuni apar atunci când încerci să rămâi neutru. Ca pacifist britanic, el a detestat întotdeauna ideea de a se „afla cu puşca la umăr, ţintind o fiinţă umană şi ucigând-o". Aşa că, în 1939, când toată lumea pleca la război, Curwen a ales o altă cale: s-a declarat ca fiind obiector de conştiinţă. Refuzând să pună mâna pe armă, s-a înscris în Friends Ambulance Unit (FAU), o organizaţie de quakeri devotată principiilor pacifismului şi neutralităţii. Între 1943 şi 1946, Curwen a îngrijit bolnavi şi răniţi – mai întâi în spitalele britanice şi ulterior în zone îndepărtate din Siria. A desfăşurat o activitate folositoare şi complet neutră în timpul războiului, despre care mai târziu avea să declare că a considerat-o „foarte mulţumitoare"[4].

Când s-a sfârşit războiul, Curwen a decis să se dedice în continuare pacifismului. A rămas în Friends Ambulance Unit, care trimitea voluntari în China ca să ajute la reconstrucţia ţării după războiul devastator împotriva japonezilor. Din păcate, în China izbucnise un nou conflict civil, de această dată între guvernul naţionalist, format de Kuomintang, şi comunişti. FAU a intenţionat să rămână neutră, dar acest lucru nu l-a împiedicat pe Curwen să aibă opinii foarte ferme legate de războiul civil. „Când am plecat în China, eram extrem de naiv, politic vorbind", a recunoscut el, cu ani mai târziu. „Îmi aduc aminte că mă gândeam cât de stupid este să ai un război civil imediat după un război, când ţara este răvăşită. Ce *prostie* să ai un război civil!"

Pe 14 martie 1946 – ziua în care împlinea douăzeci şi unu de ani –, Curwen s-a îmbarcat cu destinaţia Shanghai. Nici nu bănuia ce avea să-l aştepte acolo. China nu semăna deloc cu lumea cu care era obişnuit. După opt ani, timp în care fusese sfâşiată de violenţe, China era acum o ţară plină de „murdărie, dezordine, distrugeri şi refugiaţi". Curwen urma să fie repartizat în oraşul Zhongmu, în zona central-estică a Chinei, la circa cincizeci de kilometri de Zhengzhou, capitala provinciei. Jumătate din oraş fusese distrusă de bombardamentele japonezilor, cealaltă jumătate fiind distrusă de Kuomintang, care rupsese barajele de pe Fluviul Galben în 1938 şi inundase întreaga regiune în încercarea de a-i ţine pe japonezi pe loc. „Când am ajuns acolo", a povestit Curwen, „nu rămăseseră mai mult de şase case în picioare". Prima lui sarcină a fost să supervizeze construirea unei clinici şi a unei şcoli, folosind cărămizi reciclate din zidurile dărâmate ale oraşului. A mai înfiinţat şi o serie de cooperative, pentru a-i ajuta pe localnici să se pună pe picioare. Confruntat însă cu haosul uriaş de după război, cu un război civil, care făcea ravagii nu departe de locul unde se afla, şi cu sutele de mii de refugiaţi rămaşi fără niciun ban care reveneau în zonă, nu a trecut mult şi Curwen a început să se simtă depăşit de situaţie.

Unul dintre cele mai mari obstacole în procesul reconstrucţiei a fost atitudinea diverşilor oficiali cu care s-a întâlnit. Curwen a ajuns foarte repede să-i urască pe soldaţii şi poliţiştii regimului Kuomintang, „necioplţi, pe jumătate criminali şi tiranici" : obişnuia să îi privească cum îi loveau pe cei care le stăteau în cale sau cum aruncau oamenii din tren, când nu aveau bilet, şi simţea cum îi fierbea sângele în vene. Considera că oficialităţile guvernului Kuomintang sunt „complet ineficiente", „absolut indiferente" şi corupte până în măduva oaselor. Unii dintre ei erau politicoşi – chiar amabili – cu străini de felul lui Curwen, „dar simţeai că în adâncul fiinţei lor te urau cu adevărat".

Până şi chinezii din organizaţiile umanitare erau corupţi, iar ajutoarele trimise de ONU erau îndeobşte şterpelite cu mult înainte să ajungă la cei cărora le erau destinate : „Din bunurile UNRRA [United Nations Relief and Rehabilitation Administration] trimise ca ajutoare pentru China, nu a existat practic nimic care să nu se găsească de vânzare. Puteai să cumperi orice. Găseai lapte praf UNRRA la orice tarabă, în pieţele din toată ţara. Dacă ştiai cum să faci, puteai să cumperi chiar şi un trauler din cele trimise să ajute la dezvoltarea industriei piscicole".

Spre dezgustul lui Curwen, cei care administrau această piaţă neagră erau tocmai aceia cărora li se încredinţase misiunea de a uşura starea critică în care se aflau persoanele cele mai vulnerabile şi mai sărace din China.

Nu a durat mult până când Curwen a început să se întrebe de ce venise în locul acela. Încercările lui de a ajuta păreau atât de ineficiente, încât deveneau, practic, fără sens, astfel că a început să considere că activitatea de ajutorare pe care o presta era doar o „cosmetizare" a unei tragedii naţionale. I se părea că problemele Chinei îşi aveau originea în „totala nepăsare a guvernului", „lipsa completă de eficienţă" a acestuia şi atitudinea violentă faţă de propriul popor. „Am ajuns repede să urăsc regimul, aşa cum era."

Treptat, credinţa lui în menţinerea unei neutralităţi absolute a început să se clatine. Nu aflase încă mai nimic despre comunism şi continua să aibă prejudecăţi împotriva acestuia, cele cu care fuseseră crescuţi toţi britanicii din clasa lui socială. Însă dezgustul său faţă de Kuomintang era atât de puternic, încât a început să creadă că singurul mijloc de a salva China era ca acest guvern să fie înlăturat – chiar dacă pentru a face aşa ceva trebuia să-şi abandoneze neutralitatea. „Cum ajunsesem să urăsc regimul naţionalist Kuomintang şi nu ştiam nimic despre comunism, am sperat într-o cale de mijloc, dar am descoperit că aşa ceva era cu totul imposibil... Nu exista nicio cale de mijloc."

Primul lui contact cu comuniştii chinezi a avut loc în vara lui 1948, când aceştia au cucerit temporar Zhongmu. La început, lui Curwen i-a fost frică de ei, dar, spre deosebire de mai toţi soldaţii naţionalişti pe care îi întâlnise, comuniştii păreau politicoşi, cinstiţi şi cuviincioşi. În oraşul lui nu au avut loc atrocităţi şi nici jafuri ; de fapt, chiar dimpotrivă – când unui coleg i s-a furat puloverul, unul dintre ofiţerii comunişti a dat o adevărată reprezentaţie, descoperind făptaşul şi returnând bunul. Cerealele au fost confiscate de la cei bogaţi şi au fost împărţite săracilor. Temerile lui Curwen au revenit însă repede atunci când comuniştii au decis să se retragă din oraş şi el a fost luat prizonier. I s-a explicat însă că era luat doar ca martor, în cazul în care naţionaliştii reveniţi ar fi înscenat în Zhongmu un masacru al străinilor şi ar fi încercat să dea vina pe comunişti.

În următoarele luni de război civil, linia frontului s-a tot mutat înainte şi înapoi, iar Curwen a avut ocazia să observe ambele tabere. A găsit comparaţia revelatoare : „Am fost profund impresionat de comportarea comuniştilor ca oameni, ca indivizi ; de atmosfera de dinamism şi entuziasm care era destul de evidentă pretutindeni ; de prestigiul imens al Partidului Comunist Chinez, fără îndoială meritat, pe care l-a câştigat rapid. Cum era la Peking sau Shanghai nu ştiu... Dar în zonele rurale şi în cele izolate, comuniştii au câştigat un sprijin impresionant într-un timp foarte, foarte scurt, prin comportamentul lor, susţinându-i pe cei săraci, prin tot felul de lucruri ca acestea".

Ceea ce l-a impresionat cel mai mult a fost cultura autocriticii pe care o încurajau comuniştii. În regiunile unde comuniştii erau la putere, era de aşteptat ca oamenii să-şi controleze comportamentul, să-şi mărturisească delictele trecute şi să-şi ia angajamentul că se vor îndrepta. Aceleaşi principii li se aplicau, poate chiar mai mult, liderilor de partid, de la care se aştepta să conducă prin puterea exemplului. Curwen şi-a amintit cum, la un moment dat, în timpul unei campanii pentru afirmarea drepturilor femeilor, liderul organizaţiei locale a Partidului Comunist s-a urcat pe scenă şi a recunoscut că îşi bătea soţia. Liderul a mărturisit că un astfel de comportament era întru totul inacceptabil şi le-a promis celor de faţă că îşi va face o serioasă autocritică în scris. Sub Kuomintang, o astfel de sinceritate şi o atare voinţă de schimbare ar fi fost de neimaginat.

În opinia lui Curwen, când, în cele din urmă, comuniştii au câştigat războiul civil, în 1949, ei au adus „o renaştere morală a poporului şi o revoluţie la nivelul relaţiilor personale". Departe de a distruge China, războiul civil şi victoria comuniştilor au transformat ţara în bine.

Curwen însuşi a suferit o transformare. A fost luat prin surprindere de forţa propriilor sentimente, care au pus sub semnul întrebării tot ceea ce crezuse el până atunci – nu doar despre menţinerea neutralităţii, ci şi despre respingerea violenţei : „Nu pot să spun când anume am încetat să mai fiu un pacifist, pentru că nu ştiu. Dar, la un moment dat, mi-am dat seama că uneori este necesar să lupţi... Fără o revoluţie, nu vedeam ce alte şanse pot fi pentru cei săraci, care reprezentau majoritatea în zonele rurale ale Chinei. Şi, evident, nu există nicio revoluţie fără violenţă... Aşa că am încetat să mai fiu un pacifist şi am început să-mi analizez pacifismul, ajungând la concluzia că greşeam".

Ori de câte ori Curwen privea acum retrospectiv la cel de-al Doilea Război Mondial, regreta profund că fusese un obiector de conştiinţă. A început să-şi dorească să fi renunţat mai devreme la angajarea lui în acţiuni pacifiste, ca să fi avut posibilitatea să se opună fascismului în mod activ şi să lupte cu Hitler. Cu tot binele pe care îl făcuse la Friends Ambulance Unit, îşi dorea să fi pus totuşi mâna pe armă.

În 1954, când a revenit în Marea Britanie, a decis să nu mai stea niciodată deoparte. S-a înscris în partidul comunist şi a rămas fidel socialismului pentru tot restul vieţii.

Existau o mulţime de motive plauzibile pentru care cineva ar fi putut încerca să rămână neutru în timpul celui de-al Doilea Război Mondial şi ulterior. Unii oameni au fost imparţiali în mod *activ*, pentru că nu au fost de acord cu niciuna dintre părţi ; în timp ce alţii au fost *pasiv* imparţiali şi nu au dorit decât să evite să fie atraşi în ceea ce considerau că este lupta altcuiva. Mulţi oameni şi multe naţiuni se temeau să se implice, ca nu cumva să aleagă tabăra greşită. Câţiva s-au agăţat de neutralitate ca de un ideal moral. În cazul particular al lui Curwen, atitudinea lui pacifistă a fost o combinaţie de principii şi „un autentic spirit de revoltă". Dar nu a folosit la nimic : mai devreme sau mai târziu, aproape toată lumea a fost obligată să aleagă una dintre tabere, iar, dacă au refuzat să facă alegerea, adeseori au făcut-o alţii pentru ei.

Poveşti ca a lui Anthony Curwen sunt rare, pentru că el cel puţin a avut posibilitatea de a *alege* să evite participarea la cel de-al Doilea Război Mondial. A avut norocul să trăiască într-o societate care i-a oferit şansa de a alege să nu lupte în timpul războiului – şi, cu toate acestea, chiar şi el a trebuit să meargă în faţa a două instanţe pentru a dovedi că acţionează conform propriei conştiinţe şi nu din laşitate. În majoritatea celorlalte ţări, atitudinea pacifistă pe care a abordat-o ar fi fost absolut de neimaginat – fie din pricină că presiunea societăţii pentru a se conforma ar fi fost prea mare, fie pentru că societăţile în care trăiau acei oameni pur şi simplu nu i-ar fi permis-o. Istoria războiului este înţesată de relatări despre indivizi ai unor naţiuni aflate sub ocupaţie care au încercat să se ţină departe de violenţe, dar în cele din urmă au fost obligaţi să se alăture uneia sau alteia dintre tabere, fie din conştiinţă, fie din cauza vecinilor sau a diferitelor forţe armate şi miliţii care au dominat peisajul în vremea războiului.

Nu doar indivizii sunt cei care, de multe ori, nu au reuşit să menţină o poziţie neutră în timpul războiului : nici statele nu s-au descurcat mai bine. Înainte de război, Norvegia, Danemarca, Belgia, Olanda şi Luxemburg au susţinut toate că sunt ţări neutre – ceea ce nu a reuşit deloc să împiedice Germania să le invadeze în 1940. Estonia, Letonia şi Lituania – alte trei ţări neutre – au fost şi ele invadate de Uniunea Sovietică. În Asia de Sud-Est, pretenţiile de neutralitate ale Thailandei nu au salvat-o de la invazia japoneză, care a dorit ca trupele ei să străbată teritoriul thailandez. Guvernul autoritarist al ţării a înţeles sugestia şi Thailanda a rămas pentru tot restul războiului într-o stânjenitoare alianţă cu Japonia. În America Latină, atât Argentina, cât şi Chile şi-au susţinut neutralitatea aproape pe întreaga durată a războiului, dar, sub presiunea constantă a SUA, au fost obligate în ultimă instanţă să abandoneze poziţiile lor în 1944, respectiv 1945. Naţiunile aflate sub guvernare colonială nu au avut nici măcar posibilitatea să aleagă : India, Coreea, Orientul Mijlociu şi aproape întregul continent african au fost silite să se alăture uneia dintre tabere, fie că au dorit-o, fie că nu.

Doar câteva state au avut libertatea de a-şi păstra statutul neutru pe întreg parcursul războiului, de remarcat fiind Irlanda, Suedia, Elveţia, Spania, Portugalia şi Vatican. Dar chiar şi aceste state au fost constrânse frecvent să acţioneze în folosul uneia sau alteia dintre părţile beligerante. Suedia, de exemplu, a fost obligată să permită trenurilor cu trupe germane care se îndreptau spre Frontul de Est să-i traverseze teritoriul ; s-au făcut presiuni asupra Portugaliei să permită navelor şi avioanelor Aliaţilor să-i folosească porturile din colonii ; iar Elveţia, care în timpul războiului a fost complet înconjurată de ţări ale Axei, a fost obligată să renunţe la comerţul cu armament pe care îl avea cu Marea Britanie, deşi, concomitent, comerţul ei cu Germania s-a intensificat[5].

În rarele ocazii în care aceste ţări şi-au încălcat neutralitatea din motive de conştiinţă, adevărata lor orientare politică a transpărut întotdeauna. Suedia a asigurat în secret baze pentru Rezistenţa din Norvegia. Guvernul fascist al Spaniei, ca şi cel al Argentinei au părut doritoare să tolereze spionii nazişti pe teritoriul lor, iar Vaticanul a închis ochii la păcatele tuturor celor care se opuneau comunismului, chiar şi atunci când unii dintre aceştia s-au dovedit a fi criminali de război. La o analiză finală, neutralitatea din timpul războiului a fost, în cel mai bun caz, doar o aspiraţie. În cel mai rău caz, a fost o scuză pentru ipocrizie[6].

După lecţiile dure ale războiului, multe naţiuni şi-au abandonat pretenţiile de neutralitate. Olanda, care fusese o ţară neutră din 1839, a devenit la începutul Războiului Rece una dintre ţările fondatoare ale NATO (alianţa militară care garanta securitatea colectivă a Europei Occidentale şi a Americii de Nord faţă de ameninţarea sovietică). La fel s-a întâmplat şi cu Norvegia, Danemarca, Belgia, Luxemburg şi Portugalia. Turcia, care fusese şi ea neutră în timpul războiului, s-a declarat net de partea Occidentului şi a devenit membră NATO în 1952. Pe de altă parte, Spania, fostă ţară neutră şi ea, a intrat într-o alianţă directă cu SUA[7]. (În sens invers, două naţiuni europene *au devenit* neutre după război - Austria, în 1955, şi Finlanda, în 1956 -, deşi în fiecare dintre cazuri alegerea a fost făcută la solicitarea URSS : în caz contrar, sovieticii ar fi refuzat să-şi retragă trupele de pe teritoriul celor două ţări.)

Şi alte regiuni de pe glob s-au raliat acestei tendinţe. Thailanda şi-a abandonat tentativa de neutralitate şi a devenit membră fondatoare a SEATO, echivalentul NATO pentru Asia de Sud-Est, al cărui sediu se află la Bangkok. În America Latină, acele ţări care fuseseră constrânse să susţină SUA în timpul celui de-al Doilea Război Mondial, aşa cum s-a întâmplat cu Chile şi Argentina, şi-au întărit acum ataşamentul în mod voluntar prin Tratatul de la Rio, din 1947 - poate nu din dragoste, dar măcar pentru că împărtăşeau aceeaşi frică de comunism. După declanşarea Războiului Rece, neutralitatea a devenit practic imposibilă în America Latină. Acele state care nu au manifestat prin declaraţiile lor suficient devotament faţă de perspectiva anticomunistă a SUA asupra lumii fie s-au trezit că li se impune schimbarea regimului, aşa cum a fost cazul Guatemalei în 1954, fie au fost atât de insistent şi de inabil hărţuite de Washington, încât au fost împinse cu sila în braţele primitoare ale Uniunii Sovietice - cazul Cubei lui Fidel Castro, în 1961[8].

E cazul să repetăm : chiar şi acele state care şi-au menţinut poziţia neutră în Războiul Rece nu au acţionat întotdeauna într-un mod imparţial. Suedia, de exemplu, a fost integrată economic în zona occidentală, a cumpărat permanent arme din Marea Britanie şi SUA (dar niciodată din Uniunea Sovietică) şi chiar a efectuat misiuni aeriene de spionaj pentru NATO în spaţiul aerian sovietic[9]. Elveţia, pe de altă parte, a fost un stat profund conservator, a cărui teamă patologică de comunism l-a făcut să încheie pacte secrete cu NATO, să cumpere cantităţi imense de armament din Occident şi chiar să cocheteze cu ideea de a-şi crea propria capacitate nucleară de descurajare[10]. În plus, poliţia federală elveţiană s-a lansat într-un program grotesc şi ilegal de supraveghere a propriilor cetăţeni, care nu a fost dezvăluit decât după încheierea Războiului Rece. A primit ajutorul a mii de oameni de afaceri, politicieni, militari, membri ai grupurilor de reflecţie şi simpli „cetăţeni îngrijoraţi", care şi-au spionat bucuroşi vecinii şi au raportat autorităţilor orice activitate de stânga[11]. Astfel de indivizi au reprezentat o parte importantă a subconştientului naţional. La fel cum Curwen a fost incapabil să-şi menţină neutralitatea în faţa sistemului chinez, corupt şi falit, tot aşa şi aceşti „cetăţeni îngrijoraţi" au fost incapabili să lase la o parte neîncrederea lor în comunism, indiferent cât de neutră susţinea că este ţara lor.

Mişcarea de Nealiniere

Dacă ideea de neutralitate a ajuns adesea să fie doar o iluzie, atât pentru indivizi, cât şi pentru naţiuni, cum arăta ea la nivel internaţional ? În epoca postbelică au existat două importante organizaţii internaţionale care s-au pretins neutre - sau, ca să fim mai exacţi,

„nealiniate" (întrucât termenul „neutru" avea un înţeles juridic foarte precis). A fost vorba despre însăşi Organizaţia Naţiunilor Unite şi despre un grup de state cunoscute sub numele de „Mişcarea de Nealiniere". Le-a fost acestor organisme internaţionale mai bine?

Eşecurile ONU în această direcţie sunt bine-cunoscute. În anii 1940 şi 1950, organizaţia a fost dominată de SUA, care au asigurat cea mai mare parte a finanţării, precum şi sediul ONU, şi care se puteau bizui pe sprijinul cvasitotal al vastei majorităţi a membrilor săi fondatori. În acele zile de început, numai Consiliul de Securitate şi vetoul sovieticilor au împiedicat organizaţia să devină o simplă unealtă a politicii externe americane[12].

În schimb, Mişcarea de Nealiniere avea altfel de probleme. Înfiinţată oficial în 1961, ea avea rădăcini care mergeau în trecut, în perioada imediat următoare celui de-al Doilea Război Mondial, când diverse naţiuni asiatice s-au aflat în pragul obţinerii independenţei. După ce a fost martorul distrugerilor provocate de război, Jawaharlal Nehru, noul premier al Indiei, a considerat că este raţional „să ne ţinem departe de politica de forţă a grupurilor aliniate unele împotriva celorlalte, care în trecut a condus la războaie mondiale şi ar putea să ducă din nou la dezastre, pe o scară chiar mai largă"[13]. Mai important, după ce India a luptat timp îndelungat pentru independenţă, premierul nu vedea niciun motiv pentru care să subordoneze politica externă a ţării intereselor unei alte naţiuni. În 1951, declara în faţa Parlamentului Indiei: „Aliniindu-ne unei alte puteri, oricare ar fi ea, vă cedaţi punctul de vedere, cedaţi direcţia politică pe care aţi urma-o în mod normal, pentru că altcineva vrea să adoptaţi o politică diferită"[14]. În consecinţă, India şi-a început noua viaţă ca naţiune independentă urmând o politică externă strict neutră.

Această poziţie a fost urmată şi de alte ţări asiatice care îşi dobândiseră independenţa de curând, precum Indonezia, unde preşedintele Sukarno considera că Războiul Rece era doar o altă manifestare a aceluiaşi vechi imperialism de care poporul său tocmai se eliberase[15]. Curentul s-a răspândit şi în rândul statelor arabe, Egiptul, de pildă, care au adoptat „neutralitatea pozitivă" drept „singura politică înţeleaptă", dar şi al naţiunilor Africii, liderii unora dintre ele afirmând că „întregul continent african ar trebui să fie o zonă neutră". Egipteanul Gamal Abdel Nasser a mers chiar până la a numi politica de neangajare ca „expresie a conştiinţei omenirii", pentru că era o politică „împotriva dominaţiei şi a inegalităţii, împotriva militarismului, împotriva experimentelor nucleare, pentru pace şi independenţa naţiunilor". La fel cum Anthony Curwen a adoptat comunismul de dragul propriei conştiinţe, Nasser a îmbrăţişat nealinierea de dragul ţării sale[16].

În cei cincisprezece ani care au urmat celui de-al Doilea Război Mondial, Mişcarea de Nealiniere a devenit un fenomen real. La Conferinţa de la Bandung, din 1955, douăzeci şi nouă de state din Africa şi Asia s-au reunit pentru a-şi exprima refuzul faţă de amestecul marilor puteri în propriile politici. „Spiritul de la Bandung" a aprins repede lumea colonială. În 1961, la conferinţa de la Belgrad de înfiinţare a Mişcării de Nealiniere, acest spirit s-a răspândit şi în Europa şi America Latină. La sfârşitul secolului, mişcarea număra 114 membri, printre care 37 de ţări din Asia, peste 20 de ţări din America Latină şi toate statele africane. De atunci, mişcarea a continuat să se extindă: mai multe state din Caraibe au aderat în anii 2000, iar Fiji şi Azerbaidjan au fost admise în această mişcare în 2011[17].

Cu toate acestea, au existat întotdeauna semne de întrebare despre cât de „nealiniată" este, de fapt, această organizaţie. În pofida titulaturii lor colective, multe dintre statele implicate *erau* destul de evident aliniate unuia sau altuia dintre blocurile de putere.

Republica Populară Chineză a fost invitată la Conferinţa de la Bandung, deşi era o ţară comunistă aliată în mod explicit cu Uniunea Sovietică. După şase ani, când Cuba a devenit unul dintre membrii fondatori ai Mişcării, evenimentul a avut loc doar cu şase luni înainte de a le permite sovieticilor să-şi stabilească pe teritoriul ei baze de rachete nucleare. Cipru, un alt membru fondator, a asigurat baze militare pentru Marea Britanie, iar Arabia Saudită şi Pakistanul au avut legături puternice cu SUA. Mai multe ţări din Africa francofonă, precum Senegal şi Gabon, au menţinut deliberat legături militare cu Franţa. Multe dintre presupusele state nealiniate au încheiat pacte militare cu marile puteri şi multe dintre ele menţin şi astăzi astfel de înţelegeri. Evident că toate aceste lucruri sunt împotriva principiilor mişcării, aşa cum au fost ele incluse în propriile documente[18].

Mai mult, mişcarea însăşi a adoptat poziţii antiamericane mult mai numeroase decât cele antisovietice. În anii 1970 mai ales, mişcarea a avut tendinţa să se situeze de partea Uniunii Sovietice în cele mai multe dintre chestiuni şi a acuzat puterile occidentale, în special Statele Unite, de imperialism economic, pentru atrocităţile din Vietnam şi pentru amestecul politic şi militar din America Latină. Cea mai vizată era Cuba, care avea legături strânse cu URSS şi a cărei poziţie era împărtăşită de un număr tot mai mare de state nealiniate, dintre care multe s-au orientat şi ele spre ideile marxiste[19].

În final, „nealinierea" s-a dovedit a fi la fel de iluzorie ca şi „neutralitatea". Într-o lume în care aproape fiecare acţiune era susţinută sau respinsă de o tabără ori alta, era, practic, imposibil să te menţii pe linia de mijloc. Poate singura naţiune care s-a apropiat de această poziţie a fost Birmania, un stat care a ajuns în situaţia extremă de a se izola efectiv de restul lumii, adoptând o poziţie aproape pacifistă. În 1979, chiar s-a retras temporar din Mişcarea de Nealiniere, îngrijorată de adâncirea polarizării din interiorul organizaţiei[20]. Dar pentru oricare naţiune care dorea să fie în rând cu lumea, pur şi simplu nu exista nicio altă şansă decât să aleagă una dintre cele două tabere. Aşa cum a ilustrat-o Anthony Curwen, singura metodă care să indice pe care dintre ele să o alegi era să-ţi urmezi conştiinţa, indiferent de direcţia în care te putea duce.

Şi totuşi, povestea nu se opreşte aici. Este foarte tentant să prezinţi concepte precum „neutralitatea" sau „nealinierea" doar ca reacţii la blocurile superputerilor care s-au format în urma războiului, dar, bineînţeles, situaţia nu a fost nici pe departe atât de simplă. Au existat şi alte forţe, la fel de puternice, care acţionau. Anthony Curwen nu a devenit comunist ca reacţie la Războiul Rece, ci din pricina condiţiilor locale foarte specifice în care s-a aflat. Alţi oameni, din medii diferite şi în condiţii diferite, au ales exact opusul şi s-au alăturat naţionaliştilor chinezi. În mod similar, statele nu şi-au îndreptat întotdeauna privirile spre mediul internaţional atunci când au adoptat direcţia politicii lor externe - adeseori propria lor istorie şi problemele interne s-au dovedit a avea o influenţă mult mai puternică. Hotărârea Elveţiei de a rămâne neutră după 1945, de exemplu, a avut legătură mai puţin cu Războiul Rece, cât mai ales cu mândria naţională. În a doua jumătate a secolului XX, neutralitatea a devenit o caracteristică definitorie a identităţii elveţiene, un element de diferenţiere faţă de vecinii săi. Paradoxal, tocmai acest sentiment al mândriei naţionale a dus la *abandonarea*, în secret, a neutralităţii Elveţiei, de vreme ce elitele ţării au căzut în vechea capcană de a crede că erau mult mai importante pentru politica europeană şi mondială decât erau de fapt[21].

Forţe similare au acţionat şi în cazul Mişcării de Nealiniere. Aşa cum a subliniat premierul jamaican Michael Manley în 1979, „Mişcarea de Nealiniere nu a început doar pentru că existau blocurile de putere" : au mai fost şi alte motive, aparent mult mai presante decât Războiul Rece[22]. În primii ani, principalul obiectiv al mişcării nu a fost deloc SUA sau URSS, ci colonialismul vest-european. „Conflictul ideologic *nu* este, repet, *nu* este principala problemă a timpurilor noastre", susţinea Sukarno la Conferinţa de la Belgrad. „În absolut fiecare dintre cazuri, cauza, ceea ce stă la baza tensiunii internaţionale, sunt imperialismul şi colonialismul şi divizarea puternică a naţiunilor."[23] Aşadar, prioritatea numărul unu a mişcării - mai ales pentru ţările din Africa şi Asia care compuneau majoritatea membrilor - era lupta pentru independenţa faţă de vechile imperii ale Marii Britanii, Franţei, Belgiei, Portugaliei şi Olandei. Războiul Rece a fost considerat cu adevărat important doar pentru că stătea în calea acestei lupte.

Ceea ce i-a conferit Mişcării de Nealiniere imensa ei energie a fost sentimentul nedreptăţii istorice îndurate de asiatici, de africani şi, în final, chiar şi de naţiunile Americii Latine, din partea colonizatorilor albi, predominant europeni. Toate miturile cele mai importante ale perioadei imediat următoare războiului au fost folosite aici din plin. Popoarele Africii şi ale Asiei erau prezentate drept victime ale istoriei, dar şi ca eroi ai eliberării naţionale, care acum se ridicau din cenuşa imperiilor ruinate ale Europei. Războiul, care distrusese lumea veche, a creat şi ocazia de „a construi lumea din nou", aşa cum s-a exprimat Sukarno[24].

Dincolo de toată retorica despre libertate, dreptate şi pace mondială se afla aceeaşi forţă care motiva SUA, Uniunea Sovietică şi cea mai mare parte a lumii : naţionalismul. Naţionalismul fusese motorul tuturor luptelor pentru independenţă ale mişcării şi tot naţionalismul a fost cel care a inspirat conlucrarea, a reprezentat o voce puternică, aptă să influenţeze politicile mondiale. La Conferinţa de la Belgrad din 1961, Habib Bourguiba, primul preşedinte al Tunisiei, declara : „În esenţă, pentru noi toţi, foste popoare colonizate, naţionalismul a fost o luptă pentru demnitatea omului sub toate aspectele ei"[25]. Aşadar, tocmai forţa care a fost atât de mult discreditată de cel de-al Doilea Război Mondial a primit o nouă viaţă în perioada postbelică de la naţiunile emergente ale lumii.

Dacă speranţele şi visurile federaliştilor mondiali de a crea un sistem mondial unic au fost puse vreodată la încercare, aceasta a fost prilejul. La fel cum imboldul spre unitate a fost anihilat brusc de Războiul Rece, şi inegalităţile şi nedreptăţile inerente din sistemul mondial au dat un nou avânt celor care voiau să se separe.

În cele ce urmează mă voi concentra asupra forţelor eliberatoare, naţionaliste şi de fragmentare dezlănţuite de cel de-al Doilea Război Mondial şi încurajate de tentativele tragice ale lumii vechi de a se agăţa de puterea ei colonială aflată pe cale de dispariţie.

Partea a V-a

Două sute de națiuni

16

Naşterea unei naţiuni asiatice

Ce este o naţiune ? Este ea definită de teritoriul pe care un popor alege să îl numească „acasă" ? Este o chestiune de rasă, de etnie sau de genetică ? Sau o naţiune este caracterizată de alte trăsături, mai intangibile – aceeaşi limbă sau religie ori o moştenire culturală comună ? Se poate autodefini o naţiune prin convingerile ei politice ? Şi dacă da, are ea dreptul de a le impune, direct sau indirect, membrilor săi ?

În urma celui de-al Doilea Război Mondial au apărut zeci de state noi şi, imediat după aceea, au început să se confrunte cu asemenea întrebări. Aproape fără excepţie, ele au descoperit rapid că nu există nicio definiţie completă a conceptului de naţiune. O naţiune este o „comunitate imaginată" şi nimic altceva – şi ea se schimbă în funcţie de cine sunt cei care şi-o imaginează. Naţiunea este deseori definită în egală măsură atât de cei care *nu* fac parte din ea, cât şi de cei care fac ; însă duşmanii se pot schimba, la fel şi convingerile politice, credinţele religioase şi toate celelalte puncte de referinţă culturală. Graniţele dintre ţări se pot şi ele modifica : atunci când linia de demarcaţie dintre un stat şi altul se defineşte doar ca o linie trasată pe o hartă, cum am putea oare spune cu adevărat cine suntem „noi" şi cine sunt „ei" ?

Unul dintre primele state care s-au confruntat cu această provocare în 1945 a fost Indonezia, iar procesul prin care a trecut este ilustrativ pentru agonia resimţită atunci când trebuie să ştergi cu buretele trecutul. Cei care şi-au declarat independenţa în luna august a acelui an au avut libertatea de a se autodefini cum au dorit, dar s-au străduit să găsească acel ceva, orice, care îi unea. Teritoriul pe care l-au revendicat se întindea pe 19.000 de insule diferite, unele dintre ele fiind doar simpli atoli sau bancuri de nisip, altele, insule mari şi dens populate. Populaţiile care le reprezentau aparţineau de nu mai puţin de 200 de grupuri etnice şi culturale diferite. Vorbeau peste 30 de limbi şi dialecte diferite, aveau obiceiuri diferite, religii diferite şi se raportau foarte diferit la modernitate. Ţăranii hinduşi din Bali nu aveau, practic, nimic în comun cu petroliştii musulmani din Aceh sau cu muncitorii creştini de pe plantaţiile din Ambon. Elitele urbane din Jakarta erau la ani-lumină distanţă de vânătorii-culegători dayak din Kalimantan. Practic, singura legătură dintre aceste populaţii era faptul că fuseseră cu toţii cuceriţi de olandezi, unii dintre ei doar de foarte puţin timp. Însă dincolo de ura lor comună faţă de colonialism, nu exista niciun motiv concret pentru unirea lor într-o singură naţiune[1].

Cu toate acestea, s-au unit. Procesul prin care au realizat unirea spune foarte multe despre ce a însemnat să fii un nou stat la sfârşitul celui de-al Doilea Război Mondial, dar şi despre pericolele şi capcanele „libertăţii" înseşi.

Înaintea celui de-al Doilea Război Mondial, Indonezia era condusă de olandezi şi se numea „Indiile de Est Olandeze". Totuşi, în anii 1920 şi 1930 apăruse în ţară – mai ales pe insula Java – o mişcare de mică amploare dedicată cauzei naţionaliste. Unul dintre activiştii acesteia era o tânără profesoară şi jurnalistă, pe nume Trimurti, care în 1933 s-a înscris în Partidul Naţional Indonezian. Până la izbucnirea războiului, ajunsese deja de multe ori în conflict cu autorităţile olandeze. După ce le spusese elevilor din clasele primare „să refuze să se lase conduşi de o altă ţară", i s-a interzis să mai predea. Ulterior, a fost închisă timp de nouă luni pentru distribuirea unor pliante cu conţinut subversiv. În momentul atacului japonez din 1942, se afla din nou la închisoare, de data aceasta pentru că publicase un articol scris de soţul ei – un naţionalist pe nume Sayuti Melik –, în care se susţinea că olandezii şi japonezii erau plămădiţi din acelaşi aluat. „Olanda şi Japonia sunt ca tigrul şi crocodilul", se spunea în articol. „Ambii sunt periculoşi. Indonezienii ar fi într-o situaţie mai bună dacă s-ar mobiliza şi s-ar pregăti pentru propria independenţă."[2]

Când armata japoneză a invadat insula Java, mulţi dintre conaţionalii lui Trimurti au sărbătorit, crezând că urmau să fie în sfârşit eliberaţi. Trimurti însăşi a fost eliberată din închisoare la scurt timp după sosirea japonezilor. Ştia însă în adâncul inimii că nici ea, nici ţara ei nu erau cu adevărat libere : tot ceea ce se întâmplase era că un imperiu fusese înlocuit cu un altul. Bănuielile i s-au confirmat în luna august a aceluiaşi an, când a fost din nou arestată, de data aceasta de către Kempeitai.

Trimurti şi-a dat imediat seama că, de fapt, olandezii şi japonezii nu erau chiar atât de asemănători. Ea şi-a amintit că sub control olandez „nu era atât de rău. Ştiam la ce să ne aşteptăm, ne ispăşeam pedeapsa şi apoi eram eliberaţi. Când eram în închisoare, ni se cerea să muncim. Cam asta era totul. Închisoarea japoneză nu a fost deloc aşa"[3].

De data aceasta, anchetatorii ei s-au arătat fără milă. Au bătut-o în repetate rânduri, până ce au lăsat-o întinsă pe jos, pe jumătate paralizată, apoi l-au adus pe soţul ei să vadă în ce hal era. S-a dovedit că, de fapt, nici nu erau interesaţi de ea – nu voiau decât să-i smulgă soţului o mărturisire, pentru că era acuzat că organizase o celulă de rezistenţă antijaponeză. Bărbatul a aruncat o singură privire spre ea şi a semnat mărturisirea. „A fost prima dată când îl vedeam pe soţul meu plângând."[4]

Ce a urmat a fost o perioadă de mari încercări fizice şi emoţionale. Soţul lui Trimurti a fost trimis la închisoare, unde a rămas până la sfârşitul războiului. Între timp, ea a fost arestată la domiciliu, în Semarang. Incapabilă să muncească, ea şi copiii săi s-au întreţinut din vânzarea tuturor bunurilor pe care le aveau, unul câte unul, până când au rămas practic fără nimic.

În cele din urmă, Trimurti a fost salvată în 1943 de către Sukarno, unul dintre cei mai importaţi lideri politici ai Indoneziei, care o cunoştea încă din perioada de început a activismului ei. Japonezii i-au permis lui Sukarno să instaureze un guvern naţionalist controlat cu stricteţe – nu pentru că ar fi susţinut din proprie convingere independenţa Indoneziei, ci pentru că sperau să îl folosească drept marioneta lor. Aflând despre situaţia dificilă în care se afla Trimurti, Sukarno a cerut în mod special ca ea să vină la Jakarta să lucreze pentru el.

În următorii doi ani, Trimurti a fost martora transformărilor din ţara sa. „Aproape în fiecare zi vedeam în Jakarta, pe străzile lăturalnice, oameni aduşi la muncă forţată, recrutaţi de curând, şi care zăceau morţi la marginea drumului sau într-o stare de agonie", şi-a amintit ea mai târziu. S-a simţit pentru prima dată lipsită de puterea de a face ceva

S.K. Trimurti la câţiva ani după război.

pentru ei. „Nu puteam scrie despre aceste incidente în vreun ziar. Pe vremea aceea nu existau ziare independente, capabile să descrie ce se petrecea în mod real în ţară. Toate ziarele erau deţinute de japonezi şi erau strict controlate."[5] Singurul lucru pe care îl putea face era să aibă răbdare şi să aştepte să vadă cum va evolua războiul.

Până la urmă a venit şi schimbarea. În 1944, când, în sfârşit, soarta războiului s-a întors împotriva Japoniei, administraţia militară a început să facă unele concesii. Indonezienilor li s-a permis din nou să-şi arboreze drapelul naţional şi să intoneze imnul naţional, „Indonesia Raya". În 1945, Trimurti a fost invitată la o conferinţă pentru a discuta despre cele mai bune căi de pregătire a independenţei. Japonezii au început chiar să îi elibereze pe unii dintre prizonierii politici, inclusiv pe soţul lui Trimurti. Apoi, în august, au apărut ştiri despre o bombă miraculoasă care explodase deasupra Japoniei. La aproximativ o săptămână mai târziu, Japonia şi-a anunţat capitularea necondiţionată în faţa Aliaţilor. Brusc, războiul luase sfârşit.

Din acel moment, evenimentele au început să se precipite. În loc să aştepte să li se acorde independenţa, unii dintre naţionaliştii mai radicali au considerat că ar transmite un mesaj mai convingător dacă ar obţine-o chiar ei. Sukarno şi celălalt lider politic important, Muhammad Hatta, au fost iniţial reticenţi să o facă, temându-se că acţiunea i-ar fi putut provoca pe japonezi, dar, după o serie de dezbateri foarte aprinse cu aripa tânără a mişcării, au fost în final de acord. Încât soţul lui Trimurti a dactilografiat o scurtă declaraţie, iar Trimurti însăşi, împreună cu un alt grup, a plecat să ajute la preluarea postului de radio japonez.

Pe 17 august 1945, la două zile de la capitularea Japoniei, Sukarno a citit declaraţia de independenţă. Scurta declaraţie nu era deloc poetică, nici emfatică – pur şi simplu consemna faptele : colonialismul luase sfârşit şi se născuse statul indonezian.

Astăzi, S.K. Trimurti este amintită ca făcând parte dintre puţinii oameni care au fost martori direcţi ai momentului semnării declaraţiei. A fost o clipă de triumf care a asociat numele ei de cel al întregii naţiuni : după toţi anii, nu puţini, de arestări, încarcerare şi oprimare din partea puterilor străine, ea şi concetăţenii ei au trecut în cele din urmă la acţiune şi şi-au dobândit libertatea.

Merdeka!

Povestea lui Trimurti este una tonică, de triumf împotriva tuturor piedicilor, şi invită să fie apreciată ca exemplu de protest paşnic care a avut drept rezultat victoria asupra oprimării şi violenţelor. Din păcate, povestea nu se încheie aici. După război, Indonezia era o ţară cuprinsă de haos. Multe dintre structurile coloniale de putere ridicate de olandezi de-a lungul secolului anterior fuseseră înlăturate de japonezi în timpul războiului. Acum japonezii erau ei înşişi înlăturaţi, iar guvernul naţional al lui Sukarno, abia înfiripat, deşi se bucura în principiu de o imensă susţinere populară, încă nu avea, practic, niciun fel de putere reală. Va mai dura un timp până ce se vor înfiinţa o forţă de poliţie naţională, un sistem juridic şi o armată naţională – ca să nu mai vorbim de o structură democratică adecvată care să mulţumească pe toată lumea. Deocamdată nu exista nimeni capabil să impună controlul asupra unei populaţii extrem de entuziasmate de ideea libertăţii şi foarte schimbătoare în ce priveşte ideea răzbunării.

Pentru un timp, întreaga naţiune a fost aruncată în anarhie, în vreme ce tot felul de miliţii locale, dictatori militari, grupuri de tineri revoluţionari şi bande de infractori încercau să umple vidul de putere. Singurul lucru care unea toate aceste grupuri era teama că olandezii aveau de gând să revină şi să-şi revendice colonia, dar dincolo de asta, aveau foarte puţine în comun. De-a lungul coastei de nord a insulei Java, de exemplu, în zona cunoscută ca „Trei Regiuni", bandele de huligani care îşi spuneau „Cocoşii de luptă" s-au aliat cu comuniştii locali şi au pus la cale epurarea generală a structurilor locale de putere. Oficialii locali şi căpeteniile satelor au fost umiliţi public în faţa comunităţilor lor, iar eurasiaticii şi alţi suspecţi de atitudini proolandeze au fost ucişi. În schimb, în centrul şi în estul Javei, miliţiile musulmane au condus acţiunile, luptându-se cu cei de stânga în numele valorilor lor religioase tradiţionale. Pe coastele din Sumatra şi Kalimantan au avut loc atacuri sălbatice asupra sultanilor malaiezi care îşi păstraseră dominaţia atât sub olandezi, cât şi sub japonezi. Conducătorii din Aceh au fost şi ei executaţi sau înlăturaţi cu toţii de către grupările de stânga. Negustorii chinezi din tot arhipelagul au fost atacaţi pentru că fuseseră colaboratori, pentru că „exploataseră" oamenii sau pur şi simplu pentru că erau chinezi : într-o regiune de lângă Jakarta, au fost atât de multe cadavre de chinezi aruncate în fântâni, încât localnicii cu greu mai reuşeau să îşi procure apă potabilă. Pe de altă parte, europenii, care fuseseră izolaţi în iadul lagărelor de concentrare încă din 1942, erau sfătuiţi să nu se aventureze în libertate, chiar dacă se presupunea că războiul se încheiase. Dată fiind atmosfera vindicativă din exterior, era mai sigur să rămâi sub paza japonezilor[6].

Trimurti a fost martoră directă a acestei atmosfere de haos. În octombrie 1945, a fost trimisă la Semarang să ajute la propagarea ştirilor despre *merdeka* – „liberate" în limba indoneziană – şi s-a trezit prinsă în confruntarea dintre grupurile de tineri revoluţionari indonezieni şi soldaţii japonezi. La puţin timp după aceea, în perioada

Revoltei celor Trei Regiuni, ea şi soţul său au fost trimişi la Tegal, unde el a fost prins de rebelii comunişti şi era cât pe ce să fie ucis. Când Trimurti a plecat spre Yogyakarta pentru a-i cere lui Sukarno întăriri, a fost la rândul ei arestată, ca „spion al olandezilor". A scăpat cu viaţă doar pentru că întâmplarea a făcut să-l cunoască pe liderul rebelilor, care le-a dat ordin oamenilor lui să o elibereze. Asemenea evenimente erau departe de finalul fericit pentru care ea şi ceilalţi naţionalişti se luptaseră într-atât.

Aceasta a fost situaţia pe care Aliaţii au găsit-o atunci când au ajuns în cele din urmă în arhipelag, în septembrie şi octombrie 1945. Britanicii, care aveau experienţă în rezolvarea revoltelor coloniale, ştiau că prima lor sarcină era să restabilească ordinea şi se aşteptau să fie ceva relativ simplu. Olandezii îi asiguraseră că majoritatea populaţiei îi va întâmpina ca pe nişte eliberatori şi că, după un transfer de putere scurt şi ordonat, se vor putea retrage elegant şi îşi vor putea concentra atenţia asupra propriilor colonii din regiune[7].

Olandezii au presupus că vor fi în stare să restabilească propria lor conducere colonială asupra ţării fără prea mare bătaie de cap, dar ce nu au reuşit ei să înţeleagă a fost cât de mult se schimbase Indonezia în ultimii patru ani. Să spui că al Doilea Război Mondial transformase ţara ar fi fost un eufemism. Este adevărat că Indonezia nu a luat parte la luptele importante din timpul războiului, dar trăise sub o ocupaţie brutală care sădise în populaţie furie şi amărăciune. Sute de mii de civili fuseseră mobilizaţi de japonezi ca forţă de muncă silnică. Zeci de mii de femei fuseseră agresate sexual de soldaţii japonezi. Foametea făcea ravagii pretutindeni : se estimează că aproximativ 2,4 milioane de oameni au murit de foame în anii războiului doar în insula Java şi probabil că încă un milion pe celelalte insule, în cea mai mare parte ca o consecinţă a politicilor coloniale ale japonezilor. După ce suferiseră exploatarea cea mai cruntă, indonezienii nu mai erau dispuşi să fie o naţiune vasală nimănui[8].

Războiul îi transformase pe indonezieni şi în alte privinţe. După doi ani sub conducerea lui Sukarno şi a lui Hatta, populaţia se obişnuise cu ideea de autoguvernare : chiar dacă administraţia din timpul războiului fusese o marionetă a japonezilor, tot a fost mai mult decât le acordaseră olandezii vreodată. Pe lângă guvernul lor abia înfiripat, aveau şi o armată pe cale de a se forma. Japonezii instruiseră peste 35.000 de soldaţi şi 900 de ofiţeri indonezieni ca „Apărători ai Patriei". „Dacă nu ar fi fost instrucţia japoneză, niciunul dintre soldaţii noştri nu ar fi soldaţi", şi-a amintit un naţionalist indonezian, după mulţi ani. „Aşa ne-au ajutat japonezii, au fost cu adevărat cruzi, dar au fost cei care ne-au instruit soldaţii."[9]

După ani de propagandă de tipul „Asia este a asiaticilor", indonezienii nu mai erau dispuşi să-şi declare un fals ataşament faţă de mitul superiorităţii europenilor. Demonstraseră că nu îi mai voiau pe olandezi şi se considerau pe deplin capabili să-şi administreze singuri ţara. Dacă olandezii credeau că pur şi simplu vor putea să intre în ţară şi să preia din nou controlul fără niciun fel de împotrivire, se înşelau amarnic.

Primul semn important că viaţa nu avea să revină prea curând la normal a venit din Surabaya. Pe 13 septembrie 1945, un mic grup de ofiţeri Aliaţi sosise în oraş pentru a iniţia tratative cu japonezii. Câteva zile mai târziu, câţiva olandezi şi eurasiatici şi-au sărbătorit sosirea arborând drapelul Olandei în faţa hotelului unde stăteau. Acest fapt a iritat un grup de liceeni şi de indivizi fără căpătâi şi i-a determinat să se adune, unul dintre ei căţărându-se şi rupând fâşia albastră din drapelul olandez, aşa încât să semene cu drapelul naţional indonezian, în roşu şi alb. A izbucnit un scandal imens şi a fost nevoie ca soldaţii japonezi să îi despartă, dar nu înainte ca unul dintre olandezi să fie rănit mortal[10].

În zilele următoare, tensiunile au escaladat în tot oraşul. Grupuri de luptători pentru libertate, gangsteri locali şi liceeni idealişti au ieşit în stradă, i-au atacat pe vânzătorii chinezi, pe europeni, pe eurasiatici şi pe oricine părea suspect de a fi proolandez. Câteva mii de europeni şi de eurasiatici au fost strânşi la un loc şi duşi la închisoarea Kalisosok. Tot atunci au început să escaladeze şi altercaţiile cu soldaţii japonezi. A fost luat cu asalt sediul Kempeitai, iar magazinele japoneze au fost jefuite pentru armele şi proviziile lor. Dintr-odată, luptătorii indonezieni s-au trezit cu un întreg arsenal[11].

Când au sosit în număr mare britanicii, pe 25 octombrie, se formase deja o armată pestriţă de tineri indonezieni şi foşti membri ai Gărzii Naţionale, bine înarmaţi şi pe deplin pregătiţi să-şi apere oraşul în cazul revenirii olandezilor. „Noi, cei care ne revoltăm", anunţa Sutomo, unul dintre lideri, „suntem dispuşi mai degrabă să vedem Indonezia înecată în sânge şi scufundată pe fundul mării decât colonizată iarăşi ! ". Începuse să se răspândească zvonul că forţele britanice, formate mai ales din indieni şi gurkha nepalezi, erau, de fapt, olandezi cu feţele înnegrite[12].

Britanicii, care se aşteptaseră la o operaţiune de rutină de menţinere a păcii, s-au străduit să ţină lucrurile sub control. Au izbucnit altercaţii în tot oraşul, culminând cu un atac masiv al luptătorilor locali asupra poziţiilor britanice. Sute de soldaţi indieni au fost ucişi de indonezieni şi alte sute au fost luaţi prizonieri. Disperaţi, britanicii le-au cerut lui Sukarno şi Muhammad Hatta să vină în oraş şi să intermedieze un armistiţiu. Cei doi au făcut întocmai, dar nu a durat mult şi luptele au izbucnit din nou. Furia se dezlănţuise într-atât încât nu mai putea fi controlată.

Când însuşi comandantul britanic, brigadierul Mallaby, a fost ucis în timp ce încerca să calmeze mulţimea, britanicii şi-au pierdut în sfârşit cumpătul. Timp de trei săptămâni, în noiembrie, au atacat Surabaya, într-o campanie masivă de bombardare a oraşului. Soldaţii britanici au luptat pentru a cuceri casă cu casă şi, în timp ce civilii îngroziţi se refugiau în zonele rurale, avioanele britanice îi mitraliau. În cele din urmă, pacea a fost restabilită în oraş, dar zone întinse din el au fost transformate în moloz şi cenuşă. Estimările privind numărul morţilor variază de la 2.500 la 15.000, dintre care un mare procent este reprezentat de civili nevinovaţi. Până la 90% din populaţie a fugit din oraş[13].

De la început şi până la sfârşit, întregul episod a însemnat o îngrozitoare pierdere de vieţi omeneşti. Luptătorii indonezieni nu au avut nicio şansă în faţa forţei trupelor Aliate, dar totuşi au refuzat să cedeze până când au fost alungaţi din împrejurimile oraşului. Lozinca lor, *Merdeka atau mati* – „Libertate sau moarte" –, părea să fie ceva interpretat ad litteram : există nenumărate relatări despre tineri luptători care s-au aruncat în faţa tancurilor britanice, în atacuri sortite să fie suicidale. Însă, cu toată această absurdă pierdere de vieţi, indonezienii au demonstrat lumii că nu vor renunţa la independenţă fără luptă. Bătălia de la Surabaya a fost un simbol al faptului că *merdeka* era o cauză pentru care merita să lupţi. Luptele acelea sunt comemorate şi astăzi în fiecare an, pe 10 noiembrie, zi cunoscută în Indonezia drept „Ziua Eroilor"[14].

În lunile şi anii care au urmat, scene similare au avut loc în toată ţara. La Jakarta, în timp ce Aliaţii încercau să instaleze o nouă administraţie civilă, au izbucnit lupte nocturne între justiţiarii proolandezi şi naţionaliştii indonezieni. În Sumatra, Bali şi

Sulawesi, mii de tineri, bărbaţi şi femei, s-au refugiat în păduri, înarmaţi doar cu suliţe, cuţite şi arme de mână luate de la japonezi. În 1946, când li s-a cerut să predea oraşul Bandung, miliţiile naţionaliste l-au incendiat. În zonele înalte din Karo, de lângă oraşul Medan din Sumatra, au făcut la fel, incendiind cincizeci şi trei de sate şi transformând întreaga regiune într-o „mare de foc”[15].

Anii următori au adus un şir de acţiuni complet inutile. Britanicii s-au retras din Indonezia la doar un an după ce sosiseră, sângerând, obosiţi şi decepţionaţi de întreaga poveste. Administraţia olandeză pe care au lăsat-o în urmă era hotărâtă să recâştige, prin orice mijloace ar fi fost necesare, controlul asupra coloniei lor. În 1946, au trimis în Sulawesi escadroane ale morţii, care au dus o campanie brutală contra insurgenţei, dar, în pofida numărului de persoane executate, estimat la 6.000, republicanii au refuzat să cedeze. Între 1947 şi 1949, olandezii au lansat o serie de „acţiuni poliţieneşti”, aparent cu scopul reinstaurării ordinii, dar şi pentru a-şi restabili controlul. Au reuşit să cucerească zone întinse din Java şi Sumatra, dar numai cu preţul unui număr uriaş de localnici pe care i-au alungat. Aceste evenimente au fost la fel de devastatoare ca oricare altele petrecute în timpul celui de-al Doilea Război Mondial : între 45.000 şi 100.000 de luptători indonezieni au fost ucişi şi cel puţin 25.000 de civili au suferit pierderi din cauza luptelor. Numai în Java şi Sumatra peste 7 milioane de oameni au fost strămutaţi[16].

În 1949, devenise evident chiar şi pentru olandezi că astfel de pierderi nu puteau să continue. Indiferent cât au luptat, nu au reuşit să înfrângă o mişcare susţinută de o mare parte a populaţiei care, în plus, refuza să se lase intimidată. Pe de altă parte, nu-şi puteau permite nici să ignore opinia internaţională. Australia deja protesta de mai multă vreme în sprijinul independenţei Indoneziei, urmată de India şi de alte naţiuni. Însă intervenţia SUA a fost aceea care a înfrânt, în final, ambiţiile olandeze. Când Statele Unite au ameninţat că vor retrage ajutorul Marshall pentru Olanda, olandezii au decis, în fine, să-şi reducă pierderile şi să plece. În decembrie 1949, la peste patru ani după ce îşi declarase pentru prima dată independenţa, Indonezia a devenit un stat liber şi suveran[17].

Sfârşitul imperiului

Din nefericire, Indonezia nu a fost singura naţiune din Asia care, după 1945, a trebuit să lupte pentru independenţă, şi nici Olanda nu a fost singura putere occidentală care a ales să rămână surdă la strigătele de „*Merdeka !*”. În urma celui de-al Doilea Război Mondial, evenimente similare au avut loc pe întreg continentul. Era colonialismului european, definitorie pentru Asia ultimelor două sute de ani, era pe cale să se încheie.

Indochina, colonia franceză care cuprindea Vietnam, Cambodgia şi Laos, a fost ţara a cărei experienţă s-a situat cel mai aproape de cea a Indoneziei. La fel ca Indiile de Est Olandeze, Indochina Franceză fusese invadată de Japonia imediat după începutul celui de-al Doilea Război Mondial. Ambele ţări luaseră prizonieri dintre stăpânii lor europeni. Şi ambelor ţări li se oferise un anumit grad de independenţă în ultimele zile ale războiului. Japonezii instalaseră administraţii-marionetă în Vietnam (sub conducerea împăratului Bảo Đại), în Cambodgia (condusă de regele Norodom Sihanouk) şi în Laos (sub conducerea mişcării Lao Issarak sau „Laosul Liber”). În fiecare caz, aceste guverne-marionetă au fost încurajate să întrerupă toate legăturile cu Franţa şi li s-a promis o independenţă deplină cândva, în viitor[18].

Dintre cele trei naţiuni din Indochina, Vietnamul a îmbrăţişat ideea independenţei cu cel mai mare entuziasm. În timpul războiului, a luat naştere o mişcare de rezistenţă numită Viet Minh (Liga pentru Independenţa Vietnamului), al cărui lider era naţionalistul comunist Ho Şi Min. La două săptămâni după ce Sukarno declarase independenţa Indoneziei, Ho Şi Min a apărut la Hanoi în faţa unei mulţimi de 300.000 de oameni, din dorinţa de a face acelaşi lucru pentru Vietnam. Într-un discurs elocvent în care a citat atât din Declaraţia de Independenţă a SUA, cât şi din Declaraţia franceză a drepturilor omului şi ale cetăţeanului, el a anunţat că „întregul popor vietnamez" era pregătit „să-şi sacrifice viaţa şi bunurile pentru a-şi apăra independenţa şi libertatea"[19].

Aproape la fel ca olandezii din Indonezia, nici francezii nu erau pregătiţi să-şi abandoneze colonia fără luptă. Revenirea lor în Vietnam a urmat aproape acelaşi model. Din nou britanicii au fost cei care au deschis drumul, de data aceasta ducând lupte sângeroase cu Viet Minh în Saigon. Şi din nou britanicii s-au retras imediat ce francezii s-au reinstalat în ţară. Au fost convenite şi încălcate o serie de negocieri şi armistiţii, culminând cu un război total între colonişti şi colonizaţi. La fel ca în cazul olandezilor din Indonezia, francezii aveau şi ei o putere, o organizare şi o pregătire militare superioare, dar tot nu au reuşit să facă faţă unei armate mobile de gherilă susţinute de un procent semnificativ din populaţie. În 1954, când în cele din urmă francezii au renunţat la luptă, fuseseră ucişi circa 90.000 de soldaţi din trupele coloniale franceze şi probabil până la 200.000 de vietnamezi[20].

Moştenirea acestui război colonial a fost una otrăvită. A lăsat ţara ruptă în două, nordul fiind dominat de Viet Minh, iar sudul, de o serie de guverne autoritare. Aceste două jumătăţi vor rămâne în război vreme de încă douăzeci de ani. Şi mai rău însă, conflictul dintre ele va angrena şi superputerile. Singura diferenţă majoră dintre Indonezia şi Vietnam a fost faptul că mişcarea de independenţă din Vietnam a fost constituită din comunişti autoproclamaţi. Întrucât SUA promiseseră să limiteze extinderea comunismului prin orice mijloace ar fi fost necesare, americanii au preluat lupta aproximativ de acolo de unde o lăsaseră francezii. Cu toate acestea, eforturile lor nu au avut mai mult succes. Războiul american din Vietnam avea să fie unul dintre cele mai mari dezastre din istoria celor două ţări : în 1975, ajunsese să fie plătit cu vieţile a peste 58.000 de americani şi circa 1,3 milioane de vietnamezi. Dacă acesta a fost preţul „libertăţii", atunci a fost cu adevărat un preţ mare şi foarte sângeros[21].

Celelalte teritorii din Indochina Franceză au avut o soartă ceva mai bună, dar nu pentru multă vreme. Cambodgia şi Laos au obţinut independenţa în 1953, dar ambele ţări vor fi afectate grav de războiul civil din Vietnamul vecin, care s-a infiltrat deseori şi pe teritoriul lor. Amândouă vor fi curând implicate în propriile războaie civile, iar în 1975 ambele state au cedat în faţa comunismului. În cazul Cambodgiei, rezultatul va fi unul tragic : în anii 1970, Khmerii Roşii conduşi de Pol Pot vor iniţia un regim de teroare în care inamicii pe criterii etnice, dar şi de clasă au fost sistematic masacraţi sau lăsaţi să moară prin înfometare. Nimeni nu ştie cât de mulţi oameni au ucis khmerii, dar estimările merg de la 1,6 la 2 miloane[22].

Este imposibil de spus dacă aceste lucruri s-ar fi întâmplat în cazul în care francezii ar fi hotărât să nu mai încerce să-şi păstreze cu orice chip imperiul pe cale de dispariţie. Cel mai probabil, un anumit gen de violenţe şi de haos ar fi fost inevitabile, dată fiind atmosfera de fervoare ideologică declanşată de război. Cât despre francezi, ei au avut doar de pierdut la nivel internaţional : a fost dificil pentru ei să se prezinte drept apărători ai libertăţii, egalităţii şi fraternităţii şi, în acelaşi timp, să încalce Carta ONU şi să refuze popoarelor din Indochina dreptul la autodeterminare.

Spre deosebire de francezi şi de olandezi, britanicii nu au căzut niciodată în capcană în încercarea de a-şi păstra controlul asupra coloniilor lor din Asia. Cu toate erorile lor, cel puţin păreau să înţeleagă că lumea – şi Asia odată cu ea – se schimbase. Marea Britanie se schimbase şi ea. Nu mai era puterea care fusese odată şi era silită să se bizuie pe ajutorul financiar al americanilor, care insistau ca britanicii să renunţe la imperiul lor.

De-a lungul anilor care au urmat, Marea Britanie a renunţat pe rând la coloniile ei din Asia. Prima care s-a desprins a fost giuvaierul coroanei imperiale britanice, India, care a devenit independentă în 1947. Este demn de observat că unul dintre motivele pentru care britanicii au dorit atât de mult să se retragă din haosul Indochinei a fost că foarte mulţi dintre soldaţii lor erau indieni. Să te aştepţi ca soldaţii indieni să reprime o mişcare de independenţă când ei înşişi treceau prin acelaşi proces în ţara lor era acelaşi lucru cu a ţi-o căuta cu lumânarea. Într-adevăr, circa 600 de soldaţi indieni au dezertat numai după Bătălia de la Surabaya : mulţi îşi luaseră soţii indoneziene şi au rămas în oraş până la sfârşitul vieţii[23].

La scurtă vreme, Birmania şi Ceylon au urmat şi ele, câştigându-şi independenţa în 1948. Malaya nu a devenit independentă decât în 1957, dar numai pentru că britanicii au fost hotărâţi să înăbuşe mai întâi o revoltă a rebelilor comunişti chinezi ; totuşi, au demonstrat foarte limpede încă de la început că vor ceda întregul control politic imediat ce comuniştii vor fi fost învinşi. În 1963, Borneo de Nord şi Sarawak au devenit la rândul lor independente de Marea Britanie şi s-au unit cu Malaya, formând noul stat al Malaysiei ; acelaşi lucru s-a întâmplat şi cu Singapore, înainte de a se separa pentru a forma propriul stat, în 1965. Brunei, un protectorat britanic, a devenit complet independent în 1967. În următorii treizeci de ani, singura colonie pe care Marea Britanie şi-a păstrat-o în Asia a fost Hong Kong, cedată în final Chinei în 1997.

Niciuna dintre aceste colonii nu a fost obligată să treacă printr-o lungă luptă pentru independenţă. Ceea ce nu a însemnat totuşi că au fost scutite de violenţe. O bună parte din acelaşi haos politic, etnic şi religios care a cuprins Indonezia s-a manifestat şi în coloniile Marii Britanii. Imediat după război, Hong Kong şi Singapore au fost martorele linşării celor care au colaborat cu japonezii. Valuri de acţiuni vindicative au zguduit Malaya, urmate nu doar de răscoala comunistă cunoscută drept „Malayan Emergency", ci şi de persecuţiile la care a fost supusă minoritatea chineză din ţară. Chiar în perioada premergătoare obţinerii independenţei, Ceylonul, Sri Lanka de astăzi, a trecut printr-o serie de revolte şi de greve generale, iar ulterior a fost martor al tensiunii crescânde dintre populaţia singaleză şi minoritatea tamil. La doar două luni de la obţinerea independenţei, Birmania s-a confruntat cu o insurecţie comunistă, iar zece luni după aceea, cu o altă insurecţie, condusă de populaţia karen din sudul şi sud-vestul ţării, care îşi dorea un stat independent propriu. Forţele descătuşate de ideea independenţei au fost adeseori dificil de stăpânit : toată lumea era de acord cu principiul autodeterminării, dar care era oare limita până unde putea el merge[24] ?

India a fost cea care a cunoscut cea mai mare vărsare de sânge dintre toate ţările. În cazul ei, violenţa religioasă a aruncat ţara în haos în cele din urmă. Diferenţele ireconciliabile dintre hinduşi şi musulmani, din timpul şi de după război, i-au făcut pe britanici să ia în calcul o separare a celor două comunităţi : odată cu independenţa, India va fi împărţită în trei – un stat predominant hindus în sud şi un stat predominant musulman compus din două părţi, la nord-vest şi nord-est. Însă în decursul procesului de separare, ordinea publică a fost complet bulversată. Musulmanii au fugit din India în nou-createle state Pakistanul de Est şi Pakistanul de Vest (astăzi Pakistan şi Bangladesh) ; hinduşii şi adepţii sikhismului au fugit în direcţia opusă. Au avut loc masacre pe scară largă de ambele părţi. În total, circa 15 milioane de persoane au fost strămutate şi între două sute de mii şi două milioane, ucise – deşi nimeni nu poate fi sigur de numărul exact, pentru că şi aceste cifre sunt aprig disputate. Familiile au fost despărţite brutal şi aproape 100.000 de femei au fost răpite şi fie au fost violate, fie silite să se convertească la altă religie, după care au fost căsătorite cu forţa cu cei care le răpiseră. Durerea şi ura lăsate în urmă, născute din această catastrofă umanitară, au otrăvit relaţiile dintre India şi Pakistan de atunci şi până în zilele noastre[25].

Ultimele colonii europene din Asia au fost cele ale Portugaliei. Poate că nu este tocmai o coincidenţă că singura putere colonială care nu fusese implicată direct în cel de-al Doilea Război Mondial a fost şi aceea care şi-a păstrat cel mai mult coloniile din Asia. Timorul de Est şi-a declarat independenţa faţă de Portugalia abia în 1975, iar Macao a fost returnat Chinei abia la sfârşitul secolului. Însă nici coloniile portugheze nu au scăpat de violenţa asociată cu obţinerea independenţei. Timorul de Est a fost independent doar câteva zile înainte de a fi invadat de Indonezia vecină şi a deveni obiectul unui regim nemilos de ocupaţie. Ţara a mai trebuit să sufere încă douăzeci şi patru de ani de violenţe şi atrocităţi înainte de a-şi dobândi independenţa pentru totdeauna.

Noua Ordine

Cele mai multe dintre aceste evenimente nu au fost provocate direct de al Doilea Război Mondial, dar, cu toate acestea, niciunul dintre ele nu ar fi avut loc fără el. Războiul a slăbit puterile europene într-atât încât nu şi-au mai putut controla coloniile. Tot războiul a fost cel care a creat mediul propice pentru ca mişcările naţionaliste din Asia să se extindă şi să se dezvolte. Şi tot el a înarmat aceste mişcări şi le-a propulsat într-o poziţie de forţă.

Însă cele mai mari transformări aduse de război au fost probabil cele de natură psihologică. O întreagă generaţie a fost supusă experienţei violenţelor, ca şi ideii că o schimbare radicală poate fi produsă prin mijloace violente. Vicisitudinile născute din război – ocupaţia, legea marţială, inflaţia, neajunsurile, foametea – le-au lăsat multor oameni sentimentul că nu mai au nimic de pierdut ; însă atmosfera de optimism care s-a instalat odată cu sfârşitul războiului a născut şi convingerea că, după toate dificultăţile, trebuia să urmeze ceva nou şi benefic.

Toate aceste speranţe şi disperări au fost susţinute de credinţa în ideea de „libertate". Aceasta a fost deviza pe tot parcursul războiului, iar acum era chemarea fiecărui politician şi luptător pentru rezistenţă din Asia. Conform foştilor revoluţionari din Sumatra, *merdeka* era cuvântul aflat pe buzele tuturor, „dar ce anume era de fapt această *merdeka* încă nu ştiam, nu înţelegeam ce e independenţa". Ştiau însă că „tot ce era independent nu era colonizat"[26].

Desenul lui Chittaprosad din 1950 rezumă o atitudine comună Asiei de la sfârşitul celui de-al Doilea Război Mondial.

Din nefericire, grupuri diferite aveau diferite definiţii ale „libertăţii”. Pentru minorităţile religioase şi etnice, libertate însemna eliberarea de persecuţii, însă pentru unii dintre vecinii lor însemna eliberarea de străini şi de colonizatori. Pentru comunişti ca Ho Şi Min, însemna eliberarea de exploatarea imperialistă şi capitalistă, în timp ce pentru imperialiştii şi capitaliştii înşişi însemna libertatea de a recupera ceea ce avuseseră înainte de război şi de a începe să facă din nou bani.

În realitate, niciunul dintre aceste grupuri nu vorbea despre adevărata libertate în sens existenţial. Ceea ce voiau de fapt nu era „libertatea”, ci o redirecţionare a puterii : de la colonizatori la grupurile naţionale ; de la capitalişti la oamenii simpli ; de la „ei” la „noi”. Pe parcurs, conceptul de „libertate” adevărată s-a pierdut. Sau, şi mai grav, a început să fie asociat cu ceva de-a dreptul înspăimântător : cu haosul nelimitat. Pe măsură ce vechiul imperialism se dezintegra şi nimic nu părea să-i ia locul – în afara unei atmosfere de violenţă şi dezordine –, indivizii decepţionaţi au încetat să mai vorbească despre libertate şi au început să-şi dorească revenirea la ordine.

Însă ceea ce cu siguranţă nu au avut ei în vedere a fost faptul că şi acest lucru îşi avea preţul său.

Restabilirea „ordinii” în Indonezia a fost un proces care a durat douăzeci de ani. A început cu adevărat atunci când Sukarno şi-a folosit nou-înfiinţata Armată Naţională a Indoneziei pentru înfrângerea insurecţiei comuniste la Madiun, în 1948. Într-un înflăcărat discurs radiodifuzat, el a declarat naţiunii că se află în faţa unei alegeri radicale : să-i urmeze pe comunişti, „care vor distruge ideea independenţei Indoneziei”, sau să-i urmeze pe Sukarno şi pe Hatta, care vor aduce „eliberarea de sub orice formă de opresiune”. Revolta a fost înăbuşită cu mari pierderi de vieţi omeneşti – circa 8.000 doar la Madiun – şi cu zeci de mii de arestări[27].

Ca de obicei, Trimurti a fost surprinsă în miezul acţiunii şi a fost din nou arestată. A fost închisă ca posibilă adeptă a comunismului şi o vreme a crezut că este încarcerată pentru a fi executată. Acuzaţiile aduse nu erau adevărate – nu a fost niciodată comunistă şi, în momentul respectiv, chiar era membră a Partidului Muncii, o formaţiune mai moderată. Cu toate acestea, stigmatul de comunistă o va urmări pentru tot restul vieţii.

Sunt mai multe motive pentru care înfrângerea comuniştilor la Madiun a fost una încărcată de semnificaţii. În primul rând, a demonstrat fără urmă de îndoială că Sukarno şi Hatta nu erau ei înşişi comunişti şi, astfel, au fost îndepărtate temerile americanilor privind anumite politici socialiste pe care cei doi le-au adoptat. Susţinerea din partea SUA avea să fie esenţială în lupta diplomatică necesară pentru a-i obliga pe olandezi să plece. În al doilea rând, a demonstrat puterea tot mai mare a armatei indoneziene, care devenise singura instituţie capabilă să impună o anumită ordine în ţară. În ultimul rând, dar nu şi cel mai puţin important, a stabilit un model cu privire la modul în care să fie condusă Indonezia: de aici încolo, armata se va dovedi neîndurătoare în suprimarea inamicilor ei, mai ales atunci când aceştia erau comunişti.

Însă vor mai avea loc destule rebeliuni pe parcursul următorilor ani. În 1951, arhipelagul din jurul insulei Ambon a încercat să se separe de Indonezia, la fel cum, în anii următori, va încerca şi regiunea Aceh din nordul Sumatrei. Un grup de colonei disidenţi a încercat să înfiinţeze în Sumatra un stat alternativ, iar un alt grup de disidenţi a avut o încercare similară în Sulawesi. În Java de Vest, musulmanii radicali au refuzat să accepte ideea că Indonezia este un stat multireligios şi au proclamat un stat islamic, numit Darul Islam. Au câştigat repede adepţi şi din alte părţi ale Indoneziei: pe parcursul anilor 1950 şi până în anii 1960, Darul Islam a dus o luptă de factură teroristă, care a provocat moartea a peste 40.000 de oameni şi strămutarea altor milioane. Moştenirea acestei mişcări mai are şi astăzi ecou în Indonezia[28].

Toate aceste revolte au fost reprimate de armată care, treptat, şi-a sporit puterea. În anii 1950, liderii militari s-au autoproclamat fără ruşine ca „apărători ai unităţii naţionale" şi au demonstrat limpede tuturor că doar mulţumită intervenţiei lor exista totuşi o oarecare lege şi ordine. În 1957, a fost declarată legea marţială pe întreg teritoriul ţării, ceea ce a oferit armatei ocazia să acţioneze fără teama de consecinţe. Liderii locali au fost demişi pe motiv că erau corupţi – şi unii dintre ei erau într-adevăr –, fiind apoi înlocuiţi cu ofiţeri din armată. Treptat, armata a preluat conducerea ţării[29].

Sukarno a încercat să limiteze puterea militarilor, susţinând unica forţă alternativă din ţară capabilă să li se opună – Partidul Comunist din Indonezia (PKI), care avea aproape peste tot o susţinere masivă. Însă în atmosfera Războiului Rece din anii 1950 şi 1960, acesta s-a dovedit a fi un joc periculos. În primul rând, i-a îndepărtat pe americani, care au început curând să îi sprijine pe oponenţii de dreapta ai lui Sukarno: la finele anilor 1950, CIA a fost prinsă în flagrant asigurând pregătirea militară şi furnizând arme şi chiar avioane diferitelor grupări rebele antiguvernamentale[30]. În al doilea rând, acest lucru a început să-i ofenseze pe militari, iritaţi de faptul că erau instigaţi împotriva unui vechi inamic.

Chestiunea a devenit de netolerat în 1965, când comuniştii au răpit mai mulţi generali de armată şi i-au ucis la o bază aeriană de lângă Jakarta. Armata a reacţionat rapid şi cu brutalitate. Au declarat că răpirea a fost o tentativă de lovitură de stat şi au iniţiat o serie de măsuri represive împotriva comuniştilor la nivel naţional. Preşedintele PKI, D.N. Aidit, a fost arestat şi executat, împreună cu cei mai mulţi dintre liderii comunişti.

A fost iniţiată o campanie de propagandă cu scop instigator, în care membre ale Mişcării Femeilor au fost acuzate că participaseră la orgii sexuale dezlănţuite în timp ce tovarăşii lor comunişti îi torturau şi îi mutilau chiar în faţa lor pe generalii răpiţi.

Brusc, pretutindeni în ţară au început să aibă loc atacuri spontane îndreptate contra comuniştilor. Erau atacaţi nu doar comuniştii, ci şi prietenii şi familiile lor şi, practic, oricine era bănuit că are vederi de stânga. La drept vorbind, Mişcarea Femeilor nu era deloc o organizaţie comunistă –, dar din pricina acuzaţiilor lansate, membrele ei au devenit o ţintă specială. Unele dintre aceste atacuri s-au transformat în masacre în toată regula. În Java de Est, grupările de tineri islamişti i-au încolonat pe comunişti, le-au tăiat beregata şi i-au aruncat în râuri. În Sumatra, muncitorii de pe plantaţii, care se răzvrătiseră pentru condiţii de muncă mai bune, au fost masacraţi cu miile. În Bali s-a declanşat o stare de război civil, în care sate întregi au fost măcelărite şi apoi incendiate.

Generalii de armată au fost cei care au orchestrat toate aceste evenimente. Deşi în timpul masacrelor au stat deoparte, în unele cazuri au oferit miliţiilor locale liste cu nume. Când omorurile au început să se rărească, aşa cum s-a întâmplat în Java – sau au scăpat de sub control, ca în Bali –, oficialii militari au preluat până la urmă comanda şi au dus epurările până la capăt, într-o manieră mai organizată : comuniştii au fost adunaţi şi duşi în unităţi de detenţie, înainte de a fi transportaţi cu autobuzele în zonele rurale, unde puteau să fie executaţi şi îngrămădiţi în gropi comune[31].

Aceste purificări masive care au făcut ravagii în Indonezia între 1965 şi 1967 au reprezentat, probabil, evenimentul cel mai traumatizant din istoria ţării. Au costat viaţa a cel puţin o jumătate de milion de persoane. În următorii cincisprezece ani, alte sute de mii au fost arestate : probabil până la un milion şi jumătate. Partidul comunist a fost interzis. Ziarele care îl criticau pe militari au fost suspendate. După ce armata a obţinut controlul total în ţară, Sukarno a fost înlăturat treptat de la guvernare. Locul său a fost luat de liderul epurărilor militare, Suharto, care şi-a consolidat tot mai mult poziţia, până ce, practic, a acaparat puterea absolută[32].

Următorii treizeci de ani vor aduce foarte puţine revolte în Indonezia. Acele rebeliuni izolate care au mai avut loc – în Aceh, de exemplu, sau în Timorul de Est – au fost înăbuşite cu o violenţă sălbatică. Suharto a reuşit, aşadar, ceea ce douăzeci de ani de tulburări şi de disensiuni nu reuşiseră până atunci : a unit naţiunea. De fapt, în anumite privinţe, el a definit ceea ce constituia o naţiune nouă în perioada postbelică : elementul care a unit Indonezia nu a fost o limbă comună, un scop ori valori sau idealuri comune, ci autoritatea. Indonezia era pur şi simplu ceea ce militarii spuneau că este, pentru că nu mai rămăsese nimeni capabil să îi contrazică.

Acest lucru a fost întru câtva o uşurare. Acum, cel puţin, avea să existe o oarecare ordine în administraţia publică – noul regim al lui Suharto chiar s-a autointitulat „Noua Ordine”. Conceptul care în 1945 inspirase într-o atât de mare măsură naţiunea – *merdeka* sau „libertatea” – fusese pe nesimţite dat deoparte.

17

Naşterea unei naţiuni africane

Multe dintre procesele care au avut loc în Asia în 1945 se vor repeta şi în Africa, câţiva ani mai târziu. Şi aici naţionaliştii au profitat de ocaziile generate de cel de-al Doilea Război Mondial, dar, aşa cum experienţa de război a Africii a fost foarte diferită de cea a Asiei, la fel au fost şi căile ei către independenţă.

Nicio istorie personală nu poate reprezenta practic fiecare faţetă a experienţei africane de după cel de-al Doilea Război Mondial. Există, totuşi, o poveste care cuprinde multe dintre temele naţionaliste generate în timpul acelor ani turbulenţi şi aceasta este cea a lui Waruhiu Itote, membrul al tribului kikuyu de la baza muntelui Kenya.

Itote era fiul unui fermier[1]. Avea oarecare educaţie, multă ambiţie, dar şi mult neastâmpăr, pe care, înainte de război, nu şi l-a putut defini prea clar. Tânăr fiind, în 1939 a plecat la Nairobi să-şi facă un rost, dar a dat repede de obstacole în calea sa. A încercat, de exemplu, să-şi deschidă un mic magazin împreună cu câţiva prieteni, dar i-a fost aproape imposibil să obţină autorizaţie : breasla comercianţilor din oraş era majoritar compusă din asiatici, iar conducătorii europeni păreau să-şi dorească să păstreze situaţia neschimbată. Şi mai erau multe alte activităţi de la care a aflat că este exclus. Ca african de culoare, nu i se permitea să intre în niciunul dintre hotelurile importante din Nairobi altfel decât ca servitor. În gări, era obligat să folosească alte toalete decât cele pe care le foloseau asiaticii şi europenii. Existau chiar anumite tipuri de bere pe care nu avea voie să le bea. Astfel de interdicţii l-au înfuriat şi l-au umplut de resentimente, nu doar pentru că păreau atât de stupid de nedrepte, ci şi pentru că nu avea nicio idee cum să li se opună sau să le schimbe.

Când a izbucnit războiul, guvernul colonial a încercat să-i determine pe oameni să se înroleze în armată. I-au prezentat pe italieni şi pe germani drept „monştrii cei mai cumpliţi de pe pământ" decişi să invadeze Kenya. Itote s-a înrolat şi el până la urmă, dar nu atât ca să lupte împotriva acestor monştri, cât ca să scape de plictiseală şi de imposibilitatea de a-şi găsi de lucru. În ianuarie 1942, cu puţin înainte să împlinească douăzeci de ani, s-a înrolat în King's African Rifles – unitatea de Puşcaşi Africani ai Regelui. După o perioadă de instrucţie în Tanganyika vecină, a fost trimis peste ocean, în Ceylon, şi a trebuit în cele din urmă să lupte în teritoriile de frontieră dintre India şi Birmania.

În timpul acestor călătorii a intrat în contact cu tot felul de oameni pe care nu i-ar fi putut întâlni niciodată acasă. Discuţiile cu ei i-au deschis ochii asupra numeroaselor posibilităţi politice şi personale pe care nu le luase în calcul niciodată până atunci. De exemplu, un soldat britanic pe care l-a cunoscut în 1943 i-a arătat că India şi Birmania făceau parte din acelaşi Imperiu Britanic care subjugase şi patria lui – atunci de ce era Itote atât de dornic să lupte pentru conservarea lumii opresorilor săi? Tânărul a recunoscut stânjenit că nu avea un răspuns potrivit la acea întrebare. Aflat în permisie la Calcutta, s-a întâlnit cu civili indieni educaţi, care i-au vorbit despre acordul pentru independenţă pe care India insistase să îl obţină după încheierea războiului. Ei l-au întrebat ce solicitaseră kenyenii în schimbul loialităţii lor, dar Itote a părut din nou jenat, pentru că, din câte ştia el, kenyenii nu ceruseră nimic[2]. A cunoscut pentru prima dată chiar şi soldaţi negri americani, care i-au vorbit cu convingere despre dorinţa lor de a obţine drepturi civile în propria lor ţară. Unul dintre ei, un bărbat pe nume Stephenson, l-a avertizat că britanicii nu vor fi, probabil, recunoscători pentru aportul lui Itote la efortul de război. „Albii care luptă acum vor ajunge eroi pentru vecie în ţările lor", a prezis el, „în timp ce voi, africanii, veţi fi eroi vreme de o zi şi apoi veţi fi daţi uitării. Dacă vreţi să fiţi eroi, de ce nu luptaţi pentru propriile voastre ţări?"[3].

Dar poate cea mai importantă lecţie politică pe care a învăţat-o a fost cea din toiul luptei. În junglele Birmaniei, soldaţii albi care luptau cot la cot cu el îşi dădeau cu cremă de ghete pe faţă ca să semene mai mult cu Itote: lunetiştii japonezi aveau obiceiul să-i aleagă pe cei care ieşeau în evidenţă faţă de restul. Toţi soldaţii – negri, albi sau asiatici – erau la fel de speriaţi de japonezi, iar teama lor a dat naştere unui soi de camaraderie pe care Itote nu o mai trăise până atunci: „Printre obuze şi gloanţe nu [exista] nici urmă de mândrie, nici aere de superioritate din partea camarazilor noştri de arme europeni. Beam acelaşi ceai, foloseam aceeaşi apă şi aceleaşi toalete şi împărtăşeam aceleaşi glume. Nu existau insulte rasiale, nici referiri la «negri», «babuini» şi aşa mai departe. În focul luptei, toate se făcuseră nevăzute şi nu lăsaseră loc decât pentru omenia care ne unea şi pentru soarta noastră comună – fie moartea, fie supravieţuirea"[4].

Războiul şi natura lui non-discriminatorie păreau să fi dat peste cap toate ideile cu care Itote crescuse în Africa.

În 1945, când s-a întors în Kenya, i-a fost greu să se readapteze la viaţa de civil şi nu a durat mult până ce vechile sale resentimente să se redeştepte. A vrut să înceapă o afacere cu cărbune, dar nu i s-a permis să-şi vândă produsul pe pieţele cele mai profitabile, pentru că acestea erau rezervate oamenilor de afaceri asiatici. A obţinut o slujbă la căile ferate, dar a trebuit să accepte un salariu mai mic decât asiaticii sau europenii cu poziţii similare, doar pentru că era de culoare.

După cât umblase prin lume, Itote nu mai era dispus să accepte asemenea discriminări. Astfel că pentru prima dată în viaţa lui a intrat într-o grupare politică: a devenit membru al Kenya African Union (KAU), al cărui lider, Jomo Kenyatta, îşi petrecuse cea mai mare parte a ultimilor douăzeci de ani militând pentru acordarea mai multor drepturi civile. Pentru Itote, Kenyatta era un erou şi aşa va rămâne pentru tot restul vieţii sale. Dar KAU a ajuns să-l dezamăgească repede, pentru că părea să fie o grupare dominată de bătrâni prudenţi, prea fricoşi ca să profite de prilejul de a schimba lucrurile. Frustrarea lui a fost exacerbată când a înţeles că aproape niciunul dintre aceşti bărbaţi vârstnici, cu excepţia lui Kenyatta însuşi, nu călătorise în alte ţări şi nici nu trăise războiul, aşa cum o făcuse el. „Când vor învăţa oare că lumea întreagă nu este la fel ca în Kenya", se plângea el; „că, de fapt, Kenya era una dintre ultimele redute ale feudalismului şi rasismului, ale privilegiilor şi dominaţiei minorităţii? Când vor înţelege că lucrurile *se pot* schimba, şi asta *chiar* în timpul vieţii noastre?"[5].

Cam în aceeaşi perioadă, Itote s-a înscris şi în Transport and Allied Workers' Union (TAWU), un sindicat militant care lupta nu doar pentru drepturile muncitorilor, ci şi pentru schimbări sociale şi politice mult mai radicale. TAWU era condus de Fred Kubai, unul dintre cei mai importanţi agitatori din ţară, care nu se temea să utilizeze mijloace violente dacă îl ajutau să-şi atingă scopurile. În 1950, Kubai a susţinut că, dacă oamenii s-ar uni împotriva guvernului, ar putea forţa obţinerea independenţei în doar trei ani. Inspirat de acest nou spirit radical, Itote a participat cu entuziasm la demonstraţii şi greve, chiar şi atunci când singura recompensă păreau să fie reacţia brutală a poliţiei şi măsurile represive tot mai brutale ale guvernului.

A treia organizaţie în care s-a înscris Itote a fost poate şi cea mai radicală dintre toate : un grup de foşti soldaţi, Anake a Forti – Grupul Patruzeci –, numit astfel pentru că 1940 a fost anul în care cei mai mulţi dintre ei se înrolaseră în armata britanică. Spre bătrâneţe, Itote a subliniat caracterul politic al acestui grup, care a dus o campanie de intimidare a acelora dintre rezerviştii kikuyu care colaboraseră în programele guvernamentale. Însă activităţile din Nairobi ale grupului au fost de-a dreptul criminale. Veteranii de război decepţionaţi, cum era şi Itote, care erau adeseori excluşi de la formele legitime de angajare sau de iniţiativă antreprenorială, recurgeau la furturi şi şantaj, pentru că acestea păreau singurul mod de a-şi câştiga existenţa. Chiar şi Itote a început să spargă magazine, din care fura arme şi bani, nu doar pentru el, ci şi pentru a finanţa activităţile politice ale grupului. În lumea interlopă tulbure din Nairobi, graniţa dintre violenţă, infracţionalitate şi politică devenea tot mai neclară.

Spre sfârşitul anilor 1940, diversele grupări din care făcea parte Itote au început să se coaguleze într-o singură mişcare. Sindicatele militante au început să preia puterea în KAU şi să înlăture conducerea anterioară, mai moderată. În acelaşi timp, au început să stabilească legături cu lumea interlopă din Nairobi. Itote a fost el însuşi o astfel de legătură, entuziasmat de sentimentul importanţei sale de curând descoperit.

Dacă a existat vreun moment care să-i cimenteze devotamentul faţă de cauza independenţei, acesta a fost probabil ziua din anul 1950 când a participat la o ceremonie secretă şi a jurat solemn să-şi sacrifice viaţa în slujba naţiunii. În toată ţara, zeci de mii de membri ai tribului kikuyu au depus jurăminte similare. Conform lui Itote, tuturor celor care s-au angajat astfel jurământul solemn le-a dat un sentiment al „sacrului" şi i-a făcut să se simtă conectaţi la ceva măreţ şi ideologic – ceva care în timpul recentului război mondial le-a lipsit, în mod evident, africanilor de felul său. „Am luptat cu armele Adevărului, Dragostei şi Dreptăţii", a scris el mai târziu, împotriva „unui veritabil arsenal de opozanţi deghizaţi în Creştinism, Loialitate, Bogăţie şi Putere"[6]. Monştrii şi eroii mitologici se trezeau în sfârşit la viaţă.

În vara anului 1952, cu puţin timp înainte de instituirea stării de urgenţă, Itote şi alte câteva persoane i-au făcut o vizită lui Jomo Kenyatta, liderul lor simbolic, la ferma acestuia din Gatundu. Kenyatta ştia că era pe cale să fie arestat şi i-a avertizat pe cei sosiţi acolo că în zilele următoare ar putea fi arestaţi la rândul lor, dacă nu chiar ucişi. „În lumea asta totul se plăteşte", îşi aminteşte Itote că le-ar fi spus, „iar noi trebuie să ne răscumpărăm libertatea cu sânge"[7].

Există ceva dincolo de simplul respect în descrierea pe care Itote i-a făcut-o liderului său spiritual în acea după-amiază : predicţiile lui Kenyatta despre propria sa arestare, indicaţiile pe care le-a dat discipolilor săi de a-şi păstra credinţa şi promisiunea lui de a le fi alături chiar şi după moarte amintesc de Cina cea de Taină de dinaintea răstignirii lui Iisus. Ulterior, când s-a declanşat cu adevărat insurgenţa, luptătorii africani aveau să intoneze imnuri religioase în care înlocuiau numele „Iisus" cu „Jomo"[8]. Însă pentru Itote, ceea ce l-a inspirat cel mai mult a fost naţionalismul mai degrabă decât religia. Pentru el, imaginea lui Kenyatta şi independenţa Kenyei erau atât de interconectate, încât nu şi-o putea imagina pe una fără cealaltă[9]. Binecuvântarea lui Kenyatta a fost, aşadar, ultimul ritual de care mai avea nevoie înainte de a trece la faza culminantă a luptei sale.

Doar câteva zile mai târziu, Itote s-a refugiat în pădurile de pe Muntele Kenya. Şi-a luat numele de cod „Generalul China" şi a început să instruiască grupuri de voluntari în tehnicile de luptă în junglă. În acelaşi timp, alţi veterani care luptaseră în Birmania şi radicali violenţi, ca Stanley Mathenge şi Dedan Kimathi, s-au retras şi ei în păduri.

Aşa a început mişcarea de insurgenţă care avea să fie cunoscută sub numele de „Mau Mau".

Eroi ai războiului, eroi ai revoluţiei

Revolta Mau Mau din Kenya îşi are originile într-o mare varietate de resentimente nutrite vreme îndelungată, multe dintre ele semnificativ mai serioase decât meschinele discriminări rasiale la care a fost supus Waruhiu Itote la Nairobi. Cel mai important dintre ele a fost decizia coloniştilor europeni de a-i strămuta pe africanii de culoare de pe pământurile lor ; dar au mai fost şi introducerea unor taxe guvernamentale controversate, a unor restricţii de mişcare sau privind angajarea, câteva tentative de interzicere a unor obiceiuri tribale precum poligamia şi circumcizia la femei – ca să nu mai menţionăm şi luptele interne dintre triburi şi din interiorul triburilor, care pot să provoace conflicte în orice societate[10].

Foarte asemănător cu ce s-a petrecut şi în Indonezia însă, la baza tuturor nemulţumirilor din Kenya s-a aflat sentimentul neputinţei pe care îl trăiau oamenii simpli din popor. Indiferent cât de tare protestau pentru drepturile asupra pământului sau pentru dreptul la o slujbă, africanilor de culoare le era greu să se facă auziţi pentru că nu aveau, practic, niciun fel de reprezentativitate politică semnificativă. În 1951, în pofida faptului că depăşeau ca număr populaţia europeană din Kenya cu peste 170 la unu, doar patru din cei 37 de membri ai Consiliului Legislativ erau africani. Spre deosebire de omologii lor europeni, niciunul dintre ei nu fusese ales, toţi fiind numiţi de pe o listă cu candidaţi selectaţi astfel încât şansele ca ei să provoace prea mari dificultăţi să fie cât mai reduse[11].

La fel ca în Asia, liderii africani au militat şi ei ani la rând pentru schimbarea acestui sistem nedrept, dar al Doilea Război Mondial a dat un nou avânt cererilor lor. Concepte ca libertatea, egalitatea şi demnitatea umană au devenit repede foarte populare, însă doar la un nivel abstract : erau conceptele în numele cărora se ducea războiul, dar despre care kenyenii nu puteau să nu observe că rar erau valabile şi în ţara lor. Cu siguranţă că britanicii nu au fost surprinşi atunci când supuşii lor africani şi-au intensificat solicitările pentru dreptul de a-şi alege propriul guvern : era vorba despre un drept fundamental, pe care britanicii înşişi îl susţinuseră atunci când au redactat Carta Atlanticului, în 1941.

Alimentată de experienţa războiului, o atmosferă similară de idealism şi nemulţumire se amplifica pe întreg continentul. Între 1939 şi 1945, peste 800.000 de africani de culoare au fost înrolaţi sau mobilizaţi în armatele Aliaţilor : jumătate de milion din coloniile britanice şi poate alţi 300.000 din Africa francofonă[12]. Revenirea acestor bărbaţi a provocat probleme guvernelor coloniale de pretutindeni. În Tanganyika, de exemplu, veteranii erau printre cele mai nemulţumite segmente ale societăţii – în primul rând, mulţi dintre ei nici nu şi-au dorit vreodată să meargă la război, dar fuseseră înrolaţi cu forţa şi arbitrar în armata britanică de către oficiali africani corupţi, doar pentru că aceştia trebuiau să recruteze un anumit număr de persoane[13]. În Nigeria postbelică, veteranii şomeri au participat la o serie de demonstraţii violente împotriva guvernului colonial : în 1950 au iniţiat chiar o revoltă în toată regula în oraşul Umuahia[14]. Pe Coasta de Aur, veteranii au demonstrat în 1948 pe străzi, protestând împotriva lipsei de recunoaştere oficială a sacrificiilor pe care le făcuseră în timpul războiului. Reacţia violentă a poliţiei şi cele cinci zile de revoltă care au urmat au fost considerate declanşatorul procesului de independenţă de acolo[15].

Şi în Africa francofonă veteranii întorşi acasă au jucat adeseori un rol important în iniţierea protestelor împotriva puterii coloniale. De exemplu, în Congo Belgian foştii soldaţi ai Aliaţilor şi-au exprimat frecvent dezamăgirea faţă de ironia participării lor la război – faptul că, în timp ce luptaseră pentru a-i reda puterii coloniale libertatea, ei înşişi nu erau încă liberi cu adevărat în propria ţară[16]. În Guineea franceză, soldaţii au început o campanie pentru salarii egale sub lozinca „Sacrificii egale = Drepturi egale". Veteranii militari de acolo au preluat conducerea atât în revoltele postbelice împotriva instituţiilor coloniale, cât şi în înfruntarea puterii tradiţionale a propriilor lor şefi de trib[17]. Pe de altă parte, în Coasta de Fildeş veteranii au militat pentru abolirea muncii forţate şi au organizat frecvent demonstraţii pentru egalitate, dintre care unele au devenit violente. Ivorienii din toată ţara cereau o nouă „Africa pentru africani"[18].

Este important de subliniat că marea majoritate a soldaţilor reveniţi de pe front nu au îngroşat rândurile revoluţionarilor şi ale nemulţumiţilor politic. Au existat, de fapt, regiuni întregi, chiar ţări întregi, unde veteranii nu au jucat aproape niciun rol în obţinerea independenţei – Botswana este un bun exemplu în acest sens[19]. Însă istoricii care i-au desconsiderat pe veterani ca jucători secundari în diferitele lupte pentru independenţă din Africa pierd din vedere perspectiva ideologică mai amplă. Soldaţii africani au revenit în ţările lor ca eroi şi nu este deloc surprinzător că sensul mitologic al acelui eroism a fost dus mai departe, continuând prin mişcările pentru independenţă care au urmat. În memoria colectivă africană nu contează dacă soldaţii au luptat sau nu activ pentru independenţă : ceea ce contează este că ei au devenit un simbol pentru nou-descoperitul sentiment al egalităţii[20].

Cu siguranţă că acesta este modul în care erau văzuţi pe vremea aceea de către unii dintre liderii lor culturali şi politici. Aşa cum susţinea scriitorul ugandez Robert Kakembo în 1946, soldatul african le „dovedise europenilor că nu le este inferior" – iar acum, în sfârşit, merita să fie tratat ca atare[21]. Senatorul Victor Biaka Boda, din Africa Occidentală Franceză, a subliniat şi el că „un african moare la fel ca un alb şi are aceleaşi drepturi. Este un cetăţean exact la fel ca oricare altul"[22]. Într-adevăr, în mintea unora dintre veterani, războiul îi ridicase pe africani *deasupra* foştilor lor stăpâni coloniali. „Numai francezii ştiu ce am făcut noi pentru ei", îşi va aminti despre război un veteran ivorian, mulţi ani mai târziu. „Noi i-am eliberat. Ce alt lucru mai extraordinar puteai face pentru ei ?" În atare împrejurări, devenea cu totul nepotrivit ca africanii să se mai ploconească în faţa europenilor[23].

Experienţa civilă

În timpul celui de-al Doilea Război Mondial, diferenţa semnificativă dintre Asia şi Africa a fost că o mare parte a Africii nu a fost invadată niciodată: aşadar, faţă de omologii lor asiatici, civilii africani s-au bucurat de mult mai multă continuitate în timpul războiului. Ceea ce nu înseamnă totuşi că africanilor le-a fost mai uşor. Al Doilea Război Mondial a provocat atâtea perturbări în economia mondială, încât civilii de pretutindeni au fost obligaţi să reziste unor schimbări ample în vieţile lor într-un interval de timp foarte scurt. Acest lucru va avea un efect uriaş în toată Africa.

Kenya oferă încă o dată un bun exemplu în privinţa genului de revolte care au afectat vieţile oamenilor de rând. Schimbările economice din această ţară au fost extrem de dramatice. Avântul din perioada războiului a adus profituri uriaşe industriilor, şefilor de trib şi proprietarilor de pământuri, toţi descoperind brusc că îşi puteau vinde bunurile şi serviciile la nişte preţuri mult crescute din pricina războiului. Spre deosebire de ei, săracii au suferit îngrozitor. În timp ce preţurile deveneau tot mai mari, alimentele începeau să lipsească, iar unele regiuni din Kenya, mai ales provinciile centrală şi de sud, au început să sufere de foame. Mii de lucrători au fost recrutaţi cu forţa în fermele şi plantaţiile de sisal ale europenilor, adeseori pentru salarii de mizerie. Alte mii de persoane au migrat la oraş, în căutarea unui loc de muncă. Aceştia trăiau într-o societate paralelă care a început rapid să-şi piardă legătura cu pământul şi, în schimb, a trebuit să-şi găsească drumul spre lumea nouă şi cu mult mai nesigură a muncii salarizate. Aşadar, războiul i-a adus Kenyei, destul de brusc, aceeaşi criză a modernităţii care lovise şi alte regiuni ale globului la începutul secolului[24].

În acelaşi timp, au luat amploare noile tensiuni rasiale în zona rurală, mai ales între latifundiarii europeni şi fermierii africani care le-au ocupat pământurile - squateri, aşa cum erau ei cunoscuţi. Aceste tensiuni au avut şi o componentă economică. Înainte de 1939, cei mai mulţi dintre latifundiarii albi fuseseră copleşiţi de datorii şi siliţi să se bazeze pe munca agricultorilor africani pentru a le lucra pământul. Însă avântul din perioada războiului şi sosirea utilajelor agricole din SUA, pe baza Legii de împrumut şi închiriere, i-au îmbogăţit. În consecinţă, mulţi fermieri albi nu au mai avut nevoie şi nici nu i-au mai dorit pe aceşti agricultori localnici pe pământurile lor. În 1945 şi 1946, când contractele lor anuale au ajuns la termen şi urmau să fie reînnoite, fermierii au impus noi limite pentru suprafaţa de teren pe care lucrătorii lor aveau permisiunea să o cultive şi i-au silit pe aceştia să-şi vândă vitele. Familiile care au refuzat să accepte noile reguli, care le-ar fi redus veniturile chiar şi cu 75%, au fost evacuate de pe moşii şi „repatriate" cu forţa în rezervaţiile kikuyu. În felul acesta, peste 100.000 de kikuyu au fost înstrăinaţi de pe pământurile pe care le ocupau de zeci de ani şi pe care mulţi dintre ei le considerau ale lor. Aceste evenimente au provocat un val atât de mare de resentimente şi au îngroşat într-atât rândurile celor săraci şi oprimaţi, încât unii istorici nu au interpretat nicidecum starea de urgenţă care a survenit după câţiva ani ca pe o luptă pentru independenţă, ci ca pe o răscoală ţărănească[25].

Între timp, şi oraşele din Kenya au fost transformate de război. Populaţia din Nairobi a crescut cu peste 50% între 1939 şi 1945, în vreme ce în Mombasa aproape s-a dublat, de la 55.000 la 100.000 de locuitori[26]. Cei mai mulţi dintre noii locuitori din Nairobi trăiau înghesuiţi în blocuri de locuinţe municipale sinistre şi în suburbiile suprapopulate şi cu o rată ridicată de infracţionalitate din estul oraşului. Acestea reprezentau zone perfecte de recrutare pentru sindicatele din Nairobi şi o mulţime de locuitori, printre care şi Waruhiu Itote, li s-au alăturat[27].

Pe măsură ce conştiinţa de clasă creştea în rândul celor dezavantajaţi şi nevoiaşi, în toată ţara au izbucnit greve generale. Acestea au început la Mombasa, în 1947, şi curând au afectat Nairobi şi zonele din împrejurimi. În special în Nairobi grevele au devenit repede un amestec de solicitări sindicale directe şi de cereri cu caracter mai larg, pentru a pune capăt dominaţiei coloniale. Până în 1950, astfel de acte provocatoare au devenit şablonul unor acţiuni mai radicale care vor caracteriza insurgenţa ce avea să urmeze. Aşadar, pe lângă o revoltă naţionalistă şi o răscoală ţărănească, rebeliunea Mau Mau a fost şi o luptă de clasă în sensul cel mai propriu[28].

Război civil sau revoltă naţionalistă, conflict rasial sau criză economică, răscoală ţărănească ori luptă urbană de clasă sau chiar criză de modernitate – indiferent cum ar cataloga cineva tensiunile din Kenya, ele trebuie privite în lumina tulburărilor masive provocate de al Doilea Război Mondial. Evident, şi înainte de război existaseră toate condiţiile unui potenţial conflict, dar războiul a fost cel care le-a adus pe toate pe punctul de a exploda. Iar eşecul rezolvării acestor probleme după terminarea conflagraţiei a dus la situaţia-limită la care s-a ajuns cu doar câţiva ani mai târziu.

Chiar dacă alte ţări din Africa nu s-au adâncit în genul de violenţe ce aveau să se abată asupra Kenyei, au avut parte şi ele de aceleaşi experienţe chinuitoare. De exemplu, exploatarea ţăranilor şi a fermierilor a fost un fenomen general pe întreg continentul african în timpul războiului. Toate guvernele au înfiinţat comisii de marketing, au introdus controlul preţurilor şi au subvenţionat mecanizarea fermelor mai mari – făcând tot posibilul pentru a menţine costurile cât mai scăzute şi a creşte producţia. Din păcate, controlul preţurilor a însemnat că marea majoritate a fermierilor africani nu au reuşit să ia parte la boomul din timpul războiului : numai comisiile de marketing şi proprietarii străini ai marilor ferme au reuşit să profite de pe urma veniturilor uriaşe obţinute din vânzarea recoltelor pe pieţele internaţionale. Pentru ca situaţia să fie şi mai rea, multe guverne au introdus sau au extins recrutarea forţată, pentru a asigura o forţă de muncă suficientă. În Tanganyika, la fel ca şi în Kenya, zeci de mii de ţărani au fost siliţi să muncească pe plantaţiile de sisal, în condiţii de reală sclavie[29]. În Nigeria, 100.000 de oameni au fost mobilizaţi pentru a munci în minele de cositor[30]. Şi în Africa Occidentală Franceză munca silnică a fost larg răspândită. Fermierii din întreaga regiune au fost obligaţi să asigure producţii la nişte cote imposibile, pe propriile lor speze, şi comunităţi întregi au fost supuse unor strămutări masive împotriva voinţei lor[31]. Astfel de practici, care deseori au continuat şi după război, au avut drept consecinţă izbucnirea protestelor în mediul rural din toată Africa. În 1946, fermierii sudanezi din Proiectul Gezira au intrat în grevă în semn de protest faţă de felul în care erau exploataţi de guvern. Doi ani mai târziu, fermierii de pe Coasta de Aur s-au unit cu comercianţii şi cu veteranii de război şi au boicotat afacerile deţinute de europeni. Au existat revolte de intensităţi diferite şi din partea ţăranilor din Tanganyika, Rhodesia de Sud, Mozambic şi Africa de Sud, ca să menţionăm doar câteva ţări[32].

Acelaşi lucru a fost valabil şi pentru protestele urbane şi industriale. În anii postbelici, muncitorii au organizat ample greve generale şi în alte ţări decât Kenya – situaţii similare au fost şi în alte zone din Africa Răsăriteană Britanică, la fel în Egipt, Algeria şi Maroc şi în toată Africa Occidentală Franceză. Recruţii militari din Senegal au fost foarte aproape de o revoltă în 1946, pentru că fuseseră forţaţi să muncească la căile ferate în condiţii despre care până şi generalii lor recunoşteau că sunt „un fel de sclavie"[33]. În Africa de Sud, peste 75.000 de mineri şi muncitori siderurgişti au intrat în grevă în 1946, dar poliţia le-a înăbuşit cu violenţă protestele, omorând câţiva dintre ei[34]. În oraşul minier Enugu din Nigeria, muncitorii din minele de cărbune care au făcut grevă în 1949 au fost şi ei masacraţi de poliţie[35]. Acţiunile sindicale au fost adesea însoţite de diverse grade de violenţă manifestată de ambele părţi.

Spre sfârşitul războiului, un congolez a rezumat frustrările africanilor într-o scrisoare compusă cu mult patos şi trimisă ataşatului militar al SUA din Kinshasa : „Suntem trataţi ca nişte câini care au fost la vânătoare cu stăpânul şi cărora nu li se dă nici măcar o fărâmă din pradă"[36]. Un sentiment de trădare similar a fost exprimat în ziarele locale şi în discursurile politice de pe tot continentul. Vântul schimbării, care a măturat toată Africa la sfârşitul anilor 1950 şi în anii 1960, începuse deja să sufle în 1945. Cei care l-au ignorat sau au încercat să-i stea în cale au făcut-o pe propriul risc.

Urgenţa

Vărsarea de sânge care a scăldat Kenya la începutul anilor 1950 a oferit unele dintre cele mai impresionante imagini ale sfârşitului imperiului din Africa. A început în octombrie 1952, când autorităţile coloniale au declarat stare de urgenţă şi i-au arestat pe Jomo Kenyatta şi pe alţi cinci lideri politici marcanţi. În replică, luptătorii Mau Mau au iniţiat un val de crime feroce. Primul european ucis a fost Eric Bowker, un vânzător dintr-un sat izolat, tăiat în bucăţi la numai câteva zile de la declararea stării de urgenţă, în timp ce se afla în cada de baie... O lună mai târziu, Ian Meiklejohn, un ofiţer de marină în rezervă, şi soţia sa, Dorothy, au fost atacaţi în casa lor de la marginea pădurii Aberdares, în timp ce îşi beau cafeaua după cină. Dorothy a supravieţuit, dar soţul ei a murit curând după aceea din cauza multiplelor plăgi tăiate. În luna ianuarie a anului următor, întreaga ţară a fost şocată de uciderea unei tinere familii la ferma lor de lângă Kinangop. Capul familiei, Roger Ruck, un bărbat cu puţin peste treizeci de ani apreciat de vecini, fusese ademenit afară din casă chiar de către muncitorii din ferma lui şi măcelărit cu macetele. Auzindu-i ţipetele, Esme, tânăra lui soţie, a ieşit în fugă din casă şi a fost şi ea omorâtă. Apoi atacatorii au intrat în casă pentru a jefui şi, găsindu-l în camera lui de la etaj pe băieţelul de şase ani al cuplului, Michael, l-au măcelărit şi pe el. Fotografiile cu camera băiatului împroşcată de sânge şi cu jucăriile împrăştiate pe jos au apărut atât în ziarele din Kenya, cât şi în cele din străinătate[37].

Aceste evenimente, împreună cu alte circa treizeci de atacuri înregistrate în următoarele şase luni, au dat fiori întregii comunităţi europene din Kenya, profund tulburată de motivaţiile evident rasiale care au stat la baza crimelor. Deloc surprinzător deci că propriile lor temeri rasiale au ieşit repede la suprafaţă. Au început să vadă în Mau Mau nu o mişcare pentru independenţă ci un fel de cult primitiv motivat aproape exclusiv de patosul violenţei. Preoţii lor au început să predice despre „o cruzime malefică şi brutală a puterii satanice care fusese descătuşată pe aceste meleaguri" şi au circulat zvonuri despre ceremonia de iniţiere Mau Mau în timpul căreia s-ar bea sânge de om[38]. Mulţi au început să dea glas temerilor că rebelii nu se vor da în lături de la nimic până când nu vor distruge creştinismul şi toţi europenii vor fi alungaţi din Kenya. Ca reacţie, unii dintre colonişti au început să ceară nu doar eliminarea forţelor „întunecate" şi „malefice" Mau Mau, ci şi exterminarea în masă a populaţiei kikuyu[39].

Însă indiferent cât de terifiaţi au devenit coloniştii europeni şi cât de multă publicitate a atras asasinarea europenilor, coloniştii britanici nu au reprezentat niciodată adevărata ţintă a terorii Mau Mau. În cele mai multe cazuri, violenţele nici nu i-au vizat pe europeni, ci pe africanii fideli regimului lor politic. Pe durata stării de urgenţă, doar treizeci şi doi de colonişti au fost ucişi de către Mau Mau, faţă de cei aproximativ 1.800 de africani omorâţi prin mijloace la fel de brutale, chiar dacă mai puţin relatate în presă[40].

Cea mai mare atrocitate a războiului - masacrul de la Lari - demonstrează perfect acest fapt. Într-un atac meticulos planificat, rebelii Mau Mau i-au ademenit pe membrii Gărzii Civile locale departe de zona pe care o apărau, apoi au incendiat casele familiilor de africani fideli regimului politic european şi au ucis femeile şi copiii care încercau să scape sărind pe fereastră. Când Garda Civilă a revenit şi şi-a descoperit comunitatea în flăcări, i-a urmărit pe rebeli, căutând să se răzbune. Localnicii suspectaţi de simpatii faţă de Mau Mau au fost târâţi afară din casele lor şi nu a durat mult până să înceapă al doilea masacru. Până la răsăritul soarelui, numărul total al morţilor a ajuns la cel puţin 200, dacă nu chiar la 400. În a doua parte a masacrului au fost implicaţi şi unii ofiţeri de poliţie europeni, dar de la început şi până la final chestiunea a fost una predominant africană: la Lari, ca şi în alte părţi din Kenya, revolta a fost în aceeaşi măsură război civil şi război de independenţă[41].

Într-un efort de a ţine sub control această stare de haos şi de ură profundă, autorităţile britanice au recurs la măsuri drastice. S-au făcut câteva încercări simbolice pentru a-i domoli pe coloniştii europeni şi a-i face să nu mai ceară răzbunare. Unii dintre membrii mai sadici şi mai rasişti ai forţelor de securitate au fost disciplinaţi, mai ales cei din armata britanică. Au fost trimise trupe numeroase la lizierele pădurilor, în încercarea de a-i îngrădi mai eficient pe rebelii Mau Mau. Însă cea mai eficace măsură adoptată a fost aceea pe care britanicii o folosiseră pentru prima dată în Africa de Sud, înainte cu mai bine de cincizeci de ani, şi pe care au folosit-o şi mai recent împotriva comuniştilor din Grecia şi a insurgenţilor din Malaya: au întrerupt legăturile rebelilor cu populaţia care îi susţinea. Începând din 1954 au început să-i adune pe membrii triburilor kikuyu şi să-i transfere în tabere militare atent monitorizate şi în sate fortificate. În anii următori, cel puţin 150.000 de indigeni kikuyu au fost ţinuţi în spatele gardurilor de sârmă ghimpată şi poate că până la 320.000 au fost trimişi într-o reţea de lagăre denumite, cu oarecare îndreptăţire, „gulagul britanic". Oricât de brutală ar fi fost, soluţia aceasta a pus capăt rebeliunii. Prin intermediul unei reţele de informatori şi colaboratori, britanicii i-au vânat apoi pe rebelii rămaşi liberi, urmărindu-i în ascunzătorile lor din păduri, şi i-au răpus. La sfârşitul anului 1956, revolta era practic lichidată[42].

*

Waruhiu Itote a fost implicat îndeaproape în toate aceste evenimente. În timpul primului an de insurgenţă, numărul adepţilor săi a crescut de la un grup pestriţ de aproximativ treizeci de bărbaţi la o armată de 7.500 de luptători[43]. Pe la mijlocul anului, Itote era capabil să organizeze raiduri simultane în mai multe posturi diferite ale Gărzii Civile. A dat foc şcolilor şi bisericilor din districtul Nyeri, a distrus podurile pentru a-i opri

Waruhiu Itote, cunoscut şi ca Generalul China, aflat în boxa acuzaţilor în timpul procesului său din 1954.

pe urmăritori şi a iniţiat în toată regiunea o campanie de asasinate care îi vizau pe cei loiali regimului colonial. Din când în când – dar foarte rar – a atacat şi fermele sau firmele coloniştilor, de obicei în încercarea de a fura arme şi bani. La sfârşitul lunii aprilie a anului 1953, în timpul unui astfel de raid la o fabrică de cherestea din Chehe, oamenii lui au dat peste o italiancă pe nume Nerena Meloncelli, pe care au omorât-o, împreună cu cei doi copii ai ei[44]. Ulterior, Itote s-a delimitat de astfel de atacuri, insistând asupra faptului că el întotdeauna a „respins ferm" uciderea fără discernământ a femeilor şi copiilor. Cu toate acestea, a susţinut că un anumit tip de violenţă a fost întotdeauna necesar: „Poporul nostru nu şi-ar fi putut obţine niciodată independenţa doar prin mijloace paşnice"[45].

Cu toată dârzenia lui de a lupta, Itote a fost totuşi un om capabil de compromisuri – unii ar spune chiar de trădare. Capturarea lui în ianuarie 1954 a fost semnalul începutului sfârşitului pentru mişcarea Mau Mau. Deşi nu menţionează niciodată acest fapt în memoriile sale, în timpul interogatoriilor Itote le-a oferit celor care l-au prins numeroase informaţii – şi, cu ajutorul mărturiei lui, britanicii au înţeles în sfârşit dimensiunile reale ale susţinerii de care s-a bucurat Mau Mau în rândul populaţiei kikuyu[46]. La proces, Itote a fost condamnat la moarte pentru că s-a asociat cu teroriştii, dar ulterior sentinţa i-a fost comutată la pedeapsă cu închisoarea, după ce a fost de acord să încerce intermedierea unui acord de pace cu foştii lui tovarăşi de arme. Încheierea acordului a trenat, dar viaţa lui Itote a fost salvată. Următorii nouă ani îi va petrece în închisoare.

În 1962, când Itote a fost în cele din urmă eliberat, Kenya era o ţară diferită. Insurgenţa era de domeniul trecutului – se terminase efectiv în 1956, odată cu moartea lui

Dedan Kimathi, ultimului lider al gherilelor din păduri. Ţara era pe cale să-şi obţină independenţa, împreună cu o bună parte din teritoriile pe care Imperiul Britanic le mai deţinea în Africa, iar mentorul şi idolul lui, Jomo Kenyatta, era la un pas de a deveni primul preşedinte al ţării. La revenirea sa acasă, în Nyeri, Itote a fost salutat de mii de oameni care l-au întâmpinat zgomotos ca pe un erou kikuyu. Dar au fost mulţi în Kenya care au dezaprobat o astfel de manifestare, cei pentru care amintirile despre mişcarea Mau Mau încă mai reprezentau o sursă de spaimă.

Itote avea să-şi dedice restul vieţii găsirii unei forme de reconciliere. În memoriile lui, recunoscute curând drept o „versiune oficială" a modului cum a fost înfrântă mişcarea Mau Mau, Itote a subliniat faptul că el nu luptase doar pentru drepturile populaţiei kikuyu, ci pentru „substratul comun de negritudine" care uneşte întreaga populaţie a Kenyei[47]. În 1964, a intrat în National Youth Service (NYS) – o instituţie multietnică dedicată formării unor tineri cu idealuri înalte, valori morale puternice şi un sentiment al patriotismului. Şi-a petrecut următorii douăzeci de ani în modelarea şi transformarea tinerilor kikuyu, luo, kamba şi meru în *kenyeni*. La moartea sa, în 1993, se transformase el însuşi, dintr-un erou kikuyu într-un fel de comoară naţională: un „adevărat fiu al Kenyei", aşa cum a fost descris la ceremonia înmormântării sale, „al cărui loc sus, în panteonul eroilor Kenyei, este veşnic şi de nepreţuit"[48].

Caracterul evaziv al „Libertăţii"

La fel cum independenţa Indoneziei a făcut parte dintr-un ansamblu de mişcări similare din Asia, şi Kenya a fost reprezentativă pentru ceea ce s-a petrecut în Africa. În deceniile care au urmat celui de-al Doilea Război Mondial, coloniile africane s-au ridicat una după alta la lupta pentru independenţă. Poate nu chiar surprinzător, prima care a obţinut-o a fost Libia, care înainte de război fusese colonie italiană. În tratatul de pace semnat cu Aliaţii, Italia a renunţat la toate pretenţiile sale asupra Libiei şi, în 1951, ţara şi-a declarat oficial independenţa. Au urmat Maroc şi Tunisia, devenite independente faţă de Franţa în 1956. În anul următor, Coasta de Aur, colonie britanică, a devenit Ghana independentă. Cele mai multe dintre teritoriile rămase au căzut ca piesele de domino: la sfârşitul anilor 1950 şi în anii 1960 au luat naştere peste 30 de noi state-naţiuni, iar până în anii 1980, pe continent nu mai rămăsese nicio colonie europeană.

Majoritatea acestor ţări şi-au câştigat independenţa relativ paşnic, unele însă, precum Kenya, au suferit un proces mult mai violent. Algeria este un astfel de exemplu. A fost limpede de la bun început că orice tranziţie către independenţa Algeriei nu va fi uşoară. În ziua în care al Doilea Război Mondial se încheia în Europa, manifestanţii musulmani din Sétif au arborat în timpul festivităţilor de Ziua Victoriei un drapel naţionalist, roşu, alb şi verde. Ceea ce ar fi trebuit să fie o sărbătoare s-a transformat repede într-un masacru când demonstranţii şi poliţia au deschis focul unii asupra celorlalţi (este în continuare destul de neclar cine a tras primele focuri). În zilele următoare, au fost ucişi circa o sută de europeni, unii dintre ei au fost violaţi şi mutilaţi, iar câteva mii de musulmani au fost omorâţi ca represalii. A fost un avertisment a ceea ce avea să urmeze. Nouă ani mai târziu, în timp ce militanţii Mau Mau terorizau Kenya colonială, în Algeria a izbucnit un război civil atroce, care va ajunge să curme vieţile a 700.000 de oameni şi va dezrădăcina alte milioane. Solicitările algerienilor pentru mai multă libertate, egalitate şi democraţie au degenerat într-o baie de sânge : moştenirea de violenţă, extremism şi fragmentare politică se mai resimţea chiar şi la sfârşitul secolului XX[49].

Războaie pentru independenţă la fel de violente au avut loc în cele mai multe dintre acele ţări africane în care exista o populaţie numeroasă de colonişti europeni : nu doar în Kenya şi Algeria, ci şi în Rwanda şi Burundi, Angola, Mozambic şi, mult mai târziu, în Rhodesia de Sud. În fiecare dintre aceste cazuri, colonizatorii europeni pretindeau privilegii mai mari faţă de populaţia africană şi tot în fiecare caz, la fel ca în Kenya, a urmat un cocteil letal de violenţe rasiale, etnice, civile şi politice. În special masacrele din coloniile portugheze din Angola şi Mozambic au fost extrem de violente. După o lungă campanie de nesupunere civică în ambele ţări, în cele din urmă războiul a izbucnit în anii 1960, rezultatul constând în sute de mii de morţi. În urma obţinerii independenţei, circa o jumătate de milion de portughezi şi de alţi europeni au fugit, lăsând ambele ţări într-o debandadă politică şi etnică mai mare ca niciodată. Mozambic a continuat să fie devastat de războiul civil până în anii 1990. Angola nu şi-a găsit pacea decât la începutul secolului al XXI-lea[50].

Chiar şi acele ţări care au reuşit o tranziţie relativ paşnică spre independenţă nu au scăpat întotdeauna de violenţe ulterioare. Sunt reticent în a descrie Africa drept un loc definit de conflicte, pentru că o astfel de caracterizare nu prezintă aşa cum se cuvine diversitatea de experienţe ale unui continent care a suferit timp de decenii de o reflectare mediatică insuficientă şi negativă. Cu toate acestea, războaiele civile, conflictele etnice, loviturile de stat şi dezintegrarea economică s-au propagat în toată Africa după independenţă. Numai în anii 1960 au avut loc patruzeci de insurecţii victorioase în statele recent independente ale Africii[51]. La finalul secolului, Africa devenise un continent de emigranţi, cu cel mai mare număr de refugiaţi internaţionali din lume. Era, de asemenea, una dintre regiunile cele mai puţin democratice din lume : în 1990, în Africa existau douăzeci şi cinci de dictaturi militare şi nouăsprezece dictaturi civile. Visurile despre o democraţie parlamentară, care însoţiseră apelul la libertate din 1945, erau doar o amintire îndepărtată[52].

Nu aici este locul pentru a analiza toate motivele instabilităţilor care au marcat Africa în a doua jumătate a secolului XX, care sunt la fel de diverse pe cât este continentul însuşi. Este suficient să spunem că frontierele arbitrare trasate de europeni, atunci când au împărţit Africa în secolul al XIX-lea, arareori se potriveau cu graniţele tribale şi etnice ale populaţiilor care trăiau acolo. Nici noţiunea de stat-naţiune pe care europenii au lăsat-o moştenire africanilor după plecarea lor nu a fost întotdeauna foarte potrivită ca mijloc de organizare pentru un continent atât de divers şi de multietnic. Elitele europene nu au reuşit să-i pregătească pe africani pentru sarcina preluării conducerii propriilor ţări : limitele impuse africanilor în privinţa oportunităţilor la care puteau avea acces i-au împiedicat serios să obţină experienţa necesară ca să poată guverna competent. Nu toate problemele Africii însă pot fi puse pe seama Europei : multe dintre elitele africane care au preluat puterea după cucerirea independenţei s-au dovedit a fi la fel de corupte şi de abuzive pe cât fuseseră şi europenii. Aşa cum comenta cu amărăciune Mohamed Mathu, un veteran Mau Mau, în anii 1970 era greu să scapi de sentimentul că oamenii luptaseră şi suferiseră pentru independenţa lor, „numai pentru ca africanii să preia rolul foştilor noştri stăpâni europeni". Astăzi, Kenya rămâne o naţiune zguduită de convulsii politice şi etnice[53].

*

Visurile despre o lume nouă şi curajoasă – o lume caracterizată prin egalitate, libertate şi dreptate – s-au dovedit a fi la fel de iluzorii în Africa şi după independenţă, aşa cum au fost ele şi în restul lumii în 1945. Nicio naţiune africană nu şi-a dobândit cu adevărat independenţa – cel puţin nu în felul în care liderii naţionali susţinuseră că se va întâmpla. E drept că s-au debarasat de controlul direct al europenilor, dar au rămas încă dependenţi de comerţul european şi de companiile europene, dintre care unele exercitau o putere economică atât de mare, încât îşi puteau impune mai mult sau mai puţin propriile condiţii comerciale. Numeroşi africani au continuat, aşadar, să se simtă exploataţi mult timp după presupusa lor eliberare de conducerea străină. Sentimentul de exploatare economică era atât de puternic, încât primul preşedinte al Ghanei independente, Kwame Nkrumah, a găsit chiar şi un termen nou pentru el – „neocolonialism”[54].

Ţările africane nu au putut să pretindă că se bucură de o independenţă politică reală. În toată jumătatea a doua a secolului XX există nenumărate exemple de ingerinţe externe în politica africană, unele dintre ele foarte grave – de la asasinarea lui Patrice Lumumba în 1961, primul premier congolez ales democratic, la susţinerea pe care Marea Britanie şi Israelul i-au acordat-o lui Idi Amin în timpul şi după lovitura de stat pe care a organizat-o în Uganda în 1971[55]. Mai important este că americanii şi sovieticii au început să folosească Africa – mai ales Angola şi Mozambic – drept terenul de joc pe care să-şi desfăşoare războaiele lor prin interpuşi, dar şi restul continentului, în diverse modalităţi mai puţin violente. După independenţă, practic fiecare naţiune africană era obligată să se alieze cu una sau alta dintre puterile străine : dacă nu cu foştii ei stăpâni coloniali, atunci măcar cu una dintre noile superputeri.

Poate cel mai deprimant a fost faptul că multe naţiuni africane nu au reuşit să se debaraseze de dependenţa psihologică faţă de puterile occidentale. Poate că nu este surprinzător, dat fiind că aproape toţi noii lideri ai Africii fuseseră educaţi de europeni, iar instituţiile pe care le conduceau fuseseră în mare parte înfiinţate tot de europeni. Dependenţa lor mergea mult mai departe. Europa (şi, prin extensie, Occidentul în general) a fost considerată de mulţi ca un fel de monstru a cărui influenţă malignă se putea observa pretutindeni. La început, idealiştii panafricani, precum Kwame Nkrumah şi Julius Nyerere, au putut folosi această idee ca mijloc de a-i uni pe africani împotriva unui duşman comun. Mai târziu, dictatori corupţi, ca Robert Mugabe, au exploatat acest mit pentru a distrage atenţia de la propria gestionare proastă a ţărilor lor. Cu toate acestea, când lucrurile nu au ieşit bine, Europa şi SUA au fost cele la care africanii au apelat de cele mai multe ori : de exemplu, în timpul foametei din Somalia din anii 1980 sau al epidemiei de Ebola din 2014 ; sau în timpul războaielor civile din Mali şi Sierra Leone, din secolul al XXI-lea.

În 2006, intelectualul tanzanian Godfrey Mwakikagile scria deznădăjduit despre cum unii africani, decepţionaţi de anii de sărăcie, violenţe şi corupţie, au început să privească înapoi, spre trecutul lor colonial, cu o oarecare nostalgie ciudată. El a povestit cum un partid politic din Gabon a susţinut în anii 1990 chiar reîntoarcerea la guvernarea europeană pentru că proprii lor lideri africani îi dezamăgiseră crunt. Oameni de pe întreg continentul, spunea el, implorau ajutorul şi declarau reporterilor occidentali că „numai voi, albii, ne puteţi salva”[56]. Conform lui Mwakikagile, zone întinse ale continentului se resemnaseră să accepte un viitor cu ajutoare din partea donatorilor occidentali şi a agenţiilor globale, deşi acestea nu aveau preocupări legate de priorităţile Africii : „Într-un fel... am fost recuceriţi şi recolonizaţi ; continua noastră dependenţă de alte ţări este cea mai virulentă acuzaţie împotriva pretenţiei noastre că suntem cu adevărat independenţi. Nu ne place să o recunoaştem, dar ştim că este adevărat”[57].

Africanii ar trebui pur şi simplu să se consoleze cu ideea că, în dorinţa lor arzătoare de a găsi adevăratul sentiment al independenţei - practic, sentimentul adevăratei lor existenţe -, nu sunt deloc diferiţi de oricare alţii. În urma celui de-al Doilea Război Mondial, fiecare naţiune s-a străduit să se redefinească şi, drept urmare, fiecare naţiune a suferit conflicte interne în grade diferite. Faptul că africanii au suferit mai mult decât majoritatea celorlalte naţiuni este doar o reflectare a stadiului de la care au pornit. Nu este chiar atât de uşor să te scuturi de dominaţia celor care vor să te domine sau să instalezi pentru prima dată o democraţie stabilă, să dezvolţi economia, să transformi societatea, să promovezi unitatea între triburi ostile sau să creezi relaţii cu o multitudine de ţări recent apărute prin preajmă. A face toate acestea deodată ar însemna o serioasă provocare pentru orice naţiune.

În lumea noastră globalizată de după război, nimeni şi nimic nu ar putea să fie considerat cu adevărat independent, indiferent cât de mult ne-am dori.

18

Democrația în America Latină

Există în viaţa multora dintre noi momente când, la o răscruce de drumuri, ne dăm seama prea târziu că am ajuns într-o situaţie critică, diferenţa între o cale şi cealaltă fiind atât de mare, încât, indiferent ce decizie am lua, ea ne va transforma în mod necesar şi definitiv atât pe noi, cât şi pe cei din jurul nostru. Pentru Carlos Delgado Chalbaud, un astfel de moment a venit în toamna anului 1945. Deciziile pe care le-a luat şi ceea ce i-a rezervat viitorul sunt emblematice pentru procesele care au avut loc în toată America Latină imediat după încheierea celui de-al Doilea Război Mondial.

Delgado era ofiţer şi profesor în armata Venezuelei. Din 1943 fusese îndrumător de studii la academia militară din Caracas. Era un om citit, iubea muzica clasică şi vorbea câteva limbi străine - printre care engleza şi franceza la perfecţie -, dar adevărata lui specializare era ingineria militară, pe care o preda cu pasiune. În general, era foarte agreat de ceilalţi ofiţeri, care îl considerau un conservator, sobru, onest şi cu picioarele pe pământ - pe scurt, o persoană de toată încrederea. Era însă şi un outsider. Spre deosebire de camarazii săi, Delgado crescuse la începutul secolului în Franţa, în exilul ce urmase după ce tatăl său a încercat să-l răstoarne pe dictatorul militar al Venezuelei. De la vârsta de patru ani, nu a mai cunoscut Venezuela decât ca pe un concept - căminul pierdut. Nu reuşise să revină definitiv în ţară decât abia înainte de cel de-al Doilea Război Mondial, când atmosfera de acolo a dat primele semne că este pe cale să se schimbe[1].

Într-o zi de septembrie a anului 1945, Delgado s-a văzut confruntat cu o dilemă. A fost abordat de un prieten, care l-a luat deoparte şi i-a spus, destul de solemn, că un grup mare de ofiţeri din armată plănuia o lovitură de stat. Pe vremea aceea, Venezuela era condusă de ultimul dintr-un şir de dictatori militari, generalul Isaías Medina Angarita, a cărui comportare autocratică începuse să îl înstrăineze de o populaţie tot mai avidă de schimbare. O opoziţie numeroasă şi vocală, condusă de un nou partid politic intitulat Acción Democrática (AD) - Acţiunea Democratică -, îşi sporise rândurile în toată ţara. Acum părea că şi armata se va întoarce împotriva dictaturii. În special ofiţerii mai tineri erau furioşi din cauza condiţiilor precare pe care erau siliţi să le îndure şi îl acuzau pe Medina că pierduse orice legături cu ei şi cu nevoile naţiunii. Planul lor era să-l răstoarne pe general şi să instaleze un guvern nou şi democratic. Îşi asiguraseră deja cooperarea cu AD şi voiau ca Delgado să se alăture cauzei lor.

Delgado a fost surprins de cele auzite. I-a spus prietenului său că nu era „pregătit nici mintal, nici moral pentru aşa ceva" şi a cerut un răgaz de patruzeci şi opt de ore să se gândească. Şi-a dat cuvântul de onoare că va păstra secretul celor aflate[2].

În următoarele două zile a cumpănit argumentele pro şi contra participării la conspiraţie. Din punct de vedere politic, era înclinat să o susţină. Spre deosebire de mulţi dintre conaţionalii săi, el fusese crescut în spiritul principiilor democraţiei, pe care o considera singurul sistem politic legitim. Cu toate acestea, nu era pe deplin convins că o lovitură militară era cea mai bună cale spre democraţie. În plus, ştia mai bine decât mulţi alţii ce s-ar fi întâmplat dacă planul ar eşua. Viaţa lui în exil începuse din cauza unei lovituri de stat ratate organizate de tatăl său, iar la douăzeci de ani traversase el însuşi Atlanticul, împreună cu tatăl lui, pentru o nouă tentativă. Încercarea se terminase cu un dezastru : tatăl lui a fost ucis, iar Delgado abia a reuşit să scape cu viaţă. Amintirile acelea trebuie să fi atârnat greu în perioada cât şi-a analizat opţiunile. Să repete o asemenea încercare nu era, cu siguranţă, o decizie uşor de luat.

Totuşi, Delgado avea o latură ambiţioasă şi nu putea lăsa să-i scape o ocazie de felul acesta. Conspiraţia era organizată minuţios, se vedea bine, şi avea toate şansele să se bucure de o susţinere populară masivă. Să fie în inima unor evenimente importante, să aparţină în sfârşit unui grup bine închegat, unit, să aibă şansa de a reuşi acolo unde tatăl lui eşuase – toţi aceşti factori trebuie să fi jucat un rol important în decizia sa finală, pentru că, atunci când a avut loc lovitura, doar câteva săptămâni mai târziu, Carlos Delgado Chalbaud a fost unul dintre liderii ei.

Insurecţia din 18 octombrie 1945 i-a datorat mult lui Delgado. El a fost cel care a declanşat-o ; el personal l-a arestat pe ministrul de Război şi a preluat conducerea academiei militare din Caracas. Tot el a informat provincia despre acest lucru şi l-a anunţat pe liderul partidului Acción Democrática, Rómulo Betancourt, că se declanşase revoluţia.

Pe parcursul următoarelor douăzeci şi patru de ore, tovarăşii lui au reuşit să pună stăpânire pe palatul prezidenţial, precum şi pe diferite porturi şi cazărmi din mai multe regiuni ale Venezuelei. Marinarii rebeli au preluat controlul în Puerto Cabello, iar rebelii din forţele aeriene au preluat controlul principalei baze aeriene de la Maracay. Nimic din toate acestea nu s-a înfăptuit fără vărsare de sânge : estimările privind pierderile de vieţi omeneşti variază de la câteva sute la 2.500[3]. Între timp, Medina s-a refugiat într-una din cazărmile care îi rămăseseră loiale, cea de la Ambrosio Plaza, dar odată ce a devenit limpede că este încercuit, depăşit numeric şi gata să fie bombardat de aviaţie, dictatorul s-a predat. Pe 19 octombrie, la mai puţin de treizeci şi şase de ore după ce fusese iniţiată, lovitura de stat s-a terminat cu o victorie.

În seara aceea, Delgado şi ceilalţi lideri ai rebelilor s-au adunat la palatul prezidenţial pentru a forma noul „Guvern al Juntei Revoluţionare”. Pe parcursul numeroaselor discuţii pe care le avuseseră în săptămânile anterioare, conspiratorii conveniseră deja că guvernul va avea şapte membri – cinci civili şi doi militari. Liderul AD, Rómulo Betancourt, care se bucura de o imensă susţinere populară, a fost unanim acceptat ca preşedinte în exerciţiu, alături de alţi trei membri AD (sau „adecos”, cum mai erau numiţi) şi de un independent. Când s-a ajuns la alegerea membrilor militari, Delgado a profitat de ocazie. Cei mai populari candidaţi militari, a susţinut el, erau căpitanul Mario Vargas (ca reprezentant al ofiţerilor de rang inferior) şi fratele acestuia, maiorul Julio César Vargas (ca reprezentant al ofiţerilor superiori). Totuşi, întrucât prezenţa concomitentă în juntă a doi fraţi ar fi putut fi considerată nepotism, Delgado s-a gândit că Julio César Vargas ar trebui să lase locul unui alt ofiţer superior – şi a recurs la stratagema de a se autopropune ca alternativă. Propunerea i-a fost acceptată.

Acest moment istoric a încununat traseul remarcabil al lui Delgado. Decizia dificilă pe care o luase cu doar o lună în urmă, aceea de a se alătura complotului împotriva lui Medina, a dat roade mai mari decât în cele mai fantastice visuri ale lui. Înainte de puci, fusese un simplu îndrumător de studii care preda cursuri de inginerie într-o academie militară. Acum, într-o clipită, devenise ofiţerul de armată cu cel mai înalt grad din noul guvern. Următorii trei ani îi va petrece ca ministru al Apărării Naţionale.

Venezuela şi „El Trienio"

Asemenea momente de ambiţie personală probabil că sunt inevitabile în rândul revoluţionarilor. Totuşi, spre meritul lor, membrii noii junte – inclusiv Delgado – s-au străduit să rămână fideli spiritului revoluţionar pe care îl instauraseră. Au declarat că guvernul lor era doar unul provizoriu. Scopul fundamental era „de a convoca ţara la alegeri generale, aşa încât, prin intermediul sistemului de vot direct, universal şi secret, venezuelenii să îşi poată alege reprezentanţii, să proclame Constituţia pe care şi-o doresc şi să aleagă viitorul preşedinte al republicii". Pentru a se asigura că niciunul dintre ei nu va putea abuza de poziţia pe care o ocupă, au instituit regula strictă ca, imediat ce vor fi anunţate alegerile, niciun membru al juntei să nu poată candida la preşedinţie. Venezuela nouă – cea democratică – nu trebuia să fie întinată de modul nedemocratic prin care junta preluase puterea[4].

În mare, junta s-a ţinut de cuvânt. La mai puţin de o lună de la lovitura de stat a numit o comisie care să redacteze o nouă constituţie – dar, în loc să includă în ea „adecos" sau militari, aşa cum s-ar fi procedat probabil în trecut, junta s-a asigurat că va reprezenta o gamă de opinii politice, inclusiv ale susţinătorilor regimurilor anterioare. După multe dispute, comisia a garantat dreptul la vot al tuturor cetăţenilor – deopotrivă femei şi bărbaţi ori cetăţeni cu sau fără şcoală – şi a instituit un sistem de reprezentare proporţională. S-a permis înfiinţarea partidelor de opoziţie, inclusiv comunişti, creştin-democraţi şi chiar grupări asociate generalului Medina. La doar un an de la preluarea puterii, junta a organizat prima dintr-o serie de alegeri despre care observatorii din partea SUA au declarat că „au fost ţinute mai mult sau mai puţin corect". După ceva mai mult de un an, ele au fost urmate de alegeri prezidenţiale. Venezuela avea să cunoască pentru prima oară ce înseamnă democraţia adevărată. Această experienţă va dura între 1945 şi 1948, o perioadă de trei ani cunoscută de atunci sub denumirea de „El Trienio"[5].

Noua juntă a operat schimbări revoluţionare nu doar la scară naţională: aceleaşi principii ale democraţiei şi libertăţii de asociere au fost aplicate şi la nivel local. În mai 1948 au fost organizate alegerile municipale. De asemenea, a fost încurajată formarea organizaţiilor de masă, precum sindicatele şi mişcările ţărăneşti: în cei doi ani de după lovitura de stat din octombrie, guvernul a recunoscut oficial 740 de sindicate – cu 240 mai multe decât fuseseră permise în tot deceniul anterior. Mai mult, şi foarte asemănător cu ceea ce se petrecea în restul lumii, numărul membrilor din sindicatele înfiinţate a început să crească vertiginos, uneori chiar cu 500-600%. În plus, acestor sindicate li s-a permis pentru prima dată să se unească în confederaţii. În 1948, nou-formata Confederaţie a Muncitorilor din Venezuela se lăuda cu circa 300.000 de membri (poate cu încă 50.000 din alte uniuni controlate de comunişti). La fel, noua Federaţie a Ţăranilor din Venezuela număra şi ea 100.000 de membri. Dacă ţinem cont că populaţia Venezuelei era pe atunci de numai 4,2 milioane de locuitori, este vorba despre un procent uriaş din forţa de muncă angajat activ în viaţa publică[6].

Guvernul Trienio a făcut schimbări revoluţionare şi în economie. Venezuela era o naţiune ridicată pe zăcămintele ei petroliere, dar acestea erau, în cea mai mare parte, exploatate de companii britanice şi nord-americane. În perioada războiului fuseseră introduse o serie de impozite şi reguli noi, care să garanteze că profitul obţinut de industria petrolieră va fi împărţit în mod egal între naţiune şi aceste companii. În consecinţă, guvernul Trienio se scălda acum în banii veniţi din petrol : în 1947, veniturile guvernamentale din petrol erau de peste şase ori mai mari decât fuseseră înainte de război[7].

Venezuela a devenit dintr-odată capabilă să se lanseze în multe dintre măreţele proiecte centralizate pe care şi alte naţiuni le iniţiau la rândul lor cam în aceeaşi perioadă. În 1946, guvernul a mărit de patru ori bugetul pentru locuinţe, iar în anul următor l-a dublat din nou. Guvernul anterior aprobase deja încă din perioada războiului o serie de proiecte pentru construirea de locuinţe : acum aceste proiecte erau extinse în toată ţara. La Caracas, construcţiile au luat un avânt nemaiîntâlnit. În anii 1950, capitala se transformase dintr-un oraş cu clădiri tradiţionale din cărămidă roşie cu un singur nivel într-un oraş modern cu blocuri-turn[8].

Odată cu expansiunea imobiliară a avut loc şi una a educaţiei. Bugetul alocat învăţământului a crescut de la 38 de milioane de bolivari în 1945 la 119 milioane în 1948, alte 53 de milioane suplimentare fiind alocate Ministerului Lucrărilor Publice pentru construirea a zeci de şcoli primare şi secundare. S-a lansat o campanie intensă pentru eliminarea analfabetismului în rândul adulţilor, astfel că în trei ani au apărut în toată ţara 3.600 de centre pentru alfabetizarea persoanelor adulte[9].

Bugetul naţional pentru sănătate s-a cvadruplat şi el, iar în multe zone rurale au apărut pentru prima dată facilităţi medicale. Conform lui Rómulo Betancourt, guvernul Trienio a cheltuit pentru sistemele de canalizare şi de alimentare cu apă potabilă de trei ori mai mult decât cheltuiseră administraţiile precedente *în tot secolul anterior*. Tot guvernul s-a angajat şi într-o campanie extinsă pentru eradicarea malariei. În urma succeselor obţinute prin folosirea DDT-ului în timpul războiului, în decembrie 1945 a început împrăştierea insecticidului şi în Venezuela, realizându-se, într-un final, eradicarea malariei de pe zone întinse ale ţării[10].

Nu în ultimul rând, armata, forţele navale şi cele aeriene au fost înzestrate cu armament nou, s-au făcut noi angajări, asigurându-se o instrucţie mai adecvată, hrană şi igienă mai bune, material medical de calitate, biblioteci şi colegii tehnice noi, un nou Institut de Nave şi Construcţii Navale, cu 25% mai mulţi comandanţi, cu 100% mai mulţi specialişti şi o restructurare semnificativă a facilităţilor culturale şi de recreere. La un an de la instalarea lui ca ministru al Apărării Naţionale, Carlos Delgado Chalbaud putea susţine pe bună dreptate că a avut loc o „renaştere" a forţelor armate naţionale[11].

Este uşor şi ispititor să descrii în roz schimbările care au avut loc în Venezuela după lovitura de stat din octombrie. La fel ca în Indonezia, instaurarea democraţiei a fost, fără îndoială, un triumf pentru oamenii de rând. Însă tot ca în Indonezia, ritmul reformelor a fost atât de alert şi de haotic, încât i-a ameţit pe cei cu înclinaţii mai conservatoare. Oameni de afaceri, Biserica Catolică şi unele sectoare ale armatei au început să-şi exprime vociferând îngrijorarea faţă de frământările sociale care aveau loc. Sindicatele îi îngrijorau în mod deosebit, pentru că grevele frecvente întrerupeau adesea producţia: numai în 1947 au avut loc cincizeci şi cinci de greve importante, de aproape paisprezece ori mai multe decât în 1944[12]. Unii tradiţionalişti nu priveau cu ochi buni recent afirmata putere a clasei muncitoare şi au respins administraţia dominată de AD ca *el gobierno de los alpargatudos* – un guvern de opincari[13]. Biserica a respins tentativele de secularizare şi aducere sub control public a învăţământului şi a promovat imaginea guvernului ca o instituţie de atei[14]. Partidele de opoziţie acuzau guvernul că încearcă să consolideze puterea AD şi menţionau cazuri în care susţinătorii AD le-au intimidat sau chiar atacat membrii. În oraşul Mérida, de exemplu, au avut loc confruntări între susţinătorii AD şi principalul partid de opoziţie, Copei, în urma cărora cinci persoane au murit[15]. Au fost exprimate şi unele îngrijorări cu privire la corupţie şi ineficienţă şi s-au pus întrebări despre destinaţia reală a unor sume uriaşe din noii bani publici[16].

Îngrijorări erau şi în afara ţării. Preşedintele interimar, Betancourt, a recunoscut sincer că existau tensiuni între guvernul lui şi unii dintre vecinii Venezuelei, mai ales Nicaragua şi Republica Dominicană, ai căror dictatori militari se arătau dispuşi să încurajeze comploturi împotriva noului regim democratic. Relaţiile cu Argentina condusă de Juan Perón erau şi ele „distante, reci, reticente şi chiar belicoase pe alocuri", după spusele lui Betancourt[17]. Cu toate acestea, preşedintele a fost mai puţin deschis în privinţa unora dintre dificultăţile pe care le întâmpina în raport cu SUA, unde exista o diversitate de opinii despre ce anume încercau să facă el şi guvernul său. Cercurile financiare, de exemplu, au declarat că anunţul privind o nouă taxă impusă companiilor petroliere americane este o „surpriză şocantă"[18]. Unii observatori militari au început să se alarmeze în legătură cu presupusele activităţi comuniste din cadrul sindicatelor petroliere şi, după alegerile prezidenţiale din 1948, un grup de cincizeci de oameni de afaceri americani au trimis o scrisoare Ambasadei SUA de la Caracas în care acuzau guvernul AD de colaborare cu comuniştii[19]. Pe de altă parte, oricine ştia cât de puţin despre administraţia Venezuelei îşi dădea seama că nu era nimic deosebit de alarmant la noul guvern: oficialii ambasadei americane din Caracas îl comparau cu guvernul laburist din Marea Britanie. La un moment dat, secretarul de stat interimar, Dean Acheson, le-a trimis colegilor săi din Departamentul de Război o notă destul de dură, avertizându-i să nu exagereze pericolul comunismului din Venezuela. Valul de greve din industria petrolieră, spunea el, nu avea nicio legătură cu comuniştii, ci doar cu „cererile rezonabile privind condiţiile de muncă"[20].

Treptat însă, climatul din Venezuela a început să se schimbe. Odată cu declanşarea Războiului Rece şi cu escaladarea frustrărilor din interiorul ţării, entuziasmul faţă de noua democraţie a început să pălească. Ca şi în Statele Unite, paranoia faţă de comunism a crescut treptat şi mulţi au început să acuze guvernul de tendinţe comuniste. Au apărut grupări marginale, ca Frente Nacional Anticomunista (Frontul Naţional Anticomunist), care au început să militeze pentru ca armata să înlăture guvernul AD. Grupuri similare se afirmau chiar şi în cadrul armatei venezuelene. La mijlocul anului 1948 s-a înfiinţat un grup numit Organización Militar Anticomunista (Organizaţia Militară Anticomunistă), care a lansat zvonul că „adecos sunt comuniştii care vor să distrugă Forţele Armate Naţionale"[21].

La fel ca în 1945, mulţi dintre ofiţeri au început să se plângă că armatei nu i se permitea să-şi îndeplinească rolul cuvenit în viaţa naţiunii. Cel mai important dintre aceşti ofiţeri era Marcos Pérez Jiménez, şeful Statului-Major, ai cărui adepţi au început

Carlos Delgado Chalbaud în 1949.

să aducă diverse acuzaţii guvernului, de la corupţie la trădare naţională. S-au lansat zvonuri conform cărora guvernul şi-ar constitui propria miliţie politică, menită să rivalizeze cu armata. Astfel de poveşti repetau intenţionat rapoartele miliţiilor similare din Europa de Est care, la ora aceea, îi ajutau pe comunişti să preia puterea : în felul acesta, chiar şi atunci când comunismul nu era menţionat explicit, prezenţa lui devenea implicită[22].

În toată această perioadă, Carlos Delgado Chalbaud a ocupat funcţia de ministru al Apărării. Vreme îndelungată, el a reprezentat singura punte reală între reformatorii radicali din guvern şi elementele nemulţumite din armată. A negociat în permanenţă susţinând calmul, afirmând în mod repetat că armata nu este o organizaţie politică şi că ar trebui „să sprijine în orice moment, deplin şi eficient, deciziile conducerii supreme a Preşedintelui Republicii"[23]. Însă în vara lui 1948 în armată se instalase deja o atmosferă conspirativă.

La fel ca în 1945, Delgado a fost abordat de un grup de conspiratori şi întrebat dacă nu voia să li se alăture într-o a doua lovitură de stat. La fel ca în cazul anterior, a încercat să tragă de timp, ca să poată chibzui mai bine. De fapt, Delgado era destul de solidar cu frustrările celor din armată. Militari fiind, erau cu toţii obişnuiţi cu un anumit nivel de eficienţă : se dădeau ordine, se executau ordine, lucrurile mergeau cum trebuie. Cu democraţia s-a dovedit totuşi a nu fi chiar aşa. Delgado se temea şi că o a doua lovitură de stat ar fi însemnat trădarea principiilor celei dintâi, că de data aceasta nu ar fi răsturnată o dictatură, ci un guvern ales democratic. Mai mult, ar fi implicat şi un element de trădare personală : Rómulo Gallegos, preşedintele recent ales, îi era prieten – în timpul exilului, chiar locuiseră o vreme în aceeaşi casă din Barcelona.

De data aceasta însă conspiratorii au refuzat să-i acorde timp de gândire : i-au spus că ori era cu ei, ori împotriva lor şi că, în ambele cazuri, va trebui să suporte consecinţele. Sub presiune fiind, Delgado a ales să se alăture complotului.

Aşa se face că s-a trezit încă o dată implicat într-o lovitură de stat. Exact ca şi prima oară, s-a aflat în miezul acţiunii. Pe 24 noiembrie 1948, Delgado a fost cel care a ordonat armatei să preia controlul asupra guvernului. Spre deosebire de prima lovitură de stat, a doua s-a făcut aproape fără vărsare de sânge. Cu toate acestea, consecinţele ei au fost profunde. Partidul aflat la guvernare, Acción Democrática, a fost imediat declarat ilegal şi în toată ţara membrii lui au fost urmăriţi şi arestaţi - Betancourt a susţinut ulterior că 10.000 de persoane au fost aruncate în temniţă. Un număr redus de proteste, susţinute mai ales de studenţi şi de sindicate, au fost înăbuşite cu violenţă. Democraţia a fost suspendată[24].

În locul unui guvern ales, puterea a fost preluată acum de un triumvirat militar compus din Delgado, Marcos Pérez Jiménez şi un locotenent-colonel pe nume Luis Felipe Llovera Páez. Dar ca membru mai vârstnic al grupului, Delgado a devenit noul preşedinte al Venezuelei.

America Latină după al Doilea Război Mondial

Natura turbulentă a politicii din Venezuela dintre anii 1945 şi 1948 a reflectat imensele tensiuni interne din ţară de la momentul respectiv - între conservatori şi radicali, între civili şi armată, între mediul de afaceri şi sindicate, între cler şi reformatorii din educaţie şi între partidele politice rivale de toate orientările. Însă Venezuela nu era o ţară izolată în lume. Pe lângă tensiunile interne, mai existau şi unele forţe internaţionale care exercitau presiuni asupra naţiunii din toate părţile : nu doar vecinii direcţi - printre care se numărau şi colonii europene, dictaturi represive şi alte democraţii asemenea ei -, ci şi uriaşa superputere situată la nord, care exercita o influenţă enormă în toată emisfera. Într-un astfel de context, multe dintre evenimentele din Venezuela au fost modelate în egală măsură de influenţele externe, ca şi de cele interne.

Datarea celor două lovituri de stat ale lui Delgado este semnificativă. Prima a avut loc în octombrie 1945, la doar câteva săptămâni după încheierea celui de-al Doilea Război Mondial, când valul de speranţă şi aşteptări care a străbătut lumea a traversat şi America Latină. Delgado însuşi a recunoscut că lovitura de stat din octombrie fusese dată în numele „măreţelor idealuri de libertate, egalitate şi fraternitate" şi avusese loc „în atmosfera modernă de dreptate socială" care cuprinsese lumea[25]. Valul de populism, reforme democratice şi activism sindical care a pus stăpânire pe Venezuela în următorii trei ani au făcut toate parte din acelaşi fenomen.

În noiembrie 1948, a doua lovitură de stat s-a petrecut într-o atmosferă complet diferită, într-o vreme când pretutindeni în lume se făceau speculaţii despre începutul unui nou război mondial, în care cu toţii vor fi obligaţi să se alieze iarăşi cu o tabără sau alta. Toate guvernele, de la Ottawa până la Buenos Aires, se temeau tot mai mult de acţiuni subversive şi înăbuşeau orice forme de manifestare a nemulţumirilor. Conform lui Delgado, lovitura de stat din noiembrie a fost organizată pentru a reda societăţii venezuelene sentimentul ordinii sau „disciplina socială", cum o numea el. „Naţiunea nu trebuie să se reîntoarcă la o atmosferă de tulburări publice", declara el un an mai târziu unui reporter din Columbia, „nici la exacerbarea pasiunilor politice, şi nici nu ar trebui să existe speculaţii despre nevoi sociale şi calamităţi". În ambianţa anului 1948, importante nu mai erau libertatea şi egalitatea, ci stabilitatea[26].

În acest context, similaritatea dintre Venezuela şi alte ţări din America Latină e de-a dreptul frapantă. La sfârşitul celui de-al Doilea Război Mondial, condusă de sentimentul că întreaga lume renăştea, regiunea a trăit un avânt al democraţiei. Venezuela nu a fost singura care şi-a răsturnat regimul dictatorial : în Ecuador, o revoltă populară l-a înlăturat în 1944 pe Carlos Arroyo del Río împreună cu regimul său represiv, ceea ce a dus la alegeri un an mai târziu. În Guatemala, o rebeliune populară s-a soldat cu răsturnarea lui Jorge Ubico şi a pus bazele unei democraţii reprezentative, pentru prima dată în istoria ţării. În Bolivia, dictatorul nepopular Gualberto Villarroel a fost linşat în timpul unei revolte violente şi, ca reacţie la ceea ce s-a întâmplat cu Benito Mussolini în Italia, trupul i-a fost spânzurat de un stâlp de iluminat. La scurt timp după aceea, s-a promis organizarea unor alegeri, în ianuarie 1947. În alte ţări, democraţia s-a obţinut prin mijloace mai puţin violente. Perú a organizat primele alegeri libere din istoria ţării în 1945. Tot în perioada respectivă, dictatorii din Argentina, Brazilia şi Cuba au fost cu toţii convinşi să organizeze alegeri libere. În 1946, Mexicul a realizat un fel de reformă electorală limitată. Chiar şi Anastasio Somoza în Nicaragua şi Rafael Leónidas Trujillo în Republica Dominicană, doi dintre cei mai încăpăţânaţi şi mai represivi dictatori din toată regiunea, s-au simţit obligaţi să susţină, cel puţin aparent, noul climat de democraţie. Conform unui sondaj anual realizat imediat după război, „anii 1944 şi 1945 au adus, probabil, mai multe schimbări democratice în mai multe ţări din America Latină decât orice alt an de după războaiele pentru independenţă" din secolul al XIX-lea[27].

Odată cu acest avânt al schimbărilor democratice au venit şi diferite reforme culturale şi economice, stimulate şi ele tot de război. Aşa cum am văzut, Venezuela, cu zăcămintele ei de petrol importante din punct de vedere strategic, a încheiat războiul mai bogată decât la început, dar şi alte ţări au avut un excedent important de dolari în 1945, mai ales Argentina, Brazilia şi Cuba[28]. Pe întreg continentul s-au făcut investiţii în uriaşe proiecte noi de infrastructură, şcoli, universităţi sau ansambluri noi de locuinţe sociale. Pe măsură ce industrializarea lua avânt, la fel se întâmpla şi cu urbanizarea. Pretutindeni se ridicau suburbii şi cartiere noi, proiectate de urbanişti importanţi, conform noului stil internaţional. Unele, cum ar fi campusul universităţii din Ciudad de México, vor ajunge situri ale patrimoniului mondial UNESCO. În 1947, Le Corbusier a fost invitat în Columbia, unde a fost solicitat să supravegheze reproiectarea oraşului Bogotá. Întreaga Americă Latină era cuprinsă de febra schimbărilor.

În acest context, activismul sindical s-a accentuat pretutindeni. Expansiunea sindicatelor din Venezuela s-a repetat, astfel că în 1946 în America Latină erau între 3,5 şi 4 milioane de membri de sindicat. S-au intensificat şi tulburările civile şi cele din fabrici. În Chile, de pildă, numărul grevelor a crescut de peste şapte ori între 1942 şi 1946, iar în final a ajuns să cuprindă aproape 100.000 de muncitori. De asemenea, în Perú, între 1945 şi 1948 s-a înregistrat o creştere constantă a numărului de greve. Brazilia, pe de altă parte, a înregistrat cel mai mare val de greve din ultimii douăzeci şi cinci de ani : în mai 1945, în timp ce în Europa era proclamată victoria, doar în São Paulo au avut loc mai mult de 300 de greve, în care au fost implicaţi 150.000 de muncitori. Pretutindeni, activiştii sindicali erau din cale afară de optimişti[29].

Nu încape îndoială că toate aceste evenimente din ţările vecine s-au susţinut reciproc, asistate atât de formarea unor organizaţii transcontinentale precum Confederación de Trabajadores de América Latina (Confederaţia Muncitorilor din America Latină), cât şi de presiunile directe exercitate de guverne asupra ţărilor din jur. Un număr redus dintre statele cele mai democratice ale Americii Latine – Uruguay este un bun exemplu – au condamnat cu vigoare ţările, oricare ar fi fost acelea, care se făceau vinovate de abuzuri în ce priveşte drepturile omului[30]. Însă în 1945, SUA au fost de departe cel mai puternic apărător al democraţiei. În timpul războiului, agenţiile Statelor Unite împânziseră regiunea cu materiale de propagandă care prezentau SUA drept campion al democraţiei şi furnizor de bunăstare şi subvenţionaseră presa locală ca să facă la fel. În unele cazuri, aceste agenţii au intervenit direct în guvernele din America Latină pentru a promova o mai largă democraţie, chiar dacă astfel de acţiuni implicau şi o toleranţă mai mare faţă de comunism[31].

Odată cu declanşarea Războiului Rece, când SUA au început să schimbe tonul, guvernele Americii Latine au făcut şi ele la fel. Ţară după ţară a început să interzică partidele comuniste. Încă din mai 1947 Brazilia a declarat comunismul în afara legii, Chile a procedat la fel în aprilie 1948, Costa Rica, în iulie 1948. În ţările unde comunismul nu reprezenta o ameninţare au fost avute în vedere alte partide de stânga – de exemplu, APRA din Perú, care a fost scos din administraţiile locale şi din cea centrală şi a fost suprimat, la fel ca şi Acción Democrática din Venezuela. Departe de a condamna astfel de acţiuni, Departamentul de Stat al SUA a părut să le aprobe mai mult sau mai puţin deschis[32].

Ceea ce a urmat a fost un recul al democraţiei în toată regiunea. Venezuela nu a fost singura ţară în care prima experienţă a unor alegeri libere a fost dejucată : lovituri militare au mai avut loc şi în Perú (1948), Cuba (1952), Columbia (1953) şi Guatemala (1954). La jumătatea anilor 1950, majoritatea republicilor latino-americane erau din nou conduse nu de o democraţie, ci de o dictatură – iar majoritatea acestor dictaturi erau de natură militară şi autoritaristă. Alte lovituri militare vor avea loc în a doua jumătate a secolului în Brazilia (1964), Uruguay (1973) şi Chile (1973), fiecare dintre ele răsturnând un guvern democratic anterior. La sfârşitul Războiului Rece, singura republică latino-americană care a înregistrat un record postbelic de democraţie neîntreruptă a fost Costa Rica, poate nu în ultimul rând pentru că a fost singura ţară din America Latină care şi-a desfiinţat complet armata la începutul Războiului Rece. Pe de altă parte, acele ţări care nu au cunoscut niciodată o adevărată renaştere democratică după război – ca Nicaragua, El Salvador, Honduras şi Republica Dominicană – au fost martore la o reînăsprire a măsurilor represive. Acolo unde odinioară Departamentul de Stat al SUA criticase tranşant astfel de regimuri acum s-a dovedit ciudat de tăcut : în atmosfera paranoică a Războiului Rece, democraţia nu mai părea nici pe departe la fel de importantă pe cât era unitatea la nivel continental[33].

Îndeobşte, SUA nu au jucat un rol direct în aceste evenimente. Nici nu era nevoie să o facă : aşa cum a explicat diplomatul american Spruille Braden, „indiferent de la ce afirmaţii ne abţinem şi indiferent de la ce acţiuni ne abţinem, acest fapt poate să reprezinte o intervenţie în aceeaşi măsură în care chiar am spune-o sau am face-o”[34]. Însă, pe măsură ce Războiul Rece s-a intensificat, SUA s-au dovedit tot mai dornice să joace murdar. Există şi alte dovezi că ataşatul militar american în Venezuela din 1948, colonelul Edward F. Adams, a jucat un oarecare rol în lovitura de stat din noiembrie : la momentul respectiv nu s-a putut dovedi nimic, dar mulţi istorici sunt de acord că prezenţa lui alături de cei din nucleul central al conspiraţiei nu a fost tocmai întâmplătoare[35]. În schimb, este mult mai clar rolul jucat de Statele Unite în lovitura de stat din 1954 din Guatemala. Nu doar că există numeroase documente care să ateste că Departamentul de Stat şi interesele mediului de afaceri din SUA au avut un rol important în destabilizarea guvernului guatemalez, dar mai mulţi membri ai CIA au recunoscut deschis că au făcut-o. Deşi nu mai lucra la Departamentul de Stat, Spruille Braden s-a aflat şi de data aceasta în miezul întregii poveşti[36].

În anii care au urmat, SUA vor continua să submineze libertatea şi democraţia din multe state ale Americii Latine, nu doar prin faptul că au recunoscut în mod oficial regimurile dictatorilor militari, ci şi pentru că le-au elogiat[37]. S-au amestecat direct în alegeri, au oferit finanţare secretă grupărilor de dreapta şi au făcut propagandă negativă chiar grupărilor cu vederi de stânga moderate[38]. Au susţinut regimuri represive, au asigurat instruirea escadroanelor morţii şi – în cazuri extreme, aşa cum a fost în Guatemala sau Nicaragua – au dinamizat deliberat războaie civile crunte[39]. Toate aceste acţiuni au fost dovedite cu documente, dar, în afara acestora, există fără îndoială încă multe altele care rămân clasificate secrete în dosarele CIA şi ale Departamentului de Stat. Asemenea documente nu spun prea multe despre promisiunea făcută de SUA în 1948, de a promova „dreptatea, libertatea şi pacea" pentru vecinii ei, sau despre promisiunea făcută lumii în repetate rânduri că se va abţine să intervină în treburile interne ale altor naţiuni[40].

Preţul represiunii

Privind retrospectiv, este evident că SUA au acţionat atât ilegal, cât şi nedemocratic. Însă în contextul acelor vremuri, acţiunile Statelor Unite nu erau atât de evidente. Nimeni din cadrul sistemului de securitate al SUA nu a sancţionat acţiunile din America Latină făcute cu scopul de a submina democraţia : dimpotrivă, s-a considerat că, de fapt, au contribuit la *consolidarea* democraţiei. În timpul Războiului Rece, adevăratul monstru a fost întotdeauna comunismul, nu dictatura. Bătălia pentru răpunerea monstrului justifica aproape orice, inclusiv încurajarea unor regimuri care înregistrau cele mai oribile încălcări ale drepturilor omului.

Carlos Delgado Chalbaud credea şi el că acţionează în numele democraţiei. În 1948, când a ajuns preşedintele Venezuelei, s-a confruntat cu o serie de întrebări critice din partea oamenilor de stat din alte ţări, a ziarelor şi instituţiilor diplomatice ale unora dintre vecinii Venezuelei. Cum putea să justifice faptul că fusese implicat atât într-o lovitură menită să instaureze democraţia, cât şi într-o lovitură care a răsturnat-o ? Dacă crezuse sincer că Venezuela devenea o ţară instabilă, de ce nu acţionase mai devreme, în loc să aştepte până după alegeri ? Venezueleni ca Rómulo Betancourt nu s-au putut abţine să nu sublinieze că Delgado părea să fi ieşit în câştig din ambele lovituri de stat. Guvernele din Mexic, Cuba, Guatemala şi Uruguay au anunţat că vor amâna recunoaşterea noului guvern militar „pe termen nedefinit"[41].

Cât despre Delgado, el a susţinut întotdeauna că acţionase pur şi simplu din principiu. Singura sa motivaţie, spunea, a fost salvarea naţiunii de puternicele forţe care o împingeau spre conflicte şi mai mari. În octombrie 1945, a luat atitudine pentru limitarea pornirilor antidemocratice ale oligarhiei tradiţionale din Venezuela, iar în noiembrie 1948 a intervenit din nou pentru limitarea imboldurilor revoluţionare ale „demagogilor" din AD[42]. Aşadar, cel puţin în mintea lui, cele două lovituri de stat făceau parte dintr-un acelaşi proces. „Aşa sunt fenomenele sociale", a declarat el unui ziar columbian, la sfârşitul deceniului, „fac parte dintr-un lanţ al istoriei. După cum am mai spus-o, evenimentele din octombrie [1945] şi noiembrie [1948] reprezintă paşi uriaşi în marşul înainte al naţiunii"[43]. Până la urmă, tot ceea ce îşi dorea Delgado cu adevărat era să-şi conducă ţara spre o cale de mijloc, între ordine şi schimbare, între individ şi societate, între libertate şi sentimentul apartenenţei ; sau, aşa cum a spus-o chiar el, să găsească echilibrul „între viaţa liberă şi demnă a cetăţeanului şi disciplina socială"[44].

Greşeala lui rezidă în convingerea că aceste lucruri puteau fi cumva realizate prin forţă. Participând nu la una, ci la două lovituri de stat, Delgado a susţinut efectiv ideea că, în ultimă instanţă, doar militarii aveau dreptul să decidă ce era bine sau rău pentru ţară. Această credinţă a făcut dintotdeauna parte din cultura militară a Venezuelei şi, de fapt, din culturile militare ale multor ţări din America Latină şi ea va continua să domine gândirea politică pe întreg continentul, pentru tot restul secolului. Aşadar, şi Delgado a făcut parte dintr-un „lanţ istoric" în care erau incluşi camarazii săi militari, mulţi dintre concetăţenii lui, elitele Americii Latine în general şi, în ultimă instanţă, instituţiile de securitate reunite ale întregii emisfere vestice.

Această idee, că armata ştie cel mai bine ce e de făcut, va avea implicaţii profunde pentru America Latină. Pentru Delgado însă va avea şi implicaţii profunde la nivel personal. Dintre toţi liderii militari care au guvernat statele Americii Latine în secolul XX, el a fost cu siguranţă unul dintre cei mai moderaţi. Din momentul în care a preluat puterea, a susţinut insistent că are toate intenţiile să reinstaureze democraţia imediat ce va fi posibil, de îndată ce se va restabili „un climat de linişte şi de armonie reală"[45]. Într-o conferinţă de presă ţinută la scurtă vreme după preluarea puterii, Delgado declara : „Când armata şi-a luat responsabilitatea pe care a trebuit să şi-o asume, nu a făcut-o ca să acţioneze împotriva principiilor democratice, ci, dimpotrivă, ca să salveze existenţa acelor principii". În cele din urmă, alegerile au fost programate pentru anul 1952[46].

Însă alte facţiuni din cadrul armatei – şi din cadrul naţiunii în întregul ei – nu doreau ca armata să renunţe la control şi, pe măsură ce promisiunea unor noi alegeri se apropia, una dintre aceste facţiuni a plănuit o lovitură de stat proprie. Pe 13 noiembrie 1950, când Delgado tocmai pleca de acasă, un grup de bărbaţi înarmaţi l-au prins şi l-au împins într-o maşină. L-au dus într-o vilă din noul complex rezidenţial Las Mercedes din Caracas, unde a fost asasinat. Nici până astăzi nu este limpede cine au fost răpitorii sau care le-au fost precis intenţiile. Ucigaşul lui, un nemulţumit politic pe nume Rafael Simón Urbina, nu a mai reuşit să dezvăluie cine îl pusese să acţioneze – nici dacă a existat acel cineva –, din cauză că a fost ucis la scurtă vreme după aceea, în timp ce se afla în custodia poliţiei.

Moartea lui Delgado a marcat sfârşitul scurtei poveşti de dragoste a Venezuelei cu democraţia şi o schimbare în atmosfera politică din toată America Latină. Venezuela va trebui să aştepte sfârşitul anilor 1950 pentru ca democraţia să fie reinstaurată. În restul continentului, guvernările militare vor dura chiar şi mai mult şi vor fi mai puternice, cu consecinţe tragice pentru democraţia din întreaga regiune.

Spre deosebire de Indonezia sau Kenya, Venezuela nu a trebuit să se autoinventeze după al Doilea Război Mondial. Avea graniţele relativ sigure şi nu suferea de prea multe dezbinări lingvistice, etnice şi religioase, aşa cum erau cele care despărţeau celelalte două ţări. Venezuela era diferită şi prin faptul că scăpase de colonialism cu multe decenii în urmă şi trecuse destulă vreme de când îşi dobândise suveranitatea naţională pentru care Indonezia şi Kenya au trebuit să lupte cu atâta înverşunare. Al Doilea Război Mondial a trezit totuşi şi aici, ca mai peste tot, aceleaşi numeroase pasiuni. Încercarea Venezuelei din 1945 de a se distanţa complet de trecutul ei a fost la fel de revoluţionară ca şi tentativele similare ale Indoneziei sau Kenyei : popoarele celor trei ţări au urmărit în esenţă acelaşi lucru - o democraţie mai consistentă. Valul de idealism care a însoţit finalul războiului a ajutat toate cele trei ţări să adopte noi idei şi instituţii - dar a declanşat şi o mare agitaţie civilă, manifestată prin demonstraţii ample, greve ale muncitorilor şi o violenţă crescândă, care le-au marcat şi pe unele, şi pe celelalte. La fel ca în cazul Indoneziei şi al Kenyei, şi Venezuela a trebuit până la urmă să aleagă între libertate şi ordine şi să suporte consecinţele alegerii făcute.

După 1945, Venezuela a fost silită, în felul său, să facă faţă provocărilor independenţei, întocmai ca Indonezia şi Kenya. Toate cele trei ţări au fost, în grade diferite, subiectul unor intervenţii externe în afacerile lor interne - din partea foştilor colonizatori, din partea noilor superputeri ale Războiului Rece sau dinspre ambele direcţii concomitent. Toate aparţineau zonei „ţărilor din sud", în curs de dezvoltare, şi în următorii ani ele vor continua să acuze naţiunile mai dezvoltate din nord, adeseori pe bună dreptate, că le exploatează pentru a obţine profit. Într-un astfel de climat, menţinerea independenţei însemna o luptă continuă pe care niciuna dintre aceste naţiuni nu putea spune cu sinceritate că a câştigat-o întotdeauna.

În sfârşit, este esenţial faptul că Venezuela a fost obligată să se confrunte cu aceeaşi întrebare cu care s-au confruntat şi Indonezia şi Kenya după război : ce este o naţiune ? Atât puciul din 1945, cât şi cel din 1948 au fost organizate în numele Venezuelei, dar ce era „Venezuela" ? Într-o ţară care împărtăşeşte cu multe alte ţări din jurul ei aceeaşi limbă, aceeaşi religie şi aceeaşi moştenire culturală, ce anume, în afară de simpla poziţie geografică, putea să o diferenţieze de vecini, pe de o parte, şi, pe de altă parte, să unească naţiunea ? Exista în ţară o cultură comună ? Şi, dacă da, cine decidea ce anume era acea cultură ? Elitele tradiţionale, Biserica, poporul, muncitorii - sau armata ? Dacă aceste grupuri diferite erau în conflict, uneori violent, unele cu celelalte, putea oare Venezuela să spună că era cu adevărat o naţiune unică şi unită ?

Există multe beneficii importante pe care fiecare dintre aceste naţiuni le-a câştigat din faptul că s-au considerat membrele unui singur grup unit - ideea unui ţel comun, sentimentul securităţii faţă de străini, sentimentul apartenenţei. Uneori, aceste lucruri pot fi nu doar reconfortante, ci chiar esenţiale pentru menţinerea ordinii în societate. Dar ele vin cu un preţ. La fel cum visul federalismului mondial limitează libertăţile naţionale, tot aşa şi visul naţional restrânge libertăţile grupurilor mai mici şi pe cele individuale. Oricine se identifică unui grup şi se supune regulilor acestuia nu este niciodată cu adevărat liber : cooperarea necesită compromisuri, ceea ce nu convine lesne celor care sunt fixaţi pe ideea realizării propriilor utopii. S.K. Trimurti, Waruhiu Itote şi Carlos Delgado Chalbaud au trebuit să înveţe cu toţii că idealurile nu sunt suficiente. Uneori, a fost necesar ca ei să preia şi conducerea sau să renunţe la principii şi să înveţe să negocieze.

19

Israel: naţiunea arhetipurilor

„Viaţa este un război neîncetat." Aşa mi-a spus Aharon Appelfeld când l-am intervievat în locuinţa sa din Ierusalim, în 2016, şi mi-a devenit repede clar că vorbea şi metaforic, dar şi literal. „Mă aflam în Europa când a început al Doilea Război Mondial. Aici, în Israel, eram copil când am luptat ca soldat în timpul Războiului de Independenţă. A urmat Războiul din Sinai, Războiul de Şase Zile, pe urmă Războiul de Iom Kipur – şi în toate am fost soldat." Mi-a mai vorbit însă şi despre lupta lui de a se integra în societatea israeliană, de a învăţa limba şi de a se resemna în faţa numeroaselor traume pe care le-a trăit în copilărie. „Nu contează încotro mergi sau ce faci, viaţa este un război neîncetat."[1]

Appelfeld a aflat pentru prima dată ce este războiul atunci când armata germană, în marşul ei pentru a invada Rusia, a trecut peste colţul lui de Europă Centrală. Era în vara lui 1941, iar Appelfeld avea doar nouă ani. El şi familia lui plecaseră de acasă, din Cernăuţi, de la graniţa de nord a României, pentru a-şi petrece vacanţa acasă la bunici, în vecinătatea munţilor Carpaţi: „Eram bolnav şi, pe la amiază, dormeam în patul meu. Am auzit deodată împuşcături. Mi-am strigat părinţii. Alte împuşcături. Am sărit pe fereastră şi m-am ascuns în lanul de porumb din spatele casei. În timp ce stăteam acolo, i-am auzit pe nemţi cum o torturează pe frumoasa mea mamă. O auzeam pe mama cum ţipă. I-am auzit pe germani când mi-au omorât mama şi bunica"[2].

În urma acestui prim val de omoruri, el şi tatăl lui au fost obligaţi să locuiască într-un ghetou, expulzaţi în Transnistria în camioane pentru vite şi, în final, trimişi în marş forţat într-un lagăr improvizat într-o fermă colectivizată şi abandonată din Ucraina. Era spre sfârşitul toamnei şi timp de două săptămâni au mărşăluit prin noroi sub o ploaie torenţială. „Am avut noroc. Tata era un om voinic şi m-a cărat pe umeri. Majoritatea copiilor şi bătrânilor au murit pe drum."

În lagărul de concentrare a fost despărţit de tatăl său, care a fost trimis să muncească împreună cu ceilalţi bărbaţi. După câteva zile petrecute de unul singur şi înconjurat doar de muribunzi şi de nevolnici, Appelfeld a înţeles instinctiv că, dacă va rămâne acolo, nu va supravieţui. Aşa că a riscat: s-a strecurat pe sub gard şi a fugit.

Primul loc unde s-a ascuns a fost într-o pădure. A trăit o vreme hrănindu-se cu mere putrede şi cu fructe de pădure, dar, când ploile s-au înteţit şi nopţile au devenit mai lungi, şi-a dat seama că va trebui să-şi găsească un adăpost. A început să bată pe la uşile caselor de prin sate, cerând să muncească şi, până la urmă, l-a primit o prostituată. În toată iarna aceea a muncit la ea ca slugă, a muls vaca, a făcut curat în colibă şi s-a dus în sat să cumpere de mâncare pentru ea şi pentru clienţii ei. Serile se uita la ea cum bea votcă, cum le oferea servicii ţăranilor de prin partea locului şi pe urmă cum se lupta cu ei când îi cereau să facă prea multe sau când refuzau să o plătească. „La şcoală nu terminasem decât o clasă. Asta a fost clasa a doua."

Când unul dintre clienţii gazdei l-a acuzat că e evreu, a înţeles că era vremea să plece. Aşa că a fugit iar în pădure, unde şi-a găsit refugiul la o bandă de hoţi: „Mă foloseau ca să-i ajut să fure cai. Eram mic de statură, aşa că puteau să mă strecoare prin geamul grajdului şi pe urmă să le deschid uşa... Uneori îmi dădeau o bucată de pâine să mănânc, alteori cârnaţi sau brânză. Îndeobşte, nu mă băgau în seamă. Eram asemenea celor doi câini pe care îi aveau - un alt animăluţ".

Curând însă, hoţii au început să-i pună şi ei întrebări, aşa că a plecat din nou. A găsit în pădure alţi ţărani care l-au adoptat, „dar nu erau mai buni decât nişte criminali". Vreme de doi ani, copilul acela scund şi subnutrit a umblat dintr-un loc în altul, supravieţuind cu mai nimic în afară de propria isteţime şi de norocul chior. Deoarece a fi evreu însemna o moarte sigură, a învăţat cum să treacă drept creştin. Era blond şi vorbea bine ucraineana, pentru că era limba pe care o folosise slujnica familiei lui înainte de război. În general însă, îşi ţinea gura şi învăţa să observe lumea din jurul lui. „Şi asta a fost tot un fel de şcoală. Am învăţat multe despre viaţă. Şi despre fiinţele omeneşti. Uneori oamenii pot fi buni, dar alteori se pot purta ca nişte adevărate bestii. La sfârşitul războiului, reuşeam să-mi dau seama dacă un om e periculos sau nu de cum îl vedeam."

În 1944, Armata Roşie a trecut prin Ucraina şi Appelfeld a fost luat de val odată cu ea. A convins o unitate de aprovizionare să-l ia ca ajutor la bucătărie şi i-a urmărit cum îşi fac drum de la un sat la altul, ucigând şi violând pe măsură ce înaintau. „Armata rusă era o armată de beţivi care beau zi şi noapte. Înjurau, beau şi violau şi cântau cântece patriotice: asta a fost clasa a treia de şcoală." Nu avea decât doisprezece ani.

Până la urmă, Appelfeld a fost găsit de nişte soldaţi din Brigada Evreiască a armatei britanice, care l-au luat cu ei în Italia, apoi în Iugoslavia şi, în final, l-au trecut clandestin Mediterana, până la Haifa. Era bucuros să fie din nou printre evrei, dar asta nu însemna că se simţea în deplină siguranţă. În 1946, când a ajuns în sfârşit în Palestina, îşi pierduse de mult orice credinţă în ideea unui refugiu sigur. În ceea ce îl privea, Palestina era doar un alt popas în fuga lui.

În această nouă ţară erau noi războaie de dus. În decursul următorilor doi ani, Palestina a ajuns să fie implicată într-un sângeros război civil între arabi şi evrei. În 1948, când evreii au declarat independenţa statului Israel, noua naţiune a fost imediat atacată de vecini. Departe de a începe o viaţă nouă, se părea că Appelfeld avea să trăiască alte experienţe asemănătoare celor de dinainte: „În Europa fusese un război cu mulţi oameni ucişi. Acum era un război cu mulţi oameni ucişi în Israel". I s-a dat o puşcă şi i s-a spus să-şi apere kibuţul.

Mai erau şi lupte metaforice de dus. Se aştepta de la Appelfeld să uite germana, care era limba celor care omorau evrei. A fost descurajat să mai vorbească ucraineana, rusa şi româna - limbile care îl ajutaseră să supravieţuiască în Europa. Acum totul trebuia să fie în ebraică. Era de aşteptat să-şi schimbe şi numele. Părinţii lui îi spuneau Erwin, un nume foarte nemţesc - aşa că a devenit Aharon. Dar cel mai mult se aştepta de la el să adopte o atitudine nouă. „Am venit în Israel, se spunea, «ca să construim şi să fim reconstruiţi». Cei mai mulţi dintre noi interpretau asta ca pe o extincţie a memoriei, o transformare personală completă şi o identificare totală cu această fâşie îngustă de pământ." Pe scurt, de la Appelfeld se aştepta să „îmi şterg complet trecutul şi să-mi construiesc o viaţă nouă pe ruinele lui"[3].

Scriitorul israelian Aharon Appelfeld, la şaizeci de ani după război.

A făcut-o aşa cum s-a priceput mai bine. A studiat cu sârg ebraica. A început să alerge, să se caţăre şi să ridice greutăţi. Voia să devină înalt, robust şi bronzat, să arate ca un soldat. Dar, indiferent cât de mult s-a străduit, a rămas scund, slab şi palid ; şi multă vreme a vorbit bâlbâindu-se. Noaptea visa că îl urmăreşte ceva malefic, uriaş şi fără nume sau că e gata să cadă într-o groapă adâncă, tras în jos de mâini nevăzute. Îşi repeta mereu că trebuie să uite trecutul şi să se integreze în noua lui patrie. Se simţea ca şi cum ar fi mers în vârful picioarelor pe marginea unei prăpăstii. „Toată experienţa mea în Europa a devenit ca un beci, o pivniţă întunecată adânc îngropată în mine însumi. Nu e nevoie să fii Freud ca să înţelegi că o astfel de pivniţă e ceva periculos."

Ce l-a salvat a fost faptul că a învăţat să scrie literatură de ficţiune. La douăzeci şi ceva de ani a început să studieze la Universitatea Ebraică din Ierusalim şi a ajuns treptat să-şi dea seama că nu avea rost să pretindă că este altceva decât ceea ce făcuse războiul din el. A înţeles că va purta mereu cu el diaspora –, dar că, în pofida tuturor presiunilor ca el să îşi renege amintirile, ele aveau o bogăţie şi o valoare la fel de preţioase ca şi noua lui viaţă, pe care o îmbrăţişase deopotrivă. A început să caute prin cafenelele din Ierusalim compania altor supravieţuitori ai Holocaustului. A început să aprecieze tăcerile ce se aşterneau între ei, mult mai expresive decât oceanul de cuvinte care părea să fie caracteristic restului societăţii israeliene. Şi a început să scrie. „Alţii pur şi simplu au înnebunit, într-un fel sau altul. Eu am avut noroc. Am fost scriitor."

Appelfeld şi-a publicat prima culegere de povestiri în 1962. De atunci, a semnat peste patruzeci de cărţi, aproape toate despre urmările celui de-al Doilea Război Mondial asupra vieţii evreilor care i-au supravieţuit. Povestirile lui sunt populate de prostituate, orfani şi negustori pe piaţa neagră şi toate au la bază diferite trăsături ale celor pe care i-a întâlnit în timpul războiului şi după aceea. Renunţase de mult la încercarea de a se împotrivi amintirilor din acea vreme, care păreau întipărite în chiar sufletul său. În schimb, a învăţat să le accepte pentru ceea ce reprezintă ele – o parte din frumuseţea vieţii şi parte din războiul ei perpetuu.

O naţiune de eroi

Naţiunea care l-a adoptat de Aharon Appelfeld în 1946 avea o imagine foarte specifică despre sine. Cu mult înainte ca Sartre să-şi scrie teza despre existenţialism, evreii sionişti înţeleseseră că stăteau goi în faţa universului şi că, dacă voiau să supravieţuiască într-o lume ostilă, trebuiau să-şi ia destinul în propriile mâini[4]. Mânaţi de o combinaţie între nostalgia ancestrală şi valorile socialismului, veniseră în Palestina decişi să-şi croiască o viaţă nouă în ceea ce ei considerau că este patria lor străbună. Desecaseră mlaştini şi făcuseră deşertul să înflorească. Înfiinţaseră kibuţuri şi moshavuri – ferme şi comunităţi bazate pe un ethos colectivist. Construiseră un oraş nou, Tel Aviv, care sclipea alb pe ţărmurile Mediteranei. Dacă n-ar fi fost arabii, cu care erau obligaţi să împartă teritoriul, şi britanicii, care controlau partea aceea din Orientul Mijlociu, istoria lor ar fi putut să fie una despre un progres şi o armonie fără margini. Cam aşa gândeau[5].

Când izbucnise al Doilea Război Mondial, Yishuv – cu alte cuvinte, comunitatea evreiască din Palestina – nu a stat deoparte, aşteptând să vadă ce îi va rezerva soarta. A făcut un pas în faţă şi a intrat în luptă de partea libertăţii. Trupele paramilitare evreieşti au fost trimise în spatele liniilor inamice să dea o mână de ajutor partizanilor şi luptătorilor din Rezistenţă. În Spania, Suedia şi Turcia au fost alcătuite celule de spionaj formate din evrei, cu sarcina de a stabili rute de fugă din Europa lui Hitler. Treizeci de mii de evrei s-au oferit voluntari să lupte alături de britanici în Siria, Africa de Nord şi Italia. Ceea ce nu însemna că au urmat întotdeauna orbeşte ordinele britanicilor – concomitent, s-au format unităţi speciale de comando care să sfideze interdicţiile britanice privind imigrarea aflate în vigoare încă înainte de începutul războiului, unităţi care au trecut clandestin vapoare întregi cu refugiaţi evrei spre zonele sigure[6].

Această hotărâre de a-şi lua în mâini propriul destin a continuat şi după ce al Doilea Război Mondial s-a încheiat. În 1946, „Mişcarea de Rezistenţă" a evreilor a condus o insurgenţă menită să-i alunge pe britanici din Palestina. În 1947, liderii evrei au convins ONU să le garanteze o ţară. Când arabii din Palestina s-au revoltat şi au protestat, forţele de autoapărare evreieşti i-au alungat. Când britanicii s-au retras în sfârşit, comunitatea Yishuv nu a aşteptat ca Organizaţia Naţiunilor Unite să-şi ţină promisiunea, ci şi-a declarat singură independenţa. Şi când Israelul a fost invadat, chiar a doua zi – pe patru fronturi, de către Egipt, Iordania, Siria şi Liban –, noul stat nu doar că i-a respins pe invadatori, ci şi-a refăcut şi graniţele. Nu a fost vorba despre nişte evrei efeminaţi din ştetl-uri, care, după spusele unui lider al Yishuv, „preferau să ducă o viaţă de câine bătut decât să moară cu onoare". Era vorba despre tineri pionieri, „noii evrei", o naţiune de eroi[7].

Ani de zile, întreaga ţară a fost angajată într-o unică misiune comunitară : crearea viitorului. Israelul era o ţară nouă în toate privinţele. Avea graniţe noi, un nou parlament, o bancă naţională nouă, o monedă nouă, o nouă Curte Supremă şi o nouă armată civilă. Statul se alinia tuturor valorilor lumii postbelice : conform declaraţiei de independenţă, Israelul avea să se bazeze pe „libertate, dreptate şi pace" şi promitea „egalitate completă

„Viaţa înseamnă război": tineri din Yishuv în timpul instrucţiei, 1947-1948.

în drepturi sociale şi politice pentru toţi locuitorii ei, indiferent de religie, rasă sau sex"[8]. Primul guvern condus de David Ben-Gurion a pus un accent deosebit pe „totala egalitate civilă pentru femei... şi pe abolirea tuturor discriminărilor existente împotriva femeilor, aşa cum sunt acestea incluse în dreptul turcesc şi în legile imperative"[9]. Israelul trebuia să fie un exemplu perfect al noii lumi. Chiar şi numele ţării era nou : până când Ben-Gurion nu a anunţat independenţa ţării, nimeni nu fusese sigur dacă statul se va numi Sion, Iudeea, Ivria sau va primi vreun alt nume dintre cele posibile[10].

În anii următori, întreaga ţară a devenit un furnicar de activităţi intense. Lista proiectelor planificate şi iniţiate în această perioadă extraordinară părea exagerat de ambiţioasă. Au fost iniţiate noi proiecte ample de irigaţii, precum conducta de apă Yarkon-Negev şi apeductul naţional care urma să aducă apă tocmai din Marea Galileei în deşertul Negev. A fost iniţiată o politică de dezvoltare rapidă a reţelei de drumuri şi de căi ferate, cuprinzând rute noi de-a lungul deşertului Negev până la Marea Roşie şi o şosea de-a lungul ţărmului vestic al Mării Moarte. A început un proiect de împăduriri la nivel naţional, care a oferit o reţea de parcuri naţionale în toată ţara. A fost înfiinţată o companie aeriană de stat (El Al) şi una de transporturi maritime, tot de stat (Zim). O altă prioritate naţională a fost construirea de şcoli şi spitale : în cincisprezece ani de la declararea independenţei, Israelul şi-a mărit de peste trei ori numărul de locuri în şcoli şi de patru ori numărul de paturi din spitale[11].

Îndelungata tradiţie sionistă de a construi noi ferme şi aşezări a fost împinsă la extrem. În 1950 şi 1951 s-au ridicat 190 de noi kibuţuri şi moshavuri în zonele rurale ale Israelului – cu o medie de unul la fiecare patru zile. Acestea erau construite nu doar pe văile fertile ale Israelului şi de-a lungul câmpiei de coastă, ci şi în zonele izolate din Negev, inclusiv la Yotvata, şi într-o nouă fermă experimentală, la Ein Yahav. Pe lângă noile sate, au fost fondate treizeci de oraşe noi şi s-a proiectat un mare port. În oraşele deja existente, au apărut noi suburbii, ridicate pe cât de repede s-a putut. În Ierusalim, de exemplu, cartiere întregi, precum Katamon, Kiryat Hayovel şi Ir Ganim au fost proiectate şi construite în doar câţiva ani[12].

În deceniile de după obţinerea independenţei, dezvoltarea a devenit prioritară în raport cu orice alt domeniu. Ca să plătească pentru toate şcolile, spitalele şi ansamblurile de locuinţe – ca şi pentru noua obsesie privind ştiinţa şi tehnologia, care, în final, a făcut din Israel prima putere nucleară din regiune –, au trebuit să fie făcute şi unele compromisuri. În 1952, Israel a acceptat o plată din partea Germaniei de 3.450 de milioane de mărci germane (865 de milioane de dolari) „ca despăgubiri pentru daunele materiale suferite de evrei din cauza naziştilor". Guvernul a încercat să prezinte acţiunea ca pe o formă de reparaţie istorică : poporul care încercase să extermine evreimea mondială ajuta acum la construirea unui stat al evreilor. Pentru mulţi însă, plata a lăsat impresia că Israelul îşi vindea onoarea naţională pe bani. În ciuda demonstraţiilor violente din faţa Knessetului, plata a fost acceptată şi avântul dezvoltării a continuat[13].

Un timp, statul a părut să se amestece în fiecare aspect al vieţii oamenilor. După ce războiul violent din 1948 i-a pus pe fugă pe cei mai mulţi dintre arabii din ţară, 90% din teritoriu a ajuns sub controlul statului – la fel şi sursele de apă, furnizorii de energie electrică şi rafinăriile de petrol. A fost înfiinţată o companie naţională a fondului locativ, numită Amidar, care urma să construiască vaste complexuri rezidenţiale noi, precum şi o agenţie pentru ocuparea forţei de muncă, menită să-i ajute pe noii imigranţi să-şi găsească locuri de muncă. La jumătatea anilor 1950, sectorul administrativ acoperea circa 20% din economia naţională. Alte 20% erau deţinute şi gestionate de Federaţia Generală a Sindicatelor din Israel – Histadrut. Ambele organizaţii erau dominate de acelaşi partid politic – formaţiunea socialistă Mapai a lui David Ben-Gurion[14].

Desfăşurarea simultană a atâtor planuri şi proiecte majore presupunea foarte multă improvizaţie şi ambiţie. Funcţionarii publici suprasolicitaţi se plângeau că nu au timp nici să doarmă, dar, pe de altă parte, erau pe deplin entuziasmaţi de toate aceste activităţi. Aşa cum mărturisea unul dintre ei, „cine ar putea să doarmă în vremuri ca acestea, cine nu ar face totul ca să trăiască aceste timpuri cât mai treaz şi mai intens, mai îndeaproape, mai vigilent şi mai dedicat ?"[15]. Liderii administraţiei guvernamentale au ajuns renumiţi pentru că nu au ţinut cont de sfaturile economiştilor şi experţilor care îşi exprimaseră îndoielile în privinţa fezabilităţii şi oportunităţii unora dintre proiecte. De exemplu, atunci când un comitet consultativ a considerat nefezabil planul guvernului de a construi un oraş nou în jurul localităţii Beer Şeva, Ben-Gurion a demis pur şi simplu comitetul şi a numit unul nou. În doar şapte ani, la Beer Şeva ajunseseră să locuiască 20.000 de imigranţi evrei. Doisprezece ani mai târziu, populaţia se mărise de patru ori, ajungând la 80.000, oraşul devenind cea mai mare aşezare din deşertul Negev, cu gară proprie, spital şi, curând după, chiar cu universitatea lui[16].

Până şi romancierii naţionali s-au lăsat duşi de valul eroicei imagini de sine a Israelului. „Generaţia 1948", aşa cum sunt cunoscuţi aceşti romancieri, a scris povestiri în stil documentar, în care protagonistul era aproape întotdeauna „sabra" – băiatul-soldat israelit nativ, dur în aparenţă, dar blând pe dinăuntru, care nu suferă de obsesiile şi angoasele diasporei, dar care, la fel ca ţara care l-a crescut, s-a „născut din mare"[17]. Scrierile lor erau pătrunse de valorile pionierilor sionişti, de kibuţ, de armată şi de noul stat Israel – iar atmosfera dominantă este cea dată de sentimentul camaraderiei, al sacrificiului de sine şi al optimismului ponderat[18]. Eroii mor pentru patria lor[19]. Romanele se termină cu naşterea copiilor[20]. A fost o generaţie cu ochii aţintiţi către orizont, pentru care fricile trecutului puteau fi depăşite de speranţele într-un viitor nou, utopic[21].

Aşa cum îşi aminteşte Aharon Appelfeld, în toate acestea era ceva reconfortant, dar şi ceva insuportabil de sufocant. Statul avea grijă de cetăţenii lui : le oferea un loc de muncă şi locuinţă, garanta pensiile celor în vârstă, asigurări pentru boală şi accidente, concedii de maternitate pentru femei şi, în primul rând, dăduse poporului un pământ pe care îl putea numi al lui, pe care îl va apăra fie şi cu ultimele lui puteri. Cerea, în schimb, devotament. Într-o asemenea societate nu era prea mult loc pentru individualism şi niciun fel de toleranţă pentru cei pasivi sau slabi. „De fapt, ţara era ca o armată", îşi aminteşte Appelfeld. „Fiecare îşi cunoştea locul şi responsabilităţile. Trebuia să fii erou. Trebuia să lupţi pentru ţara ta. Trebuia să fii socialist. O mulţime de ordine. Dar numai Dumnezeu are puterea să dea atâtea ordine. Treptat, ele încep să te strivească." Iar în spatele activităţii frenetice, în fundal, era Holocaustul. „Totul era o luptă cu trecutul, cu trecutul evreilor, cu destinul evreilor." Aproape la fel ca Appelfeld în anii săi de tinereţe, naţiunea întreagă părea să meargă pe vârfuri pe marginea unei prăpăstii.

„Alteritatea" evreilor

Din păcate, oameni asemenea lui Aharon Appelfeld erau o parte a problemei. În cei zece ani anteriori, britanicii menţinuseră întotdeauna cote stricte pentru imigraţia în Palestina. Totuşi, odată cu declararea independenţei, cotele au fost brusc desfiinţate. În 1950, s-a lansat oficial o politică a uşilor deschise, prin „Legea reîntoarcerii", care le garanta tuturor evreilor, indiferent în ce parte a lumii s-ar fi aflat, dreptul de a veni în ţară cu statutul de cetăţeni cu drepturi depline. Aproape peste noapte a început un flux continuu de imigranţi evrei : în intervalul a doar trei ani şi jumătate, au sosit circa 685.000 de evrei, crescând de mai mult de două ori populaţia ţării. Influxul a fost atât de mare şi de brusc, încât ministrul Agriculturii, Pinhas Lavon, l-a numit „o revoluţie fără vărsare de sânge"[22].

Pentru comunitatea Yishuv, acest fapt a reprezentat o provocare cum nu mai avusese până atunci. Pe de o parte, manifesta multă simpatie faţă de imigranţi, cei mai mulţi dintre ei fiind refugiaţi, ca şi Appelfeld, nu doar din Europa sfâşiată de război, ci şi ca urmare a noilor valuri de antisemitism din Irak, Yemen şi din unele regiuni din Africa de Nord. Era important ca oamenii aceia să fie primiţi cu braţele deschise, atât timp cât, în ultimă instanţă, aceasta era chiar întreaga raţiune de a fi a Israelului. Pe de altă parte însă, pe lângă astfel de preocupări cu caracter umanitar, mai exista şi o sumă de sentimente cu mult mai ambivalente. Realitatea primirii a sute de mii de nou-veniţi îi alarma pe mulţi : unde vor merge toţi acei oameni ? Cum îşi vor găsi de lucru ? Cine îi va hrăni şi îi va adăposti ? Şi mai greu de estimat : cum va acţiona acest imens influx de străini asupra percepţiei pe care Israelul o avea despre sine ? Marea majoritate a imigranţilor nu erau evrei „noi", atât de dragi mitului sionist, ci evrei „vechi" - evrei din diaspora, care nu voiseră niciodată, cu tot dinadinsul, să vină acolo, dar acum veneau totuşi pentru că - aşa cum dispreţuitor se exprimase un reporter de la *Haaretz* - „nu aveau altundeva unde să se ducă". Într-o ţară care abia începea să-şi definească o oarecare identitate naţională, „puhoiul" de nou-veniţi ameninţa însăşi existenţa idealului „sabra", a evreului născut în Israel[23].

Nu este deci de mirare că asupra imigranţilor ca Aharon Appelfeld s-au făcut presiuni uriaşe pentru a se conforma normelor Yishuv de îndată ce coborau de pe vapor. Se dorea de la ei să înveţe urgent ebraica. La fel ca Appelfeld, mulţi au fost forţaţi să-şi abandoneze vechile identităţi şi să-şi schimbe numele cu unele mai potrivite noului mediu. Dar mai important ca orice era să adopte noua cultură naţională, caracterizată printr-un pozitivism, o încredere şi o siguranţă de sine de nestăpânit.

Pentru unii nou-veniţi era ceva extrem de atractiv gândul că trecutul putea fi aruncat ca o haină veche, că un om putea deveni nou şi puternic pur şi simplu pentru că aşa a hotărât să fie. Mulţi îşi amintesc de sosirea lor în Israel ca de un fel de renaştere şi susţin că li se dăduse „o identitate cu totul nouă" ; că „aici a început noua mea viaţă" ; că plonjaseră într-o „realitate nouă" care le-a luat în stăpânire „întreaga personalitate"[24]. Aharon Barak, cel care într-o bună zi avea să devină preşedintele Curţii Supreme a Israelului, şi-a exprimat poate cel mai succint experienţa. El şi-a descris sosirea din 1947 ca pe o revelaţie : „Nu vorbeam limba, nu cunoşteam ţara. Dar când mi-am scos vechile haine, am lepădat trecutul, diaspora, ghetoul. Şi când m-am văzut în magazinul Ata, îmbrăcat cu pantaloni kaki, cămaşă kaki şi sandale, eram alt om. Un israelian"[25].

Altora însă, modul în care le-a fost gestionată tranziţia în societatea israeliană le-a părut inutil de aspru. Istoricul Tom Segev a descris detaliat cum au fost trataţi la sosirea în ţară unii dintre copiii rămaşi orfani în urma Holocaustului. Cei care refuzau să meargă la şcoală sau în kibuţuri erau catalogaţi adesea drept „corupţi", „antisociali", „devianţi", „nerecunoscători", „retardaţi" sau „isterici". Un copil a fost diagnosticat de un psihiatru ca fiind „exagerat de ataşat de mama lui" – care fusese ucisă în timpul războiului. Un altul a fost etichetat ca „bolnav mintal" pentru că vorbea prea mult în limba poloneză, iar un altul a fost criticat pentru că nu era în stare să asculte atent – copilul vorbea doar în maghiară, iar cei din jurul său vorbeau exclusiv ebraica. Aharon Appelfeld a fost supus unor prejudecăţi asemănătoare din pricina preferinţei sale de a vorbi în germană. Pentru noii lui concetăţeni, germana era limba monştrilor care au vrut să extermine evreii din toată lumea, dar Appelfeld nu se îndura să renunţe la ea, căci pentru el era limba mamei pe care o pierduse în război[26].

Asemenea prejudecăţi dominau societatea israeliană şi, în mod cert, toate instituţiile importante ale statului. Astfel, foştii luptători în Rezistenţă din Europa care s-au înscris în Histadrut au fost mustraţi pentru că vorbeau în idiş, în loc de ebraică[27]. Refugiaţi dezorientaţi, trimişi să trăiască în kibuţuri, erau criticaţi că sunt „trântori" sau pentru că se aşteptau să aibă parte de un „tratament special"[28]. Şi, în pofida nevoii disperate de luptători, imigranţilor înrolaţi în armată arareori li se dădea un rol combativ, pentru că nu erau consideraţi de încredere. În războiul din 1948 au fost folosiţi mai ales în trupele auxiliare şi au fost criticaţi de comandanţi pentru că erau „dificili, încăpăţânaţi şi laşi", cu tendinţa de a fugi „în momentele decisive"[29].

Supravieţuitorii erau întrebaţi de nenumărate ori : de ce nu v-aţi revoltat ? De ce au mers evreii din Europa fără împotrivire spre propria moarte ? Astfel de întrebări poate că erau născute din dorinţa sinceră de a înţelege, dar acuzaţia era implicită : evreii europeni fuseseră complici la propria lor exterminare pentru că au fost slabi şi efeminaţi. Cei din Yishuv pur şi simplu nu puteau concepe că asemenea orori ar fi putut fi vreodată posibile în Palestina din vremea războiului : aşa cum a spus David Ben-Gurion, „nimeni n-ar fi putut să ne măcelărească în sinagogi ; orice băiat sau fată i-ar fi împuşcat pe toţi soldaţii germani"[30].

Au existat şi alte întrebări, mai dure. „La aproape fiecare contact cu locuitorii ţării", scria un supravieţuitor, „mi se punea întrebarea cum de am rămas în viaţă. Era o întrebare repetată adesea şi nu întotdeauna în modul cel mai delicat. Aveam sentimentul că eram învinovăţit pentru că rămăsesem în viaţă"[31]. Întrebări de acest fel se năşteau în parte din durere : cei mai mulţi din comunitatea Yishuv aveau persoane dragi care fuseseră ucise în Holocaust şi nu puteau să nu aibă resentimente faţă de supravieţuitori. Întrebări se năşteau însă şi din prejudecăţi : mulţi israelieni bănuiau că evreii europeni care supravieţuiseră Holocaustului reuşiseră doar datorită vreunui compromis de ordin moral. Portretul supravieţuitorului Holocaustului acceptat în 1945 era acela din *My Sister on the Beach*, o cunoscută povestire de Yitzhak Sadeh, fondatorul unităţii de comando de elită Palmach. În povestire, un grup de luptători Palmach tineri şi puternici salvează o tânără zdrenţăroasă şi docilă, aflată la ananghie, care se lamentează că nu e demnă de eroismul lor. Trupul ei fusese însemnat cu „Exclusiv pentru ofiţeri"[32].

Dincolo de acest ciudat amestec de preocupări umanitare şi de dezgust abia mascat, era o atmosferă de teamă doar pe jumătate conştientizată. Comunitatea Yishuv era îngrozită că societatea sa de eroi va fi contaminată de ceea ce sarcastic numea „mentalitatea de diaspora" – cu alte cuvinte, atitudinile efeminate şi pasivitatea care făcuse ca atât de mulţi evrei să fie omorâţi în Europa. Opinia a molipsit curând întreaga societate. Reprezentanţi Mapai au dat glas îngrijorărilor că un influx atât de numeros de oameni traumatizaţi ar putea transforma Palestina „într-o mare casă de nebuni". Oficialităţile din sănătate erau îngrijorate de posibilele epidemii ale unor boli infecţioase ca tifosul şi tuberculoza. Când a izbucnit o epidemie de poliomielită, au început să circule zvonuri că vinovaţi erau imigranţii : simbolic, poliomielita este o boală ale cărei simptome includ slăbiciunea fizică şi paralizia, ambele aflate în totală antiteză cu idealul sabra[33].

Cum în ţară soseau tot mai mulţi imigranţi, limbajul folosit pentru a-i descrie a devenit din ce în ce mai dur şi mai intransigent. Ani mai târziu, scriitorul Yehudit Hendel, unul dintre cei din „Generaţia 1948", descria dezbinările care grevau societatea israeliană :

> La drept vorbind, aproape că existau două rase în această ţară. Era o rasă de oameni care se considerau zei. Erau cei care aveau onoarea şi privilegiul de a se fi născut în Degania [primul kibuţ din Israel] sau în cartierul Borochov din Givataim [bastionul mişcării sindicale israeliene]... Şi mai exista, o putem spune cu certitudine, o rasă inferioară. Oameni pe care îi consideram inferiori, care aveau un soi de imperfecţiune, un fel de cocoaşă, iar aceştia erau cei care sosiseră după război. Pe mine m-au învăţat la şcoală că lucrul cel mai urât şi mai josnic nu este Exilul, ci evreul care vine de acolo[34].

„Zeii" Yishuvului nu făceau mari deosebiri între diferitele categorii de imigranţi, dintre care mulţi nici măcar nu veneau din Europa, ci, mai ales după 1949, din regiuni din Orientul Mijlociu sau Africa de Nord. Au fost catalogaţi toţi deopotrivă drept o largă „alteritate" comunitară, a cărei prezenţă era o ameninţare la adresa tuturor valorilor scumpe comunităţii Yishuv. Indivizii aceia erau „inadecvaţi pentru Israel", avertiza ziarul de dreapta *Haboker*. Ei „subminau sănătatea şi echilibrul psihic şi moral ale comunităţii Yishuv", avertiza şi *Davar*, ziar de stânga. Ben-Gurion însuşi, unul dintre principalii arhitecţi ai politicii de imigrare în masă, îi considera „o mulţime pestriţă, oameni fără valoare, lipsiţi de o limbă a lor, fără educaţie, rădăcini, tradiţie sau idealuri naţionale". Singura speranţă pentru aceşti oameni, credea el, era să fie remodelaţi ca „evrei noi", renăscuţi în stilul de viaţă corect, israelian[35].

Faptul că premierul însuşi îi numea pe imigranţi „oameni fără valoare” semnalează existenţa, la finele anilor 1940 şi începutul deceniului 1950, a unei tendinţe alarmante în societatea israeliană. Alte oficialităţi Mapai nu au ezitat să-i numească pe supravieţuitorii Holocaustului „pleavă”, iar cuvântul cu care erau numiţi în argou – „săpun” – a devenit foarte uzual (conform mitului că în timpul Holocaustului naziştii fierbeau evreii morţi ca să facă săpun)[36]. Un veteran israelian din al Doilea Război Mondial, care, paraşutat în spatele liniilor inamice, fusese martor direct al situaţiei din Europa, a descris consternarea sa faţă de atmosfera postbelică creată în Israel în jurul supravieţuitorilor Holocaustului:

> Oriunde mă întorceam, eram bombardat cu aceeaşi întrebare: de ce nu s-au revoltat evreii? De ce au mers ca mielul la tăiere? Brusc, am înţeles atunci că ne era ruşine cu cei care fuseseră torturaţi, împuşcaţi, incineraţi. Există un fel de convenţie generală că oamenii morţi în Holocaust nu valorau mai nimic. Inconştient, noi ne asumaserăm opinia nazistă, că evreii erau fiinţe subumane... Istoria ne joacă o festă amară: oare nu chiar noi înşine i-am judecat pe cei şase milioane de morţi?[37].

O naţiune de victime

Nu e nevoie de prea multă imaginaţie ca să înţelegi că acest dispreţ faţă de presupusele slăbiciuni, pasivitatea şi lipsa de reacţie a evreilor din diaspora avea legătură cu teama că aceleaşi tendinţe ar exista deja chiar şi în interiorul comunităţii Yishuv – ceea ce susţin şi studiile psihanalitice şi feministe dedicate perioadei postbelice[38]. Cu toate miturile legate de eroismul membrilor Yishuv din timpul celui de-al Doilea Război Mondial – cu privire la reţeaua de spioni, operaţiunile de salvare şi trupele paramilitare paraşutate în spatele liniilor inamice –, în realitate, eforturile lor fuseseră relativ ineficiente în perioada războiului. Conform liderilor partizanilor evrei din Europa, mulţi dintre cei vreo treizeci de soldaţi din trupele paramilitare paraşutaţi în spatele liniilor inamice au fost, în final, mai degrabă o povară decât un ajutor[39]. Activitatea de spionaj nu a fost nici ea cu mult mai bună – chiar şi şefii spionajului de la Agenţia Evreiască au fost nevoiţi să admită că numărul celor salvaţi de ei a fost „microscopic”[40]. Diferitele planuri de negociere cu naziştii nu au dus la absolut nimic; tentativele de a-i face pe britanici să permită imigrări masive au fost inutile; iar în timpul anilor de vârf ai Holocaustului, Haganah, forţele de apărare evreieşti, nu au reuşit să introducă clandestin în Palestina decât un număr infim de evrei[41]. În realitate, Yishuv fusese tot atât de neputincioasă în perioada războiului pe cât fuseseră evreii din diaspora. Dacă evreii din Palestina s-ar fi confruntat direct cu situaţia din Europa, le-ar fi fost dificil să întreţină iluzia că erau o naţiune de eroi; dar, atât timp cât nu au fost puşi într-o astfel de situaţie, fiecare supravieţuitor al Holocaustului reprezenta pentru ei o mustrare. Unii dintre supravieţuitori nu s-au ruşinat să scoată în evidenţă acest fapt: aşa cum sublinia un lider al comunităţii poloneze, „voi dansaţi hora, în timp ce noi eram arşi în crematorii”[42].

Timp de mai mulţi ani a existat o ciudată conspiraţie a tăcerii între imigranţii europeni şi israelienii sabra, în parte pentru că imigranţii nu doreau să vorbească despre dureroasele lor experienţe, în parte pentru că sabra nu voiau să asculte. Mai era însă, tot în parte, şi faptul că supravieţuitorii Holocaustului încă nu reuşiseră să-şi găsească o voce, mai ales într-o limbă care încă nu era a lor: Aharon Appelfeld, de exemplu, nu a început să se exprime pe sine decât pe la mijlocul anilor 1950 şi şi-a publicat prima culegere de povestiri abia în 1962. Ceea ce nu înseamnă că subiectul Holocaustului a fost îngropat. Nici pe departe. El a rămas în prim-planul conştiinţei politice pe toată durata anilor 1950[43]. Totuşi, permanenta retorică despre cele „şase milioane" şi „lagărele de exterminare" nu le mergea la suflet celor mai mulţi dintre israelienii sabra. În ceea ce-i privea pe evreii Yishuv, în pofida grozăviei faptelor, acestea erau ceva ce li se întâmplase „lor", diasporei, şi nu „nouă"[44].

Dacă a existat vreun eveniment care să schimbe situaţia – sau măcar să simbolizeze transformarea care începea să aibă loc în societatea israeliană –, acela a fost procesul lui Adolf Eichmann din 1961. Eichmann fusese unul dintre cei mai înalţi funcţionari nazişti implicaţi în Holocaust. În cadrul unei misiuni temerare – chiar „eroice", s-ar putea spune –, agenţii israelieni l-au prins în Argentina şi l-au adus înapoi la Ierusalim pentru a-l deferi justiţiei. Dovezile documentare împotriva lui erau copleşitoare, aşa că nu a existat niciodată vreun dubiu real în privinţa vinovăţiei lui. Dar procesul nu a fost doar unul în care să i se stabilească vinovăţia : a fost şi unul care să prezinte lumii – mai ales tineretului israelian – ce au avut de îndurat evreii înainte de a-şi fi câştigat dreptul de a avea o patrie a lor. „Nu este un proces obişnuit şi nici nu este doar un proces", a afirmat premierul Ben-Gurion :

> Aici, pentru prima dată în istoria evreilor, justiţia istorică este aplicată de poporul evreu suveran. Vreme de multe generaţii, noi am fost cei care am suferit, am fost torturaţi, ucişi – şi noi am fost judecaţi. Adversarii noştri şi ucigaşii noştri au fost şi judecătorii noştri. Pentru prima dată, Israel îi judecă pe ucigaşii poporului evreu. La acest proces istoric, în boxa acuzaţilor nu stă un individ şi nici doar regimul nazist, ci antisemitismul întregii istorii[45].

Procesul a reuşit să unească poporul evreu aşa cum puţine alte evenimente din Israel au făcut-o vreodată. Pe măsură ce zeci de supravieţuitori au venit la bară şi au prezentat cu detalii întreaga amploare a cruzimilor pe care le înduraseră din pricina naziştilor – dar şi încercările lor de a rezista (dat fiind că procurorii erau dornici să arate că şi supravieţuitorii Holocaustului fuseseră eroi) –, ţara întreagă i-a ascultat la radiourile cu tranzistori. Comentatori ca Hannah Arendt au criticat astfel de mărturii ca fiind irelevante pentru cazul în speţă al lui Eichmann, dar tocmai aceste relatări au fost cele care au captat cel mai mult atenţia naţiunii. Pentru prima dată, sabra a început să considere Holocaustul nu ca pe ceva ce li s-a întâmplat „lor", ci care ni s-a întâmplat „nouă".

În deceniile următoare, deşi a continuat să se considere o naţiune de eroi, Israelul a adoptat o identitate paralelă : aceea de martiri. Holocaustul nu mai era doar ceva ce i se întâmplase unei alte generaţii, de pe un alt continent, ci dobândise deodată o relevanţă universală. Astfel, în 1967, când a izbucnit un nou război – Războiul de Şase Zile –, naţiunea a fost cuprinsă de teama anihilării aşa cum nu mai fusese vreodată, o teamă resimţită nu doar de cei care ştiau din experienţă proprie ce este Holocaustul, ci şi de restul populaţiei. „Oamenii credeau că, dacă vom pierde războiul, vom fi exterminaţi", susţinea un tânăr soldat, la scurtă vreme după încheierea conflictului. „Aveam această idee – sau o moşteniserăm – din lagărele de concentrare. Este o idee concretă pentru oricine a crescut în Israel, chiar dacă nu a trăit personal persecuţiile hitleriste, ci doar a auzit sau a citit despre ele. Genocidul – se poate repeta oricând."[46]

Acest sentiment al victimizării împărtăşite a devenit şi mai acut şase ani mai târziu, când războiul a izbucnit iar. În 1973, Israelul a fost luat total prin surprindere când Egiptul şi Siria l-au atacat de Iom Kipur, cea mai sfântă zi din anul evreiesc. Războiul de Iom Kipur a fost prima ocazie de după 1948 când Israelul nu a controlat complet evenimentele şi acesta a zguduit ţara din temelii. Încă o dată, un nou Holocaust părea iminent. „Ne simţeam complet izolaţi", şi-a amintit mai târziu un colonel : „Ţara era pe cale să fie distrusă şi nimeni nu s-a oferit [să ne ajute]... Până atunci, credeam că *Holocaust* şi *eroism* sunt cuvinte pereche şi ne identificam pe noi înşine cu eroismul. Războiul ne-a făcut să ne dăm seama ce înseamnă Holocaustul şi care sunt limitele eroismului"[47].

„Alteritatea" arabilor

Problema creării unei culturi a eroilor şi martirilor constă în aceea că societăţile nu pot crede în astfel de lucruri fără să creadă şi într-un monstru. Teama de un nou Holocaust implică, în mod necesar, ideea că duşmanii Israelului sunt noii nazişti. Iar, întrucât inamicii aflaţi în imediata apropiere a Israelului sunt state arabe, nu este nevoie decât de un mic efort de imaginaţie ca să începi să-i vezi pe toţi arabii – inclusiv pe arabii care locuiesc în Israel – ca pe nişte potenţiali criminali. La prima vedere, nu este nimic nou : evreii i-au comparat pe arabi cu naziştii încă dinainte de al Doilea Război Mondial. Înainte de 1945 însă, o astfel de comparaţie nu conţinea nici urmă din insulta şi din sentimentul de teroare care aveau să apară în anii următori[48].

Unul dintre multele motive care au divizat Israelul în anii 1940 şi 1950 a fost faptul că diferite segmente ale societăţii aveau inamici diferiţi. Pentru imigranţii care supravieţuiseră războiului din Europa, Germania nazistă era apogeul răului. Pentru evreii sefarzi, pe de altă parte, Germania nu fusese niciodată duşmanul adevărat : ei fugiseră din Irak, din Yemen, din Egipt sau Maroc din pricina violenţelor şi discriminărilor îndurate din partea arabilor. Pentru evreii care crescuseră în Palestina însă, cei care au supt ideologia sionistă odată cu laptele matern, nu exista nicio diferenţă reală între nazişti şi arabi sau, de fapt, între oricare dintre numeroşii duşmani cu care se confruntaseră în lume : toţi erau întruchipări ale aceluiaşi rău universal al antisemitismului. După cum s-a exprimat David Ben-Gurion în 1947, Holocaustul a fost doar „punctul culminant al neîntreruptei persecuţii la care am fost supuşi timp de secole". Sau, mai succint, cum o va spune Ariel Sharon circa şaizeci de ani mai târziu : „Ştim că nu ne putem încrede în nimeni în afară de noi înşine"[49].

Într-o atare atmosferă poate că nu este surprinzător că naziştii şi arabii au ajuns să se contopească într-un acelaşi duşman, unic şi universal. Istoria Israelului după independenţă nu a servit decât pentru a exacerba acest proces. De fiecare dată când Israelul a intrat în război cu vecinii – aşa cum a făcut-o în fiecare deceniu de când a devenit un stat –, a fost invocată memoria Holocaustului. În timpul războiului civil din 1948, de exemplu, Ben-Gurion a descris pierderile din rândul evreilor drept „victime ale unui al doilea Holocaust"[50]. În timpul campaniei pentru Sinai din 1956, ziarele din Israel îl prezentau pe preşedintele Nasser al Egiptului ca pe un potenţial „Hitler al Orientului"[51]. Războaiele din 1967 şi 1973 au fost însoţite de o atmosferă de panică existenţială care amintea de atmosfera din vremea Holocaustului. Iar invazia din 1982 în Liban a fost justificată de pretenţiile premierului Menachem Begin că „alternativa pentru această operaţiune este Treblinka"[52]. La începutul anilor 1980, când Irakul a atacat Israelul cu rachete Scud, în timpul Primului Război din Irak, presa israeliană era plină de articole care îl comparau pe Saddam Hussein cu Hitler[53]. Iar în 2006, premierul Benjamin Netanyahu a încercat din nou să-i convingă pe evreii din toată lumea că un nou Holocaust era iminent: „Suntem în anul 1938 şi Iranul e Germania", a spus[54].

Israelul nu mai însemna naţiunea de eroi care aspirase odinioară să fie. Devenise, în schimb, o victimă perpetuă, „evreul printre naţiuni", menit să fie pentru totdeauna ţinta urii mondiale, în general, şi a urii arabilor, în special. Orice pericol (iar Israelul se confrunta într-adevăr cu numeroase pericole) este automat interpretat ca unul *existenţial*. Orice critică (iar Israelul este incontestabil subiectul unor critici complet disproporţionate) este imediat văzută ca o persecuţie.

O astfel de viziune asupra lumii are consecinţe serioase, nu doar pentru sentimentul bunăstării naţiunii, ci şi pentru stabilitatea geopolitică a întregii regiuni. Cum Israelul este ultimul refugiu pentru evreii din întreaga lume, să fugă şi să se ascundă nu mai reprezintă o opţiune; şi, în orice caz, istoria lor i-a învăţat că a fugi şi a te ascunde nu este o soluţie. Aşa încât, în mintea multor israelieni, singura direcţie de acţiune este să rămână pe loc şi să lupte cu toate mijloacele pe care le au la dispoziţie.

Tocmai în aceasta constă şi cea mai mare dintre toate temerile Israelului, una pe care puţini îndrăznesc fie şi să o recunoască. Dacă viaţa este cu adevărat un război neîncetat, aşa cum sugerează Aharon Appelfeld, atunci aproape inevitabil ea presupune comiterea unor atrocităţi la un anumit nivel. Un război pe viaţă şi pe moarte nu poate fi purtat fără tragere de inimă. Atunci când o naţiune se confruntă nu doar cu înfrângerea, ci cu anihilarea, ea trebuie să fie pregătită să facă orice.

O naţiune de monştri

În 1948, chiar în momentul când poporul evreu îşi planifica noua societate şi aspira să devină un far al dreptăţii şi speranţei mondiale, trupele evreieşti începuseră deja să pătrundă în satele arabilor, terorizând şi alungând civilii care trăiau acolo. Acţiunea avea o justificare: orice populaţii arabe aflate în imediata apropiere a aşezărilor evreieşti reprezentau în sine o ameninţare. De altfel, nici nu a fost ceva deosebit: multe alte naţiuni făceau exact acelaşi lucru, exact în acelaşi timp, cu minorităţile etnice pe care le considerau ostile – în toată Europa de Est, de exemplu, sau în India şi în Pakistan. Nu era însă nici pe departe noul început al vieţii pe care îl anticipaseră idealiştii.

Versiunea oficială a acestui capitol violent din istoria Israelului este că arabii nu au fost alungaţi în mod expres, ci au migrat din proprie iniţiativă pentru a scăpa de războiul civil. Dar chiar şi cei care au participat la operaţiunile militare din acea perioadă recunosc faptul că arabii au fost alungaţi intenţionat şi că atmosfera de violenţă şi brutalităţi extreme i-a încurajat să plece[55]. Sute de sate au fost golite şi ulterior rase din temelii de pe suprafaţa pământului. S-au petrecut, inevitabil, atrocităţi. La Lod, un tun antitanc a tras în mod deliberat asupra unei moschei în care numeroşi civili îngroziţi încercaseră să se pună la adăpost de lupte[56]. Au existat câteva masacre făcute cu sânge rece, cel mai cunoscut fiind cel de la Deir Yassin, unde cel puţin o sută de bărbaţi, femei şi copii – unele estimări dau chiar un număr considerabil mai mare de victime – au fost ucişi de trupele evreieşti[57]. Conform surselor guvernului israelian însuşi, la Dawaymeh armata israeliană a ucis zeci de prizonieri, a ars de vii în propriile lor case femei palestiniene şi a ucis copii palestinieni despicându-le ţestele[58].

Numeroase alte crime au avut loc din 1948 şi până azi. În 1956, mai mulţi civili arabi au fost masacraţi la Kafr Qasim[59]. După Războiul de Şase Zile din 1967, soldaţii israelieni au relatat uneori că au fost martorii uciderii ilegale a prizonierilor de război[60]. În 1991, în timpul Primei Intifada, Ari Shavit, jurnalist la cotidianului *Haaretz*, a dezvăluit public torturile frecvente la care au fost supuşi deţinuţii arabi în lagărele evreieşti de prizonieri din Gaza[61]. În 2014, Human Rights Watch a acuzat Israelul de crime de război ca urmare a bombardării „aleatorii" şi „nepermis de disproporţionate" a zonelor civile din Fâşia Gaza[62]. Lista ar putea continua la nesfârşit.

Când aceste atrocităţi sunt inventariate una după alta, aşa cum a procedat o întreagă generaţie de istorici începând cu anii 1980, este uşor de observat că Israelul nu mai constituie naţiunea de eroi care se crede ea însăşi a fi ; nu este nici o naţiune de victime. Autori precum Benny Morris, Avi Shlaim şi Ilan Pappé – „noii istorici", cum sunt cunoscuţi – au demonstrat cu destulă meticulozitate că Israelul este capabil să se apere singur, dar şi să comită propriile atrocităţi. Lor li s-au alăturat oamenii de ştiinţă evrei din diaspora, precum şi istorici palestinieni dornici – cum e de la sine înţeles – să demonteze reţeaua de mituri egocentrice pe care Israelul a construit-o de-a lungul anilor[63]. Concentrarea cu atâta atenţie asupra infamiilor israelienilor a făcut însă ca pendulul să balanseze în partea opusă. A apărut astfel un nou mit : Israelul nu mai reprezintă o naţiune de eroi sau de victime, ci o naţiune de criminali.

Încă o dată, limbajul folosit pentru exprimarea acestei noi mitologii este din cel de-al Doilea Război Mondial. Astăzi, nu este neobişnuit să auzi acuzaţii cum ar fi acelea că Israelul este un stat „fascist", că se face vinovat de „epurări etnice" sau chiar de „genocid". Termenul folosit de arabi pentru expulzările din 1948 – *nakba* („catastrofa") – este astăzi definit frecvent ca echivalentul palestinian al Holocaustului[64]. De la intrarea în noul mileniu, demonstraţii antiisraeliene au avut loc peste tot în lume, cu pancarte în care pe steagul Israelului se juxtapune svastica[65]. Chiar şi partidele politice tradiţionale au început să facă legătura între israelieni şi nazişti : în Marea Britanie, de exemplu, Partidul Laburist a trebuit să le solicite insistent membrilor săi, în 2016, să înceteze să mai compare conflictul israeliano-palestinian cu Holocaustul[66].

Asemenea comparaţii sunt făcute nu doar de străini, ci chiar şi în interiorul Israelului, unde unii intelectuali evrei îşi numeau încă din anii 1980 propria ţară un stat „iudeo-nazist"[67]. Chiar şi cei exasperaţi de astfel de comparaţii recunosc faptul că a devenit aproape imposibil să nu le faci, dată fiind istoria evreilor. De exemplu, în expunerea sa din 1991 despre lagărele de prizonieri din Israel, Ari Shavit a arătat clar că o paralelă între Israel şi Germania nazistă nu avea niciun fel de temei istoric – nu existau camere de gazare israeliene, nici experimente medicale pe fiinţe umane, nici crime în masă organizate. „Problema este că lipsa asemănărilor nu este suficientă. Lipsa asemănărilor nu este destul de convingătoare pentru a pune capăt, o dată pentru totdeauna, ecourilor răuvoitoare."[68]

Un stat al sciziunilor

Invocarea Holocaustului nu este acelaşi lucru cu înţelegerea lui. Aharon Appelfeld, care şi-a petrecut întreaga viaţă analizând consecinţele afective ale celui de-al Doilea Război Mondial, a respins constant viziunea în alb şi negru asupra istoriei care apare cu regularitate la suprafaţă în ţară. Niciunul dintre personajele romanelor sale nu sunt eroi, martiri sau monştri - sunt doar oameni afectaţi psihic, indivizi care şi-au „petrecut întreaga viaţă întrebându-se cum ar trebui să trăiască şi ce ar trebui să facă". Credinţa lui este că Israelul ar putea învăţa de la aceşti oameni. „Uneori, mi se pare că într-o ţară atât de invadată de ideologie este imposibil să faci literatură. Viaţa însăşi, în toată complexitatea ei, este ceva la care noi nu reflectăm cu adevărat."[69]

La rândul ei, comunitatea internaţională ar putea să înveţe de la astfel de personaje. Şi noi ar trebui să fim atenţi să nu ne populăm imaginaţia cu eroi, martiri şi monştri, ci să recunoaştem complexitatea vieţii în această lume postbelică şi modernă a noastră. Fiecare naţiune se crede eroică sau martirizată într-un anumit grad şi are o listă cu alte naţiuni pe care le consideră monştri. Israelul apare frecvent pe această listă. Nicio altă ţară din lume, similară ca întindere şi importanţă, nu a dat nici pe departe naştere unui număr atât de mare de articole de presă şi nici nu i s-a acordat aceeaşi atenţie pe posturile de televiziune, de radio şi pe internet. Partidele politice din întreaga lume îşi declară propria „politică pentru Israel" într-un mod de neconceput în relaţie cu oricare altă ţară : puţine partide naţionale au o „politică pentru Indonezia", de exemplu, sau o „politică pentru Kenya" sau o „politică pentru Venezuela". Relaţia dintre Israel şi Palestina este o problemă globală - care se perpetuează -, cu un caracter complet diferit faţă de alte confruntări geopolitice[70].

Întrebarea pe care trebuie să ne-o punem este de ce lucrurile stau astfel. Nu vreau să minimalizez niciuna dintre crimele comise şi opiniile eronate emise de Israel, multe şi importante şi pe drept condamnate în întreaga lume. Totuşi, vreau să le pun în context. Expulzarea arabilor din 1948, efectuată în timpul unui brutal război civil, nu a fost nici pe departe la fel de nemiloasă ca expulzările similare care aveau loc exact în acelaşi timp în toată Europa şi, adeseori, cu o cruzime mult mai mare. Aproape 12 milioane de germani au fost expulzaţi din diferite regiuni ale Europei de Est, după ce s-a presupus că al Doilea Război Mondial s-a încheiat. La fel, aproape 1,2 milioane de polonezi au fost alungaţi din Lituania, Ucraina şi Belarus şi aproape o jumătate de milion de ucraineni au fost expulzaţi din Polonia. Ungurii au fost scoşi afară din Slovacia, italienii, expulzaţi din Croaţia, albanezii au fost expulzaţi din Grecia şi turcii, din Bulgaria. Pe de altă parte, separarea Indiei de Pakistan, în 1947, a presupus 12-15 milioane de refugiaţi de ambele părţi şi, probabil, un milion de morţi. Dacă toate expulzările acestea au fost acceptate, uitate sau îngropate - dacă nu întotdeauna din partea naţiunilor implicate, cu siguranţă din partea comunităţii internaţionale -, atunci de ce expulzările din Palestina rămân până în ziua de azi o problemă globală[71] ?

Israelul a comis repetate violări ale drepturilor omului, dar, pe de altă parte, la fel au făcut şi toţi vecinii săi arabi, fără să provoace deloc acelaşi oprobriu internaţional. Israelul şi-a tratat adeseori într-un mod şocant propriii cetăţeni musulmani arabi - dar şi alte naţiuni din lumea întreagă şi-au demonizat şi persecutat minorităţile lor musulmane, mai ales începând din 2001, fără să stârnească nici pe jumătate atâta indignare. Cea mai mare crimă de care este acuzat Israelul – ocuparea Cisiordaniei şi a Fâşiei Gaza – a determinat proteste repetate şi crescânde în toată lumea. Cu toate acestea, multe alte naţiuni de pretutindeni au luptat şi ele, au ocupat şi oprimat state mai mici, încă de la sfârşitul celui de-al Doilea Război Mondial, inclusiv *toate* statele membre permanente ale Consiliului de Securitate al ONU. Dacă este corect ca Israelul să fie supus presiunilor ca să renunţe la controlul asupra teritoriilor palestiniene, ar trebui să fie la fel de corect şi ca alte naţiuni, mai puternice, să fie obligate să se supună aceluiaşi control ferm.

Adevărul este că obiecţiile populare la adresa Israelului spun adeseori la fel de multe despre cei care le ridică pe cât spun despre statul Israel însuşi. Pe lângă cei care cunosc situaţia Israelului şi îl critică din considerente valabile şi solide, există mulţi alţi „tovarăşi de drum" care s-au agăţat de subiect din motive ce nu au aproape nicio legătură cu Israelul. De exemplu, unii americani atacă Israelul ca modalitate de exprimare a unei supărări mai generale legate de politica externă a SUA în Orientul Mijlociu, mai ales cu privire la ocuparea dezastruoasă şi costisitoare a Irakului după 2003. În Europa, unde cea mai mare parte a criticilor aduse Israelului vin dinspre stânga liberală, ele se intensifică semnificativ ori de câte ori Israelul alege un guvern de dreapta. Pentru liberalii europeni, antisionismul este un bun mijloc de exprimare a antipatiei faţă de naţionalism în general. În Asia de Sud-Est, pe de altă parte, musulmanii care îşi exprimă ura faţă de Israel au foarte rar idee despre cum este Israelul de fapt : ei doar se folosesc de acest mijloc pentru a-şi demonstra solidaritatea islamică. În toate aceste puncte de vedere intervine şi un volum generos de dezinformare, de absurdităţi istorice şi vechi prejudecăţi împotriva evreilor sau arabilor – sau împotriva ambilor ; consecinţa nefericită a acestui întreg amalgam este devalorizarea criticilor autentice aduse Israelului şi vecinilor lui.

În Orientul Mijlociu, ura faţă de Israel este o modalitate aflată la îndemâna guvernelor pentru a distrage atenţia de la propriile probleme interne. În urma celui de-al Doilea Război Mondial, popoarele din toată regiunea au aşteptat naşterea unei minunate lumi noi. S-au bucurat când au înlăturat jugul colonialismului, au nutrit visuri despre unitatea arabă şi au suferit dezamăgiri când au trebuit să ducă în mod repetat aceleaşi bătălii pentru libertate, drepturi civile, condiţii de viaţă mai bune şi pentru nenumăratele lor viziuni utopice. În toate aceste ţări, la fel ca în Israel, viaţa a fost un război perpetuu. Conflictul arabo-israelian nu a fost decât un război între multe altele : au mai fost Revoluţia Iraniană, Războiul Civil din Liban, Războiul Iran-Irak, Războiul din Golf, Primăvara Arabă, Războiul Civil din Siria şi o serie de războaie civile în Yemen, ca să menţionăm doar câteva.

Dacă evreii şi arabii ar putea să vadă dincolo de divergenţele lor, şi-ar da seama că, de fapt, au foarte multe în comun. Ambii au o lungă istorie ca popoare tratate drept inferioare, nici iubite, nici respectate de naţiunile mai puternice ale lumii şi, cu siguranţă, considerate incapabile de a fi responsabile pentru propriile destine. Înainte de cel de-al Doilea Război Mondial, britanicii i-au instigat pe unii împotriva celorlalţi ; după război, superputerile au făcut acelaşi lucru. Toate naţiunile din regiune au fost obligate să lupte pentru propria independenţă şi, în cea mai mare parte a perioadei postbelice, toate s-au străduit să-şi construiască noi instituţii şi modalităţi de autoguvernare, opunând în acelaşi timp rezistenţă tentativelor lumii exterioare de a se amesteca în chestiunile lor interne.

Pentru restul lumii este uşor să condamne stând pe margine una sau alta dintre tabere, dar şi noi ar trebui să avem un cuvânt de spus. Tolerând o poveste cu eroi şi răufăcători, cu monştri şi martiri, perpetuăm o viziune a lumii în care devine imposibil să fii o fiinţă obişnuită, imperfectă sau umană. Cu toţii suntem obligaţi să luptăm, la fel ca personajele din cărţile lui Aharon Appelfeld, ca să descoperim un mod de a ne croi, luptând, drumul în viaţă. Aşa stau lucrurile cu fiecare dintre statele din Orientul Mijlociu – poate chiar şi cu fiecare dintre statele lumii –, dar este mai ales cazul Israelului, a cărui istorie îl trage întotdeauna înapoi spre cel de-al Doilea Război Mondial.

20

Naționalismul european

Dacă o naţiune nu este altceva decât o comunitate imaginată, atunci ce ne-ar putea împiedica să nu ne-o reimaginăm ? În loc să ne dovedim loialitatea doar faţă de cei care trăiesc în propriul nostru grup sau propria patrie, nu am putea, în schimb, să cooperăm cu toată omenirea ? În urma războiului, acesta a fost argumentul folosit de mişcarea federalistă mondială. Activişti ca Garry Davis şi Cord Meyer sau gânditori influenţi precum Emery Reves şi Albert Einstein au sugerat că printr-un simplu act de imaginaţie pacea mondială ar putea deveni, în sfârşit, o realitate. Tot ce am avea de făcut ar fi să renunţăm la ataşamentul nostru afectiv faţă de statul naţional şi să începem să tratăm omenirea ca un întreg.

Totuşi, aşa cum am văzut, puţini au fost cei care au adoptat această nouă idee. Pentru superputeri, nu părea să existe vreun motiv ca să abandoneze naţionalismul : le fusese foarte util pe parcursul războiului şi le-a adus victoria. În ţări ca Indonezia, Kenya şi Venezuela, oamenii au început să îmbrăţişeze activ naţionalismul în 1945, ca pe o nouă forţă pentru libertate şi democraţie. Pe de altă parte, în Israel, sionismul era promovat ca singura modalitate de a-i salva de antisemitism pe evrei, câţi mai rămăseseră prin lume. În lumea întreagă, războiul părea să fi întărit ideea de stat naţional, în loc să o slăbească.

O posibilă excepţie de la această regulă – dacă a existat vreuna – a fost în Europa. A fost singura regiune a lumii unde un număr impresionant de persoane au susţinut activ ideea de a abandona naţionalismul ca ideal. Europenii au fost martorii direcţi ai distrugerilor pe care le putea aduce naţionalismul, dacă era scăpat de sub control ; şi, drept consecinţă, mulţi dintre ei îşi doreau cu ardoare o nouă ideologie, care să îi scape din nesfârşitul ciclu al războaielor ce devastase continentul timp de secole la rând.

În Europa – şi nu în altă parte a lumii – a fost primul loc unde acest vis a prins rădăcini. Planul pentru ceea ce va fi cunoscut drept „proiectul european" s-a dovedit mult mai fezabil decât cel al federalismului mondial. Spre deosebire de vărul lui mai mare, proiectul european nu a trebuit să se confrunte niciodată cu ideea de a include şi Uniunea Sovietică. A avut, pe de altă parte, şi ocazia să înceapă ca o mişcare de mici dimensiuni – cu doar câteva ţări – şi să se dezvolte în timp. De aceea a şi avut un mult mai mare succes decât a avut vreodată federalismul mondial : în deceniile următoare, proiectul va da naştere celei mai mari şi mai puternice organizaţii supranaţionale din lume.

Unul dintre principalii arhitecţi ai acestui vis al unei Europe federaliste a fost un jurnalist italian, Altiero Spinelli. Povestea lui este bine cunoscută în Europa, dar, cum ea stă la baza a ceea ce va deveni continentul în deceniile următoare războiului, se justifică reluarea ei aici, pe scurt[1].

La începutul celui de-al Doilea Război Mondial, Spinelli era deţinut politic, fiind închis pe insula Ventotene, aflată la douăzeci şi cinci de mile de coasta Italiei. Fusese arestat la sfârşitul anilor 1920 pentru conspiraţie împotriva regimului fascist al lui Mussolini şi în doisprezece ani trecuse prin diverse închisori şi lagăre de detenţie, unde nu a făcut altceva decât să citească filosofie politică şi să viseze la noi planuri şi proiecte pentru eliberarea omenirii.

În 1941, el şi un tovarăş de detenţie, Ernesto Rossi, au început să elaboreze proiectul unei noi Europe. Au prezis în el victoria finală a Aliaţilor, dar se spunea şi că, dacă nu se va întreprinde ceva pentru a fi schimbată structura politică a continentului, va fi doar o falsă victorie. „Populaţia... nu ştie exact ce vrea sau cum să acţioneze", scriau ei. „O mie de clopote îi împresură auzul. Cu milioanele sale de indivizi, nu se poate orienta de una singură, ci se fărâmiţează într-o multitudine de tendinţe, curente şi facţiuni, care se luptă între ele." Spinelli şi Rossi credeau că popoarele Europei aveau nevoie de o cauză nouă care să le unească după război, altfel se vor întoarce, inevitabil, la vechile lor rivalităţi şi gelozii naţionale şi va fi doar o chestiune de timp înainte ca întreaga Europă să fie mistuită din nou de război[2].

În opinia lor, cheia rezolvării acestui cerc vicios era ca oamenilor să li se ofere un ţel superior spre care să tindă. Naţionalismul a fost cel care a permis ca popoarele Europei să fie exploatate, divizate, cucerite şi, în final, asmuţite unele împotriva altora. Statul naţional era adevăratul „duşman fundamental al libertăţii". Aşadar, singura modalitate de a pune capăt atât războiului, cât şi altor forme de exploatare era ca popoarele Europei să ia puterea de la guvernele lor naţionale şi să creeze un organism separat şi superior statelor. Dacă acest lucru ar putea fi înfăptuit, războiul ar putea să devină ceva de domeniul trecutului şi, în final, continentul să ajungă „o Europă liberă şi unită"[3].

Cei doi şi-au scris manifestul pe foiţe de ţigară - hârtia de scris era greu de obţinut în timpul războiului, mai ales într-un lagăr de detenţie -, care a fost scos clandestin de pe insulă într-o geantă ce aparţinea soţiei unui alt deţinut. În 1943, când Aliaţii au invadat sudul Italiei, Spinelli a fost în sfârşit eliberat. A început imediat să distribuie manifestul în cadrul mişcărilor de Rezistenţă atât din Italia, cât şi din alte părţi ale Europei. Progresele au fost însă lente. În 1945, a devenit clar că viziunea lui Spinelli despre Europa nu se va materializa spontan, aşa cum sperase el, în iureşul optimismului revoluţionar declanşat de sfârşitul războiului. Şi nici nu putea fi implementată metodic de către Aliaţi, după vreo conferinţă de pace. Aliaţii din Europa Occidentală nu erau interesaţi de noile idei politice postbelice - abia dacă puteau menţine legea şi ordinea şi nimic mai mult.

Spinelli a fost aşadar silit să-şi revizuiască planurile. În loc să creeze imediat o nouă Europă federală, el şi ceilalţi adepţi ai internaţionalismului vor fi nevoiţi să adopte calea mai dificilă, a negocierilor şi compromisurilor. În următorii patruzeci de ani, va milita neobosit, pe măsură ce statele îşi negociau la sânge tratatele internaţionale, clauză cu clauză. Deşi a rămas mereu un comunist în adâncul sufletului, nu a avut niciun fel de scrupule să colaboreze cu socialiştii, liberalii şi creştin-democraţii - de fapt, nu mai credea în separarea ideologică dintre dreapta şi stânga. Pentru Spinelli, singura separare reală era aceea dintre cei care continuau să fie devotaţi naţionalismului şi cei dispuşi să fie încrezători într-un stat supranaţional.

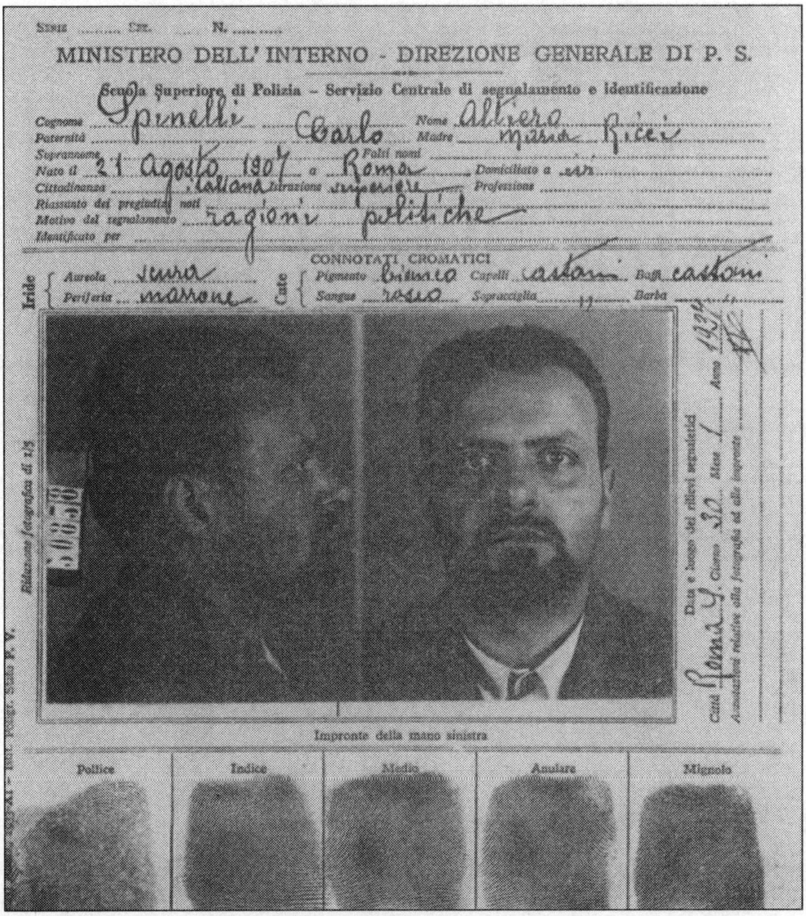
MINISTERO DELL' INTERNO - DIREZIONE GENERALE DI P. S.

Scuola Superiore di Polizia – Servizio Centrale di segnalamento e identificazione

Cognome Spinelli Nome Altiero
Paternità Carlo Madre Maria Ricci
Soprannome Altri nomi
Nato il 21 agosto 1907 a Roma Domiciliato a
Cittadinanza italiana Istruzione superiore Professione
Riassunto dei pregiudizi noti
Motivo del segnalamento ragioni politiche
Identificato per

CONNOTATI CROMATICI

Iride: Aureola ... Periferia marrone
Cute: Pigmento bianco Sangue rosso
Capelli castani Baffi castani
Sopracciglia " Barba "

Impronte della mano sinistra

Pollice Indice Medio Anulare Mignolo

Dosarul de deţinut al lui Altiero Spinelli, din 1937,
după ce fusese închis din motive politice.

Primul progres major a fost crearea Comunităţii Europene a Cărbunelui şi Oţelului (CECO), în 1951. Şase ani mai târziu, prin Tratatul de la Roma a fost creată Comunitatea Economică Europeană (CEE) – o piaţă comună şi o uniune vamală între Belgia, Franţa, Italia, Luxemburg, Olanda şi Germania de Vest. Comunitatea s-a extins treptat, incluzând în 1973 Danemarca, Irlanda şi Marea Britanie, Grecia în 1981, iar Portugalia şi Spania în 1986. Scopul final s-a presupus întotdeauna a fi integrarea deplină între state : nu doar din punct de vedere economic, ci şi printr-o putere legislativă şi o politică externă comune. În 1979, cetăţenii din întreaga Europă au participat pentru prima dată la alegeri directe pentru Parlamentul European, iar Spinelli a fost ales ca reprezentant pentru Italia Centrală. S-a folosit de noua lui poziţie pentru a promova ideea graniţelor deschise, fără controlul paşapoartelor, şi a jucat un rol important în efortul de a convinge Parlamentul European să voteze în favoarea următorului pas al procesului – o uniune europeană deplină.

Spinelli a murit în 1986, la doar câteva luni după semnarea la Haga a Actului Unic European. Nu a mai apucat să vadă căderea Zidului Berlinului şi nici graba ulterioară cu care ţările din Europa de Est s-au alăturat Uniunii Europene (UE). Nu a asistat la

Visul european: afişul semnat de Reijn Dirksen în 1950, creat iniţial pentru promovarea Planului Marshall.

semnarea Tratatului de la Maastricht şi la crearea monedei unice europene, nici la semnarea Tratatului de la Lisabona, prin care s-a întărit rolul Parlamentului European. Dar astăzi este menţionat ca o personalitate care a deţinut un rol-cheie în producerea acestor evenimente. Ca recunoaştere a realizărilor sale, din 1993 cea mai mare clădire din complexul Parlamentului European de la Bruxelles îi poartă numele.

Supravieţuirea naţionalismului

Uniunea Europeană este, probabil, instituţia supranaţională cu cel mai mare succes din lume şi singura care a reuşit vreodată să extragă o parte semnificativă din suveranitatea statelor ei membre. A fost meritul celui de-al Doilea Război Mondial. Distrugerile şi pierderile de vieţi în Europa au fost atât de mari, încât oamenii de stat au devenit mult mai deschişi la ideile unor vizionari precum Spinelli şi au fost dispuşi să-şi împartă suveranitatea de o manieră care ar fi fost de neimaginat în alte părţi ale lumii.

La suprafaţă, fuziunea aceasta pare să fi fost una foarte reuşită : în 2012, UE a primit premiul Nobel pentru Pace pentru modul în care a transformat Europa „dintr-un continent al războiului într-un continent al păcii”[4]. Această imagine în nuanţe de roz a istoriei postbelice are însă unele probleme evidente. Prima este ideea că în Europa au fost vremuri de pace. Oricine a trecut prin a doua jumătate a secolului XX ştie că, departe de a trăi în pace, ambele jumătăţi ale Europei s-au aflat sub ameninţarea aproape constantă a unui al treilea război mondial. Conflictul propriu-zis a fost evitat nu prin crearea UE şi a predecesoarelor ei, ci de perspectiva unei distrugeri reciproc garantate. Sunt mulţi istoricii care susţin că nu Uniunea Europeană a menţinut pacea în Europa, ci pactul de apărare vestic, mai cuprinzător, instaurat prin crearea NATO[5].

A doua problemă este ideea că întreaga Europă ar fi unită în aspiraţia eradicării statului naţional. Pe lângă toţi cei care aplaudau fuziunea naţiunilor, existau mulţi alţii care considerau profund supărătoare această idee. Erau cei care luptaseră în al Doilea Război Mondial nu pentru vreun ideal internaţionalist, ci pentru a-şi elibera ţările de nazişti. Ceea ce a contat pentru ei a fost propria lor independenţă naţională – în această privinţă, nu erau prea diferiţi de popoarele Indoneziei sau Kenyei de după 1945. Ideea că acum ar fi trebuit să-şi cedeze de bunăvoie independenţa, după ce luptaseră din greu pentru ea, li se părea absurdă : ar fi fost nevoie de mult mai mult decât un manifest scris pe foiţe de ţigară ca să-i facă să renunţe la ideile care îi susţinuseră în clipele cele mai grele ale războiului.

Adevărul este că, dacă al Doilea Război Mondial a întărit ideea de stat naţional în toată lumea, atunci efectul a fost acelaşi şi în Europa. Marea Britanie victorioasă, cam la fel ca toate superputerile, nu vedea niciun motiv pentru care să-şi împartă suveranitatea cu altcineva. A fost de la bun început sceptică în privinţa visului european : Marea Britanie a refuzat să se alăture CECO în 1951. Francezii, care încercau frenetic să-şi recupereze mândria naţională după război, au fost adeseori la fel de sceptici. A fost nevoie să fie siliţi uneori de americani pentru a colabora şi ameninţaţi de aceştia că îşi vor retrage promisiunea ajutorului financiar, dacă nu vor ajunge la o atitudine mai cooperantă[6]. Nici chiar italienii nu s-au raliat, în general, la apelurile lui Spinelli. Cei de dreapta continuau să considere naţiunea cel mai înalt ideal al lor, iar cei de stânga priveau naţionalismul ca pe o condiţie la care se va ajunge doar atunci când comuniştii vor câştiga puterea pe tot continentul : viziunea lui Spinelli nu mulţumea niciunul din aceste grupuri. Situaţia era cam aceeaşi oriunde în Europa.

Altiero Spinelli nu a trebuit să aştepte prea mult până ce proiectul său s-a lovit de prima piedică importantă. În 1954, el şi alţi eurofili au dezbătut ideea creării unei armate europene comune, dar, deşi planul lor era agreat în principiu, parlamentul francez a refuzat să-l ratifice. Motivele erau diverse, cel mai important fiind amintirea întunecată a celui de-al Doilea Război Mondial. Aşa cum sarcastic a remarcat Charles de Gaulle, „de vreme ce Franţa învingătoare are o armată, iar Germania învinsă nu are niciuna, hai să suprimăm armata Franţei”[7]. Parlamentul francez nu putea să aprobe ceva care ar fi putut să pară electoratului o permisiune dată Germaniei de Vest pentru a se reînarma.

De atunci şi până astăzi au existat multe cazuri de respingere naţionalistă a planurilor şi tratatelor europene, chiar şi în acele ţări care au îmbrăţişat proiectul european cu maxim entuziasm. În 1984, parlamentul danez a votat respingerea Actului Unic European şi, opt ani mai târziu, danezii au votat şi pentru respingerea Tratatului de la Maastricht. Britanicii s-au grăbit să refuze adoptarea monedei unice europene, în anii 1990, susţinând, printre altele, că politica monetară din spatele ei era „o uneltire a Germaniei cu scopul preluării controlului asupra întregii Europe”[8]. În 2005, referendumurile populare din Franţa şi Olanda au respins o constituţie europeană. În 2009, Cehia a refuzat să semneze Tratatul de la Lisabona, motivul fiind, din nou, temerile naţionaliste în privinţa intenţiilor Germaniei. Cu fiecare ocazie, eurofilii au fost obligaţi să facă o serie de concesii semnificative în faţa fiecărei ţări implicate. Şi, aşa cum arată unele dintre aceste exemple, amintirea celui de-al Doilea Război Mondial a fost întotdeauna gata să iasă la suprafaţă. În 2016, britanicii aveau să comită o ultimă respingere a proiectului european, optând prin vot să îl părăsească definitiv.

Dacă naţionalismul nu a părăsit niciodată Europa Occidentală, în Europa de Est el nici măcar nu a fost pus vreodată sub semnul întrebării. Spre deosebire de Occident, ţările din blocul de la Răsărit nu au avut niciodată şansa să mediteze asupra exceselor propriului lor naţionalism din perioada războiului, întrucât pentru multe dintre ele acesta nu s-a încheiat niciodată cu adevărat: ocupaţia nazistă a fost doar înlocuită în 1945 cu cea sovietică[9]. Aşadar, Ucraina şi Ţările Baltice au continuat să ducă războaie de eliberare naţională până în anii 1950, iar rezistenţa pasivă faţă de sovietici a continuat şi în anii 1960, 1970 şi 1980. Alte revolte cu caracter naţional împotriva puterii sovietice au avut loc şi în Germania de Est (în 1953), Ungaria (1956), Cehoslovacia (1968) şi Polonia (la începutul anilor 1980).

Când Cortina de Fier a căzut în sfârşit, la începutul anilor 1990 ţările est-europene s-au înghesuit să intre în UE, ceea ce nu însemna şi că doreau să renunţe la propriul naţionalism. Chiar dimpotrivă: intrarea în Uniunea Europeană a fost văzută de mulţi ca o poliţă de asigurare faţă de orice atac viitor asupra nou-câştigatei lor independenţe faţă de Moscova. După cum s-a exprimat Aleksander Kwaśniewski, preşedintele Poloniei, statutul de membru al UE va asigura „securitatea Poloniei, a fiecărui oraş şi sat polonez, a fiecărei familii poloneze". Preşedintele Letoniei a mers chiar până acolo încât a invocat amintirea celui de-al Doilea Război Mondial, susţinând că intrarea în UE a bătut clopotul de îngropăciune pentru pactul sovieto-nazist din 1939[10].

Într-o astfel de atmosferă, etosul internaţionalist al proiectului european nu a prins niciodată rădăcini. La fel ca în Europa Occidentală, ideea că s-ar putea să fie nevoie ca naţiunile est-europene să cedeze o parte din suveranitatea lor câştigată de doar puţin timp în favoarea unui organism superior a trezit amintiri neplăcute din trecut. Nu trebuie decât să ne gândim la unele dintre sloganurile folosite de eurosceptici în timpul diferitelor campanii pentru referendum, ca să vedem cât de temători erau unii oameni faţă de proiectul european. „Ieri Moscova, mâine Bruxelles", avertizau conservatorii din Polonia; „UE = Uniunea Sovietică", susţineau afişele din Letonia, iar euroscepticii din Cehia au creat un simbol al UE îngemănat cu secera şi ciocanul. Pe lângă amintirile despre sovietici, naţionaliştii au invocat şi amintirile despre nazişti. În ianuarie 2016, revista de ştiri poloneză *Wprost* a publicat o ediţie în care o fotografie de o pagină de pe copertă o înfăţişa pe Angela Merkel ca un nou Hitler, înconjurată din toate părţile de personaje marcante ale UE îmbrăcate în uniforme naziste. Pentru cei care împărtăşesc astfel de opinii, UE nu este un far al democraţiei şi libertăţii, ci o aducere-aminte a represiunilor şi înrobirii din trecut[11].

Naţionalismul contraatacă

În disputa continuă despre suveranitate, nici eurofilii, nici euroscepticii nu au acţionat exclusiv pe de-a-ntregul raţional. În spatele argumentelor raţionale s-au aflat întotdeauna frici colective profunde de ambele părţi. Eurofililor le place să se descrie ca fiind optimişti, deschişi şi dornici să accepte culturile străine; dar, în acelaşi timp, sunt şi speriaţi în sinea lor să nu fie excluşi dintr-un club, să nu fie siliţi să concureze unii cu ceilalţi, poate chiar să se lupte între ei. Amintirea celui de-al Doilea Război Mondial îi urmăreşte în aşa măsură, încât eventuala respingere de către UE a oricărei propuneri pe care ei ar face-o este automat primită cu preziceri despre reîntoarcerea la starea de război „în mai puţin de o generaţie"[12]. Eurosceptícii, pe de altă parte, se descriu ca fiind adepţi ai libertăţii absolute care se luptă pentru drepturile indivizilor, dar, în acelaşi timp, sunt obsedaţi de grija ca nu cumva un grup străin să le ia slujbele, să-i priveze de drepturi şi libertăţi, şi că, dacă vor ceda presiunii de a-l asimila, ei s-ar putea pierde în masa amorfă a grupului. Nimic nou în toate aceste temeri : ele sunt simptome universale şi atemporale ale condiţiei umane. Însă amintirile celui de-al Doilea Război Mondial şi ale perioadei imediat următoare le-au dat deopotrivă eurofililor şi euroscepticilor un element de referinţă pentru aceste temeri şi le-a permis să le confere un anumit sens.

Poate cea mai completă demonstraţie despre modul cum este folosită amintirea celui de-al Doilea Război Mondial în acest sens a venit în vara anului 2016, când Marea Britanie a organizat referendumul privind rămânerea în Uniunea Europeană. Referendumul a venit la sfârşitul unei campanii care a durat douăzeci şi cinci de ani, susţinută de naţionaliştii britanici pentru a aduce problema în prim-planul agendei politice. În toată perioada aceasta, naţionaliştii au celebrat mereu victoria din al Doilea Război Mondial ca o dovadă că Marea Britanie a fost o naţiune de eroi şi că Europa i-a tras înapoi. Acest tip de discurs este perfect opus miturilor europene care au punctat întotdeauna că războiul a fost o tragedie şi nu un triumf. Aşadar, când a venit vremea ca Marea Britanie să voteze în privinţa statutului ei de membru al Uniunii Europene, cele două versiuni ale istoriei au ajuns în directă contradicţie.

Brusc, al Doilea Război Mondial a devenit un subiect de ştiri uzual. De exemplu, într-un discurs către naţiune, premierul David Cameron a invocat imaginea cimitirelor din al Doilea Război Mondial şi a insinuat ideea că păcii europene postbelice i s-ar pune capăt, dacă Marea Britanie ar părăsi UE[13]. Preşedintele SUA, Barack Obama, care a făcut o vizită în Marea Britanie în timpul campaniei, i-a rugat la rândul său pe britanici să voteze pentru a rămâne în UE, referindu-se la perioada când Marea Britanie şi SUA şi-au „vărsat împreună sângele pe câmpul de luptă"[14]. Pe de altă parte, cei care făceau campanie pentru ieşirea din UE invocau „spiritul de la Dunkerque" din 1940, ca şi cum efortul de a ieşi din UE ar fi similar cu lupta împotriva naziştilor. Nigel Farage, liderul Partidului pentru Independenţa Regatului Unit (UKIP), şi-a făcut chiar un obicei din a difuza de pe autobuzul lui de campanie tema muzicală a filmului de război *Marea evadare*[15].

În această bizară luptă în legătură cu amintirile culturale britanice despre cel de-al Doilea Război Mondial s-au pierdut toate nuanţele. Un exemplu perfect despre cât de absurde au devenit lucrurile a fost argumentaţia publică din presă despre cum ar fi votat premierul din perioada războiului, Winston Churchill, dacă ar mai fi trăit. Militanţii ieşirii din UE s-au grăbit să şi-l revendice de partea lor, susţinând că starea de spirit care îl definise pe Churchill era aceea care putea face din nou din britanici „eroii Europei". Militanţii rămânerii în Uniune au răspuns arătând că Churchill este cel care, la sfârşitul războiului, promovase ideea unor „State Unite ale Europei". Oponenţii lor, adepţii ieşirii din UE, au susţinut atunci că aveau „dovada" – din anii 1950 – că Churchill urâse ideea integrării europene, la care cei în favoarea rămânerii în Uniune au replicat că acesta susţinuse public CEE, în 1962. Nimeni nu a considerat necesar să se gândească la relevanţa întregii dispute, dacă avea vreuna, sau la modul cum Marea Britanie trebuia să se considere pe sine în secolul al XXI-lea[16].

Era previzibil ca ultima mutare să fie ca fiecare dintre părţi să înceapă să o compare pe cealaltă cu naziştii. După ce UKIP a prezentat un afiş de campanie care îi demoniza pe imigranţi, militanţii proeuropeni l-au comparat imediat cu filmele naziste de propagandă din anii 1930. Ca să nu se lase mai prejos, figurile marcante favorabile ieşirii din UE şi-au comparat rivalii cu Josef Goebbels, ministrul pentru propagandă al lui Hitler, şi pe experţii lor în economie, cu specialiştii nazişti[17]. Fostul primar al Londrei, Boris Johnson, a fost doar unul dintre cei mulţi care au contracarat miturile UE despre solidaritatea postbelică, susţinând că întregul proiect european nu era altceva decât reîncarnarea modernă a planurilor naziste despre o Europă unită[18].

Comunismul a fost menţionat şi el, deşi doar după încheierea referendumului. Când, în urma votului din Marea Britanie, liderii UE s-au reunit cu toţii pe insula Ventotene, un loc ales deliberat pentru a le reaminti de Altiero Spinelli şi de manifestul lui, *Daily Telegraph* a publicat un articol în care Spinelli era acuzat că a fost un comunist ce plănuise o preluare „secretă" a conducerii Europei. Nu s-a făcut nicio menţiune despre faptul că Spinelli a fost un tip cu totul aparte de comunist – unul care respinsese încă de la început stalinismul, fusese de partea SUA în timpul Războiului Rece şi îşi petrecuse întreaga viaţă militând pentru drepturile individuale. Încă o dată, nuanţele fuseseră călcate cu totul în picioare[19].

Din postura de cetăţean britanic, am observat cu o disperare crescândă desfăşurarea acestor evenimente. Ceea ce m-a deranjat cel mai mult a fost atmosfera în care au avut loc dezbaterile. Preocupările sincere, de ambele părţi, legate de democraţie, locuri de muncă, economie şi birocraţia din UE s-au pierdut repede într-un tsunami de exagerări, confuzii şi minciuni sfruntate venite din ambele părţi. Cea mai faimoasă dintre ele a fost cea în care campania pentru ieşirea din UE a susţinut că Brexit va aduce Marii Britanii economii de 350 de milioane de lire sterline pe săptămână, afirmaţie care, deşi denunţată de Autoritatea pentru Statistică a Marii Britanii, a continuat să fie scrisă cu litere de-o şchioapă pe lateralele autobuzului de campanie. Oponenţii proeuropeni au făcut şi ei afirmaţii exagerate şi emoţionale – mai ales despre modul cum votul pro-Brexit va duce inevitabil la o nouă recesiune. Într-o astfel de atmosferă, dezbaterile raţionale au devenit practic imposibile[20].

Colegii mei istorici nu au rămas imuni la această atmosferă. Un grup dintre ei – 380 dintre cei mai importanţi şi mai bine-cunoscuţi istorici din ţară – au semnat o scrisoare deschisă către naţiune în care au invocat şi ei amintirea celui de-al Doilea Război Mondial. Au avertizat că, părăsind Uniunea Europeană, Marea Britanie va încuraja şi alte naţiuni să şantajeze restul Europei pentru a-şi atinge propriile scopuri egoiste. Separatismul se va amplifica inevitabil – nu doar separatismul naţional, ci şi cel regional, în zone precum Scoţia şi Catalonia – şi întregul continent va fi destabilizat. „Date fiind pericolele cu care se confruntă în prezent, Europa nu-şi poate permite o astfel de scindare şi, pe lângă această scindare, nici pericolele rivalităţilor naţionale şi ale insecurităţii care au frământat istoria Europei înainte de 1945."[21] O vreme m-am gândit să mă alătur şi eu acestui grup. Am crezut cu ardoare că Marea Britanie ar trebui să rămână în UE, în pofida evidentelor neajunsuri, dar m-am abţinut din pricină că tonul manihеist al scrisorii lor era contrar a tot ceea ce am susţinut întotdeauna : mesajul pe care îl promovau a fost unul dintre motivele principale pentru care campania proeuropeană a fost poreclită de către mulţi „proiectul fricii".

Pe 23 iunie 2016, Marea Britanie a votat pentru ieşirea din UE cu o diferenţă de circa 52% la 48%. În zilele următoare, am trăit un întreg şir de emoţii : şoc, neîncredere, dezamăgire, frică. În final, am cedat elanului care părea că pusese stăpânire pe toţi ceilalţi din ţară vreme de luni de zile şi am petrecut multe ore comentând critic împreună cu prietenii şi vecinii mei despre cât de nesăbuiţi erau concetăţenii mei - dar cum cei mai mulţi dintre prietenii şi vecinii mei votaseră şi ei pentru rămânerea în UE, erau şi ei la fel de şocaţi. Eram stăpâniţi de sentimentul profund al unui blestem. M-am mustrat că nu m-am alăturat şi eu celorlalţi istorici proeuropeni - nu pentru că aş fi fost atât de nesocotit încât să cred că aş fi schimbat lucrurile, ci pentru că îmi era ruşine că nu m-am străduit din răsputeri să evit ceea ce eu consideram că este un dezastru.

Abia după câteva zile am fost în stare să îmi revin. Mi-am spus că mă purtasem prosteşte. Ca istoric, ştiu că valurile istoriei arareori aduc un moment unic precum a fost acesta. Şi mai ştiu că este imposibil să prevezi viitorul : istoria este presărată cu preziceri despre un sfârşit care nu a mai venit (şi cu preziceri de pace şi armonie, la fel de ratate, de fapt). Nu exista niciun motiv să presupun că euroscepticii au greşit : poate că, până la urmă, Marii Britanii şi Europei le va fi mai bine una fără cealaltă. M-am aşezat şi am făcut ceva ce trebuia să fi făcut cu câteva săptămâni în urmă - am luat hârtie şi ceva de scris şi am încercat să alcătuiesc o listă a faptelor incontestabile pro şi contra ieşirii din UE. Mi-am dat seama repede că sarcina era imposibilă. Fără să cunoaştem exact cum va fi viitoarea relaţie cu Europa, nu se poate estima dacă ea va fi mai bună sau mai rea decât cea la care Marea Britanie a renunţat.

Ce m-a determinat oare să reacţionez atât de puternic ? A fost vorba despre un sentiment exagerat faţă de importanţa Marii Britanii ? Oare chiar mi-am închipuit că întreg edificiul european s-ar putea prăbuşi fără ţara mea ? Sau doar reacţionam cu întârziere la lunile de divizare şi de ostilitate la care tocmai fusesem martor şi îmi imaginam cu exagerare acele schisme ?

Gândurile m-au dus tot mai mult spre anul 1945, dar şi spre scrisoarea semnată de colegii mei istorici proeuropeni. Până la urmă, mi-am dat seama că Brexitul în sine nu era o problemă : ceea ce mă neliniştea era semnificaţia lui. Contextul votului a fost la fel de important ca votul în sine. În anii care au dus la referendum, am fost martorul unei crize economice, al creşterii populismului radical în toată Europa, al unei Rusii renăscute care îşi încordează muşchii în zona geopoliticii şi al unei tot mai mari neputinţe a instituţiilor internaţionale precum ONU şi UE. Orice istoric incapabil să vadă paralela dintre aceste evenimente şi cele care au condus la al Doilea Război Mondial îmi pare a fi orb. În comparaţie cu aceste evoluţii, votul pentru Brexit nu a fost chiar atât de rău, dar, pentru că a inversat o politică consacrată în ţara mea în ultimii cincizeci de ani, votul a părut şi el un pas înapoi, spre trecut.

Într-un astfel de context, poate că nu este de mirare că am reacţionat inadecvat. Cu toate încercările lor de a rămâne raţionali, istoricii sunt şi ei nişte fiinţe emoţionale, ca orice om.

Abuzul de istorie

Să fii afectat de evenimente care amintesc de trecut este una, dar cu totul altceva e când evoci deliberat trecutul cu scopul expres de a influenţa reacţiile altora. Exploatarea în scopuri politice a simbolurilor celui de-al Doilea Război Mondial nu este nici pe departe ceva specific Marii Britanii. În toată această carte am pus în lumină numeroase exemple despre cum amintirea războiului a fost manipulată pentru a servi unor scopuri dubioase, dar permiteţi-mi să mai dau un exemplu care demonstrează cât de insidios este acest proces şi spre ce ne conduce el. Este un exemplu care nu are aproape nicio legătură cu Uniunea Europeană, în afara faptului că demonstrează cât de irelevante le par majorităţii naţionaliştilor scopurile UE.

În anul 2008, guvernul polonez s-a angajat în construirea unui muzeu nou, dedicat celui de-al Doilea Război Mondial. În postul de director al muzeului a fost numit un profesor de istorie căruia i s-a cerut să conceapă o expunere centrată pe experienţa poloneză din timpul războiului. Aveau dreptate să facă acest lucru : în pofida faptului că Polonia a reprezentat în timpul celui de-al Doilea Război Mondial principalul teatru de lupte din Europa, perspectivei poloneze nu i s-a acordat niciodată importanţa pe care o merită, într-o istorie îndeobşte dominată de discursul sovietic, american şi britanic.

Paweł Machcewicz, directorul numit, era un polonez distins ; dar, în primul rând, era un istoric distins. Ştia că, dacă muzeul propus ar urma să fie unul de substanţă, nu se putea concentra exclusiv pe experienţele poloneze – în ultimă instanţă, tema lui era un război *mondial*, şi nu doar unul polonez. Directorul a propus, aşadar, un concept similar abordării pe care am încercat-o eu însumi în această carte : se va folosi de experienţele civililor polonezi din perioada celui de-al Doilea Război Mondial, ca un microcosmos al unui cosmos mult mai mare, şi de fiecare dată va compara sau va face diferenţa dintre evenimentele din Polonia cu cele din alte părţi ale Europei şi ale lumii. Perspectivele poloneze vor rămâne punctul central al expoziţiei, dar Machcewicz voia să se asigure că vizitatorii din toată lumea vor putea, la rândul lor, să vină acolo şi să-şi recunoască propria experienţă din război. Pentru a realiza ce şi-a propus, directorul a reunit un consiliu consultativ format din istorici proveniţi nu doar din Polonia, ci şi din instituţii din SUA, Rusia, Marea Britanie, Franţa, Germania şi Israel. Spre meritul lui, guvernul polonez i-a susţinut cu toată convingerea viziunea[22].

Totuşi, în 2015 a fost ales un nou guvern. Partidul radical naţionalist Lege şi Dreptate (PiS) a ajuns la putere prezentând Polonia ca pe o victimă nobilă asediată de duşmani din trecut şi actuali. Noul ministru al Culturii, Piotr Gliński, a dorit ca expoziţia să reflecte viziunea propriului său partid, cu un accent mai mare pe eroismul şi martiriul naţiunii din timpul războiului. Conform afirmaţiilor lui, muzeul „nu era suficient de polonez".

În toamna lui 2016, cu doar câteva luni înainte de data la care muzeul ar fi trebuit inaugurat, Gliński a anunţat că acesta va fuziona cu un muzeu alternativ, dedicat eroismului trupelor poloneze din timpul luptelor de la Westerplatte, din 1939. Fuziunea a fost o stratagemă evidentă : cum Muzeul Westerplatte abia dacă exista pe hârtie, el nu a reprezentat altceva decât o modalitate pentru crearea unei noi instituţii, astfel încât Gliński să-i poată înlătura pe Machcewicz şi pe membrii echipei lui şi să poată anula cei opt ani de muncă a lor. În zilele următoare, zeci de istorici din toată lumea, printre care şi eu însumi, i-au scris lui Gliński, solicitându-i să-şi reconsidere decizia. Apoi, avocatul poporului din Polonia şi-a pus problema legalităţii acestei fuziuni şi chestiunea a fost transferată judecătorilor.

Am vizitat expoziţia pe 22 ianuarie 2017, ca membru al unui grup select de istorici şi jurnalişti. Machcewicz şi echipa lui au dorit să ne prezinte în ziua aceea o previzualizare a muncii lor, pentru că nu erau siguri că vor mai avea vreodată şansa să o facă din nou : a doua zi, Curtea Supremă a Poloniei urma să dea verdictul asupra fuziunii celor două muzee. Întreaga situaţie a fost aproape insuportabil de încordată. Nu doar pentru că expoziţia în sine a fost o experienţă destul de emoţionantă – a fost un antidot la ideea că războiul este ceva măreţ mai puternic decât orice văzusem în vreun alt muzeu –, ci şi pentru că viitorul incert al expoziţiei făcea ca sentimentele să fie şi mai intense.

A doua zi după vizita mea, Curtea Supremă a susţinut decizia guvernului de a schimba tema centrală a muzeului, dar nu mult după aceea o altă curte i-a acordat lui Paweł Machcewicz o suspendare temporară a primei decizii. În momentul când scriu aceste rânduri încă nu se ştie dacă Machcewicz îşi va păstra funcţia şi dacă muzeul pe care el şi echipa sa l-au construit va fi modificat pentru a se adapta viziunii înguste a unei mici părţi din spectrul politic polonez.

Ceea ce demonstrează această poveste, la fel ca şi disputa pe tema Brexitului, este că istoria contează : după cum spunea George Orwell în 1949 : „Cine controlează trecutul controlează viitorul". Mai mult, ceea ce contează cel mai mult este istoria celui de-al Doilea Război Mondial ca piatră de temelie a culturii europene postbelice. Politicienii de pe întreg continentul ştiu din instinct că oricine controlează modul în care înţelegem războiul deţine un puternic instrument politic.

Istorici ca Paweł Machcewicz au încercat să prezinte războiul ca pe o experienţă comunitară, o tragedie globală care a afectat diferite zone ale lumii în moduri diferite, dar care totuşi a afectat întreaga lume. Este o viziune globală asupra istoriei, împărtăşită şi promovată de instituţii ca Uniunea Europeană, şi care lasă loc confruntării cu realitatea că nimeni nu iese dintr-un război mondial cu totul teafăr şi nemarcat. Pe de altă parte, naţionaliştii radicali nu vor decât să pună accentul pe suferinţa şi eroismul unei mici părţi din întreg, ca şi cum experienţa acesteia este singura care contează. Dau vina exclusiv pe străini şi promovează un discurs mitologic prin care să se asigure că se poate menţine statutul sacru şi fără pată al naţiunii. Într-o astfel de viziune globală, naţiunea este singurul grup care contează. Imaginea de ansamblu este sacrificată cu bună ştiinţă, dar şi ocaziile de reconciliere între foştii inamici, de dragul unităţii naţionale.

Ceea ce ideologii nu reuşesc adeseori să evalueze este că, în sine, „unitatea naţională" este un mit. Polonia nu vorbeşte pe o singură voce, aşa cum nu o fac nici Marea Britanie, Franţa sau orice altă ţară din Europa. Singurul lucru care le permite să îşi imagineze că sunt o comunitate unită este un anumit nivel de flexibilitate în ceea ce-i defineşte ca polonezi, britanici sau francezi. Orice încercare de a impune un punct de vedere unic va conduce în mod necesar la conflict.

Într-aceasta rezidă şi pericolul, întrucât, dacă o naţiune nu este altceva decât o comunitate imaginată, atunci ea poate fi reimaginată – nu doar ca grup mai mare, cum este Uniunea Europeană, ci şi ca succesiune de grupuri mai mici, desprinse din întreg. Aşa cum scria Altiero Spinelli în manifestul său de la Ventotene, când o mie de clopote răsună în urechile popoarelor Europei, ce le-ar opri să se împartă în „tendinţe, curente şi facţiuni, toate luptându-se între ele"?

Astăzi, la fel ca în 1945, nu doar Europa este divizată periculos, ci şi state ca Marea Britanie şi Polonia. Al Doilea Război Mondial, care odinioară a fost sursa de inspiraţie pentru ca naţiunile Europei să se unească, a devenit acum, în egală măsură, o sursă de inspiraţie pentru naţionalişti şi pentru separatiştii regionali – şi, practic, pentru oricine are ceva conturi de reglat. În concluzie, după mai bine de şaptezeci de ani, proiectul european postbelic a început să se fragmenteze.

Partea a VI-a

Zece mii de fragmente

21

Trauma

În secţiunea precedentă am analizat câteva dintre idealurile şi visurile care au determinat naţiunile să se rupă de imperii şi de alte organisme supranaţionale. Procesul a fost adeseori unul violent. Multe colonii nu doar că au trebuit să lupte pentru independenţa lor, ci au avut ulterior de suferit de pe urma unor conflicte civile, când grupuri cu ideologii diferite s-au luptat să obţină controlul guvernării. Dar puţini dintre cei care formează astăzi aceste naţiuni ar contesta faptul că, în cele din urmă, procesul nu a meritat. Pentru libertate, spun ei, merită să te lupţi.

Dar ce s-a întâmplat când ruperea unui popor de altul nu a fost alegerea lor? Cum este atunci când procesul are loc împotriva voinţei lor? În urma celui de-al Doilea Război Mondial nu s-au destrămat doar imperii, ci şi naţiuni, comunităţi şi familii, iar această fărâmiţare a fost adeseori una *făcută* nu de ei, ci *impusă* lor.

Un stat care a suferit în acest sens mai mult decât altele a fost Coreea. Colonizată de Japonia înainte de cel de-al Doilea Război Mondial şi exploatată nemilos în timpul conflagraţiei, Coreea a fost în cele din urmă eliberată de Aliaţi în 1945. Dar eliberarea de dominaţia japoneză nu i-a adus şi pacea. În loc de pace, ţara a fost împărţită de eliberatori – sovieticii în nord şi americanii în sud – ale căror viziuni contradictorii vor duce la scindarea violentă şi permanentă a Coreei în două state.

Pe când era tânără, Choi Myeong-sun a fost martoră la multe dintre aceste evenimente şi, prin urmare, a suferit propriile scindări. Povestea ei este emblematică pentru ceea ce înseamnă să fii neputincios în faţa forţelor brutale care îţi exploatează şi divizează ţara.

Choi s-a născut în 1926 într-o suburbie săracă din Seul. Chiar şi înainte de al Doilea Război Mondial a crescut însoţită de o spaimă de nedescris. Când Choi avea opt sau nouă ani, sora ei mai mare, care era foarte frumoasă, a dispărut subit. Timp de doi sau trei ani nimeni nu a ştiut ce i se întâmplase, iar mama lui Choi adesea o plângea zile întregi. Apoi, într-o bună zi, sora a reapărut. Arăta îngrozitor, „ca o cerşetoare... numai piele şi os". Nimeni nu i-a spus lui Choi ce se întâmplase, dar a aflat că poliţia japoneză ar fi fost cumva implicată şi i-a auzit pe vecini spunând că soarta oricărei femei frumoase era „să îndure destinul potrivnic". În următoarele luni, Choi a văzut cum sora îi este mistuită de o boală misterioasă. A murit la mai puţin de un an după aceea[1].

Când a izbucnit al Doilea Război Mondial, restul familiei a început repede să se destrame, cum avea să-şi amintească Choi mai târziu: „Eram deosebit de apropiată de al doilea frate al meu, dar el a fost luat în armată imediat ce a împlinit douăzeci de ani.

La scurt timp după aceea, fratele cel mare s-a mutat în Manciuria cu soţia şi copiii, în căutarea unei slujbe, iar eu am rămas singură cu părinţii. Îmi era foarte dor de cel de-al doilea frate al meu, deşi el ne scria din Hiroshima. Eram tot mai exasperată de sărăcia în care ne duceam traiul". În ianuarie 1945, Choi şi mama ei locuiau singure, venitul mamei fiind unicul lor mijloc de subzistenţă.

Într-o zi, un funcţionar de la Centrul Comunitar de Cartier a abordat-o pe Choi şi a întrebat-o dacă nu ar vrea să muncească în Japonia. Dacă va rămâne în Coreea, i-a spus, riscă să fie recrutată în Corpul Voluntarelor – un program japonez care le obliga pe femeile din Coreea să muncească gratuit în ramurile importante ale industriei de război. Dar, dacă va pleca în Japonia de bunăvoie, i se va da o slujbă bună, cu un salariu pe măsură.

Choi s-a gândit la propunere timp de câteva zile şi, pe măsură ce se gândea, pe atât îi plăcea tot mai mult ideea. Voia să contribuie la veniturile familiei, iar, dacă va merge în Japonia, va avea chiar şi posibilitatea să-şi întâlnească fratele. Choi i-a povestit mamei ce îi spusese funcţionarul, dar ea a implorat-o să nu plece. Părea că îi este frică de ceva, dar nu i-a spus despre ce era vorba. Oricum, Choi a decis să nu ia în seamă îngrijorarea mamei. A doua zi, în timp ce mama sa era la muncă, fata şi-a strâns o bocceluţă şi s-a prezentat la Centrul Comunitar de Cartier. Douăzeci şi patru de ore mai târziu, era pe vapor, în drum spre Japonia.

Slujba nu a fost deloc cea la care se aşteptase. Choi nu a fost dusă într-o fabrică sau la un birou, ci acasă la un militar de rang înalt. La început, nu a înţeles care îi erau îndatoririle, pentru că familia avea deja o cameristă şi o bucătăreasă. A fost dusă într-o cameră, i s-a dat să mănânce şi i s-a spus să aştepte. Slujba i-a devenit limpede abia în noaptea aceea, când ofiţerul a venit la ea în cameră şi a violat-o. S-a dovedit că soţia ofiţerului era bolnavă şi ţintuită la pat : Choi fusese adusă acolo pur şi simplu ca să satisfacă nevoile sexuale ale militarului.

În următoarele două luni, aproape în fiecare noapte Choi a fost supusă aceluiaşi chin. În timpul zilei, când ofiţerul era la serviciu, îşi petrecea ore în şir cu familia lui. Îi implora să o lase să plece, dar nimeni nu o lua în seamă. A apelat direct la soţia ofiţerului, căreia i-a spus că soţul ei ar iubi-o mai mult, dacă în casă nu ar exista o concubină. „Vreo două luni i-am tot bătut la cap, încât nevasta lui a început să se cam sature de mine. A devenit nesuferită, dar eu am continuat să o pisez, de dimineaţa până seara."

Până la urmă, soţia militarului a părut să cedeze şi i-a spus lui Choi să-şi facă bagajul. Din cale afară de bucuroasă, fata şi-a strâns lucrurile şi l-a urmat pe fiul ofiţerului până la o gară, unde a fost preluată de doi bărbaţi necunoscuţi. A crezut că o vor duce la un vapor cu care să se întoarcă acasă, însă cei doi au predat-o unui bordel pentru militari. Fusese din nou înşelată.

În următoarele cinci luni, Choi a fost silită să îndure ceea ce ea însăşi a descris ca fiind „iadul pe pământ". A fost închisă într-o celulă strâmtă, undeva într-o clădire care semăna cu un depozit păzit de bărbaţi înarmaţi. Era obligată să se culce cu peste douăzeci de soldaţi pe zi, adeseori chiar cu şi mai mulţi, cărora li se permitea să o trateze după cum aveau chef. Singurele persoane cu care putea avea contact erau bărbaţii pe care îi servea, paznicii şi japoneza care îi aducea din când în când de mâncare. Deşi mai erau şi alte femei care lucrau în bordelul acela, nu i s-a permis niciodată să le vorbească : toate erau ţinute în încăperi separate şi, în rarele ocazii când se întâlneau, rămâneau mute de teamă să nu fie pedepsite.

> Pentru că nu făceam cum mi se spunea, eram adeseori bătută. Leşinam şi, când se întâmpla, mi se făceau injecţii să mă aducă în simţiri... Am fost bătută adesea pentru că îmi acopeream faţa cu poala fustei, pentru că nu le făceam felaţii când mi se ordona, pentru că vorbeam în coreeană şi nu în japoneză şi tot aşa. Am fost atât de bătută, încât cred că îmi pierdusem orice speranţă. Zăceam doar, ca un cadavru, cu ochii deschişi, dar privind în gol.

Până la urmă, lunile de abuz continuu şi-au spus cuvântul. Vaginul i s-a inflamat şi a devenit tot o rană, a început să miroasă urât, dar a fost forţată să lucreze în continuare. Un medic a venit să o vadă şi i-a dat tot felul de pastile şi de injecţii, dar starea ei a continuat să se deterioreze. Până la urmă, a ajuns atât de bolnavă, încât bordelul nu a mai putut să o folosească. Într-un final, a fost urcată pe un vapor şi trimisă acasă în Coreea.

Choi a ajuns înapoi la Seul în iulie, la fel de săracă precum un cerşetor şi atât de bolnavă, că abia putea să meargă. Când a ajuns acasă, împleticindu-se, mama ei a izbucnit în plâns. Nu a întrebat-o niciodată unde fusese, dar părea că ştie totul. Plângea des şi striga că ambele ei fiice au fost nenorocite în acelaşi fel. Choi a fost trimisă la spital, unde s-a descoperit că fusese însărcinată, dar copilul murise. Motivul pentru care era atât de bolnavă era că fetusul putrezea în ea.

În vara aceea, Coreea a fost eliberată de sub japonezi. În timp ce ţara se lupta să-şi revină, Choi s-a luptat şi ea să se pună iar pe picioare. S-a căsătorit cu un vecin şi i-a făcut acestuia un fiu ; dar soţul a început curând să o bată şi, până la urmă, a dat-o afară din casă, spunându-i că luase sifilis de la ea. Choi s-a recăsătorit ulterior, a mai făcut patru copii, dar situaţia familiei ei nu a fost niciodată una fericită : „Când am împlinit treizeci de ani, am devenit tot mai agitată şi confuză mintal. Am simţit deodată că îmi urăsc bărbatul, simţeam cum fierbe sângele în mine şi apoi îmi îngheţa, făceam crize, strigam la el să plece... Mă speriam când întâlneam oameni şi tremuram la auzul oricărui zgomot mai puternic. Am rămas închisă în casă timp de treizeci de ani şi m-am târât în mâini şi în genunchi". Nu îndrăznea să discute cu nimeni despre trecutul ei, de teama a ceea ce ar putea crede cineva despre ea şi despre copiii ei.

Pe la mijlocul anilor 1980, Choi Myeong-sun locuia împreună cu fiul ei cel mai mare, pe atunci în vârstă de peste patruzeci de ani. Sănătatea lui mintală s-a deteriorat brusc şi a fost internat într-un spital de psihiatrie spre a fi examinat. Choi, care învăţase nu de mult să meargă în picioare din nou, a fost chemată să aibă o discuţie cu doctorii. Au întrebat-o dacă a avut vreodată sifilis : bănuiau că fiul ei contractase boala intrauterin de la ea, iar acum bacteria îi afectase creierul. Femeia şi-a lăsat capul în piept şi a început să plângă, nefiind în stare să mai scoată vreun cuvânt.

Conform teoriei psihanalitice, mintea omenească pur şi simplu nu este pregătită să facă faţă genului de traume pe care fusese obligată să le îndure Choi Myeong-sun. Reacţia firească în faţa unei ameninţări extreme este fie fuga, fie lupta, dar când suntem împiedicaţi să o facem – când suntem lipsiţi de putere în faţa unui posibil viol sau a torturii –, mintea noastră ajunge să fie inundată de o teamă existenţială. Experienţa extremă dă peste cap procesele delicate prin care mintea se reglează, de obicei, singură. Scuturile mintale care ne protejează de stimulii exageraţi din viaţa noastră cotidiană se prăbuşesc deodată. Modul vigilent în care până în acel moment ne-am gândit existenţa, felul în care am ţinut în balanţă raţiunea şi dorinţele inconştientului nostru, amintirile noastre despre ce este bine şi ce e rău, ascuns inventariate – totul devine deodată fără sens în faţa ameninţării aceleia[2].

Uneori, trauma de acest gen poate să aibă efecte severe pe termen lung, mai ales dacă este o traumă prelungită sau repetată, cum i s-a întâmplat lui Choi Myeong-sun. Supraviețuitorii își pierd capacitatea de a deosebi între ce este real și ce este amintire, între trecut și prezent – și suferă de rememorări prin care trăiesc senzații reale, ca și cum trauma s-ar repeta. În cazurile cele mai grave, oamenii pot suferi divizări profunde ale personalității și pot ajunge incapabili să mai acționeze.

Choi Myeong-sun a suferit multe dintre simptomele clasice a ceea ce astăzi este îndeobște cunoscut ca sindromul de stres posttraumatic. După întoarcerea din Japonia, Choi nu a vorbit zeci de ani despre ce i se întâmplase – e de presupus că, parțial, motivul a fost că nu suporta să se confrunte cu întreaga grozăvie a faptelor, dar și că nu putea avea încredere că ar înțelege-o cineva. Incapacitatea ei de a face față lumii exterioare s-a manifestat printr-o gravă agorafobie. Toate relațiile ei cu ceilalți au fost otrăvite de ceea ce trăise. A încercat să anihileze durerea cu tranchilizante, de care a devenit dependentă, dar, cum ele nu au avut efect, Choi a devenit foarte agresivă față de ea însăși. A petrecut ani de zile într-o relație abuzivă cu soțul ei, pentru că nu credea că merită mai mult, iar simptomele psihosomatice pe care le-a căpătat au obligat-o literalmente să se deplaseze târându-se în mâini și în genunchi vreme de decenii. A fost vorba despre o manifestare pe care Anna Freud a numit-o „identificarea cu agresorul" : s-a pedepsit pe sine, exact așa cum alții o pedepsiseră în timpul războiului.

Probabil că partea cea mai sfâșietoare a poveștii ei este finalul – momentul când a înțeles că îi transmisese fiului ei sifilisul pe când acesta era un prunc. La sfârșitul anilor 1980, când a fost intervievată de un ONG coreean care desfășura o cercetare despre sclavia sexuală din timpul războiului, tot ce a reușit să spună despre fiul ei a fost : „Este vina mea. I-am distrus viața". În mintea ei, îi făcuse fiului ceea ce i se făcuse ei – îl infectase, îi distrusese viața. Devenise ea criminalul.

Traumă și neputință

Poate că Choi Myeong-sun și-ar fi revenit mai ușor, dacă mediul în care s-a reîntors ar fi fost unul stabil, dar și Coreea trecuse prin propriile ei traume. Între 1939 și 1945, cel puțin 750.000 de coreeni au fost recrutați cu forța ca să muncească în fabricile japoneze, iar alte 750.000 au fost mobilizați „voluntar". Fratele mijlociu al lui Choi Myeong-sun a fost unul dintre ei. Femeile au fost recrutate și ele, de obicei pentru tot felul de activități. Conform legislației coloniale japoneze, toate femeile cu vârsta cuprinsă între 14 și 45 de ani erau obligate să participe anual în Corpul Serviciului Național de Muncă timp de două luni. Spre sfârșitul războiului, femeile au mai fost recrutate cu forța – pe o perioadă mai lungă – și în „Corpul de Voluntare", tocmai cel pe care Choi Myeong-sun încercase să-l evite plecând în Japonia. Recrutarea celor care erau numite eufemistic „femei de reconfortare" a fost doar vârful icebergului : era partea cea mai nemiloasă a unui sistem mai amplu de sclavie colonială[3].

Din nefericire, sfârșitul războiului și finalul dominației japoneze nu au pus capăt și senzației de neputință a coreenilor. Spre deosebire de popoarele Indoneziei sau Vietnamului – sau, de cealaltă parte a globului, ale Italiei ori Franței –, coreenii nu au cunoscut niciodată bucuria de a lua parte la propria eliberare. Subjugarea lor de către administrația japoneză a durat până în ultimele clipe ale celui de-al Doilea Război Mondial, moment în care un alt grup de străini a venit şi a preluat controlul – sovieticii în nord, americanii în sud. Coreenii înşişi păreau să nu aibă niciun control asupra propriului lor destin.

În nord, sosirea sovieticilor nu a prevestit nimic bun. Conform buletinelor informative şi documentelor diplomatice din perioada respectivă, trupele sovietice din primul val au fost violente şi indisciplinate : s-au îndreptat spre sud jefuind, au golit toate magazinele şi depozitele din calea lor, au demontat fabricile şi au trimis componentele în URSS, au atacat localnicele la întâmplare. Încă o dată, soarta „femeilor de reconfortare" a militarilor părea să fie emblematică. Mun Pilgi, o coreeancă silită să lucreze într-un bordel din Manciuria, a descris momentul eliberării ei ca pe un alt episod dintr-o traumă care dura de multă vreme : „Acum, că dispăruseră japonezii, ruşii erau cei care încercau să ne violeze". Femeia a fost silită să fugă de sovietici şi s-a întors la Seul pe jos[4].

Experienţa coreenilor din sudul ţării a fost la fel de demoralizantă şi, din nou, modul în care au fost tratate „femeile de reconfortare" spune foarte multe. Pak Duri, o coreeancă închisă într-un lagăr pentru sex din Formosa (Taiwanul de astăzi), a susţinut că a mai fost ţinută de americani timp de încă trei luni după aşa-zisa ei eliberare. Singura diferenţă reală între a satisface soldaţii japonezi şi pe cei americani a fost că americanii lăsau bacşişuri mai mari : dacă asta era „libertatea", atunci ea nu prevestea nimic bun pentru ţară[5]. Sigur că în 1945, atunci când trupele americane au sosit în sudul Coreei, nu au epurat imediat ţara de japonezi şi de colaboratorii lor, iar din considerentul menţinerii legii şi ordinii, au lăsat lucrurile mai mult sau mai puţin neschimbate. Colaboraţioniştii nu au fost niciodată aduşi în faţa justiţiei şi forţele de poliţie au rămas cu totul neepurate. Reacţia faţă de modul cordial, chiar prietenos în care americanii i-au tratat pe japonezii învinşi a fost una de furie generală, deşi în mare măsură neputincioasă[6].

Istoricii au comparat adeseori acţiunile sovieticilor cu ale americanilor în zonele pe care fiecare le controla în Coreea. În general, sovieticii au fost brutali, dar eficienţi, în timp ce americanii au venit cu intenţii bune, dar fără un plan clar de acţiune, lăsând cea mai mare parte a sudului coreean într-o stare vecină cu haosul. Astfel de comparaţii omit însă un element de importanţă vitală : ceea ce conta pentru cei mai mulţi dintre coreeni era faptul că erau în continuare conduşi de alţii.

Faptul a devenit evident la sfârşitul anului 1945, când Aliaţii au anunţat un plan conform căruia ţara urma să fie guvernată ca un teritoriu sub tutelă, supravegheat de Marea Britanie, China, Uniunea Sovietică şi Statele Unite. Imediat ce ştirea a devenit publică, s-au declanşat proteste de ambele părţi ale paralelei 38. La nord, politicienii moderaţi şi naţionalişti, care până atunci cooperaseră cu sovieticii, au demisionat în masă. Sovieticii au reacţionat arestându-i pe toţi, inclusiv pe unul dintre cei mai populari lideri din ţară, Cho Man-sik, a cărui neclintită integritate îi adusese porecla de „Gandhi al Coreei". Nu a mai fost văzut niciodată şi se spune că a fost executat la începutul Războiului din Coreea. În sud, pe de altă parte, au avut loc greve şi demonstraţii extinse : şcolile au fost închise, la fel şi fabricile, magazinele şi căile ferate. Unele proteste au fost violente. De exemplu, când americanii au făcut presiuni asupra unui politician local ca să susţină planul de tutelă, omul a fost găsit mort a doua zi dimineaţă : fusese împuşcat în cap în faţa casei sale[7].

Ceea ce îi deranja atât de mult pe coreeni era felul în care ambele superputeri păreau hotărâte să instaleze în ţară propriul sistem de putere şi control, aşa cum făcuseră şi japonezii cu câteva decenii înainte.

În nord, sovieticii au instalat un guvern stalinist, prosovietic, condus de Kim Ir-sen, o marionetă a lor. Toţi cei care s-au opus noului regim sau şi-au exprimat opinii fie şi doar moderat antisovietice au fost arestaţi sau înlăturaţi din funcţie. La sfârşitul anului 1945, mulţi dintre cei care locuiau în zona de nord ajunseseră deja la disperare : refugiaţii au început să se reverse spre sud, într-un ritm de 6.000 pe zi. Conform publicaţiei *New York Times*, până în iulie 1947 aproape 2 milioane de oameni fugiseră în zona americană[8].

În sud, pe de altă parte, americanii au susţinut o coaliţie de expatriaţi coreeni conservatori, naţionalişti de dreapta şi latifundiari bogaţi, dintre care unii fuseseră adânc implicaţi în colaborarea cu japonezii. Syngman Rhee, cel care a devenit lider, era brutal şi autoritar şi a condus represiunea la scară largă asupra comuniştilor, socialiştilor, celor de stânga şi moderaţilor deopotrivă, iar perioada conducerii lui a fost marcată de repetate masacre, cărora le-a căzut victimă populaţia civilă nevinovată.

Când americanii şi sovieticii şi-au retras în sfârşit trupele, în 1948, ţara era complet polarizată şi a rămas divizată în două. Toate încercările de a stabili elemente de înţelegere reciprocă între nordul comunist şi sudul naţionalist au eşuat şi ambele guverne provizorii au refuzat să sprijine orice formă de acord pentru o conducere comună. Reunificarea a început să pară imposibil de realizat fără folosirea forţei. Au fost îndeplinite astfel condiţiile pentru Războiul din Coreea, unul dintre cele mai brutale conflicte din a doua jumătate a secolului XX.

Război civil

De obicei, istoricii prezintă Războiul din Coreea ca fiind primul conflict deschis din noul Război Rece dintre superputeri şi este sigur că, fără implicarea superputerilor, el nu ar fi evoluat aşa cum a făcut-o. Coreea de Nord a folosit încă de la bun început consilieri sovietici şi, după etapa iniţială a războiului, i s-au alăturat circa 200.000 de soldaţi comunişti chinezi. Sud-coreenii, pe de altă parte, s-au sprijinit substanţial pe o coaliţie fără precedent, formată din alte cincizeci şi şapte de ţări, în frunte situându-se, desigur, Statele Unite[9]. Într-un fel, Războiul din Coreea a reprezentat deci un microcosmos al tensiunilor care au divizat întreaga lume după 1945. Scindarea ideologică răspunzătoare pentru împărţirea Coreei a fost aceeaşi cu cea care a fracţionat Europa şi care va continua să dividă lumea întreagă în cea de a doua jumătate a secolului XX. O astfel de interpretare ignoră însă faptul că a existat şi un război civil, dus mai ales de coreeni, şi nu explică nici brutalitatea excesivă a violenţei îndreptate adesea asupra populaţiei civile, şi nu asupra soldaţilor.

Ura dezlănţuită în timpul războiului a fost mult mai adâncă decât se poate explica raţional şi s-a aflat într-o relaţie la fel de strânsă cu al Doilea Război Mondial ca şi cu Războiul Rece. Mulţi dintre ofiţerii ambelor tabere fuseseră instruiţi de armata japoneză şi asimilaseră etosul ei violent naţionalist. Unii fuseseră poliţişti în Coreea înainte de 1945 şi aveau deja experienţă în a se comporta violent, fără teamă de consecinţe. Alţii luptaseră în străinătate în perioada cuceririi japoneze a unor teritorii din China şi din Asia de Sud-Est şi fuseseră deja implicaţi în atrocităţile de acolo. Chiar şi cei care nu au fost niciodată instruiţi de japonezi tot aveau în subconştientul lor amintiri despre ocupaţia japoneză. În Coreea de Nord mai exista şi un alt nivel adiţional de lideri politici - cei care trăiseră în Uniunea Sovietică în ultimii treizeci de ani şi fuseseră martori direcţi ai terorii staliniste. Într-un fel sau altul, cei mai mulţi dintre coreeni deţineau un soi de model psihologic de oprimare crâncenă, iar frica de a cădea victimă acestei oprimări a fost cea care i-a împins să acţioneze atât de brutal pe cât au făcut-o.

De la început şi până la final, Războiul din Coreea s-a caracterizat printr-o cruzime ieşită din comun. Când nord-coreenii au atacat pentru prima oară sudul, regimul sud-coreean a răspuns omorând peste 100.000 de presupuşi stângişti, aproape toţi fiind civili nevinovaţi. Când s-a întors roata şi sud-coreenii au pornit în marş spre nord, Coreea de Nord a reacţionat la fel. Cel mai notoriu masacru comis de comuniştii în retragere a fost cel de la închisoarea din Taejŏn, unde între 5.000 şi 7.000 de omeni au fost executaţi în masă - dar astfel de scene au avut loc pretutindeni în ţară. Pentru americani, masacrul a trezit imediat amintirile celui de-al Doilea Război Mondial: *Washington Post* chiar a supranumit locul unuia dintre masacre „Buchenwaldul Roşu"[10].

La fel ca în al Doilea Război Mondial, femeile au ajuns din nou să fie supuse exploatării sexuale. Ca un ecou cutremurător al sistemului japonez, armata Coreei de Sud a înfiinţat şi ea „baze speciale de reconfortare" pentru trupele ei, unde femeile nord-coreene prinse erau supuse exact aceloraşi forme de sclavie sexuală pe care fuseseră silite să le îndure şi femei ca Choi Myeong-sun în 1945. Singura diferenţă majoră a fost că, în timp ce japonezii aplicaseră asemenea rele tratamente mai ales unor femei străine, coreenii le aplicau femeilor de aceeaşi naţionalitate cu ei[11].

Războiul din Coreea a durat trei ani şi a avut drept rezultat moartea a circa 1,25 milioane de oameni, o mare parte dintre ei fiind civili. Când, în cele din urmă, s-a încheiat, în iulie 1953, noul acord de armistiţiu a stabilit o linie de separaţie situată nu departe de paralela 38, acolo unde cele două tabere începuseră lupta. Războiul nu rezolvase nimic.

Din punct de vedere psihologic, tot ceea ce a făcut cu adevărat războiul a fost să întărească şi mai mult ideea că pentru a supravieţui e necesar să se recurgă la brutalitate: într-o lume în alb şi negru, de călăi şi victime, ambele părţi învăţaseră că era mai bine să fii criminalul.

A fost şi aceasta tot o moştenire a celui de-al Doilea Război Mondial şi a perioadei de dominaţie imperială japoneză. Este interesant că după 1945, atât Coreea de Nord, cât şi Coreea de Sud au fost conduse de dictaturi represive. Ambele regimuri dispreţuiau slăbiciunea care îi făcuse să fie subjugaţi de japonezi şi erau decise să pedepsească orice comportament care le amintea de acea slăbiciune. Acest mod de gândire implică ironii dureroase. În anii 1960 şi 1970, dictatorul militar al Coreei de Sud, Park Chung-hee, a criticat „mentalitatea servilă" a ţării sale faţă de străinii puternici, în timp ce el însuşi îşi supunea propriul popor unei brutale represiuni. La fel, în Coreea de Nord, Kim Ir-sen critica mentalitatea „supusă" a oamenilor faţă de străini, cerându-le în acelaşi timp să i se supună chiar lui.

Asemenea atitudini au continuat să domine gândirea oficială din Coreea de Sud până prin anii 1980; în nord, ele continuă şi astăzi. Pedeapsa autoimpusă pe care o implică este de-a dreptul sfâşietoare: la fel ca şi Choi Myeong-sun, naţiunea a învăţat să se târâie în genunchi[12].

Rememorări

Subconştientul colectiv coreean a fost profund marcat de experienţa cuceririi japoneze. Dacă mai există vreo îndoială asupra acestui aspect, nu trebuie decât să avem în vedere accesele de spaimă şi sentimentul antijaponez de care a fost cuprinsă periodic naţiunea în anii care au urmat celui de-al Doilea Război Mondial.

În 1948, de pildă, când americanii au adus cu ei câţiva funcţionari japonezi care să-i ajute să stabilizeze economia sud-coreeană, imediat au început să circule zvonuri furibunde că „Japonia a fost reînarmată şi i se va permite să cucerească iar Coreea". Brusc, ziarele coreene au inserat numeroase editoriale furioase. „Revin duşmanii noştri, japonezii, pe pământul nostru ? ", se întreba cu indignare *Chosun Ilbo*. Pe 24 iunie, o coaliţie de douăzeci şi şase de grupări politice diferite au emis o declaraţie comună în care susţineau că „elemente imperialiste din Japonia, instigatoare ale celui de-al Doilea Război Mondial, au încercat să se înarmeze şi să ocupe din nou Coreea". Imediat, politicieni precum Kim Gu au început să facă apel la „lupta neîntreruptă a celor 30 de milioane de coreeni pentru a scăpa definitiv ţara de toţi exploatatorii japonezi". Astfel de afirmaţii nu erau doar o simplă retorică politică : ele reflectau şi teama subconştientă, iraţională, dar veritabilă, că din nou Coreea ar putea să cadă sub dominaţia japoneză[13].

Aceste temeri au fost reprimate de evenimentele din anii următori, dar în 1965 ele au reizbucnit printr-o serie de uriaşe demonstraţii antijaponeze pe străzile din Seul. De această dată, principalul declanşator a fost semnarea unui recent tratat de normalizare a relaţiilor cu Japonia. Japonia îşi intensificase puterea în regiune, la fel şi SUA, şi existau uriaşe resentimente faţă de faptul că de curând Coreea de Sud începuse să-şi redefinească interesele în raport cu ambele ţări.

Între timp, reînnoita subordonare a Coreei faţă de SUA şi Japonia era simbolizată de încurajarea unei noi industrii a sexului extinse, care deservea numeroşi turişti japonezi, precum şi pe soldaţii şi marinarii din bazele militare americane. Exploatarea continuă a coreencelor – şi, prin extensie, a Coreei înseşi – a stârnit amintiri neplăcute din trecut[14].

În anii din urmă au fost multe alte asemenea amintiri din cel de-al Doilea Război Mondial. Cel mai sugestiv dintre ele a fost revenirea în atenţia opiniei publice, în 1990, a chestiunii „femeilor de reconfortare" pentru militari. Coreea de Sud tocmai ieşise dintr-o lungă perioadă de dictatură militară, iar în noul climat democratic din ţară, câteva foste sclave sexuale s-au simţit în sfârşit în stare să povestească prin ce trecuseră. A fost perioada când şi Choi Myeong-sun şi-a depănat pentru prima dată povestea vieţii ei.

Aceste dezvăluiri au provocat încă o dată sentimente profunde în toată Coreea de Sud. În 1992, când premierul Japoniei a vizitat Coreea, în faţa Ambasadei Japoniei de la Seul a avut loc o demonstraţie în care protestatarii au cerut ca Japonia să-şi ceară scuze. Nu a durat prea mult şi demonstraţiile de acest gen au devenit săptămânale. Timp de peste douăzeci de ani, în fiecare miercuri, oamenii s-au adunat în faţa ambasadei, iar fostele femei de reconfortare, precum Choi Myeong-sun, au devenit simbolul viu al victimizării naţionale a Coreei. În 2011, în onoarea lor a fost ridicat un monument : o statuie din bronz reprezentând o tânără în genunchi, cu pumnii încleştaţi şi privirea aţintită spre Ambasadei Japoniei. Ca reacţie la toate aceste presiuni, în final, guvernul japonez a cedat. În decembrie 2015, a convenit să contribuie cu un miliard de yeni (circa

8 milioane de dolari) la înfiinţarea unei fundaţii dedicate vindecării suferinţelor psihologice ale fostelor femei de reconfortare[15].

În unele privinţe, asemenea evenimente recente reprezintă un pas înainte spre însănătoşirea Coreei de Sud, care, în sfârşit, poate să discute deschis despre suferinţele pe care le-au avut de îndurat femeile acestei ţări în perioada războiului. Accentul pus pe vindecarea rănilor lor psihologice a fost şi o recunoaştere a traumei pe care au suferit-o în trecut şi pe care continuă să o sufere şi azi. Totuşi, modul în care sud-coreenii au tratat chestiunea nu înseamnă decât că au fost dezvăluite tot atâtea fapte cam câte au fost ascunse. Nu trebuie decât să arunci o privire la mărturisirile acestor femei devenite sclave sexuale ca să vezi că multe dintre aspectele legate de traumele lor nu au fost abordate. Primul bărbat care a trădat-o pe Choi Myeong-sun şi a condamnat-o la o viaţă de sclavă nu a fost un japonez, ci un coreean de la Centrul Comunitar de Cartier. Alte femei au vorbit despre violurile sovieticilor sau despre exploatarea sexuală de către americani, fapte care au continuat mult după încheierea celui de-al Doilea Război Mondial. Toate au suferit extrem de mult în ultimii ani, nu doar de pe urma traumei lor iniţiale, ci şi din cauza stigmatului pe care societatea sud-coreeană l-a pus asupra lor.

A existat şi o altă problemă, mai generală. Feministele au subliniat că violenţa faţă de femei a fost endemică în societatea sud-coreeană şi au produs statistici şocante despre violenţa sexuală şi domestică din ţară[16]. Alţi universitari au atras atenţia asupra naturii represive a diverselor regimuri coreene de după al Doilea Război Mondial, care s-au dovedit brutale nu doar cu femeile, ci cu întreaga societate. Un specialist a numit dictatura militară sud-coreeană din anii 1960 un regim „necropolitic" : cu alte cuvinte, un regim

„Guvern japonez! Cereţi-vă oficial scuze «femeilor de reconfortare», victime ale soldaţilor japonezi!" O femeie ţine o pancartă la una dintre demonstraţiile de miercuri din faţa Ambasadei Japoniei din Seul. Fotografia a fost făcută în anul 2013, la peste douăzeci şi unu de ani de la iniţierea primelor proteste săptămânale.

care se dezvoltă tratând populaţia ca pe nişte obiecte, storcând ultimul strop de vlagă din oameni, pentru ca mai apoi să-i abandoneze. Atitudinea acestui regim faţă de „femeile de reconfortare" şi faţă de comerţul cu carne vie – care a contribuit din plin la PIB-ul Coreei – a fost simbolul lui absolut. Toate aceste aspecte au reprezentat şi ele o moştenire a celui de-al Doilea Război Mondial[17].

Povestea lui Choi Myeong-sun, ca şi povestea Coreei în ansamblu, atestă cât de răspândite au putut fi efectele traumei. Chiar şi azi Coreea de Sud este abia în primele faze ale confruntării cu trecutul ei, mai ales atunci când vine vorba despre ororile pe care coreenii le-au comis asupra conaţionalilor lor, ca o reacţie la neputinţa resimţită în timpul ocupaţiei japoneze. Coreea de Nord, care se află încă sub un sălbatic regim represiv, nici măcar nu a început acest proces.

Naţiuni scindate

Într-o oarecare măsură, povestea Coreei în timpul şi după cel de-al Doilea Război Mondial este povestea noastră, a tuturor. Al Doilea Război Mondial a reprezentat o traumă la nivel global, una care a dezlănţuit asupra lumii forţe uriaşe pe care nimeni nu le-a mai putut controla. În timpul războiului, multe naţiuni au fost la fel de neputincioase în privinţa destinului lor ca şi Coreea. Chiar şi învingătorii incontestabili ai războiului, Marea Britanie, SUA şi URSS, au fost împinşi către violenţă împotriva voinţei lor şi au plătit un preţ uriaş în vieţi omeneşti şi bunuri materiale. Au fost, desigur, diferenţe imense din punctul de vedere al experienţei trăite, atât între indivizi, cât şi între naţiuni, dar nimeni nu a scăpat fără să fie afectat într-un fel sau altul. Traumele suferite de oameni precum Choi Myeong-sun au devenit parte din experienţa noastră comunitară: fie că suntem sau nu coreeni, istoria ei este una ce rezonează în toată lumea[18].

În urma războiului, în Coreea s-a dezvoltat o cultură a martiriului ce va ajunge să fie familiară oamenilor din toate naţiunile care în timpul războiului au suferit de pe urma ocupaţiei sau celor care s-au scuturat de jugul imperial în anii următori. La fel ca mai peste tot, şi Coreea a sperat după 1945 într-o renaştere şi în şansa ei de a construi ceva nou, bazat pe principiile libertăţii, egalităţii şi progresului. Cel mai mult au sperat coreenii în unitate – nu în unitatea măreaţă, globală, care era visul unora de felul lui Cord Meyer sau Garry Davis, ci în unitatea naţională, care să menţină împreună cele două jumătăţi ale ţării. Atât nord-coreenii, cât şi sud-coreenii au făcut ce au putut pentru a forţa împlinirea acestui deziderat, dar au descoperit, încă o dată, că nu stătea în puterea lor.

Coreea nu a fost singura naţiune pe care străinii au despărţit-o în două. Vietnamul a fost şi el vreme de mulţi ani rupt în două de Războiul Rece. Iranul a suferit aceeaşi soartă timp de câţiva ani, înainte ca sovieticii să fie convinşi să se retragă. În Europa a fost şi mai rău. Aici, schisma dintre Est şi Vest s-a manifestat la o scară impresionantă, prin divizarea întregului continent, care va continua timp de peste patruzeci de ani să fie despărţit de o „Cortină de Fier" metaforică. Scindarea s-a manifestat la scară naţională atunci când Germania a fost ruptă în două, la fel cum s-a întâmplat şi cu Coreea. La o scară mai mică, oraşe ca Viena şi Berlin au fost şi ele scindate. Zidul care despărţea Berlinul de Vest capitalist de Berlinul de Est comunist va deveni unul dintre cele mai puternice simboluri ale secolului XX.

Colapsul imperiului a produs scindări similare. Când britanicii s-au retras din India, în 1947, au despărţit ţara în două, o Indie preponderent hindusă la sud şi un Pakistan preponderent musulman la nord-est şi nord-vest. Soarta a zeci de milioane de oameni a fost aşadar hotărâtă nu printr-un act de autodeterminare, ci prin deciziile pripite ale unor birocraţi britanici. Falia geopolitică astfel creată nu şi-a pierdut deloc volatilitatea în deceniile care au urmat, când India şi Pakistan s-au angajat în propria lor versiune locală de război rece, cu tot cu arme nucleare.

Divizarea Palestinei a dus la rezultate la fel de neliniştitoare. În 1947, ONU a elaborat un plan de separare fără contribuţia sau acordul populaţiei arabe. Separarea a fost urmată de un război civil în care Israelul a luat în posesie o porţiune şi mai mare de teritoriu. Sentimentul de neputinţă pe care această situaţie l-a generat în rândul arabilor palestinieni a stat la baza conflictului care afectează şi astăzi regiunea.

Moştenirea cea mai nocivă lăsată de tulburările traumatice provocate de al Doilea Război Mondial este sentimentul de neputincioasă umilinţă pe care acestea l-au generat. Este un fapt valabil pentru toţi cei care au fost „martirizaţi" în timpul războiului şi după aceea, chiar şi pentru cei cărora le place să creadă că şi-au revenit de mult. Când o comunitate sau o naţiune este siluită şi însăşi existenţa ei ameninţată, ea păstrează adânc în sufletul ei colectiv amintirea acelei agresiuni. Dar, dacă siluirea şi umilinţa trăite de un popor sunt prelungite şi dacă poporului nu i se asigură niciodată un mediu stabil în care să-şi revină, atunci şansele ca trauma să fie rezolvată devin nule.

Atunci când sunt analizate societăţile oricăreia dintre naţiunile atât de violent separate în timpul şi ulterior războiului, ar fi bine să nu se uite ce i-a spus Choi Myeong-sun unui reprezentant al Consiliului Coreean care a intervievat-o la începutul anilor 1990: „Pe dinafară par normală, dar sufăr de o tulburare nervoasă", i-a zis. „Cine ar putea să bănuiască de ce agonie interioară sufăr purtând povestea aceasta groaznică îngropată în inima mea?"

22

Pierderea

Evghenia Kiseleva a fost cândva fericită. Înainte de război, când nu avea nici douăzeci şi cinci de ani, locuise în orăşelul minier Pervomaisk, din regiunea Luhansk, în Ucraina. Era căsătorită cu un bărbat chipeş, pe nume Gavriil, şeful brigăzii de pompieri a oraşului, de care era foarte îndrăgostită. Mergea în fiecare zi să lucreze la un magazin alimentar, unde vindea peşte femeilor din oraş ; şi în fiecare seară revenea acasă la bărbatul ei. Aveau deja un băiat, iar la sfârşitul anului 1940 mai era unul pe drum.

Pentru Evghenia, războiul a reprezentat o traumă din care nu avea să-şi mai revină niciodată. „Trăiam împreună cu soţul meu fericiţi, dar în 1941, când a izbucnit războiul, am fost despărţiţi pentru totdeauna. Şi aşa au început chinurile mele."[1] Gavriil a plecat la armată, iar Evghenia, care acum îl alăpta pe copilul abia născut, s-a mutat la părinţii ei.

Nu mult după aceea au fost luaţi de valul forţelor uriaşe ale celui de-al Doilea Război Mondial. Casa părinţilor ei a fost lovită de un obuz german care i-a ucis mama şi i-a rănit grav tatăl. Explozia l-a orbit temporar şi pe fiul ei cel mare. Evghenia s-a trezit deodată responsabilă pentru ei toţi. De dragul siguranţei lor, a fost nevoită să-şi abandoneze mama, moartă între ruinele casei, fără să o îngroape. Şi-a urcat tatăl rănit într-un cărut şi l-a împins până la un spital de campanie german –, dar înainte de a primi ajutor piciorul bătrânului s-a infectat grav. A murit sub ochii ei. În zilele următoare, şi-a târât copiii de la un adăpost la altul, îngrozită de soldaţii invadatori, de o veritabilă apocalipsă de „obuze, tancuri, obuziere, mitraliere" şi de o „teamă sfântă". Când, ulterior, a descris războiul, l-a asemuit „Judecăţii de Apoi"[2].

Când războiul s-a sfârşit, Evghenia s-a pornit să-l caute pe Gavriil. O vreme s-a temut de ce era mai rău, dar s-a dovedit că există mai multe feluri în care poţi să-ţi pierzi bărbatul în război. Când a dat în sfârşit de urma lui, în 1946, a aflat că în perioada îndelungatei lor despărţiri Gavriil se încurcase cu alte două femei – aparent, se căsătorise cu ambele şi fiecare îi făcuse câte un copil. Reîntâlnirea lor a fost stânjenitoare, ca să nu spunem mai mult. Bărbatul a adus-o de nevoie pe Evghenia în noul său apartament, unde ea a petrecut o noapte de nesomn îngrozitoare, împărţind camera cu el şi cu una din noile lui „soţii". A doua zi, a pornit spre casă, înfrântă. „Nici drumul nu-l vedeam din pricina lacrimilor."[3]

Din ziua aceea, Evghenia nu a mai ştiut ce e iubirea. După ce s-a întors în oraşul natal, s-a mutat cu un miner pe nume Dmitri Tiuricev, invalid de război, dar omul s-a dovedit a fi un beţiv şi un afemeiat, fiind adesea violent cu ea şi cu copiii ei. Timp de douăzeci de ani s-a luptat cu el, dar în 1966 l-a părăsit definitiv. În tot acest răstimp, nu a divorţat de Gavriil : de fapt, în 1978, când bărbatul a murit, Evghenia încă mai era soţia lui legitimă.

Nici relaţiile ei cu restul familiei nu au fost ideale. Fiii ei au crescut şi s-au căsătorit, dar ea s-a ciorovăit necontenit cu soţiile lor şi uneori chiar s-a luat la bătaie cu ele. Toată familia ei a avut probleme cu excesul de alcool ; dar, pe de altă parte, la fel erau toţi cei pe care îi cunoştea : „secolul votcii", aşa a numit ea epoca în care a trăit[4].

Spre sfârşitul vieţii, a locuit singură, o bătrână ursuză căreia doar televizorul îi ţinea tovărăşie. Privind în urmă, a învinovăţit războiul pentru situaţia în care ajunsese, dar nu în acelaşi mod în care o făcuse Choi Myeong-sun. Ceea ce o bântuia pe Evghenia nu era amintirea traumei pe care o trăise, ci mai degrabă pierderea a ceva ce ar fi putut să fie. Plângea mai ales pierderea lui Gavriil, prima ei iubire. „Era aşa de frumos şi nu avea o fire prea rea", a scris ea în jurnal, după moartea lui. „M-a iubit, dar războiul ne-a despărţit pentru totdeauna. Dacă nu era războiul, asta nu s-ar fi întâmplat."[5]

Pierderi personale

Cum să cuantifici pierderile ? Este destul de greu să estimezi numărul de oameni ucişi în timpul războiului, iar istoricii şi specialiştii în demografie îşi dispută uneori modalitatea în care să interpretezi mai exact statisticile privind victimele. Dar fiecare viaţă pierdută devastează şi vieţile celor îndoliaţi din pricina ei. Fiecare moarte este ca o piatră aruncată într-o baltă. Nu se pot măsura efectele tuturor angoaselor, ale singurătăţii şi viselor înşelate care s-au propagat în rândul familiilor şi al comunităţilor sau modul în care acestea s-au intersectat şi s-au combinat cu pierderile resimţite de alte familii şi comunităţi din toată naţiunea.

În povestea Evgheniei Kiseleva toată lumea a fost într-un fel afectată de război. Evghenia însăşi şi-a văzut părinţii ucişi sub ochii ei. Şi-a văzut casa distrusă, a fost despărţită de bărbatul ei şi a fost traumatizată în multe alte feluri. Nu există mijloace cu care să apreciezi cum i-ar fi fost viaţa dacă nu era războiul, aşa că modul în care a făcut-o ea – în absenţa iubirii pierdute – pare unul la fel de bun ca oricare altul. Este imposibil de spus că Gavriil ar fi rămas cu ea dacă nu ar fi existat războiul. Poate că până la urmă ar fi părăsit-o oricum ; dar, dacă lucrurile ar fi stat aşa, Evghenia măcar i-ar fi avut poate pe părinţi, ca să o consoleze, o casă la care să se întoarcă, o comunitate mai stabilă care să o susţină şi mai mulţi bărbaţi din care să-şi aleagă unul cu care să aibă o nouă relaţie romantică. Când a deplâns pierderea căsătoriei, a deplâns în acelaşi timp pierderea tuturor acestor lucruri, fără de care viaţa ei a devenit doar o frântură din ceea ce ar fi putut să fie.

Istoria Evgheniei este emblematică pentru soarta de după război a milioane de femei sovietice. Unul dintre motivele principale pentru care nu a putut să-şi mai găsească o nouă dragoste a fost că foarte mulţi bărbaţi buni de însurat fuseseră ucişi. Milioane de alte femei s-au aflat în situaţii similare. Conform cifrelor sovieticilor, în deceniile de după război existau în ţară circa douăzeci de milioane de femei în plus faţă de bărbaţi. În consecinţă, dintre toate femeile sovietice care au ajuns la maturitate în deceniul anterior războiului, o treime au rămas necăsătorite cel puţin în următorii douăzeci de ani. Aşadar, dezamăgirile Evgheniei ar trebui considerate ca făcând parte dintr-o epidemie de singurătate care a distrus vieţile femeilor din toate regiunile vestice ale Uniunii Sovietice[6].

URSS, în schimb, ar trebui să fie văzută pur şi simplu ca o piesă dintr-un ansamblu cu mult mai mare. În părţi întinse ale Europei, Chinei, Japoniei şi chiar în zone din SUA şi Australasia, o generaţie de tineri bărbaţi a fost literalmente decimată de război. Conform unui martor al vremii, în Germania „faptul cel mai remarcabil dintre toate a fost absenţa absolută a bărbaţilor cu vârste între 17 şi 40 de ani”[7]. Pe cei care s-au întors totuşi, asemenea soţului Evgheniei, adesea războiul i-a schimbat. Femeile din toată lumea au suferit astfel de pierderi şi au rămas să se întrebe cum ar fi fost vieţile lor dacă războiul nu ar fi avut niciodată loc.

Ce s-a întâmplat însă cu bărbaţii din povestea Evgheniei? La prima vedere, ar părea că au avut doar de câştigat: lipsa altor bărbaţi cu care să rivalizeze însemna că li se vor trece cu vederea lucruri de neconceput înainte de război, de pildă, să fie căsătoriţi cu trei femei în acelaşi timp (ca în cazul lui Gavriil) sau să aibă relaţii deschise cu tot felul de alte femei dintr-un orăşel (ca în cazul celui de-al doilea soţ al ei). Visul comunist al egalităţii dintre sexe, precar chiar şi înainte de război, a primit în societatea sovietică postbelică o lovitură puternică din partea realităţilor vieţii. Un argument similar s-ar putea aduce şi pentru felul în care chestiunea egalităţii dintre sexe a bătut pasul pe loc după război şi în alte părţi ale lumii. O întreagă generaţie de bărbaţi – scoşi din societate, plasaţi într-un mediu exclusiv masculin şi informaţi că sunt un grup special în cadrul ordinii sociale – a fost mai puţin dispusă să le considere pe femei egalele lor după încheierea războiului.

Dar, dacă unii bărbaţi s-au comportat necorespunzător după război, trebuie să luăm în considerare şi efectele tuturor evenimentelor la care au fost martori câtă vreme au fost plecaţi. Să luăm, de pildă, povestea lui Dmitri, cel de-al doilea soţ al Evgheniei. Ea nu a spus niciodată ce văzuse şi ce făcuse el în perioada cât a fost în armată, ci doar a amintit că era invalid de război, aşa că este rezonabil să presupunem că unele dintre experienţele lui au fost cu adevărat traumatizante. Conform cifrelor oferite de sovietici (deşi nu tocmai sigure), 15 milioane de alţi bărbaţi au fost răniţi grav în război[8]. Mulţi soldaţi au început să bea cât timp au fost plecaţi – Armata Roşie a fost, conform părerii generale, o armată de beţivi – şi milioane de alţi soldaţi nu au fost doar martorii unor violenţe extreme, ci au şi participat la ele. Nu avem cum să ştim dacă Dmitri a fost de la început predestinat să devină un sociopat, dar comportamentul pe care l-a dezvoltat nu a fost nici pe departe unul neobişnuit printre veteranii de război. Alcoolismul, răbufnirile de furie, incapacitatea de a experimenta intimitatea, dezmembrarea familiilor – toate acestea sunt situaţii bine evidenţiate în documentele despre foştii soldaţi care au fost supuşi stresului de luptă prelungit.

În alte ţări, aceste simptome s-au manifestat ca parte a ceea ce astăzi poartă numele de sindrom de stres posttraumatic (PTSD). Doar în vestul Europei, peste 150.000 de soldaţi britanici şi americani au dezertat şi 100.000 au trebuit să fie scoşi din luptă pentru că nu au reuşit să combată stresul de luptă. Şi bărbaţii aceştia au trebuit să facă faţă pierderii a ceea ce crezuseră odinioară că sunt[9].

Dacă e să luăm ca element comparativ procentul celor afectaţi de PTSD în urma războaielor ulterioare din secolul XX, atunci impactul psihologic al celui de-al Doilea Război Mondial este probabil uluitor[10]. Există însă dovezi care sugerează că trauma războiului nu s-a manifestat deloc în acest fel, mai ales în URSS. Într-o ţară unde introspecţia era privită cu suspiciune, unde se aştepta ca individul să se sacrifice pe sine pentru colectivitate şi unde bolile sau slăbiciunea mintală de orice fel au fost tabu pentru opinia publică, bărbaţii nu au căutat ajutor, ci doar o stare de amorţire. Veteranii sovietici – poporul ca întreg, de fapt – nu s-au confruntat niciodată cu enormitatea celor trăite în timpul celui de-al Doilea Război Mondial. În schimb, şi-au îngropat experienţele în muncă grea, în sarcasm şi, mai presus de orice – la fel ca al doilea soţ al Evgheniei – în abuzul de alcool[11].

Mutaţii demografice

Dacă indivizii şi familiile au devenit insensibili din pricina violenţei pe care au trăit-o, la fel s-a întâmplat şi cu societatea sovietică în ansamblul ei. Până astăzi, nimeni nu ştie câţi oameni au fost ucişi în timpul războiului. Cifra oficială comunicată în 1956 de Nikita Hruşciov, unul dintre primii lideri sovietici din vremea Războiului Rece, a fost de 20 de milioane ; cea dată de Mihail Gorbaciov, în 1991, a fost de 25 de milioane. Estimările făcute de diverşi istorici şi economişti variază între 18 şi 27 de milioane, deşi cei mai mulţi sunt de acord, măcar o dată, că, de fapt, cifrele superioare sunt cele mai probabile[12].

Oricât de îngrozitoare pot fi aceste valori, ele încă nu reflectă pe deplin pierderile suferite de Uniunea Sovietică. Mulţi dintre cei care au murit erau oameni care nu apucaseră încă să se întâlnească unii cu alţii, să se îndrăgostească, să aibă copii. Dacă ţinem cont şi de numărul copiilor care nu s-au născut niciodată din cauza războiului – un calcul posibil pe baza ratelor medii ale naşterilor din recensămintele sovietice –, atunci pierderile sunt în realitate mult mai mari. Un demograf a calculat că, dacă nu ar fi fost război, URSS ar fi avut până în 1970 cu cel puţin 50 de milioane de locuitori mai mult. Aşadar, chiar şi oamenii de ştiinţă sunt uneori tentaţi să deplângă ceea ce ar fi putut să fie[13].

Astfel de pierderi au declanşat o multitudine de alte schimbări în câteva dintre cele mai intime aspecte ale vieţii de familie. Milioane de copii sovietici au rămas orfani din cauza războiului. Acelaşi lucru a fost valabil şi în restul Europei, unde, conform unui raport din 1948 al Crucii Roşii, circa 13 milioane de copii de pe întreg continentul au crescut fără tată. Mulţi copii nu au avut niciun fel de model masculin în familie : şi lor războiul le-a răpit o viaţă de familie tradiţională[14].

Din cauza lipsei de locuinţe din Uniunea Sovietică, numărul familiilor extinse care trăiau într-o singură gospodărie a crescut dramatic după 1945. În special văduvele mai în vârstă au început să locuiască împreună cu copiii lor, ca să nu trăiască de unele singure : de aceea, către sfârşitul secolului XX, *babuşka* a devenit o figură centrală în familiile ruseşti[15]. Chiar dacă Evghenia a trăit mai mult singură la bătrâneţe, copiii şi nepoţii locuiau adesea în gospodării extinse împreună cu rudele prin alianţă. La sfârşitul vieţii, şi Evghenia s-a mutat pentru o vreme la unul dintre nepoţii ei, dar în momentul acela şi el devenise alcoolic, încât femeia a fost obligată să se mute din nou deoarece nu a mai reuşit să se înţeleagă cu el. Aşadar, schimbările produse de război au afectat şi vieţile unor copii care aveau să se nască zeci de ani mai târziu, aşa cum efectele lui continuă să se propage de la o generaţie la alta.

Au existat şi alte consecinţe, mai surprinzătoare. După tot zbuciumul războiului şi al perioadei postbelice, părinţi ca Evghenia au început să-şi îndrume copiii să nu mai piardă timpul, să se căsătorească şi să aibă copii cât de repede pot. Drept urmare, vârsta primei căsătorii a scăzut considerabil după război şi tendinţa aceasta descendentă a continuat : în anii imediat următori războiului, o femeie se căsătorea la vârsta medie de douăzeci şi cinci de ani, dar la sfârşitul perioadei sovietice, ea se căsătorea înainte de a împlini douăzeci şi doi.

După război, şi în cea mai mare parte a Occidentului goana pentru a compensa timpul pierdut a avut drept rezultate o scădere similară a vârstei căsătoriei şi o creştere bruscă a ratei naşterilor. Multe ţări au trăit după război un „baby boom", inclusiv în cea mai mare parte a vestului Europei, în America de Nord, Japonia, în Australia şi Noua Zeelandă. Creşterea bruscă şi vertiginoasă a numărului de naşteri va avea consecinţe majore nu doar pentru familiile unde s-a produs, ci şi pentru societăţile cărora le aparţineau. Această generaţie a fost aceea care avea să crească şi să devină masa de adolescenţi şi de tineri care au contribuit la idealismul şi activismul anilor 1960, la abundenţa de plătitori de taxe care au susţinut sectorul public în dezvoltare în anii 1970, 1980 şi 1990 şi la excesul de pensionari care ameninţă să sufoce sistemele de pensii şi de sănătate în secolul XXI. Revoluţiile demografice de la sfârşitul celui de-al Doilea Război Mondial au avut consecinţe imense în toată lumea[16].

Identităţi pierdute

Războiul nu a afectat în mod egal fiecare regiune a Uniunii Sovietice. La est de Urali şi în republicile asiatice Kazahstan şi Uzbekistan, viaţa nu a fost extrem de perturbată. În schimb, republicile din vest, care au suportat cele mai numeroase lupte, au fost devastate dincolo de orice imaginaţie. Majoritatea istoricilor sunt de acord că în Ucraina, unde trăia Evghenia Kiseleva, au fost cele mai multe victime. Din nou, cifrele sunt incerte, dar, dacă este să dăm crezare estimărilor celor mai răspândite - între 7 şi 8 milioane de morţi -, atunci în timpul războiului unul din cinci ucraineni şi-a pierdut viaţa[17]. Chiar şi în interiorul Ucrainei, diferitele comunităţi au fost afectate în grade diferite : în unele locuri, au fost ucişi foarte puţini oameni ; în altele, sate întregi au fost masacrate şi din peisajul rămas în urmă au dispărut toţi locuitorii. La fel ca în restul Europei, evreii au suferit disproporţionat de mult. În timpul războiului au fost ucişi circa jumătate dintre evreii ucraineni, iar marea majoritate a supravieţuitorilor sunt cei care au reuşit să fugă. În 1944, când germanii au fost în cele din urmă alungaţi, Ucraina era deja ca o tapiserie din care fuseseră desprinse mari bucăţi, iar unul sau două fire de o anumită culoare fuseseră deşirate complet.

Omorurile nu s-au oprit totuşi atunci. Chiar în timp ce războiul cu nemţii continua, a izbucnit şi un război civil între partizanii ucraineni şi minoritatea poloneză. Ca un ecou al Holocaustului, au fost masacrate sate întregi de polonezi şi peste 100.000 de persoane au fost ucise. Soluţia sovietică pentru acest sălbatic conflict etnic a fost deportarea a circa 800.000 de polonezi din vestul republicii de partea cealaltă a graniţei cu Polonia. Astfel, jumătatea vestică a Ucrainei, care fusese deja golită de evrei, a fost acum golită şi de polonezi[18].

Însă nenorocirile Ucrainei nu se sfârşiseră încă. Unul dintre efectele celui de-al Doilea Război Mondial a fost redeşteptarea speranţelor naţionaliste ale ucrainenilor, cu precădere tot în vestul republicii. Partizanii ucraineni din vest s-au opus revenirii sovieticilor şi au luptat într-un război de independenţă, îndelung şi zadarnic, până în anii 1950. Au fost implicaţi sute de mii de oameni : doar între 1945 şi 1947 au fost ucişi peste 55.000 de partizani ucraineni şi mult peste 100.000 dintre membrii familiilor lor au fost deportaţi în regiuni îndepărtate ale imperiului sovietic. După război, Ucraina a fost aşadar epurată nu doar etnic, ci şi politic. Ţara a suferit de fapt nu unul, ci patru conflicte – un război mondial, un război pentru independenţă naţională şi cel puţin două tentative de genocid pe scară largă[19].

Când dintr-o tapiserie sunt rupte în mod repetat bucăţi întregi, deteriorând-o treptat, care ar fi momentul când ceea ce rămâne încetează să mai fie tapiseria iniţială? În 1945, toate oraşele Ucrainei fuseseră distruse şi cea mai mare parte a infrastructurii se prăbuşise: ţara avea graniţe noi şi era extrem de depopulată; îşi pierduse aproape toţi evreii şi cea mai mare parte dintre polonezi, iar speranţele naţiunii, trezite tot de război pentru scurtă vreme, fuseseră zdrobite fără milă.

Mulţi dintre locuitorii Ucrainei nu ştiau dacă să îşi mai spună ucraineni. În pofida faptului că în copilărie a urmat o şcoală ucraineană, Evghenia Kiseleva se considera rusoaică. În a doua parte a vieţii ei, nu doar că a acceptat cultura dominantă sovietică, ci a şi îmbrăţişat-o sincer. După eşecul celor două căsnicii ale ei şi dispariţia lentă şi dureroasă a familiei, statul sovietic a fost singurul sprijin din viaţa ei: i-a oferit o oarecare stabilitate, i-a asigurat un loc de muncă, o locuinţă, o pensie şi un sentiment al apartenenţei. Este poate o binecuvântare că nu a trăit pentru a-l vedea şi pe acesta dezintegrându-se.

În 1991, când Ucraina şi-a câştigat independenţa, milioane de oameni ca Evghenia au ajuns într-o ingrată stare de indecizie. Într-o lume postsovietică, ei nu mai erau cu adevărat nici ruşi, nici ucraineni şi nu ştiau faţă de cine ar trebui să îşi manifeste loialitatea. Această criză de identitate marchează chiar şi astăzi Ucraina, care continuă să fie divizată între cei care se tem de o revenire la trecutul sovietic şi cei care şi-o doresc.

Dar Uniunea Sovietică în ansamblu? Prin deportarea populaţiei, înăbuşirea mişcărilor de independenţă şi impunerea valorilor statale, autorităţile sovietice au crezut că vor face URSS mai puternică şi mai unită. Nu doar poporul ucrainean a fost oprimat: la fel s-a întâmplat în multe alte teritorii recucerite – Lituania, Letonia, Estonia şi Moldova, la graniţa de vest, şi Crimeea şi republicile caucaziene în sud. Deşi pe termen scurt politica a reuşit, ea a sădit şi sâmburele viitoarelor revolte: în fiecare dintre aceste regiuni, oamenii îşi vor aminti cu mari resentimente modul cum au fost trataţi în primii ani de după sfârşitul războiului. În momentul morţii lui Stalin, în 1953, coeziunea Uniunii Sovietice era menţinută aproape exclusiv prin forţă.

Un astfel de stat nu putea să reziste. În deceniile care au urmat, năzuinţa nestăpânită de libertate, atât la nivel personal, cât şi la nivel naţional, va continua să submineze conducerea sovietică. În cele din urmă, ca toate celelalte imperii din Europa de dinaintea ei, Uniunea Sovietică se va dezintegra şi ea.

23

Proscrişi

Mathias Mendel s-a născut într-o vreme când nu erau naţiuni. A crescut în Hedwig, un sat germanofon de la poalele Carpaţilor. Deşi el şi familia lui erau germani, o mare parte a populaţiei din regiune era slovacă, iar profesorul lui de la şcoală nu vorbea decât ungureşte : erau ultimele zile ale Imperiului Austro-Ungar, când naţionalitatea însemna în acelaşi timp totul şi nimic. În orice caz, Mathias a luat întotdeauna de bună ideea că acela e locul de care aparţineau el şi comunitatea din care făcea parte. Populaţiile de etnie germană locuiau în acea parte a Europei de peste cinci sute de ani[1].

După Primul Război Mondial, când Cehoslovacia a devenit un stat independent, în satul lui nu s-a schimbat mare lucru. A crescut şi s-a căsătorit cu o femeie pe nume Maria, care era pe jumătate slovacă. În 1924 li s-a născut o fiică, Margit, iar trei ani mai târziu au mai avut o fată, căreia i-au spus Maria, după mama ei. În decursul următorilor treisprezece, paisprezece ani vor mai avea alţi cinci copii : patru băieţi (Ernst, Richard, Emil şi Willi) şi o fată pe nume Anneliese.

Deşi săraci, erau în general fericiţi. Munceau pământul, cultivau cartofi şi cereale şi creşteau câteva animale. În fiecare primăvară, Mathias pleca să muncească pe marile moşii ale nobililor din Germania şi revenea acasă abia în octombrie, după recoltă. Singurul lor venit era ceea ce câştiga el de pe urma acestor călătorii în străinătate.

În primele patru decenii ale secolului XX cam aşa a decurs viaţa lui Mathias şi a familiei sale. A fost o perioadă când niciun eveniment politic major nu a schimbat ritmul atemporal al vieţii din sat. A venit însă al Doilea Război Mondial şi nimic nu a mai fost ca înainte.

Primul lucru care s-a schimbat a fost atitudinea faţă de naţionalitate. Comunitatea lui Mathias locuise printre slovaci timp de secole, într-o atmosferă de cooperare reciprocă, dar, după ce naziştii au ajuns la putere, în aer au început să plutească noi tensiuni. Brusc, unica problemă politică aparent importantă a devenit cea etnică şi a dreptului asupra pământului. Evenimentele erau grave şi se succedau cu repeziciune. Germania a cucerit Regiunea Sudeţilor în 1938 şi, un an mai târziu, a intrat în Cehoslovacia. Slovacia şi-a declarat independenţa în 1939, dar Ungaria i-a încălcat graniţele. Secolele de toleranţă între vecini s-au topit rapid.

Mathias a încetat să mai lucreze în agricultură. În timpul războiului, a muncit la construirea de drumuri şi a primit o slujbă într-o fabrică de produse chimice. În 1944 a fost înrolat în Garda Civilă pentru a-şi apăra satul : partizanii slovaci, care se ridicaseră împotriva propriului regim, atacau pe oricine avea legătură cu Germania. Slovacii şi germanii nu mai păreau a fi acum prieteni.

Mathias Mendel la scurt timp după ce a fost expulzat din Cehoslovacia.

Sfârşitul a venit în anul 1945, când a sosit Armata Roşie dinspre est. Temându-se de ceea ce urma să se petreacă în Slovacia, Înaltul Comandament German a ordonat evacuarea generală a întregii minorităţi de limbă germană.

Până să se dezmeticească, familia lui Mendel a ajuns să fie despărţită. Primii care au plecat au fost doi dintre băieţi - Emil, în vârstă de nouă ani, şi Willi, de şapte -, trimişi în Regiunea Sudeţilor cu autoritatea pentru evacuarea copiilor, Kinderlandverschickung (KLV), pentru a fi cazaţi printre străini. Au urmat copiii mai în vârstă, trimişi împreună cu prietenii şi vecinii pe un traseu spre vest, în Germania. Maria, soţia lui Mathias, care rămăsese din nou însărcinată şi era în ultimele luni de sarcină, a luat-o pe Anneliese, fata lor în vârstă de cinci ani, şi a plecat în Austria. Îl va naşte pe Dittmann, cel de-al optulea copil al lor, pe când încă mai era pe drum.

Curând, Mathias avea să fie singurul membru al familiei rămas în sat. Ca membru al Gărzii Civile, a mai stat o vreme ca să ajute la apărarea localităţii, dar nu după mult timp a fost şi el evacuat. Unitatea lui a plecat la Praga, însă au fost capturaţi curând de Armata Roşie şi închişi într-un lagăr de concentrare folosit anterior pentru evrei. Până la urmă, Mathias a fost eliberat, dar nu i s-a mai permis să revină la Hedwig. A fost extrădat din Cehoslovacia împreună cu toţi ceilalţi germani. Nu avea să-şi mai revadă patria niciodată.

Mathias şi familia lui se vor reuni abia în vara lui 1946, când i-a găsit, în sfârşit, în oraşul Möckmühl, lângă Heilbronn, în sudul Germaniei. Ţara în care au ajuns era în haos. Familia Mendel era doar o mică parte dintre cei peste 4 milioane de refugiaţi germani care fugiseră din faţa Armatei Roşii. Cei mai mulţi dintre ei plecaseră din zonele de est ale Reichului, de-a lungul vechii graniţe poloneze, dar alţii, aşa cum era şi familia Mendel, fugiseră din diverse regiuni ale Europei Centrale.

Erau atât de mulţi refugiaţi, încât era dificil să le găseşti tuturor un loc. După ani de bombardamente ale Aliaţilor, cele mai multe dintre oraşele Germaniei erau doar ruine : circa 3,9 milioane de locuinţe fuseseră distruse din totalul de 19 milioane din ţară. Refugiaţii au fost nevoiţi să se adăpostească oriunde găseau un acoperiş deasupra capului : adăposturi aeriene, hambare, cazărmi, clădiri ale fabricilor, chiar şi foste lagăre de detenţie. Familia Mendel a fost relativ norocoasă : a găsit adăpost în gospodăria unui ţăran care le-a dat două cămăruţe şi l-a angajat pe Mathias să muncească la fermă. Cei patru copii mai mari au reuşit şi ei să-şi găsească de lucru la fermele din vecinătate[2].

În perioada aceea nu doar familiile ca a lui Mendel erau în căutarea unui loc unde să trăiască : Germania era un furnicar cu tot felul de refugiaţi. Cifrele sunt de-a dreptul uluitoare. Pe lângă cele 4 milioane de germani care fugiseră din est, mai erau alte circa 4,8 milioane care fugiseră din oraşe ca să scape de bombardamente. Populaţia germană nu era singura strămutată din cauza războiului : naziştii au obligat milioane de muncitori străini să vină în Germania, cei mai mulţi împotriva voinţei lor, iar la sfârşitul războiului aproximativ 8 milioane încă mai erau acolo. Cei mai mulţi veniseră din Uniunea Sovietică, Polonia şi Franţa, dar era un număr semnificativ şi din Italia, Grecia, Iugoslavia, Cehoslovacia, Belgia şi Olanda. Armatele Aliaţilor şi Administraţia Naţiunilor Unite pentru Ajutor şi Reabilitare (UNRRA) au depus mari eforturi ca să-i repatrieze cât mai repede cu putinţă pe acei oameni, dar sute de mii au refuzat să plece pentru că se temeau de ceea ce li s-ar fi putut întâmpla odată ajunşi acasă. Mulţi au preferat viaţa în exil decât traiul sub un regim comunist.

Astfel, în pofida eforturilor deosebite ale Aliaţilor, numărul refugiaţilor a continuat să se menţină ridicat. Dacă mai adăugăm şi cei circa 275.000 de prizonieri de război britanici şi americani, numărul total de persoane strămutate aflate în Germania în 1945 ajungea la peste 17 milioane. Poate cu excepţia Chinei, care în timpul războiului a fost martora unor dislocări interne de populaţie de amploare, Germania, la vremea respectivă, a cunoscut cea mai mare concentrare de refugiaţi şi de persoane strămutate văzută vreodată în lume[3].

Pentru ca lucrurile să fie şi mai rele, refugiaţii continuau să vină. În urma războiului, oameni din multe alte părţi ale Europei au continuat să se reverse în Germania. Unii dintre ei erau evrei care fugeau din calea noului val de antisemitism din est. Alţii erau colaboratori sau suspectaţi de colaboraţionism, care fugiseră din ţara lor ca să scape de pedeapsă. Marea majoritate însă era formată din etnici germani alungaţi din alte teritorii ale Europei Centrale şi de Est. Aşa cum Mathias Mendel avea să afle, după război nicio naţiune nu mai voia ca în ţara lor să locuiască o minoritate germană. Comunitatea din Hedwig a fost doar una dintre miile care aveau să fie desfiinţate în perioada postbelică.

Între 1945 şi 1948, toate cele 3 milioane de germani sudeţi au fost expulzaţi dintre graniţele Cehoslovaciei. Li s-a alăturat aproape întreaga populaţie din estul Prusiei, din Silezia şi Pomerania – acele regiuni ale Germaniei care fuseseră anexate de Polonia şi URSS în 1945. La fel ca familia Mendel, multe dintre aceste populaţii fugiseră deja în ultimele zile de război, dar, conform datelor guvernului german, în următorii trei sau patru ani alte 4,4 milioane de persoane au fost expulzate forţat din aceste regiuni. Până la urmă, la fel au procedat şi alte ţări din Europa : 1,8 milioane de etnici germani au mai fost expulzaţi din Ungaria, România şi Iugoslavia[4].

În perioada de după război, refugiaţii au fost atât de numeroşi în Germania, încât partidele politice li s-au adresat direct. Afişul, produs cu ocazia unui referendum din 1946 privind constituţia Bavariei, face apel la speranţele refugiaţilor de reunificare a Germaniei.

Aceste expulzări în masă au fost făcute cu o mare brutalitate. În Cehoslovacia, civilii vorbitori de germană au fost literalmente izgoniţi dincolo de graniţă doar cu puţinele bunuri pe care le puteau duce cu ei. La Praga şi în alte oraşe, germanii au fost adunaţi şi închişi cu forţa în centre de detenţie în aşteptarea expulzării, mulţi dintre ei fiind supuşi interogatoriilor şi torturii pentru a fi verificat rolul pe care îl jucaseră în timpul ocupaţiei germane. Masacre în masă au avut loc în toată ţara, cel mai cunoscut fiind cel din Ústí nad Labem (localitate denumită anterior Aussig), dar şi în oraşe mai mici, ca Postoloprty, unde, conform documentelor cehe şi germane, cel puţin 763 de germani au fost masacraţi şi aruncaţi în gropi comune din jurul oraşului. Atrocităţi similare au suferit şi germanii din Polonia, unde ofiţerii responsabili cu penitenciarele au copiat deliberat cele mai rele dintre comportamentele naziştilor pentru a se răzbuna pe deţinuţii civili. Expulzarea germanilor din toată Europa Centrală şi de Est a fost atât de brutală, încât se crede că o jumătate de milion, cel puţin, au murit în decursul acestui proces[5].

Dacă la aceştia se mai adaugă şi toţi cei care fuseseră deja strămutaţi în 1945, numărul total de refugiaţi care au trecut prin Germania între 1945 şi 1950 a fost de circa 25 de milioane. Având în vedere că populaţia Germaniei la vremea respectivă număra sub 67 de milioane de locuitori, este vorba despre un val de suferinţe omeneşti cum Europa nu a mai văzut de atunci.

Popoarele se despart

Expulzarea germanilor din centrul şi din estul Europei a fost doar un exemplu al fenomenului care a avut loc pe întreg continentul în 1945. Lumea în care crescuse Mathias Mendel – în care slovaci, germani şi maghiari trăiseră unii lângă alţii fără să ţină cont în mod deosebit de diferenţele dintre ei – dispărea cu rapiditate.

Ungurii au suferit şi ei la fel de pe urma deciziei ţării lor de a se poziţiona de partea Germaniei. În urma războiului, oficialii guvernului slovac au dorit să-i alunge din ţară pe toţi cei 600.000. Aliaţii, care văzuseră ce au păţit germanii, au refuzat să-şi dea acordul şi, până la urmă, doar 70.000 de unguri au fost împinşi „acasă", peste graniţă, ca parte din schimbul de populaţie, în timp ce alţi 44.000 au fost strămutaţi din satele lor istorice şi siliţi să se asimileze comunităţilor slovace din alte regiuni ale ţării[6].

Şi alte naţiuni au expulzat şi ele după război populaţiile pe care nu şi le doreau. Polonia, de pildă, nu i-a expulzat doar pe germani, ci a scos din ţară şi aproximativ 482.000 de ucraineni, mai ales din regiunea Galiţia din sud-est. În 1947, când graniţa cu Ucraina s-a închis pentru noi expulzări, autorităţile poloneze au găsit alte mijloace de înlăturare a acestei minorităţi. Sate întregi de ucraineni au fost golite, comunităţile acestora, divizate, şi grupurile mici au fost dispersate în satele poloneze din partea opusă a ţării. Dacă ucrainenii nu puteau fi înlăturaţi, puteau fi în schimb asimilaţi forţat: Biserica Ortodoxă şi Biserica Uniată au fost interzise, iar cei surprinşi vorbind în ucraineană erau pedepsiţi. Pentru a-i împiedica pe ucraineni să se reîntoarcă în locurile pe care odinioară le numeau acasă, multe dintre fostele lor sate au fost arse din temelii[7].

Până la urmă, aproape toate naţiunile din jumătatea de est a Europei s-au dedat la manifestări similare. Republicile sovietice Lituania, Belarus şi Ucraina au expulzat circa 1,2 milioane de polonezi după 1945, mai ales din zonele de graniţă ale teritoriilor pe care le dobândiseră recent de la Polonia ca urmare a diferitelor convenţii de pace. La fel, aproximativ un sfert de milion de finlandezi au fost alungaţi din vestul Careliei, atunci când regiunea a fost cedată Uniunii Sovietice. Bulgaria a împins forţat circa 140.000 de turci şi de ţigani dincolo de graniţa cu Turcia. Şi lista continuă. Românii au expulzat unguri şi viceversa. Iugoslavia a expulzat italienii din zonele de graniţă, Ucraina a expulzat români, Grecia i-a expulzat pe albanezii geamizi. În urma războiului, fiecare dintre naţiunile din estul Europei părea decisă să înlăture cât mai mult cu putinţă influenţele străine[8].

Rezultatul a fost o epurare etnică la scară continentală. În decursul a doar câţiva ani, proporţia minorităţilor naţionale din aceste ţări a scăzut cu peste jumătate. Vechiul creuzet imperial, pe care Mathias Mendel îl considerase de la sine înţeles pe când era copil, a fost distrus pe vecie[9].

Expulzări postcoloniale

Motivele care stau la baza diferitelor expulzări din Europa au avut toate legătură cu frica. Al Doilea Război Mondial i-a învăţat pe oamenii din ţări precum Cehoslovacia că nu pot avea încredere în minorităţile de nicio etnie străină aflată printre ei, deoarece aceste minorităţi pot fi folosite pentru a crea disensiuni în ţară, ca să o dezbine şi să o domine. Naziştii se folosiseră de minoritatea germană din Cehoslovacia ca pretext pentru invaziile din 1938 şi 1939, aşa că nu este surprinzător că slovacii şi cehii au reacţionat învinuind minoritatea germană, pedepsind-o şi izgonind-o din ţară. Exilul a fost preţul pe care Mathias Mendel şi alţii ca el au trebuit să-l plătească pentru lăcomia expansionistă a Germaniei naziste.

Şi printre naţiunile din Africa şi Asia au existat grupuri etnice minoritare ale puterilor străine. Japonezii din Coreea, britanicii din India, olandezii din Indonezia, francezii din Algeria – toate acestea au fost comunităţi de străini implicate direct într-o cultură a colonizării şi dominaţiei, iar consecinţa a fost că indigenii din acele ţări au căutat să îi alunge după 1945.

Desigur, motivele pentru care britanicii s-au aflat în India au fost foarte diferite de cele pentru care familia lui Mathias Mendel era în Slovacia – primii nu se născuseră în ţara respectivă, ci veniseră intenţionat pentru a o domina. Iar ura pe care indonezienii o nutreau faţă de olandezi nu avea legătură în primul rând cu etnicitatea – ceea ce voiau să extirpe ei era cultura imperialistă. Rezultatul final a fost, cu toate acestea, similar. Minorităţile străine trebuiau să fie expulzate.

Primii trimişi acasă au fost japonezii. Al Doilea Război Mondial pusese capăt imperiului lor şi, în consecinţă, toţi japonezii care locuiau în străinătate au fost obligaţi să plece, chiar şi cei ale căror familii trăiau de două sau trei generaţii în regiuni precum Coreea, Manciuria sau Formosa (astăzi Taiwan). Peste 6,5 milioane de japonezi au fost deportaţi în primii patru ani de după război. Mai bine de jumătate dintre ei erau soldaţi şi membri ai altor structuri militare. Restul de 3 milioane însă erau civili : oameni de afaceri, negustori, administratori şi familiile lor. La fel ca Mathias Mendel, şi ei au fost obligaţi să-şi abandoneze căminele şi să-şi lase în urmă toate bunurile[10].

Expulzarea acestor oameni a fost oarecum similară, dar şi diferită de ce s-a petrecut în Europa. La fel ca în Europa, şi în Asia postbelică au fost comise atrocităţi grave. În Manciuria şi în Coreea de Nord, civilii japonezi au fost deseori atacaţi, torturaţi, violaţi şi uneori chiar masacraţi. La un an după ce războiul se sfârşise, peste o jumătate de milion de expatriaţi japonezi au fost daţi dispăruţi: se crede că numai în Manciuria circa 179.000 de civili japonezi şi 66.000 de membri ai personalului militar au murit din cauza haosului şi iernii grele care au urmat războiului. În alte părţi ale imperiului însă, japonezii nu au fost nici pe departe supuşi supliciului trăit de germanii expulzaţi. Motivul este, în parte, că îndepărtarea lor a fost înfăptuită de Aliaţi, şi nu de localnicii dornici să ia legea în propriile lor mâini. Au existat însă şi alte motive. Atmosfera din jurul deportărilor din Asia a fost cu mult diferită de cea din Europa: foarte puţine din atitudinile de ideologie toxică legată de epurarea rasială sau etnică au atins cruzimea excesivă manifestată faţă de germanii din Polonia şi Cehoslovacia. Toate discursurile publice s-au axat în schimb pe imperiu. Japonezii fuseseră înfrânţi, imperiul lor se prăbuşise şi deci sosise timpul ca ei să plece acasă. În ansamblu, chiar şi expatriaţii japonezi înşişi recunoşteau acest lucru şi au plecat mai mult sau mai puţin de bunăvoie[11].

Ţara în care s-au întors, ca şi Germania, era într-o stare de haos cauzată de distrugere. Şaizeci şi şase de oraşe importante fuseseră bombardate masiv în timpul războiului. În Tokyo, 65% din totalul locuinţelor fuseseră distruse, în Osaka, 57%, iar în Nagoya, 89%; bombele atomice făcuseră una cu pământul oraşele Hiroshima şi Nagasaki. La sfârşitul războiului, aproape o treime dintre locuitorii oraşelor din Japonia nu aveau adăpost şi nu erau prea încântaţi să accepte alte 6,5 milioane de oameni într-o ţară unde standardele de viaţă se prăbuşiseră. Spre deosebire de germanii expulzaţi, repatriaţii japonezi nu se vor bucura niciodată de prea mare simpatie din partea conaţionalilor lor: indiferent cât de mult au suferit, nu vor putea niciodată să concureze cu cei care trecuseră prin experienţa bombei atomice[12].

La fel ca în Europa, dezmembrarea Imperiului Japonez a acţionat în ambele direcţii: dacă, pe de o parte, a implicat repatrierea coloniştilor japonezi, pe de altă parte, a presupus şi alungarea străinilor din Japonia. Conform surselor conducerii militare americane de la vremea aceea, în Japonia existau circa 1,5 milioane de străini, în marea lor majoritate coreeni, taiwanezi şi chinezi. Cercetările ulterioare au estimat că numărul acestora a fost mai mare, de peste 2 milioane. Mulţi dintre ei fuseseră aduşi în Japonia în timpul războiului şi erau dornici să se reîntoarcă acasă, dar alţii se născuseră acolo şi îşi cereau dreptul de a rămâne, fiind cetăţeni ai imperiului. În anul următor încheierii războiului, circa un milion au revenit în ţările lor de origine, majoritatea în Coreea. Majoritatea celor care au refuzat să plece au fost şi ei tot coreeni, aproximativ 600.000 în total.

Toţi aceşti oamenii nu erau bine văzuţi în 1945 şi de atunci au fost supuşi unei discriminări dure. Din nefericire, procesul de decolonizare a contribuit la această stare de lucruri. Când japonezii au renunţat oficial la dreptul de a guverna în Coreea, ei au renunţat simultan şi la responsabilităţile faţă de minoritatea coreeană din ţara lor. Drept urmare, coreenilor din Japonia li s-a refuzat dreptul la vot, dreptul la pensii de război, dreptul la asigurare naţională de sănătate şi la ajutor social şi dreptul de a deţine un paşaport. Nici în ziua de astăzi coreenilor care trăiesc în Japonia de câteva generaţii nu li se acordă aceleaşi drepturi pe care le au cetăţenii japonezi, decât doar dacă mai întâi renunţă la identitatea lor coreeană: ei încă mai sunt priviţi de mulţi japonezi ca fiind „străini”, deşi de atunci a trecut atâta timp. Faptul că fuseseră iniţial aduşi în ţară ca supuşi ai Japoniei imperiale a fost, în mare parte, uitat[13].

După colapsul Imperiului Japonez în Asia a urmat procesul lent şi lung de dezmembrare a imperiilor europene. Şi acest proces a implicat înlăturarea elitelor imperiale şi exodul masiv al europenilor din coloniile pe care le conduseseră odinioară. După ce India şi Pakistan şi-au câştigat independenţa în 1947, de exemplu, cu mult peste 100.000 de britanici au părăsit subcontinentul[14]. Britanicii au plecat şi din Birmania, Malaysia, Singapore şi, mai târziu, din diferite colonii africane. La începutul anilor 1990, peste 328.000 de albi născuţi în aceste ţări au venit „acasă" în Marea Britanie (deşi numărul adevărat al celor „reveniţi" a fost fără îndoială cu mult mai mare, pentru că cei născuţi în Marea Britanie nu apar în datele recensămintelor)[15]. Chiar dacă toţi aceşti oameni considerau cu mândrie că sunt britanici, mulţi dintre cei care s-au întors nu s-au mai simţit niciodată pe deplin acasă. În imperiu fuseseră obişnuiţi să ducă o viaţă de privilegii. Întorşi în Marea Britanie, au fost nevoiţi să se susţină singuri, fără servitori şi într-o atmosferă postbelică de raţionalizări şi austeritate. Era un final extrem de dezamăgitor al celor două secole de aventură colonială.

Dezmembrarea Imperiului Olandez a avut consecinţe mai directe şi ceva mai traumatizante. După ce au dus un război aprig şi eşuat pentru a se opune independenţei Indoneziei, olandezii nu au avut încotro şi au trebuit să plece : circa 250.000-300.000 de cetăţeni olandezi s-au întors acasă la începutul anilor 1950. Toţi au avut parte de vremuri mult mai grele decât corespondenţii lor britanici. Mulţi dintre ei au stat ani buni în lagărele de detenţie japoneze, apoi au trecut printr-un război civil violent, iar, când au ajuns în Olanda, nu s-au bucurat de prea mare simpatie din partea compatrioţilor care îşi imaginau despre ei că şi-au omorât timpul în anii de război trăind în confort şi făcând plajă. În consecinţă, coloniştii olandezi au fost în mare măsură ignoraţi şi respinşi de societate în ansamblul ei şi au continuat să sufere din plin în anii care au urmat. Studiile psihosociologice de la sfârşitul secolului XX arată că aceia care au revenit din Indiile de Est Olandeze au înregistrat rate semnificativ mai ridicate de divorţuri şi şomaj şi au avut mai multe probleme de sănătate decât grupurile comparabile aparţinând majorităţii din societatea olandeză[16].

Lucruri similare se pot spune şi despre ceilalţi colonişti care au revenit în Franţa, Belgia şi Portugalia în a doua jumătate a secolului XX. După războiul din Algeria, circa un milion de colonişti francezi, sau *pieds noirs*, cum erau ei cunoscuţi, au fugit în Franţa. În spiritul anticolonial al anilor 1960, nu s-au bucurat nici ei de cine ştie ce simpatie : au fost în schimb transformaţi în ţapi ispăşitori pentru eşecul proiectului colonial francez. Un deceniu mai târziu, peste 300.000 de colonişti portughezi au fugit din Angola în Portugalia, iar un număr similar de colonişti au fugit din Mozambic. Ţara în care au sosit era prea ocupată să facă faţă perioadei ce a urmat anilor de dictatură, aşa încât nu le-a acordat prea mare atenţie[17].

E uşor de imaginat această mişcare a europenilor întorşi în Europa ca un fel de defragmentare : micile fragmente de Europă care se implantaseră în alte naţiuni de prin lume erau trimise înapoi de unde veniseră. Mulţi dintre aceşti oameni nu se simţeau însă deloc parte din ţările în care au trebuit să „revină" şi li se părea extrem de greu să se adapteze vieţii în Europa. Desigur, circumstanţele revenirii lor nu semănau deloc acelora îndurate de oameni ca Mathias Mendel – şi s-ar putea susţine că au meritat să li se pună capăt culturii lor de exploatare şi privilegii. Dar sentimentul pierderii pe care l-au trăit nu poate fi contestat : după două secole de colonialism, un întreg mod de viaţă luase sfârşit.

Răspunsul internaţional

Perioada de după cel de-al Doilea Război Mondial a fost numită adeseori epoca refugiaţilor şi a exilului. După 1945, crizele umanitare s-au succedat una după alta. Prăbuşirea imperiului, începutul Războiului Rece, luptele interne pentru putere în naţiunile din lumea întreagă, foametea, inundaţiile, războiul civil – toate acestea şi multe altele au menţinut cota dezastrelor umane la un nivel mai mult sau mai puţin constant.

În urma războiului au fost înfiinţate diverse instituţii care să se ocupe de asemenea situaţii : UNRRA, despre care am vorbit deja, apoi International Refugee Organization (IRO) – Organizaţia Internaţională pentru Refugiaţi – şi Înaltul Comisariat al Naţiunilor Unite pentru Refugiaţi (UNHCR), create la începutul anilor 1950. Ultima dintre aceste instituţii trebuia să aibă doar un caracter temporar : atât de multe naţiuni erau îngrijorate de implicaţiile politice care decurgeau din crearea unui organism permanent, încât iniţial nu au înfiinţat organizaţia decât pentru o perioadă de trei ani. Refugiaţii însă au continuat să vină. Strămutările de populaţii cauzate de al Doilea Război Mondial s-au dovedit a nu fi un fenomen temporar, ci mai degrabă un semnal al modului cum se transformase lumea[18].

Pe măsură ce apăreau noi urgenţe, mandatul UNHCR a fost reînnoit şi extins. Comisariatul a coordonat acţiuni de răspuns ca urmare a exodului din Ungaria, din 1956, şi din Algeria, de la sfârşitul anilor 1950. De asemenea, s-a ocupat de problemele africanilor refugiaţi după decolonizarea din anii 1960, iar în anii 1970 s-a îngrijit de refugiaţii din Vietnam, Cambodgia şi Bangladesh. În anii 1980 i-a ajutat pe cei care fugeau din calea conflictului intern din America Centrală şi de foametea din Etiopia, iar în anii 1990 a încercat să uşureze suferinţele celor care fugeau de epurările etnice din Rwanda şi Iugoslavia[19].

În anii din urmă a avut loc o întreagă succesiune de crize care au făcut să crească rândurile refugiaţilor. Au fost războaie importante în Irak şi Afganistan, revolte interne în zona centrală şi în Cornul Africii, tulburări serioase în urma Primăverii Arabe şi, cel mai dezastruos dintre toate, un îndelungat război civil în Siria. Conform UNHCR, în 2014 erau 13,9 milioane de persoane recent strămutate din cauza conflictului sau persecuţiilor – cel mai mare număr înregistrat de la al Doilea Război Mondial încoace. Numărul total de refugiaţi şi persoane strămutate din întreaga lume a fost estimat la 59,5 milioane – din nou, un nivel fără precedent. Problema devine pe zi ce trece tot mai gravă, în loc să se amelioreze[20].

În tot acest timp, una dintre naţiunile cele mai generoase faţă de refugiaţi a fost Germania. Conform Constituţiei Germaniei din 1948, „persoanele persecutate pe temeiuri politice trebuie să aibă drept la azil" – şi, în următorii patruzeci de ani, acest drept s-a aplicat necondiţionat tuturor celor care au cerut azil[21]. Germania de Vest a acceptat, aşadar, alte 3 milioane de refugiaţi din Germania de Est comunistă, înainte de construirea Zidului Berlinului, în 1961. După eşecul revoluţiei din Ungaria, din 1956, Germania de Vest a fost printre primele ţări care au oferit azil zecilor de mii de refugiaţi ce se revărsau dinspre graniţa ungară. În perioada prăbuşirii comunismului în Europa de Răsărit, Germania şi-a deschis porţile pentru sute de mii de azilanţi din est – aproape 600.000 doar între 1988 şi 1992. În următorii trei ani, Germania a jucat rolul de gazdă pentru 345.000 de refugiaţi rezultaţi în urma conflictului din Iugoslavia. În 1999, în Germania erau peste 1,2 milioane de refugiaţi şi azilanţi[22].

În 2015, ca răspuns la un nou război în Siria, Germania a declarat o politică a porţilor deschise pentru toţi refugiaţii care fugeau din faţa crizei. În lunile care au urmat, sute de mii de emigranţi au traversat Mediterana, mulţi dintre ei purtând fotografii ale cancelarului german Angela Merkel şi declarând reporterilor TV că „Angela a zis că putem să venim". La sfârşitul anului, numărul azilanţilor în Germania a crescut de patru ori, ajungând la aproape un milion[23].

Multe alte naţiuni europene nu au fost niciodată atât de generoase, în special în timpul crizei refugiaţilor din 2015. Unii au ridicat garduri de-a lungul graniţelor, ca să-i ţină departe pe refugiaţi. Alţii au subliniat, cu oarecare îndreptăţire, că mulţi dintre cei care împânzeau Europa nu erau refugiaţi, ci emigranţi din motive economice. Aproape fiecare naţiune a criticat Germania pentru că şi-a deschis larg porţile. Mulţi au susţinut că germanii nu încercau decât să-şi răscumpere culpa istorică, făcând-se vinovaţi de o „etalare tiranică a virtuţii germane" şi chiar de „imperialism moral"[24].

Pentru Dittmann Mendel, al optulea fiu al lui Mathias Mendel, există o explicaţie mai simplă pentru politica Germaniei faţă de refugiaţi. El a crescut într-o comunitate care aflase ce înseamnă să fii expulzat din patria ta. Familia sa a trebuit să o ia de la zero, să-şi construiască propria casă şi să se bizuie pe bunăvoinţa străinilor. Şi-a auzit adeseori părinţii discutând cuprinşi de tristeţe cu prietenii lor din fosta lor ţară despre lumea pe care fuseseră obligaţi să o lase în urmă. „Poate că există mai multă înţelegere pentru problema mondială a refugiaţilor aici decât în altă parte" - spune el -, „în parte pentru că şi noi înşine am împărtăşit această soartă"[25].

24

Globalizarea popoarelor

Al Doilea Război Mondial nu a adus doar suferință și traume. Nici nu a avut întotdeauna ca rezultat polarizarea popoarelor. În cazul unora dintre națiuni a avut loc un proces total opus : uriașele dislocări de populații provocate de război au adus cu ele beneficiul diversității, comunitățile de refugiați devenind baza formării unor noi minorități.

În niciun caz nu toți cei care au emigrat în timpul războiului sau după aceea au fost forțați să o facă : mulți au făcut-o de bunăvoie. Pentru acești oameni, ideea despărțirii de vechea lor viață nu a reprezentat o pierdere, ci o șansă. Războiul le-a dat prilejul să cunoască lumea, să ia contact cu ideile noi și să dobândească noi deprinderi, poate chiar să-și clădească o viață mai bună. Un astfel de individ a fost și Sam King, fiul unui proprietar de plantații bananiere din Caraibe, iar povestea lui demonstrează una dintre cele mai mari transformări sociale provocate de război : explozia postbelică a migrației.

Când a izbucnit războiului, Sam King era adolescent, dar tatăl său îi trasase deja viitorul. Fiind fiul cel mai mare, de la King se aștepta să preia administrarea plantației tatălui său din Priestman's River, în Jamaica, atunci când acesta avea să se retragă. Perspectiva nu-l entuziasma deloc pe King. Fusese an de an martorul luptelor tatălui său cu seceta și inundațiile, cu pagubele provocate de uragane, cu boala Panamá care ataca bananele și cu „îngălbenirea letală" care îi distrugea nucile-de-cocos. Văzuse cum putrezesc recoltele pe câmp când cererea de pe piețele internaționale cădea subit. O viață ca a tatălui său părea să nu-i ofere altceva decât multe greutăți. „Am decis... că mi-ar fi prea greu să suport viața aceasta de fermier și că, pentru mine, ar fi mai bine să caut o cale de scăpare."[1]

Războiul a fost cel care i-a oferit prilejul pe care îl aștepta. Într-o bună zi, pe când avea optsprezece ani, în *Daily Gleaner* a apărut un anunț prin care erau solicitați voluntari care să se înscrie în Royal Air Force. Mama lui i-a spus : „Fiule, Patria Mamă e în război. Du-te ! Și dacă o să supraviețuiești, o să fie bine". Sam a dat așadar testul RAF, pe care l-a trecut cu brio. În 1944, s-a îmbarcat pe vasul cu aburi *Cuba* și a pornit să traverseze Atlanticul[2].

În lunile următoare, avea să treacă prin numeroase experiențe pe care nici nu și le imaginase înainte. Primul a fost războiul însuși. „Știam de război" – și-a amintit el mai târziu –, „dar, când dai într-adevăr ochii cu el, e înspăimântător". Când a ajuns la Glasgow, în luna noiembrie, a fost șocat să descopere cât de distrus de bombardamente era orașul. Aceleași distrugeri le-a întâlnit în fiecare dintre orașele prin care a trecut, mai ales în Londra, care mai era încă atacată cu rachete V1 și V2.

Sam King în uniformă RAF după ce a părăsit Jamaica, în 1944.

Şi ce l-a mai şocat a fost frigul. Când a ajuns în Marea Britanie, temperatura era de numai 4˚C: „Am crezut că o să mor!". Dar instructorul le-a spus, lui şi celorlalţi recruţi jamaicani, să se dezbrace şi să joace un meci de fotbal: de îndată ce au terminat de alergat şi au descoperit că transpiraseră, şi-au dat seama că viaţa în ţara aceasta nu va fi chiar atât de rea.

King a fost instruit ca mecanic de aeronave şi trimis să asigure mentenanţa bombardierelor Lancaster ale RAF. Muncea ore în şir, dar era fericit. „Am avut privilegiul să lucrez alături de oameni veniţi de pretutindeni, din Norvegia până în Sudan. Cu toţii trebuia să muncim laolaltă ca să învingem Germania nazistă." King a fost sedus de sentimentul puternic de comuniune pe care munca lor îl genera: „Era plăcut să simţi că eşti o parte din Marea Britanie"[3].

King a profitat prompt de toate ocaziile care i s-au oferit. Cât s-a aflat în Marea Britanie, a început un curs prin corespondenţă, aşa încât a reuşit să recupereze anii de şcoală pe care îi ratase în copilăria din Jamaica. S-a înscris la un curs de tâmplărie la RAF şi a reuşit să înveţe o meserie nouă. De fiecare dată când primea o permisie, îşi petrecea timpul muncind pe şantierele de construcţii ca să poată câştiga ceva bani, pe care îi economisea. Viitorul părea mai luminos decât îşi imaginase vreodată că ar fi posibil.

„Războiul mi-a oferit şansa să plec din satul meu", a mărturisit el într-un interviu, spre sfârşitul vieţii. „Nu vreau să spun că războiul a fost ceva bun, dar eu am profitat de ocazie. Fără război, tatăl meu mi-ar fi legat de picior o ghiulea. Doar că eu nu aveam nici cea mai mică intenţie să plantez banane, aşa ca el."[4]

Diversitatea în Europa Occidentală

Între 1939 şi 1945, populaţia Marii Britanii s-a transformat. În timp ce naziştii mărşăluiau prin Europa, guvernele, armatele şi refugiaţii au fugit de pe continent şi s-au stabilit în Marea Britanie. Flota norvegiană a navigat în Scoţia. Ce mai rămăsese din marina franceză şi-a stabilit baza la Plymouth, iar rămăşiţele forţelor aeriene poloneze au format peste douăsprezece escadrile, având baza în apropiere de Londra şi în Lincolnshire. Mii de evrei – printre care şi Georgina Sand, a cărei poveste a fost relatată în primele pagini din această carte – au fugit şi ei în Marea Britanie. Mai ales Londra a devenit sediul central pentru Francezii Liberi, Belgienii Liberi, pentru guvernele ceh şi polonez aflate în exil, pentru regina Olandei şi administraţia ei, ca şi pentru numeroase alte grupuri oficiale şi neoficiale de europeni. Toţi aceştia s-au amestecat cu oameni sosiţi din coloniile şi dominioanele britanice ca să se alăture luptei, mai ales canadieni, australieni, vest-africani şi bărbaţi din Caraibe, ca Sam King. Peste 170.000 de irlandezi au sosit în Marea Britanie ca să muncească pe timpul războiului. Probabil că grupul cel mai mare care s-a alăturat acestui melanj a fost cel al sutelor de mii de americani staţionaţi în Marea Britanie ca membri ai Armatei SUA şi ai forţelor ei aeriene. Marea Britanie a fost în timpul războiului o ţară cu o diversitate de populaţie mai mare decât avusese vreodată[5].

Aproape niciunul dintre aceşti nou-sosiţi nu au fost imigranţi pe termen lung. Erau mai ales combatanţi, bărbaţi şi femei, sau refugiaţi din Europa, şi marea lor majoritate a rămas doar pe durata războiului. După 1945, când s-a anunţat victoria, marina norvegiană a putut să revină în Fiordul Oslo. Guvernul Franţei Libere a revenit în Franţa, iar diferitele guverne în exil au plecat şi ele ca să-şi reconstruiască ţările lor. Efectivele masive de trupe ale armatei SUA s-au îmbarcat pe vapoare şi au traversat înapoi Atlanticul. În 1947, Sam King a fost şi el demobilizat şi trimis înapoi în Jamaica.

Lumea s-a înşelat însă dacă şi-a imaginat că Marea Britanie va reveni la situaţia de dinainte de război. Abia dacă pleca un grup de străini, că un altul sosea. După război, în Marea Britanie au sosit zeci de mii de refugiaţi polonezi, care s-au stabilit la vest de Londra sau în alte zone ale Angliei. Erau cei care luptaseră în armata britanică în timpul războiului, dar care nu mai aveau un loc unde să se întoarcă pentru că Uniunea Sovietică le anexase teritoriul natal. Cum Marea Britanie a fost cea care i-a permis lui Stalin să facă acest lucru, avea datoria să fie responsabilă pentru soarta acestor oameni. În 1947, parlamentul britanic a votat Polish Resettlement Act (Legea relocării polonezilor), soldată cu sosirea a peste 100.000 de imigranţi polonezi[6].

Marea Britanie avea nevoie de aceşti oameni. După război, ţara toată era în reconstrucţie şi exista o mare cerere de mână de lucru. Noile instituţii ale statului social aveau nevoie de personal, mai ales Serviciul Naţional de Sănătate, care se va dezvolta şi va ajunge unul dintre cei mai mari angajatori din lume. Infrastructura britanică fusese grav avariată, mai ales fondul de locuinţe, şi era nevoie să fie reconstruită urgent. Pretutindeni au început să apară locuri de muncă : nevoia de a compensa anii când diverse industrii fuseseră neglijate necesita un număr mai mare de muncitori decât putea Marea Britanie să asigure de una singură.

Cea mai mare parte a acestui deficit a fost acoperit de mâna de lucru irlandeză – astfel încât Irlanda a ajuns să fie ea însăşi depopulată. Între 1945 şi 1971, circa o treime din populaţia irlandeză sub treizeci de ani a plecat din ţară în căutare de locuri de muncă, cei mai mulţi în Marea Britanie. Guvernul britanic a început şi el să recruteze personal din alte ţări. Au elaborat un plan de atragere a muncitorilor din Europa, urmat ulterior de unul şi mai extins, „Westward Ho ! ”, menit să atragă peste 100.000 de muncitori din alte regiuni ale Europei[7].

Un proces foarte asemănător a avut loc şi pe continent. La fel ca Marea Britanie, şi alte ţări din Europa au elaborat proiecte pentru atragerea muncitorilor străini. Una dintre primele ţări care a aplicat astfel de măsuri a fost Belgia, care imediat după război a angajat 50.000 de persoane relocate, ca muncitori în minele de cărbune şi în industria metalurgică. Franţa a înfiinţat Office National d'Immigration (ONI) – Biroul Naţional pentru Imigraţie –, care să organizeze recrutarea muncitorilor din ţările învecinate, iar ulterior Germania a iniţiat şi ea un proiect pentru muncitori sezonieri prin intermediul Administraţiei Federale a Muncii.

În scurt timp, un număr imens de oameni migrau din zonele mai sărace ale Europei în regiunile unde locurile de muncă erau mai numeroase. În primii cincisprezece ani de după război, peste 264.000 de italieni au părăsit *anual* Italia, cei mai mulţi în căutare de lucru în Germania, Elveţia şi Franţa. La fel, sute de mii de spanioli şi portughezi au emigrat în Franţa, turcii şi iugoslavii, în Germania, finlandezii au emigrat în Suedia şi aşa mai departe.

În concluzie, în vreme ce Europa de Est îşi expulza minorităţile etnice şi se străduia să creeze state naţionale monoculturale, Europa Occidentală devenea un amestec de naţionalităţi aşa cum nu mai fusese până atunci. La începutul anilor 1970, naţiunile puternice din punct de vedere industrial din nord-vestul Europei deveniseră deja căminul a circa 15 milioane de emigranţi[8].

Imigraţia din colonii

Sam King a revenit acasă fără tragere de inimă. Întors la ferma tatălui său, a auzit zvonuri despre toate schimbările din Marea Britanie şi a simţit iar nevoia de schimbare. Jamaica nu-i plăcea. De la plecarea lui, insula se transformase. La fel ca în multe alte părţi ale lumii postbelice, erau frământări sociale, cu apeluri la independenţă, greve ale muncitorilor şi şomaj pe scară largă. O nouă stare de nervozitate plutea în atmosferă.

King se transformase şi el. De la revenirea în Jamaica, părea să nu mai aibă niciun ţel. „Am încercat să nu-mi fac griji, am imaginat tot felul de proiecte în care m-aş fi putut implica, dar toate s-au dovedit vagi şi înceţoşate. Nu mă vedeam reuşind să progresez social sau financiar în Priestman's River şi, de fapt, nici în Jamaica... Eram nerăbdător şi energic, recunosc, dar simţeam cum se scurgea timpul pe lângă mine fără niciun folos."[9]

Într-o zi, a văzut un alt anunţ în *Daily Gleaner*. O navă de transportat trupe numită *Empire Windrush* urma să acosteze în Kingston chiar în luna mai a acelui an şi se ofereau bilete ieftine pentru traversarea oceanului oricui dorea să plece în Marea Britanie ca să-şi găsească de lucru. King a ştiut imediat ce avea de făcut. Şi-a anunţat mama şi tatăl, care i-au dat binecuvântarea să plece – deşi au făcut-o cu o mare tristeţe, pentru că simţeau că, odată plecat iarăşi în Marea Britanie, probabil că nu avea să se mai întoarcă nicicând. Tatăl a vândut trei vite pentru a-i plăti călătoria. Astfel că pe 24 mai 1948 Sam King s-a îmbarcat din nou pe un vapor cu destinaţia „Patria Mamă", de această dată în postură de civil.

În momentul acela, King nu avea de unde să ştie, dar călătoria lui peste Atlantic din 1948 reprezenta ceva mai mult decât o piatră de hotar personală : King era în avangarda unei revoluţii care avea să ia cu totul prin surprindere Marea Britanie.

Guvernul britanic a crezut că după război va putea să controleze emigraţia. Proiectele de atragere a muncitorilor din Europa aveau limite şi criterii stricte. Imigrantul ideal, din punctul de vedere al guvernului britanic, era acea persoană capabilă să devină „invizibilă", să se contopească cu societatea britanică – o persoană tânără, sănătoasă mintal şi fizic, din clasa de mijloc, de religie protestantă şi, mai presus de toate, albă. În virtutea acestui motiv au încercat activ ca prin proiectul de atragere a muncitorilor europeni să recruteze mai ales refugiaţi din Ţările Baltice : guvernul simţea că balticii ar fi cei mai capabili să se integreze.

În planurile guvernului a existat totuşi o lacună flagrantă. Spre deosebire de muncitorii europeni, pentru imigranţii veniţi din Imperiul Britanic nu au existat limite. Din poziţia de „cetăţeni ai Regatului Unit şi ai coloniilor", persoane ca Sam King se bucurau automat de dreptul de a intra în Regatul Unit, de a munci, de a locui şi chiar de a vota la alegerile din regat. Aceste drepturi au fost menţinute pentru toţi cetăţenii Commonwealth-ului până în 1962, când guvernul britanic a început să le revoce. La sosire, aceşti cetăţeni se bucurau de numeroase avantaje în comparaţie cu rivalii lor europeni. Vorbeau deja limba engleză şi erau familiarizaţi cu multe aspecte ale culturii britanice : aşa cum s-a exprimat King, „Eram creştini şi jucam crichet"[10]. Deşi trebuiau să parcurgă distanţe lungi, călătoriile lor erau mult facilitate de legăturile pe care ţările lor le aveau deja cu Marea Britanie – pur şi simplu trebuiau să urmeze rutele comerciale stabilite deja de multă vreme.

Consecinţa acestei imigraţii masive a fost că oraşele din Marea Britanie s-au transformat rapid, din monoculturile care fuseseră în 1939 devenind creuzetele multiculturale şi multirasiale de astăzi. În 1971, în Marea Britanie erau deja stabiliţi peste 300.000 de locuitori din Indiile de Vest. Lor li s-au adăugat alte 300.000 din India, 140.000 din Pakistan şi mai bine de 170.000 din Africa. Aceste comunităţi aveau să formeze nucleul de bază al viitoarelor valuri de imigrare din anii următori.

Aşa cum remarca în glumă poeta de origine jamaicană Louise Bennett, a fost o „colonizare întoarsă pe dos"[11].

Cam la fel au stat lucrurile în toată Europa de Vest. Odată cu fluxurile de populaţii care se deplasau în interiorul continentului soseau şi emigranţi de la distanţe mult mai mari. La douăzeci şi cinci de ani de la încheierea celui de-al Doilea Război Mondial, Franţa metropolitană avea să devină cămin nu doar pentru italieni, spanioli şi portughezi, ci şi pentru milioane de nativi din fostele ei colonii. Aproape un milion de *„pieds noirs"* – francezi născuţi în Algeria – au fugit din Africa de Nord în urma războiului din Algeria, declanşat în 1954. Împreună cu ei au sosit şi circa 600.000 de algerieni, plecaţi în căutarea unei vieţi mai bune. Au mai fost 140.000 de marocani şi 90.000 de tunisieni, care au găsit de lucru în Franţa prin intermediul ONI, şi circa 250.000 de cetăţeni francezi care au sosit din teritoriile şi departamentele de peste mări, din Guadalupe,

Martinica şi Réunion. Diversitatea demografică din Franţa de astăzi îşi are originea în această perioadă postbelică.

Olanda a fost şi ea martoră la „revenirea" a 300.000 de cetăţeni olandezi din proaspăt independenta Indonezie. Aceştia au adus cu ei 32.000 de indigeni din Insulele Moluce, majoritatea fiind creştini de pe insula Ambon care nu voiau să aibă nicio legătură cu statul indonezian. Mai târziu, li s-au alăturat circa 160.000 de nativi din alte colonii olandeze din Surinam şi Antilele Olandeze. Fluxuri demografice asemănătoare au sosit în Portugalia, din Angola şi Mozambic, şi în Belgia, din Republica Democrată Congo[12].

La nivel global, aceste mişcări de populaţii către Europa au devenit parte dintr-o tendinţă mai amplă de emigrare dinspre sudul planetei spre ţările mai bogate din nord. Nu doar populaţiile fostelor colonii au migrat spre nord, spre „patriile mamă" din Europa, ci la fel au făcut şi somalezii şi srilankezii care au călătorit în statele din Golf în căutare de lucru, şi filipinezii şi indonezienii care au plecat în Hong Kong sau Japonia, şi mexicanii şi portoricanii plecaţi în SUA. Istoricii şi politologii scriu adesea despre locuitorii Indiilor de Vest care au sosit în Marea Britanie după război, dar pe la mijlocul anilor 1970 doar în New York existau mai mulţi emigranţi din Caraibe decât în toată Europa Occidentală. Legăturile coloniale erau, desigur, importante, dar şi mai importante erau oportunităţile pe care le căutau emigranţii[13].

Transformările care au avut loc în America Latină într-o perioadă de circa treizeci de ani după cel de-al Doilea Război Mondial sunt grăitoare. Înainte de război, valuri de europeni migraseră în ţări ca Argentina şi Brazilia în căutarea norocului, cam tot aşa cum migraseră şi spre coloniile lor din Asia şi Africa. Odată cu sfârşitul războiului, modelul acesta a fost reluat : au început să sosească din nou sute de mii de refugiaţi europeni şi de emigranţi economici. Cum lungul boom economic a continuat în Europa şi în anii 1950 şi 1960, numărul lor a început în curând să scadă. Naţiunile mai bogate din America Latină au început în schimb să se sprijine pe munca emigranţilor din regiune : paraguayeni, chilieni şi bolivieni au venit în Argentina, iar sute de mii de columbieni s-au îngrămădit în Venezuela, în căutare de locuri de muncă în ferme şi la exploatările petroliere de acolo. În sfârşit, când întreaga regiune a intrat într-o spirală de datorii imense, în anii 1970, cea mai mare parte a Americii Latine a început să urmeze aceleaşi tipare de migraţie ca şi populaţiile din emisfera de sud : omenii se orientau spre nord, în căutarea unor oportunităţi care nu se materializaseră niciodată în propriile lor ţări. SUA nu au fost singurul stat în care au plecat. Argentinienii au început şi ei să migreze spre ţări ca Italia şi Spania : a fost un fel de emigrare economică inversată[14].

Dintr-o anumită perspectivă, nu era nimic nou în toate acestea. A fost doar o evoluţie, de la ceva care se petrecea deja de un secol – deplasarea săracilor din zonele rurale spre oraşele mai bogate –, doar că acum avea loc la o scară internaţională. Ceea ce era cu adevărat *nou* a fost numărul de persoane care au migrat şi viteza cu care se emigra, ambele fenomene fiind mult accelerate de al Doilea Război Mondial. Membrii unei generaţii care fusese zguduită de asaltul modernităţii şi de efectele globale ale războiului aveau rădăcini mult mai slabe în comunităţile lor decât părinţii şi bunicii lor : asemenea lui Sam King, ei au sesizat posibilitatea unei vieţi mai bune şi au dorit să profite din plin de ea. Acelaşi imbold care a declanşat mişcările de independenţă din coloniile de pretutindeni a determinat milioane de indivizi să plece la drum şi să-şi caute norocul în altă parte.

Nu doar dorinţa de a emigra, ci şi numărul de ocazii pentru a o face a crescut. Sistemele globale de comerţ, de economie şi de cooperare internaţională edificate după 1945 au accelerat o tendinţă care, altfel, ar fi durat prea mult să se dezvolte. Industria de transporturi maritime a explodat în acei ani şi a înflorit o nouă industrie, cea a transporturilor aeriene, clădită pe fundamentul flotilelor impresionante de avioane construite pentru război. Globalizarea, aşa cum o cunoaştem astăzi, a luat practic avânt în urma celui de-al Doilea Război Mondial.

Mai ales în Europa Occidentală s-a declanşat o adevărată revoluţie. A fost ca şi cum părţi din India sau din Caraibe ar fi fost dislocate pentru a fi încorporate în Marea Britanie. Dintr-odată, bucăţi din Africa de Nord au fost transplantate în Franţa şi crâmpeie din Turcia şi Levant s-au grefat în Germania şi Olanda.

Economişti, artişti şi gastronomi s-au grăbit să sublinieze că această revoluţie a adus Europei beneficii imense, dar e de necontestat că au existat şi unele costuri. Unul dintre acestea constă în sentimentul de alienare tot mai accentuat resimţit de gazdele acestor emigranţi. Căci de pe urma separării sociale nu au suferit doar populaţiile de imigranţi : sosirea lor avea să provoace fisuri în fiecare dintre comunităţile în care au pătruns. O realitate care şi ea va avea consecinţe profunde în anii care au urmat[15].

Generaţia Windrush

Când s-a îmbarcat pe *Empire Windrush*, în 1948, Sam King nu avea nici cea mai mică idee ce dificultăţi îl aşteptau. Ca aliat, în timpul războiului fusese bine primit în Marea Britanie. Nu se confruntase cu prea multe prejudecăţi dure şi puţinele pe care le constatase veniseră, în general, nu din partea britanicilor, ci de la alţi străini – cum au fost un soldat american din Manchester care încercase să-i bată prietenul şi să-i ia iubita ori ofiţerul sud-african care a vrut să-l cazeze separat de albii din echipa de mentenanţă. În ambele cazuri, britanicii i-au sărit în ajutor.

Când a revenit însă, în 1948, lucrurile erau uşor diferite. Părea că una era să ai temporar oameni de culoare în Marea Britanie, care să ajute la câştigarea războiul, şi cu totul altceva să îi ai alături pe timp de pace, poate chiar permanent.

Antipatia faţă de sosirea lui a început să se manifeste chiar înainte de a coborî de pe vapor, exprimată fiind de un reprezentant de la vârful societăţii britanice. Aflând că *Empire Windrush* avea la bord 492 de imigranţi din Indiile de Vest cu destinaţia Londra, ministrul Muncii, George Isaacs, a avertizat Parlamentul : „Sosirea acestui mare număr de oameni, fără o înţelegere prealabilă, va atrage mari dificultăţi şi dezamăgiri"[16]. Secretarul pentru Colonii, Arthur Creech Jones, a asigurat că era doar un eveniment singular şi că „o mişcare similară amplă" de imigranţi jamaicani era improbabil să se mai repete[17]. Curând după aceea, unsprezece parlamentari laburişti i-au scris premierului, cerându-i o nouă legislaţie, care să împiedice sosirea pe viitor a unor astfel de persoane :

> Din fericire, poporul britanic se bucură [astăzi] de o profundă unitate în diversitatea sa... şi este binecuvântat să nu aibă o problemă rasială legată de culoarea pielii. Dar un influx de persoane de culoare care să-şi stabilească domiciliul aici ar putea să distrugă această armonie, care este forţa şi coeziunea alegătorilor noştri şi a vieţii noastre sociale, şi să provoace disensiune şi dificultăţi în rândul tuturor celor implicaţi[18].

Apelul la unitate lansat de guvernul britanic în timpul războiului. Mândria față de diversitatea celor care veneau în ajutorul țării nu a rezistat mult timp după 1945.

Nu a durat mult şi presa li s-a alăturat. Chiar în ziua în care *Empire Windrush* sosea la Tilbury, de pildă, un titlu din *Daily Graphic* numea sosirea emigranţilor începutul unei „invazii". Oameni ca Sam King nu erau decât avangarda, avertiza articolul: o „armată uriaşă de şomeri" se îndrepta dinspre Jamaica[19].

Suntem tentaţi să respingem aceste preocupări ca fiind aiureli rasiste: sosirea a 492 de oameni cu greu poate să reprezinte o „invazie" sau o „mişcare de masă", mai ales atunci când o comparăm cu sutele de mii de imigranţi albi pe care guvernul îi curta intens în acele timpuri. Dar, în vreme ce asemenea comentarii erau incontestabil rasiste, se mai petrecea şi altceva. În pofida prejudecăţile lor latente, oficialii britanici erau sincer îngrijoraţi în privinţa coeziunii sociale postbelice şi se temeau că muncitorii caraibieni pur şi simplu nu vor reuşi să se integreze. Imigranţii europeni păreau oarecum britanici, dar muncitorii de culoare, prin contrast, vor ieşi întotdeauna în evidenţă din mulţime[20].

Sam King avea să descopere toate acestea pe propria-i piele de cum a sosit la Londra. Când a coborât de pe *Empire Windrush* a fost bine tratat. I s-a oferit un loc unde să doarmă, într-un adăpost antiaerian dezafectat din sudul Londrei, şi a fost întâmpinat de membrii unei biserici din apropiere. Dar în lunile care au urmat a început să observe pretutindeni prejudecăţile, unele discrete, altele nu tocmai. Când s-a dus la biroul forţelor de muncă să se înscrie ca tâmplar, i s-a spus că, jamaican fiind, prestaţia lui s-ar putea să nu se ridice la standardele britanice. Numai după ce a arătat certificatul care demonstra că fusese pregătit de RAF i-au oferit jenaţi o serie de posturi din care să-şi aleagă. A obţinut cu greu un loc unde să doarmă pentru că pe geamurile pensiunilor erau lipite anunţuri pe care scria „Nu acceptăm negri, nu acceptăm câini". Când el şi fratele lui au solicitat un împrumut pentru a-şi cumpăra propria casă, a primit de la furnizorul de credite ipotecare o scrisoare de refuz prin care erau sfătuiţi să se întoarcă în Jamaica.

Ulterior, când a ajuns să lucreze la poştă, a fost adeseori supus unor exclamaţii de genul „Trimiteţi-i înapoi ! ” din partea lucrătorilor albi, iar unul dintre directori i-a spus direct : „Dacă ar fi după mine, n-ai fi nici măcar poştaş în oficiul meu”[21].

King a refuzat ferm să se lase demoralizat de asemenea comentarii şi atitudini. S-a considerat întotdeauna britanic şi era mândru de acest fapt. S-a înscris în sindicat. S-a înscris în Partidul Laburist. Şi-a deschis casa pentru alţi jamaicani care nu aveau unde să locuiască. A ajutat la înfiinţarea unei cooperative de credit pentru imigranţi şi a fost forţa motrice din spatele primului ziar pentru populaţia de culoare, *West Indian Gazette*. După revoltele rasiale care au lovit cartierul Notting Hill din Londra, în 1958, şi-a ajutat prietena şi colega, pe Claudia Jones, să organizeze un carnaval al Indiilor de Vest, în încercarea de a prezenta aspectele pozitive ale culturii caraibiene : în timp, festivalul va ajunge unul dintre cele mai mari manifestări anuale stradale din Europa, cunoscut astăzi drept Carnavalul de la Notting Hill.

În 1982, King a fost ales în consiliul local din Southwark, iar un an mai târziu a devenit primul primar de culoare al circumscripţiei. A început imediat să primească telefoane de la persoane care ameninţau că o să-i taie gâtul şi îi vor da foc la casă. I-a fost plastă acasă o echipă permanentă de poliţie care să-l păzească. Deşi astfel de lucruri îl înfuriau, nu le-a permis niciodată să-i întunece judecata : „Negativismul nu face decât să deprime şi să descurajeze”.

Înainte de moartea sa, în 2016, la vârsta de nouăzeci de ani, consiliul unde a lucrat odinioară a dezvelit o placă memorială albastră (*blue plaque*) la fosta lui locuinţă, în semn de recunoaştere pentru realizările din întreaga sa viaţă şi pentru felul în care şi-a deservit comunitatea[22].

Riposta

Atitudinile cu care s-a confruntat Sam King erau adânc înrădăcinate în cultura britanică. După mai bine de două secole de colonialism, britanicii acumulaseră o mulţime de prejudecăţi despre populaţia de culoare, pe care o considerau înapoiată, leneşă şi inferioară : aşa încât, atunci când au sosit oameni ca Sam King, care erau nu doar educaţi, ci şi muncitori, ambiţioşi, eruditi şi capabili, prejudecăţile britanicilor au fost date peste cap. Datorită unor astfel de experienţe, unii britanici au tras învăţămintele cuvenite, printre aceştia numărându-se şi unul dintre cei care l-au persecutat pe Sam King în tinereţe, un individ care, ajuns la strâmtoare, a apelat la ajutorul lui King. Alţii însă nu au fost niciodată capabili să vadă altceva dincolo de culoarea pielii lui King.

Dacă în anii 1940 şi 1950 au existat puţine mişcări antiimigraţie în Marea Britanie, motivul nu a fost lipsa animozităţilor. În toată această perioadă, britanicii, la fel ca şi guvernul, au refuzat să accepte realitatea : pur şi simplu au presupus că imigranţii de culoare şi cei asiatici vor pleca acasă cât de curând. Ironia face că tocmai primele tentative ale britanicilor de a limita imigraţia au fost cele care au scos adevărul la lumină. Legea imigranţilor din Commonwealth, din 1962, a instituit restricţii severe asupra celor care veneau pentru prima dată ca imigranţi, aşa încât cei care au sosit ulterior nu mai erau doar bărbaţi şi femei singure, în căutare de locuri de muncă, ci membri de familie ai celor care erau deja în Marea Britanie. Familia lui Sam King a reprezentat un astfel de caz : „Mama a avut nouă copii”, a dezvăluit el mai târziu ; „opt dintre noi am venit în

Marea Britanie". Această reunire a familiei nu a fost acţiunea unor oameni care intenţionau să se reîntoarcă în Jamaica. King şi ai lui veniseră în Marea Britanie ca să rămână[23].

Societatea britanică începea acum să înţeleagă că era martora unei schimbări permanente în stilul ei de viaţă de până atunci. Conservatorul Enoch Powell a ţinut o serie de discursuri celebre despre faptul că poporul britanic simţea că trăieşte acum pe un „teritoriu străin"[24]. A fost înfiinţat un partid nou, rasist, denumit Frontul Naţional, pe a cărui agendă se afla şi „repatrierea tuturor imigranţilor de culoare şi a descendenţilor acestora"[25]. Au fost organizare marşuri rasiste la Londra, Huddersfield, Bradford, Leicester, Oldham şi în multe alte locuri din toată ţara, marşuri care au dus adesea la confruntări violente cu poliţia şi cu contrademonstranţii[26].

Tulburări similare au avut loc în toată Europa. În anii 1970, au apărut mai peste tot partide neofasciste, precum Uniunea Populară Olandeză (NVU) şi Uniunea Populară Germană (DVU). Lor li s-au alăturat partide populiste radicale de dreapta, ca Frontul Naţional în Franţa, Partidul Progresist Danez şi Partidul Progresist Norvegian (FrP). Separatiştii regionali, Liga Nordului din Italia şi Blocul Flamand din Belgia, au urmat şi ei tendinţa. În anii 1970 şi 1980 toate aceste partide au înregistrat o creştere rapidă a popularităţii, fiecare dintre ele adoptând ca politică fundamentală o reacţie xenofobă, de respingere a imigranţilor. Partidele mai tradiţionale au profitat şi ele de ocazie. Cel mai bun exemplu este Partidul Libertăţii din Austria, a cărui transformare din anii 1980, de la o poziţie moderat conservatoare la una strident antiimigraţie, a dus la o creştere a procentului la urne de la circa 5% la 33%. În luna mai 2016, candidatul Partidului Libertăţii a ratat funcţia de preşedinte al Austriei cu o marjă atât de mică, încât la sfârşitul anului a trebuit să fie ţinute noi alegeri (pe care le-a pierdut din nou, tot cu un rezultat strâns)[27].

În momentul în care scriu toate acestea, dreapta radicală este mai puternică în Europa decât a fost oricând de la al Doilea Război Mondial încoace. Guvernul Ungariei, dominat de partidul Fidesz, de dreapta, a fost frecvent criticat de politicieni şi de presa din întreaga lume pentru autoritarism şi demonizarea străinilor. Singura consolare pentru criticii Fidesz este că acest partid e mai puţin extremist decât partidul Jobbik, un partid deschis rasist, care a câştigat peste 20% din voturi în 2014[28]. Partidul Legii şi Dreptăţii din Polonia, ajuns la putere în 2015, este şi el un partid radical de dreapta, ocolit de grupurile mai moderate din ţară şi chiar de unii dintre foştii lui membri[29]. În Franţa, susţinerea Frontului Naţional a crescut constant timp de douăzeci de ani, iar în Marea Britanie, Partidul pentru Independenţa Regatului Unit (UKIP) a primit 3,8 milioane de voturi la alegerile generale din 2015, devenind al treilea cel mai popular partid din Marea Britanie. Toate aceste partide au în comun faptul că se pronunţă vehement împotriva imigraţiei.

În multe alte state bogat industrializate din lume, atitudinile faţă de imigraţie au urmat în mare aceleaşi căi. Australia este un bun exemplu. După 1945, cel dintâi ministru pentru Imigraţie al Australiei, Arthur Calwell, a dus o campanie de genul „populează sau pieri" : „Trebuie să populăm ţara aceasta sau o vom pierde", a afirmat el. „Trebuie să ne protejăm de pericolul galben din nord." În urma celui de-al Doilea Război Mondial, Asia nu putea fi văzută altfel decât ca o ameninţare, aşa că ministrul Calwell a încercat să încurajeze doar imigraţia din Europa, de preferinţă pe cea din Marea Britanie. Această „politică pentru o Australia albă" nu a fost demantelată decât în anii 1960 ; dar imigraţia din anii care au urmat, predominantă din Asia, nu a fost niciodată acceptată pe deplin.

În anii 1990, politiciana Pauline Hanson a fondat partidul One Nation (ONP), ale cărui direcţii se asemănau puternic celor ale dreptei radicale din Europa şi SUA. Hanson a cerut stoparea completă a imigraţiei şi a multiculturalismului. „Cred că suntem în pericolul de a fi sufocaţi de asiatici", a declarat ea în primul său discurs ca parlamentară. De atunci, imigraţia a devenit unul dintre cele mai sensibile subiecte din ţară. Aversiunea Australiei faţă de imigranţii din Asia este atât de puternică, încât începând din anul 2012 refugiaţii au fost cazaţi în afara continentului, în tabere din Micronezia sau Papua Noua Guinee[30].

Frică şi libertate

De ce le este frică, aşadar, tuturor acestor oameni? Unul dintre cele mai frecvente motive şi justificări pentru xenofobia din ţările industrializate este că populaţia indigenă se teme că îşi va pierde locurile de muncă. Imigranţii sunt învinuiţi adesea că subminează forţa de muncă tradiţională şi menţin scăzut nivelul salariilor. Indiferent dacă lucrurile stau sau nu aşa, nu aceasta pare să fie principala îngrijorare a oamenilor. Dacă ar fi aşa, atunci ar trebui să ne aşteptăm ca animozităţile faţă de străini să crească în perioadele de şomaj ridicat, însă datele istorice din Europa de Vest arată că nu există decât slabe legături între xenofobie şi rata şomajului[31].

Adevărata ameninţare pe care imigraţia o aduce comunităţilor din zonele dezvoltate ale lumii pare să fie mai puţin legată de locurile de muncă şi mai ales de cultură. Aşa cum limpede a arătat Enoch Powell în Marea Britanie din anii 1960, e un joc al numerelor. Când proporţia de imigranţi de culoare atinsese un sfert sau o treime din populaţia câtorva oraşe, el a numit-o „invazie" : „În toată istoria ei, naţiunea noastră nu a cunoscut niciodată un pericol mai mare". Britanicii, scria el, au fost „dislocaţi chiar şi din ţara care le aparţine"[32]. În anii care au urmat, sentimente similare au fost exprimate în toată Europa, în Australasia şi în America de Nord : nu de pierderea slujbelor se temeau oamenii, ci de pierderea comunităţilor.

A fost vorba în parte de paranoia, în parte de prejudecăţi, dar mai mult ca singur această afirmaţie cuprinde şi un sâmbure de adevăr. Comunităţile *chiar* se erodau. Oamenii *chiar* începeau să se simtă alienaţi. Naţiunile *chiar* se transformau. Nu era doar vina imigranţilor, desigur, dar cum imigranţii erau – şi sunt – manifestarea cea mai relevantă a modului în care societăţile dezvoltate s-au transformat după cel de-al Doilea Război Mondial, ei au devenit un simbol puternic al alienării.

Cifrele cu privire la imigraţia din secolul nostru sunt absolut uluitoare. Este îndeosebi cazul ţărilor mai bogate din Commonwealth. În 1947, doar 10% din populaţia Australiei se născuse în străinătate şi circa trei sferturi erau britanici sau irlandezi. În 2015, procentul urcase la peste 28%, cea mai mare creştere fiind dată de imigranţii asiatici[33]. Cifre similare se regăsesc şi pentru Noua Zeelandă sau Canada. În fiecare dintre aceste ţări, comunităţile care în anii 1940 şi 1950 păreau atât de stabile şi de omogene – şi atât de albe – s-au transformat radical[34].

Procente asemănătoare de imigranţi pot fi întâlnite astăzi şi în multe dintre ţările europene. Conform Organizaţiei pentru Cooperare şi Dezvoltare Economică, peste 28% din populaţia Elveţiei din 2013 se născuse în alte ţări. Aici, chestiunea imigraţiei a devenit atât de sensibilă din punct de vedere politic, încât cei care au dorit revenirea la un control mai strict au reuşit să oblige guvernul să organizeze un referendum privind introducerea cotelor de imigraţie, pe care, ulterior, l-au câştigat[35].

La prima vedere, cifrele pentru restul Europei nu par chiar atât de dramatice. În 2013, populaţia din Olanda născută peste hotare era de numai 11,6%, în Franţa era de 12%, în Germania, aproape 13%, iar în Austria se apropia de 17%. Aceste cifre nu iau însă în calcul copiii şi nepoţii imigranţilor sosiţi în aceste ţări după al Doilea Război Mondial - persoane adeseori uşor de identificat după culoarea pielii. Pentru cei care refuză o reconciliere cu transformările care deja au avut loc în societăţile lor, aceşti oameni sunt un memento permanent al schimbărilor din ţările lor.

În SUA, pe de altă parte, peste 13% din populaţie era născută într-o ţară străină. Cea mai rapidă creştere demografică a fost cea a populaţiei de origine hispanică : într-adevăr, limba spaniolă devine rapid a doua limbă naţională. Nu este de mirare că americanii albi, anglo-saxoni, se simt „străini în propria lor ţară"[36].

Marea Britanie a înregistrat şi ea transformări similare sub aspect cultural, mai ales în cazul oraşelor. Londra pretinde pe drept cuvânt că este oraşul cel mai cosmopolit din lume. Se vorbesc aici peste 300 de limbi şi există cel puţin 50 de comunităţi nonindigene cu câte 10.000 de persoane sau mai mult. Aproape unul din cinci londonezi este negru sau metis. Aproape unul din cinci este de origine asiatică. În 2013, primarul Londrei, Boris Johnson, anunţa - poate eronat - că Londra era, de fapt, „al şaselea cel mai mare oraş al Franţei", cu mai mulţi locuitori francezi decât Bordeaux[37].

Chiar dacă oraşul este din acest motiv un loc foarte atrăgător în care să trăieşti, el nu induce un sentiment de apartenenţă. Londra înregistrează o fluctuaţie atât de mare de persoane, încât orice sentiment al comunităţii este adesea doar unul temporar şi trebuie să te bucuri de el atât timp cât există, înainte ca prietenii şi vecinii să se mute şi să vină alţii în locul lor. Londonezii s-au obişnuit acum cu această situaţie. Cei care locuiesc aici de o viaţă, aşa cum sunt şi eu, au învăţat să renunţe la tradiţiile cu care au crescut şi se lasă duşi de valurile noilor idei ce invadează permanent oraşul ; ceea ce nu înseamnă că nu îi încearcă regretele sau, ocazional, o dureroasă nostalgie după lucrurile pe care le ştiau în tinereţe şi care, acum, au dispărut pentru totdeauna.

În anii din urmă, noua linie a frontului emigrărilor s-a mutat din oraşe ca Londra în localităţi mai mici, precum Boston din Lincolnshire, care, în 2016, a devenit pentru unii un simbol a tot ceea ce este greşit în politica de imigrare din Marea Britanie. Acestei comunităţi strâns unite prin tradiţie, care numără 60.000 de suflete, îi este tot mai greu să facă faţă schimbărilor bruşte care vin odată cu imigraţia pe scară mare. Între 2005 şi 2016 aproape 7.000 de imigranţi polonezi au sosit în oraş şi în curând lumea a început să se teamă că tradiţiile şi comunitatea lor se vor pierde. În momentul referendumului pentru Brexit, Boston a devenit „locul cel mai divizat din Marea Britanie" şi a reprezentat bastionul Partidului pentru Independenţa Regatului Unit. Acolo frica de străini nu era deloc o frică de străini ca atare, ci teama de a nu pierde ceva preţios - un sentiment al apartenenţei[38].

Există, desigur, şi alte explicaţii pentru temerile oamenilor. Nu doar sentimentul apartenenţei a fost ameninţat de imigraţia pe scară mare, ci şi sentimentul legitimităţii. Culturile europene ale căror imperii au exploatat lumea nu au primit cu bunăvoinţă „colonizarea inversă". La fel, popoarele care în secolele al XVIII-lea şi al XIX-lea au cucerit Australasia, Africa de Sud, Canada şi SUA credeau că au dreptul să-i alunge pe cei ce fuseseră acolo înaintea lor, dar s-au plâns atunci când culturile lor importate au fost contestate la rândul lor.

Poate că exemplul cel mai bun pentru un astfel de comportament a fost în SUA, o ţară construită în întregime pe imigraţie, unde îndeobşte imigranţii sunt totuşi demonizaţi de către guvern. Retorica antiimigraţie s-a intensificat în SUA cel puţin începând cu anii 1980, dar punctul culminant a fost atins probabil în timpul campaniei pentru alegerile prezidenţiale din 2016, când, aşa cum se ştie, Donald Trump i-a acuzat pe imigranţii mexicani că sunt „violatori" şi „traficanţi de droguri" şi a promis nu doar că va deporta înapoi în America Latină 11 milioane de imigranţi ilegali, ci şi că va construi un zid între SUA şi Mexic[39]. Sloganul lui de campanie „Să redăm măreţia Americii" a fost interpretat de unii americani ca un apel voalat pentru a face din nou o America a albilor[40].

Pentru minorităţile din SUA ar putea fi tentant, poate chiar plăcut, să vadă un fel de dreptate istorică în modul cum valurile de imigranţi au inundat America albilor şi, fără îndoială, vor continua să o facă, în pofida retoricii lui Trump. Să te bucuri însă de nenorocirile clasei muncitoare de rasă albă nu este doar neplăcut, ci înseamnă a face abstracţie de situaţie în ansamblul ei. Mulţi dintre cei care au votat pentru Trump sunt ei înşişi imigranţi sau copiii unor imigranţi care nu aveau nimic atunci când au sosit în Statele Unite şi care speraseră să prospere prin muncă asiduă şi perseverenţă. Astfel de oameni erau odinioară întruchiparea însăşi a visului american.

Lumea s-a schimbat însă irevocabil din anii 1940 şi 1950, când SUA erau cu adevărat o ţară „măreaţă". Migraţia masivă este doar unul dintre elementele componente ale unui proces mult mai larg de globalizare care a erodat vreme de decenii speranţele muncitorilor americani. Acum nu doar nou-veniţii ameninţă să le ia americanilor slujbele – ci chiar ele, slujbele, au migrat peste ocean, acolo unde mâna de lucru este mai ieftină chiar şi decât a imigranţilor americani. Mecanizarea a revoluţionat şi ea locurile de muncă: tehnologiile care în 1945 le promiteau americanilor o viaţă uşoară, acum ameninţă să îi priveze de mijloacele de trai.

Conform afirmaţiilor lui Arlie Russell Hochschild, cei care s-au simţit abandonaţi din pricina globalizării au votat cu Trump pentru că îşi pierduseră complet încrederea în liderii mai conformişti, care au îngăduit ca visul american să se ofilească şi să dispară. Nu a fost neapărat vorba despre faptul că clasa muncitoare de rasă albă invidia imigranţii pentru reuşita lor: au fost mai furioşi pentru că îşi văzuseră propriul statut diminuat vertiginos în anii anteriori. Oportunităţile, atât de numeroase în 1945 şi în deceniile următoare, păreau să se fi redus până într-atât încât acum muncitorii americani trebuiau să se lupte la fel de mult ca orice imigrant doar ca să supravieţuiască.

Încă o dată, şi în acest caz xenofobia pe care au manifestat-o uneori nu a fost, de fapt, una reală, ci un resentiment faţă de propria lor neputinţă, confruntaţi fiind cu forţele globale şi cu conştientizarea teribilă a faptului că viitorul despre care credeau cândva că îi aşteaptă nu mai există[41].

Noua „alteritate"

În zorii secolului XXI, toate aceste temeri s-au cristalizat într-o singură metaspaimă, care a devenit una dintre trăsăturile dominante ale epocii noastre. Pe 11 septembrie 2001, extremiştii islamici au lansat asupra Americii o serie de atacuri, lovind cu avioane de pasageri cele două turnuri ale World Trade Center din New York. În anii următori, teroriști islamici vor mai plasa bombe în trenurile de navetiști din Madrid (martie 2004), în rețeaua de transport în comun din Londra (iulie 2005), în aeroportul internațional din Bruxelles (martie 2016) și vor lansa un șir de atacuri în Franța și Germania. Dintr-odată părea că națiunile din țările bogate și industrializate mai aveau un motiv să se teamă de populațiile de imigranți : acum erau amenințate nu doar slujbele, comunitățile și privilegiile istorice, ci toată civilizația occidentală, în întregul ei. În realitate, nu e nimic nou în această frică. Este aceeași frică pe care au simțit-o odinioară față de naziști, transferată apoi asupra comuniștilor, și care își tot caută refugiu de când s-a terminat Războiul Rece.

Propaganda antiimigrație are un interes particular să ațâțe această frică ori de câte ori este posibil, pentru că astfel sunt puse sub semnul întrebării politicile privind imigrarea de la al Doilea Război Mondial încoace. Aceasta pare să justifice ceea ce a susținut dintotdeauna : permițându-le musulmanilor accesul într-un număr atât de mare în societățile occidentale de după 1940, guvernele au invitat în țările lor un dușman.

Este și motivul pentru care în campania prezidențială din 2016 Donald Trump a promis să interzică imigrarea musulmanilor. De aceea Ungaria a refuzat în același an să primească refugiații musulmani datorită războiului din Siria. Și tot de aceea Geert Wilders, candidatul olandez la funcția de premier, a cerut în același an „desislamizarea" Olandei - ducându-și astfel partidul în fruntea sondajelor, în pofida faptului că el se confrunta în același timp cu acuzații de incitare la ură rasială din partea poliției[42]. Musulmanii ocupă acum în imaginația europenilor același loc pe care îl ocupau evreii la începutul secolului XX : acțiunile unei mici minorități au deschis ușa pentru demonizarea unei întregi religii.

Ca o ironie a sorții, în afară de cei menționați, singurii care mai au beneficii de pe urma unei astfel de gândiri sunt teroriștii islamici înșiși. Cum scopul fundamental al terorismului este să răspândească frica, grupurile extremiste ca Al-Qaida și Statul Islamic se pot felicita că au făcut o treabă eficientă. Acțiunile lor din 2001 și cele ulterioare au provocat o reacție care a depășit cele mai mari speranțe ale lor. Ele au declanșat un atac condus de SUA asupra Afganistanului, unde își aveau baza mulți dintre teroriști, un atac care s-a transformat rapid într-un război sfânt și un vademecum pentru musulmanii nemulțumiți de pretutindeni. A rezultat în acest fel un al doilea război, cel între America și Irak, destabilizând o altă regiune din Orientul Mijlociu. Iar odată cu ele, în mijloacele de informare din toată lumea s-a făcut reclamă pentru o întreagă succesiune de martiri și de eroi. Ascensiunea continuă a extremismului islamic de la sfârșitul Războiului Rece și până azi s-a sprijinit pe capacitatea acestuia de a provoca o reacție din partea Occidentului.

Și extremiștilor islamici le este la rândul lor frică. Motivul pentru care vor să răstoarne democrația liberală occidentală este că aceasta le amenință tradițiile, cultura și stilul lor de viață, despre care își închipuie că au rămas neschimbate de secole. Ei observă că guvernele unor țări predominant musulmane, ca Arabia Saudită sau Iordania, par să danseze cum le cântă Occidentul. Văd efectele imigrației masive, pe măsură ce muncitorii din sudul Asiei se îndreaptă către statele din Golf în căutarea locurilor de muncă. Văd cum valorile islamice sunt erodate de tradiții noi, occidentale, și de evoluția tehnologiei informaționale. Văd cum dispar încet vechile privilegii rezervate bărbaților și liderilor religioși. Și înțeleg că, dacă nu fac ceva cu totul radical, distructiv, măreț - dacă nu pot declanșa propria lor revoluție globală -, aceste schimbări vor continua inevitabil.

Acelaşi lucru este adevărat şi pentru unele segmente ale noilor populaţii musulmane din interiorul naţiunilor occidentale bogate. La fel ca Sam King, aceste comunităţi au sosit în urma celui de-al Doilea Război Mondial în căutarea unei vieţi mai bune. La fel ca Sam King, au fost nevoite să lupte pentru un loc în societatea britanică, germană sau americană şi s-au resemnat cu ideea că vor face compromisuri de dragul adaptării la noul lor cămin adoptiv. Dar pentru copiii şi nepoţii lor, lucrurile sunt diferite. Musulmanii care s-au născut, să zicem, în Franţa au un sentiment al legitimităţii pe care părinţii lor nu l-au avut niciodată : se consideră, şi pe bună dreptate, la fel de francezi ca oricare dintre conaţionalii lor. Prejudecăţile împotriva lor au rămas însă. Se consideră atacaţi din două părţi : sunt respinşi de societate şi, în acelaşi timp, li se cere să se asimileze cât mai complet.

Aşa cum observa Jean-Paul Sartre în 1944, astfel de oameni se confruntă cu o alegere imposibilă : dacă se asimilează cu totul, îşi neagă propria esenţă ; dacă nu se asimilează, înseamnă să accepte că vor fi întotdeauna „străinul" – „celălalt"[43]. Încât nu e de mirare că un mic procent au considerat conflictul intern astfel declanşat prea greu de suportat şi au ales, în schimb, să adopte respingerea, să o cultive şi să le-o redea societăţilor în care trăiesc.

Am început cartea de faţă susţinând că noi toţi suntem, într-un anume sens, refugiaţi şi imigranţi. Unii dintre cei ale căror vieţi le-am descris chiar au fost astfel. Oameni ca Georgina Sand, cu a cărei poveste am început, sau Aharon Appelfeld ori Sam King au plecat definitiv din ţara lor de origine şi au trăit tot restul vieţii printre străini. Pentru mulţi alţii, ca Anthony Curwen sau Waruhiu Itote, momentele definitorii ale vieţii lor s-au petrecut în ţări străine, în vremuri de război sau de revoluţie. Dar viaţa fiecărui personaj din această carte a cunoscut serioase suişuri şi coborâşuri, ca o consecinţă directă a celui de-al Doilea Război Mondial. Chiar dacă nu au călătorit în ţări străine, lumea pe care o cunoscuseră odinioară s-a transformat şi a devenit de nerecunoscut, ca urmare a evenimentelor şi a vremurilor pe care le-au trăit. Acelaşi lucru se poate spune şi despre cei mai mulţi dintre cei care au supravieţuit schimbărilor atât de importante din secolul XX.

Războiul a declanşat forţe care au schimbat lumea noastră în 1945 şi au continuat chiar şi în prezent să ne afecteze modul de viaţă. Înainte de orice, a dat naştere unor mari traume care de atunci şi până astăzi bântuie indivizii şi societăţile. Războiul a creat superputerile şi tensiunile dintre Est şi Vest care au definit lumea în următorii patruzeci şi cinci de ani. A desfiinţat imperiile europene şi pe cel japonez, eliberând sute de milioane de oameni şi permiţându-le să-şi aleagă destinul – sau cel puţin să încerce să o facă. A dat naştere unor progrese în ştiinţă şi tehnologie, în recunoaşterea drepturilor omului şi în impunerea dreptului internaţional, în artă şi arhitectură, în medicină şi filosofie. A deschis calea pentru noi sisteme politice şi economice şi a pus bazele globalizării la care asistăm astăzi. Frământările politice iniţiate de război au adus culturile străine în imediata noastră vecinătate, iar astăzi ritmul transformărilor a devenit atât de alert, încât puţini dintre noi mai pot spune cu maximă certitudine cine ne vor fi vecinii mâine sau unde anume ne vom sfârşi zilele pe acest pământ.

Indiferent cât ne-am dori, aceste transformări nu mai pot fi anulate. Pe măsură ce înaintăm în secolul XXI, ne confruntăm cu o opţiune. Fie acceptăm schimbările la nivel mondial, îmbrăţişăm forţele progresului şi încercăm să le facem să acţioneze în avantajul nostru ; fie ne opunem schimbării şi încercăm să o ţinem în suspensie, astfel încât să protejăm ceea ce a mai rămas din vechiul nostru stil de viaţă pe care îl preţuim atât de mult. Dacă ar fi să luăm în considerare lecţiile istoriei, presupun că probabil vom aborda ambele direcţii simultan, fără să urmăm până la capăt niciuna dintre ele, dar totuşi ne vom descurca.

Mai există însă şi o a treia opţiune : putem lăsa la o parte întregul sistem şi să încercăm să o luăm de la capăt, de la zero. În lumea de astăzi, sunt mulţi cei care promit să procedeze astfel. Sunt furioşi şi dezamăgiţi de modul în care lumea s-a schimbat şi caută acum mai mult ca niciodată pe cineva pe care să-l învinuiască. Nu este vorba atât de o moştenire a celui de-al Doilea Război Mondial, cât de o revenire la aceleaşi modalităţi de gândire care au provocat în principal războiul.

Frustrările care cuprind astăzi lumea vor deveni familiare oricui a studiat escaladarea războiului în anii 1930. Acum, ca şi atunci, regiuni întinse ale globului sunt supuse unor rate ridicate ale şomajului, sărăciei crescânde şi stagnării economice. Se manifestă o furie crescândă faţă de prăpastia dintre bogaţi şi săraci, o tot mai mare neîncredere în străini şi, mai presus de toate, o tot mai mare frică faţă de ceea se numea cândva modernitate, şi care a devenit astăzi globalizare.

În 1945, acestea erau probleme pe care am crezut că le vom putea rezolva. Dacă nu ne vom propune iarăşi să le rezolvăm, atunci demagogii şi revoluţionarii vor încerca să le rezolve ei în locul nostru, exact aşa cum au făcut-o odinioară, la mijlocul secolului XX.

Epilog

Al Doilea Război Mondial nu a fost un eveniment ca oricare altul – el a schimbat o lume. În timp ce forţele armate străbăteau globul de la un capăt la altul, devorând economii întregi şi sacrificând fără să ezite deopotrivă civili şi militari, chiar şi cei aflaţi în miezul violenţelor puteau să vadă că se distrugea ceva fundamental. „Trebuie să înţelegeţi că moare o lume”, remarca în 1949 Ed Murrow, un reporter american de război ; „valorile vechi, vechile prejudecăţi şi fostele centre de putere şi prestigiu sunt pe ducă”. Aliaţii de pe ambele ţărmuri ale Atlanticului – şi ale Pacificului – au intrat în război contra Germaniei şi Japoniei cu credinţa că luptau ca să menţină un anume stil de viaţă. În realitate, aveau să devină ei înşişi spectatorii dispariţiei acelui stil de viaţă[1].

Lumea care a luat naştere în 1945 era cu totul diferită de cea care începuse războiul. Pe de o parte, din punct de vedere fizic, purta numeroase cicatrice şi era traumatizată din punct de vedere psihologic : oraşe întregi fuseseră distruse, naţiuni întregi, mistuite şi, în cea mai mare parte a Europei şi a estului Asiei, comunităţi întregi, nimicite sau dislocate. Sute de milioane de oameni au fost expuşi violenţelor la o scară pe care nu şi-o imaginaseră până atunci. Pe de altă parte, lumea din 1945 era probabil mai unită decât fusese vreodată. În focul războiului s-au format prietenii şi, pentru o vreme, a existat cu adevărat speranţa că aceste prietenii vor putea fi continuate şi în vreme de pace. Sfârşitul războiului a adus şi el un sentiment de uşurare pe care oamenii de pretutindeni aveau să şi-l reamintească pentru tot restul vieţii lor. Aceste două forţe – frica şi libertatea – se vor număra printre cele mai importante imbolduri care vor duce la crearea lumii postbelice.

Cartea aceasta a reprezentat o încercare de a marca modul în care al Doilea Război Mondial şi consecinţele lui materiale şi psihologice ne-au transformat vieţile. În capitolele de început, am demonstrat cum, într-un efort de a face faţă violenţei şi cruzimii la care tocmai fuseseră martori, oamenii de pretutindeni au adoptat noi moduri de a gândi. Li s-a prezentat un univers populat de eroi, monştri şi martiri. Şi-au imaginat războiul ca pe o luptă titanică între bine şi rău. Au creat o mitologie care dădea sens incomprehensibilului, care le întărea credinţa că sacrificiile lor meritau făcute şi le dădea speranţa că întunericul fusese alungat pentru totdeauna.

O astfel de gândire a fost cea care a permis lumii să-şi revină atât de repede pe cât a făcut-o. Eroii noştri au continuat să se comporte eroic şi să-şi asume responsabilitatea pentru impunerea ordinii, pentru construirea unor instituţii noi şi pentru a purta de grijă naţiunilor distruse, până când acestea îşi vor recăpăta vitalitatea. Cei pe care noi i-am considerat monştri au fost distruşi, aduşi în faţa justiţiei, făcuţi să amuţească, îmblânziţi şi, uneori, chiar reformaţi. Acolo unde a fost posibil, victimele războiului s-au retras să-şi oblojească rănile. Şi pretutindeni, toată lumea a început să aibă credinţa că răsărise o eră nouă.

S-a născut astfel o epocă a idealurilor. În partea a II-a am arătat cum aceste idealuri au inspirat visuri utopice printre cei convinşi că omenirea ar trebui să înveţe din lecţiile oferite de război. Oamenii de ştiinţă au visat la o lume nu doar dirijată de noile tehnologii – avioanele cu reacţie, rachetele şi computerele care au apărut ca rezultat al războiului –, ci şi una însufleţită de un mod de gândire ştiinţific : raţional, luminat şi paşnic. Arhitecţii au visat oraşe noi, fastuoase, care să se înalţe precum pasărea phoenix deasupra ruinelor, unde fiecare va avea în sfârşit acces la lumină şi aer şi la condiţii de viaţă sănătoase. Urbaniştii sociali şi filosofii au întrezărit ocazia de a aduce oamenii laolaltă, de a nivela diferenţele dintre ei şi a face din lumea noastră un loc al şanselor mai nepărtinitoare şi mai bune. Viitorul imaginat de ei era unul al libertăţii, nu al fricii.

Într-o astfel de atmosferă părea normal ca fiecare vis să fie universal şi fiecare soluţie la problemele noastre să fie o soluţie universală. În partea a III-a, am arătat cum politicienii, juriştii şi economiştii epocii postbelice au încercat să creeze un sistem care să permită lumii întregi să acţioneze împreună, ca un tot unitar. Instituţiile globale pe care le-au înfiinţat în urma celui de-al Doilea Război Mondial au fost cu mult mai inclusive decât orice alte instituţii anterioare – şi mult mai robuste ; însă pentru unii idealişti ele nu au mers destul de departe. Aceşti vizionari au susţinut că dacă toţi oamenii urmau să aibă aceleaşi libertăţi, drepturi şi responsabilităţi, atunci toate fiinţele umane ar trebui să trăiască în acelaşi sistem şi să aibă aceeaşi putere de decizie asupra modului cum este condus sistemul. Nu voiau nici mai mult nici mai puţin decât un singur guvern mondial.

În idei de acest fel au început să eşueze visurile erei postbelice. Pentru fiecare persoană care vedea în guvernul mondial o şansă la pacea perpetuă, exista o alta care îl vedea ca pe o formă de perpetuă robie. Dintre toate mirajele spre care oamenii s-au precipitat după încheierea războiului, cel mai inaccesibil a fost cu siguranţă cel al universalităţii absolute. Aşadar, exact în timp ce încerca să se unifice, lumea a început să se fragmenteze.

Aşa cum am arătat în partea a IV-a, una dintre cele mai importante moşteniri ale celui de-al Doilea Război Mondial a fost naşterea nu a uneia, ci a două superputeri, fiecare urmărind cu tot mai mare suspiciune pretenţiile celeilalte de dominaţie la nivel global. Americanii ştiau că, dacă s-ar fi creat un guvern mondial, nu ar fi existat vreo garanţie că acesta ar fi fost unul democratic : erau la fel de hotărâţi să nu lase ca lumea să cadă în mâinile lui Stalin, pe cât fuseseră să o oprească de a cădea în mâinile lui Hitler. Sovieticii, pe de altă parte, erau la fel de decişi să oprească expansiunea puterii americane şi au început să folosească acelaşi limbaj al eroilor, monştrilor şi martirilor pe care îl adoptaseră în timpul celui de-al Doilea Război Mondial, pentru a descrie noul conflict ideologic pe care îl aveau cu Occidentul. Această sciziune între Est şi Vest avea să se multiplice pe tot globul, întrucât toate naţiunile au fost ispitite, convinse şi constrânse să se ralieze uneia sau alteia din părţi.

Nu doar superputerile au pus la încercare ideea unităţii mondiale. În partea a V-a am arătat cum visurile de libertate inspirate de al Doilea Război Mondial au produs peste tot o revenire a naţionalismului. Popoarele din Asia, Africa şi din Orientul Mijlociu au început să-şi revendice cu tărie independenţa faţă de imperiile Europei care le dominaseră de secole. Doar că pasiunea lor pentru autodeterminare a dus uneori la o scindare a naţiunilor în diviziuni din ce în ce mai mici. În multe regiuni din lumea a treia, guvernele autoritariste şi dictaturile au preluat puterea în numele restaurării ordinii publice :

atunci când nu s-a născut în mod natural un acord între facţiuni, mai devreme sau mai târziu el avea să fie impus, adeseori pe seama sacrificării libertăţii.

Singura regiune în care naţionalismul a fost ţinut în frâu pentru o vreme a fost Europa, dar chiar şi aici au existat izbucniri ocazionale prilejuite de amintirea celui de-al Doilea Război Mondial. Uniunea Europeană a fost înfiinţată tocmai ca o încercare de a face imposibil un război între naţiunile Europei, dar, în cele din urmă, această instituţie va inspira ea însăşi visuri de libertate naţională. În momentul scrierii acestei cărţi, UE a început să se fragmenteze şi naţionalismul să ia din nou amploare pe tot continentul.

În partea a VI-a am analizat unele dintre moştenirile cele mai distructive ale celui de-al Doilea Război Mondial, care au dus tendinţele de divizare la extrema lor logică – scindarea naţiunilor, scindarea comunităţilor şi a familiilor şi crearea unui sentiment de traumă şi de pierdere care încă mai macină multe dintre societăţile de azi. Am încheiat prin a arunca o privire asupra împărţirii extreme a societăţii în elementele ei constitutive cele mai mici – indivizii umani, care au fost scoşi din propriile lor comunităţi, uneori împotriva voinţei lor, şi împrăştiaţi pe tot globul în căutarea unor locuri de muncă, a oportunităţilor ori a stabilităţii. Globalizarea popoarelor, un alt proces accelerat de al Doilea Război Mondial, a contribuit la noile tensiuni dintre naţiunile bogate, care şi ele au devenit tot mai fragmentate şi mai atomizate. O mai mare libertate nu a adus după sine şi o mai mare fericire.

Indivizii pot fi şi ei divizaţi. Unii dintre cei care au suferit traume severe în timpul războiului au descoperit că sunt incapabili să împace experienţele trăite cu cine credeau că sunt şi cu cine voiau să fie. S-au trezit rupţi de viitorul nou şi luminos pentru care s-au luptau toţi ceilalţi, condamnaţi fiind, în schimb, să retrăiască în mod perpetuu trecutul. Câţiva dintre cei ale căror poveşti le-am relatat în aceste pagini au avut această soartă – nu doar victimele de război, ca Otto Dov Kulka, Aharon Appelfeld, Evgeniia Kiseleva şi Choi Myeong-sun, ci şi unii dintre „monştrii" războiului, precum Yuasa Ken. Chiar şi unii dintre „eroii" războiului – oameni ca Ben Ferencz sau Garry Davis – au fost incapabili să treacă peste amintirea războiului. Lucrurile pe care le văzuseră şi lecţiile pe care le-au învăţat îi vor urmări fără încetare pentru tot restul vieţii.

Multe dintre personajele acestei cărţi s-au simţit scindate şi într-un alt mod, din pricina conflictelor şi dilemelor interioare generate de situaţiile în care s-au aflat în timpul războiului şi imediat după terminarea lui. Atât Hans Bjerkholt, cât şi Cord Meyer au fost obligaţi să-şi reevalueze adeziunea faţă de ideile în care crezuseră cu pasiune înaintea şi în timpul războiului. Bjerkholt a abandonat cu inima îndoită partidul comunist pentru a-şi urma nou-descoperita spiritualitate, iar Meyer şi-a abandonat visul unităţii globale ca să înceapă o cruciadă nouă împotriva Uniunii Sovietice. Anthony Curwen, în schimb, a fost împins spre comunism, şi chiar spre o revoluţie violentă, după ce pe întreaga durată a războiului fusese un pacifist. Toţi aceşti indivizi au fost constrânşi să ia astfel de decizii din cauza unor împrejurări pe care nu le-a stat în putere să le controleze. Niciunul nu a luat cu uşurinţă deciziile respective.

Într-un mod asemănător, atât Eugen Rabinowitch, cât şi Andrei Saharov au fost siliţi să reconcilieze credinţe diferite, care păreau să se contrazică între ele : ambii au lucrat pentru realizarea unor arme nucleare şi, cu toate acestea, ambii au fost profund angajaţi în promovarea păcii şi a cooperării între cele două superputeri pe care le reprezentau. Unii oameni au trebuit să se lupte în repetate rânduri cu astfel de dileme. Carlos Delgado Chalbaud, de pildă, a trebuit să dea seama pentru participarea nu la una, ci la două revoluţii – prima, pentru instaurarea democraţiei în Venezuela, a doua, pentru a o înlătura ulterior. Waruhiu Itote a trebuit şi el să facă o dublă tranziţie : mai întâi, de la statutul de soldat loial la cel de rebel împotriva britanicilor ; a doua, de la rebel la pacificator.

Aproape fiecare dintre aceşti oameni a manifestat un tip sau altul de înstrăinare – de ţara lor, de familiile sau de comunităţile lor, chiar şi de ei înşişi. Aceleaşi scindări care s-au manifestat la nivel global sau naţional au fost prezente şi la nivelul intim, personal.

Această legătură între diverse paliere – global, naţional şi personal – reprezintă partea cea mai importantă a cărţii de faţă. Al Doilea Război Mondial nu a transformat doar lumea noastră – ne-a transformat şi pe noi. Ne-a confruntat cu unele dintre cele mai mari frici ale noastre şi ne-a traumatizat în moduri pe care încă nu le-am identificat pe deplin ; unele regiuni ale lumii nu şi-au mai revenit niciodată din această experienţă. Însă războiul ne-a şi inspirat şi ne-a învăţat care este adevărata valoare a libertăţii – nu doar a libertăţii politice şi naţionale sau a celei de credinţă şi de cult, ci şi a libertăţii personale şi a uriaşelor responsabilităţi pe care le impune asupra individului.

Acesta este motivul pentru care am plasat poveştile personale în chiar centrul acestei istorii. Astfel de poveşti nu sunt doar o fereastră către trecutul nostru, ci şi o cheie spre a înţelege modul în care acţionăm astăzi. Cei care consideră istoria o forţă a progresului care ne conduce încet, dar sigur spre o lume mai bună, mai raţională subestimează capacitatea omului de a fi iraţional. Istoria este dinamizată deopotrivă de emoţiile noastre colective pe cât este de orice marş raţional către „progres". Unele dintre cele mai puternice forţe care dirijează lumea noastră fie s-au născut în timpul celui de-al Doilea Război Mondial, fie au apărut din reacţiile noastre în raport cu consecinţele acestui război. Doar înţelegând de unde provin aceste emoţii colective mai putem spera să ne protejăm astfel încât ele să nu ne copleşească.

Acest lucru nu este uşor de realizat. Ne-am înfăşurat într-o mantie mitică şi doar lepădând-o vom putea ajunge la rădăcinile fricii, la indignarea şi ipocrizia care ne determină într-o atât de mare măsură gândirea. Din nou, istoriile personale ne pot oferi o cheie. La începutul cărţii, am relatat povestea lui Leonard Creo, cel care a acceptat bucuros medaliile ce i-au fost acordate în timpul războiului şi elogiile care le-au însoţit şi doar în timp a ajuns să înţeleagă că, practic, nu făcuse nimic eroic, ci acţionase aşa cum ar fi făcut orice fiinţă omenească în situaţia lui. „Armata are nevoie de eroi" – mi-a spus el –, „de aceea se dau medalii. Trebuie să scoată tot ce e mai bun din nevolnicii ăştia". Societatea are şi ea nevoie de eroi şi este dispusă să-i promoveze ca modele pentru noi toţi, chiar dacă asta înseamnă să trunchieze sau să ascundă adevărul[2].

Dacă este nevoie de timp pentru ca „eroii" noştri să accepte ceea ce s-a petrecut cu adevărat în trecut, atunci acelaşi lucru este valabil şi pentru „monştrii" noştri. Adeseori, ei nici nu ajung să o facă. A fost nevoie de ani de tăcută contemplare pentru a-l face pe Yuasa Ken să înţeleagă faptul că în China nu comisese doar crime, ci adevărate atrocităţi. Când în sfârşit a revenit în Japonia, după război, a fost uluit să descopere că niciunul dintre cei cu care colaboraseră la înfăptuirea acelor atrocităţi nu realiza că a făcut ceva rău. Uneori, e pur şi simplu mai uşor să-ţi aminteşti o versiune mai convenabilă a evenimentelor decât cea care s-a petrecut de fapt.

Statele reacţionează şi ele la fel. Cum altfel ar putea fi explicat modul în care state ca Marea Britanie sau SUA încă se mai feresc să recunoască lipsa lor de compasiune din timpul celui de-al Doilea Război Mondial, atât faţă de cei pe care i-au cucerit, cât şi faţă de cei pe care i-au eliberat ? Sau felul în care facţiunile naţionaliste din Japonia continuă să nege crimele pe care tot restul lumii ştie că le-au comis ? Din ce alt motiv ar dedica polonezii sau francezii atât de multă energie pentru a-şi aminti de propria lor rezistenţă „eroică" din timpul războiului şi atât de puţină pentru a-şi recunoaşte propria laşitate sau cruzime ? Toate naţiunile cedează unor astfel de tendinţe, exact la fel cum fac şi oamenii, şi ar trebui să-şi amintească ele însele acest fapt, astăzi, când poartă noi bătălii.

Dar poate că miturile cele mai nocive dintre toate câte au rezultat din cel de-al Doilea Război Mondial sunt cele despre martiriu. Am rezervat o bună parte a acestei cărţi explorării suferinţei : cred că este de o importanţă vitală pentru fiecare naţiune să accepte traumele pe care le-a trăit, pentru că doar deplângând ceea ce am pierdut vom putea merge mai departe. Doar că naţiunilor rănite le place adeseori să-şi transforme angoasele, ridicându-le la un nivel sacru, pentru că astfel pot să-şi imagineze că nu au contribuit cu nimic la propria lor suferinţă şi că vina este exclusiv a altcuiva. O astfel de sfântă inocenţă le asigură atât iertarea păcatelor trecute, cât şi justificarea pentru cele viitoare. În loc să-şi analizeze pierderile pentru a se obişnui cu ele, fac din propria durere o armă şi o transformă într-o sfântă indignare.

Acesta este genul de emoţii provocate deliberat de cei care doresc să le exploateze în propriul folos – politicieni fără scrupule, moguli media, demagogi religioşi şi alţii de acelaşi tip. Ei ne invită să ne pierdem în forţa legitimă a mulţimii. Cei care răspund chemării lor şi se lasă purtaţi de valul emoţiilor comunităţii pot să câştige atât sentimentul că au un scop, cât şi un sentiment al apartenenţei, dar numai pe seama renunţării la propria libertate. Dacă al Doilea Război Mondial ne-a învăţat ceva, atunci este faptul că libertatea, odată ce ai abdicat de la ea, arareori se mai redobândeşte prea uşor.

Din păcate, nici opţiunea libertăţii nu este uşoară. Adevărata libertate ne cere să ieşim din mulţime, chiar să ne ridicăm deasupra ei uneori, şi să gândim cu propriul cap ori de câte ori putem. Ea ne obligă să ne acceptăm cu onestitate şi fără ocolişuri pierderile, să înţelegem că şi noi am făcut greşeli şi că am jucat un rol în propria noastră suferinţă. O persoană liberă este o persoană purtând povara responsabilităţii şi a unor adevăruri incomode.

Din nou, istoriile personale ale oamenilor care au supravieţuit războiului ne pot oferi exemple despre cum putem păşi pe această cale solitară. Am început cartea de faţă cu istoria Georginei Sand şi tot cu ea am să o şi închei. Refugiată în copilărie din Austria, a fost silită să-şi clădească o viaţă nouă în Marea Britanie. După repetate strămutări pe durata a zece ani, s-a stabilit până la urmă cu soţul ei la Londra, dar ştie că evenimentele pe care le-a trăit au afectat-o. „Vreme de mulţi ani nu am discutat cu nimeni despre cât am suferit. Copiii mei nu au ştiut nimic. Abia când am îmbătrânit şi copiii erau deja mari, mi-am amintit prin câte am trecut, şi tot nu am vrut să discut subiectul. Era prea dureros." Ştie că mariajul ei nu a fost întotdeauna fericit, că uneori soţul ei a tratat-o ca pe un copil, aşa cum era atunci când l-a cunoscut, şi chiar ea l-a lăsat, fără să se opună, să le organizeze vieţile, ca şi cum ar fi fost în continuare la fel de neajutorată cum fusese ca refugiată de război. A recunoscut şi că a comis erori cu copiii ei şi că le-a transmis propria sa anxietate de nesuportat. S-a împăcat de mult cu faptul că va fi întotdeauna o străină, indiferent cât de mult va mai trăi. „Dar acum sunt liniştită", mi-a spus. „Apreciez totul. Experienţele mele au fost dureroase uneori. Dar, uite, poate că, într-un fel, ele m-au modelat."

Toate personajele din această carte au fost obligate să ajungă la concluzii asemănătoare. Al Doilea Război Mondial a rămas un punct de referinţă în vieţile lor, dar, pe măsură ce lumea din jurul lor se transforma, fiecare a început să înţeleagă treptat că modul lui de a gândi pentru a putea face faţă războiului nu-i mai putea fi de niciun folos. Cei care voiau să-şi clădească un viitor nou nu aveau altă şansă decât să-şi înfrunte vechile frici şi resentimente şi să facă tot ce puteau pentru a se elibera de ele.

Iar noi, dacă nu vom reuşi să ne reconciliem cu traumele şi dezamăgirile care ne-au ieşit în cale de la război încoace, vom fi sortiţi să repetăm greşelile trecutului. Dacă nu vom putea accepta cu braţele deschise bogăţia şi complexitatea vieţii, oricât de dureroase ar fi, vom avea parte doar de o naivitate consolatoare. Vom continua să ne spunem poveşti cu eroi care nu pot face niciun rău şi cu monştri care sunt întruchiparea răului incorigibil. Vom continua să ne închipuim că suntem martirii ale căror suferinţe ne sanctifică şi ne justifică acţiunile, indiferent cât de meschine sunt. Nu încape îndoială că vom continua să îmbrăcăm aceste mituri în limbajul celui de-al Doilea Război Mondial, exact aşa cum am făcut-o din 1945 încoace, ca şi cum deceniile care ne despart de acele timpuri nici nu ar fi existat.

Mulțumiri

Doresc să mulţumesc personalului numeroaselor arhive şi biblioteci universale, naţionale şi regionale pe care le-am consultat pe parcursul celor cinci ani cât a durat scrierea acestei cărţi : au fost cu toţii, fără excepţie, amabili şi de ajutor, uneori peste şi dincolo de datoria implicată de funcţie. Locul de frunte printre aceste instituţii îl ocupă British Library, ale cărei colecţii în limbi străine sunt inegalabile şi fără de care cartea aceasta ar fi fost imposibilă. Toate celelalte instituţii sunt listate în notele de la finalul cărţii.

Aş vrea să le mulţumesc lui Eleo Gordon, Daniel Crewe, Michael Flamini şi numeroşilor mei editori din alte ţări ale lumii care au crezut în mine şi în cărţile mele. Nu doar editorilor, ci şi numeroşilor traducători, agenţi de publicitate, specialişti de marketing, oamenilor din vânzări şi celorlalţi implicaţi în producerea acestei cărţi. Cum eu însumi am fost editor, sunt de părere că publicarea unei cărţi reprezintă un efort colectiv şi că, deşi autorii şi editorii sunt invariabil cei care primesc onorurile, bună parte din greul muncii este în seama altora, aflaţi în spatele scenei. Mulţumiri se cuvin şi agenţilor mei, Simon Trewin şi Jay Mandel, ale căror sfaturi şi ajutor au fost nepreţuite.

Prezenta carte nu ar fi fost posibilă fără ajutorul acelor multe persoane care au tradus documente pentru mine, care m-au ghidat în timpul unora dintre cercetările mele în limbi străine şi care m-au ajutat să obţin documente care altfel mi-ar fi rămas inaccesibile. Aş vrea să le mulţumesc în special lui Ben Groom, Dave Rickwood, Andrew Walkley, Lisa Sjukur, Tuti Suwidjiningsih, Kenneth Noble, Rie Nakanishi, James Dawes, Jeong Ho-Cheol şi Tomoko Smidt-Olsen. Le sunt de asemenea foarte îndatorat tuturor celor care au consimţit să le folosesc istoriile şi fotografiile şi mai ales celor pe care i-am intervievat şi cu care am corespondat : Georgina Sand, Leonard Creo, Otto Dov Kulka, Nagai Tokusaburou, Ben Frencz şi fiul său, Don, Gabriel Bach, Aharon Appelfeld şi Dittmann Mendel. Dacă în paginile precedente există greşeli sau omisiuni – şi sunt cu siguranţă multe –, acestea sunt exclusiv din vina mea.

În sfârşit, aşa cum este tradiţia, aş vrea să-i mulţumesc soţiei mele, Liza, şi copiilor mei, Gabriel şi Grace, cărora le dedic această carte. O fac nu de dragul tradiţiei, ci dintr-un sentiment de imensă recunoştinţă personală : timp de cinci ani au trebuit să suporte repetatele mele absenţe, neglijarea datoriilor mele de familie şi prelungitele mele retrageri din viaţa noastră cotidiană într-o lume care, cel puţin pentru copiii mei, ar părea că aparţine istoriei antice. Sper ca într-o zi să citească aceste pagini şi să înţeleagă că lucrul care m-a răpit de lângă ei atât de des nu a fost o preocupare bolnăvicioasă pentru trecut, ci o grijă faţă de prezent şi o speranţă că lumea va ajunge într-o zi să se împace cu anxietăţile şi traumele care ne-au afectat pe toţi.

Bibliografie

Abercrombie, Patrick, *The Greater London Plan 1944*, HMSO, Londra, 1945.
Adenauer, Konrad, *Journey to America : Collected Speeches, Statements, Press, Radio and TV Interviews*, German Diplomatic Mission, Washington, DC, 1953.
Adenauer, Konrad, *World Indivisible : With Liberty and Justice for All*, trad. Richard şi Clara Winston, Harper & Bros, New York, 1955.
Adorno, Theodor, *Minima Moralia*, trad. E.F.N. Jephcott, Verso, Londra, 2005 [*Minima moralia. Reflecţii dintr-o viaţă mutilată*, Art, Bucureşti, 2007, trad. rom. Andrei Corbea].
Afontsev, Sergey *et al.*, „The Urban Household in Russia and the Soviet Union, 1900-2000 : Patterns of Family Formation in a Turbulent Century", *History of the Family*, vol. 13, nr. 2, 2008.
Aizenberg, Edna, „Nation and Holocaust Narration : Uruguay's Memorial del Holocausto del Pueblo Judío", în Jeffrey Lesser şi Raanan Rein (eds.), *Rethinking Jewish-Latin Americans*, University of New Mexico Press, Albuquerque, 2008.
Al-Ali, Nadje, *Secularism, Gender and the State in the Middle East : The Egyptian Women's Movement*, Cambridge University Press, Cambridge, New York, 2009.
Albrecht, Mireille, *Berty*, Robert Laffont, Paris, 1986.
Alexander, Robert J., *Rómulo Betancourt and the Transformation of Venezuela*, Transaction Books, New Brunswick, New Jersey, 1982.
Alexyevich, Svetlana, *War's Unwomanly Face*, trad. Keith Hammond şi Lyudmila Lezhneva, Progress, Moscova, 1988 [Svetlana Aleksievici, *Războiul nu are chip de femeie...*, Editura Militară, Bucureşti, 1989, trad. rom. Ion Covaci].
Ali, H.M. Wajid, *India and the Non-Aligned Movement*, Adam Publishers & Distributors, New Delhi, 2004.
Aluit, Alfonso J., *By Sword and Fire : The Destruction of Manila in World War II, 3 February – 3 March 1945*, National Commission for the Culture and the Arts, Manila, 1994.
Amir, Ruth, *Who is Afraid of Historical Redress ?*, Academic Studies Press, Boston, Massachusetts, 2012.
Ammendolia, Ilario, *Occupazione delle Terre in Calabria, 1945-1949*, Gangemi, Roma, 1990.
Anderson, Benedict R. O'G., *Java in a Time of Revolution : Occupation and Resistance, 1944-1946*, Cornell University Press, Ithaca, New York, 1972.
Anderson, David, *Histories of the Hanged*, Weidenfeld & Nicolson, Londra, 2005.
Anon., *„Historikerstreit" : Die Dokumentation der Kontroverse um die Einzigartigkeit der nationalsozialistischen Judenvernichtung*, Piper, München, 1991.
Anon., *The Seventh Day : Soldiers' Talk About the Six-Day War*, André Deutsch, Londra, 1970.
Anon., *A Woman in Berlin*, Virago, Londra, 2006.
Appelfeld, Aharon, *The Story of a Life*, Penguin, Harmondsworth, 2006 [*Povestea unei vieţi*, Polirom, Iaşi, 2009, trad. rom. Any Shilon].
Appelfeld, Aharon, *Table for One*, The Toby Press, New Milford, Connecticut, 2007.
Applebaum, Anne, *Gulag*, Allen Lane, Londra, 2003 [*Gulagul. O istorie*, Humanitas, Bucureşti, 2011, trad. rom. Vlad Octavian Palcu şi Simona-Gabriela Vărzan].

Arendt, Hannah, *Eichmann in Jerusalem*, Penguin, Harmondsworth, 1994 [*Eichmann la Ierusalim. Raport asupra banalității răului*, Humanitas, București, 2007, trad. rom. Mariana Neţ].
Aronson, Ronald, van den Hoven, Adrian (eds.), *We Have Only This Life to Live : The Selected Essays of Jean-Paul Sartre*, New York Review of Books, New York, 2013.
Arthur, Max, *Forgotten Voices of the Second World War*, Ebury Press, Londra, 2004.
Atkinson, Rick, *The Guns at Last Light*, Little, Brown, Londra, 2013.
Attwood, Lynne, *Creating the New Soviet Woman*, Macmillan, Basingstoke, 1999.
Augustine, Dolores L., „Learning from War : Media Coverage of the Nuclear Age in the Two Germanies", în Dick van Lente (ed.), *The Nuclear Age in Popular Media : A Transnational History, 1945-1965*, Palgrave Macmillan, New York, 2012.
Baert, Patrick, *The Existentialist Moment*, Polity Press, Cambridge, 2015.
Barghoorn, Frederick Charles, *Soviet Russian Nationalism*, Oxford University Press, New York, 1956.
Barnett, Donald L., Njama, Karari, *Mau Mau from Within*, Modern Reader Paperbacks, New York, 1970.
Bartov, Hanoch, *Each Had Six Wings*, Sifriat Poalim, Merhavia, 1954.
Batinić, Jelena, *Women and Yugoslav Partisans*, Cambridge University Press, New York, 2015.
Bauer, Catherine, „The County of London Plan - American Reactions : Planning is Politics - But are Planners Politicians ? ", *The Architectural Review*, vol. 96, nr. 573, 1944.
Bedi, Freda, *Bengal Lamenting*, The Lion Press, Lahore, 1944.
Beevor, Antony, *The Second World War*, Weidenfeld & Nicolson, Londra, 2012 [*Al Doilea Război Mondial*, RAO, București, 2015, trad. rom. Graal Soft SRL].
Beevor, Antony, *Stalingrad*, Viking, Londra, 1998 [*Stalingrad*, RAO, București, 2009, trad. rom. Delia Răzdolescu].
Bell, Daniel, *The End of Ideology*, The Free Press, New York, 1965.
Bell, P.M.H., *The World Since 1945*, Bloomsbury Academic, Londra, 2010.
Ben-Gurion, David, *Israel : A Personal History*, Funk & Wagnalls, New York, 1971.
Berger, Ronald J., *The Holocaust, Religion and the Politics of Collective Memory*, Transaction Publishers, New Brunswick, New Jersey, 2013.
Bergman, Jay, *Meeting the Demands of Reason : The Life and Thought of Andrei Sakharov*, Cornell University Press, Ithaca, New York, 2009.
Berry, Michael, „Cinematic Representations of the Rape of Nanking", în Peter Li (ed.), *Japanese War Crimes*, Transaction Publishers, New Brunswick, New Jersey, 2009.
Bérubé, Allan, *Coming Out Under Fire : The History of Gay Men and Women in World War II*, University of North Carolina Press, Chapel Hill, 2010.
Bessel, Richard, *Nazism and War*, Weidenfeld & Nicolson, Londra, 2004.
Bethell, Leslie, Roxborough, Ian (eds.), *Latin America Between the Second World War and the Cold War, 1944-1948*, Cambridge University Press, New York, 1992.
Bier, Jean-Paul, „The Holocaust, West Germany and Strategies of Oblivion, 1947-1979", în Anson Rabinbach și Jack Zipes (eds.), *Germans and Jews Since the Holocaust*, Holmes & Meier, New York, 1986.
Bird, Kai, Sherwin, Martin J., *American Prometheus : The Triumph and Tragedy of J. Robert Oppenheimer*, Random House, New York, 2005.
Bohec, Jeanne, *La plastiqueuse à bicyclette*, Mercure de France, Paris, 1975.
Bohlen, Charles E., *Witness to History*, W.W. Norton, New York, 1973.
Bose, Sugata, „Starvation Amidst Plenty : The Making of Famine in Bengal, Honan and Tonkin, 1942-1945", *Modern Asian Studies*, vol. 24, nr. 4, 1990.
Bourdrel, Philippe, *L'épuration sauvage*, Perrin, Paris, 2002.
Boyer, Paul, *By the Bomb's Early Light*, University of North Carolina Press, Chapel Hill, 1994.

Bridger, Susan, „Soviet Rural Women : Employment and Family Life”, în Beatrice Farnsworth şi Lynne Viola (eds.), *Russian Peasant Women*, Oxford University Press, New York, 1992.
Bridgman, P.W., „Scientists and Social Responsibility”, *Bulletin of the Atomic Scientists*, vol. 4, nr. 3, 1948.
Brokaw, Tom, *The Greatest Generation*, Pimlico, Londra, 2002.
Brosse, Thérèse, *War-Handicapped Children*, UNESCO, Paris, 1950.
Browning, Christopher R., *Ordinary Men : Reserve Police Battalion 101 and the Final Solution in Poland*, HarperCollins, New York, 1992.
Broyard, Anatole, „Portrait of the Inauthentic Negro”, *Commentary*, vol. 10, nr. 1, 1950.
Bryant, Mark, *World War II in Cartoons*, Grub Street, Londra, 1989.
Buchman, Frank N.D., *Remaking the World : The Speeches of Frank N.D. Buchman*, Blandford, Londra, 1947.
Buder, Stanley, *Visionaries and Planners : The Garden City Movement and the Modern Community*, Oxford University Press, New York, 1990.
Bui Minh Dung, „Japan's Role in the Vietnamese Starvation of 1944-1945”, *Modern Asian Studies*, vol. 29, nr. 3, 1995.
Buisson, Patrick, *1940-1945 : Années erotiques*, Albin Michel, Paris, 2009.
Burleigh, Michael, *Small Wars, Far Away Places*, Macmillan, Londra, 2013.
Buruma, Ian, *Year Zero : A History of 1945*, Atlantic, Londra, 2013 [*Anul zero. 1945, o istorie*, Humanitas, Bucureşti, 2015, trad. rom. Anca Bărbulescu].
Butter, Michael, *The Epitome of Evil : Hitler in American Fiction, 1939-2002*, Palgrave Macmillan, New York, 2009.
Byfield, Judith A. *et al.* (eds.), *Africa and World War II*, Cambridge University Press, New York, 2015.
Calhoun, Craig (ed.), *Dictionary of the Social Sciences*, Oxford University Press, New York, 2002.
Cannadine, David (ed.), *Blood, Toil, Tears and Sweat : Winston Churchill's Famous Speeches*, Cassell & Co., Londra, 1989.
Carton, Evan, „The Holocaust, French Poststructuralism, the American Literary Academy, and Jewish Identity Politics”, în Peter C. Herman (ed.), *Historicizing Theory*, State University of New York Press, Albany, 2004.
Castles, Stephen, Miller, Mark J., *The Age of Migration,* ed. a III-a, Palgrave Macmillan, New York, 2003.
Ceplair, Larry, *Anti-Communism in Twentieth-Century America*, Praeger, Santa Barbara, California, 2011.
Cerf-Ferrière, René, *Le Chemin Clandestin*, Julliard, Paris, 1968.
Chain, Ernst, „A Short History of the Penicillin Discovery from Fleming's Early Observations in 1929 to the Present Time”, în John Parascandola (ed.), *The History of Antibiotics : A Symposium*, American Institute of the History of Pharmacy, Madison, Wisconsin, 1980.
Chamberlin, William Charles, *Economic Development of Iceland through World War II*, Columbia University Press, New York, 1947.
Chang Kia-Ngau, *The Inflationary Spiral : The Experience in China, 1939-1950*, Technology Press of the Massachusetts Institute of Technology, Cambridge, Massachusetts, 1958.
Chase, William C., *Front Line General : The Commands of Maj. Gen. Wm. C. Chase*, Pacesetter Press, Houston, 1975.
Cheah, Boon Kheng, *Red Star Over Malaya,* ed. a III-a, Singapore University Press, 2003.
Cheong, Sung-Hwa, *The Politics of Anti-Japanese Sentiment in Korea*, Greenwood Press, Westport, Connecticut, 1991.
Cheyette, Bryan, „Israel”, în John Sturrock (ed.), *The Oxford Guide to Contemporary World Literature*, Oxford University Press, 1996.

Chittaprosad, *Hungry Bengal*, f.e., Bombay, 1944.

Claudin, Fernando, *The Communist Movement : From Comintern to Cominform*, Penguin, Harmondsworth, 1975.

Clay, Lucius D., *Decision in Germany*, William Heinemann, Londra, 1950.

Cline, Sharon Elise, *„Féminité à la Française* : Femininity, Social Change and French National Identity, 1945-1970", teză de doctorat, University of Wisconsin-Madison, 2008.

Clough, Marshall S., *Mau Mau Memoirs : History, Memory and Politics*, Lynne Rienner, Boulder, Colorado, 1998.

Coleman, Alice, *Utopia on Trial*, Hilary Shipman, Londra, 1985.

Collingham, Lizzie, *The Taste of War*, Allen Lane, Londra, 2011.

The Committee to Frame a World Constitution, *The Preliminary Draft of a World Constitution*, University of Chicago Press, 1948.

Connolly, Tracey, „Emigration from Ireland to Britain During the Second World War", în Andy Bielenberg (ed.), *The Irish Diaspora*, Pearson Education, Londra, 2000.

Conot, Robert E., *Justice at Nuremberg*, Weidenfeld & Nicolson, Londra, 1983.

Conway, Ed, *The Summit*, Little, Brown, Londra, 2014.

Conway, Martin, „Justice in Postwar Belgium : Popular Passions and Political Realities", în István Deák, Jan T. Gross şi Tony Judt (eds.), *The Politics of Retribution in Europe*, Princeton University Press, 2000 [*Procese în Europa. Al Doilea Război Mondial şi consecinţele lui*, Bucureşti, Curtea Veche, 2003, trad. rom. Lucian Popescu].

Cullather, Nick, *Secret History : The CIA's Classified Account of Its Operations in Guatemala, 1952-1954*, Stanford University Press, 1999.

Currie, Robert, Gilbert, Alan, Horsley, Lee, *Churches and Churchgoers : Patterns of Church Growth in the British Isles since 1700*, Clarendon Press, Oxford, 1977.

D'Imperio, Ocarina Castillo, *Carlos Delgado Chalbaud*, El Nacional, Caracas, 2006.

Dahl, Hans Fredrik, „Dealing with the Past in Scandinavia", în Jon Elster (ed.), *Retribution and Reparation in the Transition to Democracy*, Cambridge University Press, New York, 2006.

Danilova, Nataliya, *The Politics of War Commemoration in the UK and Russia*, Palgrave Macmillan, Basingstoke, 2015.

Daves, Joseph H., *The Indonesian Army from Revolusi to Reformasi*, 2 vol., CreateSpace Independent Publishing Platform, Charleston, 2013-2014.

Davidson, Eugene, *The Death and Life of Germany*, Jonathan Cape, Londra, 1959.

Davies, Norman, *God's Playground*, Oxford University Press, New York, 2005 [*Istoria Poloniei. Terenul de joacă al lui Dumnezeu*, Polirom, Iaşi, 2014, trad. rom. Carmen Bartl].

Davies, Norman, *Rising '44*, Pan, Londra, 2004 [*Varşovia. Insurecţia din 1944*, RAO, Bucureşti, 2008, trad. rom. Diana Elena Puşcaşu].

Davis, Garry, *The World is My Country*, G.P. Putnam's Sons, New York, 1961.

Dawidowicz, Lucy, *The War Against the Jews, 1933-1945*, Pelican, Harmondsworth, 1979 [*Războiul împotriva evreilor : 1933-1945*, Hasefer, Bucureşti, 1999, trad. rom. Carmen Paţac].

de Beauvoir, Simone, *The Second Sex*, trad. H.M. Parshley, Picador, Londra, 1988 [*Al doilea sex*, 2 vol., Editura Univers, Bucureşti, 1998, trad. rom. Diana Bolcu şi Delia Verdeş].

de Haan, Francisca, „Hoffnungen auf eine bessere Welt : Die frühen Jahre der Internationalen Demokratischen Frauenföderation (IDFF/WIDF) (1945-50)", *Feministische Studien*, vol. 27, nr. 2, 2009.

Delaney, Edna, „Placing Irish Postwar Migration to Britain in a Comparative European Perspective, 1945-1981", în Andy Bielenberg (ed.), *The Irish Diaspora*, Pearson Education, Londra, 2000.

Delbo, Charlotte, *Convoy to Auschwitz : Women of the French Resistance*, Northeastern University Press, Boston, Massachusetts, 1997.

Deletant, Dennis, *Communist Terror in Romania*, Hurst & Co., Londra, 1999 [*Teroarea comunistă în România. Gheorghiu-Dej şi statul poliţienesc, 1948-1965*, Polirom, Iaşi, 2001, trad. rom. Lucian Leuştean].

Della Sala, Vincent, „Myth and the Postnational Polity : The Case of the European Union", în Gérard Bouchard (ed.), *National Myths : Constructed Pasts, Contested Presents*, Routledge, Oxford, 2013.

Diamond, Hanna, *Women and the Second World War in France, 1939-1948 : Choices and Constraints*, Longman, Harlow, 1999.

Diefendorf, Jeffry M., *In the Wake of War*, Oxford University Press, New York, 1993.

Diefendorf, Jeffry M. (ed.), *Rebuilding Europe's Bombed Cities*, Macmillan, Basingstoke, 1990.

Diner, Hasia R., *We Remember with Reverence and Love : American Jews and the Myth of Silence after the Holocaust, 1945-1962*, New York University Press, New York şi Londra, 2009.

Djilas, Milovan, *Conversations with Stalin*, trad. Michael B. Petrovich, Harcourt Brace Jovanovich, New York, 1962 [*Conversaţii cu Stalin*, Corint, Bucureşti, 2015, trad. rom. Sorin Şerb, prefaţă de Adrian Cioroianu].

Dolgopol, Ustinia, Paranjape, Snehal, *Comfort Women : An Unfinished Ordeal : Report of a Mission*, International Commission of Jurists, Geneva, 1994.

Donovan, Robert J., *Conflict and Crisis : The Presidency of Harry S. Truman, 1945-1948*, W.W. Norton, New York, 1977.

Douglas, R.M., *Orderly and Humane : The Expulsion of the Germans After the Second World War*, Yale University Press, New Haven, Connecticut, 2012.

Dower, John W., *Embracing Defeat : Japan in the Wake of World War II*, W.W. Norton, New York, 2000.

Dower, John W., *War Without Mercy : Race and Power in the Pacific War*, Pantheon, New York, 1986.

Driberg, Tom, *The Mystery of Moral Re-Armament : A Study of Frank Buchman and His Movement*, Secker & Warburg, Londra, 1964.

Du Bois, W.E.B., *The World and Africa/Color and Democracy*, Oxford University Press, New York, 2007.

Duchen, Claire, *Women's Rights and Women's Lives in France, 1944-1968*, Routledge, Londra, 1994.

Duignan, Peter, *NATO : Its Past, Present, and Future*, Hoover Institution Press, Stanford, 2000.

Dunlap, Thomas R., *DDT : Scientists, Citizens, and Public Policy*, Princeton University Press, 1981.

Dupuy, R. Ernest, Dupuy, Trevor N., *The Harper Encyclopedia of Military History*, ed. a IV-a, HarperCollins, New York, 1993.

Durkheim, Émile, *The Elementary Forms of the Religious Life*, trad. Joseph Ward Swain, George Allen and Unwin, Londra, 1915 [*Formele elementare ale vieţii religioase*, Polirom, Iaşi, 1995, trad. rom. Magda Jeanrenaud şi Silviu Lupescu, prefaţă de Gilles Ferréol].

Düwel, Jörn, Gutschow, Niels (eds.), *A Blessing in Disguise*, Dom, Berlin, 2013.

Edmondson, Locksley, „Reparations : Pan-African and Jewish Experiences", în William F.S. Miles (ed.), *Third World Views of the Holocaust : Summary of the International Symposium*, Northeastern University, Boston, Massachusetts, 2002.

Einstein, Albert, „A Reply to the Soviet Scientists", *Bulletin of the Atomic Scientists*, vol. 4, nr. 2, 1948.

Eisen, Jonathan (ed.), *The Glasnost Reader*, New American Library, New York, 1990.

Eister, Allan W., *Drawing-Room Conversion : A Sociological Account of the Oxford Group Movement*, Duke University Press, Durham, Carolina de Nord, 1950.

Elkins, Caroline, *Britain's Gulag : The Brutal End of Empire in Kenya*, Bodley Head, Londra, 2014.
Emanuel, Muriel (ed.), *Contemporary Architects*, Macmillan, Basingstoke, 1980.
Emmons, Caroline S. (ed.), *Cold War and McCarthy Era : People and Perspectives*, ABC-Clio, Santa Barbara, California, 2010.
English Translation Group, *The Witness of Those Two Days : Hiroshima & Nagasaki August 6 & 9, 1945*, 2 vol., Japan Confederation of A- & H-Bomb Sufferers Organizations, Tokyo, 1989.
Entwistle, Basil, McCook Roots, John, *Moral Re-Armament : What Is It ?*, Pace, Los Angeles, 1967.
Escoda, Jose Ma. Bonifacio M., *Warsaw of Asia : The Rape of Manila*, Giraffe Books, Quezon City, 2000.
Evans, Peter, *Law and Disorder : Scenes from Life in Kenya*, Secker & Warburg, Londra, 1956.
Evatt, Herbert V., *The Task of Nations*, Duell, Sloan & Pearce, New York, 1949.
Falconi, Carlo, *La Chiesa e le organizzazioni cattoliche in Italia (1945-1955)*, Einaudi, Roma, 1956.
Famine Inquiry Commission, *Report on Bengal*, Government of India, New Delhi, 1945.
Fiddes, Paul S., *Past Event and Present Salvation : The Christian Idea of Atonement*, Darton, Longman & Todd, Londra, 1989.
Field, John, *Social Capital*, Routledge, Oxford, 2008.
Figes, Orlando, *The Whisperers*, Allen Lane, Londra, 2007.
Fish, Hamilton, *The Challenge of World Communism*, Bruce Publishing Co., Milwaukee, 1946.
Fishman, Sarah, „Waiting for the Captive Sons of France : Prisoner of War Wives, 1940-1945", în Margaret Higonnet *et al.* (eds.), *Behind the Lines : Gender and the Two World Wars*, Yale University Press, New Haven, Connecticut, 1987.
Ford, Brian J., *Secret Weapons : Technology, Science and the Race to Win World War II*, Osprey, Oxford, 2011.
Foreign Broadcast Information Service, *East Europe Report*, Joint Publications Research Service, Arlington, Virginia, 25 iunie 1985.
Foulkes, S.H., *Introduction to Group-Analytic Psychotherapy*, Heinemann, Londra, 1948.
Franck, Thomas M., *Nation Against Nation : What Happened to the UN Dream and What the US Can Do About It*, Oxford University Press, New York, 1985.
Frederick, William H., *Visions and Heat : The Making of the Indonesian Revolution*, Ohio University Press, Athens, 1989.
Freeman, Gary P., *Immigrant Labor and Racial Conflict in Industrial Societies : The French and British Experience, 1945-1975*, Princeton University Press, 2015.
Freud, Sigmund, „Beyond the Pleasure Principle", 1920, reprodus în Salman Akhtar şi Mary Kay O'Neil (eds.), *On Freud's „Beyond the Pleasure Principle"*, Karnac, Londra, 2011 [Sigmund Freud, *Dincolo de principiul plăcerii*, Editura Trei, Bucureşti, 1996, trad. rom. George Purdea şi Vasile Dem. Zamfirescu].
Freud, Sigmund, *Civilization and its Discontents*, Penguin, Harmondsworth, 2002.
Frey, Eric, *Das Hitler Syndrom*, Eichborn, Frankfurt pe Main, 2005.
Friedländer, Saul, „West Germany and the Burden of the Past : The Ongoing Debate", *Jerusalem Quarterly*, vol. 42, 1987.
Friedrich, Jörg, *The Fire : The Bombing of Germany, 1940-1945*, Columbia University Press, New York, 2006.
Friel, Ian, *Maritime History of Britain and Ireland*, British Museum Press, Londra, 2003.
Frisch, O.R., *Meet the Atoms : A Popular Guide to Modern Physics*, A.A. Wyn, New York, 1947.
Fromm, Erich, *The Fear of Freedom*, Routledge Classics, Oxford, 2001 [*Fuga de libertate*, Editura Trei, Bucureşti, 2016, trad. rom. Cristina Jinga].

Fukuda-Parr, Sakiko, Lawson-Remer, Terra, Randolph, Susan, *Fulfilling Social and Economic Rights*, Oxford University Press, New York, 2015.

Gaglione, Anthony, *The United Nations Under Trygve Lie, 1945-1953*, Scarecrow Press, Lanham, Maryland, 2001.

Gamow, George, *Atomic Energy in Cosmic and Human Life*, Macmillan, New York, 1946.

Ganson, Nicholas, *The Soviet Famine of 1946-1947 in Global and Historical Perspective*, Palgrave Macmillan, Basingstoke, 2009.

Garland, Caroline (ed.), *Understanding Trauma : A Psychoanalytical Approach*, Karnac Books, Londra, 2002.

Ghosh, Prodyot, *Chittaprosad : A Doyen of Art-World*, Shilpayan Artists Society, Calcutta, 1995.

Giedion, Sigfried, *Space, Time & Architecture*, ed. a V-a, Harvard University Press, Cambridge, Massachusetts, 2008.

Gilbert, Martin, *Israel : A History*, Black Swan, Londra, 1999.

Gildea, Robert, *Fighters in the Shadows*, Faber & Faber, Londra, 2015.

Gill, Graeme, *Symbols and Legitimacy in Soviet Politics*, Cambridge University Press, 2011.

Ginsborg, Paul, „The Communist Party and the Agrarian Question in Southern Italy, 1943-1948", *History Workshop*, vol. 17, 1984.

Gitelman, Zvi, „Comparative and Competitive Victimization in the Post-Communist Sphere", în Alvin H. Rosenfield (ed.), *Resurgent Antisemitism : Global Perspectives*, Indiana University Press, Bloomington, 2013.

Glass, Charles, *Deserter*, HarperPress, Londra, 2013.

Glynn, Paul, *A Song for Nagasaki*, Fount Paperbacks, Londra, 1990.

Goldberg, Michael, *Why Should Jews Survive ?*, Oxford University Press, New York, 1995.

Goldberg, Ronald Allen, *America in the Forties*, Syracuse University Press, 2012.

Goldhagen, Daniel, *Hitler's Willing Executioners : Ordinary Germans and the Holocaust*, Little, Brown, Londra, 1996.

Gopalaswami, R.A. (ed.), *Census of India, 1951*, Government of India Press, Delhi, 1955.

Greenberg, Gershon, „Crucifixion and the Holocaust : The Views of Pius XII and the Jews", în Carol Rittner şi John K. Roth (eds.), *Pope Pius XII and the Holocaust*, Continuum, Londra, 2002.

Greenough, Paul R., *Prosperity and Misery in Modern Bengal : The Famine of 1943-1944*, Oxford University Press, New York, 1982.

Griffing, Sean M. *et al.*, „Malaria Control and Elimination, Venezuela, 1800s-1970s", *Emerging Infectious Diseases*, vol. 20, nr. 10, 2014.

Grisard, Dominique, „Female Terrorists and Vigilant Citizens : Gender, Citizenship and Cold War Direct-Democracy", în Jadwiga E. Pieper Mooney şi Fabio Lanza (eds.), *De-Centering Cold War History*, Routledge, Oxford, 2013.

Grynberg, Michał (ed.), *Words to Outlive Us : Eyewitness Accounts from the Warsaw Ghetto*, Granta, Londra, 2003.

Guhan, S., „The World Bank's Lending in South Asia", în Devesh Kapur, John P. Lewis şi Richard Webb (eds.), *The World Bank : Its First Half Century*, Brookings Institution Press, Washington, DC, 1997.

Hachiya, Michihiko, *Hiroshima Diary*, ed. şi trad. Warner Wells, University of North Carolina Press, Chapel Hill, 1955.

Hager, Kurt, „Der Sozialismus ist Unbesiegbar", *Einheit*, vol. 40, nr. 4-5, 1985.

Hailbronner, Kay, „Asylum Law Reform in the German Constitution", *American University International Law Review*, vol. 9, nr. 4, 1994.

Halberstam, David, *War in a Time of Peace : Bush, Clinton and the Generals*, Bloomsbury, Londra, 2003.

Ham, Paul, *Hiroshima Nagasaki*, Doubleday, Londra, 2012.

Harriman, W. Averell, Abel, Elie, *Special Envoy to Churchill and Stalin, 1941-1946*, Hutchinson, Londra, 1976.

Harrison, Mark (ed.), *The Economics of World War II*, Cambridge University Press, 1998.

Hartwell, R.M., *A History of the Mont Pelerin Society*, Liberty Fund, Indianapolis, 1995.

Hasan, Mushirul (ed.), *Nehru's India : Select Speeches*, Oxford University Press, New Delhi, 2007.

Hastings, Max, *All Hell Let Loose : The World at War, 1939-1945*, HarperPress, Londra, 2011 [*Iadul dezlănţuit. Al Doilea Război Mondial văzut de contemporani (1939-1945)*, Corint, Bucureşti, 2018, trad. rom. Alina Popescu].

Hastings, Max, *Armageddon : The Battle for Germany, 1944-1945*, Macmillan, Londra, 2004.

Hatherley, Owen, *Landscapes of Communism*, Allen Lane, Londra, 2015.

Hausner, Gideon, *Justice in Jerusalem*, Thomas Nelson, Londra, 1966.

Hayek, F.A., *The Road to Serfdom*, Routledge, Londra, 1944 [*Drumul către servitute*, ed. a IV-a, Humanitas, Bucureşti, 2014, trad. rom. Eugen B. Marian].

Haynes, Roslynn D., *From Faust to Strangelove : Representations of the Scientist in Western Literature*, Johns Hopkins University Press, Baltimore, 1994.

Heer, Hannes, *Hitler war's : die Befreiung der Deutschen von ihrer Vergangenheit*, Aufbau, Berlin, 2008.

Helfand, W.H. *et al.*, „Wartime Industrial Development of Penicillin in the United States", în John Parascandola (ed.), *The History of Antibiotics : A Symposium*, American Institute of the History of Pharmacy, Madison, Wisconsin, 1980.

Hitchcock, William I., *Liberation*, Faber & Faber, Londra, 2008.

Hixson, Walter L. (ed.), *The American Experience in World War II*, vol. 12 : *The United States Transformed : The Lessons and Legacies of the Second World War*, Routledge, Londra, 2003.

Ho Chi Minh, „Declaration of Independence of the Democratic Republic of Vietnam", în Gregory Allen Olson (ed.), *Landmark Speeches on the Vietnam War*, Texas A&M University Press, College Station, 2010.

Hochschild, Arlie Russell, *Strangers in Their Own Land*, New Press, New York, 2016.

Hodgson, Godfrey, *America in Our Time*, Doubleday, 1976 ; republicată de Princeton University Press, Garden City, New York, 2005.

Hofmann, Tom, *Benjamin Ferencz : Nuremberg Prosecutor and Peace Advocate*, McFarland, Jefferson, North Carolina, 2014.

Hofstadter, Richard, *Anti-Intellectualism in American Life*, Knopf, New York, 1963.

Holloway, David, *Stalin and the Bomb*, Yale University Press, New Haven, Connecticut, 1994 [*Stalin şi bomba atomică. Uniunea Sovietică şi energia atomică, 1939-1956*, Institutul European, Editura Maşina de Scris, Iaşi, 1998, trad. rom. Mihaela Andreiovici şi Agop Bezerian].

Holmes, Colin, *John Bull's Island : Immigration and British Society*, Macmillan, Basingstoke, 1988.

Holtzman, Avner, „«They Are Different People» : Holocaust Survivors as Reflected in the Fiction of the Generation of 1948", *Yad Vashem Studies*, vol. 30, 2002.

Hondius, Dienke, *Return : Holocaust Survivors and Dutch Anti-Semitism*, Westport, Connecticut, Praeger, 2003.

Hopper, Earl, Weinberg, Haim (eds.), *The Social Unconscious in Persons, Groups and Societies*, vol. 1 : *Mainly Theory*, Karnac, Londra, 2011.

Horne, Alistair, *A Savage War of Peace*, Macmillan, Londra, 1977.

Howard, Ebenezer, *Tomorrow : A Peaceful Path to Real Reform*, Swan Sonnenschein, Londra, 1898.

Howard, Keith (ed.), *True Stories of the Korean Comfort Women*, trad. Young Joo Lee, Cassell, Londra, 1995.

Howson, Susan, Moggridge, Donald (eds.), *The Wartime Diaries of Lionel Robbins and James Meade, 1943-1945*, Macmillan, Basingstoke, 1990.

Khrushchev, Nikita, *Khrushchev Remembers*, trad. şi ed. Strobe Talbott, Little, Brown, Boston, Massachusetts, 1970.

Hutton, J.H. (ed.), *Census of India : Part I Report*, Manager of Publications, Delhi, 1933.

Hyde, David, „The Nairobi General Strike (1950) : From Protest to Insurgency", în Andrew Burton (ed.), *The Urban Experience in Eastern Africa c. 1750-2000*, British Institute in Eastern Africa, Nairobi, 2002.

Iliffe, John, *A Modern History of Tanganyika*, Cambridge University Press, 1979.

Independent Commission of Experts – Second World War, *Switzerland, National Socialism and the Second World War : Final Report,* trad. Rosamund Bandi *et al.*, Pendo Verlag, Zürich, 2002.

International Military Tribunal, *Trials of the Major War Criminals Before the International Military Tribunal*, International Military Tribunal, Nürnberg, 1947-1949.

Isaacman, Allen, „Peasants and Rural Social Protests in Africa", *African Studies Review*, vol. 33, nr. 2, 1990.

Israel, Adrienne M., „Ex-Servicemen at the Crossroads : Protest and Politics in Post-war Ghana", *Journal of Modern African Studies*, vol. 30, nr. 2, 1992.

Issawi, Charles, *An Economic History of the Middle East and North Africa*, Columbia University Press, New York, 1982.

Itote, Waruhiu, *„Mau Mau" General*, East African Publishing House, Nairobi, 1967.

Jackson, Ashley, *Botswana, 1939-1945*, Clarendon Press, Oxford, 1999.

Jackson, Ashley, *The British Empire and the Second World War*, Hambledon Continuum, Londra, 2006.

Jacobs, Jane, *The Death and Life of Great American Cities*, Jonathan Cape, Londra, 1962.

Jager, Sheila Miyoshi, *Brothers at War : The Unending Conflict in Korea*, W.W. Norton, New York, 2013.

James, Martin W. III, *A Political History of the Civil War in Angola, 1974-1990*, Transaction Books, New Brunswick, New Jersey, 2011.

Jensen, Olaf, Szejnmann, Claus-Christian W. (eds.), *Ordinary People as Mass Murderers*, Palgrave Macmillan, Basingstoke, 2008.

Jinwung, Kim, *A History of Korea*, Indiana University Press, Bloomington, 2012.

Johnstone, Patrick, *The Future of the Global Church : History, Trends and Possibilities*, InterVarsity Press, Downers Grove, Illinois, 2011.

Jones, Emrys, „Aspects of Urbanization in Venezuela", *Ekistics*, vol. 18, nr. 109, 1964.

Jordaan, L.J., *Nachtmerrie over Nederland : Een herinneringsalbum*, De Groene Amsterdammer, Amsterdam, 1945.

Judt, Tony, *Postwar*, Pimlico, Londra, 2005 [*Epoca postbelică. O istorie a Europei după 1945*, Polirom, Iaşi, 2008, trad. Georgiana Perlea, postfaţă de Mircea Mihăieş].

Jungk, Robert, *Brighter Than a Thousand Suns*, trad. James Cleugh, Victor Gollancz, Londra, 1958 [*Mai strălucitor decât o mie de sori*, Editura Politică, Bucureşti, 1966].

Kahn, Albert Eugene, *High Treason : The Plot Against the People*, Lear Publishers, New York, 1950 [*Înaltă trădare. Complotul împotriva poporului*, Editura de Stat pentru Literatură şi Artă, Bucureşti, 1951, trad. rom. Henriette Negrea].

Kakembo, Robert, *An African Soldier Speaks*, Edinburgh House Press, Londra, 1946.

Karesh, Sara E., Hurvitz, Mitchell M., *Encyclopedia of Judaism*, Facts on File, New York, 2006.

Kargon, Robert H., Molella, Arthur P., *Invented Edens : Techno-Cities of the Twentieth Century*, MIT Press, Cambridge, Massachusetts, 2008.

Karpf, Anne, *The War After*, Minerva, Londra, 1997.

Keen, Sam, *Faces of the Enemy : Reflections of the Hostile Imagination : The Psychology of Enmity*, Harper & Row, San Francisco, 1986.

Kenez, Peter, *Hungary from the Nazis to the Soviets*, Cambridge University Press, New York, 2006.

Kennan, George, *Memoirs, 1925-1950*, Little, Brown, Boston, Massachusetts, 1967.

Kennan, George (cu pseudonimul „X"), „The Sources of Soviet Conduct", *Foreign Affairs*, vol. 25, nr. 4, 1947.

Kennedy, Paul, *The Parliament of Man*, Allen Lane, Londra, 2006.

Kenya Cost of Living Commission, *Cost of Living Commission Report*, Nairobi, 1950.

Kern, Friedrich, *Österreich : Offene Grenze der Menschlichkeit*, Bundesministeriums für Inneres, Viena, 1959.

Killingray, David, „African Civilians in the Era of the Second World War, c. 1939-1950", în John Laband (ed.), *Daily Lives of Civilians in Wartime Africa*, Greenwood Press, Westport, Connecticut, 2007.

Killingray, David, „Soldiers, Ex-Servicemen and Politics in the Gold Coast, 1939-1950", *Journal of Modern African Studies*, vol. 21, nr. 3, 1983.

Killingray, David, Rathbone, Richard (eds.), *Africa and the Second World War*, Macmillan, Basingstoke, 1986.

Kim, Mikyoung, „Memorializing Comfort Women : Memory and Human Rights in Korea-Japan Relations", *Asian Politics and Policy*, vol. 6, nr. 1, 2014.

King, Sam, *Climbing Up the Rough Side of the Mountain*, Upfront, Peterborough, 1998.

Klein, Ronald D., *The Other Empire : Literary Views of Japan from the Philippines, Singapore, and Malaysia*, University of the Philippines Press, Quezon City, 2008.

Klemperer, Victor, *To the Bitter End : The Diaries of Victor Klemperer, 1942-1945*, trad. Martin Chalmers, Weidenfeld & Nicolson, Londra, 1999.

Köhler, Joachim, van Melis, Damian (eds.), *Siegerin in Trümmern : Die Rolle der katholischen Kirche in der deutschen Nachkriegsgesellschaft*, Verlag W. Kohlhammer, Stuttgart, 1998.

Kollek, Teddy, *For Jerusalem*, Weidenfeld & Nicolson, Londra, 1978.

Kozlova, N.N., Sandomirskaia, I.I., *Ia tak hociu nazvat'kino : „Naivnoe pis'mo". Opyt lingvo-soţiologiceskogo ceteniia*, Gnozis, Moscova, 1996.

Kraus, Jon (ed.), *Trade Unions and the Coming of Democracy in Africa*, Palgrave Macmillan, New York, 2007.

Kristensen, Hans M., Norris, Robert S., „Global Nuclear Weapons Inventories, 1945-2013", *Bulletin of the Atomic Scientists*, vol. 69, nr. 5, 2013.

Kritz, Reuven, *Hebrew Narrative Fiction of the Struggle for Independence Era*, Poreh, Kiryat Motzkin, 1978.

Krivosheev, G.F. (ed.), *Soviet Casualties and Combat Losses in the Twentieth Century*, Greenhill Books, Londra, 1997.

Krylova, Anna, *Soviet Women in Combat*, Cambridge University Press, New York, 2010.

Kulka, Otto Dov, *Landscapes of the Metropolis of Death*, Allen Lane, Londra, 2013.

Kumagai, Naoko, „The Background to the Japan-Republic of Korea Agreement : Compromises Concerning the Understanding of the Comfort Women Issue", *Asia-Pacific Review*, vol. 23, nr. 1, 2016.

Kynaston, David, *Austerity Britain, 1945-1951*, Bloomsbury, Londra, 2007.

Laar, Mart, *War in the Woods : Estonia's Struggle for Survival, 1944-1956*, trad. Tiina Ets, The Compass Press, Washington, DC, 1992.

Lacina, Bethany, Gleditsch, Nils Petter, „Monitoring Trends in Global Combat : A New Dataset of Battle Deaths", *European Journal of Population,* vol. 21, nr. 2-3, 2005.

LaFeber, Walter, *America, Russia and the Cold War, 1945-2002*, McGraw-Hill, New York, 2002.

Lane, Arthur Bliss, *I Saw Poland Betrayed*, Bobbs-Merrill, New York, 1948.
Lankov, Andrei, *From Stalin to Kim Il Sung : The Formation of North Korea, 1945-1960*, Hurst & Co., Londra, 2002.
Lanzona, Vina A., *Amazons of the Huk Rebellion*, University of Wisconsin Press, Madison, 2009.
Lary, Diana, *The Chinese People at War : Human Suffering and Social Transformation, 1937-1945*, Cambridge University Press, New York, 2010.
Lary, Diana, MacKinnon, Stephen (eds.), *Scars of War : The Impact of Warfare on Modern China*, University of British Columbia Press, Vancouver, 2001.
Laurence, William L., *Dawn Over Zero*, Museum Press, Londra, 1947.
Lawler, Nancy Ellen, *Soldiers of Misfortune : Ivoirien Tirailleurs of World War II*, Ohio University Press, Athens, 1992.
Lawson, Konrad Mitchell, „Wartime Atrocities and the Politics of Treason in the Ruins of the Japanese Empire, 1937-1953", teză de doctorat, Harvard University, 2012.
Le Corbusier, *The Athens Charter*, Viking, New York, 1973.
Le Corbusier, *The Radiant City*, Faber & Faber, Londra, 1967.
Lee, Jin-kyung, *Service Economies : Militarism, Sex Work, and Migrant Labor in South Korea*, University of Minnesota Press, Minneapolis, 2010.
Legge, J.D., *Sukarno : A Political Biography*, Allen Lane, Londra, 1972.
Lentin, Ronit, *Israel and the Daughters of the Shoah*, Berghahn Books, New York, 2000.
Levinas, Emmanuel, *Difficult Freedom*, trad. Seán Hand, Johns Hopkins University Press, Baltimore, 1990 [*Dificila libertate. Eseuri despre iudaism*, Hasefer, Bucureşti, 1999, trad. şi postfaţă de Ticu Goldstein].
Levy, Susan, Lemma, Alessandra (eds.), *The Perversion of Loss : Psychoanalytic Perspectives on Trauma*, Brunner-Routledge, New York, 2004.
Lewis, Robert A., Rowland, Richard H., Clem, Ralph S., *Nationality and Population Change in Russia and the USSR : An Evaluation of Census Data, 1897-1970*, Praeger, New York, 1976.
Li, Peter (ed.), *Japanese War Crimes*, Transaction Books, New Brunswick, New Jersey, 2009.
Lifton, Jay Robert, *Death in Life : Survivors of Hiroshima*, Pelican, Harmondsworth, 1971.
Lilley, J. Robert, *Taken by Force : Rape and American GIs during World War II*, Palgrave Macmillan, Basingstoke, 2007.
Linz, Susan J. (ed.), *The Impact of World War II on the Soviet Union*, Rowman and Allanheld, Totowa, New Jersey, 1985.
Lipscomb, J.F., *White Africans*, Faber & Faber, Londra, 1955.
Liss, Sheldon B., *Diplomacy and Dependency : Venezuela, the United States, and the Americas*, Documentary, Salisbury, Carolina de Nord, 1978.
Littell, Franklin H., *The Crucifixion of the Jews*, Harper & Row, New York, 1975.
Lloyd, E.M.H., *Food and Inflation in the Middle East, 1940-1945*, Stanford University Press, 1956.
Lonsdale, John, „The Moral Economy of Mau Mau : Wealth, Poverty and Civic Virtue in Kikuyu Political Thought", în Bruce Berman şi John Lonsdale, *Unhappy Valley : Conflict in Kenya & Africa*, James Currey, Londra, 1992.
Lowe, Keith, *Inferno*, Viking, Londra, 2007.
Lowe, Keith, *Savage Continent*, Viking, Londra, 2012 [*Continentul barbar. Europa şi urmările celui de-al Doilea Război Mondial*, Litera, Bucureşti, 2019, trad. rom. Corina Hădăreanu].
Lowenthal, David, „West Indian Emigrants Overseas", în Colin G. Clarke (ed.), *Caribbean Social Relations*, Centre for Latin-American Studies, University of Liverpool, Liverpool, 1978.
Lüdtke, Alf, „«Coming to Terms with the Past» : Illusions of Remembering, Ways of Forgetting Nazism in West Germany", *Journal of Modern History*, vol. 65, nr. 3, 1993.

Lundestad, Geir, *East, West, North, South*, Sage, Londra, 2014.
Lustiger, Jean-Marie, „The Absence of God? The Presence of God? A Meditation in Three Parts on *Night*", în Harold Bloom (ed.), *Elie Wiesel's Night*, Infobase, New York, 2010.
MacQueen, Norrie, *The Decolonization of Portuguese Africa*, Longman, Harlow, 1997.
Macunovich, Diane J., *Birth Quake : The Baby Boom and its Aftershocks*, University of Chicago Press, 2002.
Maddison, Angus, *The World Economy : Historical Statistics*, OECD, Paris, 2003.
Maharatna, Arup, *The Demography of Famines : An Indian Historical Perspective*, Oxford University Press, New Delhi, 1996.
Mallik, Sanjoy Kumar (ed.), *Chittaprosad : A Retrospective*, 2 vol., Delhi Art Gallery, New Delhi, 2011.
Maloba, Wunyabari O., *Mau Mau and Kenya : An Analysis of a Peasant Revolt*, Indiana University Press, Bloomington, 1993.
Marais, Hein, *South Africa : Limits to Change*, Zed Books, Londra, 2001.
Marcel, Gabriel (ed.), *Fresh Hope for the World*, Longmans, Green & Co., Londra, 1960.
Marrus, Michael, *The Holocaust in History*, Penguin, New York, 1989.
Marrus, Michael, *Lessons of the Holocaust*, University of Toronto Press, 2016.
Marx, Karl, Engels, Friedrich, *The Communist Manifesto*, Penguin, Harmondsworth, 1985 [*Manifestul Partidului Comunist*, ed. a II-a îngrijită de Cristian Preda, comentarii de Cătălin Avramescu, Radu Cosaşu, Ion Ianoşi, Nemira, Bucureşti, 2006].
Masaaki, Noda, „One Army Surgeon's Account of Vivisection on Human Subjects in China", trad. Paul Schalow, în Peter Li (ed.), *Japanese War Crimes*, Transaction Publishers, New Brunswick, New Jersey, 2009.
Masaaki, Noda, *Senso to Zaiseki*, Iwanami Shoten, Tokyo, 1998.
Mason, Alpheus Thomas, *Harlan Fiske Stone : Pillar of the Law*, Archon Books, Hamden, Connecticut, 1968.
Masters, Dexter, Way, Katharine (eds.), *One World or None*, McGraw-Hill, New York, 1946.
Mathu, Mohamed, *The Urban Guerrilla*, LSM Information Center, Richmond, British Columbia, 1974.
Mayne, Richard, *Postwar : The Dawn of Today's Europe*, Thames & Hudson, Londra, 1983.
Mazower, Mark, *No Enchanted Palace*, Princeton University Press, 2009.
Mazower, Mark (ed.), *After the War Was Over*, Princeton University Press, 2000.
McKean, John, *Giancarlo De Carlo : Layered Places*, Edition Axel Menges, Stuttgart şi Londra, 2004.
Meerloo, A.M., *Aftermath of Peace : Psychological Essays*, International Universities Press, New York, 1946.
Messina, Anthony M., *The Logics and Politics of Post-WWII Migration to Western Europe*, Cambridge University Press, New York, 2007.
Meyer, Cord, *Facing Reality*, Harper & Row, New York, 1980.
Meyer, Cord, *Peace or Anarchy*, Little, Brown, Boston, Massachusetts, 1947.
Miller, Arthur G., Buddie, Amy M., Kretschmar, Jeffrey, „Explaining the Holocaust : Does Social Psychology Exonerate the Perpetrators?", în Leonard S. Newman şi Ralph Erber (eds.), *Understanding Genocide*, Oxford University Press, New York, 2002.
Miller, Francesca, *Latin American Women and the Search for Social Justice*, University Press of New England, Hanover, New Hampshire, 1991.
Millett, Allan R., *The War for Korea, 1943-1950 : A House Burning*, University Press of Kansas, Lawrence, 2005.
Milward, Alan, *War, Economy and Society, 1939-1945*, University of California Press, Berkeley şi Los Angeles, 1977.
Moi, Toril, „The Adulteress Wife", *London Review of Books,* vol. 32, nr. 3, 11 februarie 2010.

Molotov, Veaceslav M., interviu cu Felix Ciuev, 1 iulie 1979, în Resis, Albert (ed.), *Molotov Remembers*, Ivan R. Dee, Chicago, 1993.
Moltmann, Jürgen, *The Crucified God*, trad. R.A. Wilson şi John Bowden, SCM Press, Londra, 1974.
Montefiore, Simon Sebag, *Stalin : The Court of the Red Tsar*, Weidenfeld & Nicolson, Londra, 2003 [*Stalin. Curtea ţarului roşu*, Polirom, Iaşi, 2014, trad. rom. Cătălin Drăcşineanu].
Mooney, Jadwiga E. Pieper, „Fighting Fascism and Forging New Political Activism : The Women's International Democratic Federation (WIDF) in the Cold War", în Jadwiga E. Pieper Mooney şi Fabio Lanza (eds.), *De-Centering Cold War History*, Routledge, Oxford, 2013.
Moore, Aaron William, *Writing War : Soldiers Record the Japanese Empire*, Harvard University Press, Cambridge, Massachusetts, 2013.
Moorehead, Alan, *Eclipse*, Granta, Londra, 2000.
Moorehead, Caroline, *Village of Secrets*, Chatto & Windus, Londra, 2014.
Mooren, Trudy T.M., *The Impact of War : Studies on the Psychological Consequences of War and Migration*, Eburon, Delft, 2001.
Moorhouse, Roger, *Berlin at War*, Bodley Head, Londra, 2010.
Morgan, Philip, *The Fall of Mussolini*, Oxford University Press, New York, 2007.
Morgan, Ted, *Reds : McCarthyism in Twentieth-Century America*, Random House, New York, 2003.
Morrell, J.B., *The City of Our Dreams*, St Anthony's Press, Londra, 1955.
Morris, Benny, *Righteous Victims*, Vintage, New York, 2001.
Moses, Rafael, „An Israeli View", în Rafael Moses (ed.), *Persistent Shadows of the Holocaust*, Madison, Connecticut, International Universities Press, 1993.
Mossinsohn, Yigal, *Way of a Man*, N. Tversky Publishers, Tel Aviv, 1953.
Muchai, Karigo, *The Hardcore*, LSM Information Center, Richmond, British Columbia, 1973.
Mukerjee, Madhusree, *Churchill's Secret War*, Basic Books, New York, 2010.
Mumford, Lewis, *The Culture of Cities*, Secker & Warburg, Londra, 1940.
Mwakikagile, Godfrey, *Africa is in a Mess : What Went Wrong and What Should be Done*, New Africa Press, Dar es Salaam, 2006.
Nagai, Takashi, *The Bells of Nagasaki*, trad. William Johnston, Kodansha International, Tokyo, 1984.
National Front, *For a New Britain : The Manifesto of the National Front*, National Front, Croydon, 1974.
Neval, Daniel A., *„Mit Atombomben bis nach Moskau" : gegenseitige Wahrnehmung der Schweiz und des Ostblocks im Kalten Krieg, 1945-1968*, Chronos, Zürich, 2003.
New Zealand Department of External Affairs, *United Nations Conference on International Organization*, Department of External Affairs, Wellington, 1945.
Newman, Oscar, *Defensible Space*, Macmillan, New York, 1972.
Nitzan, Shlomo, *Togetherness*, Hakibbutz Hameuchad, Tel Aviv, 1956.
Nkrumah, Kwame, *Neo-Colonialism : The Last Stage of Imperialism*, Nelson, Londra, 1965.
Nossack, Hans Erich, *Der Untergang*, Ernst Kabel Verlag, Hamburg, 1981.
Novick, Peter, *The Holocaust in American Life*, Mariner, New York, 2000.
Nwaka, Geoffrey I., „Rebellion in Umuahia, 1950-1951 : Ex-Servicemen and Anti-Colonial Protest in Eastern Nigeria", *Transafrican Journal of History*, vol. 16, 1987.
Ofer, Dalia, *Escaping the Holocaust*, Oxford University Press, New York, 1990.
Ogura, Toyofumi, *Letters from the End of the World*, trad. Kisaburo Murakami şi Shigeru Fujii, Kodansha International, Tokyo, 2001.
Olusanya, Gabriel, „The Role of Ex-Servicemen in Nigerian Politics", *Journal of Modern African Studies*, vol. 6, nr. 2, 1968.

Oppenheimer, J. Robert, „Physics in the Contemporary World", *Bulletin of the Atomic Scientists*, vol. 4, nr. 3, 1948.

Osada, Arata (ed.), *Children of the A-Bomb*, Putnam, New York, 1963.

Osborne, Myles (ed.), *The Life and Times of General China*, Marcus Wiener Publishers, Princeton, New Jersey, 2015.

Ota, Yoko, „City of Corpses", în Richard H. Minear (ed.), *Hiroshima : Three Witnesses*, Princeton University Press, 1990.

Ovalle-Bahamón, Ricardo E., „The Wrinkles of Decolonization and Nationness : White Angolans as *Retornados* in Portugal", în Andrea L. Smith (ed.), *Europe's Invisible Migrants*, Amsterdam University Press, 2003.

Overy, Richard, *The Bombing War*, Allen Lane, Londra, 2013.

Owen, James, Walters, Guy (eds.), *The Voice of War*, Viking, Londra, 2004.

Palgi, Yoel, *Into the Inferno*, trad. Phyllis Palgi, Rutgers University Press, New Brunswick, New Jersey, 2003.

Paperno, Irina, *Stories of the Soviet Experience : Memoirs, Diaries, Dreams*, Cornell University Press, Ithaca, New York, 2009.

Pappé, Ilan, *The Ethnic Cleansing of Palestine*, Oneworld, Londra, 2007.

Patil, Anjali V., *The UN Veto in World Affairs, 1946-1990*, Mansell, Londra, 1992.

Patterson, James T., *Grand Expectations : The United States, 1945-1974*, Oxford University Press, New York, 1996.

Payne, Stanley G., *Franco and Hitler*, Yale University Press, New Haven, Connecticut, 2009.

Peach, Ceri, „Patterns of Afro-Caribbean Migration and Settlement in Great Britain, 1945-1981", în Colin Brock (ed.), *The Caribbean in Europe*, Frank Cass, Londra, 1986.

Peach, Ceri, „Postwar Migration to Europe : Reflux, Influx, Refuge", *Social Science Quarterly*, vol. 78, nr. 2, 1997.

Pearson, Raymond, *National Minorities in Eastern Europe, 1848-1945*, Macmillan, Londra, 1983.

Pelle, János, *Az utolsó vérvádak*, Pelikán, Budapesta, 1995.

Piccigallo, Philip R., *The Japanese on Trial*, University of Texas Press, Austin, 1979.

Piketty, Thomas, *Capital in the Twenty-First Century*, trad. Arthur Goldhammer, The Belknap Press of Harvard University Press, Cambridge, Massachusetts, 2014 [*Capitalul în secolul XXI*, Editura Litera, Bucureşti, 2015, trad. rom. Irina Brateş şi Lucia Popovici].

Pilisuk, Marc, *Who Benefits from Global Violence and War : Uncovering a Destructive System*, Praeger Security International, Westport, Connecticut, 2008.

Pilzer, Joshua D., *Hearts of Pine : Songs in the Lives of Three Korean Survivors of the Japanese „Comfort Women"*, Oxford University Press, New York, 2012.

Pollock, James K., Meisel, James H., Bretton, Henry L., *Germany Under Occupation : Illustrative Materials and Documents*, George Wahr Publishing Co., Ann Arbor, 1949.

Potter, William, Mukhatzhanova, Gaukhar, *Nuclear Politics and the Non-Aligned Movement : Principles vs. Pragmatism*, Routledge, Londra, 2012.

Powell, J. Enoch, *Still to Decide*, B.T. Batsford, Londra, 1972.

Putnam, Robert D., *Bowling Alone : The Collapse and Revival of American Community*, Simon & Schuster, New York, 2000.

Rabe, Stephen G., *Eisenhower and Latin America : The Foreign Policy of Anticommunism*, University of North Carolina Press, Chapel Hill, 1988.

Rabinowitch, Alexander, „Founder and Father", *Bulletin of the Atomic Scientists*, vol. 61, nr. 1, 2005.

Rabinowitch, Eugene, „Five Years After", *Bulletin of the Atomic Scientists*, vol. 7, nr. 1, 1951.

Rabinowitch, Eugene, *The Dawn of a New Age*, University of Chicago Press, 1963.

Rabinowitch, Eugene, „The Labors of Sisyphus", *Bulletin of the Atomic Scientists*, vol. 7, nr. 10, 1951.

Ramras-Rauch, Gila, *The Arab in Israeli Literature*, I.B. Tauris, Londra, 1989.
Rees, Laurence, *Their Darkest Hour*, Ebury Press, Londra, 2008.
Rees, Siân, *Lucie Aubrac*, Michael O'Mara, Londra, 2015.
Reid, Anthony, *The Indonesian National Revolution, 1945-1950*, Longman Australia, Hawthorn, 1974.
Reid, Anthony, *To Nation by Revolution : Indonesia in the Twentieth Century*, NUS Press, Singapore, 2011.
Reid, Escott, *On Duty : A Canadian at the Making of the United Nations, 1945-1946*, Kent State University Press, Kent, Ohio, 1983.
Reid, P.R., *The Latter Days at Colditz*, Hodder and Stoughton, Londra, 1953.
Resis, Albert (ed.), *Molotov Remembers*, Ivan R. Dee, Chicago, 1993.
Reves, Emery, *The Anatomy of Peace*, George Allen & Unwin, Londra, 1946.
Richardot, Jean, *Journeys for a Better World : A Personal Adventure in War and Peace*, University Press of America, Lanham, Maryland, 1994.
Roberts, Andrew, *The Storm of War*, Allen Lane, Londra, 2009 [*Furtuna războiului. O nouă istorie a celui de-al Doilea Război Mondial*, Litera, București, 2013, trad. rom. Florin Sia].
Roberts, Mary Louise, *What Soldiers Do : Sex and the American GI in World War II France*, Chicago University Press, 2013.
Rodrigues, Luís, Glebov, Sergiy, *Military Bases : Historical Perspectives, Contemporary Challenges*, IOS Press, Amsterdam, 2009.
Röling, B.V.A., Rüter, C.F. (eds.), *The Tokyo Judgment*, APA-University Press Amsterdam, 1977.
Roosevelt, Eleanor, *My Day : The Best of Eleanor Roosevelt's Acclaimed Newspaper Columns, 1936-1962*, ed. David Emblidge, Da Capo Press, Boston, Massachusetts, 2001.
Ruff-O'Herne, Jan, *Fifty Years of Silence*, Heinemann Australia, Sydney, 2008.
Rupp, Leila J., „The Persistence of Transnational Organizing : The Case of the Homophile Movement", *American Historical Review*, vol. 116, nr. 4, 2011.
Rushford, Frank H., *City Beautiful : A Vision of Durham*, Durham County Advertiser, 1944.
Rustin, Michael, „Why are We More Afraid Than Ever ? The Politics of Anxiety After Nine Eleven", în Susan Levy și Alessandra Lemma (eds.), *The Perversion of Loss : Psychoanalytic Perspectives on Trauma*, Brunner-Routledge, New York, 2004.
Ryan, Allan A., *Yamashita's Ghost*, University Press of Kansas, Lawrence, 2012.
Ryang, Sonia, *Koreans in Japan*, Routledge, Londra, 2000.
Ryckmans, François, *Mémoires noires : Les Congolais racontent le Congo belge, 1940-1960*, Éditions Racine, Bruxelles, 2010.
Sachs, Jeffrey, *The End of Poverty*, Penguin, Harmondsworth, 2005.
Sack, Daniel, *Moral Re-Armament : The Reinventions of an American Religious Movement*, Palgrave Macmillan, New York, 2009.
Sack, John, *An Eye for an Eye*, Basic Books, New York, 1993.
Sakharov, Andrei, *Memoirs*, Hutchinson, Londra, 1990 [Andrei Saharov, *Memorii*, 2 vol., Litera, București, 1996, trad. rom. Paul Tumanian și Nicolae Vrublevschi, prefață de Mihai Botez].
Sakharov, Andrei, *Progress, Coexistence and Intellectual Freedom*, ed. Harrison E. Salisbury, W.W. Norton, New York, 1968.
Salas, Miguel Tinker, *Venezuela : What Everyone Needs to Know*, Oxford University Press, New York, 2015.
Sand, Shlomo, *The Invention of the Jewish People*, trad. Yael Lotan, Verso, Londra și New York, 2009.
SarDesai, D.R., *Southeast Asia : Past and Present*, Westview Press, Boulder, Colorado, 1997.
Sarkar, Nikhil, *A Matter of Conscience : Artists Bear Witness to the Great Bengal Famine of 1943*, trad. Satyabrata Dutta, Punascha, Calcutta, 1994.

Sartre, Jean-Paul, *Anti-Semite and Jew*, trad. George J. Becker, Schocken Books, New York, 1948.

Sartre, Jean-Paul, *Existentialism and Humanism*, trad. Philip Mairet, Methuen, Londra, 2007 [*Existențialismul este un umanism*, Editura George Coşbuc, Bistrița, 1994, trad. rom. Veronica Ştir].

Sartre, Jean-Paul, „The Liberation of Paris : An Apocalyptic Week", în Ronald Aronson şi Adrian van den Hoven (eds.), *We Have Only This Life to Live : The Selected Essays of Jean-Paul Sartre*, New York Review of Books, New York, 2013.

Satoshi, Nakano, „The Politics of Mourning", în Ikehata Setsuho şi Lydia N. Yu Jose (eds.), *Philippines-Japan Relations*, Ateneo de Manila University Press, Quezon City, 2003.

Sayer, Derek, *The Coasts of Bohemia*, Princeton University Press, Princeton, New Jersey, 1998.

Scalapino, Robert, Lee, Chong-Sik, *Communism in Korea*, University of California Press, Berkeley, 1972.

Schleh, Eugene P.A., „The Post-War Careers of Ex-Servicemen in Ghana and Uganda", *Journal of Modern African Studies*, vol. 6, nr. 2, 1968.

Schlesinger, Stephen, Kinzer, Stephen, *Bitter Fruit : The Story of the American Coup in Guatemala*, Harvard University Press, Boston, Massachusetts, 2005.

Schmid, Sonja D., „Shaping the Soviet Experience of the Atomic Age : Nuclear Topics in *Ogonyok*", în Dick van Lente (ed.), *The Nuclear Age in Popular Media : A Transnational History, 1945-1965*, Palgrave Macmillan, New York, 2012.

Schollmeyer, Josh, „Minority Report", *Bulletin of the Atomic Scientists*, vol. 61, nr. 1, 2005.

Schrijvers, Peter, *Liberators : The Allies and Belgian Society, 1944-1945*, Cambridge University Press, 2009.

Schuler, Kurt, Rosenberg, Andrew (eds.), *The Bretton Woods Transcripts*, Center for Financial Stability, New York, 2012.

Schweber, Silvan S., *Einstein and Oppenheimer : The Meaning of Genius*, Harvard University Press, Cambridge, Massachusetts, 2009.

Scott, Carl-Gustaf, „The Swedish Midsummer Crisis of 1941 : The Crisis that Never Was", *Journal of Contemporary History*, vol. 37, nr. 3, 2002.

Sebald, W.G., *On the Natural History of Destruction*, Penguin, Harmondsworth, 2004.

Segal, Hanna, „From Hiroshima to the Gulf War and After : A Psychoanalytic Perspective", în Anthony Elliott şi Stephen Frosh (eds.), *Psychoanalysis in Contexts : Paths Between Theory and Modern Culture*, Routledge, Londra şi New York, 1995.

Segev, Tom, *1949 : The First Israelis*, Henry Holt, New York, 1986.

Segev, Tom, *The Seventh Million*, Hill & Wang, New York, 1993.

Sen, Amartya, *Poverty and Famines : An Essay on Entitlement and Deprivation*, Clarendon Press, Oxford, 1981.

Sert, José Luis, *Can Our Cities Survive ?*, Harvard University Press, Cambridge, Massachusetts, 1944.

Service, Robert, *A History of Modern Russia*, Penguin, Harmondsworth, 2003.

Shamir, Moshe, *He Walked Through the Fields*, Sifriat Poalim, Merhavia, 1947.

Shamir, Moshe, *With His Own Hands*, Israel Universities Press, Ierusalim, 1970.

Shapira, Anita, *Israel : A History*, Brandeis University Press, Waltham, Massachusetts, 2012.

Sharp, Thomas, *Exeter Phoenix*, Architectural Press, Londra, 1946.

Shavit, Ari, *My Promised Land*, Scribe, Londra, 2015.

Shephard, Ben, *The Long Road Home : The Aftermath of the Second World War*, Bodley Head, Londra, 2010.

Sherwood, Marika, „«There is No New Deal for the Blackman in San Francisco» : African Attempts to Influence the Founding Conference of the United Nations, April-July, 1945", *International Journal of African Historical Studies*, vol. 29, nr. 1, 1996.

Shim, Young-Hee, *Sexual Violence and Feminism in Korea*, Hanyang University Press, Seul, 2004.

Shlapentokh, Vladimir, *A Normal Totalitarian Society*, M.E. Sharp, Armonk, New York, 2001.

Shurkin, Joel, *Broken Genius : The Rise and Fall of William Shockley, Creator of the Electronic Age*, Macmillan, Basingstoke, 2006.

Siklos, Pierre L., *War Finance, Reconstruction, Hyperinflation and Stabilization in Hungary, 1938-1948*, Macmillan, Basingstoke, 1991.

Singham, A.W., Hune, Shirley, *Non-Alignment in an Age of Alignments*, Zed Books, Londra, 1986.

Slade, E.H. (ed.), *Census of Pakistan, 1951*, Government of Pakistan, Karachi, 1951.

Slaughter, Jane, *Women and the Italian Resistance, 1943-1945*, Arden Press, Denver, 1997.

Smith, Robert Ross, *Triumph in the Philippines*, Office of the Chief of Military History, Department of the Army, Washington, DC, 1963.

Snow, Philip, *The Fall of Hong Kong*, Yale University Press, New Haven, Connecticut, 2003.

Soebagijo, I.N., *S.K. Trimurti : Wanita Pengabdi Bangsa*, Gunung Agung, Jakarta, 1982.

Soh, C. Sarah, *The Comfort Women*, University of Chicago Press, 2008.

Solzhenitsyn, Alexander, *The Gulag Archipelago*, vol. 1, Collins & Harvill, Londra, 1974 [Alexandr Soljeniţîn, *Arhipelagul Gulag*, 3 vol., Editura Univers, Bucureşti, 2008, trad. rom. Nicolae Iliescu].

Solomon, Susan Gross *et al.* (eds.), *Shifting Boundaries of Public Health : Europe in the Twentieth Century*, University of Rochester Press, Rochester, New York, 2008.

Spellman, W.M., *A Concise History of the World Since 1945*, Palgrave Macmillan, Basingstoke, 2006.

Spinelli, Altiero, *Come ho tentato di diventare saggio*, 2 vol., Società editrice il Mulino, Bologna, 1984-1987.

Spinelli, Altiero, *From Ventotene to the European Constitution*, ed. Augustín José Menéndez, Centre for European Studies, Oslo, 2007.

Spoerer, Mark, *Zwangsarbeit unter dem Hakenkreuz*, Deutsche Verlags-Anstalt, Stuttgart şi München, 2001.

Srimanjari, *Through War and Famine : Bengal, 1939-1945*, Orient Black-Swan, New Delhi, 2009.

Staněk, Tomáš, *Odsun Němců z Československa, 1945 1947*, Academia/Naše vojsko, Praga, 1991.

Stange, Mary Zeiss *et al.* (eds.), *Encyclopedia of Women in Today's World*, vol. 1, Sage, Los Angeles, 2011.

Starman, Hannah, „Israel's Confrontation with the Holocaust : A Journey of Uncertain Identity", în C.J.A. Stewart *et al.* (eds.), *The Politics of Contesting Identity*, Politics, University of Edinburgh, Edinburgh, 2003.

Statiev, Alexander, *The Soviet Counterinsurgency in the Western Borderlands*, Cambridge University Press, New York, 2010.

Steedly, Mary Margaret, *Rifle Reports : A Story of Indonesian Independence*, University of California Press, Berkeley şi Los Angeles, 2013.

Steffen, Katrin, Kohlrausch, Martin, „The Limits and Merits of Internationalism : Experts, the State and the International Community in Poland in the First Half of the Twentieth Century", *European Review of History*, vol. 16, nr. 5, 2009.

Steinacher, Gerald, *Nazis on the Run*, Oxford University Press, New York, 2012.

Stephens, Ian, *Monsoon Morning*, Ernest Benn, Londra, 1966.

Stephenson, Flora, Pool, Phoebe, *A Plan for Town and Country*, The Pilot Press, Londra, 1944.

Stettinius, Edward R., *Roosevelt and the Russians*, Doubleday, Garden City, New York, 1949.

Stiglitz, Joseph E., *Globalization and its Discontents*, Allen Lane, Londra, 2002 [*Globalizarea. Speranţe şi deziluzii*, Editura Economică, Bucureşti, 2005, trad. rom. Dan Criste].

Stora, Benjamin, *Algeria, 1830-2000 : A Short History*, trad. Jane Marie Todd, Cornell University Press, Ithaca, New York, 2001.

Stora, Benjamin, Daoud, Zakya, *Ferhat Abbas : une utopie algérienne*, Denoël, Paris, 1995.

Storrs, Landon R.Y., *The Second Red Scare and the Unmaking of the New Deal Left*, Princeton University Press, 2013.

Sukarno, *Toward Freedom and the Dignity of Man : A Collection of Five Speeches by President Sukarno of the Republic of Indonesia*, Dept. of Foreign Affairs, Jakarta, 1961.

Sutcliffe, Anthony, Smith, Roger, *History of Birmingham*, vol. 3 : *Birmingham, 1939-1970*, Oxford University Press for Birmingham City Council, Londra, 1974 .

Szczerbiak, Aleks, Taggart, Paul (eds.), *EU Enlargement and Referendums*, Routledge, Abingdon, 2005.

Szyk, Arthur, *The New Order*, G.P. Putnam's Sons, New York, 1941.

Talbot, Ian, Singh, Gurharpal, *The Partition of India*, Cambridge University Press, 2009.

Tanaka, Yuki, „«Comfort Women» in the Dutch East Indies", în Margaret Stetz şi Bonnie B.C. Oh (eds.), *Legacies of the Comfort Women of World War II*, M.E. Sharp, Armonk, New York, 2001.

Tanner, Jakob, „Switzerland and the Cold War : A Neutral Country Between the «American Way of Life» and «Geistige Landesverteidigung»", în Joy Charnley şi Malcolm Pender (eds.), *Switzerland and War*, Peter Lang, Berna, 1999.

Tassin, Kristin S., „«Lift up Your Head, My Brother» : Nationalism and the Genesis of the Non-Aligned Movement", *Journal of Third World Studies*, vol. 23, nr. 1, 2006.

Tauger, Mark B., „Entitlement, Shortage and the Bengal Famine of 1943 : Another Look", *Journal of Peasant Studies,* vol. 31, nr. 1, 2003.

Taylor, Frederick, *Dresden*, HarperCollins, Londra, 2004 [*Dresda*, RAO, Bucureşti, 2007, trad. rom. Alin Victor Matei].

Taylor, Stan, *The National Front in English Politics*, Macmillan, Londra, 1982.

Tenney, Jack B., *Red Fascism*, Federal Printing Co., Los Angeles, 1947.

Teplyakov, Yuri, „Stalin's War Against His Own Troops : The Tragic Fate of Soviet Prisoners of War in German Captivity", *Journal of Historical Review*, vol. 14, nr. 4, 1994.

Terami-Wada, Motoe, *The Japanese in the Philippines 1880s-1990s*, National Historical Commission of the Philippines, Manila, 2010.

Terkel, Studs, *„The Good War" : An Oral History of World War Two*, Hamish Hamilton, Londra, 1984.

Tomasevich, Jozo, *War and Revolution in Yugoslavia, 1941-1945*, Stanford University Press, 2001.

Tooze, Adam, *The Wages of Destruction*, Penguin, Harmondsworth, 2007.

Trgo, Fabijan (ed.), *The National Liberation War and Revolution in Yugoslavia (1941-1945) : Selected Documents*, Military History Institute of the Yugoslav People's Army, Belgrad, 1982.

Trimurti, S.K., *95 Tahun S.K. Trimurti : Pejuang Indonesia*, Yayasan Bung Karno, Jakarta, 2007.

UN, *The United Nations Conference on International Organization : Selected Documents*, US Government Printing Office, Washington, DC, 1946.

UN Conference on Trade and Development, *The Least Developed Countries Report, 2014*, Geneva, UNCTAD, 2014.

UN Department of Economic Affairs, *Economic Report : Salient Features of the World Economic Situation, 1945-1947*, Lake Success, New York, 1948.

UN Department of Economic and Social Affairs, „World Urbanization Prospects : The 2011 Revision", ST/ESA/SER.A/322.

UN San Francisco Conference, 1945, în UN, *The United Nations Conference on International Organization : Selected Documents*, US Government Printing Office, Washington, DC, 1946.

Union des Femmes Françaises, *Les Femmes dans la Résistance*, Éditions du Rocher, Monaco, 1977.

Urquhart, Brian, *A Life in Peace and War*, Weidenfeld & Nicolson, Londra, 1987.

US Army Military Government in Korea, *Summation of the United States Military Government Activities in Korea*, nr. 33, National Economic Board, Seul, 1948.

US Department of State, *Foreign Relations of the United States*, US Government Printing Office, Washington, DC, diferiţi ani.

USSR Central Statistical Office, *Soviet Census 1959 : Preliminary Results*, Soviet Booklets, Londra, 1959.

Vailland, Geneviève, *Le Travail des Femmes*, Jeune Patron, Paris, 1947.

van Dijk, Cees, *Rebellion Under the Banner of Islam : The Darul Islam in Indonesia*, Martinus Nijhoff, Haga, 1981.

van Lente, Dick (ed.), *The Nuclear Age in Popular Media : A Transnational History, 1945-1965*, Palgrave Macmillan, New York, 2012.

Varga, Aniko, „National Bodies : The «Comfort Women» Discourse and Its Controversies in South Korea", *Studies in Ethnicity and Nationalism*, vol. 9, nr. 2, 2009.

Venezuela, Junta Militar de Gobierno, *Saludo de la Junta Militar de Gobierno a los Venezolanos con Ocasion del Año Nuevo*, Oficina Nacional de Información y Publicaciones, Caracas, 1950.

Vickers, Adrian, *A History of Modern Indonesia*, Cambridge University Press, New York, 2013.

Vincent, Madeleine, *Femmes : quelle liberation ?*, Éditions sociales, Paris, 1976.

von Tunzelmann, Alex, *Red Heat*, Simon & Schuster, Londra, 2011.

Wachanga, Henry Kahinga, *The Swords of Kirinyaga*, East African Literature Bureau, Nairobi, 1975.

Ward, Stephen V. (ed.), *The Garden City*, E & FN Spon, Londra, 1992.

Watson, James, Abercrombie, Patrick, *A Plan for Plymouth*, Underhill, Plymouth, 1943.

Watt, Lori, *When Empire Comes Home : Repatriation and Reintegration in Postwar Japan*, Harvard University Asia Center, Cambridge, Massachusetts, 2009.

Waxman, Zoe, „Testimonies as Sacred Texts : The Sanctification of Holocaust Writing", *Past and Present*, vol. 206, nr. 5, 2010.

Weber, Max, *The Protestant Ethic and the Spirit of Capitalism*, Oxford University Press, New York, 2011 [*Etica protestantă şi spiritul capitalismului*, Humanitas, Bucureşti, 2007, trad. rom. Ihor Lemnij, postfaţă de Ioan Mihăilescu].

Webster, Sir Charles, Frankland, Noble, *The Strategic Air War Against Germany, 1939-1945*, HMSO, Londra, 1961.

Weinberg, Werner, *Self-Portrait of a Holocaust Survivor*, McFarland & Co., Jefferson, Carolina de Nord, 1985.

Weiner, Tim, *Enemies : A History of the FBI*, Allen Lane, Londra, 2012 [*FBI – o istorie secretă*, Litera, Bucureşti, 2014, trad. rom. Corina Hădăreanu].

Weiner, Tim, *Legacy of Ashes*, Allen Lane, Londra, 2007.

Weiss, Thomas G., *Global Governance : Why ? What ? Whither ?*, Polity Press, Cambridge, 2013.

Wendt, Gerald, „What Happened in Science", în Jack Goodman (ed.), *While You Were Gone : A Report on Wartime Life in the United States*, Simon & Schuster, New York, 1946.

Werth, Alexander, *Russia at War*, Barrie & Rockliff, Londra, 1964 [*Un corespondent englez pe frontul de est*, Editura Politică, Bucureşti, 1970, trad. rom. Rudolf Efraim, prefaţă de Gheorghe Zaharia].

Westad, Odd Arne, *The Global Cold War*, Cambridge University Press, 2007.

Wettig, Gerhard, *Stalin and the Cold War in Europe*, Rowman & Littlefield, Lanham, Maryland, 2008.

Whitaker, Arthur P. (ed.), *Inter-American Affairs 1945*, Columbia University Press, New York, 1946.
White, E.B., *The Wild Flag*, Houghton Mifflin, Boston, Massachusetts, 1946.
Wieringa, Saskia, *Sexual Politics in Indonesia*, Palgrave Macmillan, Basingstoke, 2002.
Willis, David K., *Klass : How Russians Really Live*, St Martin's Press, New York, 1985.
Willkie, Wendell, *One World*, Cassell & Co., Londra, 1943.
Wilson, Roland (ed.), *Census of the Commonwealth of Australia, 30 June, 1947*, Commonwealth Government Printer, Canberra, 1947.
Winkler, Heinrich August, *The Age of Catastrophe*, Yale University Press, New Haven, Connecticut, 2015.
Wright, Frank Lloyd, *The Disappearing City*, William Farquhar Payson, New York, 1932.
Wright, Frank Lloyd, *Modern Architecture : Being the Kahn Lectures for 1930*, Princeton University Press, 2008.
Wyman, Mark, *DPs : Europe's Displaced Persons, 1945-1951*, Cornell University Press, Ithaca, New York, 1998.
Wyss, Marco, *Arms Transfers, Neutrality and Britain's Role in the Cold War*, Brill, Boston, Massachusetts, 2012.
Yizhar, S., „The Prisoner", în Robert Alter (ed.), *Modern Hebrew Literature*, Behrman House, West Orange, New Jersey, 1975.
Yoshiaki, Yoshimi, *Comfort Women*, trad. Suzanne O'Brien, Columbia University Press, New York, 2002.
Young, Arthur N., *China's Wartime Finance and Inflation, 1937-1945*, Harvard University Press, Cambridge, Massachusetts, 1965.
Young, Michael, Willmott, Peter, *Family and Kinship in East London*, Penguin, Harmondsworth, 2007.
Zdaniewicz, Witold, *Kościół Katolicki w Polsce, 1945-1982*, Pallottinum, Poznań, 1983.
Zertal, Idith, *From Catastrophe to Power : The Holocaust Survivors and the Emergence of Israel*, University of California Press, Berkeley şi Los Angeles, 1998.
Ziemann, Benjamin, *Encounters with Modernity : The Catholic Church in West Germany, 1945-1975*, trad. Andrew Evans, Berghahn, New York, 2014.
Zima, V.F., *Golod v SSSR, 1946-1947 godov : Proishojdenie i posledstviia*, Institut rossiiskoi istorii RAN, Moscova, 1996
Zubkova, Elena, *Russia After the War*, trad. Hugh Ragsdale, M.E. Sharpe, Armonk, New York, 1998.
Zubrzycki, Geneviève, „Polish Mythology and the Traps of Messianic Martyrology", în Gérard Bouchard (ed.), *National Myths : Constructed Pasts, Contested Presents*, Routledge, Oxford, 2013.
Zucchi, Benedict, *Giancarlo De Carlo*, Butterworth Architecture, Oxford, 1992.

Note

Introducere

1. Interviu cu autorul, 12 septembrie 2015. Georgina Sand este un pseudonim ales de interlocutoarea mea.
2. R. Ernest Dupuy, Trevor N. Dupuy, *The Harper Encyclopedia of Military Hystory*, ed. a IV-a, HarperCollins, New York, 1993, pp. 1083, 1309.
3. K.O. Mbadiwe, citat în Marika Sherwood, „«There is No New Deal for the Blackman in San Francisco» : African Attempts to Influence the Founding Conference of the United Nations, April-July, 1945", *The International Journal of African Historical Studies*, vol. 29, nr. 1, 1996, p. 78.
4. Leonardo Argüello Barreto, din Nicaragua, și Roberto Jimenez, din Panamá, vorbind la conferința de întemeiere a ONU, a VIII-a sesiune plenară : vezi *The United Nations Conference on International Organization : Selected Documents*, Washington, DC, US Government Printing Office, 1946, pp. 385, 388.
5. Wendell Willkie, *One World*, Cassell &Co., Londra, 1943, pp. 134, 140, 147, 169.
6. Erich Fromm, *The Fear of Freedom*, Oxford : Routledge Classics, 2001, pp. ix, 118 [*Fuga de libertate*, Editura Trei, București, 2016, trad. rom. Cristina Jinga]. Vezi și S.H. Foulkes, *Introduction to Group-Analytic Psychotherapy*, Heinemann, Londra, 1948. Pentru aprofundarea ulterioară a subiectului, vezi Earl Hopper și Haim Weinberg (eds.), *The Social Unconscious in Persons, Groups and Societies*, vol. 1 : *Mainly Theory*, Karnac, Londra, 2011, pp. xxiii-lvi.
7. Jean-Paul Sartre, *Existentialism and Humanism*, traducere de Philip Mairet, Methuen, Londra, 2007, pp. 32-33 [*Existențialismul este un umanism*, Editura George Coșbuc, Bistrița, 1994, trad. rom. Veronica Știr].

1
Sfârșitul lumii

1. Toyofumi Ogura, *Letters from the End of the World*, traducere de Kisaburo Murakami și Shigeru Fujii, Kodansha International, Tokyo, 2001, p. 16.
2. *Ibidem*, pp. 37, 54, 57, 105.
3. *Ibidem*, pp. 55, 162-163.
4. Citat de Jay Robert Lifton, *Death in Life : Survivors of Hiroshima*, Pelican, Harmondsworth, 1971, pp. 22-23 ; o traducere alternativă se găsește la Yoko Ota, „City of Corpses", în Richard H. Minear (ed.), *Hiroshima : Three Witnesses*, Princeton University Press, New Jersey, 1990, p. 185 ; vezi și p. 211.
5. Vezi, de exemplu, English Translation Group, *The Witness of Those Two Days : Hiroshima & Nagasaki August 6 & 9, 1945*, 2 vol., Japan Confederation of A- and H-Bomb Sufferers

Organization, Tokyo, 1989, *passim* ; dar mai ales vol. 1, p. 149 ; Takashi Nagai, *The Bells of Nagasaki*, traducere de William Johnston, Kodansha International, Tokyo, 1984, pp. 13-14 ; Michihiko Hachiya, *Hiroshima Diary*, editată şi tradusă de Warner Wells, University of North Carolina Press, Chapel Hill, 1955, p. 54 ; Paul Ham, *Hiroshima Nagasaki*, Doubleday, Londra, 2012, p. 322 ; Arata Osada (ed.), *Children of the A-Bomb*, Putnam, New York, 1963, *passim* ; Jay Robert Lifton, *Death in Life*, ed.cit., pp. 26-31.

6. *L'Osservatore Romano*, 7 august 1945, citat în Paul Boyer, *By the Bomb's Early Light*, University of North Carolina Press, Chapel Hill, 1994, p. 15.
7. Yoko Ota, „City of Corpses", în Richard H. Minear, *op.cit.*, pp. 165-166.
8. Hans Erich Nossack, *Der Untergang*, Ernst Kabel Verlag, Hamburg, 1981, p. 68.
9. Frederick Taylor, *Dresden*, HarperCollins, Londra, 2004, p. 328 [*Dresda*, RAO, Bucureşti, 2008, trad. rom. Alin Victor Matei] ; Victor Klemperer, *To the Bitter End. The Diaries of Victor Klemperer, 1942-1945*, traducere de Martin Chalmers, Weindenfeld & Nicholson, Londra, 1999, nota de jurnal din 22 mai 1945, p. 596 ; generalul Anderson citat în Richard Overy, *The Bombing War*, Allen Lane, Londra, 2013, p. 410.
10. Jörg Friedrich, *The Fire : The Bombing of Germany, 1940-1945*, Columbia University Press, New York, 2006, p. 344.
11. Antony Beevor, *Stalingrad*, Viking, Londra, 1998, pp. 406-417 [*Stalingrad*, RAO, Bucureşti, 2009, trad. rom. Delia Răzdolescu].
12. Krzysztof Zanussi şi Ludwika Zachariasiewicz, citaţi în Norman Davies, *Rising' 44*, Pan, Londra, 2004, pp. 476, 492 [*Varşovia. Insurecţia din 1944*, RAO, Bucureşti, 2008, trad. rom. Diana Elena Puşcaşu].
13. Vezi http : //philippinediaryproject.wordpress.com/1945/02/13, Jurnalul Lydiei C. Gutierrez, marţi, 13 februarie, 1945, publicat sub titlul „Liberation Diary : The Longest Wait", în *The Sunday Times Magazine*, 23 aprilie 1967.
14. Yoko Ota, „City of Corpses", în Richard H. Minear, *op.cit.*, p. 148 ; Hans Erich Nossack, *Der Untergang*, ed.cit., p. 67.
15. Cyrus Sulzberger, „Europe : The New Dark Continent", *The New York Times Magazine*, 18 martie 1945, p. SM3.
16. Sir Charles Webster şi Noble Frankland, *The Strategic Air Offensive Against Germany*, 1939-1945, HMSO, Londra, 1961, vol. 4, p. 484 ; John W. Dower, *Embracing Defeat. Japan in the Wake of World War II*, W.W. Norton, New York, 2000, p. 45 ; Norman Davies, *God's Playground*, Oxford University Press, New York, 2005, vol. 2, p. 355 [*Istoria Poloniei. Terenul de joacă al lui Dumnezeu*, Polirom, Iaşi, 2014, trad. rom. Carmen Bartl] ; Tony Judt, *Postwar*, Pimlico, Londra, 2005, p. 17 [*Epoca postbelică*, Polirom, Iaşi, 2008, trad. rom. Georgiana Perlea, postfaţă de Mircea Mihăieş] ; Keith Lowe, *Savage Continent*, Viking, Londra, 2012, p. 10 [*Continentul barbar*, Editura Litera, Bucureşti, 2019, trad. rom. Corina Hădăreanu] ; UNESCO Post-war Educational Survey, *The Philippines* (1948), p. 8, accesibil la http : //unesdoc.unnesco.org/images/0015/001553/155396eb.pdf
17. W.G. Sebald, *On the Natural History of Destruction*, Penguin, Harmondsworth, 2004, p. 3 ; R. Ernest Dupuy şi Trevor N. Dupuy, *The Harper Encyclopedia of Military History*, ed. a IV-a, HarperCollins, New York, 1993, p. 1309 ; Jay Robert Lifton, *Death in Life*, ed.cit., p. 20.
18. Max Hastings, *All Hell Let Loose : The World at War, 1939-1945*, HarperPress, Londra, 2011, p. 669 [*Iadul dezlănţuit. Al Doilea Război Mondial văzut de contemporani (1939-1945)*, Corint, Bucureşti, 2018, trad. rom. Alina Popescu] ; Antony Beevor, *The Second World War*, Weindenfeld & Nicolson, Londra, 2012, p. 781 [*Al Doilea Război Mondial*, RAO, Bucureşti, 2015, trad. rom. Graal Soft SRL]. În *The Harper Encyclopedia of Military History*, ed.cit., R. Ernest Dupuy şi Trevor N. Dupuy vorbesc de 50 de milioane (p. 1309), dar numărul pentru morţii chinezi este mult prea mic.

19. Pentru obiecţii privind termenul, vezi Michael Marrus, *The Holocaust in History*, Penguin, New York, 1989, pp. 3-4.
20. Pentru alţi termeni, la fel de încărcaţi de prevestiri rele, vezi Rick Atkinson, *The Guns at Last Light*, Little, Brown, Londra, 2013, pp. 631-632 ; Lucy Dawidowicz, *The War Against the Jews, 1933-1945*, Pelican, Harmondsworth, 1979, p. 18 [*Războiul împotriva evreilor : 1933-1945*, Hasefer, Bucureşti, 1999, trad. rom. Carmen Paţac].
21. Max Hastings, *Armageddon. The Battle for Germany, 1944-45*, Macmillan, Londra, 2004.
22. Documentarul în şase părţi semnat de Daniel Costelle şi Isabelle Clarke, *Apocalypse : la deuxième Guerre mondiale*, CC & C, 2009.
23. Rick Atkinson, *The Guns at Last Light*, ed.cit., p. 640 ; Andrew Roberts, *The Storm of War*, Allen Lane, Londra, 2009, p. 579 [*Furtuna războiului. O nouă istorie a celui de-al Doilea Război Mondial*, Litera, Bucureşti, 2013, trad. rom. Florin Sia] ; Beevor, *The Second World War*, ed.cit., p. 781 [Trad. rom. ed. cit.].
24. Vladimir Putin, discurs la cea de-a 60-a aniversare a Zilei Victoriei, 9 mai 2005, http : // news.bbc.co.uk/I/hi/world/europe/4528999.stm.
25. Hu Jintao, „Speech at a Meeting Marking the 60th Anniversary of the Victory of the Chinese People's War of Resistance Against Japanese Aggression and the World Anti-fascist War", 3 septembrie 2005, www.china.org.cn/english/2005/Sep/140771.htm.
26. Herbert Conert, citat în Taylor, *Dresden*, ed.cit., p. 396 [Trad. rom. ed. cit.].
27. Dawidowicz, *The War Against the Jews, 1933-1945*, ed.cit., p. 480 [Trad. rom. ed. cit.] ; Sara E. Karesh şi Mitchell M. Hurvitz, *Encyclopedia of Judaism*, Facts on File, New York, 2006, p. 216.
28. Pentru statisticile japoneze, vezi John W. Dower, *War Without Mercy. Race and Power in the Pacific War*, Pantheon, New York, 1986, pp. 298-299 ; pentru chinezi, vezi Roberts, *The Storm of War*, ed.cit., p. 267 [Trad. rom. ed. cit.] ; pentru francezi, germani şi britanici, vezi Lowe, *Savage Continent*, ed.cit., pp. 13-16 [Trad. rom. ed. cit.] ; pentru americani, vezi Hastings, *All Hell Let Loose*, ed.cit., p. 670 [Trad. rom. ed. cit.]. Pentru statisticile privind populaţia totală, vezi Angus Maddison, *The World Economy : Historical Statistics*, OECD, Paris, 2003, *passim*.
29. Sigmund Freud, „Beyond the Pleasure Principle" (1920), reprodus în Salman Akhtar şi Mary Kay O'Neil (eds.), *On Freud's „Beyond the Pleasure Principle"*, Karnac, Londra, 2011 [Sigmund Freud, *Dincolo de principiul plăcerii*, Editura Trei, Bucureşti, 1996, trad. rom. George Purdea şi Vasile Dem. Zamfirescu] ; Sigmund Freud, *Civilization and its Discontents*, Penguin, Harmondsworth, 2002, pp. 56-57.
30. Vezi, de exemplu, Richard Bessel, *Nazism and War*, Weidenfeld & Nicolson, Londra, 2004, pp. 94-96 ; şi Lowe, *Savage Continent*, ed.cit., pp. 9-10 [Trad. rom. ed. cit.].
31. Ham, *Hiroshima Nagasaki*, ed.cit., p. 225.
32. Nossack, *Der Untergang*, ed.cit., pp. 18-19.
33. *Ibidem*, p. 98 ; Keith Lowe, *Inferno*, Viking, Londra, 2007, p. 319.
34. Ogura, *Letters from the End of the World*, ed.cit., p. 16.
35. *Ibidem*, scrisoarea nr. 9 (10 mai 1946), p. 122.

2
Eroi

1. Povestirea ce urmează este rezultatul a două interviuri personale cu Leonard Creo, în 10 august, respectiv 29 septembrie 2015.
2. Leonard Creo, brevet de medalie.

3. Vezi, de exemplu, *Stars and Stripes*, 26 şi 28 august, 9 septembrie 1944 ; *Life*, 4 septembrie 1944 ; *Daily Express*, 28 august 1944. Pentru o discuţie despre imagini şi povestiri similare, vezi Mary Louise Roberts, *What Soldiers Do : Sex and the American GI in World War II France*, Chicago University Press, Chicago, 2013, pp. 59-73.
4. Documente IWM, 94/8/I, căpitan I.B. Mackay, memorii dactilografiate, p. 104.
5. Documente IWM, 06/126/I, Derek L. Henry, memorii dactilografiate, p. 57.
6. Pentru interpretări erotice, vezi Roberts, *What Soldiers Do*, ed.cit., *passim* ; Patrick Buisson, *1940-1945. Années érotiques*, Albin Michel, Paris, 2009, *passim* ; Ian Buruma, *Year Zero. A History of 1945*, Atlantic, Londra, 2013, p. 23 [*Anul Zero. 1945, o istorie*, Humanitas, Bucureşti, 2015, trad. rom. Anca Bărbulescu].
7. „Paris – The Full Story", *Daily Express*, 28 august 1944 ; şi Alan Moorehead, *Eclipse*, Granta, Londra, 2000, p. 153.
8. Maria Haayen, citată în Buruma, *Year Zero*, ed.cit., p. 23 [Trad. rom., ed.cit., p. 35].
9. *Ibidem* [Trad. rom., ed.cit., p. 35].
10. P.R. Reid, *The Latter Days at Colditz*, Hodder and Stoughton, Londra, 1953, pp. 281-282.
11. Discursul preşedintelui William J. Clinton la comemorarea Zilei Victoriei în Europa, 8 mai 1995, disponibil online la www.presidency.ucsb.edu/ws/index.php ? pid=51328&stI ; Studs Terkel, *„The Good War". An Oral History of World War Two*, Hamish Hamilton, Londra, 1984 ; Tom Brokaw, *The Greatest Generation*, Pimlico, Londra, 2002, p. XXX.
12. Hanna Segal, „From Hiroshima to the Gulf War and After : A Psychoanalytic Perspective", în Anthony Elliott şi Stephen Frosh (eds.), *Psychoanalysis in Contexts. Paths Between Theory and Modern Culture*, Routledge, Londra, New York, 1995, p. 194.
13. Discursul lui Clinton la comemorarea Zilei Victoriei în Europa, 8 mai 1995. Vezi şi discursul său la comemorarea Zilei Z, 6 iunie 1994, disponibil online la www.presidency.ucsb.edu/ ws//pid=50300
14. Preşedintele Jacques Chirac, discurs din 6 iunie 2004, disponibil online la http : //georgebush-whitehouse.archives.gov/news/releases/2004/06/20040606.html
15. Charles Glass, *Deserter*, HarperPress, Londra, 2013, pp. XII, 228.
16. Documente IWM, 6839, Madame A. de Vigneral, jurnal dactilografiat.
17. Documente IWM, 91/13/I, maior A.J. Forrest, memorii dactilografiate, „Scenes from a Gunner's War", capitolul 7, p. 7.
18. Vezi Roberts, *What Soldiers Do*, ed.cit., p. 281, fn. 49 ; şi Peter Schrijvers, *Liberators. The Allies and Belgian Society, 1944-1945*, Cambridge University Press, Cambridge, 2009, p. 243.
19. J. Robert Lilly, *Taken by Force. Rape and American GIs during World War II*, Palgrave Macmillan, Basingstoke, 2007, pp. 11-12. Pentru statistici despre violurile sovieticilor în Europa de Est, vezi Keith Lowe, *Savage Continent*, Viking, Londra, 2012, p. 55 [Trad. rom. ed. cit].
20. Nancy Arnot Harjan, citată în Terkel, *„The Good War"*, ed.cit., p. 560.
21. Yvette Levy, citată în William I. Hitchcock, *Liberation*, Faber & Faber, Londra, 2008, p. 307.
22. Aaron William Moore, *Writing War. Soldiers Record the Japanese Empire*, Harvard University Press, Cambridge, Massachusetts, 2013, pp. 200, 210-214.
23. Robert Ross Smith, *Triumph in the Philippines*, Office of the Chief of Military History, Department of the Army, Washington, DC, 1963, pp. 306-307. Numărul de 100.000 de filipinezi este probabil prea mare, dar nu s-au stabilit niciodată cifre exacte : vezi Jose Ma. Bonifacio M. Escoda, *Warsaw of Asia. The Rape of Manila*, Giraffe Books, Quezon City, 2000, p. 324.
24. Carmen Guerrero Nakpil, citată în Alfonso J. Aluit, *By Sword and Fire. The Destruction of Manila in World War II, 3 February – 3 March 1945*, National Commission for Culture and the Arts, Manila, 1994, p. 397.

25. Vezi, de exemplu, mesajul special către Congres al preşedintelui Harry S. Truman, 19 iulie 1950 ; rapoartele sale către popor, difuzate la radio şi TV la 1 septembrie 1950 şi 15 decembrie 1950 ; discursul său în faţa Adunării Generale a Naţiunilor Unite, 24 octombrie 1950 ; şi discursul despre starea naţiunii, 8 ianuarie 1951 : toate disponibile online la The American Presidency Project, www.presidency.ucsb.edu
26. Preşedintele John F. Kennedy, „The Vigour We Need", *Sports Illustrated*, 16 iulie 1962 ; observaţiile preşedintelui Lyndon B. Johnson la decernarea post-mortem a medaliei Congressional Medal of Honor lui Daniel Fernandez, 6 aprilie 1957, disponibile online la www.presidency.ucsb.edu/ws//?pid=28190
27. Nataliya Danilova, *The Politics of War Commemoration in the UK and Russia*, Palgrave Macmillan, Basingstoke, 2015, pp. 20-21.
28. Discursul preşedintelui Ronald Reagan la a patruzecea aniversare a Zilei Z, 6 iunie 1984, disponibil online la www.presidency.ucsb.edu/ws/?pid=40018
29. Preşedintele George W. Bush, Observaţii la Adunarea Generală a ONU de la New York, 10 noiembrie 2001 : discurs disponibil online la www.presidency.ucsb.edu/ws/?pid =58802
30. Preşedintele George W. Bush, Observaţii la o Ceremonie de Comemorare a 60 de ani de la atacul de la Pearl Harbor, Norfolk, Virginia, 7 decembrie 2001 : discurs disponibil online la www.presidency.ucsb.edu/ws/?pid=63634
31. Discursuri la dineul oferit de preşedintele Mexicului, Vicente Fox, la Monterrey, 22 martie 2002 ; întâmpinarea premierului britanic, Tony Blair, la Crawford, Texas, 6 aprilie 2002 ; conferinţă de presă a preşedintelui Vladimir Putin, 24 mai 2002 ; discurs la Institutul Militar Virginia, 17 aprilie 2002 ; discurs despre „conservatorismul compasional" ţinut la San Jose, California, 30 aprilie 2002 : toate aceste discursuri sunt disponibile online la www.presidency.ucsb.edu/ws/
32. Observaţii la o ceremonie de Ziua Eroilor în Colleville-sur-Mer, 27 mai 2002, disponibile online la www.presidency.ucsb.edu/ws/?pid=73018
33. Vezi, de exemplu, discursul lui Putin cu ocazia Zilei Victoriei în Europa, 9 mai 2005, http://news.bbc.co.uk/I/hi/world/europe/4528999.stm
34. Vezi discursul preşedintelui Hu Jintao : „Discurs la întâlnirea care marchează a LX-a Aniversare a Victoriei în Războiul de Rezistenţă al Poporului Chinez Împotriva Agresiunii Japoneze şi în Războiul Mondial Antifascist", www.china.org.cn/english/2005/Sep/140771.htm
35. Lowe, *Savage Continent*, ed.cit., pp. 61-63 şi *passim* [Trad. rom. ed. cit.].

3

Monştri

1. Sigmund Freud, *Civilization and its Discontents*, Penguin, Harmondsworth, 2002, p. 50. Vezi şi Hanna Segal, „From Hiroshima to the Gulf War and After : A Psychoanalytic Perspective", în Anthony Elliott şi Stephen Frosh (eds.), *Psychoanalysis in Contexts : Paths Between Theory and Modern Culture*, Routledge, Londra şi New York, 1995, p. 194.
2. Mark Bryant, *World War II in Cartoons*, Grub Street, Londra, 1989, pp. 77, 90, 83, 99, 83 ; John W. Dower, *War Without Mercy : Race and Power in the Pacific War*, Pantheon, New York, 1986, pp. 192, 196, 242 ; Roger Moorhouse, *Berlin at War*, Bodley Head, Londra, 2010, p. 371.
3. Imagini „This is the Enemy", reproduse în Sam Keen, *Faces of the Enemy : Reflections of the Hostile Imagination : The Psychology of Enmity*, Harper & Row, San Francisco, 1986, pp. 33, 37 ; L.J. Jordaan, *Nachtmerrie over Nederland : Een herinneringsalbum*, De Groene Amsterdammer, Amsterdam, 1945, nepaginat ; Dower, *War Without Mercy*, pp. 93, 113.

4. Vezi afişele de propagandă nazistă antisemită din Belgia şi Franţa : IWM PST 8359 ; IWM PST 6483 ; IWM PST 8358 ; IWM PST 3142. Vezi şi caricaturile lui David Low „Rendez-vous" şi „He must have been mad", *Evening Standard*, 20 septembrie 1939 şi 15 mai 1941 ; caricatura lui Vicky, „Sabotage in Nederland", *Vrij Nederland*, 24 august 1940 ; Arthur Szyk, *The New Order*, G.P. Putnam's Sons, New York, 1941, *passim* ; carte poştală germană de propagandă şi portretele sovietice ale lui Hitler şi Himmler, în Bryant, *World War II in Cartoons*, pp. 43, 77, 98, 131 ; Keen, *Faces of the Enemy*, pp. 33, 74, 76, 77, 127.
5. Dower, *War Without Mercy*, pp. 192, 241 ; chineseposters.net/posters/d25-201.php „Câtă vreme piticaniile de japonezi nu sunt învinşi, lupta nu va înceta" ; chineseposters.net/posters/pc-1938-oo5.php „Cum invazia piticaniilor de japonezi nu se opreşte nicio zi..." ; „Înfrângerea imperialismului japonez", International Institute of Social History, Landsberger Collection, D25/197.
6. Keith Lowe, *Savage Continent*, Viking, Londra, 2012, p. 118 [Trad. rom. ed. cit.] ; Bryant, *World War II in Cartoons*, pp. 14, 26, 115 ; Jordaan, *Nachtmerrie over Nederland*.
7. Ilia Ehrenburg, în *Krasnaia Zvezda*, 13 august 1942 ; citat în Alexander Werth, *Russia at War*, Barrie & Rockliff, Londra, 1964, p. 414 [*Un corespondent englez pe frontul de est*, Editura Politică, Bucureşti, 1970, trad. rom. Rudolf Efraim, prefaţă de Gheorghe Zaharia, p. 321].
8. Dower, *War Without Mercy*, pp. 89-91, 242-243.
9. Afiş sovietic despre hidra nazistă, IWM PST 5295 ; afiş german cu schelet în zbor, IWM PST 3708 ; caricatură britanică în care Germania este înfăţişată ca demon înaripat, *Punch*, 6 noiembrie 1939 ; pentru Germania înfăţişată ca robot, vârcolac şi Călăreţi ai Apocalipsei, vezi Jordaan, *Nachtmerrie over Nederland* ; pentru SUA înfăţişată drept Doamna cu Coasa şi Frankenstein, vezi Bryant, *World War II in Cartoons*, pp. 77, 124. Vezi şi Dower, *War Without Mercy*, pp. 244-261.
10. Copertă la *Collier's*, 12 decembrie 1942 ; copertă *Manga*, februarie 1943.
11. Jordaan, *Nachtmerrie over Nederland* ; Bryant, *World War II in Cartoons*, p. 85. Vezi şi Keen, *Faces of the Enemy*, p. 45.
12. Vezi, de exemplu, Dower, *War Without Mercy*, p. 73.
13. Robert Rasmus, citat în Studs Terkel, *„The Good War" : An Oral History of World War Two*, Hamish Hamilton, Londra, 1984, pp. 44-45 ; vezi şi Keen, *Faces of the Enemy*, p. 26.
14. Dower, *War Without Mercy*, pp. 302-305 ; discursul preşedintelui William J. Clinton la comemorarea Zilei Victoriei în Europa, 8 mai 1995, disponibil online la www.presidency.ucsb.edu/ws/index.php?pid=51328&stI
15. Broşură ulterioară încheierii ostilităţilor, citată în Eugene Davidson, *The Death and Life of Germany*, Jonathan Cape, Londra, 1959, p. 81.
16. Hans Fredrik Dahl, „Dealing with the Past in Scandinavia", în Jon Elster (ed.), *Retribution and Reparation in the Transition to Democracy*, Cambridge University Press, New York, 2006, p. 151.
17. Charles de Gaulle, 13 octombrie 1945, citat în Davidson, *The Death and Life of Germany*, p. 82.
18. Lowe, *Savage Continent*, p. 131 [Trad. rom. ed. cit.] ; Derek Sayer, *The Coasts of Bohemia*, Princeton University Press, Princeton, 1998, p. 240 ; Tomáš Staněk, *Odsun Němcu z Èeskoslovenska, 1945-1947*, Academia/Naše vojsko, Praga, 1991, p. 59.
19. Motoe Terami-Wada, *The Japanese in the Philippines 1880s-1980s*, National Historical Commission of the Philippines, Manila, 2010, pp. 118-137. Caracterizările din scrierile ficţionale în limba engleză sunt mai generoase, dar revin atât de des la atrocităţile japonezilor din vremea războiului : vezi Ronald D. Klein, *The Other Empire : Literary Views of Japan from the Philippines, Singapore, and Malaysia*, University of the Philippines Press, Quezon City, 2008, pp. 10-15.

20. Yukawa Morio, citat în Nakano Satoshi, „The Politics of Mourning", în Ikehata Setsuho şi Lydia N. Yu Jose (eds.), *Philippines-Japan Relations*, Ateneo de Manila University Press, Quezon City, 2003, p. 337.
21. Klein, *The Other Empire*, pp. 176-179.
22. Sung-Hwa Cheong, *The Politics of Anti-Japanese Sentiment in Korea*, Greenwood Press, Westport, Connecticut, 1991, pp. 135-143 ; Kim Jinwung, *A History of Korea*, Indiana University Press, Bloomington, 2012, p. 449.
23. „Japan-Bashers Try to Turn a Trade War into a Race War", *Chicago Tribune*, 23 iulie 1989 ; „The Danger from Japan", *New York Times Magazine*, 28 iulie 1985 ; „Yellow Peril Reinfects America", *Wall Street Journal*, 7 aprilie 1989 ; vezi şi Dower, *War Without Mercy*, pp. 313-314.
24. Michael Berry, „Cinematic Representations of the Rape of Nanking", în Peter Li (ed.), *Japanese War Crimes*, Transaction Books, New Brunswick, New Jersey, 2009, p. 203 ; http : //cinema-scope.com/features/features-a-matter-of-life-and-death-lu-chuan-and-post-zhuxuanlu-cinema-by-shelly-kraicer/ Vezi şi *Don't Cry, Nanjing* (1995), al lui Wu Ziniu, *City of Life and Death* (2009), semnat de Lu Chuan, şi lovitura de box-office a lui Zhang Yimou, *The Flowers of War* (2011).
25. Vezi „China and Japan : Seven Decades of Bitterness", www.bbc.co.uk/news/magazine-25411700 ; „China Mulls Holidays Marking Japanese Defeat and Nanjing Massacre", www.bbc.co.uk/news/world-asia-26342884 ; „China ratifies national memorial day for Nanjing Massacre victims", http : //english.peopledaily.com.cn/90785/8549181.html
26. „Czech Poll Descends into Anti-German Insults", *Financial Times*, 25 ianuarie 2013 ; „Nationalistische Kampagne bringt Zeman auf die Burg", *Die Welt*, 26 ianuarie 2013 ; „Konjunktur fur antideutsche Polemik in Europa", *Die Welt*, 27 ianuarie 2013.
27. *Dimokratia*, 9 februarie 2012.
28. *Il Giornale*, 3 august 2012.
29. Eric Frey, *Das Hitler Syndrom*, Eichborn, Frankfurt-am-Main, 2005, pp. 29, 54, 70, 80, 150 şi *passim*.
30. „Congress MP Compares Narendra Modi to Hitler and Pol Pot", *Times of India*, 7 iunie 2013 ; „Kevin's Sister Crusades Against Gays", *The Australian*, 14 iulie 2011.
31. „The New Furor", *Philadelphia Daily News*, 8 decembrie 2015.
32. Michael Butter, *The Epitome of Evil : Hitler in American Fiction, 1939-2002*, Palgrave Macmillan, New York, 2009, *passim*.
33. Christopher R. Browning, *Ordinary Men : Reserve Police Battalion 101 and the Final Solution in Poland*, HarperCollins, New York, 1992. Bestsellerul lui Daniel Goldhagen, *Hitler's Willing Executioners : Ordinary Germans and the Holocaust*, Little, Brown, New York, 1996, a fost scris, în parte, ca reacţie la afirmaţiile lui Browning.
34. Vezi, de exemplu, controversele din jurul *Historikerstreit* în anii 1980 şi Declaraţia de la Praga din 2008 despre conştiinţa europeană şi comunism : Anonim, *„Historikerstreit" : Die Dokumentation der Kontroverse um die Einzigartigkeit der nationalsozialistischen Judenvernichtung*, Piper, München, 1991, *passim* ; Peter Novick, *The Holocaust in American Life*, Mariner, New York, 2000, pp. 9-10 ; Zvi Gitelman, „Comparative and Competitive Victimization in the Post-Communist Sphere", în Alvin H. Rosenfield (ed.), *Resurgent Antisemitism : Global Perspectives*, Indiana University Press, Bloomington, 2013, pp. 227-229.
35. Noda Masaaki, „One Army Surgeon's Account of Vivisection on Human Subjects in China", traducere de Paul Schalow, în Li (ed.), *Japanese War Crimes*, pp. 142-144.
36. *Ibidem*, pp. 150-151.
37. *Ibidem*, p. 148.
38. Laurence Rees, interviu cu Yuasa din cartea lui *Their Darkest Hour*, Ebury Press, Londra, 2008, p. 214.

39. Masaaki, „One Army Surgeon's Account", p. 156.
40. *Ibidem*, p. 160.
41. *Ibidem*, p. 135.
42. Hannes Heer, *„Hitler war's" : die Befreiung der Deutschen von ihrer Vergangenheit*, Aufbau, Berlin, 2008, *passim* ; Butter, *The Epitome of Evil*, p. 177.
43. Pentru un punct de vedere alternativ, conform căruia tentativa de a-i „înţelege" pe criminali duce la exonerarea lor, vezi Arthur G. Miller, Amy M. Buddie şi Jeffrey Kretschmar, „Explaining the Holocaust : Does Social Psychology Exonerate the Perpetrators ? ", în Leonard S. Newman şi Ralph Erber (eds.), *Understanding Genocide*, Oxford University Press, New York, 2002, pp. 301-324.
44. Pentru o introducere în gama largă de dovezi care leagă atrocităţile de oameni normali, vezi Olaf Jensen şi Claus-Christian W. Szejnmann (eds.), *Ordinary People as Mass Murderers*, Palgrave Macmillan, Basingstoke, 2008.

4

Martiri

1. Otto Dov Kulka, *Landscapes of the Metropolis of Death*, Allen Lane, Londra, 2013, *passim*.
2. *Ibidem*, pp. 82-83.
3. *Ibidem*, pp. 23, 77.
4. Robert Jay Lifton, *Death in Life : Survivors of Hiroshima*, Pelican, Harmondsworth, 1971, mai ales pp. 505-511.
5. Kulka, *Landscapes of the Metropolis of Death*, p. 80.
6. Hasia R. Diner, *We Remember with Reverence and Love : American Jews and the Myth of Silence after the Holocaust, 1945-1962*, New York University Press, New York şi Londra, 2009, *passim*.
7. Anne Karpf, *The War After*, Minerva, Londra, 1997, p. 5.
8. Vezi Saul Friedländer, „West Germany and the Burden of the Past : The Ongoing Debate", *Jerusalem Quarterly*, vol. 42, 1987, p. 16 ; Shlomo Sand, *The Invention of the Jewish People*, traducere de Yael Lotan, Verso, Londra şi New York, 2009, p. 285.
9. Keith Lowe, *Savage Continent*, pp. 13-16 [Trad. rom. ed. cit.].
10. Andrew Roberts, *The Storm of War*, Allen Lane, Londra, 2009, p. 267 [Trad. rom. ed. cit.] ; Diana Lary şi Stephen MacKinnon (eds.), *Scars of War : The Impact of Warfare on Modern China*, University of British Columbia Press, Vancouver, 2001, p. 6 ; Antony Beevor, *The Second World War*, Weidenfeld & Nicolson, Londra, 2012, p. 780 [Trad. rom. ed. cit.].
11. Discursul preşedintelui William J. Clinton la comemorarea Zilei Victoriei în Europa, 8 mai 1995, disponibil online la www.presidency.ucsb.edu/ws/index.php ? pid=51328&st1
12. Al Newman de la *Newsweek* şi Raportul Armatei SUA despre Buchenwald, citat în William I. Hitchcock, *Liberation*, Faber & Faber, Londra, 2008, p. 299.
13. Scrisoarea semnată de sir Frederick Morgan, general-locotenent, către subsecretarul de stat al Foreign Office, septembrie 1946, Documente IWM, 02/49/1 ; vezi şi Ben Shephard, *The Long Road Home : The Aftermath of the Second World War*, Bodley Head, Londra, 2010, pp. 295-299.
14. Lowe, *Savage Continent*, pp. 193-198 [Trad. rom. ed. cit.].
15. Dienke Hondius, *Return : Holocaust Survivors and Dutch Anti-Semitism*, Praeger, Westport, Connecticut, 2003, *passim* ; Hitchcock, *Liberation*, pp. 271-272 ; Janos Pelle, *Az utolso vervddak,* Pelikan, Budapesta, 1995, pp. 228-229 ; Shephard, *The Long Road Home*, p. 393.

16. Peter Novick, *The Holocaust in American Life*, Mariner, New York, 2000, pp. 86-90.
17. Leah Goldberg, citat în Tom Segev, *1949 : The First Israelis*, Henry Holt, New York, 1986, p. 138.
18. David Ben-Gurion, citat în Tom Segev, *The Seventh Million*, Hill & Wang, New York, 1993, pp. 118-119.
19. Gideon Hausner, *Justice in Jerusalem*, Thomas Nelson, Londra, 1966, pp. 291-292.
20. Jean-Paul Sartre, *Anti-Semite and Jew*, traducere de George J. Becker, Schocken Books, New York, 1948, pp. 83, 136 ; Evan Carton, „The Holocaust, French Poststructuralism, the American Literary Academy, and Jewish Identity Polities", în Peter C. Herman (ed.), *Historicizing Theory*, State University of New York Press, Albany, 2004, pp. 20-22.
21. Jean-Paul Bier, „The Holocaust, West Germany and Strategies of Oblivion, 1947-1979", în Anson Rabinbach şi Jack Zipes (eds.), *Germans and Jews Since the Holocaust*, Holmes & Meier, New York, 1986, pp. 202-203 ; Alf Lüdtke, „«Coming to Terms with the Past» : Illusions of Remembering, Ways of Forgetting Nazism in West Germany", *Journal of Modern History*, vol. 65, nr. 3, 1993, pp. 544-546.
22. Phillip Lopate, citat în Novick, *The Holocaust in American Life*, pp. 235-236.
23. Elie Wiesel, discurs la a XXVIII-a Sesiune Specială a Adunării Generale ONU, citat în Comunicatul de presă al ONU, GA/10330, 24 ianuarie 2005 ; vezi www.un.org/News/Press/docs/2005/ga10330.doc.htm
24. Hannah Arendt, *Eichmann in Jerusalem*, Penguin, Harmondsworth, 1994, pp. 282-285 [*Eichmann la Ierusalim. Raport asupra banalităţii răului*, Humanitas, Bucureşti, 2007, trad. rom. Mariana Neţ], şi reacţia, în Novick, *The Holocaust in American Life*, pp. 134-137.
25. John Sack, *An Eye for an Eye*, Basic Books, New York, 1993, şi reacţia în Lowe, *Savage Continent*, p. 182 [Trad. rom. ed. cit.].
26. Christopher R. Browning, *Ordinary Men : Reserve Police Battalion 101 and the Final Solution in Poland*, HarperCollins, New York, 1992 ; Daniel Goldhagen, *Hitler's Willing Executioners : Ordinary Germans and the Holocaust*, Little, Brown, Londra, 1996.
27. Vezi, de exemplu, discursul rabinului-şef al Marii Britanii, Jonathan Sacks, cu ocazia Zilei Internaţionale de Comemorare a Victimelor Holocaustului, 2013, www.hmd.org.uk/resources/podcast/chief-rabbi-lord-sacks-speech-uk-commemoration-event-holocaust-memorial-day-2013
28. Necrologul lui Alice Herz-Sommer, *Telegraph*, 24 februarie 2014 ; necrologul lui Leon Weinstein, *Los Angeles Times*, 4 ianuarie 2012 ; necrologul Soniei Weitz, *Boston Globe*, 25 iunie 2010.
29. Discursuri ţinute de preşedintele Israelului, Shimon Peres, 27 aprilie 2014, papa Ioan-Paul al II-lea, 24 martie 2000, şi preşedintele SUA, Barack Obama, 23 aprilie 2012. Vezi http : // mfa.gov.il/MFA/AboutIsrael/History/Holocaust/Pages/President-Peres-at-Holocaust-Remembrance-Day-ceremony-at-Yad-Vashem-27-Apr-20i4.aspx ; www.natcath.org/NCR_Online/documents/YadVashem.htm ; www.presidency.ucsb.edu/ws/ ? pid=100689
30. Leon Wieseltier, Elie Wiesel, Preasfinţia Sa Paul Moore Jr şi Shalmi Barmore, cu toţii citaţi în Novick, *The Holocaust in American Life*, pp. 201, 211, 236.
31. Zoë Waxman, „Testimonies as Sacred Texts : The Sanctification of Holocaust Writing", *Past and Present*, vol. 206, supliment 5, 2010, pp. 321-341 ; Novick, *The Holocaust in American Life*, pp. 201, 211 ; Michael Goldberg, *Why Should Jews Survive ?*, Oxford University Press, New York, 1995, pp. 41-65.
32. Mai multe figuri politice cu greutate din America, printre care Barack Obama, s-au referit la trupele americane care au eliberat lagărul de la Auschwitz. Deşi incorect, în realitate, lucrul este în concordanţă cu gândirea mitologică : „America" reprezintă eroul, iar „Auschwitz" reprezintă martirul pe care l-a salvat.
33. Novick, *The Holocaust in American Life*, p. 11.

34. Paul S. Fiddes, *Past Event and Present Salvation : The Christian Idea of Atonement*, Darton, Longman & Todd, Londra, 1989, p. 218 ; Jürgen Moltmann, *The Crucified God*, traducere de R.A. Wilson şi John Bowden, SCM Press, Londra, 1974, pp. 273-274 ; Cardinalul Jean-Marie Lustiger, „The Absence of God ? The Presence of God ? A Meditation in Three Parts on Night", în Harold Bloom (ed.), *Elie Wiesel's Night*, Infobase, New York, 2010, pp. 27-37 ; Franklin H. Littell, *The Crucifixion of the Jews*, Harper & Row, New York, 1975, *passim* ; Gershon Greenberg, „Crucifixion and the Holocaust : The Views of Pius XII and the Jews", în Carol Rittner şi John K. Roth (eds.), *Pope Pius XII and the Holocaust*, Continuum, Londra, 2002, pp. 137-153.
35. Pentru o analiză a presupuselor lecţii ale Holocaustului, vezi Novick, *The Holocaust in American Life*, pp. 239-263.
36. Kulka, *Landscapes of the Metropolis of Death*, p. 80.
37. Werner Weinberg, *Self-Portrait of a Holocaust Survivor*, McFarland & Co., Jefferson, Carolina de Nord, 1985, p. 152.
38. Pentru un rezumat excelent despre mitul naţional al martirului polonez, vezi Geneviève Zubrzycki, „Polish Mythology and the Traps of Messianic Martyrology", în Gérard Bouchard (ed.), *National Myths : Constructed Pasts, Contested Presents*, Routledge, Oxford, 2013, pp. 110-132.
39. A XXVIII-a Sesiune Specială a Adunării Generale ONU, citat în Comunicatul de presă al ONU, GA/10330, 24 ianuarie 2005 ; vezi www.un.org/News/Press/docs/2005/ga10330.doc.htm
40. Thomas Kühne, „Europe Exploits the Holocaust to Spread Its Message of Tolerance", *Guardian*, 27 ianuarie 2011.
41. Edna Aizenberg, „Nation and Holocaust Narration : Uruguay's Memorial del Holocausto del Pueblo Judío", în Jeffrey Lesser şi Raanan Reín (eds.), *Rethinking Jewish-Latin Americans*, University of New Mexico Press, Albuquerque, 2008, pp. 207-230.
42. Locksley Edmondson, „Reparations : Pan-African and Jewish Experiences", în William F.S. Miles (ed.), *Third World View of the Holocaust : Summary of the International Symposium*, Northeastern University, Boston, Massachusetts, 2002, p. 4.
43. Novick, *The Holocaust in American Life*, p. 13.
44. Ruth Amir, *Who is Afraid of Historical Redress ?*, Academic Studies Press, Boston, Massachusetts, 2012, p. 239.

5

Lumea ca un nou început

1. Takashi Nagai, *The Bells of Nagasaki*, traducere de William Johnston, Kodansha International, Tokyo, 1984, p. 82.
2. *Ibidem*, p. 101.
3. *Ibidem*, pp. 48, 60.
4. Pentru Nagai ca simbol cultural în Japonia în anii 1940 şi 1950, vezi introducerea lui William Johnston la Nagai, *The Bells of Nagasaki*, p. xx ; Paul Glynn, *A Song for Nagasaki*, Fount Paperbacks, Londra, 1990, pp. 202-205 ; şi John W. Dower, *Embracing Defeat : Japan in the Wake of World War II*, W.W. Norton, New York, 2000, pp. 197-198.
5. Glynn, *A Song for Nagasaki*, pp. 188-199.
6. Nanbara Shigeru, preşedintele postbelic al Universităţii Imperiale din Tokyo, discurs în faţa studenţilor, noiembrie 1945, citat în Dower, *Embracing Defeat*, p. 488.
7. Dower, *Embracing Defeat*, pp. 49-50.

8. *Ibidem*, pp. 493-494.
9. „South Korean Court Tells Japanese Company to Pay for Forced Labor”, *New York Times*, 30 iulie 2013 ; „Chinese Families Suing Japan Inc. for War Redress in Bigger Numbers”, *Japan Times*, 13 mai 2014 ; „Unfinished Business”, *Foreign Policy*, 28 iunie 2010. Vezi şi Dower, *Embracing Defeat*, pp. 531-534.
10. Vezi povestea lui Tsuji Masanobu în Dower, *Embracing Defeat*, p. 513. Vezi şi pp. 464-465 şi 508-521.
11. Noda Masaaki, „One Army Surgeon's Account of Vivisection on Human Subjects in China”, în Peter Li (ed.), *Japanese War Crimes*, Transaction Books, New Brunswick, New Jersey, 2009, pp. 135-138. Pentru o expunere mai lungă a temei, vezi Noda Masaaki, *Senso to Zaiseki*, Iwanami Shoten, Tokyo, 1998.
12. Vezi Harry S. Truman, Proclamaţia 2660, „Victory in the East”, 16 august 1945, www.presidency.ucsb.edu/ws/index.php ? pid = 12388&st = &st1
13. Graeme Gill, *Symbols and Legitimacy in Soviet Politics*, Cambridge University Press, 2011, pp. 198-200.
14. Discurs al lui Gustáv Husák la deschiderea Expoziţiei „Cehoslovacia 1985” de la Moscova, 31 mai 1985, citat în Foreign Broadcast Information Service, *East Europe Report JPRS-EPS-85-070*, Joint Publications Research Service, Arlington, Virginia, 25 iunie 1985, p. 7 ; declaraţia lui Tito de înfiinţare a Republicii Democratice Federative a Iugoslaviei, 9 martie 1945, în Fabijan Trgo (ed.), *The National Liberation War and Revolution in Yugoslavia (1941-1945) : Selected Documents*, Military History Institute of the Yugoslav People's Army, Belgrad, 1982, p. 711 ; Kurt Hager, „Der Sozialismus ist Unbesiegbar”, *Einheit*, vol. 40, nr. 4-5, 1985, pp. 313-318.
15. Prokop Murra, „Order of the Day”, Tirana, 9 mai 1985, citat în Joint Publications Research Service, *East Europe Report JPRS-EPS-85-072*, Joint Publications Research Service, Arlington, Virginia, 1 iulie 1985, p. 1.
16. Într-adevăr, în Europa de Est doliul a fost oficial descurajat. Vezi „Appeal on the 40th Anniversary of the Victory over Hitler Fascism and of the Liberation of the German People”, *Neues Deutschland*, 11 ianuarie 1985, p. 1.
17. Rezoluţia Nehru privind Independenţa, 13 decembrie 1946, în Mushirul Hasan (ed.), *Nehru's India : Select Speeches*, Oxford University Press, New Delhi, 2007, p. 32.
18. Sukarno, discurs la naşterea Pantja Sila [„Cele cinci principii”, n. tr.], 1 iunie 1945, în Sukarno, *Toward Freedom and the Dignity of Man : A Collection of Five Speeches by President Sukarno of the Republic of Indonesia*, Department of Foreign Affairs, Jakarta, 1961, p. 20.
19. Nehru, discurs despre India ca membră în Commonwealthul britanic, 16 mai 1949, în Hasan (ed.), *Nehru's India*, p. 87.
20. Ferhat Abbas, citat în Benjamin Stora şi Zakya Daoud, *Ferhat Abbas : une utopie algérienne*, Denoel, Paris, 1995, p. 133.
21. Keith Lowe, *Savage Continent*, Viking, Londra, 2012, *passim* [Trad. rom. ed. cit.].
22. Vezi, de exemplu, filmul lui Roberto Rossellini *Germania, Anno Zero* (1948).
23. Cuvântarea lui Romano Prodi, preşedintele Comisiei Europene, „The New Europe and Japan”, Tokyo, 19 iulie 2000, europa.eu/rapid/press-release_SPEECH-00-277_en.htm
24. Vezi Declaraţia Schuman : http : //europa.eu/about-eu/basic-information/symbols/europe-day/schuman-declaration/index_en.htm
25. Declaraţie în faţa Comitetului pentru Relaţii Externe al Senatului SUA, 9 aprilie 1953, în Konrad Adenauer, *Journey to America : Collected Speeches, Statements, Press, Radio and TV Interviews*, Press Office German Diplomatic Mission, Washington, DC, 1953, p. 51 ; şi Konrad Adenauer, *World Indivisible : With Liberty and Justice for All*, traducere de Richard şi Clara Winston, Harper & Bros., New York, 1955, p. 6.

26. Vincent Delia Sala, „Myth and the Postnational Polity : The Case of the European Union", în Gérard Bouchard (ed.), *National Myths : Constructed Pasts, Contested Presents*, Routledge, Oxford, 2013, p. 161.
27. Discursul Secretarului General al ONU, Ban Ki-moon, la Universitatea de Stat din Moscova, 10 aprilie 2008, https : //www.un.org/sg/en/content/sg/statement/2008-04-10/secretary-generals-address-moscow-state-university ; Shashi Tharoor, Secretar General Adjunct al ONU pentru Comunicare şi Informaţii Publice, citat în *World Chronicle*, nr. 980, 8 iunie 2005, p. 2 ; declaraţii aparţinând lui Michel Barnier, Franţa, Max van der Stoel, Olanda, şi Stefan Tavrov, Bulgaria, la cea de-a XXVIII-a Sesiune Specială a Adunării Generale ONU, citate în Comunicatul de presă ONU GA/10330, 24 ianuarie 2005 ; vezi www.un.org/News/Press/docs/2005/ga10330.doc.htm
28. Jawaharlal Nehru, discurs în Adunarea Constituantă a Indiei, 16 mai 1949, în Hasan (ed.), *Nehru's India*, p. 82.

6

Ştiinţa

1. Pentru o scurtă biografie a lui Eugene Rabinowitch, scrisă de fiul acestuia, vezi Alexander Rabinowitch, „Founder and Father", *Bulletin of the Atomic Scientists*, vol. 61, nr. 1, 2005, pp. 30-37.
2. Eugene Rabinowitch, citat în Robert Jungk, *Brighter Than a Thousand Suns*, traducere de James Cleugh, Victor Gollancz, Londra, 1958, p. 183 [*Mai strălucitor decât o mie de sori*, Editura Politică, Bucureşti, 1966].
3. Pentru textul integral al Raportului Franck, vezi *ibidem*, pp. 335-346.
4. Citat în Josh Schollmeyer, „Minority Report", *Bulletin of the Atomic Scientists*, vol. 61, nr. 1, 2005, p. 39.
5. Rabinowitch, „Founder and Father", p. 36.
6. Eugene Rabinowitch, „Five Years After", *Bulletin of the Atomic Scientists*, vol. 7, nr. 1, 1951, p. 3.
7. Hans M. Kristensen şi Robert S. Norris, „Global Nuclear Weapons Inventories, 1945-2013", *Bulletin of the Atomic Scientists*, vol. 69, nr. 5, 2013, p. 75.
8. Eugene Rabinowitch, *The Dawn of a New Age*, University of Chicago Press, 1963, p. 83.
9. E.B. White, editorial, 18 august 1945, reprodus în E.B. White, *The Wild Flag*, Houghton Mifflin, Boston, Massachusetts, 1946, p. 108 ; „The Bomb", *Time*, 20 august 1945 ; William L. Laurence, *Dawn Over Zero*, Museum Press, Londra, 1947, p. 227.
10. *New York Times*, 29 septembrie 1945.
11. *New York Times*, 26 septembrie 1945.
12. Raymond Gram Swing, *Coronet* şi *New York Herald Tribune*, citaţi în Paul Boyer, *By the Bomb's Early Light*, University of North Carolina Press, Chapel Hill, 1994, pp. 33, 136, 109.
13. Gerald Wendt, „What Happened in Science", în Jack Goodman (ed.), *While You Were Gone : A Report on Wartime Life in the United States*, Simon & Schuster, New York, 1946, pp. 253-254.
14. Citat în Boyer, *By the Bomb's Early Light*, p. 143 ; vezi şi pp. 145-149.
15. Vezi Jean-Paul Sartre, „The Liberation of Paris : An Apocalyptic Week", în Ronald Aronson şi Adrian van den Hoven (eds.), *We Have Only This Life to Live : The Selected Essays of Jean-Paul Sartre*, New York Review of Books, New York, 2013, p. 117 ; Albert Einstein, „A Reply to the Soviet Scientists", *Bulletin of the Atomic Scientists*, vol. 4, nr. 2, 1948, p. 37 ; şi „Gen. Spaatz on Atomic Warfare", *Life*, 16 august 1948, p. 104.

16. *Picture Post*, 25 august 1945.
17. Vezi în *Illustrated Weekly of India*, Autolycus, „As I See It", 19 august 1945 ; „Journey to the Moon : Atomic Power Might Make Idle Dreams Come True One Day ! ", 2 septembrie 1945 ; „Atomic Power in Industry", 18 noiembrie 1945.
18. Vezi eseurile lui Dolores L. Augustine, Dick van Lente, Hirofumi Utsumi şi Sonja D. Schmid în Dick van Lente (ed.), *The Nuclear Age in Popular Media : A Transnational History, 1945-1965*, Palgrave Macmillan, New York, 2012.
19. Roslynn D. Haynes, *From Faust to Strangelove : Representations of the Scientist in Western Literature*, Johns Hopkins University Press, Baltimore, 1994, *passim*.
20. Vezi cifrele de la Simpozionul Internaţional – Crimele Războiului Bacteriologic, 2002, citate în Brian J. Ford, *Secret Weapons : Technology, Science and the Race to Win World War II*, Osprey, Oxford, 2011, p. 173.
21. *Ibidem*, pp. 45-52, 115-161.
22. W.H. Helfand *et al.*, „Wartime Industrial Development of Penicillin in the United States", în John Parascandola (ed.), *The History of Antibiotics : A Symposium*, American Institute of the History of Pharmacy, Madison, Wisconsin, 1980, pp. 40, 50-51.
23. *Straits Times* (Singapore), 20 septembrie 1945 şi 9 octombrie 1945 ; Thomas R. Dunlap, *DDT : Scientists, Citizens, and Public Policy*, Princeton University Press, 1981, pp. 17, 60-63.
24. Ford, *Secret Weapons*, pp. 270-274.
25. *Ibidem*, pp. 250-258 ; Don Murray, „Percy Spencer and his Itch to Know", *Reader's Digest* (US), august 1958, p. 114.
26. „Harry Coover, Super Glue's Inventor, Dies at 94", *New York Times*, 27 martie 2011.
27. Gary Chapman, „Hedy Lamarr's Invention Finally Comes of Age", *Los Angeles Times*, 31 ianuarie 2000.
28. Nikolai Bulganin, discurs în plenul Comitetului Central, iulie 1955, citat în David Holloway, *Stalin and the Bomb*, Yale University Press, New Haven, Connecticut, 1994, p. 356 [*Stalin şi bomba atomică. Uniunea Sovietică şi energia atomică, 1939-1956*, Institutul European, Editura Maşina de Scris, Iaşi, 1998, trad. rom. Mihaela Andreiovici şi Agop Bezerian].
29. Sonja D. Schmid, „Shaping the Soviet Experience of the Atomic Age : Nuclear Topics in Ogonyok", în van Lente (ed.), *The Nuclear Age in Popular Media*, p. 41.
30. Savant sovietic citat de *Illustrated Weekly of India*, 8 noiembrie 1959.
31. *Neue Berliner Illustrierte* şi *Stern*, citate în Dolores L. Augustine, „Learning from War : Media Coverage of the Nuclear Age in the Two Germanies", în van Lente (ed.), *The Nuclear Age in Popular Media*, p. 89.
32. *Illustrated Weekly of India*, 19 august 1945, 14 iulie 1946, 3 octombrie 1946.
33. Boyer, *By the Bomb's Early Light*, pp. 115-116 ; George Gamow, *Atomic Energy in Cosmic and Human Life*, Macmillan, New York, 1946, p. 153 ; O.R. Frisch, *Meet the Atoms : A Popular Guide to Modern Physics*, A.A. Wyn, New York, 1947, pp. 220-221.
34. Jungk, *Brighter Than a Thousand Suns*, pp. 217-218 [Trad. rom. ed. cit] ; Kai Bird şi Martin J. Sherwin, *American Prometheus : The Triumph and Tragedy of J. Robert Oppenheimer*, Random House, New York, 2005.
35. Joel Shurkin, *Broken Genius : The Rise and Fall of William Shockley, Creator of the Electronic Age*, Macmillan, Basingstoke, 2006, pp. 65, 95-99 ; J. Robert Oppenheimer, „Physics in the Contemporary World", *Bulletin of the Atomic Scientists*, vol. 4, nr. 3, 1948, p. 65.
36. Eugene Rabinowitch, „The Labors of Sisyphus", *Bulletin of the Atomic Scientists*, vol. 7, nr. 10, 1951, p. 291.
37. Ernst Chain, „A Short History of the Penicillin Discovery from Fleming's Early Observations in 1929 to the Present Time", în Parascandola (ed.), *The History of Antibiotics*, pp. 22-23.

38. Pentru o discuţie pe această temă, vezi în special P.W. Bridgman, „Scientists and Social Responsibility", *Bulletin of the Atomic Scientists*, vol. 4, nr. 3, 1948, şi discuţiile ulterioare, pp. 69-75 ; însă aceste chestiuni se repetă pe tot parcursul primilor zece ani ai revistei.
39. Oppenheimer, „Physics in the Contemporary World", p. 66.
40. Dr. Theodor Hauschke, citat în Jungk, *Brighter Than a Thousand Suns* [Trad. rom. ed. cit.], p. 231.
41. Vezi Boyer, *By the Bomb's Early Light*, pp. 181-195.

7
Utopii planificate

1. Alan Milward, *War, Economy and Society, 1939-1945*, University of California Press, Berkeley şi Los Angeles, 1977, pp. 284-286.
2. Theodor Adorno, *Minima Moralia*, traducere de E.F.N. Jephcott, Verso, Londra, 2005, p. 54 [*Minima moralia. Reflecţii dintr-o viaţă mutilată*, Art, Bucureşti, 2007, trad. rom. Andrei Corbea ; „Das Ganze ist das Unwahre", replică la afirmaţia hegeliană „Das Ganze ist das Wahre", n. tr.].
3. Povestea vieţii lui Giancarlo este preluată în cea mai mare parte din Benedict Zucchi, *Giancarlo De Carlo*, Butterworth Architecture, Oxford, 1992, mai ales pp. 157-173, şi John McKean, *Giancarlo De Carlo : Layered Places*, Edition Axel Menges, Stuttgart şi Londra, 2004, în special pp. 202-204.
4. McKean, *Giancarlo De Carlo*, p. 202.
5. *Ibidem*, p. 202.
6. *Ibidem*, p. 203.
7. Keith Lowe, *Savage Continent*, Viking, Londra, 2012, p. 10 [Trad. rom. ed. cit.] ; Arhivele ONU, fotografiile UNRRA 1202, 1204, şi S-0800-0016-01-17.
8. Tony Judt, *Postwar*, Pimlico, Londra, 2005, p. 17 [Trad. rom. ed. cit.].
9. Arhivele Naţionale ale Marii Britanii, CAB 21/2110 ; Lowe, *Savage Continent*, pp. 6-7, 400-401 [Trad. rom. ed. cit.] ; Judt, *Postwar*, pp. 16-17 [Trad. rom. ed. cit.] ; John W. Dower, *Embracing Defeat : Japan in the Wake of World War II*, W.W. Norton, New York, 2000, p. 47 ; Pankaj Mishra, „Land and Blood", *New Yorker*, 25 noiembrie 2013.
10. Între 1945 şi 1970 populaţia lumii a crescut cu circa 50%, însă populaţia urbană la nivel mondial aproape că s-a dublat : vezi Departamentul ONU pentru Probleme Economice şi Sociale, „World Urbanization Prospects : The 2011 Revision", Working Paper nr. ST/ESA/SER.A/322, p. 4.
11. Sigfried Giedion, *Space, Time & Architecture*, ediţia a V-a, Harvard University Press, Cambridge, Massachusetts, 2008, pp. 819, 822 ; Le Corbusier, *The Radiant City*, Faber & Faber, Londra, 1967, p. 96.
12. Paul Morand, „Nouveau style", *Voix Française*, 19 martie 1943 ; citat în Pierre Le Goïc, *Brest en reconstruction*, Presses Universitaires de Rennes, 2001, p. 129.
13. Paul Schmitthenner, citat în Jörn Düwel şi Niels Gutschow (eds.), *A Blessing in Disguise*, Dom, Berlin, 2013, p. 163 ; şi Konstanty Gutschow, citat în *Spiegel Online*, „Out of the Ashes : A New Look at Germany's Postwar Reconstruction", www.spiegel.de/international/germany/out-of-the-ashes-a-new-look-at-germany-s-postwar-reconstruction-a-702856-2.html Vezi şi Jeffry M. Diefendorf, *In the Wake of the War*, Oxford University Press, New York, 1993, pp. 188-189.
14. Stanislaw Jankowski, „Warsaw : Destruction, Secret Town Planning, 1939-1944, and Postwar Reconstruction", în Jeffry M. Diefendorf (ed.), *Rebuilding Europe's Bombed Cities*, Macmillan, Basingstoke, 1990, p. 81.

15. Julian Huxley, cuvânt înainte la Flora Stephenson şi Phoebe Pool, *A Plan for Town and Country*, The Pilot Press, Londra, 1944, p. 7. Vezi şi Patrick Abercrombie, *The Greater London Plan 1944*, HMSO, Londra, 1945, p. 1.
16. Comitetul Guvernamental pentru Reconstrucţie Urbană şi Rurală, citat în Anthony Sutcliffe şi Roger Smith, *History of Birmingham*, vol. 3 : *Birmingham, 1939-1970*, Oxford University Press for Birmingham City Council, Londra, 1974, p. 464 ; Frank H. Rushford, *City Beautiful : A Vision of Durham*, Durham County Advertiser, 1944 ; J.B. Morrell, *The City of Our Dreams*, St Anthony's Press, Londra, 1955.
17. Thomas Sharp, *Exeter Phoenix*, Architectural Press, Londra, 1946, p. 134.
18. James Watson şi Patrick Abercrombie, *A Plan for Plymouth*, Underhill, Plymouth, 1943, p. 11.
19. Catherine Bauer, „The County of London Plan - American Reactions : Planning is Politics - But are Planners Politicians ? ", *Architectural Review*, vol. 96, nr. 574, 1944, p. 81.
20. Diefendorf, *In the Wake of War*, p. 183.
21. Broşură publicată în 1944 de Asociaţia Naţională a Consiliilor Imobiliare, citat în Friedhelm Fischer, „German Reconstruction as an International Activity", în Diefendorf (ed.), *Rebuilding Europe's Bombed Cities*, pp. 133-134.
22. Le Corbusier, *The Athens Charter*, Viking, New York, 1973, p. 54.
23. Jose Luis Sert, *Can Our Cities Survive ?*, Harvard University Press, Cambridge, Massachusetts, 1944, pp. 246-249.
24. Lewis Mumford, *The Culture of Cities*, Seeker & Warburg, Londra, 1940, pp. 296, 298, 330.
25. Ebenezer Howard, *Tomorrow : A Peaceful Path to Real Reform*, Swan Sonnenschein, Londra, 1898, p. 10. Pentru discuţia despre moştenirea lui Howard, vezi Stephen V. Ward (ed.), *The Garden City*, E & FN Spon, Londra, 1992 ; şi Stanley Buder, *Visionaries and Planners : The Garden City Movement and the Modern Community*, Oxford University Press, New York, 1990.
26. Frank Lloyd Wright, *Modern Architecture : Being the Kahn Lectures for 1930*, Princeton University Press, 2008, p. 112.
27. Frank Lloyd Wright, *The Disappearing City*, William Farquhar Payson, New York, 1932, p. 17 ; vezi şi introducerea semnată de Neil Levine la *Modern Architecture* a lui Wright, p. xlix. Pentru dezbaterea pe tema avantajelor dispersării ca mijloc de apărare nucleară, vezi *Bulletin of the Atomic Scientists*, vol. 7, nr. 9, 1951, pp. 242-244.
28. Sert, *Can Our Cities Survive ?*, p. 210.
29. Giedion, *Space, Time & Architecture*, p. 822.
30. Karl Marx şi Friedrich Engels, *The Communist Manifesto*, Penguin, Harmondsworth, 1985, p. 105 [*Manifestul Partidului Comunist*, ed. a II-a îngrijită de Cristian Preda, comentarii de Cătălin Avramescu, Radu Cosaşu, Ion Ianoşi, Nemira, Bucureşti, 2006]. Vezi şi Robert H. Kargon şi Arthur P. Molella, *Invented Edens : Techno-Cities of the Twentieth Century*, MIT Press, Cambridge, Massachusetts, 2008, p. 27 ; şi Owen Hatherley, *Landscapes of Communism*, Allen Lane, Londra, 2015, pp. 11, 13.
31. Klaus von Beyme, „Reconstruction in the German Democratic Republic", în Diefendorf (ed.), *Rebuilding Europe's Bombed Cities*, p. 193.
32. Hatherley, *Landscapes of Communism*, p. 20.
33. Mumford, *The Culture of Cities*, p. 403 ; Le Corbusier, *The Athens Charter*, pp. 103-104.
34. Wright, *The Disappearing City*, pp. 28, 44.
35. Syrkus, citat în Katrin Steffen şi Martin Kohlrausch, „The Limits and Merits of Internationalism : Experts, the State and the International Community in Poland in the First Half of the Twentieth Century", *European Review of History*, vol. 16, nr. 5, 2009, p. 723.
36. Le Corbusier, *The Radiant City*, p. 118.
37. McKean, *Giancarlo De Carlo*, p. 203.

38. Zucchi, *Giancarlo De Carlo*, p. 158.
39. Giancarlo De Carlo, comentarii în *Casabella Continuita*, 1954, citat în Zucchi, *Giancarlo De Carlo*, p. 15.
40. Zucchi, *Giancarlo De Carlo*, p. 161.
41. *Ibidem*, pp. 10, 13.
42. *Ibidem*, p. 10.
43. Jane Jacobs, *The Death and Life of Great American Cities*, Jonathan Cape, Londra, 1962 ; Oscar Newman, *Defensible Space*, Macmillan, New York, 1972.
44. Vezi Emrys Jones, „Aspects of Urbanization in Venezuela", *Ekistics*, vol. 18, nr. 109, 1964, pp. 420-425 ; Alice Coleman, *Utopia on Trial*, Hilary Shipman, Londra, 1985, p. 17.
45. Lewis Silkin, citat în Buder, *Visionaries and Planners*, p. 186.
46. Michael Young și Peter Willmott, *Family and Kinship in East London*, Penguin, Harmondsworth, 2007, pp. 197-199 ; Buder, *Visionaries and Planners*, pp. 188-189.
47. Lewis Mumford, citat în Buder, *Visionaries and Planners*, p. 203.
48. Zucchi, *Giancarlo De Carlo*, p. 169.
49. McKean, *Giancarlo De Carlo*, p. 204.
50. Judt, *Postwar*, pp. 70-71 [Trad. rom. ed. cit.].
51. Comitetul Consultativ al Ministerului de Externe al Japoniei, citat în Dower, *Embracing Defeat*, p. 539. Vezi și nota 34 de la p. 646.
52. Jawaharlal Nehru, comunicat radio către națiune, 31 decembrie 1952, citat în Mushirul Hasan (ed.), *Nehru's India : Selected Speeches*, Oxford University Press, New Delhi, 2007, p. 160.
53. F.A. Hayek, *The Road to Serfdom*, Routledge, Londra, 1944 [*Drumul către servitute*, ed. a IV-a, Humanitas, București, 2014, trad. rom. Eugen B. Marian].
54. R.M. Hartwell, *A History of the Mont Pelerin Society*, Liberty Fund, Indianapolis, 1995, pp. 18-19.

8

Egalitate și diversitate

1. Pentru povestea lui Françoise Leclercq, vezi discursul ei la conferința Uniunii Femeilor Franceze din 23 noiembrie 1975, reprodus în Union des Femmes Françaises, *Les Femmes dans la Résistance*, Éditions du Rocher, Monaco, 1977, pp. 168-170.
2. Film documentar : Al II-lea Congres al Union des Femmes Françaises, disponibil în Arhivele Cinematografice ale Parti Communiste Français Mouvement Ouvrier et Democratique, www.cinearchives.org/Catalogue-d-exploitation-494-132-o-o.html
3. Madeleine Dreyfus de la Oeuvre de Secours aux Enfants și Madeleine Barot de la Cimade : vezi Caroline Moorehead, *Village of Secrets*, Chatto & Windus, Londra, 2014, *passim*.
4. Mireille Albrecht, *Berty*, Robert Laffont, Paris, 1986, pp. 169-333 ; Siân Rees, *Lucie Aubrac*, Michael O'Mara, Londra, 2015, pp. 135-155 ; Charlotte Delbo, *Convoy to Auschwitz : Women of the French Resistance*, Northeastern University Press, Boston, Massachusetts, 1997, *passim*.
5. Jane Slaughter, *Women and the Italian Resistance, 1943-1945*, Arden Press, 1997, Denver, pp. 33, 58.
6. Jelena Batinić, *Women and Yugoslav Partisans*, Cambridge University Press, New York, 2015, pp. 260-262.
7. Vina A. Lanzona, *Amazons of the Huk Rebellion*, University of Wisconsin Press, Madison, 2009, pp. 72-75 ; pentru Indonezia, vezi mai jos, capitolul 16.

8. Anna Krylova, *Soviet Women in Combat*, Cambridge University Press, New York, 2010, p. 145.
9. Geneviève Vailland, *Le Travail des Femmes*, Jeune Patron, Paris, 1947, p. 9 ; Hanna Diamond, *Women and the Second World War in France, 1939-1948 : Choices and Constraints*, Longman, Harlow, 1999, p. 34.
10. Denise Breton, „La Résistance, étape importante dans l'évolution de la condition féminine", în Union des Femmes Françaises, *Les Femmes dans la Résistance*, pp. 227-228, 233-234 ; citat René Cerf-Ferrière, p. 230.
11. Anonim, *A Woman in Berlin*, Virago, Londra, 2006, p. 62.
12. Robert Gildea, *Fighters in the Shadows*, Faber & Faber, Londra, 2015, p. 131.
13. Vezi Nadje Al-Ali, *Secularism, Gender and the State in the Middle East : The Egyptian Women's Movement*, Cambridge University Press, Cambridge, New York, 2009, pp. 64, 73-74.
14. Saskia Wieringa, *Sexual Politics in Indonesia*, Palgrave Macmillan, Basingstoke, 2002, pp. 115-116, 252-255.
15. Francesca Miller, *Latin American Women and the Search for Social Justice*, University Press of New England, Hanover, New Hampshire, 1991, p. 143.
16. Vezi Jadwiga E. Pieper Mooney, „Fighting Fascism and Forging New Political Activism : The Women's International Democratic Federation (WIDF) in the Cold War", în Jadwiga E. Pieper Mooney și Fabio Lanza (eds.), *De-Centering Cold War History*, Routledge, Oxford, 2013, pp. 52-53 ; și Francisca de Haan, „Hoffnungen auf eine bessere Welt : die frühen Jahre der Internationalen Demokratischen Frauenfoderation (IDFF/WIDF) (1945-1950)", *Feministische Studien*, vol. 27, nr. 2, 2009, pp. 243-246.
17. René Cerf-Ferrière, *Chemin Clandestin*, Julliard, Paris, 1968, p. 189. Vezi și Diamond, *Women and the Second World War in France, 1939-1948*, pp. 179-185, care oferă interpretări alternative.
18. Mary Zeiss Stange *et al.* (eds.), *Encyclopedia of Women in Today's World*, vol. 1, Sage, Los Angeles, 2011, pp. 1529-1531.
19. Simone de Beauvoir, *The Second Sex*, traducere de H.M. Parshley, Picador, Londra, 1988, pp. 737, 741 [*Al doilea sex*, 2. vol, Editura Univers, București, 1998, trad. Diana Bolcu și Delia Verdeș].
20. Diamond, *Women and the Second World War in France, 1939-1948*, p. 55 ; Claire Duchen, *Women's Rights and Women's Lives in France, 1944-1968*, Routledge, Londra, 1994, pp. 64-65 ; Sarah Fishman, „Waiting for the Captive Sons of France : Prisoner of War Wives, 1940-1945", în Margaret Higonnet *et al.* (eds.), *Behind the Lines : Gender and the Two World Wars*, Yale University Press, New Haven, Connecticut, 1987, p. 193.
21. Jeanne Bohec, *La plastiqueuse à bicyclette*, Mercure de France, Paris, 1975, p. 186.
22. Philip Morgan, *The Fall of Mussolini*, Oxford University Press, New York, 2007, p. 193.
23. „Merci de nous ecrire", *Elle*, 27 august 1946, p. 22 ; „L'aide aux mères de famille", *Pour la vie*, nr. 34, 1950 ; citat în Duchen, *Women's Rights and Women's Lives in France, 1944-1968*, p. 67 ; manualul de economie domestică semnat de Mme Foulon-Lefranc, *Le Femme au Foyer*, citat în *ibidem*, pp. 66, 68 ; vezi și pp. 65, 67, 101-102 ; Diamond, *Women and the Second World War in France, 1939-1948*, pp. 162-163.
24. Francois Billoux, „À la Libération, une legislation sociale favourable aux femmes", Union des Femmes Françaises, *Les Femmes dans la Résistance*, p. 251 ; Diamond, *Women and the Second World War in France, 1939-1948*, pp. 175-176.
25. Sharon Elise Cline, „Féminité à la Française : Femininity, Social Change and French National Identity, 1945-1970", teză de doctorat, University of Wisconsin-Madison, 2008, p. 144.
26. Duchen, *Women's Rights and Women's Lives in France, 1944-1968*, p. 54.

27. Madeleine Vincent, *Femmes : quelle libération ?* , Éditions sociales, Paris, 1976, pp. 29-30, 37-38.
28. Al-Ali, *Secularism, Gender and the State in the Middle East*, pp. 73-74 ; Wieringa, *Sexual Politics in Indonesia*, pp. 115-116, 252-255 ; Miller, *Latin American Women and the Search for Social Justice*, p. 143.
29. Vezi website-ul ILO, în special www.ilo.org/dyn/normlex/en/f?p=NORMLEXPUB:11300:0::NO::P11300_INSTRUMENT_ID:312245
30. „Gender Pay Gap «May Take 118 Years to Close» – World Economic Forum", BBC News, 19 noiembrie 2015, www.bbc.co.uk/news/world-europe-34842471
31. Stange *et al.* (eds.), *Encyclopedia of Women in Today's World*, vol. 1, pp. 1529-1531 ; „Women in Saudi Arabia Vote for the First Time", *Washington Post*, 12 decembrie 2015.
32. Toril Moi, „The Adulteress Wife", *London Review of Books*, vol. 32, nr. 3, 11 februarie 2010, p. 4.
33. Rubrica „My Day", 16 februarie 1962, în Eleanor Roosevelt, *My Day : The Best of Eleanor Roosevelt's Acclaimed Newspaper Columns, 1936-1962*, David Emblidge (ed.), Da Capo Press, Boston, Massachusetts, 2001, p. 301.
34. Michella M. Marino, „Mothers, Spy Queens, and Subversives : Women in the McCarthy Era", în Caroline S. Emmons (ed.), *Cold War and McCarthy Era : People and Perspectives*, ABC-Clio, Santa Barbara, California, 2010, p. 140.
35. Vezi Mooney, „Fighting Fascism", pp. 52-53 ; şi de Haan, „Hoffnungen auf eine bessere Welt", pp. 243-246.
36. Lynne Attwood, *Creating the New Soviet Woman*, Macmillan, Basingstoke, 1999, pp. 114, 150-155, 167 ; David K. Willis, *Klass : How Russians Really Live*, St Martin's Press, New York, 1985, pp. 155-182 ; Susan Bridger, „Soviet Rural Women : Employment and Family Life", în Beatrice Farnsworth şi Lynne Viola (eds.), *Russian Peasant Women*, Oxford University Press, New York, 1992, pp. 271-293.
37. Valentina Pavlovna Chudayeva, citat în Svetlana Alexiyevich, *War's Unwomanly Face*, traducere de Keith Hammond şi Lyudmila Lezhneva, Progress, Moscova, 1988, pp. 189, 244 [Svetlana Aleksievici, *Războiul nu are chip de femeie…*, Editura Militară, Bucureşti, 1989, trad. rom. Ion Covaci].
38. De Beauvoir, *The Second Sex*, pp. 15-16 [Trad. rom. ed. cit., pp. 26-27].
39. *Ibidem*, p. 639.
40. Moi, „The Adulteress Wife", pp. 3-6.
41. Sakiko Fukuda-Parr, Terra Lawson-Remer şi Susan Randolph, *Fulfilling Social and Economic Rights*, Oxford University Press, New York, 2015, p. 146.
42. Jean-Paul Sartre, *Anti-Semite and Jew*, traducere de George J. Becker, Schocken Books, New York, 1948, originalul publicat în limba franceză în 1946.
43. Anatole Broyard, „Portrait of the Inauthentic Negro", *Commentary*, vol. 10, nr. 1, 1950, pp. 56-64 ; W.E.B. Du Bois, *The World and Africa/Color and Democracy*, Oxford University Press, New York, 2007, p. 13. *The World and Africa* a fost publicat iniţial în 1947.
44. De Beauvoir, *The Second Sex*, pp. 14, 18, 23, 159, 706-707, 723 [Trad. rom. ed. cit.].
45. *Ibidem*, pp. 23-24 [Trad. rom. ed. cit., p. 33].
46. Godfrey Hodgson, *America in Our Time*, Princeton University Press, Garden City, New York, 2005, p. 58.
47. Ronald Allen Goldberg, *America in the Forties*, Syracuse University Press, 2012, p. 103.
48. Citat în *ibidem*, p. 103.
49. Leila J. Rupp, „The Persistence of Transnational Organizing : The Case of the Homophile Movement", *American Historical Review*, vol. 116, nr. 4, 2011, p. 1019.
50. Allan Bérubé, *Coming Out Under Fire : The History of Gay Men and Women in World War II*, University of North Carolina Press, Chapel Hill, 2010, pp. 228, 244, 257.

51. Paul Ginsborg, „The Communist Party and the Agrarian Question in Southern Italy, 1943-1948", *History Workshop*, vol. 17, 1984, p. 89 ; Ilario Ammendolia, *Occupazione delle Terre in Calabria, 1945-1949*, Gangemi, Roma, 1990, pp. 22-28.

9

Libertate și apartenență

1. Povestea lui Hans Bjerkholt este preluată din trei surse : Gabriel Marcel (ed.), *Fresh Hope for the World*, Longmans, Green & Co., Londra, 1960, pp. 79-91 ; și două broșuri scrise de Bjerkholt, „The Revolution for Our Time" și „Perche ho scelto il Riarmo morale", din Arhivele Cantonului Vaud din Elveția, PP746/2.1/71 și PP746/2.1/72.
2. Daniel Sack, *Moral Re-Armament : The Reinventions of an American Religious Movement*, Palgrave Macmillan, New York, 2009, pp. 190, 192.
3. Max Weber, *The Protestant Ethic and the Spirit of Capitalism*, Oxford University Press, New York, 2011, pp. 177-178 [*Etica protestantă și spiritul capitalismului*, Humanitas, București, 2007, trad. rom. Ihor Lemnij, postfață de Ioan Mihăilescu, p. 147. În orig. „steel-hard casing" (înveliș tare de oțel), n. tr.]
4. Keith Lowe, *Savage Continent*, Viking, Londra, 2012 [Trad. rom. ed. cit.].
5. Émile Durkheim, *The Elementary Forms of the Religious Life*, traducere de Joseph Ward Swain, George Allen and Unwin, Londra, 1915, pp. 225-226 [*Formele elementare ale vieții religioase*, Polirom, Iași, 1995, trad. Magda Jeanrenaud și Silviu Lupescu, prefață de Gilles Ferréol].
6. R. Ernest Dupuy și Trevor N. Dupuy, *The Harper Encyclopedia of Military History*, ediția a IV-a, HarperCollins, New York, 1993, pp. 1083, 1309.
7. Jurnalul Irenei Grocher, despre eliberarea Varșoviei, citat în Michał Grynberg (ed.), *Words to Outlive Us : Eyewitness Accounts from the Warsaw Ghetto*, Granta, Londra, 2003, p. 404.
8. Maior Corrie Halliday, înregistrare sonoră IWM 15620, bobina 32 ; și căpitan de aviație Frank Ziegler, citat în Max Arthur, *Forgotten Voices of the Second World War*, Ebury Press, Londra, 2004, p. 473.
9. Căpitan John MacAuslan, înregistrare sonoră IWM 8225, bobina 4.
10. Emmanuil Kazakevich, citat în Elena Zubkova, *Russia After the War*, traducere de Hugh Ragsdale, M.E. Sharpe, Armonk, New York, 1998, p. 28.
11. Jean-Paul Sartre, „The Liberation of Paris : An Apocalyptic Week", în Ronald Aronson și Adrian van den Hoven (eds.), *We Have Only This Life to Live : The Selected Essays of Jean Paul Sartre*, New York Review of Books, New York, 2013, pp. 115-118 ; publicat inițial în *Clarté*, 24 august 1945.
12. Jean-Paul Sartre, *Existentialism and Humanism*, traducere de Philip Mairet, Methuen, Londra, 2007, pp. 30, 38 [Trad. rom. ed. cit.].
13. Jean-Paul Sartre, „The Republic of Silence", în Aronson și van den Hoven (eds.), *We Have Only This Life to Live*, p. 84 ; inițial publicat în *Les Lettres françaises*, septembrie 1944.
14. Pentru alte interpretări ale popularității subite și enorme a lui Sartre, vezi Patrick Baert, *The Existentialist Moment*, Polity Press, Cambridge, 2015, pp. 5-13, 135-149.
15. Erich Fromm, *The Fear of Freedom*, Routledge Classics, Oxford, 2001, p. 7 [Trad. rom. ed. cit.].
16. *Ibidem*, p. 181.
17. *Ibidem*, pp. 90-91, 111, 218.
18. *Ibidem*, p. 232.
19. *Ibidem*, pp. 232-233 ; Sartre, „The Liberation of Paris", p. 118.

20. Gabriel Marcel, Damasio Cardoso, Luigi Rossi şi Maurice Mercier citaţi în Marcel (ed.), *Fresh Hope for the World*, pp. 15, 33, 79, 123.
21. Sack, *Moral Re-Armament*, p. 5.
22. Lowe, *Savage Continent*, p. 64 [Trad. rom. ed. cit.]; Mark Mazower, *No Enchanted Palace*, Princeton University Press, 2009, p. 61.
23. Patrick Johnstone, *The Future of the Global Church : History, Trends and Possibilities*, InterVarsity Press, Downers Grove, Illinois, 2011, p. 99.
24. „Einleitung der Herausgeber", în Joachim Kohler şi Damian van Melis (eds.), *Siegerin in Trümmern : Die Rolle der katholischen Kirche in der deutschen Nachkriegsgesellschaft*, Verlag W. Kohlhammer, Stuttgart, 1998, p. 11 ; Benjamin Ziemann, *Encounters with Modernity : The Catholic Church in West Germany, 1945-1975*, traducere de Andrew Evans, Berghahn, New York, 2014, pp. 10, 49.
25. Witold Zdaniewicz, *Kościół Katolicki w Polsce, 1945-1982*, Pallottinum, Poznań, 1983, pp. 47-50 ; Carlo Falconi, *La Chiesa e le organizzazioni cattoliche in Italia (1945-1955)*, Einaudi, Roma, 1956, p. 52.
26. Falconi, *La Chiesa e le organizzazioni cattoliche in Italia (1945-1955)*, p. 133.
27. Vezi www.brin.ac.uk/figures/#ChangingBelief
28. Interviu cu Anthony Curwen, înregistrare sonoră IWM 9810, bobina 9 (vezi şi capitolul 15 de mai jos) ; Lowe, *Savage Continent*, pp. 278, 336 [Trad. rom. ed. cit.] ; Fernando Claudin, *The Communist Movement : From Comintern to Cominform*, Penguin, Harmondsworth, 1975, p. 309 ; Cynthia S. Kaplan, „The Impact of World War II on the Party", în Susan J. Linz (ed.), *The Impact of World War II on the Soviet Union*, Rowman and Allanheld, Totowa, New Jersey, 1985, p. 160.
29. Emmanuel Levinas, „Freedom of Speech", în Emmanuel Levinas, *Difficult Freedom*, traducere de Sean Hand, Johns Hopkins University Press, Baltimore, 1990, p. 205 [*Dificila libertate : eseuri despre iudaism*, Hasefer, Bucureşti, 1999, trad. rom. şi postfaţă de Ticu Goldstein, p. 253].
30. Vezi introducerea editorilor la Leslie Bethell şi Ian Roxborough (eds.), *Latin America Between the Second World War and the Cold War, 1944-1948*, Cambridge University Press, New York, 1992, p. 13.
31. Jon Kraus, „Trade Unions, Democratization, and Economic Crises in Ghana", în Jon Kraus (ed.), *Trade Unions and the Coming of Democracy in Africa*, Palgrave Macmillan, New York, 2007, pp. 89-91. Pentru comentarii despre dezvoltarea sindicatelor în alte ţări africane, vezi şi alte eseuri din acelaşi volum ; şi David Killingray şi Richard Rathbone (eds.), *Africa and the Second World War*, Macmillan, Basingstoke, 1986, pp. 15, 155.
32. Robert D. Putnam, *Bowling Alone : The Collapse and Revival of American Community*, Simon & Schuster, New York, 2000, pp. 71, 81, 84, 103, 112 şi Anexa III ; şi citate din pp. 54-55, 83.
33. *Ibidem*, pp. 54, 275-276, 283-284. Pentru un rezumat al criticilor împotriva abordării lui Putnam, vezi John Field, *Social Capital*, Routledge, Oxford, 2008, pp. 41-43.
34. Bjerkholt, în Marcel (ed.), *Fresh Hope for the World*, p. 87.
35. Bjerkholt, „The Revolution for Our Time".
36. Tom Driberg, *The Mystery of Moral Re-Armament : A Study of Frank Buchman and His Movement*, Seeker & Warburg, Londra, 1964, p. 299.
37. Dr. Hensley Henson, episcop de Durham şi Preasfinţia Sa M.J. Browne, episcop de Galway, citat în *ibidem*, pp. 192-193.
38. Allan W. Eister, *Drawing-Room Conversion : A Sociological Account of the Oxford Group Movement*, Duke University Press, Durham, Carolina de Nord, 1950, pp. 210-216.
39. Basil Entwistle şi John McCook Roots, *Moral Re-Armament : What Is It ?*, Pace, Los Angeles, 1967.

10

Economia mondială

1. Chittaprosad, citat în Prodyot Ghosh, *Chittaprosad : A Doyen of Art-World*, Shilpayan Artists Society, Calcutta, 1995, pp. 3-4.
2. *Ibidem*, p. 7 ; Nikhil Sarkar, *A Matter of Conscience : Artists Bear Witness to the Great Bengal Famine of 1943*, traducere de Satyabrata Dutta, Punascha, Calcutta, 1994, p. 28.
3. Ghosh, *Chittaprosad*, p. 7.
4. Amartya Sen, *Poverty and Famines : An Essay on Entitlement and Deprivation*, Clarendon Press, Oxford, 1981, pp. 55, 69 ; Srimanjari, *Through War and Famine : Bengal, 1939-1945*, Orient BlackSwan, New Delhi, 2009, pp. 158-159. Un *maund* este o măsură echivalentă cu aprox. 37 kg.
5. Famine Inquiry Commission, *Report on Bengal*, Government of India, New Delhi, 1945, pp. 38-41, 63, 104-105.
6. Bengal a exportat 185.000 de tone de orez în 1942, anul declanşării foametei : vezi Madhusree Mukerjee, *Churchill's Secret War*, Basic Books, New York, 2010, p. 67.
7. Famine Inquiry Commission, *Report on Bengal*, pp. 105-106 ; Lizzie Collingham, *The Taste of War*, Allen Lane, Londra, 2011, pp. 145, 152 ; Ian Stephens, *Monsoon Morning*, Ernest Benn, Londra, 1966, p. 179.
8. Freda Bedi, *Bengal Lamenting*, The Lion Press, Lahore, 1944, p. 105.
9. Collingham, *The Taste of War*, p. 151.
10. Vezi articolele de presă ale lui Chittaprosad : „Journey Through Midnapore – Den of Rice-Smuggling Mahajans", *People's War*, 16 iulie 1944, p. 4 ; „The Riches Piled Here : An Insult to Hungry Thousands Around", *People's War*, 6 august 1944, p. 4 ; „Life Behind the Front Lines", *People's War*, 24 septembrie 1944.
11. Chittaprosad, *Hungry Bengal*, f.e., Bombay, 1944, pp. 6, 8.
12. Ghosh, *Chittaprosad*, pp. 4-5. Vezi şi comentariile similare pe care le-a făcut în filmul *Confession* din 1972, citat în Sanjoy Kumar Mallik (ed.), *Chittaprosad : A Retrospective*, 2 vol., Delhi Art Gallery, New Delhi, 2011, vol. 2, pp. 489-490.
13. Famine Inquiry Commission, *Report on Bengal*, p. 110 ; Sen, *Poverty and Famines*, p. 202 ; Paul R. Greenough, *Prosperity and Misery in Modern Bengal : The Famine of 1943-1944*, Oxford University Press, New York, 1982, p. 140 ; dar vezi şi Arup Maharatna, *The Demography of Famines : An Indian Historical Perspective*, Oxford University Press, New Delhi, 1996, p. 147, care situează cifrele între 1,8 şi 2,4 milioane. Pentru statistici privind epidemiile, vezi Srimanjari, *Through War and Famine*, p. 216.
14. Collingham, *The Taste of War*, p. 241 ; Sugata Bose, „Starvation Amidst Plenty : The Making of Famine in Bengal, Honan and Tonkin, 1942-1945", *Modern Asian Studies*, vol. 24, nr. 4, 1990, p. 699 ; Bui Minh Dung, „Japan's Role in the Vietnamese Starvation of 1944-1945", *Modern Asian Studies*, vol. 29, nr. 3, 1995, p. 576.
15. Keith Lowe, *Savage Continent*, Viking, Londra, 2012, pp. 34-40 [Trad. rom. ed. cit.] ; Collingham, *The Taste of War*, p. 1.
16. Vezi Sen, *Poverty and Famines*, *passim*. Pentru un punct de vedere care contestă analiza lui Sen, vezi Mark B. Tauger, „Entitlement, Shortage and the Bengal Famine of 1943 : Another Look", *Journal of Peasant Studies*, vol. 31, nr. 1, 2003, pp. 45-72.
17. Ian Friel, *Maritime History of Britain and Ireland*, British Museum Press, Londra, 2003, p. 245 ; The United Nations Department of Economic Affairs, *Economic Report : Salient Features of the World Economic Situation, 1945-1947*, Lake Success, New York, 1948, p. 79.

18. Alan Milward, *War, Economy and Society, 1939-1945*, University of California Press, Berkeley şi Los Angeles, 1977, p. 247.
19. UN, *Salient Features of the World Economic Situation, 1945-1947*, pp. 108, 113.
20. Milward, *War, Economy and Society, 1939-1945*, pp. 356-357.
21. *Ibidem*, p. 347 ; William Charles Chamberlin, *Economic Development of Iceland through World War II*, Columbia University Press, New York, 1947, p. 96.
22. David Killingray, „Labour Mobilization in British Colonial Africa", în David Killingray şi Richard Rathbone (eds.), *Africa and the Second World War*, Macmillan, Basingstoke, 1986, pp. 70, 82-90. Vezi şi John Iliffe, *A Modern History of Tanganyika*, Cambridge University Press, 1979, pp. 351-354.
23. Nancy Ellen Lawler, *Soldiers of Misfortune : Ivoirien Tirailleurs of World War II*, Ohio University Press, Athens, 1992, pp. 208-218.
24. Sursa datelor din tabel : UN, *Salient Features of the World Economic Situation, 1945-1947*, pp. 39, 43, 46 (America), p. 56 (America Latină), p. 68 (Australasia), p. 86 (Asia), p. 100 (Orientul Mijlociu), p. 116 (Africa), pp. 160, 162, 165, 166 (Europa). Pentru Kenya, vezi Kenya Cost of Living Commission, *Cost of Living Commission Report* (Nairobi, 1950), p. 4. Pentru Algeria, vezi Charles Issawi, *An Economic History of the Middle East and North Africa*, Columbia University Press, New York, 1982, p. 188. Pentru China, vezi Arthur N. Young, *China's Wartime Finance and Inflation, 1937-1945*, Harvard University Press, Cambridge, Massachusetts, 1965, tabelul 52, p. 352.
25. UN, *Salient Features of the World Economic Situation, 1945-1947*, pp. 160, 164.
26. *Ibidem*.
27. Collingham, *The Taste of War*, p. 247 ; Diana Lary, *The Chinese People at War : Human Suffering and Social Transformation, 1937-1945*, Cambridge University Press, New York, 2010, p. 122 ; Chang Kia-Ngau, *The Inflationary Spiral : The Experience in China, 1939-1950*, Technology Press of the Massachusetts Institute of Technology, Cambridge, Massachusetts, 1958, pp. 371-373.
28. Tomasz Pattantyus, „My Life as a 12-Year-Old Billionaire", *Santa Clarita Valley Signal*, 22 august 2009 ; disponibil online la www.signalscv.com/archives/17111/
29. Pierre L. Siklos, *War Finance, Reconstruction, Hyperinflation and Stabilization in Hungary, 1938-1948*, Macmillan, Basingstoke, 1991, p. 1.
30. Thomas Piketty, *Capital in the Twenty-First Century*, traducere de Arthur Goldhammer, The Belknap Press of Harvard University Press, Cambridge, Massachusetts, 2014, pp. 107-109 [*Capitalul în secolul al XXI-lea*, Editura Litera, Bucureşti, 2015, trad. rom. Irina Brateş şi Lucia Popovici].
31. Bedi, *Bengal Lamenting*, The Lion Press, Lahore, 1944, p. 102.
32. Lowe, *Savage Continent*, pp. 67-68, 157 [Trad. rom. ed. cit.]. Pentru un studiu de caz aprofundat, vezi Martin Conway, „Justice in Postwar Belgium : Popular Passions and Political Realities", în István Deák, Jan T. Gross şi Tony Judt (eds.), *The Politics of Retribution in Europe*, Princeton University Press, 2000 [*Procese în Europa : Al Doilea Război Mondial şi consecinţele lui*, Bucureşti, Curtea Veche, 2003, trad. rom. Lucian Popescu].
33. Iliffe, *A Modern History of Tanganyika*, p. 375 ; W.M. Spellman, *A Concise History of the World Since 1945*, Palgrave Macmillan, Basingstoke, 2006, pp. 86-87 ; pentru Kenya, vezi capitolul 17.
34. Srimanjari, *Through War and Famine*, p. 222.
35. Guvernul SUA a recunoscut totuşi că nu era vorba decât de o stare de lucruri temporară şi a dat pentru aportul pe termen lung la PIB-ul mondial o cifră mai realistă, de 31 % : Kurt Schuler şi Andrew Rosenberg (eds.), *The Bretton Woods Transcripts*, Center for Financial Stability, New York, 2012, vedere de ansamblu asupra Comisiei I. În 1950, contribuţia

SUA la PIB-ul mondial scăzuse la circa 27% : vezi Angus Maddison, *The World Economy : Historical Statistics*, OECD, Paris, 2003, pp. 85, 259.
36. UN, *Salient Features of the World Economic Situation, 1945-1947*, p. 224.
37. Maddison, *The World Economy*, p. 88. Alan Milward are o estimare mai moderată, de circa 60%, bazată mai degrabă pe PNB-ul per capita decât pe PIB : *War, Economy and Society, 1939-1945*, p. 331.
38. UN, *Salient Features of the World Economic Situation, 1945-1947*, pp. 45, 60, 110-111, 124 ; Maddison, *The World Economy*, pp. 51, 85.
39. UN, *Salient Features of the World Economic Situation, 1945-1947*, pp. 46, 48, 110.
40. Chamberlin, *Economic Development in Iceland through World War II*, p. 99.
41. E.M.H. Lloyd, *Food and Inflation in the Middle East, 1940-1945*, Stanford University Press, 1956, p. 190.
42. Milward, *War, Economy and Society, 1939-1945*, p. 349.
43. Mark Harrison, „The Economics of World War II : An Overview", în Mark Harrison (ed.), *The Economics of World War II*, Cambridge University Press, 1998, tabelul 1.11 ; Tony Judt, *Postwar*, Pimlico, Londra, 2007, p. 17 [Trad. rom. ed. cit.] ; Milward, *War, Economy and Society, 1939-1945*, p. 270.
44. Maddison, *The World Economy*, pp. 50, 56, 172-174.
45. *Ibidem*, p. 50 ; Milward, *War, Economy and Society, 1939-1945*, pp. 349-350 ; „Britain Pays off Final Instalment of US Loan - After 61 Years", *Independent*, 29 decembrie 2006.
46. În 1939, PIB-urile per capita pentru Marea Britanie şi SUA erau la egalitate. După război, Marea Britanie era cu 30% sub nivelul SUA şi aşa a rămas de atunci încoace. Vezi Mark Harrison, „The Economics of World War II", tabelul 1.10 ; şi Maddison, *The World Economy*, pp. 63-65, 88-89.
47. Piketty, *Capital in the Twenty-First Century*, pp. 275, 397 [Trad. rom. ed. cit.] ; Lowe, *Savage Continent*, pp. 66-68 [Trad. rom. ed. cit.].
48. Discursul lui White în Schuler şi Rosenberg (eds.), *The Bretton Woods Transcripts*, Prima şedinţă, Comisia I, 3 iulie 1944, transcrierea 2.
49. Ed Conway, *The Summit*, Little, Brown, Londra, 2014, pp. 169-170.
50. *Ibidem*, pp. 210-211, 331.
51. *Ibidem*, pp. 222, 224.
52. Discursul lui Roosevelt în faţa Congresului, despre acordurile de la Bretton Woods, 12 februarie 1945, disponibil online la www.presidency.ucsb.edu/ws/?pid=i6588
53. Acordul GATT va fi în final înlocuit de Organizaţia Mondială a Comerţului, în 1994. Vezi acordul GATT din 1947, disponibil la www.wto.org/english/docs_e/legal_e/gatt47_e.pdf
54. Discursul lui Roosevelt în faţa Congresului, despre acordurile de la Bretton Woods, 12 februarie 1945.
55. Lionel Robbins, citat în Susan Howson şi Donald Moggridge (eds.), *The Wartime Diaries of Lionel Robbins and James Meade, 1943-1945*, Macmillan, Basingstoke, 1990, p. 193.
56. A.D. Shroff, citat în Schuler şi Rosenberg (eds.), *The Bretton Woods Transcripts*, Şedinţa a III-a, Comisia I, 10 iulie 1944, transcrierile 4-7.
57. Conway, *The Summit*, pp. 356, 371. Un experiment timpuriu, când America a forţat Marea Britanie să accepte convertibilitatea totală a valutei, s-a dovedit a fi atât de dezastruos, încât a provocat colapsul valorii valutelor din toată lumea.
58. Joseph E. Stiglitz, *Globalization and its Discontents*, Allen Lane, Londra, 2002, pp. 42-44 [*Globalizarea : speranţe şi deziluzii*, Editura Economică, Bucureşti, 2005, trad. rom. Dan Criste] ; Jeffrey Sachs, *The End of Poverty*, Penguin, Harmondsworth, 2005, p. 74 ; Godfrey Mwakikagile, *Africa Is in a Mess : What Went Wrong and What Should Be Done*, New Africa Press, Dar es Salaam, 2006, p. 27.
59. Conway, *The Summit*, pp. xix-xx.

60. Piketty, *Capital in the Twenty-First Century*, p. 573 [Trad. rom. ed. cit.].
61. James A. Gillespie, „Europe, America and the Space of International Health", în Susan Gross Solomon *et al.* (eds.), *Shifting Boundaries of Public Health : Europe in the Twentieth Century*, University of Rochester Press, Rochester, New York, 2008, p. 126.
62. Mallik, *Chittaprosad : A Retrospective*, vol. 1, pp. 46, 50.
63. Ghosh, *Chittaprosad*, pp. 3-4 ; Sarkar, *A Matter of Conscience*, p. 30. Vezi şi „An Artist, Possessed", *The Hindu*, 7 iulie 2011.
64. S. Guhan, „The World Bank's Lending in South Asia", în Devesh Kapur, John P. Lewis şi Richard Webb (eds.), *The World Bank : Its First Half Century*, Brookings Institution Press, Washington, DC, 1997, pp. 327, 337, 356-358, 380-383.
65. The United Nations Conference on Trade and Development, *The Least Developed Countries Report, 2014* (Geneva, UNCTAD, 2014), pp. 23, 26 ; disponibil online la http : //unctad.org/en/PublicationsLibrary/ldc2014_en.pdf

11
Guvernul mondial

1. Garry Davis, blogul personal, 10 noiembrie 2009, www.worldservice.org/2009_11_01_archive.html
2. Garry Davis, blogul personal, 22 ianuarie 2008, www.worldservice.org/2008_01_01_archive. html
3. Garry Davis, *The World is My Country*, G.P. Putnam's Sons, New York, 1961, p. 21.
4. „Garry Davis, Gadfly and World Citizen No. 1, Dies at 91", *Washington Post*, 6 august 2013 ; Davis, *The World is My Country*, pp. 18-19.
5. Paul Gallico, „What Makes Americans Renounce Citizenship ? ", *St Petersburg Times*, 1 iunie 1948.
6. *Pravda*, citat în Davis, *The World is My Country*, p. 49.
7. Herbert V. Evatt, *The Task of Nations*, Duell, Sloan & Pearce, New York, 1949, pp. 223-225.
8. „The Drop-Outs", *Times of India*, 4 februarie 1975, p. 6 ; „World Citizen", *Manchester Guardian*, 10 decembrie 1948, p. 4 ; „The First Citizen of the World", *The World's News*, 4 iunie 1949, p. 6 ; *New Yorker* citat în Davis, *The World is My Country*, p. 49.
9. „Man of No Nation Saw One World of No War", necrolog, *New York Times*, 28 iulie 2013 ; Davis, *The World is My Country*, pp. 18, 48-49 ; blogul lui Garry Davis http : // blog.worldservice.org/2010/05/world-thought-corollary-to-world-action.html
10. Davis, *The World is My Country*, p. 18.
11. Garry Davis, discurs la City Hall, Ellsworth, Maine, 4 septembrie 1953, reprodus în *ibidem*, pp. 220-221.
12. Wendell Willkie, *One World*, Cassell & Co., Londra, 1943, pp. 140, 165-166.
13. *Ibidem*, p. 165.
14. Thomas G. Weiss, *Global Governance : Why ? What ? Whither ?*, Polity Press, Cambridge, 2013, p. 23.
15. Emery Reves, *The Anatomy of Peace*, George Allen & Unwin, Londra, 1946, p. v. Pentru o biografie a lui Reves şi cifre privind vânzările, vezi Silvan S. Schweber, *Einstein and Oppenheimer : The Meaning of Genius*, Harvard University Press, Cambridge, Massachusetts, 2009, pp. 64-65 şi p. 336, nota 85.
16. Reves, *The Anatomy of Peace*, pp. 107, 160.
17. *Ibidem*, pp. 165, 108.
18. „Open Letter to the American People", *New York Times*, 10 octombrie 1945 ; vezi şi Schweber, *Einstein and Oppenheimer*, p. 66.

19. The Committee to Frame a World Constitution, *The Preliminary Draft of a World Constitution*, University of Chicago Press, 1948.
20. „Voices in Parliament: A Brief Study of a Successful All-Party Parliamentary Group", www.oneworldtrust.org/publications/doc_view/195-appgwg-and-owt-history?tmpl=component&format=raw; www.citoyensdumonde.fr/
21. Mişcarea Mondială pentru un Guvern Federal Mondial (WMWFG), răspuns la chestionarul ONU privind organizaţiile non-guvernamentale, 25 octombrie 1950: Arhivele ONU, S-0441-0057-04 Part A. Vezi şi „Declaraţia de la Montreux" a mişcării, www.wfm-igp.org/our-movement/history
22. Discurs inaugural la Adunarea Mondială pentru Reînarmare Morală, Caux, Elveţia, 15 iulie 1947, citat în Frank N.D. Buchman, *Remaking the World: The Speeches of Frank N.D. Buchman*, Blandford, Londra, 1947, p. 157.
23. Jan Smuts, discurs la a VI-a sesiune plenară a Conferinţei ONU de la San Francisco, 1945, în UN, *The United Nations Conference on International Organization: Selected Documents*, US Government Printing Office, Washington, DC, 1946, p. 338.
24. Compilaţia Federaţiei Savanţilor Americani cu eseuri sumbre despre bomba atomică a fost şi un bestseller al *New York Times* în 1946. Vezi Dexter Masters şi Katharine Way (eds.), *One World or None*, McGraw-Hill, New York, 1946. Vezi şi filmul din 1946 cu acelaşi nume, disponibil online http://publicdomainreview.org/collections/one-world-or-none-1946/
25. O versiune completă a Cartei ONU este dată într-o anexă la Paul Kennedy, *The Parliament of Man*, Allen Lane, Londra, 2006, pp. 313-341.
26. Brian Urquhart, *A Life in Peace and War*, Weidenfeld & Nicolson, Londra, 1987, p. 93. Vezi şi Jean Richardot, *Journeys for a Better World: A Personal Adventure in War and Peace*, University Press of America, Lanham, Maryland, 1994, pp. 85-86, 111-113.
27. Joseph Paul-Boncour, citat în *Gazette de Lausanne*, 27 iunie 1945, „La conference de San-Francisco", p. 6.
28. „A World Charter", *Times of India*, 28 iunie 1945, p. 4; *Straits Times*, 25 octombrie 1945, p. 4.
29. Eyo Ita, citat în „The Last Best Hope of Man on Earth", *West African Pilot*, 6 februarie 1945, p. 2.
30. *New York Times*, 27 iunie 1945, p. 10.
31. Senatorul Tom Connally, „Congressional Record (Senate)", 91, 23 iulie 1945, p. 7953; congresmanul Charles A. Eaton, „Congressional Record (House of Representatives)", 91, 6 iulie 1945, pp. 7299-7300, ambii citaţi în Thomas M. Franck, *Nation Against Nation: What Happened to the UN Dream and What the US Can Do About It*, Oxford University Press, New York, 1985, p. 9.
32. *Ibidem*, p. 8.
33. Website-ul oficial ONU: www.un.org/en/sections/history-united-nations-charter/1945-san-francisco-conference/index.html
34. Barack Obama, „Proclamation 8740 - United Nations Day 2011", 24 octombrie 2011. Disponibil online la www.presidency.ucsb.edu/ws/?pid=96946
35. Mark Mazower, *No Enchanted Palace*, Princeton University Press, 2009, p. 6 şi notele corelate de la p. 206.
36. Vezi UN, *The United Nations Conference on International Organization: Selected Documents*.
37. Alberto Lleras Camargo, discurs la a V-a sesiune plenară a Conferinţei de la San Francisco, *ibidem*, p. 328.
38. Abdel Hamid Badawi, discurs la a III-a sesiune plenară a Conferinţei de la San Francisco, *ibidem*, p. 289.
39. Pentru discursuri despre vetoul din partea reprezentanţilor din El Salvador, Grecia, Filipine, Columbia, Ecuador, Irak, Cuba şi Noua Zeelandă, vezi *ibidem*, pp. 301, 304, 306, 328,

333, 356, 363, 370. Vezi şi New Zealand Department of External Affairs, *United Nations Conference on International Organization*, Department of External Affairs, Wellington, 1945, pp. 77-79 ; şi Marika Sherwood, „«There is No New Deal for the Blackman in San Francisco» : African Attempts to Influence the Founding Conference of the United Nations, April-July 1945", *International Journal of African Historical Studies*, vol. 29, nr. 1, 1996, p. 91.

40. Carta ONU, articolul 2, paragraful 7.
41. Mazower, *No Enchanted Palace*, pp. 142-148.
42. Escott Reid, *On Duty : A Canadian at the Making of the United Nations, 1945-1946*, Kent State University Press, Kent, Ohio, 1983, p. 24.
43. Paul Kennedy, *The Parliament of Man*, pp. 46-47.
44. „Towards a New World Order", *West African Pilot*, 20 august 1945.
45. Reves, *The Anatomy of Peace*, pp. 166, 177, 191.
46. „Oran Declaration", citat în Davis, *The World is My Country*, p. 216.
47. Pentru o detaliere cronologică a tuturor vetourilor din Consiliul de Securitate până în 1990, precum şi pentru studii de caz detaliate, vezi Anjali V. Patil, *The UN Veto in World Affairs, 1946-1990*, Mansell, Londra, 1992.
48. Prelegerea lui Benjamin Ferencz despre dreptul penal internaţional, disponibilă pe site-ul ONU : legal.un.org/avl/ls/Ferencz_CLP_vide0_5.html

12

Dreptul internaţional

1. Povestea lui Benjamin Ferencz şi toate citatele sunt preluate din corespondenţa personală cu autorul din iunie 2015 ; de pe website-ul personal al lui Ferencz, www.benferencz.org/stories.html ; şi dintr-o serie de prelegeri despre dreptul internaţional, ţinute de Ferencz, disponibile pe website-ul Organizaţiei Naţiunilor Unite : http ://legal.un.org/avl/ls/Ferencz_CLP.html Mai există o biografie utilă, scrisă de Tom Hofmann, *Benjamin Ferencz : Nuremberg Prosecutor and Peace Advocate*, McFarland, Jefferson, Carolina de Nord, 2014.
2. Keith Lowe, *Savage Continent*, Viking, Londra, 2012, pp. 135-141 [Trad. rom. ed. cit.].
3. *Ibidem*, p. 150.
4. Henri Rochat, citat în filmul documentar al lui Marcel Ophüls *Le Chagrin et la Pitié*, partea a II-a : „Le Choix" (1969).
5. Jozo Tomasevich, *War and Revolution in Yugoslavia, 1941-1945*, Stanford University Press, 2001, p. 765 ; Lowe, *Savage Continent*, pp. 249-265 [Trad. rom. ed. cit.].
6. R.M. Douglas, *Orderly and Humane : The Expulsion of the Germans After the Second World War*, Yale University Press, New Haven, Connecticut, 2012, p. 1 ; Lowe, *Savage Continent*, pp. 234-242 [Trad. rom. ed. cit.].
7. Lowe, *Savage Continent*, p. 131 [Trad. rom. ed. cit.].
8. Philip Snow, *The Fall of Hong Kong*, Yale University Press, New Haven, Connecticut, 2003, pp. 296-297.
9. Konrad Mitchell Lawson, „Wartime Atrocities and the Politics of Treason in the Ruins of the Japanese Empire, 1937-1953", teză de doctorat, Harvard University, 2012, p. 129 ; John W. Dower, *Embracing Defeat : Japan in the Wake of World War II*, W.W. Norton, New York, 2000, p. 449.
10. Haji Buyong Adil, citat în Cheah Boon Kheng, *Red Star Over Malaya*, ed. a III-a, Singapore University Press, 2003, p. 184.

11. *La Terre Vivaroise*, 29 octombrie 1944, citat în Philippe Bourdrel, *L'épuration sauvage*, Perrin, Paris, 2002, pp. 316-317.
12. Sir Hartley Shawcross, citat în International Military Tribunal, *Trials of the Major War Criminals Before the International Military Tribunal*, International Military Tribunal, Nürnberg, 1947-1949, vol. 3, p. 144.
13. Pentru procesul lui Yamashita Tomoyuki şi influenţa exercitată ulterior asupra dreptului penal internaţional, vezi Allan A. Ryan, *Yamashita's Ghost*, University Press of Kansas, Lawrence, 2012, pp. xiv-xv, 250-341.
14. Alpheus Thomas Mason, *Harlan Fiske Stone : Pillar of the Law*, Archon Books, Hamden, Connecticut, 1968, p. 716.
15. International Military Tribunal, *Trials of the Major War Criminals*, vol. 1 : Official Documents, p. 186. Disponibil online la www.loc.gov/rr/frd/Military_Law/pdf/NT_Vol-I.pdf
16. William C. Chase, *Front Line General : The Commands of Maj. Gen. Wm. C. Chase*, Pacesetter Press, Houston, 1975, p. 144.
17. B.V.A. Röling şi C.F. Rüter (eds.), *The Tokyo Judgment*, APA-University Press Amsterdam, 1977, vol. 1, p. 496.
18. Jackson, citat în Robert E. Conot, *Justice at Nuremberg*, Weidenfeld & Nicolson, Londra, 1983, p. 68.
19. http : //benferencz.org/1946-1949.html
20. International Military Tribunal, *Trials of the Major War Criminals*, vol. 4, pp. 30, 53. Disponibil online la www.loc.gov/rr/frd/Military_Law/pdf/NT_war-criminals_Vol-IV.pdf
21. *Ibidem*, p. 413.
22. Corespondenţă prin e-mail cu autorul, 18 iunie 2015.
23. http : //benferencz.org/1943-1946.html
24. James K. Pollock, James H. Meisel şi Henry L. Bretton, *Germany Under Occupation : Illustrative Materials and Documents*, George Wahr Publishing Co., Ann Arbor, 1949, p. 173.
25. Eugene Davidson, *The Death and Life of Germany*, Jonathan Cape, Londra, 1959, p. 128.
26. Lowe, *Savage Continent*, pp. 150, 153, 161 [Trad. rom. ed. cit.].
27. Dennis Deletant, *Communist Terror in Romania*, Hurst & Co., Londra, 1999, pp. 72-76 [*Teroarea comunistă în România. Gheorghiu-Dej şi statul poliţienesc, 1948-1965*, Polirom, Iaşi, 2001, trad. rom. Lucian Leuştean] ; Peter Kenez, *Hungary from the Nazis to the Soviets*, Cambridge University Press, New York, 2006, p. 149 ; Tony Judt, *Postwar*, Pimlico, Londra, 2007, p. 60 [Trad. rom. ed. cit.].
28. Dower, *Embracing Defeat*, p. 454.
29. Philip R. Piccigallo, *The Japanese on Trial*, University of Texas Press, Austin, 1979, pp. 263-265.
30. Dower, *Embracing Defeat*, pp. 525-526.
31. Lawson, „Wartime Atrocities and the Politics of Treason", pp. 43-94, 130-132.
32. Conform website-ului ONU : https : //treaties.un.org/Pages/ViewDetails.aspx ? src = TREATY&mtdsg_no = IV-i&chapter = 4&clang = _en
33. Pentru aceasta şi cele ce urmează, vezi prelegerea lui Ferencz, disponibilă pe website-ul ONU : http : //legal.un.org/avl/ls/Ferencz_CLP_video_5.html

13

SUA

1. Cord Meyer, *Facing Reality*, Harper & Row, New York, 1980, pp. 5-6. Pentru cele ce urmează, vezi şi pp. 1-33 ; „A Hidden Liberal", *New York Times*, 30 martie 1967 ; Merle Miller, „One Man's Long Journey - from a One-World Crusade to the «Department of

Dirty Tricks»", *New York Times Magazine*, 7 ianuarie 1973 ; necrolog, *New York Times*, 16 martie 2001.
2. Cord Meyer, *Peace or Anarchy*, Little, Brown, Boston, Massachusetts, 1947, p. 5.
3. Meyer, *Facing Reality*, p. 39.
4. Meyer, *Peace or Anarchy*, pp. 209-210.
5. Meyer, *Facing Reality*, p. 50.
6. *Ibidem*, pp. 50, 56-57.
7. *Ibidem*, pp. 61-64.
8. „A Hidden Liberal", p. 30. Vezi şi Miller, „One Man's Long Journey" ; Godfrey Hodgson, „Cord Meyer : Superspook", *Sunday Times Magazine*, 15 iunie 1975.
9. Meyer, *Facing Reality*, p. xiv.
10. Discursul lui Vandenberg la Cleveland, 11 ianuarie 1947, redat în *Washington Post*, 12 ianuarie 1947.
11. Truman, comunicat radio către poporul american, 1 septembrie 1945 ; disponibil online la www.presidency.ucsb.edu/ws/ ?pid=i2366 ; Churchill, discurs în Camera Comunelor, 16 august 1945, în David Cannadine (ed.), *Blood, Toil, Tears and Sweat : Winston Churchill's Famous Speeches*, Cassell & Co., Londra, 1989, p. 282.
12. Charles E. Bohlen, *Witness to History*, W.W. Norton, New York, 1973, p. 215.
13. Wendell Willkie, *One World*, Cassell & Co., Londra, 1943, p. 72.
14. Memorandumul Stimson adresat lui Truman, 11 septembrie 1945, US Department of State, *Foreign Relations of the United States*, US Government Printing Office, Washington, DC (în continuare, FRUS), 1945, vol. 2, p. 42 ; http : //digicoll.library.wisc.edu/cgi-bin/FRUS/FRUS-idx ? type=turn&entity=FRUS.FRUS1945vo2.poo52&id=FRUS.FRUS1945vo2&isize=M
15. Simon Sebag Montefiore, *Stalin : The Court of the Red Tsar*, Weidenfeld & Nicolson, Londra, 2003, p. 34 [*Stalin. Curtea ţarului roşu*, Polirom, Iaşi, 2014, trad. rom. Cătălin Drăcşineanu] ; necrologul lui Gromîko, *New York Times*, 4 iulie 1989.
16. Lucius D. Clay, *Decision in Germany*, William Heinemann, Londra, 1950, p. 26.
17. Conform senatorului republican Tom Connally, citat în Edward R. Stettinius, *Roosevelt and the Russians*, Doubleday, Garden City, New York, 1949, p. 306.
18. Ed Conway, *The Summit*, Little, Brown, Londra, 2014, pp. 274-275.
19. Vezi, de exemplu, Lane către secretarul de stat, 13 noiembrie 1945, *FRUS*, 1945, vol. 2, pp. 412-414 ; şi Arthur Bliss Lane, *I Saw Poland Betrayed*, Bobbs-Merrill, New York, 1948, pp. 193-196.
20. Memorandum al discuţiei de Charles E. Bohlen, *FRUS*, 1945, vol. 5, pp. 231-234 ; W. Averell Harriman şi Elie Abel, *Special Envoy to Churchill and Stalin, 1941-1946*, Hutchinson, Londra, 1976, p. 448.
21. Vezi Keith Lowe, *Savage Continent*, Viking, Londra, 2012, pp. 321-330 [Trad. rom. ed. cit.] ; şi Churchill plângându-i-se lui Stalin la Potsdam, 24 iulie 1945, *FRUS : Diplomatic Papers : The Conference at Berlin (the Potsdam Conference)*, 1945, vol. 2, p. 362.
22. Crane către Truman, 3 mai 1945, *FRUS*, 1945, vol. 4, pp. 205-207.
23. Bohlen, *Witness to History*, p. 214.
24. Meyer, *Facing Reality*, p. 82.
25. Citat în Albert Eugene Kahn, *High Treason : The Plot Against the People*, Lear Publishers, New York, 1950, p. 331 [*Înaltă trădare. Complotul împotriva poporului*, ESPLA, Bucureşti, 1951, trad. rom. Henriette Negrea].
26. Bill Mauldin, citat în Studs Terkel, *„The Good War" : An Oral History of World War Two*, Hamish Hamilton, Londra, 1984, p. 363.
27. Ted Morgan, *Reds : McCarthyism in Twentieth-Century America*, Random House, New York, 2003, pp. 224-225.

28. Angus Maddison, *The World Economy : Historical Statistics*, OECD, Paris, 2003, pp. 174, 232.
29. Denis Brogan, „The Illusion of American Omnipotence", *Harper's Magazine*, decembrie 1952, p. 205.
30. Candidaţii republicani William Jenner (Indiana), George B. Schwabe (Oklahoma), Hugh Butler (Nebraska) şi Comitetul Naţional Republican, citat în Morgan, *Reds*, pp. 301-302.
31. Howard Laski, „America - 1947", *Nation*, 13 decembrie 1947, p. 641.
32. Robert J. Donovan, *Conflict and Crisis : The Presidency of Harry S. Truman, 1945-1948*, W.W. Norton, New York, 1977, pp. 163-176, 332-337 ; Ronald Allen Goldberg, *America in the Forties*, Syracuse University Press, 2012, p. 123.
33. Morgan, *Reds*, pp. 299-300.
34. Daniel Bell, *The End of Ideology*, The Free Press, New York, 1965, p. 123.
35. Vezi Godfrey Hodgson, *America in Our Time*, Doubleday, Garden City, New York, 1976, p. 93 ; Hamilton Fish, *The Challenge of World Communism*, Bruce Publishing Co., Milwaukee, 1946, pp. 47, 109, 139, 144 ; Larry Ceplair, *Anti-Communism in Twentieth-Century America*, Praeger, Santa Barbara, California, 2011, p. 119.
36. Scrisoare către George H. Earl, 28 februarie 1947, citat în Morgan, *Reds*, p. 304.
37. Karl H. Von Wiegand, „Red Tidal Wave Menaces Christian Civilization", articol pentru ziarele companiei Hearst, 12 mai 1945, citat în Fish, *The Challenge of World Communism*, p. 23.
38. J. Edgar Hoover, „Red Fascism in the United States Today", *The American Magazine*, 1947 ; „Communists Penetrate Wall Street", *Commercial and Financial Chronicle*, 6 noiembrie 1947 ; Harry D. Gideonse, „The Reds Are After Your Child", *The American Magazine*, 1948.
39. Vezi, de exemplu, „Red Fascism's Goal", *Daily Mirror*, New York, 15 februarie 1946 ; Hoover, „Red Fascism in the United States Today" ; Jack B. Tenney, *Red Fascism*, Federal Printing Co., Los Angeles, 1947, şi Norman Thomas, „Which Way America - Fascism, Communism, Socialism or Democracy ? ", *Town Meeting Bulletin*, 16 martie 1948, pp. 19-20.
40. George Meany şi H.V. Kaltenborn, citat în Les K. Adler şi Thomas G. Paterson, „Red Fascism : The Merger of Nazi Germany and Soviet Russia in the American Image of Totalitarianism, 1930s 1950s", în Walter L. Hixson (ed.), *The American Experience in World War II*, vol. 12 : *The United States Transformed : The Lessons and Legacies of the Second World War*, Routledge, Londra, 2003, pp. 24, 28.
41. Arthur Bliss Lane, citat în Adler şi Paterson, „Red Fascism", p. 22.
42. Louis C. Wyman, citat în *ibidem*, p. 20.
43. Conferinţa de presă susţinută de Truman la Key West, 30 martie 1950 ; disponibilă online la www.presidency.ucsb.edu/ws/ ? pid=i3755
44. Landon R.Y. Storrs, *The Second Red Scare and the Unmaking of the New Deal Left*, Princeton University Press, 2013, p. 2. Diferite statistici pentru alte perioade sunt oferite în Morgan, *Reds*, p. 305 ; şi Tim Weiner, *Enemies : A History of the FBI*, Allen Lane, Londra, 2012, p. 149 [*FBI - o istorie secretă*, Litera, Bucureşti, 2014, trad. rom. Corina Hădăreanu].
45. Meyer, *Facing Reality*, p. 79.
46. Vezi, de exemplu, repetatele investigaţii efectuate de Thomas Blaisdell, Esther Brunauer, Leon şi Mary Keyserling, ca şi de mulţi alţii, în Storrs, *The Second Red Scare*, pp. 268-285.
47. Meyer, *Facing Reality*, pp. 70-81.
48. Bernice Bernstein şi Esther Peterson, citat în Storrs, *The Second Red Scare*, p. 180.
49. Pauli Murray, citat în *ibidem*, p. 183.
50. Hodgson, *America in Our Time*, p. 45 ; Storrs, *The Second Red Scare*, pp. 1-7 ; Richard Hofstadter, *Anti-Intellectualism in American Life*, Knopf, New York, 1963, pp. 41-42 ;

Michella M. Marino, „Mothers, Spy Queens, and Subversives : Women in the McCarthy Era", în Caroline S. Emmons (ed.), *Cold War and McCarthy Era : People and Perspectives*, ABC-Clio, Santa Barbara, California, 2010, pp. 130, 141.
51. Hodgson, *America in Our Time*, p. 26.
52. Textul lui George Kennan, „Telegrama Lungă", este reprodus în George Kennan, *Memoirs, 1925-1950*, Little, Brown, Boston, Massachusetts, 1967, p. 557.
53. Kennan, *Memoirs*, pp. 294-295.
54. Vandenberg, citat în James T. Patterson, *Grand Expectations : The United States, 1945-1974*, Oxford University Press, New York, 1996, p. 128.
55. Truman, discurs în Congres, 12 martie 1947 ; disponibil online la www.presidency.ucsb.edu/ws/ ? pid=i2846
56. Kennan, *Memoirs*, pp. 319-320.
57. Michael Burleigh, *Small Wars, Far Away Places*, Macmillan, Londra, 2013, p. 64.
58. Hodgson, *America in Our Time*, p. 32 ; Walter LaFeber, *America, Russia and the Cold War, 1945-2002*, McGraw-Hill, New York, 2002, p. 1 ; Craig Calhoun (ed.), *Dictionary of the Social Sciences*, Oxford University Press, New York, 2002, p. 76.
59. Vezi David Halberstam, *War in a Time of Peace : Bush, Clinton and the Generals*, Bloomsbury, Londra, 2003, p. 326 ; Robert Kagan, „Superpowers Don't Get to Retire", *The New Republic*, 26 mai 2014.
60. A.M. Meerloo, *Aftermath of Peace : Psychological Essays*, International Universities Press, New York, 1946, pp. 163-164.
61. Pentru puncte de vedere psihanalitice despre folosirea inamicilor naţionali, mai ales în cazul Americii în timpul Războiului Rece, vezi Hanna Segal, „From Hiroshima to the Gulf War and After : A Psychoanalytic Perspective", în Anthony Elliott şi Stephen Frosh (eds.), *Psychoanalysis in Contexts : Paths Between Theory and Modern Culture*, Routledge, Londra şi New York, 1995, p. 194 ; şi Michael Rustin, „Why are We More Afraid Than Ever ? The Politics of Anxiety After Nine Eleven", în Susan Levy şi Alessandra Lemma (eds.), *The Perversion of Loss : Psychoanalytic Perspectives on Trauma*, Brunner-Routledge, New York, 2004, pp. 21-36.

14

URSS

1. Andrei Sakharov, *Memoirs*, Hutchinson, Londra, 1990, p. 40 [Andrei Saharov, *Memorii*, 2 vol., Litera, Bucureşti, 1996, trad. rom. Paul Tumanian şi Nicolae Vrublevschi, prefaţă de Mihai Botez, p. 69].
2. *Ibidem*, pp. 97, 111, 164, 204 [Trad. rom. ed. cit., pp. 194, 131] ; vezi şi Jay Bergman, *Meeting the Demands of Reason : The Life and Thought of Andrei Sakharov*, Cornell University Press, Ithaca, New York, 2009, pp. 68-69.
3. Sakharov, *Memoirs*, pp. 36, 164, 225 [Trad. rom. ed. cit., pp. 66. 132].
4. *Ibidem*, p. 288 [Trad. rom. ed. cit.].
5. Citat în Bergman, *Meeting the Demands of Reason*, pp. 71-77. Vezi şi Andrei Sakharov, „I Tried to be on the Level of My Destiny", *Molodezh Estonii*, 11 octombrie 1988, retipărit în Jonathan Eisen (ed.), *The Glasnost Reader*, New American Library, New York, 1990, pp. 330-331.
6. Boris Galin, citat în Elena Zubkova, *Russia After the War*, traducere de Hugh Ragsdale, M.E. Sharpe, Armonk, New York, 1998, p. 34.
7. Citat de Sheila Fitzpatrick, „Postwar Soviet Society", în Susan J. Linz (ed.), *The Impact of World War II on the Soviet Union*, Rowman & Allanheld, Totowa, New Jersey, 1985, p. 130.

8. *Ibidem*, p. 137 ; Orlando Figes, *The Whisperers*, Allen Lane, Londra, 2007, p. 457 [*Vorbind în şoaptă*, Polirom, Iaşi, 2019, trad. rom. Justina Bandol şi Mihaela Negrilă] ; Sakharov, *Memoirs*, pp. 76-77 [Trad. rom. ed. cit.].
9. Figes, *The Whisperers*, p. 456 [Trad. rom. ed. cit.] ; Werthe, *A History of Modern Russia*, Penguin, Harmondsworth, 2003, p. 295.
10. G.F. Krivosheev (ed.), *Soviet Casualties and Combat Losses in the Twentieth Century*, Greenhill Books, Londra, 1997, pp. 91, 97 ; Keith Lowe, *Savage Continent*, Viking, Londra, 2012, p. 16 [Trad. rom. ed. cit.] ; Figes, *The Whisperers*, p. 465 [Trad. rom. ed. cit.] ; Zubkova, *Russia After the War*, p. 24.
11. Fitzpatrick, „Postwar Soviet Society", p. 130 ; Mark Spoerer, *Zwangsarbeit unter dem Hakenkreuz*, Deutsche Verlags-Anstalt, Stuttgart şi München, 2001, p. 222.
12. Vezi, de exemplu, mărturiile Liliei Budko, Nataliei Melnichenko, Verei Odinets, Tamarei Kuraeva şi Tamarei Umnyagina în Svetlana Alexiyevich, *War's Unwomanly Face*, traducere de Keith Hammond şi Lyudmila Lezhneva, Progress, Moscova, 1988, pp. 195, 237, 238, 243 [Trad. rom. ed. cit.].
13. Zubkova, *Russia After the War*, p. 69.
14. Alexander Werth, *Russia at War*, Barrie & Rockliff, Londra, 1964, p. 1037 [Trad. rom. ed. cit., p. 280].
15. Zubkova, *Russia After the War*, pp. 44, 84.
16. Interviul lui Molotov cu Felix Ciuev, 28 noiembrie 1974, în Albert Resis (ed.), *Molotov Remembers*, Ivan R. Dee, Chicago, 1993, p. 59.
17. Milovan Djilas, *Conversations with Stalin*, traducere de Michael B. Petrovich, Harcourt Brace Jovanovich, New York, 1962, p. 114 [*Conversaţii cu Stalin*, Corint, Bucureşti, 2015, trad. rom. Sorin Şerb, prefaţă de Adrian Cioroianu].
18. Toate aceste trei acorduri sunt disponibile online la http://avalon.law.yale.edu/subject_menus/wwii.asp
19. Mark Mazower (ed.), *After the War Was Over*, Princeton University Press, 2000, p. 7 ; Bethell şi Roxborough (eds.), *Latin America*, p. 6 ; Lowe, *Savage Continent*, pp. 154-158, 291-292 [Trad. rom. ed. cit.].
20. Vezi UN, *The United Nations Conference on International Organization : Selected Documents*, US Government Printing Office, Washington, DC, 1946, p. 317 ; New Zealand Department of External Affairs, *United Nations Conference on International Organization*, Department of External Affairs, Wellington, 1945, p. 4 ; Anthony Gaglione, *The United Nations Under Trygve Lie, 1945-1953*, Scarecrow Press, Lanham, Maryland, 2001, p. 112.
21. Vezi raportul lui Jdanov la conferinţa partidelor comuniste de la Szklarska Poręba, 22 septembrie 1947. Este disponibil în limbile rusă, germană şi franceză la www.cvce.eu/obj/le_rapport_jdanov_22_septembre_1947-fr-914edbc9-abdf-48a6-9c4a-02f3d6627a24.html
22. Nikita Khrushchev, *Khrushchev Remembers*, traducere de Strobe Talbott (ed.), Little, Brown, Boston, Massachusetts, 1970, p. 362.
23. Interviul lui Molotov cu Felix Ciuev, 1 iulie 1979, în Resis (ed.), *Molotov Remembers*, p. 58.
24. Sir Archibald Clerk Kerr, telegramă către Ernest Bevin, 3 decembrie 1945, *FRUS*, 1945, vol. 2, p. 83.
25. W. Averell Harriman şi Elie Abel, *Special Envoy to Churchill and Stalin, 1941-1946*, Hutchinson, Londra, 1976, p. 519 ; Khrushchev, *Khrushchev Remembers*, p. 225. Vezi şi David Holloway, *Stalin and the Bomb*, Yale University Press, New Haven, Connecticut, 1994, p. 169 [Trad. rom. ed. cit.].
26. Răspunsuri la întrebările lui Alexander Werth, 24 septembrie 1946 ; disponibil online la www.marxists.org/reference/archive/stalin/works/1946/09/24.htm
27. Holloway, *Stalin and the Bomb*, pp. 148-149 [Trad. rom. ed. cit.] ; Zubkova, *Russia After the War*, p. 86.

28. Konstantin Simonov, citat în Zubkova, *Russia After the War*, p. 95 ; Sakharov, *Memoirs*, p. 41 [Trad. rom. ed. cit., p. 70] ; Jerry F. Hough, „Debates about the Postwar World", în Susan J. Linz (ed.), *The Impact of World War II on the Soviet Union*, Rowman & Allanheld, Totowa, New Jersey, 1985, pp. 260-262, 268-270.
29. Zubkova, *Russia After the War*, p. 36.
30. *Ibidem*, p. 36 ; Figes, *The Whisperers*, pp. 458-459 [Trad. rom. ed. cit.].
31. V.F. Zima, *Golod v SSSR, 1946-1947 godov : Proishojdenie i posledstviia*, Institut rossiiskoi istorii RAN, Moscova, 1996, p. 11 ; vezi şi Nicholas Ganson, *The Soviet Famine of 1946-47 in Global and Historical Perspective*, Palgrave Macmillan, Basingstoke, 2009, pp. xv-xvi.
32. Zubkova, *Russia After the War*, p. 60.
33. Figes, *The Whisperers*, p. 459 [Trad. rom. ed. cit.].
34. Alexander Statiev, *The Soviet Counterinsurgency in the Western Borderlands*, Cambridge University Press, New York, 2010, p. 106 ; Lowe, *Savage Continent*, p. 344 [Trad. rom. ed. cit.] ; programul Ligii Rezistenţei Armate din Estonia, citat în Mart Laar, *War in the Woods : Estonia's Struggle for Survival, 1944-1956*, traducere de Tiina Ets, The Compass Press, Washington, DC, 1992, p. 108.
35. Stalin, interviu pentru *Pravda*, 13 martie 1946 ; Molotov, citat în Gerhard Wettig, *Stalin and the Cold War in Europe*, Rowman & Littlefield, Lanham, Maryland, 2008, p. 139 ; Andrei Vîşinski, discurs pentru Asociaţia Presei Străine din New York, 11 noiembrie 1947 – vezi raportul Australian Associated Press în *The Cairns Post*, 13 noiembrie 1947 ; Gheorghi Malenkov, discurs în Sovietul din Moscova, 6 noiembrie 1949, în *World News and Views*, vol. 29, nr. 46, 1949.
36. Anne Applebaum, *Gulag*, Allen Lane, Londra, 2003, pp. 395-396 [*Gulagul. O istorie*, Humanitas, Bucureşti, 2011, trad. rom. Vlad Octavian Palcu şi Simona-Gabriela Vărzan] ; Alexander Solzhenitsyn, *The Gulag Archipelago*, vol. 1, Collins & Harvill, Londra, 1974, pp. 237-276 [Alexandr Soljeniţîn, *Arhipelagul Gulag*, 3 vol., Editura Univers, Bucureşti, 2008, trad. rom. Nicolae Iliescu].
37. Yuri Teplyakov, „Stalin's War Against His Own Troops : The Tragic Fate of Soviet Prisoners of War in German Captivity", *Journal of Historical Review*, vol. 14, nr. 4, 1994, p. 8 ; Zubkova, *Russia After the War*, p. 105.
38. Statiev, *The Soviet Counterinsurgency in the Western Borderlands*, pp. 176-177 ; Lowe, *Savage Continent*, pp. 354-358 [Trad. rom. ed. cit.].
39. Stalin, citat în Simon Sebag Montefiore, *Stalin : The Court of the Red Tsar*, Weidenfeld & Nicolson, Londra, 2003, p. 482 [Trad. rom. ed. cit.].
40. Figes, *The Whisperers*, pp. 488-492 [Trad. rom. ed. cit.] ; Hough, „Debates about the Postwar World", pp. 268-270.
41. Sakharov, *Memoirs*, p. 93 [Trad. rom. ed. cit.].
42. Figes, *The Whisperers*, p. 488 [Trad. rom. ed. cit.] ; Sakharov, *Memoirs*, p. 123 [Trad. rom. ed. cit.].
43. Vladimir Shlapentokh, *A Normal Totalitarian Society*, M.E. Sharp, Armonk, New York, 2001, p. 159 ; vezi şi Frederick Charles Barghoorn, *Soviet Russian Nationalism*, Oxford University Press, New York, 1956, *passim*.
44. Khrushchev, *Khrushchev Remembers*, p. 262 ; Figes, *The Whisperers*, p. 509 [Trad. rom. ed. cit.].
45. Khrushchev, *Khrushchev Remembers*, p. 258.
46. Sakharov, *Memoirs*, p. 146 [Trad. rom. ed. cit.].
47. Andrei Sakharov, *Progress, Coexistence and Intellectual Freedom*, Harrison E. Salisbury (ed.), W.W. Norton, New York, 1968, p. 84. Vezi şi Bergman, *Meeting the Demands of Reason*, pp. 135-149.
48. Sakharov, *Memoirs*, pp. 194-195 [Trad. rom. ed. cit., p. 159].

15

Polarizarea mondială

1. Andrei Jdanov, Raport asupra Situaţiei Internaţionale, 22 septembrie 1947, la conferinţa Cominform de la Szklarska Poręba, disponibil la www. cvce.eu/en/obj/le_rapport_jdanov_22_septembre_1947-fr-914edbc9-abdf-48a6-9c4a-02f3d6627a24.html. Vezi şi declaraţia comună a partidelor comuniste europene la încheierea conferinţei, la www.cvce.eu/obj/declaration_sur_les_problemes_de_la_situation_internationale_septembre_1947-fr-e6e79de9-03b6-4632-ac96-53760cec8643.html
2. George Kennan (sub pseudonimul „X"), „The Sources of Soviet Conduct", *Foreign Affairs*, vol. 25, nr. 4, 1947, pp. 566-582. Pentru felul în care acest articol a fost greşit înţeles, vezi şi George Kennan, *Memoirs, 1925-1950*, Little, Brown, Boston, Massachusetts, 1967, pp. 354-367.
3. Vezi A.W. Singham şi Shirley Hune, *Non-Alignment in an Age of Alignments*, Zed Books, Londra, 1986, p. 68.
4. Anthony Curwen, interviu cu Lyn Smith de la Imperial War Museum, mai 1987, Arhiva Sonoră IWM 9810.
5. Pentru Suedia, vezi Carl-Gustaf Scott, „The Swedish Midsummer Crisis of 1941 : The Crisis that Never Was", *Journal of Contemporary History*, vol. 37, nr. 3, 2002, pp. 371-394 ; pentru Portugalia, vezi Luís Rodrigues şi Sergiy Glebov, *Military Bases : Historical Perspectives, Contemporary Challenges*, IOS Press, Amsterdam, 2009, p. 152 ; pentru Elveţia, vezi Independent Commission of Experts – Second World War, *Switzerland, National Socialism and the Second World War : Final Report*, traducere de Rosamund Bandi *et al.*, Pendo Verlag, Zürich, 2002, p. 189, disponibil la www.uek.ch/en/schluss bericht/synthesis/ueke.pdf
6. Pentru Suedia, vezi Heinrich August Winkler, *The Age of Catastrophe*, Yale University Press, New Haven, Connecticut, 2015, p. 790 ; pentru Spania, vezi Stanley G. Payne, *Franco and Hitler*, Yale University Press, New Haven, Connecticut, 2009 ; pentru Vatican, vezi Gerald Steinacher, *Nazis on the Run*, Oxford University Press, New York, 2012, pp. 101-148.
7. Pentru o istorie a NATO bună, vezi Peter Duignan, *NATO : Its Past, Present, and Future*, Hoover Institution Press, Stanford, 2000.
8. Pentru America Latină în general, vezi Bethell şi Roxborough (eds.), *Latin America*, pp. 1-32 ; pentru Cuba în mod specific, vezi Alex von Tunzelmann, *Red Heat*, Simon & Schuster, Londra, 2011, p. 256.
9. Marco Wyss, *Arms Transfers, Neutrality and Britain's Role in the Cold War*, Brill, Boston, Massachusetts, 2012, pp. 25-26 ; „Spy Plane Shot Down in Baltic Found", *Telegraph*, 20 iunie 2003.
10. Vezi Jakob Tanner, „Switzerland and the Cold War : A Neutral Country Between the «American Way of Life» and «Geistige Landesverteidigung»", în Joy Charnley şi Malcolm Pender (eds.), *Switzerland and War*, Peter Lang, Berna, 1999, pp. 113-128 ; Wyss, *Arms Transfers*, *passim* ; Daniel A. Neval, *„Mit Atombomben bis nach Moskau" : gegenseitige Wahrnehmung der Schweiz und des Ostblocks im Kalten Krieg, 1945-1968*, Chronos, Zürich, 2003, *passim*.
11. „Der gefrässige Staat", *Neue Zürcher Zeitung*, 22 noiembrie 2014 ; Dominique Grisard, „Female Terrorists and Vigilant Citizens : Gender, Citizenship and Cold War Direct-Democracy", în Jadwiga E. Pieper Mooney şi Fabio Lanza (eds.), *De-Centering Cold War History*, Routledge, Oxford, 2013, pp. 123-144.

12. Paul Kennedy, *The Parliament of Man*, Allen Lane, Londra, 2006, pp. 54, 74.
13. Nehru, discursul din 7 septembrie 1947, citat în H.M. Wajid Ali, *India and the Non-Aligned Movement*, Adam Publishers & Distributors, New Delhi, 2004, p. 12.
14. Nehru, discurs în Parlamentul Indiei, 1951, citat în Kristin S. Tassin, „«Lift up Your Head, My Brother» : Nationalism and the Genesis of the Non-Aligned Movement", *Journal of Third World Studies*, vol. 23, nr. 1, 2006, p. 148.
15. Vezi, de exemplu, discursul lui la Naţiunile Unite, 30 septembrie 1960, în Sukarno, *Toward Freedom and the Dignity of Man : A Collection of Five Speeches...*, Department of Foreign Affairs, Jakarta, 1961, pp. 127-129 ; şi discursul ţinut la Conferinţa de la Belgrad în septembrie 1961, publicat în revista conferinţei, *Belgrade Conference 1961*, nr. 3, 7, 9.
16. Gamal Abdel Nasser, Egipt, citat în Tassin, „«Lift up Your Head, My Brother»", p. 158 ; şi Ibrahim Abboud, Sudan, cuvântare la Conferinţa de la Belgrad din septembrie 1961, publicat în revista conferinţei, *Belgrade Conference 1961*, nr. 4, 5.
17. William Potter şi Gaukhar Mukhatzhanova, *Nuclear Politics and the Non-Aligned Movement : Principles vs. Pragmatism*, Routledge, Londra, 2012, pp. 17-36.
18. Vezi principiile nealinierii convenite la conferinţa pregătitoare de la Cairo, 5-18 iunie 1960, în P.M.H. Bell, *The World Since 1945*, Bloomsbury Academic, Londra, 2010, pp. 253-254.
19. Geir Lundestad, *East, West, North, South*, Sage, Londra, 2014, p. 274 ; Odd Arne Westad, *The Global Cold War*, Cambridge University Press, 2007, pp. 108-109.
20. Bell, *The World Since 1945*, p. 258.
21. Tanner, „Switzerland and the Cold War", pp. 113-126.
22. Prelegere susţintă de Michael Manley la Third World Foundation, Londra, 29 octombrie 1979, *International Foundation for Development Alternatives Dossier*, vol. 16, 1980 ; disponibil online la www.burmalibrary.org/docs19/ifda_dossier-16.pdf
23. Discursul lui Sukarno în *Belgrade Conference 1961*, nr. 3, 8, 9 ; vezi şi discursul lui similar la ONU, 30 septembrie 1960, Sukarno, *Toward Freedom and the Dignity of Man*, p. 129.
24. Titlul discursului lui Sukarno la Naţiunile Unite, 30 septembrie 1960, *ibidem*, p. 121.
25. Discursul lui Bourguiba în *Belgrade Conference 1961*, nr. 4, 8.

16

Naşterea unei naţiuni asiatice

1. Adrian Vickers, *A History of Modern Indonesia*, Cambridge University Press, New York, 2013, pp. 1, 9, 14 ; Joseph H. Daves, *The Indonesian Army from Revolusi to Reformasi*, vol. 1 : *The Struggle for Independence and the Sukarno Era*, CreateSpace Independent Publishing Platform, Charleston, 2013.
2. Citat în S.K. Trimurti, *95 Tahun S.K. Trimurti : Pejuang Indonesia*, Yayasan Bung Karno, Jakarta, 2007, p. 15. Povestea lui Trimurti a fost compilată din această culegere de texte ale sale, alături de o biografie scrisă de I.N. Soebagijo, *S.K. Trimurti : Wanita Pengabdi Bangsa*, Gunung Agung, Jakarta, 1982.
3. Trimurti, *95 Tahun*, p. 18.
4. *Ibidem*, p. 19.
5. *Ibidem*, p. 24.
6. Vickers, *A History of Modern Indonesia*, pp. 100, 106-107, 114 ; Daves, *The Indonesian Army*, vol. 1, pp. 42-44 ; Ian Buruma, *Year Zero : A History of 1945*, Atlantic, Londra, 2013, pp. 114-120 [Trad. rom. ed. cit.] ; Anthony Reid, *The Indonesian National Revolution,*

1945-1950, Longman Australia, Hawthorn, 1974, pp. 115-116 ; Jan Ruff-O'Herne, *Fifty Years of Silence*, Heinemann Australia, Sydney, 2008, p. 135.

7. Benedict R. O'G. Anderson, *Java in a Time of Revolution : Occupation and Resistance, 1944-1946*, Cornell University Press, Ithaca, New York, 1972, pp. 132-133 ; Buruma, *Year Zero*, p. 115 [Trad. rom. ed. cit.].
8. John W. Dower, *War Without Mercy : Race and Power in the Pacific War*, Pantheon, New York, 1986, p. 296 ; Vickers, *A History of Modern Indonesia*, pp. 91-95 ; Saskia Wieringa, *Sexual Politics in Indonesia*, Palgrave Macmillan, Basingstoke, 2002, pp. 82, 95 ; Yuki Tanaka, „«Comfort Women» in the Dutch East Indies", în Margaret Stetz și Bonnie B.C. Oh (eds.), *Legacies of the Comfort Women of World War II*, M.E. Sharp, Armonk, New York, 2001, pp. 63-64.
9. Daves, *The Indonesian Army*, vol. 1, pp. 40, 67 ; Mbeligai Bangun, citat în Mary Margaret Steedly, *Rifle Reports : A Story of Indonesian Independence*, University of California Press, Berkeley și Los Angeles, 2013, p. 43.
10. Anderson, *Java in a Time of Revolution*, p. 128.
11. Pentru descrierea bătăliei, ca și pentru următoarea, vezi Daves, *The Indonesian Army*, vol. 1, pp. 74-84 ; William H. Frederick, *Visions and Heat : The Making of the Indonesian Revolution*, Ohio University Press, Athens, 1989, pp. 197-202, 255-267, 278-280 ; și Anderson, *Java in a Time of Revolution*, pp. 151-166.
12. Sutomo, emisiune radio, citat în Frederick, *Visions and Heat*, p. 255 ; vezi și emisiuni similare ale lui Sumarsono ; Anderson, *Java in a Time of Revolution*, p. 161 ; Buruma, *Year Zero*, p. 119 [Trad. rom. ed. cit.].
13. Frederick, *Visions and Heat*, p. 279 ; Vickers, *A History of Modern Indonesia*, pp. 102-103.
14. Frederick, *Visions and Heat*, pp. 278-279 ; Daves, *The Indonesian Army*, vol. 1, p. 83.
15. Vickers, *A History of Modern Indonesia*, p. 103 ; Daves, *The Indonesian Army*, vol. 1, p. 73 ; Steedly, *Rifle Reports*, p. 231.
16. Reid, *The Indonesian National Revolution*, pp. 107-108, 119 n. 7 ; Vickers, *A History of Modern Indonesia*, p. 105.
17. Vickers, *A History of Modern Indonesia*, pp. 115-116 ; Michael Burleigh, *Small Wars, Far Away Places*, Macmillan, Londra, 2013, pp. 46-47.
18. D.R. SarDesai, *Southeast Asia : Past and Present*, Westview Press, Boulder, Colorado, 1997, pp. 200-203.
19. Ho Chi Minh, „Declaration of Independence of the Democratic Republic of Vietnam", în Gregory Allen Olson (ed.), *Landmark Speeches on the Vietnam War*, Texas A&M University Press, College Station, 2010, pp. 17-18.
20. Burleigh, *Small Wars, Far Away Places*, p. 243.
21. *Ibidem*, p. 243 ; P.M.H. Bell, *The World Since 1945*, Bloomsbury Academic, Londra, 2010, p. 298.
22. Bell, *The World Since 1945*, p. 298.
23. Vickers, *A History of Modern Indonesia*, p. 103 ; Daves, *The Indonesian Army*, vol. 1, p. 84.
24. SarDesai, *Southeast Asia : Past and Present*, p. 234 ; Cheah Boon Kheng, *Red Star Over Malaya*, ed. a III-a, Singapore University Press, 2003, pp. 177-178, 232-239.
25. Ian Talbot și Gurharpal Singh, *The Partition of India*, Cambridge University Press, 2009, pp. 2-3, 154-175.
26. Eben Hezer și E.H. Sinuraya, citat în Steedly, *Rifle Reports*, p. 259.
27. Sukarno, discursul din 19 septembrie 1948, citat în J.D. Legge, *Sukarno : A Political Biography*, Allen Lane, Londra, 1972, p. 231 ; Vickers, *A History of Modern Indonesia*, p. 114.

28. Daves, *The Indonesian Army*, vol. 1, pp. 233-268, 412 ; Vickers, *A History of Modern Indonesia*, pp. 123, 143 ; Cees van Dijk, *Rebellion Under the Banner of Islam : The Darul Islam in Indonesia*, Martinus Nijhoff, Haga, 1981, *passim*.
29. Daves, *The Indonesian Army*, vol. 1, pp. 338-339 ; Vickers, *A History of Modern Indonesia*, p. 148.
30. Daves, *The Indonesian Army*, vol. 1, pp. 357, 369, 388-395 ; Vickers, *A History of Modern Indonesia*, p. 144.
31. Wieringa, *Sexual Politics in Indonesia*, pp. 280-289 ; Joseph H. Daves, *The Indonesian Army from Revolusi to Reformasi*, vol. 2 : *Soeharto and the New Order*, CreateSpace Independent Publishing Platform, Charleston, 2014, pp. 72, 75, 149 ; Vickers, *A History of Modern Indonesia*, pp. 161-162.
32. Daves, *The Indonesian Army*, vol. 2, p. 156 ; Vickers, *A History of Modern Indonesia*, pp. 162, 172-173.

17

Naşterea unei naţiuni africane

1. Cea mai mare parte a povestirii ce urmează este preluată din memoriile lui Waruhiu Itote, *„Mau Mau" General*, East African Publishing House, Nairobi, 1967. Materialul iniţial suplimentar este preluat din Myles Osborne (ed.), *The Life and Times of General China*, Marcus Wiener Publishers, Princeton, New Jersey, 2015.
2. Itote, *„Mau Mau" General*, p. 14.
3. *Ibidem*, p. 13.
4. *Ibidem*, p. 27.
5. *Ibidem*, p. 39.
6. *Ibidem*, p. 40.
7. *Ibidem*, p. 45.
8. Henry Kahinga Wachanga, *The Swords of Kirinyaga*, East African Literature Bureau, Nairobi, 1975, p. 87 ; John Lonsdale, „The Moral Economy of Mau Mau : Wealth, Poverty and Civic Virtue in Kikuyu Political Thought", în Bruce Berman şi John Lonsdale, *Unhappy Valley : Conflict in Kenya & Africa*, James Currey, Londra, 1992, p. 443.
9. Itote, *„Mau Mau" General*, pp. 216-217.
10. Pentru o listă a nemulţumirilor, vezi Wachanga, *The Swords of Kirinyaga*, p. xxv, dar pentru mai multe detalii, vezi David Anderson, *Histories of the Hanged*, Weidenfeld & Nicolson, Londra, 2005, pp. 9-41, şi Lonsdale, „The Moral Economy of Mau Mau", pp. 315-468.
11. Anderson, *Histories of the Hanged*, p. 9.
12. Pentru statistici, vezi David Killingray, „African Civilians in the Era of the Second World War, c. 1939-1950", în John Laband (ed.), *Daily Lives of Civilians in Wartime Africa*, Greenwood Press, Westport, Connecticut, 2007, p. 146 ; şi Elizabeth Schmidt, „Popular Resistance and Anticolonial Mobilization : The War Effort in French Guinea", în Judith A. Byfield *et al.* (eds.), *Africa and World War II*, Cambridge University Press, New York, 2015, p. 446.
13. John Iliffe, *A Modern History of Tanganyika*, Cambridge University Press, 1979, p. 370.
14. Geoffrey I. Nwaka, „Rebellion in Umuahia, 1950-1951 : Ex-Servicemen and Anti-Colonial Protest in Eastern Nigeria", *Transafrican Journal of History*, vol. 16, 1987, pp. 47-62.
15. Adrienne M. Israel, „Ex-Servicemen at the Crossroads : Protest and Politics in Postwar Ghana", *Journal of Modern African Studies*, vol. 30, nr. 2, 1992, pp. 359-368. Pentru

relatările unor martori oculari la aceste evenimente, vezi producţia BBC World Service *Witness : Ghana Veterans and the 1948 Accra Riots*, 2014.

16. Antoine Lumenganeso şi „Kalubi", citat în François Ryckmans, *Memoires noires : Les Congolais racontent le Congo belge, 1940-1960*, Editions Racine, Bruxelles, 2010, pp. 24-26.
17. Schmidt, „Popular Resistance and Anticolonial Mobilization", pp. 454-457.
18. Nancy Ellen Lawler, *Soldiers of Misfortune : Ivoirien Tirailleurs of World War II*, Ohio University Press, Athens, 1992, pp. 15, 208-218.
19. Ashley Jackson, *Botswana, 1939-1945*, Clarendon Press, Oxford, 1999, pp. 237-255.
20. Pentru teoria convingătoare că veteranii celui de-al Doilea Război Mondial nu au jucat un rol practic important în lupta pentru independenţă, vezi Eugene P.A. Schleh, „The Post-War Careers of Ex-Servicemen in Ghana and Uganda", *Journal of Modern African Studies* (*JMAS*), vol. 6, nr. 2, 1968, pp. 203-220 ; Gabriel Olusanya, „The Role of Ex-Servicemen in Nigerian Polities", *ibidem*, pp. 221-232 ; David Killingray, „Soldiers, Ex-Servicemen and Politics in the Gold Coast, 1939-1950", *JMAS*, vol. 21, nr. 3, 1983, pp. 523-534.
21. Robert Kakembo, *An African Soldier Speaks*, Edinburgh House Press, Londra, 1946, pp. 9-10, 22.
22. Lawler, *Soldiers of Misfortune*, p. 220.
23. Namble Silue, citat în *ibidem*, p. 15.
24. Lizzie Collingham, *The Taste of War*, Allen Lane, Londra, 2011, pp. 133-137 ; Lonsdale, „The Moral Economy of Mau Mau", pp. 315-468.
25. Collingham, *The Taste of War*, p. 133 ; Anderson, *Histories of the Hanged*, p. 26. Pentru Mau Mau ca răscoală a ţăranilor, vezi Donald L. Barnett şi Karari Njama, *Mau Mau from Within*, Modern Reader Paperbacks, New York, 1970 ; şi Wunyabari O. Maloba, *Mau Mau and Kenya : An Analysis of a Peasant Revolt*, Indiana University Press, Bloomington, 1993.
26. John Lonsdale, „The Depression and the Second World War in the Transformation of Kenya", în David Killingray şi Richard Rathbone (ed.), *Africa and the Second World War*, Macmillan, Basingstoke, 1986, p. 128.
27. Anderson, *Histories of the Hanged*, pp. 181-190.
28. Vezi David Hyde, „The Nairobi General Strike (1950) : From Protest to Insurgency", în Andrew Burton (ed.), *The Urban Experience in Eastern Africa c. 1750-2000*, British Institute in Eastern Africa, Nairobi, 2002, pp. 235-253 ; şi prezentarea făcută de Marshall S. Clough interpretărilor marxiste kenyene, în lucrarea sa *Mau Mau Memoirs : History Memory and Politics*, Lynne Rienner, Boulder, Colorado, 1998, p. 243.
29. Nicholas Westcott, „The Impact of the Second World War on Tanganyika, 1939-1949", în Killingray şi Rathbone (eds.), *Africa and the Second World War*, pp. 146-147.
30. Ashley Jackson, *The British Empire and the Second World War*, Hambledon Continuum, Londra, 2006, p. 45.
31. Carolyn A. Brown, „African Labor in the Making of World War II", în Byfield *et al.* (eds.), *Africa and World War II*, p. 62.
32. Allen Isaacman, „Peasants and Rural Social Protests in Africa", *African Studies Review*, vol. 33, nr. 2, 1990, mai ales pp. 53-58.
33. Generalul Rocafort, citat în Catherine Bogosian Ash, „Free to Coerce : Forced Labor During and After the Vichy Years in French West Africa", în Byfield *et al.* (eds.), *Africa and World War II*, p. 123.
34. Hein Marais, *South Africa : Limits to Change*, Zed Books, Londra, 2001, pp. 12-13.
35. Brown, „African Labor in the Making of World War II", p. 67.
36. „Kalubi", citat în Ryckmans, *Memoires noires*, p. 25.
37. Caroline Elkins, *Britain's Gulag : The Brutal End of Empire in Kenya*, Bodley Head, Londra, 2014, pp. 38, 42-43 ; Anderson, *Histories of the Hanged*, pp. 88-95. Pentru relatările din presă despre asasinatele de la Ruck, vezi, de exemplu, „Murder Raid in

Kenya", *The Times*, 26 ianuarie 1953 ; „Family of Three Found Slashed to Death", *Daily Mirror*, 26 ianuarie 1953 ; „A Vile, Brutal Wickedness", *Illustrated London News*, 7 februarie 1953, pp. 190-191.

38. Slujba funerară de la Ruck, citată în „A Vile, Brutal Wickedness", *Illustrated London News*, 7 februarie 1953, pp. 190-191 ; Itote, *„Mau Mau" General*, p. 277.
39. J.F. Lipscomb, *White Africans*, Faber & Faber, Londra, 1955, p. 142 ; Elkins, *Britain's Gulag*, pp. 43, 46-51.
40. Anderson, *Histories of the Hanged*, p. 4.
41. *Ibidem*, pp. 125-132 ; Elkins, *Britain's Gulag*, p. 45. Pentru relatări ale martorilor oculari la masacru, vezi Karigo Muchai, *The Hardcore*, LSM Information Center, Richmond, British Columbia, 1973, pp. 23-24 ; și Peter Evans, *Law and Disorder : Scenes from Life in Kenya*, Seeker & Warburg, Londra, 1956, pp. 170-188.
42. Pentru disciplina în rândul trupelor britanice, vezi, de exemplu, procesul căpitanului G.S.L. Griffiths din Regimentul de Mitraliori ai Regelui, în Anderson, *Histories of the Hanged*, p. 259. Pentru statistici despre penitenciar, vezi *ibidem*, p. 5 ; Elkins, *Britain's Gulag*, p. xi.
43. Cifre date de Itote însuși : vezi Osborne (ed.), *The Life and Times of General China*, p. 17. Anderson, *Histories of the Hanged*, p. 233, oferă ca număr al forțelor operaționale ale lui Itote circa 4.000 de soldați.
44. Anderson, *Histories of the Hanged*, pp. 92, 232.
45. Itote, *„Mau Mau" General*, pp. 43, 129-138.
46. Pentru interogatoriul lui Itote, vezi Osborne (ed.), *The Life and Times of General China*, pp. 145-199.
47. Itote, *„Mau Mau" General*, p. 40.
48. Necrologul lui Waruhiu Itote semnat de John Nottingham, în Osborne (ed.), *The Life and Times of General China*, p. 251.
49. Pentru Algeria în timpul celui de-al Doilea Război Mondial, vezi Mohamed Khenouf și Michael Brett, „Algerian Nationalism and the Allied Military Strategy and Propaganda During the Second World War : The Background to Sétif", în Killingray și Rathbone (eds.), *Africa and the Second World War*, pp. 258-274. Pentru statisticile legate de Sétif și de Războiul pentru Independența Algeriei, vezi Alistair Horne, *A Savage War of Peace*, Macmillan, Londra, 1977, pp. 26-28, 538.
50. Norrie MacQueen, *The Decolonization of Portuguese Africa*, Longman, Harlow, 1997, pp. 124-204, 223-231 ; James W. Martin III, *A Political History of the Civil War in Angola, 1974-1990*, Transaction Books, New Brunswick, New Jersey, 2011, pp. ix-x.
51. W.M. Spellman, *A Concise History of the World Since 1945*, Palgrave Macmillan, Basingstoke, 2006, p. 83.
52. P.M.H. Bell, *The World Since 1945*, Bloomsbury Academic, Londra, 2010, p. 447.
53. Mohamed Mathu, *The Urban Guerrilla*, LSM Information Center, Richmond, British Columbia, 1974, p. 87.
54. Kwame Nkrumah, *Neo-Colonialism : The Last Stage of Imperialism*, Nelson, Londra, 1965.
55. „Opening the Secret Files on Lumumba's Murder", *Washington Post*, 21 iulie 2002 ; „Revealed : How Israel Helped Amin to Take Power", *Independent*, 16 august 2003.
56. Godfrey Mwakikagile, *Africa is in a Mess : What Went Wrong and What Should be Done*, New Africa Press, Dar es Salaam, 2006, pp. 22-25.
57. *Ibidem*, pp. 26-27.

18

Democrația în America Latină

1. Ocarina Castillo D'Imperio, *Carlos Delgado Chalbaud*, El Nacional, Caracas, 2006, pp. 48, 65-67.
2. *Ibidem*, p. 56.
3. Robert J. Alexander, *Rómulo Betancourt and the Transformation of Venezuela*, Transaction Books, New Brunswick, New Jersey, 1982, p. 214.
4. Comunicat de presă citat în *ibidem*, pp. 217-218.
5. *Ibidem*, pp. 228-233, 236 ; Maleady către Secretarul de Stat, 7 ianuarie 1947, US Department of State, *Foreign Relations of the United States*, US Government Printing Office, Washington, DC (în continuare, *FRUS*), 1947, vol. 8, p. 1055.
6. Alexander, *Rómulo Betancourt*, pp. 239-242 ; Angus Maddison, *The World Economy : Historical Statistics*, OECD, Paris, 2003, p. 122.
7. Alexander, *Rómulo Betancourt*, pp. 258-265.
8. Muriel Emanuel (ed.), *Contemporary Architects*, Macmillan, Basingstoke, 1980, pp. 852-853 ; Miguel Tinker Salas, *Venezuela : What Everyone Needs to Know*, Oxford University Press, New York, 2015, pp. 73, 87.
9. Alexander, *Rómulo Betancourt*, pp. 276-278.
10. *Ibidem*, pp. 273-275 ; Sean M. Griffing *et al.*, „Malaria Control and Elimination, Venezuela, 1800s-1970s", *Emerging Infectious Diseases*, vol. 20, nr. 10, 2014, disponibil online la http : //dx.doi.org/10.3201/eid2010.130917
11. Delgado, discursul din 24 iunie 1946, citat în Castillo D'Imperio, *Carlos Delgado Chalbaud*, p. 71 ; vezi și pp. 73-74.
12. Bethell și Roxborough (eds.), *Latin America*, p. 14.
13. Castillo D'Imperio, *Carlos Delgado Chalbaud*, p. 83.
14. *Ibidem*, p. 84.
15. Alexander, *Rómulo Betancourt*, pp. 296, 314-315.
16. Sheldon T. Mills, șeful Diviziei pentru Afacerile Coastei de Nord și de Est, notă către directorul Biroului pentru Afacerile Republicilor Americane, 22 noiembrie 1948, *FRUS*, 1948, vol. 9, pp. 126-127.
17. Alexander, *Rómulo Betancourt*, pp. 283-284.
18. Secretarul de stat Byrnes către însărcinatul cu afaceri în Venezuela, 7 ianuarie 1946, *FRUS*, 1946, vol. 11, p. 1331.
19. Sheldon B. Liss, *Diplomacy and Dependency : Venezuela, the United States, and the Americas*, Documentary, Salisbury, Carolina de Nord, 1978, p. 134.
20. Secretarul de stat interimar Acheson către secretarul de Război Patterson, 17 iunie 1946, *FRUS*, 1946, vol. 11, p. 1346.
21. Castillo D'Imperio, *Carlos Delgado Chalbaud*, p. 90 ; Alexander, *Rómulo Betancourt*, p. 296.
22. Raport confidențial al secretarului de stat interimar Lovett, 3 decembrie 1948, și ambasadorul Donnelly către secretarul de stat, 4 decembrie 1948, *FRUS*, 1948, vol. 9, pp. 133-134 ; Alexander, *Rómulo Betancourt*, pp. 314-315 ; Castillo D'Imperio, *Carlos Delgado Chalbaud*, pp. 82-90.
23. Comunicat de presă al lui Delgado, 24 iunie 1948, citat în Castillo D'Imperio, *Carlos Delgado Chalbaud*, p. 92.
24. Castillo D'Imperio, *Carlos Delgado Chalbaud*, pp. 84, 93, 97-98 ; Alexander, *Rómulo Betancourt*, pp. 312-313.

25. Delgado în interviu cu Gonzalo de la Parra de la *El Universal*, Mexic, citat în Venezuela, Junta Militar de Gobierno, *Saludo de la Junta Militar de Gobierno a los Venezolanos con Ocasion del Año Nuevo*, Oficina Nacional de Información y Publicaciones, Caracas, 1950, p. 28.
26. Delgado citat în Castillo D'Imperio, *Carlos Delgado Chalbaud*, p. 109 ; interviu al lui Delgado cu Rafael Gómez Picón de la *Sábado*, Bogotá, citat în Venezuela, *Saludo*, p. 14.
27. Bethell şi Roxborough (eds.), *Latin America*, pp. 4-6 ; William Ebenstein, „Political and Social Thought in Latin America", în Arthur P. Whitaker (ed.), *Inter-American Affairs 1945*, Columbia University Press, New York, 1946, p. 137.
28. The United Nations Department of Economic Affairs, *Economic Report : Salient Features of the World Economic Situation, 1945-1947*, Lake Success, New York, 1948, p. 18 ; Maddison, *The World Economy*, pp. 133, 135.
29. Vezi eseul lui Leslie Bethell despre Brazilia, cel al lui Andrew Barnard despre Chile şi cel al lui Nigel Haworth despre Perú, în Bethell şi Roxborough (eds.), *Latin America*, pp. 45, 70, 184 ; vezi şi introducerea editorilor, *ibidem*, pp. 13-14.
30. Alexander, *Rómulo Betancourt*, pp. 284-285 ; Liss, *Diplomacy and Dependency*, pp. 132, 136.
31. Bethell şi Roxborough (eds.), *Latin America*, pp. 9-10.
32. Declaraţia de politică a Departamentului de Stat al SUA, 30 iunie 1950, *FRUS*, 1950, vol. 2, pp. 1029-1030.
33. Bethell şi Roxborough (eds.), *Latin America*, pp. 18-19.
34. Braden, citat în Stephen G. Rabe, *Eisenhower and Latin America : The Foreign Policy of Anticommunism*, University of North Carolina Press, Chapel Hill, 1988, p. 14.
35. Pentru suspiciunile contemporane, vezi comunicatul de presă al Departamentului de Stat al SUA, 13 decembrie 1948, *FRUS*, 1948, vol. 9, pp. 144-145 ; pentru istoricii care menţin suspiciunile, vezi Steve Ellner, „Venezuela", în Bethell şi Roxborough (ed.), *Latin America*, p. 166 ; şi Salas, *Venezuela*, p. 85.
36. Tim Weiner, *Legacy of Ashes*, Allen Lane, Londra, 2007, pp. 93-104 ; Stephen Schlesinger şi Stephen Kinzer, *Bitter Fruit : The Story of the American Coup in Guatemala*, Harvard University Press, Boston, Massachusetts, 2005, pp. 96-97 ; Nick Cullather, *Secret History : The CIA's Classified Account of Its Operations in Guatemala, 1952-1954*, Stanford University Press, 1999.
37. În 1954, de exemplu, dictatorul venezuelean, Marcos Pérez Jiménez, a fost decorat cu Legiunea de Merit : vezi Consiliul de Coordonare Operaţională de pe lângă Consiliul de Securitate Naţională, 19 ianuarie 1955, „Progress Report on NSC 5432/1 United States Objectives and Courses of Action with Respect to Latin America", *FRUS*, 1952-1954, vol. 4, p. 95.
38. Francesca Miller, *Latin American Women and the Search for Social Justice*, University Press of New England, Hanover, New Hampshire, 1991, pp. 154, 185.
39. Weiner, *Legacy of Ashes*, pp. 380-381.
40. Vezi Carta Organizaţiei Statelor Americane, semnată la Bogotá în 1948, articolele 1-3 : www.oas.org/en/sla/dil/inter_american_treaties_A-41_charter_OAS.asp ; şi Carta ONU, mai ales articolul 2, clauza 7 : www.un.org/en/charter-united-nations/
41. Secretarul de stat interimar Lovett către reprezentanţii misiunilor diplomatice ale Republicilor Americane, 28 decembrie 1948, *FRUS*, 1948, vol. 9, p. 150.
42. Castillo D'Imperio, *Carlos Delgado Chalbaud*, p. 112.
43. Delgado, interviu, *Sábado*, citat în Venezuela, *Saludo*, p. 15.
44. Delgado, citat în Castillo D'Imperio, *Carlos Delgado Chalbaud*, p. 109.
45. *Ibidem*, p. 111.
46. Delgado, citat în Raportul ambasadorului Donnelly către secretarul de stat, *FRUS*, 1948, vol. 9, p. 130.

19

Israel: națiunea arhetipurilor

1. Dacă nu se specifică altfel, toate citatele au ca sursă un interviu cu autorul din 13 septembrie 2016. Materiale suplimentare sunt din cărţile cu caracter autobiografic ale lui Aharon Appelfeld, *The Story of a Life*, Penguin, Harmondsworth, 2006 [*Povestea unei vieţi*, Polirom, Iaşi, 2009, trad. rom. Any Shilon] ; *Table for One*, The Toby Press, New Milford, Connecticut, 2007 ; şi dintr-un interviu pentru Ari Shavit, din cartea acestuia *My Promised Land*, Scribe, Londra, 2015.
2. Citat în Shavit, *My Promised Land*, pp. 140-141.
3. Appelfeld, *The Story of a Life*, pp. 114, 116 [Trad. rom. ed. cit.].
4. Pentru gândirea existenţialistă a primilor colonişti, vezi notele din jurnalul kibuţnicilor din Ein Harod, citate în Shavit, *My Promised Land*, pp. 36-37.
5. Vezi, de exemplu, David Ben-Gurion, *Israel : A Personal History*, Funk & Wagnalls, New York, 1971, p. 135.
6. Tom Segev, *The Seventh Million*, Hill & Wang, New York, 1993, pp. 84-96.
7. Yitzhak Gruenbaum, citat în *ibidem*, p. 71.
8. Pentru textul în limba engleză al declaraţiei, vezi website-ul Ministerului de Externe al Israelului : https : //mfa.gov.il/mfa/foreignpolicy/peace/guide/pages/declaration%20of%20establishment%20of%20state%20of%20israel.aspx
9. David Ben-Gurion, citat în Martin Gilbert, *Israel : A History*, Black Swan, Londra, 1999, p. 251.
10. *Ibidem*, p. 187.
11. Anita Shapira, *Israel : A History*, Brandeis University Press, Waltham, Massachusetts, 2012, pp. 212-215, 220 ; Gilbert, *Israel*, p. 267.
12. Shavit, *My Promised Land*, pp. 150-151 ; Gilbert, *Israel*, p. 267 ; Shapira, *Israel*, p. 212. Vezi şi David Kroyanker, „Fifty Years of Israeli Architecture as Reflected in Jerusalem's Buildings", 26 mai 1999, publicat pe website-ul Ministerului de Externe al Israelului : https : //mfa.gov.il/MFA/AboutTheMinistry/Publications/Pages/Fifty%20Years%20of%20Israeli%20Architecture%20as%20Reflected%20i.aspx
13. Acordul privind despăgubirile, semnat de Israel şi Germania de Vest, citat în Gilbert, *Israel*, p. 283.
14. Shapira, *Israel*, pp. 212-215 ; Gilbert, *Israel*, p. 267.
15. Uri Yadin de la Biroul Procurorului General, nota de jurnal din 5 aprilie 1948, citat în Shapira, *Israel*, p. 180.
16. Shapira, *Israel*, 210 ; „Beersheba", *Canadian Jewish Chronicle*, 7 octombrie 1955, p. 9.
17. Trimitere la faimosul început al scrierii lui Moshe Shamir *With His Own Hands*, Israel Universities Press, Ierusalim, 1970 : „Elik s-a născut din mare".
18. De exemplu, Yigal Mossinsohn, *Way of a Man*, N. Tversky Publishers, Tel Aviv, 1953 ; şi povestirea lui S. Yizhar din 1948 „The Prisoner", reprodusă în Robert Alter (ed.), *Modern Hebrew Literature*, Behrman House, West Orange, New Jersey, 1975.
19. Shlomo Nitzan, *Togetherness*, Hakibbutz Hameuchad, Tel Aviv, 1956 ; Moshe Shamir, *He Walked Through the Fields*, Sifriat Poalim, Merhavia, 1947.
20. Shamir, *He Walked Through the Fields* ; Hanoch Bartov, *Each Had Six Wings*, Sifriat Poalim, Merhavia, 1954.
21. Pentru eseuri despre literatura israeliană din această perioadă, vezi Bryan Cheyette, „Israel", în John Sturrock (ed.), *The Oxford Guide to Contemporary World Literature*, Oxford University Press, 1996, pp. 238-239 ; Gila Ramras-Rauch, *The Arab in Israeli*

Literature, I.B. Tauris, Londra, 1989, pp. 55-112 ; Avner Holtzman, „«They Are Different People» : Holocaust Survivors as Reflected in the Fiction of the Generation of 1948", *Yad Vashem Studies*, vol. 30, 2002, pp. 337-368, traducerea în limba engleză disponibilă online : www.yadvashem.org/odot_pdf/Microsoft%20Word%20-%205424.pdf

22. Shapira, *Israel*, p. 208 ; Shavit, *My Promised Land*, p. 148 ; Gilbert, *Israel*, pp. 257, 275.
23. Arieh Geldblum, „Fundamental Problems of Immigrant Absorption", *Haaretz*, 28 septembrie 1945, p. 3 ; vezi şi Segev, *The Seventh Million*, p. 180.
24. Ehud Loeb, Eliezer Ayalon şi Walter Zwi Bacharach, citaţi pe website-ul Yad Vashem : www.yadvashem.org/de/education/educational-materials/interviews/ehud-loeb.html ; www.yadvashem.org/articles/interviews/ayalon.html ; www.yadvashem.org/articles/interviews/bachrach.html
25. Aharon Barak, citat în Shavit, *My Promised Land*, p. 145.
26. Segev, *The Seventh Million*, pp. 168-170 ; Appelfeld, *The Story of a Life*, pp. 111-112 [Trad. rom. ed. cit.].
27. Segev, *The Seventh Million*, p. 180.
28. *Ibidem*, pp. 170, 172, 174.
29. Ben Shephard, *The Long Road Home : The Aftermath of the Second World War*, Bodley Head, Londra, 2010, p. 361 ; Segev, *The Seventh Million*, p. 177.
30. Ben-Gurion, citat în Hannah Starman, „Israel's Confrontation with the Holocaust : A Journey of Uncertain Identity", în C.J.A. Stewart *et al.* (eds.), *The Politics of Contesting Identity*, Politics, University of Edinburgh, Edinburgh, 2003, p. 130.
31. Simha Rotem, citat în Segev, *The Seventh Million*, p. 160.
32. Pentru textul acestei povestiri cu caracter moral şi o lecturare cuprinzătoare a subtextului său cultural, vezi Idith Zertal, *From Catastrophe to Power : The Holocaust Survivors and the Emergence of Israel*, University of California Press, Berkeley şi Los Angeles, 1998, pp. 264-269.
33. Segev, *The Seventh Million*, p. 120 ; Shapira, *Israel*, p. 230 ; Ronit Lentin, *Israel and the Daughters of the Shoah*, Berghahn Books, New York, 2000.
34. Yehudit Hendel, interviu pentru filmul documentar al televiziunii israeliene *Cloudburst*, difuzat pentru prima dată în iunie 1989 : vezi Segev, *The Seventh Million*, p. 179.
35. Shmuel Ussishkin în *Haboker*, 16 noiembrie 1951 ; Eliezer Livneh în *Davar*, 9 noiembrie 1951 ; David Ben-Gurion, citat în Shapira, *Israel*, pp. 229-230.
36. Yoel Palgi, *Into the Inferno*, traducere de Phyllis Palgi, Rutgers University Press, New Brunswick, New Jersey, 2003, p. 259 ; Segev, *The Seventh Million*, pp. 121, 183.
37. Palgi, *Into the Inferno*, pp. 258-259.
38. Vezi, de exemplu, Lentin, *Israel and the Daughters of the Shoah*, pp. 176-212 ; Ruth Amir, *Who is Afraid of Historical Redress ?*, Academic Studies Press, Boston, Massachusetts, 2012, pp. 245-249 ; şi Rafael Moses, „An Israeli View", în Rafael Moses (ed.), *Persistent Shadows of the Holocaust*, International Universities Press, Madison, Connecticut, 1993, pp. 130-131.
39. Haike Grossman şi Egon Rott, citaţi în Segev, *The Seventh Million*, pp. 87-88.
40. Teddy Kollek, *For Jerusalem*, Weidenfeld & Nicolson, Londra, 1978, p. 46.
41. Dalia Ofer, *Escaping the Holocaust*, Oxford University Press, New York, 1990, pp. 317, 319 ; Segev, *The Seventh Million*, pp. 84-96.
42. Josef Rosensaft, citat în Shephard, *The Long Road Home*, p. 363.
43. Vezi, de exemplu, dezbaterile furtunoase despre acceptarea sau nu a plăţilor despăgubirilor de război din partea Germaniei sau asupra îndelung judecatei Afaceri Kastner.
44. Shapira, *Israel*, p. 265.
45. Ben-Gurion, *Israel*, p. 599.
46. Anonim, *The Seventh Day : Soldiers Talk About the Six-Day War*, André Deutsch, Londra, 1970, pp. 217-218.

47. Colonelul Ehud Praver, citat în Segev, *The Seventh Million*, pp. 394-395.
48. Pentru comparaţia cu anii 1930, vezi, de exemplu, Yitzhak Tabenkin, dar şi comentatori arabi, citaţi în Benny Morris, *Righteous Victims*, Vintage, New York, 2001, pp. 133, 136.
49. David Ben-Gurion, 4 iulie 1947, citat în Gilbert, *Israel*, p. 146 ; Ariel Sharon, discurs în Knesset, 26 ianuarie 2005, citat în *Haaretz*, 27 ianuarie 2005.
50. Ben-Gurion, citat în Ilan Pappé, *The Ethnic Cleansing of Palestine*, Oneworld, Londra, 2007, p. 72 ; Segev, *The Seventh Million*, pp. 448-451.
51. „Without Intermediaries", *Maariv*, 5 noiembrie 1956, p. 4, citat în Segev, *The Seventh Million*, p. 297.
52. Menachem Begin, citat în Shapira, *Israel*, p. 380.
53. Ronald J. Berger, *The Holocaust, Religion and the Politics of Collective Memory*, Transaction Books, New Brunswick, New Jersey, 2013, p. 207.
54. Netanyahu, discurs la Adunarea Generală a Comunităţilor Evreieşti Unite, citat în Michael Marrus, *Lessons of the Holocaust*, University of Toronto Press, 2016, p. 109.
55. Vezi, de pildă, *Shmaryahu Gutman*, comandantul militar din Lod în 1948, citat în Shavit, *My Promised Land*, pp. 118-127.
56. Shavit, *My Promised Land*, p. 114.
57. Pentru descrieri credibile despre Deir Yassin, vezi Morris, *Righteous Victims*, p. 208 şi notele aferente. Pentru o varietate largă de statistici controversate legate de masacru, vezi şi Gilbert, *Israel*, p. 169 ; şi Pappé, *The Ethnic Cleansing of Palestine*, p. 91.
58. Pappé, *The Ethnic Cleansing of Palestine*, pp. 196-197.
59. Pentru Kafr Qasim, vezi Amir, *Who is Afraid of Historical Redress ?*, pp. 243-245.
60. Vezi, de exemplu, Anonim, *The Seventh Day*, p. 90.
61. Shavit, *My Promised Land*, pp. 230-236.
62. „HRW : Israel committed war crimes in Gaza", *The Times of Israel*, 12 septembrie 2014.
63. Vezi, de exemplu, lucrările despre conflictul israeliano-palestinian semnate de Edward W. Said, Rashid Khalidi, Norman G. Finkelstein şi Noam Chomsky.
64. Pappé, *The Ethnic Cleansing of Palestine*, p. xvii.
65. „German Protesters Dare to Compare Israelis to Nazis", *The Week*, 6 ianuarie 2008.
66. Pentru raportul Chakrabarti despre antisemitism în cadrul Partidului Laburist, vezi https :// labour.org.uk/wp-content/uploads/2017/10/Chakrabarti-Inquiry-Report-30June16.pdf
67. Yeshayahu Leibowitz, citat în Segev, *The Seventh Million*, p. 401 ; vezi şi pp. 409-410.
68. Shavit, *My Promised Land*, p. 231.
69. Appelfeld, *Table for One*, pp. 97, 105.
70. Aceasta nu este doar o perpetuă problemă a Europei, Statelor Unite ale Americii şi Orientului Mijlociu : pentru demonizarea Israelului în Asia de Sud-Est, vezi Anthony Reid, *To Nation by Revolution : Indonesia in the Twentieth Century*, NUS Press, Singapore, 2011, pp. 262-264.
71. Keith Lowe, *Savage Continent*, Viking, Londra, 2012, pp. 222, 243, 248 [Trad. rom. ed. cit.] ; Ian Talbot şi Gurharpal Singh, *The Partition of India*, Cambridge University Press, 2009, pp. 2-3.

20

Naționalismul european

1. Pentru povestea lui Spinelli, vezi autobiografia acestuia : Altiero Spinelli, *Come ho tentato di diventare saggio*, 2 vol., Società editrice il Mulino, Bologna, 1984 şi 1987. Pentru

Manifestul de la Ventotene şi alte scrieri, vezi Altiero Spinelli, *From Ventotene to the European Constitution*, Agustín José Menéndez (ed.), Centre for European Studies, Oslo, 2007.

2. Spinelli, „Ventotene Manifesto", în *From Ventotene to the European Constitution*, p. 18 ; *Come ho tentato di diventare saggio*, vol. 1, p. 308.
3. Spinelli, „Ventotene Manifesto", p. 23 ; *Come ho tentato di diventare saggio*, vol. 1, p. 309.
4. Motivarea premiului Nobel pentru Pace, 12 octombrie 2012, expoziţia Nobel Peace Centre, Oslo.
5. Vezi, de exemplu, antologia de eseuri scrise de grupul „Historians for Britain", *Peace-Makers or Credit-Takers ? : The EU and Peace in Europe*, publicată pe website-ul lor, www.historiansforbritain.org/ ? s = research
6. „Euro Federalists Financed by US Spy Chiefs", *The Telegraph*, 19 septembrie 2000. Vezi şi „The European Union Always Was a CIA Project, as Brexiteers Discover", *The Telegraph*, 27 aprilie 2016.
7. De Gaulle, citat în Richard Mayne, *Postwar : The Dawn of Today's Europe*, Thames & Hudson, Londra, 1983, p. 314.
8. Interviul lui Nicholas Ridley cu Dominic Lawson din *Spectator*, 14 iulie 1990.
9. Keith Lowe, *Savage Continent*, Viking, Londra, 2012, mai ales pp. 187-268 [Trad. rom. ed. cit.].
10. Kwaśniewski, discursul din 16 aprilie 2003, publicat pe site-ul preşedinţiei poloneze : https : //www.prezydent.pl/en/archive/news-archive/news-2003/art,79,poland-has-signed-the-accession-treaty.html ; Evald Mikkel şi Geoffrey Pridham, „Clinching the «Return to Europe» : The Referendums on EU Accession in Estonia and Latvia", în Aleks Szczerbiak şi Paul Taggart (eds.), *EU Enlargement and Referendums*, Routledge, Abingdon, 2005, p. 179.
11. Vezi eseuri în *ibidem*, pp. 123, 150, 178 ; *Wprost*, 11-17 ianuarie 2016.
12. Ministrul de Finanţe polonez, Jacek Rostowski, citat în „Germany and France : Eurozone Will Not Force Out Greece", *The Telegraph*, 15 septembrie 2011.
13. Cameron, discurs la British Museum, 9 mai 2016, transmis live pe Sky News Channel.
14. Barack Obama, „«As your friend, I tell you that the EU makes Britain even greater»", *The Telegraph*, 22 aprilie 2016.
15. Penny Mordaunt, intervenţie în *The Telegraph*, 25 februarie 2016 ; tema muzicală a lui Nigel Farage în „Brexit Debate Brings Out Britain's World War Two Fixation", *Daily Mail* (ediţia online), 3 iunie 2016.
16. *The Telegraph*, 15 mai 2016 ; *Daily Express*, 2 iunie 2016 ; „Boris Johnson's Abuse of Churchill", website-ul *History Today*, 1 iunie 2016 : www.historytoday.com/felix-klos/boris-johnsons-abuse-churchill
17. Alan Sked, citat în *Daily Express*, 9 iunie 2016 ; Michael Gove, citat în *Daily Express*, 22 iunie 2016.
18. Interviu cu Boris Johnson, *The Telegraph*, 15 mai 2016.
19. „The Secret History of the EU", *The Telegraph*, 27 august 2016.
20. „EU Referendum : The Claims that Won it for Brexit, Fact Checked", *The Telegraph*, 29 iunie 2016.
21. Scrisoarea integrală publicată pe www.historiansforbritainineurope.org şi relatată în *The Guardian*, 25 mai 2016.
22. Observaţiile lui Paweł Machcewicz în timpul prezentării expoziţiei permanente a muzeului, 22 ianuarie 2017 ; „A Museum Becomes a Battlefield Over Poland's History", *The New York Times*, 9 noiembrie 2016.

21

Trauma

1. Povestea lui Choi Myeong-sun este prezentată mai detaliat în Keith Howard (ed.), *True Stories of the Korean Comfort Women*, traducere de Young Joo Lee, Cassell, Londra, 1995, pp. 168-176.
2. Pentru o descriere mai detaliată a traumei și a efectelor ei, vezi Caroline Garland (ed.), *Understanding Trauma : A Psychoanalytical Approach*, Karnac Books, Londra, 2002 ; și Susan Levy și Alessandra Lemma (eds.), *The Perversion of Loss : Psychoanalytic Perspectives on Trauma*, Brunner-Routledge, New York, 2004.
3. Ustinia Dolgopol și Snehal Paranjape, *Comfort Women : An Unfinished Ordeal : Report of a Mission*, International Commission of Jurists, Geneva, 1994, pp. 23-24.
4. „Japanese Charge Russian Abuses", *The New York Times*, 4 noiembrie 1945 ; Yoshimi Yoshiaki, *Comfort Women*, traducere de Suzanne O'Brien, Columbia University Press, New York, 2002, pp. 188-189 ; Sheila Miyoshi Jager, *Brothers at War : The Unending Conflict in Korea*, W.W. Norton, New York, 2013, p. 20 ; Mun Pilgi, citat în Howard (ed.), *True Stories of the Korean Comfort Women*, p. 86.
5. Pak Duri, citat în Joshua D. Pilzer, *Hearts of Pine : Songs in the Lives of Three Korean Survivors of the Japanese „Comfort Women"*, Oxford University Press, New York, 2012, p. 34.
6. Jager, *Brothers at War*, pp. 26-35, 489 ; H. Merrell Benninghoff către Secretarul de Stat, 15 septembrie 1945, Departamentul de Stat al SUA, *Foreign Relations of the United States*, US Government Printing Office (în continuare, *FRUS*), 1945, Washington, DC, vol. 6, pp. 1049-1053.
7. Jager, *Brothers at War*, pp. 39-41 ; Robert Scalapino și Chong-Sik Lee, *Communism in Korea*, University of California Press, Berkeley, 1972, pp. 338-340 ; Allan R. Millett, *The War for Korea, 1945-1950 : A House Burning*, University Press of Kansas, Lawrence, 2005, p. 69 ; Andrei Lankov, *From Stalin to Kim Il Sung : The Formation of North Korea, 1945-1960*, Hurst & Co., Londra, 2002, pp. 23-24.
8. Pentru statistici, vezi „Double Problem Faced in Korea", *New York Times*, 6 decembrie 1945, și „Korean Population Soars", *New York Times*, 9 iulie 1947.
9. Paul Kennedy, *The Parliament of Man*, Allen Lane, Londra, 2006, pp. 56-57 ; Jager, *Brothers at War*, pp. 64, 124.
10. Bethany Lacina și Nils Petter Gleditsch, „Monitoring Trends in Global Combat : A New Dataset of Battle Deaths", *European Journal of Population*, vol. 21, nr. 2-3, 2005, p. 154 ; Jager, *Brothers at War*, pp. 85-97 ; „Reds Kill 700 at a Korean «Buchenwald»" și „82 Slain with Bamboo Spears as Reds Attack Loyal Koreans", *Washington Post*, 4 octombrie 1950.
11. C. Sarah Soh, *The Comfort Women*, University of Chicago Press, 2008, pp. 193, 215-217.
12. Park și Kim, citați în Jager, *Brothers at War*, p. 341.
13. US Army Military Government in Korea, *Summation of the United States Military Government Activities in Korea*, nr. 33, National Economic Board, Seul, 1948, p. 181 ; *Chosun Ilbo*, 9 iunie 1948 ; *Korean Independence*, 21 iulie 1948 ; *Chayu Sinmun*, 25 iunie 1948. Vezi și rezumatul din Sung-Hwa Cheong, *The Politics of Anti-Japanese Sentiment in Korea*, Greenwood Press, Westport, Connecticut, 1991, pp. 6-8.
14. Dolgopol și Paranjape, *Comfort Women*, p. 138 ; Pilzer, *Hearts of Pine*, pp. 8, 116 ; Cheong, *The Politics of Anti-Japanese Sentiment in Korea*, p. 136 ; Jin-kyung Lee, *Service Economies : Militarism, Sex Work, and Migrant Labor in South Korea*, University of Minnesota Press, Minneapolis, 2010, pp. 25-26.

15. Pentru istoria chestiunii „femeilor de reconfortare" până în 2016, vezi Aniko Varga, „National Bodies: The «Comfort Women» Discourse and Its Controversies in South Korea", *Studies in Ethnicity and Nationalism*, vol. 9, nr. 2, 2009, pp. 287-303; Mikyoung Kim, „Memorializing Comfort Women: Memory and Human Rights in Korea-Japan Relations", *Asian Politics and Policy*, vol. 6, nr. 1, 2014, pp. 83-96; şi Naoko Kumagai, „The Background to the Japan-Republic of Korea Agreement: Compromises Concerning the Understanding of the Comfort Women Issue", *Asia-Pacific Review*, vol. 23, nr. 1, 2016, pp. 65-99.
16. Young-Hee Shim, *Sexual Violence and Feminism in Korea*, Hanyang University Press, Seul, 2004, pp. 156-162, 177-182.
17. Lee, *Service Economies*, pp. 5-8, 25-26.
18. Memoriale şi statui închinate femeilor de reconfortare a militarilor au fost ridicate în mai multe ţări: peste şase în SUA, dar şi în China, Taiwan, Filipine şi Australia.

22

Pierderea

1. Povestea Evgheniei Kiseleva este preluată din autobiografia ei, reprodusă în N.N. Kozlova şi I.I. Sandomirskaia, *Ia tak hociu nazvatkino: „Naivnoe pismo". Opyt lingvo-soţiologiceskogo ceteniia*, Gnozis, Moscova, 1996, p. 89. Stilul „naiv" al lui Kiseleva este aproape intraductibil: întrucât aici nu mă interesează decât povestea ei, în citatul acesta şi în următoarele am folosit ortografierea corectă şi am adăugat punctuaţia. Pentru o strălucită expunere a acestor memorii şi pentru discuţii despre stilul ei unic, vezi Irina Paperno, *Stories of the Soviet Experience: Memoirs, Diaries, Dreams*, Cornell University Press, Ithaca, New York, 2009, pp. 118-158.
2. Kozlova şi Sandomirskaia, *Ia tak hociu nazvatkino*, pp. 91-94.
3. *Ibidem*, p. 101.
4. *Ibidem*, p. 122.
5. *Ibidem*, p. 145.
6. USSR Central Statistical Office, *Soviet Census 1959: Preliminary Results*, Soviet Booklets, Londra, 1959, p. 4. Alţi istorici şi economişti consideră mai mică diferenţa în număr dintre femei şi bărbaţi, la circa 13 milioane: vezi rezumatul în Keith Lowe, *Savage Continent*, Viking, Londra, 2012, p. 24 [Trad. rom. ed. cit.].
7. Documentele IWM, 06/126/1, Maiorul A.G. Moon, memorii dactilografiate.
8. Numărul oficial al răniţilor a fost de 15.205.592, dar cifra reală s-ar putea să fi fost mult mai mică, din cauza numărătorii duble. Pe de altă parte, multe victime, mai ales de la începutul războiului, au rămas neînregistrate. Vezi G.F. Krivosheev (ed.), *Soviet Casualties and Combat Losses in the Twentieth Century*, Greenhill Books, Londra, 1997, pp. 87-88.
9. Charles Glass, *Deserter*, HarperPress, Londra, 2013, pp. xiii, 228.
10. Studiile despre tulburarea de stres posttraumatic după războiul din Vietnam au arătat că 15% dintre veterani au continuat să prezinte simptomele chiar şi zece ani mai târziu: vezi Marc Pilisuk, *Who Benefits from Global Violence and War: Uncovering a Destructive System*, Praeger Security International, Westport, Connecticut, 2008, pp. 12-15.
11. C.A. Merridale, raport finanţat de Consiliul Britanic pentru Cercetări Economice şi Sociale, „Death, Mourning and Memory in Modern Russia: A Study in Large-Scale Trauma and Social Change", 2000.
12. Lowe, *Savage Continent*, pp. 16, 402 [Trad. rom. ed. cit.].
13. Robert A. Lewis, Richard H. Rowland şi Ralph S. Clem, *Nationality and Population Change in Russia and the USSR: An Evaluation of Census Data, 1897-1970*, Praeger, New York, 1976, p. 275.

14. Thérèse Brosse, *War-Handicapped Children*, UNESCO, Paris, 1950, p. 28.
15. Sergey Afontsev *et al.*, „The Urban Household in Russia and the Soviet Union, 1900-2000 : Patterns of Family Formation in a Turbulent Century", *History of the Family*, vol. 13, nr. 2, 2008, pp. 187-188.
16. Pentru statistici SUA, vezi website-ul guvernului pentru recensământ, www.census.gov, mai ales www.census.gov/prod/2014pubs/p25-1141.pdf, despre generaţia *baby-boom*. Vezi şi Diane J. Macunovich, *Birth Quake : The Baby Boom and its Aftershocks*, University of Chicago Press, 2002.
17. Lowe, *Savage Continent*, p. 16 [Trad. rom. ed. cit.].
18. Pentru o descriere mai detaliată, vezi *ibidem*, pp. 212-219. Crimeea nu era în momentul acela parte din Ucraina, dar va deveni în 1954.
19. Alexander Statiev, *The Soviet Counterinsurgency in the Western Borderlands*, Cambridge University Press, New York, 2010, pp. 117, 178.

23

Proscrişi

1. Povestea lui Mathias Mendel s-a născut dintr-o serie de discuţii cu fiul său, Dittmann Mendel, în luna mai 2015, şi din corespondenţa electronică din noiembrie 2016.
2. Keith Lowe, *Savage Continent*, Viking, Londra, 2012, p. 27 [Trad. rom. ed. cit.] ; Adam Tooze, *The Wages of Destruction*, Penguin, Harmondsworth, 2007, p. 672 ; Mark Wyman, *DPs : Europe's Displaced Persons, 1945-1951*, Cornell University Press, Ithaca, New York, 1998, pp. 41-44.
3. Lowe, *Savage Continent*, p. 27 [Trad. rom. ed. cit.]. Am greşit în privinţa conservatorilor : Adam Tooze prezintă estimări cu valori mult mai ridicate. Vezi lucrarea sa, *The Wages of Destruction*, p. 672.
4. Lowe, *Savage Continent*, pp. 231, 243 [Trad. rom. ed. cit.].
5. Articolul XII din Convenţia de la Potsdam, 1945, disponibil online pe website-ul Facultăţii de Drept a Universităţii Yale, http : //avalon.law.yale.edu/20th_century/decade17.asp Vezi şi Lowe, *Savage Continent*, pp. 125-144, 230-248 [Trad. rom. ed. cit.] ; R.M. Douglas, *Orderly and Humane : The Expulsion of the Germans After the Second World War*, Yale University Press, New Haven, Connecticut, 2012, p. 1.
6. Lowe, *Savage Continent*, pp. 247-248 [Trad. rom. ed. cit.].
7. *Ibidem*, pp. 222, 224-229.
8. *Ibidem*, pp. 222, 248.
9. Raymond Pearson, *National Minorities in Eastern Europe, 1848-1945*, Macmillan, Londra, 1983, p. 229.
10. Lori Watt, *When Empire Comes Home : Repatriation and Reintegration in Postwar Japan*, Harvard University Asia Center, Cambridge, Massachusetts, 2009, pp. 2, 17-18 ; John W. Dower, *Embracing Defeat : Japan in the Wake of World War II*, W.W. Norton, New York, 2000, pp. 48-50.
11. Watt, *When Empire Comes Home*, pp. 205-207 ; Dower, *Embracing Defeat*, pp. 50-58.
12. Dower, *Embracing Defeat*, pp. 45-53.
13. *Ibidem*, pp. 54, 393-394 ; Sonia Ryang, *Koreans in Japan*, Routledge, Londra, 2000, p. 4 ; Watt, *When Empire Comes Home*, p. 196.
14. Conform rapoartelor de recensământ, în 1931 erau 155.000 de britanici care trăiau în India ; în 1951 însă mai erau doar mai puţin de 31.000 rămaşi în India şi Pakistan. Vezi J.H. Hutton (ed.), *Census of India : Part I Report*, Manager of Publications, Delhi, 1933, p. 425 ; R.A. Gopalaswami (ed.), *Census of India, 1951*, Government of India Press,

Delhi, 1955, vol. 1, Partea II-A, pp. 308-323 ; şi E.H. Slade (ed.), *Census of Pakistan, 1951*, Government of Pakistan, Karachi, 1951, vol. 1, tabelul 10.

15. Ceri Peach, „Postwar Migration to Europe : Reflux, Influx, Refuge", *Social Science Quarterly*, vol. 78, nr. 2, 1997, pp. 271-272.
16. *Ibidem*, p. 271 ; Trudy T.M. Mooren, *The Impact of War : Studies on the Psychological Consequences of War and Migration*, Eburon, Delft, 2001, pp. 84, 91 ; Watt, *When Empire Comes Home*, p. 199.
17. Mooren, *The Impact of War*, pp. 84, 91 ; Peach, „Postwar Migration to Europe", pp. 271-272 ; Benjamin Stora, *Algeria, 1830-2000 : A Short History*, traducere de Jane Marie Todd, Cornell University Press, Ithaca, 2001, p. 8 ; Norrie MacQueen, *The Decolonization of Portuguese Africa*, Longman, Harlow, 1997, pp. 124-204, 223-231 ; Ricardo E. Ovalle-Bahamón, „The Wrinkles of Decolonization and Nationness : White Angolans as *Retornados* in Portugal", în Andrea L. Smith (ed.), *Europe's Invisible Migrants*, Amsterdam University Press, 2003, p. 158.
18. Rezoluţia Adunării Generale a ONU 319 (IV), şedinţa a CCLXV-a, 3 decembrie 1949.
19. Pentru o bună introducere la UNHCR şi acţiunile ei, vezi broşura organizaţiei *An Introduction to International Protection*, UNHCR, Geneva, 2005, disponibilă online la www.refworld.org/docid/4214cb4f2.html
20. „UNHCR Global Trends : Forced Displacement in 2014", disponibil online la www.unhcr.org/556725e69.html
21. Articolul 16, amendat ulterior ca 16a, Constituţia Republicii Federale a Germaniei, disponibil în limba engleză la https : //www.bundestag.de/parlament/aufgaben/rechtsgrundlagen/grundgesetz/gg_01-245122 Vezi şi Kay Hailbronner, „Asylum Law Reform in the German Constitution", *American University International Law Review*, vol. 9, nr. 4, 1994, pp. 159-179.
22. Stephen Castles şi Mark J. Miller, *The Age of Migration*, ed. a III-a, Palgrave Macmillan, New York, 2003, pp. 201, 203 ; Friedrich Kern, *Österreich : Offene Grenze der Menschlichkeit*, Bundesministeriums für Inneres, Viena, 1959, p. 68 ; Anthony M. Messina, *The Logics and Politics of Post-WWII Migration to Western Europe*, Cambridge University Press, New York, 2007, pp. 43-44.
23. „Germany on Course to Accept One Million Refugees in 2015", *The Guardian*, 8 decembrie 2015 ; „One Year Ago, Angela Merkel Dared to Stand Up for Refugees in Europe. Who Else Even Tried ? ", *The Telegraph*, 24 august 2016.
24. „Germany's Refugee Response Not Guilt-Driven, Says Wolfgang Schäuble", *The Guardian*, 4 martie 2016 ; „Orban Accuses Germany of «Moral Imperialism» on Migrants", *The Wall Street Journal*, 23 septembrie 2015.
25. Corespondenţă cu autorul, 22 noiembrie 2016.

24

Globalizarea popoarelor

1. Interviu pe website-ul fundaţiei Windrush, https : //windrushfoundation.com/profile-sam-king-mbe/
2. Interviu cu Samuel Beaver King, Imperial War Museums, IWM, nr. de catalog 30021, înregistrarea audio nr. 1 ; disponibil online la www.iwm.org.uk/collections/item/object/80028544
3. IWM, nr. de catalog 30021, înregistrarea audio nr. 1 ; interviu la BBC, „Black Soldiers' Role in World War II «should be taught in schools»", 11 noiembrie 2015, www.bbc.co.uk/newsbeat/article/34638038/black-soldiers-role-in-world-war-two-should-be-taught-in-schools

4. IWM, nr. de catalog 30021, înregistrarea nr. 3.
5. Tracey Connolly, „Emigration from Ireland to Britain During the Second World War", în Andy Bielenberg (ed.), *The Irish Diaspora*, Pearson Education, Londra, 2000, p. 56.
6. Conform recensământului din 1951, erau 162.339 de polonezi în Marea Britanie, de la circa 44.000 în 1931. Vezi Colin Holmes, *John Bull's Island : Immigration and British Society*, Macmillan, Basingstoke, 1988, pp. 168, 211-212.
7. Edna Delaney, „Placing Irish Postwar Migration to Britain in a Comparative European Perspective, 1945-1981", în Bielenberg (ed.), *The Irish Diaspora*, p. 332 ; Ben Shephard, *The Long Road Home : The Aftermath of the Second World War*, Bodley Head, Londra, 2010, pp. 329-332.
8. Shephard, *The Long Road Home*, p. 332 ; Delaney, „Irish Postwar Migration to Britain", p. 333 ; Ceri Peach, „Postwar Migration to Europe : Reflux, Influx, Refuge", *Social Science Quarterly*, vol. 78, nr. 2, 1997, p. 275.
9. Interviu pe website-ul Windrush Foundation.
10. IWM, nr. de catalog 30021, înregistrarea nr. 2.
11. Conform cifrelor recensământului din 1971 ; vezi Ceri Peach, „Patterns of Afro-Caribbean Migration and Settlement in Great Britain, 1945-1981", în Colin Brock (ed.), *The Caribbean in Europe*, Frank Cass, Londra, 1986, p. 64.
12. Cifrele pentru 1970 în Stephen Castles şi Mark J. Miller, *The Age of Migration*, ed. a III-a, Palgrave Macmillan, New York, 2003, pp. 73-75.
13. David Lowenthal, „West Indian Emigrants Overseas", în Colin G. Clarke (ed.), *Caribbean Social Relations*, Centre for Latin-American Studies, University of Liverpool, Liverpool, 1978, p. 84.
14. Castles şi Miller, *The Age of Migration*, pp. 144-147 ; Miguel Tinker Salas, *Venezuela : What Everyone Needs to Know*, Oxford University Press, New York, 2015, p. 80.
15. Anthony M. Messina, *The Logics and Politics of Post-WWII Migration to Western Europe*, Cambridge University Press, New York, 2007, p. 27.
16. Hansard, 8 iunie 1948, coloana 1851.
17. David Kynaston, *Austerity Britain, 1945-1951*, Bloomsbury, Londra, 2007, pp. 274-275.
18. Citat în *ibidem*, p. 275.
19. „Thames Welcome for West Indians : Start of «Invasion»", *Daily Graphic and Daily Sketch*, 22 iunie 1948.
20. Shephard, *The Long Road Home*, pp. 329-332.
21. Sam King, *Climbing Up the Rough Side of the Mountain*, Upfront, Peterborough, 1998, pp. 64, 101, 114, 118, 127-129, 256 ; necrolog în *The Guardian*, 30 iunie 2016.
22. King, *Climbing Up the Rough Side of the Mountain*, p. 156.
23. IWM, nr. de catalog 30021, înregistrarea nr. 2.
24. J. Enoch Powell, *Still to Decide*, B.T. Batsford, Londra, 1972, pp. 184-185 ; Gary P. Freeman, *Immigrant Labor and Racial Conflict in Industrial Societies : The French and British Experience, 1945-1975*, Princeton University Press, 2015, pp. 286-290.
25. National Front, *For a New Britain : The Manifesto of the National Front*, National Front, Croydon, 1974, p. 18.
26. Stan Taylor, *The National Front in English Politics*, Macmillan, Londra, 1982, pp. 130-140.
27. Messina, *The Logics and Politics of Post-WWII Migration to Western Europe*, pp. 60-61.
28. „Hungary Election : Concerns as Neo-Nazi Jobbik Party Wins 20% of Vote", *The Independent*, 7 aprilie 2014.
29. „Conservatives' EU Alliance in Turmoil as Michał Kamiński Leaves «Far Right» Party", *The Guardian*, 22 noiembrie 2010.
30. Calwell citat în Shephard, *The Long Road Home*, p. 337 ; Pauline Hanson, discurs în Camera Reprezentanţilor, 10 septembrie 1996, disponibil la http : //australianpolitics.com/

1996/09/10/pauline-hanson-maiden-speech.html ; „Australia Asylum : UN Criticises «Cruel» Conditions on Nauru", www.bbc.co.uk/news/world-australia-38022204

31. Messina, *The Logics and Politics of Post-WWII Migration to Western Europe*, pp. 76-77.
32. Powell, *Still to Decide*, pp. 185, 201.
33. Roland Wilson (ed.), *Census of the Commonwealth of Australia, 30 June, 1947*, Commonwealth Government Printer, Canberra, 1947, Partea a XII-a, pp. 642-643. Pentru 2015, vezi Biroul de Statistică al Australiei, comunicat de presă, 30 martie 2016, Catalog nr. 3412.0, „Migration, Australia, 2014-2015", disponibil online la www.abs.gov.aU/ausstats/abs@.nsf/mf/3412.0/
34. Cifrele pentru 2013, conform OECD, 2016, „Foreign-Born Population (Indicator)", doi : 10.1787/5a368eib-en Vezi https : //data.oecd.org/migration/foreign-born-population.htm
35. *Ibidem.*
36. *Ibidem.* Vezi şi Arlie Russell Hochschild, *Strangers in Their Own Land*, New Press, New York, 2016.
37. Cifele recensământului din 2001, redate în „Every Race, Colour, Nation and Religion on Earth", *The Guardian*, 21 ianuarie 2005 ; cifrele recensământului din 2011 privind etnicitatea provin de pe website-ul Biroului Naţional de Statistică, tabelul QS201 EW; pentru cele susţinute de Boris Johnson şi felul în care a indus în eroare (Londra era probabil al 23-lea cel mai mare oraş francez), vezi www.bbc.co.uk/news/magazine-26823489
38. *The Independent*, 28 ianuarie 2016.
39. „Trump Reveals How He Would Force Mexico to Build Border Wall", *The Washington Post*, 5 aprilie, 2016 ; „Trump Vows to Stop Immigration from Nations «Compromised» by Terrorism", *The New York Times*, 22 iulie 2016.
40. Un susţinător al lui Trump a realizat chiar un panou publicitar cu sloganul acestuia : vezi „«Make America White Again» : A Politician's Billboard Ignites Uproar", *The Washington Post*, 23 iunie 2016.
41. Hochschild, *Strangers in Their Own Land.*
42. „Hungary PM Predicts «Parallel Muslim Society» Due to Migration", *Daily Express*, 27 septembrie 2016 ; „The Netherlands' Most Popular Party Wants to Ban All Mosques", *The Independent*, 28 august 2016.
43. Jean-Paul Sartre, *Anti-Semite and Jew*, traducere de George J. Becker, Schocken Books, New York, 1948, mai ales capitolele 3 şi 4. Sartre arată limpede că teza lui se aplică la fel de bine persoanelor de culoare şi arabilor, pe cât şi evreilor, p. 146.

Epilog

1. Ed Murrow, transmisiune radio, 15 septembrie 1940, citat în James Owen şi Guy Walters (eds.), *The Voice of War*, Viking, Londra, 2004, p. 80.
2. Interviu cu autorul, 10 august 2015.

Indice

Paginile notate în *italice* indică tabele şi ilustraţii sau legendele lor

B

C

M

N

O

P

Q

S

Ş

În colecţia HISTORIA

au apărut:

Paul Kennedy – *Ascensiunea şi decăderea marilor puteri. Transformări economice şi conflicte militare din 1500 până în 2000*

Yuval Noah Harari – *Sapiens. Scurtă istorie a omenirii*

Andrei Muraru – *Vişinescu, torţionarul uitat. Închisoarea, crimele, procesul*

Bill Bryson – *Acasă. O istorie a vieţii private*

Niall Ferguson – *Imperiul. Cum a creat Marea Britanie lumea modernă*

Orlando Figes – *Dansul Nataşei. O istorie culturală a Rusiei*

Thomas Asbridge – *Cruciadele. Istoria războiului pentru eliberarea Pământului Sfânt*

Valentin Naumescu (coord.) – *România, Marile Puteri şi ordinea europeană (1918-2018)*

Yuval Noah Harari – *Homo deus. Scurtă istorie a viitorului*

J.M. Roberts, Odd Arne Westad – *Istoria lumii. Din preistorie până în prezent*

Martin Puchner – *Lumea scrisă. Poveşti care au schimbat oamenii, istoria şi civilizaţia*

Yuval Noah Harari – *21 de lecţii pentru secolul XXI*

Niall Ferguson – *Piaţa şi turnul. Reţele, ierarhii şi lupta pentru putere*

Bernard Guenée – *Istorie şi cultură istorică în Occidentul medieval*

Timothy E. Gregory – *O istorie a Bizanţului*

Stéphane Courtois – *Lenin, inventatorul totalitarismului*

Niall Ferguson – *Colosul. Ascensiunea şi decăderea imperiului american*

Marius Turda, Maria Sophia Quine – *Istorie şi rasism. Ideea de rasă de la Iluminism la Donald Trump*

Orlando Figes – *Crimeea. Ultima cruciadă*

Orlando Figes – *Vorbind în şoaptă. Viaţa privată în Rusia lui Stalin*

Bogdan Murgescu, Andrei Florin Sora (coord.) – *România Mare votează. Alegerile parlamentare din 1919 „la firul ierbii"*

Robert Service – *Lenin. O biografie*

Keith Lowe – *Frica şi libertatea. Cum ne-a schimbat vieţile al Doilea Război Mondial*

în pregătire:

John Lewis Gaddis – *Despre marea strategie*

Douglas A. Howard – *O istorie a Imperiului Otoman*

www.polirom.ro

Redactor: Lucia Răducea
Coperta: Radu Răileanu
Tehnoredactor: Constantin Mihăescu

Bun de tipar: martie 2020. Apărut: 2020
Editura Polirom, B-dul Carol I nr. 4 • P.O. BOX 266
700506, Iaşi, Tel. & Fax: (0232) 21.41.00; (0232) 21.41.11;
(0232) 21.74.40 (difuzare); E-mail: office@polirom.ro
Bucureşti, Splaiul Unirii nr. 6, bl. B3A, sc. 1, et. 1,
sector 4, 040031, O.P. 53
Tel.: (021) 313.89.78; E-mail: office.bucuresti@polirom.ro

Tiparul executat la S.C. LUMINA TIPO s.r.l.
str. Luigi Galvani nr. 20 bis, sect. 2, Bucureşti
Tel./Fax: 211.32.60, 212.29.27, E-mail: office@luminatipo.com

